U0518738

大唐宫廷史

【上册】

杜文玉 著

陕西师范大学出版总社

图书代号：SK23N0229

图书在版编目（CIP）数据

大唐宫廷史：上下册 / 杜文玉著. — 西安：陕西师范大学出版总社有限公司，2023.2
ISBN 978-7-5695-3332-3

Ⅰ.①大… Ⅱ.①杜… Ⅲ.①宫廷—史料—中国—唐代 Ⅳ.①K241.06

中国版本图书馆CIP数据核字（2022）第232926号

大唐宫廷史（上下册）

DATANG GONGTINGSHI（SHANGXIA CE）

杜文玉 著

出 版 人 / 刘东风
出版统筹 / 侯海英 曹联养
责任编辑 / 王 森
责任校对 / 张爱林 远 阳
封面设计 / 东合社 · 安宁
版式设计 / 锦 册
出版发行 / 陕西师范大学出版总社
（西安市长安南路199号 邮编710062）
网　　址 / http://www.snupg.com
印　　刷 / 陕西龙山海天艺术印务有限公司
开　　本 / 710 mm × 1000 mm 1/16
印　　张 / 51.25
字　　数 / 730千
版　　次 / 2023年2月第1版
印　　次 / 2023年2月第1次印刷
书　　号 / ISBN 978-7-5695-3332-3
定　　价 / 198.00元（上下册）

读者购书、书店添货或发现印装质量问题，请与本公司营销部联系、调换。
电话：（029）85307864 85303629 传真：（029）85303879

前言

唐朝是一个经济繁荣、文化昌盛、具有高度开放性的历史时期，同时又是一个集汉魏以来历代制度之大成的时代，各种典章制度都达到了一个非常完善的程度，并对后世各朝产生了深远的影响，宫廷制度亦是如此。

大唐宫廷史不同于有唐一代的断代史，其内容只是后者的一部分，主要包括宫廷制度、宫廷日常、宫廷人物、宫廷斗争、宫廷建筑、宫廷礼仪、宫廷娱乐、宫廷禁卫、帝位承袭、皇室宗族、宦官外戚等方面的内容。宫廷史主要探索古代宫廷在整个统治机器中的运转作用及兴亡规律，揭开宫廷生活的神秘面纱。由于宫廷在整个古代社会中处于一个非常独特的地位，而处在宫廷中心地位的皇帝又是整个社会的最高统治者，手中握有至高无上的权力。因此，在研究宫廷史时又不能不涉及当时的政治、经济、文化以及风俗习惯等方面的内容，从而使宫廷史的研究与整个唐朝历史密切地结合了起来，当然这里面有一个主次详略的问题，需要恰当地掌握。

通过详细地考察大唐宫廷史，可以发现其与其他王朝的宫廷历史有着一些不同的特点，其中最主要的特点表现在三个方面：其一，唐代宫廷生活异常丰富，无论是宫廷教育、宫廷乐舞、宫廷宴会，还是宫廷娱乐、嫔妃服饰等，比之以往的朝代都发生了许多变化，不仅内容更加丰富，形式更加多样，而且还具有一些异国情调和其他民族的文化色彩，这主要与唐代开放的社会风气有着直接的关系，是各民族之间以及中外文化交流异常频繁在宫廷生活中的体现。其二，后妃干预政治的现象开始增加。早在先秦时期，我国的一些学者就已经开始对后妃干政提出了警告，如韩非子就认为君主防奸首先应该提防同床之人。此后历代王朝也都不同程度地制定过一些防范后妃染指政治的措施，以防止外戚专权、皇家大权旁落的情况发生。正是由于这些原因，在唐朝以前虽然偶有后妃专权的现象发生，但是不能与唐朝的情况相提并论，无论是参与政治的人数，还是后妃专权的时间，都应以唐朝为最。武则天、韦皇后、太平公主、上官婉儿、武惠妃、张皇后等女性，就是这方面的典型人物，其中尤以武则天为最，她是我国历史上唯一的女皇帝。这种现象不得不说是我国宫廷史的一个奇观，为历代所仅见。其三，宦官机构的健全与宦官掌握宫廷宿卫。宦官是古代宫廷中的一个特殊的阶层，在维持宫廷的正常运转以及管理宫廷方面发挥了重要的作用，许多宫廷机构都离不开宦官的执掌。唐朝宦官专擅朝政，这是问题的另一个方面，这里暂且不谈，主要就其在宫廷内部的作用谈一点意见。在秦汉时期，职官制度的特点是皇帝的家事与国事不分，因此许多宫廷事务是朝官和国家机构承担的。唐代的职官制度已经克服了这些缺点，宫廷事务与国家政务有了明确的划分，在唐代许多原来由外廷负责的事务全部改由宫廷内部解决，而这些事务则多由宦官掌管，因此唐代的宦官机构之健全为历代所仅见。唐代宦官掌管宫廷禁卫，也是与其他历史时期不同的一个突出特点。秦汉时期以卫尉掌宫门屯兵，东汉虽然出现了严重的宦官专权，然宦官尚未掌握禁军兵权。唐代的情况就不同了，宦官不仅掌管了全部禁军兵权，在唐后期还多兼任左右监门卫将军或大将军，这样一来宫廷宿卫及宫门的把守之权统统归之于宦官之手了。此外，唐代的宫廷教育做得非常好，涉及面之广，几乎将所有宫廷中人都包括在内了，而且这种教育是全面的、系统的，并非仅仅识几个字，或者仅限于对宫女的才艺培训，这种情况与后世尤其是明清时期形成了鲜明的对比。

关于大唐宫廷史的研究，直到目前，尚未见到全面系统的研究成果问世，已有的与此相关的研究，主要有一部杨德山所撰的《宫廷史》，此书属于《中国全史》（简读本）之一部，由经济日报出版社于1999年出版。由于此书涉及了从先秦至明清时期历代的宫廷历史，对于唐代宫廷史仅仅是浅尝辄止，没有涉及的内容还有很多。马德志、马洪路撰写了一部名为《唐代长安宫廷史话》的著作，由新华出版社于1994年出版，该书以唐代长安三大内中的各种建筑为纲，记述了发生在那里的故事，还算不上完整系统的唐代宫廷史。朱子彦撰写了一部名为《帝国九重天：中国后宫制度变迁》的著作，由中国人民大学出版社于2006年出版，该书实际上是一部有关历代后宫制度的著作，而后宫制度仅仅是宫廷史的一个很小的部分。此外，宋肃懿的《唐代长安之研究》，由大立出版社于1983年出版；李岩龄、顾道馨、王恩厚等的《中国宫廷礼俗》，由天津人民出版社于1991年出版；聂永华的《初唐宫廷诗风流变考论》，由中国社会科学出版社于2002年出版。上述著作也都具有一定的参考价值。不少学术论文的内容或多或少地也涉及唐代宫廷生活的一些方面，比如宫廷乐舞、绘画、体育、游艺、医疗、饮食、建筑、文学等。中华人民共和国成立以来，在隋唐长安城的考古方面，取得了丰硕的成果，搞清了不少文献记载模糊甚至错误的问题，所有这一切都为本书的撰写提供了丰富的参考资料，创造了有利的条件。

本书的体例，以时间顺序为纲，以各位皇帝为中心，依次记述了其在位期间的活动情况，详细记录了他们各自的家庭关系，以及围绕着皇位继承而形成的种种错综复杂的矛盾。有关唐朝的宫廷典制及相关礼仪等专题性的内容，穿插在各章中进行介绍。在撰写过程中，尽量做到在保证完整性、系统性的同时，分析问题必须要有一定的深度，透过表面现象直达问题的实质。为了增加可读性，除了对重要的史料直接引录原文外，一般性的会话，均译成通俗易懂的白话。为了使众多的宫廷人物形象鲜活起来，在记录其言行的同时，还尽量对其性格与心理特点进行了细致的分析。为了保证本书内容的真实性和科学性，在史料的选择上进行了详细的对比分析，对于那些荒诞不经的记载，尽管有时颇具故事性，统统摒弃不用。对于有争议的问题，在列出各种不同的说法的同时，明确写清笔者自己的看法，决不人云亦云。

本书还有一个明显的特点，就是紧扣时代发展变化的脉搏，将唐代社会各个时期的风貌与宫廷生活的研究紧密地结合在一起，即将宫廷生活置于整个历史风貌的大背景下进行考察。这样做的结果，不仅使本书的内容更加丰富多彩，而且还使大唐宫廷史各个阶段的特点更加鲜明。读者阅读本书不仅可以了解残酷激烈的宫廷斗争、神秘的宫廷生活、复杂的宫廷人物、宏伟壮观的宫廷建筑，还可以简要地了解有唐一代历史的基本状况。为了使本书更加具有直观性和历史真实性，书中还插有大量的历史和考古图片，这些都是经过精心选择而收入书中的，力争做到图文并茂，全面展现大唐帝国宫廷生活的方方面面。但本书疏漏之处在所难免，希望能够得到读者的批评指正。

杜文玉

2021年10月于古都西安

目录

第一章　唐朝初期的宫廷

第一节 李氏家族与世系

一、李氏家世之谜

（一）李氏的族属

李姓据载出自嬴姓，五帝之一的颛顼为其始祖。颛顼的重孙皋陶在尧统治时期担任大理之职，主管刑法。他的子孙历舜、夏、商，世代充任大理，以官命氏，遂称理氏。在商纣统治时期，理征因为得罪了纣王而被处死。他的妻子契和氏与儿子利贞在逃亡途中，饥饿无食，靠食木子（树上结的果实）而得以生存，遂改“理”为“李”。李姓据说因此而来。

唐高祖李渊自称是老子李耳的后裔，据载：武德三年（620）五月，晋州（治今山西省临汾市）人吉善在羊角山（位于今河南省三门峡市陕州区）遇到了一位骑白马的老人，仪容威严，对吉善说：“谓吾语唐天子，吾汝祖也。今年平贼后，子孙享国千岁。”[①]吉善将此事上奏李渊，李渊感到十分惊异，于是在当地建庙祭祀。这位老人据说就是老子李耳。到了李渊的孙子李治当皇帝时，遂于乾封元年（666）正月，追尊老子为太上玄元皇帝。唐玄宗天宝二年（743）正月，又改尊老子为大圣祖玄元皇帝。以后还多次给老子加上各种尊号，以表示对祖先的尊崇。

其实上面这个故事并不真实，完全是人为编造出来的。李渊当了皇帝之后，因为自己姓李，老子也姓李，为了抬高自家的门第，遂编造了这个故事，附会李氏为老子的后裔，其实并不可信。但是有一点需要指出，即陇西李氏自认是老子后裔并非始于李渊，而是早在十六国初期，

① 〔宋〕王溥：《唐会要》卷五〇《尊崇道教》，上海古籍出版社2006年版，第1013页。

羊角山上的羊角亭

福建泉州宋代石雕老君像

至迟在北朝初期就已存在这种情况了，[①]李渊不过是沿袭了这种说法，并编造了上述故事加以神化而已。

关于李氏的世系问题，李渊自称是西凉武昭王李暠的后裔。李暠生十子，次子李歆即西凉后主。李歆生八子，第三子李重耳在亡国后投奔南朝刘宋，任汝南太守。北魏进攻刘宋，李重耳以城归降，遂又在北魏做官。李重耳生子李熙，任金门镇将，后改镇武川（今内蒙古自治区武川县西南），其家也随着迁居于此。李氏兴起于武川的说法，即来源于此。李熙生李天赐；李天赐生三子，即李起头、李虎、李乞豆；李虎生李昞；李昞生李渊。

以上所述的这个家族世系情况，完全出自唐代官修史籍的记载，并不完全可靠。有学者认为李氏为西凉武昭王李暠之后的说法是伪托，李重耳在亡国之后并未南投刘宋。自李熙以来的世系情况，则基本属实，但其镇守武川的说法却不大可靠，我国著名史学家陈寅恪先生就持此观点，他指出：

> 李唐先世本为汉族，或为赵郡李氏徙居柏仁之“破落

① 吴羽：《李唐皇室尊老子为始祖探源》，载《敦煌学辑刊》2019年第1期，第203—209页。

> 户”，或为邻邑广阿庶姓李氏之“假冒牌”，既非华盛之宗门，故渐染胡俗，名不雅驯。于北朝太平真君、南朝元嘉之世，曾参与弘农之战，其后并无移镇及家于武川之事。迨李虎入关，东西分立之局既定，始改赵郡之姓望而为陇西，因李抗父子事迹与其先世类似之故，遂由改托陇西更进一步，而伪称西凉嫡裔。又因宇文氏之故，复诡言家于武川，其初之血统亦未与外族混杂。总而言之，李唐氏族若仅就其男系论，固一纯粹之汉人也。[①]

陈先生所云其家乃赵郡李氏徙居之柏仁，指今河北省隆尧县西南尧山镇；所云广阿，位于今河北省隆尧县东。

也有学者针对陈先生的以上观点提出了不同的看法，总括起来，大体有三点歧见：其一，认为李氏未移镇武川的说法并不可靠；其二，李氏是在李熙之孙遗元时，即北魏宣武帝永平时为避祸逃往武川镇，并冒充陇西李氏，而不是李虎入关后才改郡望的；其三，否认李氏就男系而言纯系汉人的观点，认为乃是胡汉混血之家族。但是其也承认李唐出自于赵郡李氏之疏宗，李熙以下世系是可靠的。[②]

关于李唐血统问题，也有争议。有一种观点认为李氏出自鲜卑之拓跋部，主要根据是：

僧人法琳曾当着唐太宗李世民的面，驳斥他家并非西凉李暠之后裔，而是拓跋达阇的后人。当时唐太宗是至高无上的皇帝，手握生杀大权，法琳如无确凿根据，绝不敢出此结论。

李氏先世中有人的名字不是汉名，如前面提到的李渊祖父李虎的兄长起头、弟乞豆，而起头的儿子名叫达摩，这些都是胡人的名字。

李氏家族中有人的容貌像胡人，如单雄信曾呼李渊之子李元吉为“胡儿”，唐朝宗室滕王李涉的容貌也似胡人。

---

① 陈寅恪：《金明馆丛稿二编》，上海古籍出版社1980年版，第303页。

② 张金龙：《李唐出于赵郡李氏说》，载《历史研究》1993年第5期，第183—186页。

李氏家族多与胡人通婚，如李渊的父亲李昞的妻子独孤氏、李渊的妻子窦氏（由鲜卑姓纥豆陵氏而来）、李世民的妻子长孙氏等，均为胡姓。

李唐皇室中多次出现乱伦现象，如李世民杀其弟李元吉，纳其妻杨氏为妃。李世民之子高宗李治即位后，又以其父的才人武氏为昭仪，后又立为皇后，武氏即著名的武则天。这些事均与鲜卑、乌桓、突厥等族的"妻后母""兄亡，妻其诸嫂"的习俗相符。

论者根据这些证据，认为李唐先世本出于胡族，因此他们仍然保留了这些旧俗，并不以此等事为异。持这种观点的主要有刘盼遂、王桐龄等先生，他们先后在《女师大学术季刊》第1卷第4期、第2卷第1期、《燕京学报》第15期上，连续发表了《李唐为蕃姓考》《李唐为蕃姓考考续》《李唐为蕃姓三考》及《杨隋李唐先世系统考》等论文，详细地论述了这些问题。

另一种观点认为李唐为汉族者的主要论点是：其先世以男系而论应为纯粹的汉人，无论是柏仁李氏或广阿李氏，均为汉族人。李熙妻张氏、李天赐妻贾氏、李虎妻梁氏，无一不是汉人。李氏家族中有人"状貌类胡"，可能来自母系方面，并不能以此断定李氏祖先就一定是胡族。且独孤氏、窦氏、长孙氏虽属于胡族，然早已汉化，在隋唐时期没有理由仍把其视为胡族。李唐皇室从来都认为自己家族是汉族，没有也不愿承认出自胡族，在南北朝民族迁徙频繁、胡汉交错杂居的历史时期，李氏家族受胡族影响，保留了一些胡族的习俗和风气也不足为怪，不能因此就认定其出自胡族。

这种观点详见陈寅恪的《唐代政治史述论稿》上篇①与胡如雷的《李世民传》②一书。

全面地看，后一种观点理由更充分一些，但是李渊及其子孙具有胡族血缘的成分却是不争之事实。其实，在民族大融合的历史时期，这类

① 陈寅恪：《陈寅恪文集之五：唐代政治史述论稿》，上海古籍出版社1982年版。

② 胡如雷：《中华历史丛书：李世民传》，中华书局1984年版。

情况非常普遍，很难确定哪一个家族是纯粹的汉族血统。隋唐时期的汉族实际上也是历史上许多民族不断融合、同化，从而繁衍壮大形成的，这一过程在此后仍在不断地进行着。

（二）关陇大族

李氏家族的地位并非从一开始就非常高贵，在北魏统治时期，即使按李唐自撰的帝系，李熙也不过是一员镇将，李天赐则为幢主，为中级领兵军官，地位反倒有所下降。

李氏家族的地位自李虎才有所提高。李虎追随宇文泰开拓关内局面，立有大功，在西魏时官至太尉，为八柱国之一，成为当时的显贵家族。所谓柱国，即柱国大将军，是府兵制下的最高统兵大将。当时共置有八个柱国大将军，实际统兵者有六，宇文泰与西魏宗室元欣虽然也是柱国大将军，但不直接统率府兵。六柱国分统诸军，均为所谓“功参佐命，望实俱重者”[①]充任，是当时重要的军事基石。

李虎被封为赵郡公，后又改为陇西公，赐鲜卑姓大野氏。北周取代西魏后，因李虎有佐命之功，追封为唐国公，唐朝国号即源于此。在隋文帝杨坚任北周大丞相时，这个家族又恢复了李姓。

李虎之子李昞在北周时官拜御中正大夫，历任鄜州（今陕西省中北部）刺史、安州（今湖北省安陆市）总管等职，“为政简静”[②]，声誉甚好。后又任柱国大将军，袭爵唐国公。李昞虽然不如其父战功卓著、地位显赫，但作为勋臣之后，仍保持着较高的贵族官僚地位。

西魏、北周是以关陇贵族集团为骨干而支撑的政权，李氏家族虽不一定是陇西李氏，但却是关陇集团的重要成员，这一点是毋庸置疑的。

这个家族在关陇集团中地位也比较特殊，李渊的祖父李虎与隋炀帝杨广的祖父杨忠在西魏时同为柱国大将军（李虎任此职还要稍早一

① 〔唐〕李延寿：《北史》卷六〇《李弼传论》，中华书局1974年版，第2153页。

② 〔宋〕王钦若等：《册府元龟》卷一《帝王部·帝系》，凤凰出版社2006年版，第12页。

些）。李渊的父亲李昞的妻子独孤氏与隋文帝杨坚的皇后为同胞姊妹。独孤氏为西魏八柱国之一独孤信的女儿，也出身权贵之家。独孤信的长女是北周明帝的皇后，所以李昞和周明帝、隋文帝都是连襟关系。李渊与隋炀帝杨广为表兄弟关系。李渊的妻子窦氏为北周武帝宇文邕的姐姐襄阳长公主所生，换句话说，窦氏是北周武帝的外甥女。周武帝对窦氏非常宠爱，从小就养于宫中。因此，李氏家族无论在北周还是在隋朝都是皇亲国戚，在关陇集团中可算得上是地位显赫、门第尊贵。

（三）李渊的家庭关系

李渊于北周武帝天和元年（566）生于长安，7岁时袭唐国公的爵位。隋朝取代北周后，以门荫补授千牛备身，即皇帝的侍卫小军官。由于隋文帝的皇后独孤氏是李渊的姨母，所以对李渊特别关照，使其在仕途上比较顺利，历任谯、陇、岐等州刺史。当时有一个人名叫史世良，善于相面，他对李渊说："公骨法非常，必为人主，愿自爱，勿忘鄙言。"[①]李渊因此也颇为自负，更加注意收买人心，所到之处，广树恩德，结纳豪杰，赢得了朝野上下的一片赞扬之声。

唐朝建立前，李渊共有五儿六女，其中为窦氏所生者四男一女，即长子李建成、次子李世民、三子李玄霸、四子李元吉，以及平阳公主。李渊建唐之前，由于其妻窦氏早亡，兄弟之间并无利害关系，故关系尚比较和睦。

隋炀帝大业十一年（615），李渊奉命前往河东讨伐农民起义军时，只带了次子李世民前往，将李建成、李元吉等安置在河东郡（今山西省永济市西南）居住，连同家属都托付给河东县户曹任瑰照看。任瑰，庐州合肥（今安徽省合肥市）人，为陈朝定远太守陈七宝之子。陈灭亡后，他曾在岭南一带起兵抗隋，反隋失败后，他弃官而去。隋文帝时一度任韩城尉，后又被罢官，任瑰所任的河东县户曹之职是李渊承制所授的，因此任瑰与李渊的关系非常亲密，是李渊的亲信，故李渊将儿子及家属托其照管。

---

① 〔后晋〕刘昫等：《旧唐书》卷一《高祖纪》，中华书局1975年版，第2页。

李渊还有一子李智云，排行第五，为李渊妾万氏所生。万氏在唐朝建立后，被封为贵妃。万氏“性恭顺，特蒙高祖亲礼。宫中之事皆咨禀之，诸王妃主，莫不推敬”[①]。由于李渊怀念其妻窦氏，所以一直没有立万氏为皇后，但后宫之事皆由其掌管，故万贵妃的地位与权力相当于皇后。

大业十一年时，李建成已经二十七岁，李元吉年仅十三岁，第三子李玄霸已经亡故。大业十三年（617），李渊在太原（今山西省太原市西南）起兵反隋，派人密召建成与元吉赴太原。《旧唐书》说：“以智云年小，委之而去。”[②]结果李智云被隋朝官吏捕获，押到长安，被隋左翊卫将军阴世师杀害，终年十四岁。就此来看，李智云仅比李元吉小一岁，为什么李建成只带走了李元吉而未带上李智云？看来说其年龄幼小仅是借口，非一母同生，关系较疏，才是李建成抛弃李智云的根本原因。当时李智云的亲母万氏很可能不在河东，而是随李渊在太原任上，如其仍在河东，如何肯抛弃自己的亲生儿子而不顾？还有一个证据证明万氏不在河东，即建唐以后她仍然健在，并被封为贵妃，如果此时仍居于河东，必被隋朝官吏所杀害。

李智云初名稚诠，死后于武德元年（618）追赠楚王。由于其无子，在武德三年，高祖李渊命以李世民之子李宽为其子嗣。李宽死后，唐太宗于贞观二年（628）又命济南公李世都之子李灵龟为其子嗣。李灵龟的孙子李承况，在唐中宗时任右羽林将军，参与中宗第三子节愍太子李重俊讨伐武三思、韦皇后及安乐公主之事，失败被杀，李智云这一支系至此断绝。

在唐朝建立之前，李渊所生的女儿现能考知的为六人，其余大都为称帝建唐后所生。除了第三女平阳公主的生母可考外，其余诸人的生母已很难考知了。

长女长沙公主，嫁给了冯少师为妻。

---

① 《旧唐书》卷六四《楚王智云传》，第2423页。

② 《旧唐书》卷六四《楚王智云传》，第2423页。

次女襄阳公主，嫁给了隋朝贵族窦诞为妻。

三女平阳公主，嫁给了柴绍为妻。李渊太原起兵时，她在鄠县（今陕西省西安市鄠邑区）散家财举兵，响应李渊，拥兵7万，威震关中。武德六年（623）死，李渊颁诏以鼓吹之乐葬之，太常认为鼓吹乃军乐，妇人不宜用之。李渊说："鼓吹，军乐也。往者主身执金鼓，参佐命，于古有邪？宜用之。"①

四女高密公主，先嫁长孙孝政，后改嫁隋朝的左亲卫段纶。段纶在太原起兵时，也在蓝田（今陕西省蓝田县）聚兵万余人，以响应李渊，应该也是唐朝的开国功臣之一。此女在唐高宗时被封为高密大长公主，死于永徽六年（655）。

五女长广公主，嫁给了赵慈景为妻。太原起兵时，隋朝官吏四处搜捕李渊亲属，有人劝赵慈景逃去，赵慈景因为其母年老不忍离去，被捕获入狱。李渊攻入长安后，赵慈景才得以获释，后来在攻打河东时战死。于是公主又改嫁杨师道，杨师道在唐太宗贞观时，官至中书令，位居宰相之职。时太子李承乾谋反事发，太宗命杨师道与长孙无忌共同审理此案。长广公主与赵慈景所生的儿子赵节也参与了此事，杨师道因公主故，对其有所庇护，被太宗降为吏部尚书。长广公主是太宗的姐姐，因此太宗亲至其府百般安抚。史载：公主"聪悟有思，工为诗，豪侈恣肆，晚稍折节，以寿薨"②。

六女万春公主，在隋朝统治时期尚未出阁。李渊率军攻入长安时，隋朝贵族、隋文帝的外甥豆卢宽率众归附，李渊大喜，任其为殿中监，将万春公主嫁给了豆卢宽之子豆卢怀让，并将长安城中延康坊的隋朝大臣杨素的旧宅赐给万春公主居住。据《唐会要》卷四八《寺》记载，此宅"贞观中，赐濮王泰。泰死，乃立为寺"，即著名的西明寺。很可能因为公主早亡，才使得此宅转赐他人。

李渊共有二十二子、十九女，除了以上诸人为其称帝前所生外，其

① 〔宋〕欧阳修、宋祁：《新唐书》卷八三《高祖十九女传》，中华书局1975年版，第3643页。

② 《新唐书》卷八三《高祖十九女传》，第3643页。

余多为称帝建唐后所生，后面还会论及，这里就不多说了。

二、隋末恐怖的岁月

（一）曲折坎坷的仕途

隋炀帝即位初，李渊历任荥阳、楼烦二郡太守，后又被召回朝中任殿内少监。大业九年（613），任卫尉少卿。隋炀帝征伐高丽时，他负责督运粮草，不辞辛劳，往返于各地。在这期间李渊一直没有掌握过军权，隋炀帝对其也比较放心。隋朝贵族杨玄感利用炀帝在辽东前线督战之机，在洛阳发动叛乱，全国震动。为了稳定关中局面，炀帝急命李渊镇守弘化郡（今甘肃省庆阳市），兼知关右诸军事，从而使李渊掌握了一定的军权。炀帝令李渊掌管关右诸军事，说明此时的他对李渊尚未有猜忌之心。但是随着国内农民起义的浪潮风起云涌，各地反隋活动此起彼伏，隋王朝统治的危机日趋严重，隋炀帝的猜忌之心也日益加重，李渊遂成为其猜疑的对象之一。

有一次，炀帝召李渊入京晋见，李渊因病未能成行。李渊的外甥女王氏在宫中为宫嫔，炀帝问道："汝舅何迟？"王氏回答说因病未能及时入京。炀帝又说："可得死否？"[①]此话传到李渊那里后，李渊更加忧惧。李渊遂一面收集金宝珍玩，频频向炀帝进献，一面又纵情于声色，混迹于赌博与酒宴之间，竭力装出一副酒色之徒的样子，以迷惑隋炀帝，希图免祸。

李渊的这种策略一时缓解了炀帝对他的猜忌，使炀帝一度放松了对他的警惕。

隋炀帝大业十一年，李渊奉命镇压在今山西一带的农民起义。李渊率军抵达龙门（今山西省河津市西北、陕西省韩城市东北黄河沿岸）时，农民军首领毋端儿率数千人来攻，被李渊击败。因此功，次年李渊被任命为右骁卫大将军、太原道抚慰大使。当时山西一带最大的农民起

---

① 《旧唐书》卷一《高祖纪》，第2页。

义军是历山飞领导的军队，其本名魏刀儿，号历山飞。这支部队人数多达十余万，主要活动在太原以南、上党（今山西省长治市）、西河（今山西省汾阳市）一带。李渊率军五六千人前往讨伐，与历山飞所率的两万余人大战于河西雀鼠谷口（今山西省介休市与霍州市之间）。农民军结阵十余里，首尾相接，向官军发动进攻。李渊将所率军队分成两部分，以老弱之兵居中，多张旌旗，辎重继其后；又把麾下精锐骑兵分成左右两个小阵，由他本人亲自率领。农民军见中阵旌旗飘动，以为是李渊亲率的主力军队，遂集中兵力向其发动猛攻。官军不支，纷纷丢弃辎重后退，农民军争相抢夺辎重，阵容大乱。李渊见时机成熟，亲率左右两阵的精锐骑兵从两翼向农民军冲击，斩获不计其数，取得了胜利。此战之后，农民军余部无力再战，李渊乘机收编了残余义军数万，壮大了自己的力量。

在这期间，突厥仍是河东地区最大的威胁，李渊根据突厥军队长于骑射、居无定所的特点，选拔了部分善于骑射的骑兵，像突厥兵一样居无定所，在边境一带游弋。每逢突厥的侦察骑兵，便表现出若无其事的样子，左右射猎，驰骋奔跃。李渊本人尤善骑射，与突厥相遇，每发辄中，突厥骑兵甚是畏惧，不敢交战，往往退去。李渊的这些作为，对稳定军心、解除将士对突厥的惧怕心理，都起到了很好的作用。一次，他率军与突厥兵相遇，主动发起攻击，将士们奋勇向前，大破突厥军队，斩首千余，缴获了一批战马。自此突厥不敢再以小股骑兵骚扰。

李渊尽管在稳定河东局势方面做出了较大的贡献，但并不能使隋炀帝放松对他的警惕。大业十三年，李渊被任命为太原留守。这时炀帝已经移居江都（今江苏省扬州市），此时农民起义的烈火燃遍全国，李密、翟让领导的瓦岗军击败隋朝名将张须陀，逼近东都洛阳。豫章（今江西省南昌市）人林士弘连败隋军，南方豪杰纷纷杀死隋朝官吏以响应起义，北至九江（今江西省九江市），南达番禺（今广东省广州市东南），皆是其势力范围。江淮一带则有杜伏威起义军，河北有窦建德起义军，无不获得了重大的胜利。在这种局势下，隋炀帝对贵族官僚更加猜忌，一度使李渊陷于非常危险的境地。

（二）与隋室矛盾的加剧

在隋朝末年，有一种谶语在全国各地广泛流传，所谓：“桃李子，鸿鹄绕阳山，宛转花林里。莫浪语，谁道许。”[①]就是说李姓之人将要获得天下。当时有一个名叫安伽陀的方士，劝隋炀帝尽杀海内李姓之人。炀帝首先怀疑的是大贵族李浑，遂指使人诬告李浑谋反，将连同其宗族在内的数十人全部杀死。接着将作监李敏也被杀害。李渊作为李姓之人，自然也在炀帝的猜忌之中，只是因为尚未获得任何证据，加之还要利用李渊来稳定河东地区的局势，所以炀帝一直隐忍不发。河东抚慰副使、李渊的好友夏侯端也看出了这一点，他对李渊说：“天下方乱，能安之者，其在明公。但主上晓察，情多猜忍，切忌诸李，强者先诛，金才既死，明公岂非其次？若早为计，则应天福，不然者，则诛矣。”[②]金才，是李浑的字。对于夏侯端的这番话，李渊深深地表示赞同。

不久，突厥围攻马邑郡（今山西省朔州市），李渊、高君雅率军与马邑太守王仁恭共同御敌。高、王违背李渊授意的作战方针，被突厥击败。炀帝知悉后，大怒，派使者到太原逮捕了李渊与王仁恭，打算押送到江都处置。李渊大惧，一时也无可奈何，遂被关入监狱之中。这时，其次子李世民与晋阳宫监裴寂均劝说李渊，与其坐以待毙，不如举兵造反。据《资治通鉴》载：“世民与寂等复说渊曰：‘今主昏国乱，尽忠无益。偏裨失律，而罪及明公。事已迫矣，宜早定计。且晋阳士马精强，宫监蓄积巨万，以兹举事，何患无成！代王幼冲，关中豪杰并起，未知所附，公若鼓行而西，抚而有之，如探囊中之物耳。奈何受单使之囚，坐取夷灭乎！’渊然之，密部勒，将发。”[③]也就是说，李渊决心要孤注一掷了。正在其紧锣密鼓准备起事时，隋炀帝又派来了一位使者，

---

① 〔唐〕魏徵、令狐德棻：《隋书》卷二二《五行传上》，中华书局1973年版，第639页。

② 《旧唐书》卷一八七上《夏侯端传》，第4864页。

③ 〔宋〕司马光：《资治通鉴》卷一八三，隋恭帝义宁元年四月，中华书局1956年版，第5731页。

宣布赦免李渊与王仁恭，官复原职。大约隋炀帝认为如果此时杀了李渊，虽然铲除了心头之患，然而必会使河东地区局势更加混乱，从维护隋朝统治的大局出发，只好释放李渊，让他继续主持太原军政，并非真正信任李渊。

说来也奇怪，自从隋炀帝居于江都之后，南北往来十分不便，使者在途中时常遭到抢掠或杀害，“惟有使自江都至于太原，不逢劫掠，依程而至，众咸异焉”。当携带释放李渊诏书的使者到达太原时，恰是夜晚，李渊已经就寝，闻听这个消息后，惊跳而起，说道：“此后余年，实为天假。”又对李世民说：“吾闻惟神也，不行而至，不疾而速，此使之行，可谓神也。天其以此使促吾，当见机而作。”[①]因此，可以说这一事件是促使李渊起兵的导火线，他决心在出狱后着手起兵反隋了。

但是因为还没有做好起事的准备，所以在出狱后，李渊并没有马上起兵，而是一面做好起事的各项准备，一面等待最有利的时机。

为了保证起事的顺利进行，李渊并没有完全依靠驻太原的隋朝军队，而是另外招募了壮士数千人，屯驻于太原兴国寺内。这支军队被李渊视为其创业的基本部队，为了不引起隋炀帝派来的副留守王威、高君雅的怀疑，他一直没有去视察或检阅这支军队。他命令亲信刘弘基、长孙顺德统领这支部队。刘弘基因逃避征伐高丽的战争而亡命于太原；长孙顺德则是李世民岳父长孙晟的弟弟，也因逃避征伐高丽的兵役藏匿在太原。

李渊把兵权交给这样两个没有合法身份的人统领，自然会引起别人的怀疑。高君雅对李渊的另一亲信武士彟说：“逃避兵役，按律当处死，如何能领兵呢？”并打算将两人扣押起来审问。武士彟劝解说：“这二人都是唐公之客，如果扣押势必引起纠纷。”高君雅只好隐忍不发了。此事也引起了王威的怀疑，只是此人比较沉稳，不公开质询罢了。李渊也知道纸终究包不住火，于是加快了起兵的准备步伐，同时派

① 〔唐〕温大雅撰，李季平、李锡厚点校：《大唐创业起居注》卷一，上海古籍出版社1983年版，第4页。

人到河东郡催促李建成兄弟尽快赶往太原，共同参与起兵大业。

第二节　唐高祖时期

一、从太原到长安

（一）太原起兵

大业十三年春，马邑军人刘武周杀死了太守王仁恭，占据郡城，自称天子，国号定扬。不久，刘武周又攻下了楼烦郡（今山西省静乐县），并占据了隋炀帝的离宫——汾阳宫。李渊认为这是集中军队的好时机，于是对太原副留守王威、高君雅说："刘武周占据了汾阳宫，如果不能尽快剿灭，当犯灭族之罪。"二人惧怕治罪，又计无所出，只好请李渊拿主意。于是李渊借机调动军队、粮廪，调整部署，安排亲信于要害部门，并下令招募军队。

李渊准备就绪后，借故处死了隋炀帝派来监视他的副留守王威、高君雅，这一举动标志着李渊与隋朝彻底决裂。在正式兴兵进军关中之前，李渊认为必须先解决突厥这个后顾之忧，但是由于双方力量强弱悬殊，不能硬来，于是李渊便主动向突厥始毕可汗写信称臣，始毕允许与其讲和，并支持他代隋而立，自为皇帝。由于军中缺马，突厥又送来良马千匹，到太原交易，并答应派军队协助李渊攻取关中。李渊考虑到突厥兵多，恐其骚扰百姓，所以只要求突厥派来少量的军队，以达到壮大声威的目的。

在诸事齐备后，李渊打开太原的官仓，救济贫苦民众，争取民心，使得前来应募的贫民越来越多，二十日内得兵数万。然后派其子李建成、李世民统兵征讨不肯听命的西河郡丞高德儒。李氏兄弟军纪严明，百姓菜果非买不食，且能与士卒同甘共苦，故军队士气很高，很快便攻下了西河郡，仅斩杀高德儒，此外秋毫无犯，不妄杀一人。从出兵到返回太原，前后仅用了九天时间。李渊对此战非常满意，认为有这样的军队，就可以横行于天下了。

此战之后，李渊建置了大将军府，命李建成为左领军大都督，统率左三统军，封陇西公；李世民为右领军大都督，统率右三统军，封敦煌公；李元吉为太原郡守，留守太原；裴寂、刘文静、武士彟、温大雅、唐俭等均为大将军掾属，刘弘基、长孙顺德、王长阶等为各级统兵军官。至此，李渊借以争夺天下的军事、政治机构基本组成，把改朝换代的愿望开始转变为实际行动了。

大业十三年七月，李渊亲率大军三万，从太原经西河向霍邑（今山西省霍州市）进军，击败了隋将宋老生所率精锐军队两万，斩杀宋老生，攻下了霍邑。接着连下临汾（今山西省临汾市）、绛郡（今山西省新绛县），直抵龙门。然后兵分两路，以主力渡过黄河攻取关中，另派一支军队开赴河东，对付驻守在那里的隋将屈突通。李渊派王长谐、刘弘基率兵渡河，很快攻占了韩城（今陕西省韩城市），然后率军南下，击败隋军，迫使驻守河东的隋军自断蒲津桥。李渊自己却率主力直下河东，隋军坚守城池不出，李渊乘机在这里渡过黄河。这时冯翊、永丰仓均为李渊军所占，京兆万年、醴泉等地官员也派人与李渊联系归降事宜。三秦士庶、郡县长吏、豪强子弟，扶老携幼来投者甚多。

李渊见民心可用，决定直攻长安，他命李建成率军数万屯于永丰仓（今陕西省华阴市东北渭水南岸广通渠口），扼守潼关，命李世民、长孙顺德等率军数万，经高陵（今陕西省西安市高陵区）、泾阳（今陕西省泾阳县）、武功（今陕西省武功县西）、盩厔（今陕西省周至县）、鄠县（今陕西省西安市鄠邑区），迂回进攻长安。沿途吏民归顺者甚多，到达泾阳时，这支军队的人数已经增至九万多。接着，又会合了李神通和李渊女平阳公主所率的军队，声势更加壮大。

李神通是李渊的堂弟，太原起兵时，他正在长安，为了躲避隋朝官吏逮捕，逃入鄠县山中，与史万宝等人聚兵响应李渊。平阳公主与丈夫柴绍也在长安，李渊在太原起兵时，曾密召二人赴太原。柴绍认为夫妻同行易暴露，自己单独赴太原，平阳公主则潜回鄠县自己的别墅，散家财，聚徒众，起兵四处攻讨。多次击败来犯的隋军，陆续攻取了盩厔、武功、始平（今陕西省咸阳市西北）等地，组成了7万余人的大军。李渊得知此消息后，十分兴奋，派柴绍率数百骑兵从华阴沿南山以迎公主。后来这支军队在渭北与李世民的军队会合，号称“娘子军”，并参加了围攻长安的战斗。

这年十月，李渊也到达长安城外，并调李建成之军于长安城外汇集，使得大军总数达二十余万。这一时期辅佐代王杨侑留守长安的是隋刑部尚书卫玄、左翊卫将军阴世师、京兆丞骨仪等人。卫玄见形势不妙，忧惧成疾，死于家中。只有阴世师、骨仪督军乘城，据守不降。十一月，李渊见诸军做好了攻城的准备，遂下令攻城。诸军奋勇向前，一举破城，俘获阴、骨二人，将其斩首。

镇守河东的隋将屈突通见长安已破，知道关中大势已去，遂率兵向洛阳退去。李渊命刘文静派骑兵追赶，屈突通部下溃不成军，纷纷解甲投降，屈突通本人被俘。解送长安后，李渊对其免罪释放，并任命其为兵部尚书。

十二月，李渊派人招抚巴蜀之地，不费一兵一卒，便使巴蜀之地归于李氏。自此，李渊便以长安为基地，逐步稳定关中，开始了统一全国的大业。

（二）隋帝禅位

李渊从太原起兵仅半年时间就攻占了长安，管辖区域包括今关中、山西、巴蜀等广大地区，奠定了帝业的基础。但是他并没有立即登上皇帝宝座，而是拥立代王杨侑为皇帝，遥尊隋炀帝为太上皇，并改大业十三年为义宁元年（617）。之所以如此，是因为李渊认为关中还有许多州县没有完全降服，关中人心还未完全稳定；加上国内还有许多势力强大的割据者没有放下尊隋的旗号，如瓦岗军李密、河北窦建德、洛阳王世充等；各地一些隋朝官吏仍有相当的力量。如果急于称帝，势必会引来许多割据者和隋朝官吏的敌视，使自己陷于孤立的地位。还有一个原因使李渊不便马上称帝，即他是打着尊隋的旗号进入长安的，这时隋炀帝还没有死，马上撕破假面具，必然暴露了自己政治上的虚伪性。在时机还不成熟的情况下，李渊只能奉杨侑为帝，把他作为一个过渡性的傀儡。既然尊隋，李渊为什么不尊隋炀帝呢？因为尊炀帝就无法实现他改朝换代的目的，且隋炀帝已搞得天怒人怨，成为众矢之的，既为广大人民所反对，又不为各地官吏所拥戴，没有多大的号召力了。

为了给改朝换代创造条件，李渊刚刚进入长安，就宣布约法十二条，除杀人、抢劫、逃兵、叛逆仍要处以死刑外，其余隋朝酷法苛政全部废除。此举对饱受隋朝暴政压迫的关中百姓来说，无疑是一项最大的善政，从而使人心更加倾向于李氏。在尊杨侑为皇帝的同时，李渊自封为大丞相、唐王，并改武德殿为丞相府，改“教”为“令”。当然这一切还都要以杨侑的名义颁布。按照隋朝制度，藩王的命令只能称“教”，李渊的命令此时改称“令”，形式上与皇帝已经没有多大的区别了。当时还规定军国大事、礼乐征伐、兵马粮仗、文武百官，全归大丞相掌管，这是李渊自己给自己封官授权。几天之后，他又封李建成为唐王世子，李世民改封秦国公，李元吉改封齐国公，仍然留守太原。

义宁二年（618）二月，李渊又让隋帝杨侑任自己为相国，“加九锡，赐殊物，加殊礼焉”[①]。所谓“九锡”，是古代天子尊礼诸侯而赐给的九种器物，魏晋以来凡禅代者多以授九锡作为登极的前奏曲。李渊虽然急于改朝换代，但却不愿暴露得过于明显，所以他又拒绝接受九锡，只是将丞相府改为相国府而已。

这年三月，隋炀帝在江都被宇文化及等人缢杀，另立秦王杨浩为帝。不久，王世充在洛阳拥立越王杨侗为帝。这样就同时存在几个隋朝皇帝，至于各地的割据势力称帝称王的也不少，在这种情况下，李渊改朝换代就不存在障碍了。于是李渊一面加快了登极的准备，一面又假惺惺地对炀帝之死表示悲痛，并率文武百官举哀于大兴殿后殿，当然这一切都是做做样子给世人看，当不得真。

本来此时称帝已经是水到渠成，可是李渊还觉得戏演得不够，还要

① 《大唐创业起居注》卷三，第46页。

部下开动脑筋再做些戏。这年四月，杨侑下诏禅位于李渊，裴寂等率文武百官两千余人上书劝进，李渊退回上书，不肯接受禅位。裴寂等人又当面劝进，说什么“臣等为大唐将佐，陛下不为唐帝，我们只好辞官回家了，请陛下深思，给我们一个继续做官的余地”。李渊说：“裴公何必相逼太急，容我再慎重思考一下。”既不把话说绝，又不马上应承，可见李渊还是觉得戏没有做完。于是，裴寂等人又编造了许多歌谣，伪称太原慧化尼、蜀郡卫元嵩等人所作，并说天下之人都在传唱，可见谣谶天降，违天不祥。这些谣谶的内容无非是说李氏当做皇帝，如慧化尼的歌谣说：“东海十八子，八井唤三军，手持双白雀，头上戴紫云。”[①]十八子是一个“李”字，白雀代表白色，紫云是绛色，当时唐王的旗帜杂用绛白之色。这一套东西并不新鲜，自古以来每逢改朝换代，都会有人出来搞一些诸如此类的东西，表示新朝上膺天命、下顺民心。

经过再三劝进后，李渊终于要隆重登场了。

这年五月二十日，李渊即皇帝位于长安太极殿，庙号高祖，国号为唐，改元武德。唐朝以长安为都城，立李建成为太子，封李世民为秦王，李元吉为齐王。

二、唐高祖及其后妃

（一）奢华的宫廷生活

唐高祖李渊的个人生活从来都是放纵的，早在任太原留守时，就经常与裴寂饮酒作乐，弈棋赌博，连晋阳宫中隋炀帝的嫔妃都敢与之同宿。他还喜好声色犬马，甚至到了痴迷的程度。当了皇帝以后，屡有臣下劝谏，希望他不要贪图安逸享乐，他虽然口头上表示接受，但实际上并未完全停止此类活动。武德元年，他就下令太常寺到民间借得妇女衣裙五百套，作为散乐百戏的演出之服，准备于五月五日在玄武门外表演。此时唐政权刚刚建立，府库尚不充裕，所以才到民间

① 《大唐创业起居注》卷三，第56页。

借服装。在尚不具备奢侈生活的条件之时，宁愿向民间借用也要追求享乐，可见唐高祖对安逸享受的追求是多么迫切。只是这一时期全国尚未统一，国家财力有限，使得其不得不对这种生活的追求稍稍有所收敛。

武德四年（621）以来，势力最强大的几个割据集团相继覆灭，除了突厥尚有威胁外，唐朝的统治大体上已经巩固了。在这种情况下，唐高祖便放心大胆地追求起奢侈生活了。据《资治通鉴》载："上晚年多内宠，小王且二十人。"[①]能够考其生母知名字的小皇子，即达十七人之多，即莫嫔生荆王元景，孙嫔生汉王元昌，尹德妃生酆王元亨，宇文昭仪生韩王元嘉、鲁王灵夔，崔嫔生邓王元裕，杨嫔生江王元祥，小杨嫔生舒王元名，郭婕妤生徐王元礼，刘婕妤生道王元庆，杨美人生虢王元凤，张美人生霍王元轨，张宝林生郑王元懿，柳宝林生滕王元婴，王才人生彭王元则，鲁才人生密王元晓，张氏生周王元方。据《旧唐书》记载，唐高祖共二十二子，除以上十七人外，其余均为其当皇帝前所生。

唐高祖像

建国仅仅五年就已经拥有如此之多的内宠及小皇子，说明李渊自即位以来便始终没有放弃对女色的追求，否则绝不可能在如此之短的时间内生下这么多的儿子。作为一个皇帝嫔妃成群，原本没有什么可大惊小怪，问题是仅仅数年时间，就一下子增加了如此之多的子女，而且还是在天下尚未平定、战争频仍的形势下。作为最高统治者的皇帝，其精力到底放在什么地方，不是一目了然吗？

唐高祖还有强占他人之妻的恶行，刚刚攻下长安之时，他见太子舍

① 《资治通鉴》卷一九〇，唐高祖武德五年十一月，第5957页。

人辛处俭的妻子美丽，遂将其强占为己有，还把人家丈夫清除出朝官的行列，贬到万年县去任职。辛处俭非常恐惧，惶惶不可终日，不知哪一天要掉脑袋。

隋朝建大兴城，宫室建造得本来就非常壮丽，隋末虽天下大乱，但长安并未遭受兵火破坏，宫室完好无损。唐朝建立后，唐高祖仍不满足，又加以整修、粉饰，增建了披香殿、弘义宫等宫殿。此外还兴建了不少离宫，在关中有位于高陵县的龙跃宫，本为高祖之父李昞的外宅，李渊称帝后改为奉义宫，武德六年改为龙跃宫。武功县有庆善宫，这是李渊的旧宅，唐太宗李世民的降生之所，武德元年改为武功宫，武德六年改为庆善宫。长安通义坊有李渊的旧宅，武德六年改为通义宫。在宜君县还有仁智宫，也是唐高祖兴建的离宫之一。这些离宫在建唐后都进行过规模不一的修葺或扩建，其中以庆善宫规模最大，不仅唐高祖在位期间到这里居住过，太宗李世民也曾多次驾临这里。通义宫是否扩建过，史无记载，从义宁二年李渊将祖先四庙置于这里的相关记载来看，肯定进行过扩建，至少也进行过修葺粉饰。高祖李渊还多次驾幸骊山温泉沐浴，一住多日，当地肯定还有离宫存在。

唐高祖的这些营建活动，与历代君主比起来也许算不了什么，但是这一切却是在唐初生产衰退、社会凋敝的情况下，为了个人享乐而进行的，则显然不合时宜。

唐高祖还贪图珍宝，迷恋隋朝宫人的美色。李世民刚刚平定王世充势力，攻下洛阳后，高祖没有派使者抚慰犒赏有功将士，反而急忙派贵妃等数人赶赴洛阳，为自己收取府库珍宝，挑选隋宫嫔妃、宫女。这些都是他骄奢淫逸思想的反映，在历代开国之君中是比较少见的。

他还喜好畋猎，稍有闲暇，即外出围猎，甚至有一年之内数次畋猎的情况发生。史籍记载的多为规模较大的围猎行动，小规模的还不知道有多少。皇帝狩猎与常人不同，每次出行必调动军队，百官侍从，场面浩大，耗时较长，往往要花费大量的钱财，动用大量的人力，而且也会延误国事。其不良影响还在于，所到之处地方官员劳众接驾，进献食品与土产，不仅给当地带来极大的经济负担，骚扰百姓也是难以避免的，至于践踏庄稼、破坏生产的事也是屡见不鲜。因此，凡是忠于国事的历代贤臣，莫不反对皇帝畋猎，犯颜直谏者比比皆是。

（二）皇后窦氏

李渊的皇后窦氏，是北周贵族窦毅之女。窦毅在隋朝任定州总管，封神武公。窦氏出生时就与众不同，据载其头发垂过颈部，3岁时发如体长。周武帝非常喜欢她，把她接入宫中抚养。周武帝曾娶突厥女为皇后，但不喜欢这个异族女子，使其一度受到冷落。窦氏虽然年纪不大，却很有见识。有一天，她私下对周武帝说："四边未靖，突厥尚强，愿舅抑情抚慰，以苍生为念。但须突厥之助，则江南、关东不能为患矣。"[①]意思是说天下尚未太平，突厥势力强大，希望舅舅能以民众为重，控制自己的感情，对突厥女多加爱抚，只要能得到突厥的支持与帮助，则南陈、北齐就不能对北周构成威胁。周武帝认为她说得很有道理，接受了她的意见。可见窦氏不仅容貌非凡，也具有不同于常人的见识。

后来隋文帝杨坚篡夺了北周的帝位，建立了隋朝。窦氏痛哭流涕地说："恨我不为男，以救舅氏之难。"[②]窦毅听到后，惊出了一身冷汗，急忙用手堵住女儿的嘴，唯恐她继续说下去，被外人听到，招来灭族之祸。尽管如此，窦毅对女儿的胆识还是十分赞赏的，对其更加珍爱，不肯轻易嫁人。为了不使女儿误嫁常人，窦毅决定亲自为女儿挑选女婿。他在自家门屏上画了两只孔雀，凡上门求婚的贵族公子，皆要考较他们的本事，凡能射中孔雀两只眼睛的，才能允其所求。前后求婚的年轻公子达数十人，但都没能射中，只有李渊射两箭各中一目，二人遂成婚。

窦氏多才多艺，善写文章，尤精于书法，她仿李渊的字，外人竟不能分辨。李渊之母在世时，待下颇严，人皆畏惧。她晚年患有多种疾病，有时还非常严重，每到这时，家中之人都不敢前往侍候，只有窦氏

① 《旧唐书》卷五一《太穆皇后窦氏传》，第2163页。

② 《旧唐书》卷五一《太穆皇后窦氏传》，第2163页。

昼夜服侍，往往月余不脱衣衫。

在隋文帝统治时期，李渊尚平安无事，仕途也比较顺利。隋炀帝即位后，性猜忌，且好声色犬马，李渊的好日子便不复存在了。大业中，李渊任扶风（今陕西省宝鸡市凤翔区）太守，有骏马数匹，其妻窦氏深知炀帝喜好犬马，遂劝李渊将这几匹马献给皇帝，以免有人报告皇帝招来祸患。李渊靳惜难舍，犹豫不决，后来果然因此事遭到了贬责。李渊在吃了苦头后，方才醒悟，认识到妻子的意见是正确的，于是广求鹰犬，数次进献，才得以升任为将军。这时窦氏已亡，李渊流着眼泪对他的儿子们说："我早从汝母之言，居此官久矣。"[①]因而更加思念亡故的妻子。

窦氏于隋炀帝大业九年，死于涿郡（治今北京市西南），终年四十五岁。唐朝建立后，追尊其为太穆顺圣皇后。李渊虽然广纳嫔妃，却未再立过皇后，说明他对窦氏的感情还是很深的。

（三）其他嫔妃

在皇后窦氏之外的嫔妃中，地位最高者当属楚王李智云之母万贵妃，由于窦皇后早亡，宫中诸事皆由其掌管。可万贵妃毕竟年事已高，虽然受到唐高祖的尊敬，但很难谈得上宠爱，于是当李世民之子李宽过继给李智云为子并被封为楚王后，万氏便被授予楚国太妃的名号，与其嗣孙李宽一起生活去了。

在这种情况下，宫中嫔妃中当以尹德妃地位最高了，而这位尹德妃却不是良善之辈。她为高祖生了酆王李元亨，且本人年轻貌美，很得高祖的宠爱。正因为如此，不仅尹德妃本人恃宠弄权，就连其亲属也横行于长安。如尹德妃的父亲阿鼠就是如此，他依仗其势，骄横异常。有一次，秦王李世民的府僚杜如晦路过他家门口，被其家仆数人拉下马来殴打了一顿，还折断了一根指头，并且大骂说："汝何人，敢过我门而不下马！"这还不算，阿鼠又恶人先告状，指使尹德妃在高祖面前哭诉，说

① 《旧唐书》卷五一《太穆皇后窦氏传》，第2164页。

什么“秦王左右陵暴妾家”[1]。高祖大怒，将李世民召入宫中，痛斥了一顿，李世民再三辩解，高祖始终不肯相信。

张婕妤也是一位颇受高祖宠爱的嫔妃。秦王李世民攻下洛阳，消灭了割据于这里的王世充。由于淮安王李神通此次跟随秦王出征，且立有战功，于是便赏给其良田数十顷。张婕妤的父亲也看中了这块土地，便通过其女向高祖索取。唐高祖同意了这一请求，颁敕将这块土地赐给张婕妤之父。然而李神通认为秦王赏给自己在前，而皇帝的命令在后，拒绝交出这块田地。张婕妤哭诉于高祖说：“敕赐妾父田，秦王夺之以与神通。”高祖大怒，把李世民招来，斥责说：“我手敕不如汝教邪？”[2]“手敕”是皇帝的一种诏旨，“教则”是亲王、皇后等的命令。

前面已经论到，唐高祖拥有为数众多的嫔妃，除了尹德妃、张婕妤外，还有一些嫔妃也卷入武德末年的政治斗争中。据记载，秦王李世民每次侍宴于宫中，面对众多的嫔妃，想起自己亲生母亲窦氏因早死不能见到他家获得天下时，流泪不止。李渊看到这种情形，觉得扫兴，因而很不高兴。而一些嫔妃尤其那些生了小王的人，见李渊已年老，出于对自己及其儿子的前途着想，便不能不对当时太子李建成百般示好，以便将来得到他的关照。她们也深知李建成与秦王李世民关系不睦，为了讨好李建成，便趁机共同向高祖进言，说：“天下一统，海内无事，陛下年事已高，正应该娱乐快活，独秦王每次流涕不止，这是他憎恨我们这些人的缘故。陛下万岁之后，我们母子必不为秦王所容，一定会诛杀殆尽的。从而使高祖对李世民很是不满。”

在武德年间，突厥多次侵扰唐朝的边境，有时甚至威胁到关中的安全。面对突厥的威胁，唐高祖往往派李世民率军抵御，没有打过什么硬仗，就使突厥退兵而去。这种情况的出现，使得一些人对李世民产生了怀疑，甚至认为他挟突厥以自重。李世民早年与太原起兵时的功臣刘文静关系密切，而刘文静却与突厥关系不同寻常，当年李渊称臣于突厥便

---

① 《资治通鉴》卷一九〇，唐高祖武德五年十一月，第5959页。

② 《资治通鉴》卷一九〇，唐高祖武德五年十一月，第5959页。

是刘文静牵的线。因此他认为李世民通过刘文静与突厥达成某种默契，也不是不可能的。出于对李世民的防范，此后凡遇突厥侵扰，高祖有时便命李元吉与其共同领兵，以分兵权。

在这个问题上，宫中的嫔妃们也参与进来，她们与太子李建成共同对唐高祖说："突厥虽屡为边患，得赂即退，秦王外托御寇之名，内欲总兵权，成其篡夺之谋耳！"[①]李渊联想到李世民与突厥的神秘关系，认为这些话不无道理。因此，自武德五年（622）之后，便不再派李世民领兵出征了。

三、相互嫉恨的兄弟

（一）咄咄逼人的秦王

在唐高祖诸子中，李建成是长子，按照立嫡以长的传统，他理所当然地应该成为储君，而且在唐朝建立之初，他就已经被立为太子了，在当时似乎也没有发生过什么争议。

另据记载，太原起兵时，唐高祖曾对李世民许愿："若事成，则天下皆汝所致，当以汝为太子。"李世民坚决不同意。攻占长安后，李渊自为唐王，"将佐亦请以世民为世子，上将立之，世民固辞而止"[②]。这种说法，恐是贞观史臣的虚构，不可尽信。在太原刚刚起兵之时，胜负尚未可料，立谁为太子并非紧迫之事，怎么会提到议事日程上呢？贞观十三年（639），唐太宗李世民曾向谏议大夫、兼知起居注褚遂良提出要求观看《起居注》，理由是皇帝阅当代史可以知道哪些事做对了哪些事做错了，这样就能引以为鉴。按照皇帝不能查阅当代史的传统，褚遂良拒绝了太宗的请求。次年，唐太宗又向房玄龄要求观看国史，房玄龄畏惧天子之威，为保自己的地位，遂将《唐高祖实录》《太宗实录》各二十卷，呈给他观看。"太宗见六月四日事，语多微文"，于是要求

① 《资治通鉴》卷一九一，唐高祖武德七年七月，第5989页。

② 《资治通鉴》卷一九〇，唐高祖武德五年十一月，第5957页。

“宜即改削浮词，直书其事”。[①]六月四日事，即指玄武门诛杀建成、元吉之事。“语多微文”，反倒容易使人产生怀疑，删削浮词，直书其事，不至于使后人观史时疑神疑鬼，影响唐太宗的形象，这正是他这个主张的高明之处。问题是如何“直书”？能否实事求是地修史，这就很值得怀疑了。本来皇帝是不许观国史的，这是历代帝王都能遵守的一条准则，唐太宗偏偏要破坏这个传统，这样就不免影响史官客观公正地修史，谁还敢再写皇帝的阴暗面？事实也证明，当时就存在房玄龄这样的屈服于皇帝淫威的史臣，他连拒绝皇帝自观国史的勇气都没有，如何有胆量在史书中记载皇帝不光彩的一面呢？温大雅撰的《大唐创业起居注》是武德时期修撰的，其时唐太宗尚未即皇帝位。这部书关于太原起兵的记载，就与《资治通鉴》、两《唐书》在不少问题上不同。这就充分地证明这些晚出的史书已经有意无意地受到贞观史臣撰写的国史的影响。唐太宗自观国史的不良影响是显而易见的，因此对这些记载还要加以分析，切不可盲目相信。在这类史书中一再杜撰唐高祖要立李世民为太子，他本人又再三辞谢，目的就在于掩盖他发动政变以夺取皇位的不合法性，以及杀兄诛弟的不道德性。

李世民萌发夺取太子之位的野心，是在他扫平其他割据势力、取得统一全国的战争胜利后逐渐产生的。他认为自己的功业远远超过了其兄李建成，又拥有一大批各类人才，政治势力空前膨胀，因此就不再满足仅仅当一个秦王，而力图登上权力的顶峰。

武德四年以前，李世民的这种野心尚不明显。这一年他平定了窦建德、王世充等强大的割据势力，唐高祖因其功大，前代官职都不足以与之相称，特创“天策上将”一职授之。李世民本人也认为天下基本平定，于是开文学馆，以杜如晦、房玄龄、虞世南、褚亮、姚思廉、李玄道、于志宁、薛收、陆德明、孔颖达、许敬宗等一批人，兼任文学馆学士，号称“秦王府十八学士”。李世民本人在公事之暇，常到馆中与诸学士讨论文籍，有时甚至到夜晚才散。此事在当时影响颇大，“士大夫

① 〔唐〕吴兢撰，谢保成集校：《贞观政要集校》卷七，中华书局2009年版，第391页。

得预其选者，时人谓之‘登瀛州’”[①]。瀛州为传说中的海上三仙山之一，能到达者即可成仙，用此来比喻文学馆，可见到此任职是多么光彩、多么为士人们所羡慕的。李世民大开文学馆，目的有二：一是招徕人才，壮大势力；二是认为自己武功赫赫，而在文艺方面尚有欠缺，以此来弥补这方面的不足。这样就可以在文武两个方面都能取得令人瞩目的成就，从而扩大影响力，争取人心，为谋夺太子之位创造条件。

实际上在此之前，李世民就已经非常注意收揽人才了。如杜如晦，最初为秦王府兵曹参军，调任为陕州长史。房玄龄对李世民说："余人不足惜，至于杜如晦，王佐之才，大王欲经营四方，非如晦不可。"[②]李世民大惊，遂奏请留下杜如晦，继续在秦王府供职。房玄龄可谓深知李世民之心，他所说的"经营四方"，已经将李世民的野心表述得再清楚不过了。如果李世民没有野心，陕州长史之职自然比王府兵曹这种闲职重要得多，可以更好地发挥杜如晦的才能，反正都是为朝廷出力，李世民为什么不愿让杜如晦调走呢？可见其存有私心。史书还记载说，李世民每攻取一地，诸将皆争取金宝，唯有房玄龄招揽人物至秦王幕府中，"又将佐有勇略者，玄龄必与之深相结，使为世民尽死力"[③]。房玄龄的这些作为实际都是李世民授意的，至少也是获得其同意的。

秦王府的许多谋士和猛将都是在削平割据的统一战争中陆续收揽进来的，如尉迟敬德、程知节、秦叔宝、刘师立、李君羡、田留安等，无不如此。他这样做也有与李建成争夺人才之意，以杜淹为例，他在洛阳被攻取后，久久不得任命，准备投靠李建成，封德彝知道后告诉房玄龄，恐"长其奸计，于是遽启太宗，引为天策府兵曹参军、文学馆学士"[④]。

在平定王世充期间，李世民和房玄龄曾经微服访问过一位名叫王知远的道士。王知远迎接时说："此中有圣人，得非秦王乎？"李世民只好以实

① 《资治通鉴》卷一八九，唐高祖武德四年十月，第5932页。

② 《资治通鉴》卷一八九，唐高祖武德四年十月，第5932页。

③ 《资治通鉴》卷一八九，唐高祖武德四年十月，第5932页。

④ 《旧唐书》卷六四《杜如晦传附杜淹传》，第2471页。

相告，王知远又说："方作太平天子，愿自惜也。"李世民听后，牢记在心，"眷言风范，无忘寤寐"[①]。可见王知远也是洞悉其心，故弄玄虚，以讨好李世民。所谓"圣人"，这里即指天子，李世民对这个称呼欣然接受，说明李世民这时已经萌生了当皇帝的念头。

攻下洛阳后，李世民并不急于班师回京，而是"分散钱帛，以树私惠"[②]。也就是说，他想把东都作为自己的根据地，故在当地大肆活动，以收买人心。不过这种活动却是在披着合法的外衣下进行的。武德四年二月，李世民派宇文士及返回京师奏事，唐高祖对他说："归语尔王：今取洛阳，止于息兵，克城之日，乘舆法物，图籍器械，非私家所须者，委汝收之；其余子女玉帛，并以分赐将士。"[③]李世民分散钱帛就是按这个指令进行的，只是目的不纯罢了。说明李世民在扩大自己势力时，采取了合法与不合法相结合的手段，竭力壮大秦王府队伍。

其实，在武德四年之前，李世民就已经开始注意壮大个人势力了，只是在平定王世充、窦建德后，步伐加快了，因而其野心也就更加明显了而已。如武德二年时，李建成就对李世民日益壮大的势力感到压力颇大，"颇相猜忌"。说明李建成已经隐隐地感到对自己地位的威胁了。这年九月，礼部尚书兼太子詹事李纲上书，劝谏太子不要无节制地饮酒，不要听信谗言疏远亲兄弟。李建成听后很不高兴，依然如故，李纲无奈，上表请求辞去官职。表明建成兄弟之间的钩心斗角已经开始了。这一年高祖下诏处死了刘文静，李纲和李世民都先后出面求过情，说明这几个人属同一集团。唐高祖坚持处死刘文静，实际上是打击了李世民，起到削弱秦王府实力的作用。

（二）太子与齐王的联合

面对秦王李世民日益膨胀的势力，太子李建成感到了严重的威胁，使他不得不采取措施，壮大东宫的实力，以便与秦王府相抗衡。武德五

① 《旧唐书》卷一九二《王知远传》，第5125页。

② 《旧唐书》卷六四《巢王元吉传》，第2422页。

③ 《资治通鉴》卷一八八，唐高祖武德四年二月，第5902页。

年十一月，刘黑闼又一次举兵反唐，太子中允王珪、太子洗马魏徵建议说："秦王功盖天下，中外归心，殿下但以年长位居东宫，无大功以镇服海内。今刘黑闼散亡之余，众不满万，资粮匮乏，以大军临之，势如拉朽，殿下宜自击之以取功名，因结纳山东豪杰，庶可自安。"[①]这个建议的目的有两个：一是要李建成建立功勋，以镇服天下人心，抵消李世民的功勋与影响；二是利用这次出征，网罗人才，壮大实力。经唐高祖批准后，李建成率军出征，果然获得成功，不仅镇压了刘黑闼的反叛，更重要的是此举罗致了不少人物。河北地区后来就成了东宫集团的势力范围，李建成在这一带影响很大。

李建成此次河北之行的最大收获之一，就是将幽州总管罗艺拉入东宫集团。此人在隋朝任虎贲郎将，勇猛善战。隋末战乱期间，他镇压了多支农民义军，势力逐渐壮大，并攻取了涿郡一带。武德三年，他归顺了唐朝，唐高祖封其为燕王，赐姓李。李世民、李建成两次征讨刘黑闼时，他率军配合作战，斩获颇多，立有大功。后来他来到长安，朝见高祖，遂被留在长安，任左翊卫大将军。李建成为了加强自己的军事实力，密派人跟从罗艺私调幽州精锐骑兵三百人，置于东宫诸坊（坊为一级军事编制单位）。此事被人告发后，高祖严厉地斥责了李建成，罗艺因功高未被问罪。李建成的这次行动虽然失败了，但其也有成功的事例。他曾经私自招募长安及四方骁勇之士两千余人为东宫卫士，分屯于左右长林门，号长林兵（长林门为东宫宫门之一，分为左右）。

李建成另一成功之处，就是将其弟李元吉拉到了东宫集团中，使东宫集团的势力急剧膨胀。据《资治通鉴》载："太子建成性宽简，喜酒色游畋，齐王元吉多过失，皆无宠于上。世民功名日盛，上常有意以代建成，建成内不自安，乃与元吉协谋，共倾世民，各引树党友。"[②]这一段记载歪曲史实之处不少。说李建成因喜好酒色畋猎而失宠于高祖就不合情理。首先，高祖本人就喜好此类活动，怎会反倒要求儿子生活

① 《资治通鉴》卷一九〇，唐高祖武德五年十一月，第5960页。

② 《资治通鉴》卷一九〇，唐高祖武德五年十一月，第5957页。

检点？话又说回来，李建成身为太子，身边多几个女人，喜欢打猎饮酒，也算不上什么大的过失。李世民在这方面也丝毫不比其兄强到哪里去。这些问题后面还要详谈，这里就不赘述了。既然李世民有这些“嗜好”，其父都没有责怪，又如何偏偏以这些生活问题厌恶李建成呢？其次，李建成也不是酒囊饭袋、酒色之徒。太原起兵时，他任左领军大都督，单独率一支军队，立下了不少战功。武德五年，扫平刘黑闼。次年，率军到原州（治今宁夏回族自治区固原市），阻止了突厥的侵扰。只是由于他位居太子之尊，是未来的皇帝，所以不轻易领兵出征，因此显得不如李世民功勋卓著。至于李元吉，据载其能“力敌十夫”[①]，曾随李世民讨伐王世充，李世民率精锐赴虎牢关对付窦建德时，命李元吉率大军继续围攻东都洛阳。李世民率军征讨刘黑闼时，李元吉也随军参战。后来李世民奉诏回京，“乃以兵属齐王元吉”[②]，继续扫清残余敌军。可见李元吉在军事方面也不完全是无能之辈，尽管他曾经有过丧失太原的败迹，但李世民不是也曾经败于薛举吗？因此，不能以一战之胜负评价一个将领。然而李元吉骄逸放纵，名声欠佳，也是事实，但要说唐高祖因此而疏远他，则不符合史实，从后来的事态发展看，高祖对李元吉的亲近程度要远胜于李世民。

李元吉排行第四，在这场争夺帝位继承权的斗争中，根本没有取得继承权的可能，他本来可以不卷入这场斗争中来，即使卷入，为什么要加入李建成集团，而不站在李世民一方呢？史籍记载说：“元吉见秦王有大功，每怀妒害。”[③]又说：“但除秦王，取东宫如反掌耳。”[④]根据这些记载看，似乎李元吉打算在除去李世民后，再铲除李建成，自己当太子，故先站在建成一方，共同对付李世民，然后再对付李建成。这些记载都颇值得怀疑。李元吉论武功，不但无法与李世民比，与李建成比亦逊色不少，为何他妒忌李世民，却不妒忌太子李建成呢？何况齐王府

① 〔唐〕刘悚：《隋唐嘉话》卷上，中华书局1979年版，第10页。

② 《资治通鉴》卷一九〇，唐高祖武德五年四月，第5950页。

③ 《资治通鉴》卷一九一，唐高祖武德七年六月考异，第5985页。

④ 《旧唐书》卷六四《巢王元吉传》，第2422页。

的实力与世民、建成任何一方相比，都处于绝对劣势，如何能说“取东宫如反掌”呢？以他的实力、地位和威望，连杀两兄而夺取太子之位，谈何容易？再说这样做又如何能取得高祖的认可呢？李元吉再肤浅狂妄，这些道理也不能不明白。故以上记载很可能又是贞观史臣的诬罔曲笔，不可盲目相信。

李元吉站在李建成一方的真正原因是：其一，建成性宽厚，兄弟之间关系比较好处。有一次，李元吉欲刺杀李世民，建成性“颇仁厚，遽止之”[①]。因为当时矛盾还没有激化，所以建成顾及兄弟之情，不忍下手。李建成对政敌不到万不得已时，都不忍下毒手，看来他确实是一个仁厚又容易相处的人。而李世民执法严厉，李元吉有弃太原逃跑的不光彩记录，加之本人放纵狂躁，他感到如果李世民将来即位，自己很难为所欲为，而在李建成手下则要悠闲自在得多。因此，他选择支持李建成而反对李世民，实际上是选一个对自己更有利的兄长当皇帝。其二，李元吉本人没有多少政治资本，看到两位兄长的争斗在所难免，欲借机依靠一方以为自己的将来谋取更大的政治利益。在建成、世民两方中，李元吉可能认为李建成是嫡长子，又是在位的太子，继承皇位名正言顺，所以他把赌注下在建成一方，觉得这样可能把握更大一些，未必是自己想当皇帝。

（三）兄弟构陷与后宫倾轧

面对儿子们之间日益紧张的关系，唐高祖采取了试图缓和冲突、平衡双方关系的办法，他不想也不愿看到骨肉相残的血腥场面，曾明确表示过自己不愿学隋文帝诛杀任何一名亲骨肉。尽管他对李世民与突厥的神秘关系很不满意，并已觉察到李世民的勃勃野心，却没有对他采取过任何措施。当他发现李建成、李元吉某些暗害李世民的不轨行为，也没有及时阻止，事后也不加追究。

有一次，李元吉当面向唐高祖请求，要他下诏诛杀李世民，高祖认为李世民有平定四海之功，又没有谋反的证据，杀之无名。李元吉说：

① 《资治通鉴》卷一九一，唐高祖武德七年六月，第5985页。

当初平定王世充时，秦王迟迟不愿班师回京，并散发金帛，拉拢人心，以树私恩，难道不是想谋反吗？高祖仍坚决不同意对李世民采取行动。李元吉敢当着高祖的面要求铲除李世民，毫不隐讳，说明唐高祖对李世民的确猜疑颇深，因此李元吉才敢这样赤裸裸地提出要求。但从唐高祖迟疑不决的态度看，他仍想维持平衡、协调双方的关系，结果反而使双方对峙的形势更加严峻。

在太子东宫集团中，齐王李元吉是一个性格狂躁凶残的人物，而李建成却是一个性格比较宽厚的人，他与李世民的矛盾，完全是出于自卫，即保住已有的太子地位。如果不是李世民咄咄逼人，谋夺皇位的继承权，以李建成之为人，应该是不会主动对李世民采取行动的。关于这个问题有很多事例都可以证明。有一次，李世民随同唐高祖前往齐王府，李元吉命护军宇文宝埋伏在寝室内，打算刺杀李世民。李建成知道后，心中不忍，坚决制止。李元吉非常不高兴地说："为兄计，于我何害？"[1]这就说明不到矛盾异常激化、万不得已时，李建成不会采取血腥手段，这也是他最后失败的原因之一。

李元吉则不同了，他招纳亡命徒与壮士，厚加赏赐，使之为自己卖命。他多次为李建成出谋划策，谋害李世民。齐王府典签裴宣俨被免官后，投入秦王府任职，李元吉担心他泄露自己的阴谋，派人将其鸩杀。在此期间，曾经发生了两起谋害秦王李世民的事件，虽是李建成出面干的，恐怕与李元吉也不无关系。武德七年，唐高祖与太子、秦王、齐王等到长安以南打猎，高祖命三兄弟驰射角胜。李建成有一匹胡马，健壮高大，但却易于颠仆，常把骑手摔于马下。李建成便把这匹马交给李世民骑乘，并且说："此马甚骏，能超数丈涧，弟善骑，试乘之。"李世民骑着这匹马追逐野鹿，此马连蹶三次，李世民每次都机警地跳下马背，丝毫没有受伤。事后，李世民对宇文士及说："他们想用这匹马来害我，生死有命，一匹马如何能害得了我！"李建成听到后，指使宫中

① 《新唐书》卷七九《巢王元吉传》，第3547页。

嫔妃对高祖说："秦王自言，我有天命，方为天下主，岂有浪死！"[①]高祖大怒，将他们兄弟三人召入宫中，当着李建成、李元吉的面斥责李世民急于谋取大位。李世民再三辩解，高祖不听，李世民只好要求司法部门来核查此事。正在此时，忽报突厥犯边，高祖只好暂时放下此事，与李世民商议退敌之策。旧史记载说："上每有寇盗，辄命世民讨之，事平之后，猜嫌益甚。"[②]

还有一次，李建成夜请李世民赴宴，席间饮酒不少。返回秦王府后，李世民突然心痛不止，"吐血数升"。此事李元吉也参与了。高祖闻知李世民有恙，亲来看视，并告诫李建成说："秦王素不能饮，更勿夜聚。"[③]据记载此事发生在武德九年（626）六月的玄武门之变前夕，使人颇怀疑真实性。以李世民之精明强干，在蹶马事件之后，不会不对李建成、李元吉的举动有所警惕，如何会轻率地赴宴而不考虑其中有阴谋存在？此事发生在玄武门之变前夕，此时双方的斗争已经白热化，李世民也决定对其兄弟下手，在这种关键的时刻，如何肯自己送上门去，让对方算计？还有一点疑问，建成与元吉既已决定毒死世民，必然使用毒性猛烈之药，焉能使其死里逃生？旧史之所以如此记载，无非是为随后发生的玄武门之变找借口，给人以李世民杀兄诛弟是被逼无奈的印象。

还有一件事也使人颇费思量。唐高祖见自己的儿子们势同水火，矛盾很难调和，便对李世民说：太原举兵，削平海内，都是你的功劳。我想立你为太子，你又坚辞不干，"且建成年长，为嗣日久，吾不忍夺也"。看来你们兄弟很难相容，同处京师，必起纷争，我打算让你回到洛阳陕东大行台任上，自陕州以东的地盘归你管辖，"仍命汝建天子旌旗，如汉梁孝王故事"。李世民涕泣不愿远离高祖膝下。高祖说："天下一家，东、西两都，道路甚迩，吾思汝即往，毋烦悲也。"建成与元吉商议此事，一致认为如果让李世民到了洛阳，拥有地盘和军队，就更

① 《资治通鉴》卷一九一，唐高祖武德七年七月，第5990页。

② 《资治通鉴》卷一九一，唐高祖武德七年七月，第5990页。

③ 《旧唐书》卷六四《隐太子建成传》，第2417页。

加难以对付了，“不如留之长安，则一匹夫耳，取之易矣”。他们指令一些人上书高祖，说秦王的部下听说要到东都洛阳去，无不欢欣雀跃，观其状况，恐怕以后不会再回来了。于是，唐高祖又打消了允许李世民东往的念头。[①]

以上这种记载同样不可信。李渊是一位具有丰富政治经验的皇帝，如何会昏庸到允许两个皇子都打天子旌旗，这明明是分裂国家的行为，搞得不好还会导致双方爆发战争，李渊既不愿兄弟相残，如何会愿意看到兄弟之间在战场上兵戎相见，杀个你死我活呢？这样不仅不能避免同室操戈的悲剧发生，还会导致社会动荡、百姓涂炭的局面出现。因此，唐高祖绝不会有这样的想法。旧史臣之所以如此编造虚构，是因为如果如实记载李世民抢夺帝位，有损于其所谓明君形象。然而人为编造的历史是经不起推敲的，只要仔细分析就可以揭穿谎言，恢复历史的本来面貌。

但是，事情发展到后来，唐高祖的态度逐渐发生了变化，从维持和平衡斗争双方的立场，慢慢地向李建成、李元吉一方倾斜。发生这种变化的原因，除了他对李世民与突厥的关系不放心外，李建成、李元吉兄弟以及尹、张等妃嫔的作用，也是促使他改变立场的一个因素。高祖感到朝廷内部实实在在存在着一种对自己皇位的威胁，而这种威胁就来自于秦王府集团。于是他准备采取行动，消除这种威胁。武德九年六月，正在秦王府上下紧张准备，将要发动政变之际，唐高祖凭借自己多年的政治经验，预感到将要发生什么不测，在李建成、李元吉等人的鼓动下，打算将李世民逮捕治罪。这时，与秦王府关系密切的宰相陈叔达向高祖进谏说：“秦王有大功于天下，不可黜也。且性刚烈，若加挫抑，恐不胜忧愤，或有不测之疾，陛下悔之何及！”“上乃止。”[②]在这里陈叔达实际上是对高祖进行了恐吓，经此一吓，再加上高祖确实也没有抓住李世民明显的把柄，同时他也对问题的迫切性认识不足，没有料到几

① 《资治通鉴》卷一九一，唐高祖武德九年六月，第6004页。

② 《资治通鉴》卷一九一，唐高祖武德九年六月，第6005页。

天内将会爆发政变，于是就打消了立即解决秦王府集团的念头，改为逐步削弱其实力的缓着。后来事实证明，唐高祖在关键时刻的优柔寡断，造成了自己政治生涯终结的严重后果。

后来在贞观初期，已经如愿当了皇帝的李世民加拜陈叔达为礼部尚书，曾说过这样一段话："武德时，危难潜构，知公有谠言，今之此拜，有以相答。"①指的就是上面这件事。

在这场激烈的斗争中，为了能够得到后宫嫔妃们的帮助，李建成、李元吉不惜珍宝器玩，赂遗诸嫔妃，指使她们在高祖面前多多美言，尤其对尹德妃、张婕妤二人，更是曲意奉承，无所不至。有些旧史甚至说李建成与尹德妃、张婕妤之间有不正当的男女关系②，此事恐怕不可尽信。宋代著名史学家司马光对此表示："宫禁深秘，莫能明也。"③这种态度是比较慎重的。尹、张二人时常对李建成集团美言，一方面是接受了他们的贿赂，另一方面是她们的亲属多被安排在太子东宫做官，受到李建成很好的关照，这才是她们甘愿为李建成游说的重要原因。她们对唐高祖说："使陛下万岁后，（秦）王得志，妾属无遗类。东宫慈爱，必能全养。"④可见为其母子将来的利益与前途着想，她们也不得不把全部希望寄托在李建成能够顺利地登上皇帝宝座上。

尹、张二人痛恨李世民的原因，前面已经有所涉及，就不多说了，其他嫔妃不满李世民也是有原因的。武德四年，李世民统兵平定洛阳王世充后，唐高祖曾派贵妃等数人到洛阳收取隋宫珍宝及宫人，贵妃等私下向李世民求取宝货，并为其亲属求官。李世民拒绝了她们的请求，说：宝货皆已登记造册并上奏天子，官职应当授予功臣和贤才。由此引起了她们的怨恨。当然有些嫔妃为将来的生活考虑，认为李建成是现任的太子，最有可能继承皇帝之位，这也是她们在这场兄弟相争的斗争中支持李建成的重要原因。

---

① 《旧唐书》卷六一《陈叔达传》，第2363页。

② 《旧唐书》卷六四《隐太子建成传》，第2416页。

③ 《资治通鉴》卷一九〇，唐高祖武德五年十一月，第5958页。

④ 《新唐书》卷七九《隐太子建成传》，第3542页。

不过对于史籍记载的这些有关后宫嫔妃参与争夺太子之位的斗争，一定要具体分析，不可盲目全信。要说尹德妃、张婕妤等人痛恨李世民，有事实依据；要说其他嫔妃都痛恨李世民，恐怕不能尽信。前面曾列举了十六位生有皇子的高祖嫔妃，不可能全部都得宠。除了尹、张等少数人外，其他大部人品阶很低，如王才人、鲁才人，为正五品；张宝林、柳宝林，为正六品；还有没有封号，只以姓氏相称的人，大概是没有品阶的宫女，她们如何都能有政治能量而卷入到这场斗争中？从新旧《唐书》的“高祖诸子传”看，绝大部分人都无卷入这场斗争的记载。再如上面提到的那位向李世民讨要宝货的贵妃，唐制规定贵妃为正一品，地位仅次于皇后，唐高祖在原配窦氏死后，没有立过皇后，因此这位贵妃在嫔妃中的地位应该最高，尹德妃虽也是正一品，但却排在贵妃、淑妃之后。如果这位贵妃是前面提到过的万贵妃，史籍中就应该明确记载其姓氏，可是在这里却没有记载，反倒是那些地位比她低得多的嫔妃却清楚地记有其姓氏，看来这种记载也是值得怀疑的。

史籍中如此大肆渲染李建成、李元吉与高祖嫔妃的关系，无非是想表明他们在政治上的孤立地位，因为在朝廷中找不到更多的政治力量支持，只能采用不正当的手段在后宫中施展阴谋，如此来衬托李世民如何正义凛然，不搞不正当的活动。

为了使这些记载更加可信，旧史臣们在史籍中又写道：“世民独不奉事诸妃嫔，诸妃嫔争誉建成、元吉而短世民。”[①]事实真的如此吗？从旧史臣删改后保留下来的极少史料看，也足以证明李世民在这方面一点也不比李建成、李元吉逊色。李世民的妻子长孙氏，在这场斗争中就充当了重要的角色。她为了帮助李世民，在争取高祖的同时，做了大量的工作。据载：“后孝事高祖，恭顺妃嫔，尽力弥缝，以存内助。”[②]说明李世民通过自己的妻子给高祖与妃嫔们做工作，比李建成、李元吉亲自出马要高明得多，同时也隐蔽得多，不易使外界察觉。干此类事仅有

① 《资治通鉴》卷一九〇，唐高祖武德五年十一月，第5958页。

② 《旧唐书》卷五一《太宗文德皇后长孙氏传》，第2164页。

甜言蜜语恐怕不行，李世民也和其兄弟一样，不惜金宝进行贿赂。李建成曾对李元吉说："秦王且遍见诸妃，彼金宝多，有以赂遗之也。"[①]说李世民金宝多，这一点肯定是无疑的。在连年的战争中，李世民先后攻占了大量的城池和地盘，必然获得了巨额的财宝，攻占隋朝东都洛阳获得的财宝更是不计其数，虽然李世民不可能全部据为己有，但其收获颇多，这一点是毋庸置疑的。正因为如此，李建成才感到忧虑。因此，在这场争夺太子之位的争斗中，通过后宫嫔妃向唐高祖施加影响，李建成、李世民双方不约而同地都做过，在这个问题上双方并无本质的区别。

四、玄武门之变

（一）东宫密谋

为了除掉李世民，李建成集团可以说想尽了一切办法，武德七年发生的杨文干之乱，便是其中的一次。

这年六月，唐高祖前往仁智宫避暑，李世民、李元吉陪同，命李建成留守长安。庆州（治今甘肃省庆城县）都督杨文干曾在东宫任过职，是李建成的亲信。李建成为了扩大军事力量，利用唐高祖、李世民不在长安的机会，命令杨文干私招壮士送到长安，又派郎将尔朱焕、校尉桥公山押送铠甲到庆州，交给杨文干，以供起事之用。在唐高祖临行前，李建成秘密会见李元吉，要他趁这次机会与杨文干里应外合，铲除李世民，并说"安危之计，决在今岁"[②]。庆州与仁智宫所在的宜君县（今陕西省宜君县）相距不远，杨文干举兵围攻仁智宫，周围州县很难及时救援。李世民身边所带亲信有限，秦王府中的人无法保护他的安全，一旦事发，李世民的确非常危险。

尔朱焕、桥公山二人在途中大约感到此事风险太大，因为此举也威

① 《新唐书》卷七九《隐太子建成传》，第3542页。

② 《资治通鉴》卷一九一，唐高祖武德七年六月，第5986页。

胁到唐高祖的安全，弄不好，就是灭族之罪。当他们行进到豳州（治今陕西省彬州市）时，遂向当地官员告发了此事。豳州官员急忙派人到仁智宫向高祖进奏说：太子命杨文干举兵，表里相应，围攻仁智宫。宁州（治今甘肃宁县）人杜凤也探知此事，跑到仁智宫告发。唐高祖震怒，颁诏命李建成速到仁智宫来。李建成自然知道召他前去的真正原因，畏惧不敢前往，后在其部下的劝告下，决定前往仁智宫负荆请罪。李建成自知此罪不轻，见到高祖连连叩头，由于用力过猛，几乎昏厥死去。高祖怒气不解，将他关押起来，命专人看守，当夜仅给他麦饭充饥。

杨文干得知这个消息后，索性举兵反叛。唐高祖见事情紧急，担心突然发生变故，不敢继续住在宫中，遂在杨文干叛乱的当夜带领卫士向南走出山中，待了一夜后，见没有发生意外之事，天明后才返回宫中。可见此事对高祖影响之大，弄得他疑神疑鬼，不得安宁。与此同时他又派大将钱九陇、杨师道率军征讨杨文干。即使如此，他仍不放心，与李世民商讨对策。李世民认为杨文干不足虑，高祖却认为此事牵涉到李建成，恐怕响应参加者不少，要求李世民亲自领兵征讨，并许愿说："还，立汝为太子。吾不能效隋文帝自诛其子，当封建成为蜀王。蜀兵脆弱，他日苟能事汝，汝宜全之；不能事汝，汝取之易耳！"[①]可见直到此时，高祖仍不愿处死李建成，这次他对李世民的许愿，是因为杨文干起兵之事已经超出了兄弟相争的范围，直接威胁到唐王朝的安全，他在盛怒之下，想罢废太子，以换取李世民亲自出马平叛。这是高祖第一次向李世民许诺立他为太子，也是史籍记载的众多许诺中唯一可信的一次。

在皇太子之位的诱惑下，李世民欣然率军出征。七月，杨文干军已经攻陷了宁州，并将官吏、百姓驱赶到百家堡（今甘肃省庆阳市西北），实际上是畏惧李世民神威，不敢正面对抗，打算向西北逃窜。李世民大军刚抵达宁州，杨文干的军队就闻讯溃散了，杨文干本人被其部下所杀。杨文干的叛乱就这样很快被平定了。

---

① 《资治通鉴》卷一九一，唐高祖武德七年六月，第5987页。

李世民离开仁智宫不久，李元吉与一些嫔妃轮番向高祖求情，要求赦免李建成。重臣封德彝也出面为李建成斡旋。内外合力，日夜不息，终于使高祖改变了主意，不仅赦免了李建成，还命他仍旧留守京师，唯责以兄弟不和，轻描淡写地处理了此事。

杨文干之乱的平定，并没有使李建成集团就此止步，反而使其针对秦王府的阴谋变本加厉地展开。他们认为李世民争夺太子的本钱主要是其所拥有的强大实力，尤其是秦王府中的谋士猛将，只要针对此采取分化与收买的办法，就可削弱其实力，使其无力与己方相争。

他们收买的第一目标是秦王府左二副护军尉迟敬德。敬德本是刘武周、宋金刚的部将，李世民征讨宋金刚时招降了他。在以后的战争中，敬德屡立战功，成为秦王府中最忠实的勇将。李建成为了拉拢他，秘密赠送了一车金银器，并写信招揽他，被敬德婉言谢绝。敬德还把此事告诉了李世民，李世民说："公心如山岳，虽积金至斗，知公不移。相遗但受，何所嫌也！且得以知其阴计，岂非良策！不然，祸将及公。"[①]李世民既赞扬了敬德的忠贞不贰，同时又埋怨他不知权变，没有利用这个机会打入对方内部刺探情报。此计失败后，李元吉又派人夜间刺杀敬德。敬德知有刺客，大开房门，安卧不动，刺客屡次到门口，畏惧敬德骁勇，始终不敢下手。李元吉一计不成又生一计，遂通过高祖之手，将敬德下狱治罪，准备处死。李世民当然知道此举的真实目的，遂据理力争，高祖因无证据，只好又释放了敬德。

李建成集团的下一个打击目标是程知节。此人跟随李世民东征西讨，在扫平刘武周、窦建德、王世充的战争中，屡立战功。这时任左一马军总管，封宿国公。李建成、李元吉等奏请将程知节调任康州（今广东省德庆县）刺史。程知节见形势紧迫，遂对李世民说："大王股肱羽翼尽矣，身何能久！知节以死不去，愿早决计。"[②]同时，建成还以金帛招诱秦王府右二护军段志玄，均没有获得成功。

① 《资治通鉴》卷一九一，唐高祖武德九年六月，第6006页。

② 《资治通鉴》卷一九一，唐高祖武德九年六月，第6006页。

除了打击和收买秦王府武将外，李建成对其谋士也采取了同样的办法。他们认为秦王府的智谋之士，最可怕的是房玄龄、杜如晦二人，只要将此二人除去，余人均不可惮。于是，通过高祖将房、杜二人驱逐出秦王府，勒令归第，以后不许私谒李世民。房、杜二人是秦王府的智囊，重大决策往往都要他们参与确认，他们二人被逐，对秦王府的打击最为沉重。

就在此时，突厥数万骑入塞围攻乌城（今陕西省定边县境内）。由于唐高祖对李世民掌握兵权不放心，遂采纳李建成的建议，派李元吉率大军援救乌城。李建成和李元吉商定利用这次机会对李世民下手。首先，他们要求抽调秦王府骁将尉迟敬德、程知节、段志玄、秦叔宝等人随军出征，并简选秦王府帐下精锐之士以充实元吉的军队。这一举动异常狠毒，将使李世民陷于孤立无援的境地，在这场斗争中坐以待毙。唐高祖当然清楚这一举动的真正目的，然而他还是同意了二人的请求，可见高祖的立场已经完全转到了李建成一方。

李建成还向李元吉授意说：出征之时，我将与李世民一同到昆明池为之饯行，在宴席间“令壮士拉之于幕下，因云暴卒，主上谅无不信”。敬德等秦王府将士既入你手，“一时坑之，孰敢不服？”[①]李建成之所以如此大胆，是因为高祖已经完全倒向己方，如果己方计划得逞，高祖虽不信“暴卒”之说，但也不会追究。关于李元吉坑杀秦王府将士也不是做不到，只要看一下李元吉此次所统率的军队，就非常清楚了。此次李元吉统率的军队是罗艺所率的天节军和张谨所率的天纪军。前者是东宫集团中人，已见前述；张谨虽不是东宫集团的人，但也不属于李世民集团，只听命于皇帝。有这样数万精锐大军，李元吉要诛杀人数并不占优势的秦王府将士，可说是易如反掌。可见，此次出征，李建成和李元吉在抽调军队时还是颇费了一番心思，做了精心的选择，将与李世民关系比较密切的将领所统率的军队完全排除在外。

---

① 《旧唐书》卷六四《巢王元吉传》，第2422页。

（二）北门喋血

在这生死存亡的关键时刻，李世民当然不会坐以待毙，实际上他早就有所准备，并及时地掌握了准确的情报。他在李建成、李元吉收买分化秦王府将士之前，就已开始了收买拉拢东宫集团中人的行动，并且取得了成功，使他们在关键时刻发挥了作用，即太子率更丞王晊和驻守玄武门的将军常何。当李建成与李元吉密谋诛杀李世民和他的部下将士时，王晊秘密地把这个计划报告给了李世民。而常何的作用则体现在后来的玄武门之变上，使秦王府的军队顺利地埋伏于玄武门，而李建成、李元吉自以为玄武门有自己的人把守，心无疑虑，结果措手不及，以致丧命。

得知东宫集团的密谋后，秦王府的人开始焦虑不安起来，纷纷劝李世民先发制人。尉迟敬德对李世民说：如果大王再犹豫不决，敬德将窜身于草泽，不能留下来受死。长孙无忌也极力主张早动手，以武力解决东宫集团，并威胁说：如果大王不听敬德之言，不仅敬德将逃走，臣也相随而去。敬德还进一步鼓动李世民："且大王素所畜养勇士八百余人，在外者今已入宫，擐甲执兵，事势已成，大王安得已乎！"[①]从这些话可以看出，李世民早已决心发动政变，并且已部署完毕。

然而李世民却不急于下令举事，还说什么"骨肉相残，古今大恶，吾诚知祸在朝夕，欲俟其发，然后以义讨之，不亦可乎！"[②]也就是李世民不愿先发制人，而想后发制人。李世民曾命张公谨进行占卜，张公谨取龟投地，激动地说："卜以决疑，今事在不疑，尚何卜乎！卜而不吉，庸得已乎！"[③]但是李世民仍然迟疑不决，不愿首先动手。在这场皇位继承权的斗争中，李世民是主动的一方，如果不是他咄咄逼人，谋取太子之位，李建成本来就是合法的皇帝继承人，又何必和李世民拼得你死我活呢？然而此时此刻李世民又成为被动的一方，没有力争主动、先发制人，反倒犹

① 《资治通鉴》卷一九一，唐高祖武德九年六月，第6008页。

② 《资治通鉴》卷一九一，唐高祖武德九年六月，第6008页。

③ 《资治通鉴》卷一九一，唐高祖武德九年六月，第6009页。

豫不决，这种现象很是令人玩味。

李世民的彷徨犹豫，并非顾虑承担诛杀李建成、李元吉的责任，而是对其父李渊的介入感到棘手。因为李世民要夺取的不仅是太子之位，还不可避免地要将其父赶下台，否则胜利就不彻底、不牢靠，而要对付自己的父亲，除了要认真考虑双方的力量对比外，还有一个很难处理的问题，就是和李渊闹翻的社会后果。当时的社会十分重视孝道。当年唐高祖葬母，赤脚行走了二十余里，脚底磨破，鲜血淋漓。李世民之母死，他守孝三年，悲伤过度，以至于扶杖而行。李世民口口声声强调孝道，素重名节，他的这次行动如果成功，那就是天下之主，如果因此落下无君、无父、不孝、不悌的恶名，将无以立足于世。所以他大伤脑筋，百思不得其解。尉迟敬德、张公谨等人的话，都没有说到点子上，自然无法使他痛下决心。

李世民的这个心思又不便于对部下明说，于是他再次征求意见，希望有人能解决他心中的顾虑。府僚们以为他顾虑力量不足，皆说："以大王之贤，取二人如拾地芥耳，奈何徇匹夫之节，忘社稷之计乎！"这些话如同隔靴搔痒，还是没有说到点子上。秦王府到底不乏智谋之士，有人看出了他的心思，问李世民：大王以为舜是何等人？回答说：圣人也。于是此人就列举了舜的父亲和舜的故事，说舜的父亲瞽瞍要害死舜，命舜去浚井，却把他封在井中；又命舜去修理粮仓，却抽去阶梯并放火焚烧，欲烧死舜。舜不肯遵父命而死，都设法逃了出来。《孔子家语》中说："舜事瞽瞍，小杖则受，大杖则走。"所以舜的行为仍不失孝悌之道，历代都奉他为万世帝王之表。[①]这一席话解决了李世民心中的顾虑，使他决心仿效舜的行为，大干一场。李世民与李建成、李元吉是兄弟关系，瞽瞍与舜是父子关系，风马牛不相及。因此，这席话是针对李世民和李渊的关系而发表的议论，可见李世民要发动政变不仅是要解决李建成、李元吉的问题，其矛头也直指唐高祖李渊，最终目的是要把李渊从皇帝的宝座上拉下来，取而代之。旧史中在记载这段历史时做

① 以上见《资治通鉴》卷一九一，唐高祖武德九年六月，第6008—6009页。

了手脚，掩盖了玄武门之变中的许多史实以及政变的目的，但是从这些隐晦的语言中，仍然可以看出当时秦王府中人思考和讨论的主要问题之所在。

至此，李世民的顾虑全消，决心放开手脚大干了。他命令尉迟敬德去召房玄龄和杜如晦等人，以便最后确定具体部署。房、杜二人由于与秦王府隔绝，还不知道时机已经完全成熟，也不了解李世民已经痛下决心，遂简单地回答说："敕旨不听复事王，今若私谒，必坐死，不敢奉教！"李世民大怒，对敬德说："玄龄、如晦岂叛我邪！"于是取所佩刀授予敬德，对他说："公往观之，若无来心，可断其首以来。"敬德与长孙无忌秘密来见房、杜，对他们说："王已决计，公宜速入共谋之。"[①]于是，房玄龄、杜如晦化装成道士与长孙无忌同行，敬德从另一条路走，齐会于秦王府。

正当秦王府紧锣密鼓地准备起事时，还发生了一件事，几乎使李世民的政变流产。这件事发生在武德九年六月初，太白星屡现于白天，太史令傅奕密奏曰："太白见秦分，秦王当有天下。"[②]这一天文现象，《新唐书·天文志三》也有记载。对于这一星象，古人解释为凶兆、灾变一类，主兵丧、谋逆、更王。唐高祖得到这一奏报，当然非常震惊，遂于六月三日召见李世民，并将傅奕的奏状拿给他看。此事并非虚构，因为天文志上也有这一星象的记录。后来李世民当了皇帝，曾对傅奕说过这样的话："汝前所奏，几累于我。"[③]可见当时李世民的确相当狼狈。不过李世民毕竟不同于常人，他在这一变故面前还是沉住了气，上奏说："臣于兄弟无丝毫负，今欲杀臣，似为世充、建德报仇。臣今枉死，永违君亲，魂归地下，实耻见诸贼！"并且灵机一动，密告李建成、李元吉淫乱宫闱。李世民说这番话是为了达到两个目的：其一，他一再提到王世充、窦建德，是提醒高祖自己对唐朝是有大功的，使高祖不便轻易对他下手；其二，反映李建成、李元吉淫乱宫闱之事，可以起

---

① 《资治通鉴》卷一九一，唐高祖武德九年六月，第6009页。

② 《旧唐书》卷七九《傅奕传》，第2716页。

③ 《旧唐书》卷七九《傅奕传》，第2717页。

到转移打击目标的作用，且此类事都是在秘密状态下进行的，短时间内谁也说不清楚，这样就可以为发动政变争取时间。大约是高祖平时确实也见到过李建成、李元吉与一些嫔妃往来频繁，而且嫔妃们也经常在高祖面前说二人的好话，听李世民这么一说，心中疑惑，便对他说："明日当勘问，汝宜早参。"[①]意思是明天一定要当面讯问，你一早前来朝参。这样，高祖中了李世民之计，李世民就争取到了宝贵的一天时间。他回到秦王府，连夜商讨对策，决定次日清晨采取行动先发制人，一举摧毁东宫集团的势力，夺取皇位。

六月四日，唐高祖召宰相裴寂、萧瑀、陈叔达等人入宫，准备讯问李建成、李元吉淫乱宫闱之事。

李世民命尉迟敬德、长孙无忌、侯君集、张公谨、公孙武达、独孤彦云、刘师立、杜君绰、李孟尝、郑仁泰等人率兵在皇宫北门即玄武门埋伏，与北门守将敬君弘、常何配合，待李建成、李元吉到达后发动袭击。

此时，张婕妤已经觉察到秦王府行动异常，派人驰马报知李建成。李建成遂召李元吉前来商议，李元吉主张立即发动东宫军队，做好准备，托病不朝，以观形势变化。李建成却认为"兵备已严，当与弟入参，自问消息"[②]，遂与李元吉骑马直趋玄武门，当他们走到临湖殿时，发觉情况异常，立即掉转马头向东宫奔去。李世民紧追不舍，李元吉回头张弓便射，连续三次都没有把弓拉满，所射之箭根本够不着李世民，可想李元吉已经仓皇失措到何种程度。李世民首先射死了李建成，李元吉被秦府兵射下马来，由于伤势不重，他慌忙逃入附近树林之中。李世民奋起直追，由于马受惊被树枝所挂以致落马。李元吉见机会来了，返身夺过李世民的弓，欲加害之，正好敬德赶到，李元吉只好放弃李世民，打算逃到武德殿，被敬德追射而死。

李建成、李元吉死后，东宫与齐王府的精兵两千余人在冯立、薛万彻、谢叔方等将的率领下赶到玄武门，与秦王府的军队展开激战。掌管

① 以上见《旧唐书》卷六四《隐太子建成传》，第3418页。

② 《资治通鉴》卷一九一，唐高祖武德九年六月，第6010页。

北门屯兵的将军敬君弘与吕世衡开门迎战，被东宫军队杀死。张公谨见对方人多势众，遂关闭宫门拒守，东宫兵猛攻不下。双方激战了很长的时间，薛万彻见宫门一时难以攻破，遂鼓噪欲攻打秦王府，秦王府将士大惧，因为其精兵皆在玄武门，秦王府空虚，如果遭到攻击，势必难以拒守。正在这时，尉迟敬德持李建成、李元吉之头出示，东宫兵见主人已死，人心慌乱，溃散而去。

这时，唐高祖还不知道发生了政变，正在宫中的海池泛舟。李世民命尉迟敬德入宫宿卫，敬德擐甲持矛，直奔高祖而来，高祖见状大惊，知道出了乱子。敬德对高祖说："秦王以太子、齐王作乱，举兵诛之，恐惊动陛下，遣臣宿卫。"高祖回头对裴寂等人说："不图今日乃见此事，当如之何？"萧瑀、陈叔达回答说："建成、元吉本未预义谋，又无功于天下，疾秦王功高望重，共为奸谋。今秦王已讨而诛之，秦王功盖宇宙，率土归心，陛下若处以元良（指太子），委之国事，无复事矣！"此时李建成、李元吉已死，敬德名为宿卫，实为武装挟持，在这种情况下，高祖只好言不由衷地表态说："善，此吾之夙心也。"[①]

这时长安城中其他地区双方的混战还未止息，敬德要求高祖下敕，命诸军皆接受秦王指挥，高祖也只得照办，并派天策府司马宇文士及外出宣读敕令，战斗始得以平息。然后高祖又令裴矩到东宫晓谕将士，将他们全部遣散。

等到唐高祖干完这些事后，李世民这才出面，并抱着高祖大哭，"跪而吮上乳"[②]。据说李渊"体有三乳"[③]，李世民这个动作完全是故作亲昵之态，他在诛杀兄弟、逼迫父亲的胜利时刻，仍然没有忘记保全仁孝的名声，这位政治家的心机真可谓深到家了。唐高祖此时的心情真是复杂极了，两个儿子被杀，还不敢有愤怒或悲伤的表示，反而安慰李世民说："近日以来，几有投杼之惑。"[④]这里用了一个典故，是说

---

① 《资治通鉴》卷一九一，唐高祖武德九年六月，第6011页。

② 《资治通鉴》卷一九一，唐高祖武德九年六月，第6012页。

③ 《新唐书》卷一《高祖纪》，第1页。

④ 《资治通鉴》卷一九一，唐高祖武德九年六月，第6012页。

有一个与孔子的学生曾参同姓同名的人杀了人，有人告诉曾参之母说你儿子杀人了，曾母不信，仍旧坦然地织布。当第三个人以同样的话转告她时，曾母对儿子的信念动摇了，于是投杼（梭）下机，越墙而逃。高祖借用这个典故比喻自己像曾参之母一样听信了别人关于李世民的坏话，实际上是向李世民表示歉意，可见这位皇帝已经沦落到何种可悲的境地。

李世民政变成功，大权在握，遂下令处死了李建成的五个儿子，而李建成的长子早死，这样李建成一门就绝后了。李元吉的五个儿子此时年纪尚幼，也全部被杀。李建成死时三十八岁，李元吉仅二十四岁。李世民在胜利之后，大杀诸侄，斩草除根，可谓心狠手辣，后人对此评价道："是时高祖尚在帝位，而坐视其孙之以反律伏诛，而不能一救，高祖亦危极矣！"并认为李世民此时尚未即帝位，以谋反罪诛杀诸侄，此罪名是不能成立的。[①]其实，就算李世民已经是皇帝了，李建成、李元吉诸子年幼不懂事，又怎么会谋反呢？不过政治斗争是无情的，不得以常理评论，骨肉之亲在残酷的政治斗争中不免显得苍白无力，故李世民此举也无可厚非。

（三）秦王登极

武德九年六月七日，也就是玄武门之变三天后，唐高祖诏立李世民为皇太子。秦王府的官员们也纷纷改换官衔，其中尉迟敬德改任太子左卫率，由于他在政变中出力甚大，又把齐王国司的金帛什器赏赐给了他。

就在这一天，高祖又颁下一道诏书，规定"自今后，军机、兵仗，凡厥庶政，事无大小，悉委太子断决，然后闻奏"[②]。唐高祖被迫交权是真，"然后闻奏"四字不过是老皇帝面子上的一块遮羞布而已，实际上已经没有什么真正意义了。同月十六日，高祖已经知趣地打算退位去当

① 〔清〕赵翼撰，王树民校证：《廿二史札记校证》卷一九《建成元吉之子被诛》，中华书局2013年版，第409页。

② 《册府元龟》卷一〇《帝王部·继统二》，第102页。

太上皇，要求裴寂等人择好日子，宣布退位。大概李世民觉得这么快就使父亲退位，容易给人留下逼父下台的口实，所以又拖了一段时间，使得李渊又做了两个月的空头皇帝。

唐高祖在六月四日以后留下的历史活动的最后回声，就是以他的名义发了几道诏书。政变当天发了一道诏书，大肆斥责李建成、李元吉，认为他们罪恶累累，死有余辜。又在《立秦王为皇太子诏》中，极力赞美李世民，说他“气质冲远，风猷昭茂”“孝惟德本，周于百行”“戡翦多难，征讨不庭”“遐迩属意，朝野具瞻”[①]。总之，这道诏书使用了一切称颂、赞美的词句，特别强调了李世民的仁孝德行，完全是按胜利者的政治需要说话。

旧史在武德九年六、七月间的记事中，倒是没有丝毫的隐讳，反正李世民已经是没有皇帝称号的皇帝了，没有必要再隐藏。这期间发生的唯一一件大事，就是庐江李瑗的反叛，算是玄武门之变的余波，故有必要略作说明。

唐宗室庐江王李瑗这时任幽州（治今北京市西南）大都督，他与太子李建成关系密切。李建成死后，李世民命通事舍人崔敦礼赴幽州召李瑗回京，李瑗当然不敢轻率地返回长安，就与其亲信右领军将军王君廓商议对策，王君廓遂鼓动他举兵造反。李瑗是一个没有主见的人，听信了王君廓的话，将崔敦礼逮捕下狱，并下令征兵。其实王君廓并非真心支持李瑗，他见李建成已死，李世民当权，怕将来牵连到自己，打算诛杀李瑗立功，所以才鼓动李瑗反叛。李瑗却非常信任王君廓，毫无防范之心，结果被王君廓带领部下千余人攻入府中，擒获并缢死了他。因此功王君廓升任左领军大将军兼幽州都督。

八月，唐高祖正式退位，李世民如愿登上了皇帝宝座。这个时候的李世民也像中国历史上所有以暴力获得帝位者一样，再三推辞，然后再做出迫不得已的样子，坐上了皇帝的龙椅，史称唐太宗。

---

① 〔宋〕宋敏求编：《唐大诏令集》卷二七《立秦王为皇太子诏》，中华书局2008年版，第93页。

五、退位后的唐高祖

从武德九年八月起，唐高祖李渊就成了太上皇。贞观三年（629），他迁居大安宫，表明这里为太上皇的养老之所。对退位后的李渊，太宗在生活上还是给予照顾的，也时常去问安，以尽为子之孝。但是，以前李渊对他猜忌不信任的阴影始终在心中缠绕，久久不能散去，因此表面上的殷勤并不等于内心没有隔阂。比如大安宫位于宫城（即太极宫）之西，比太宗本人所住之宫低矮狭小。监察御史马周曾经上疏，认为这种状况“于四方观听，有所不足”，也就是社会影响不好，要求另建高大宏伟的宫殿，“以称中外之望”[①]。太宗虽然表面上接受了这个建议，但却无实际行动。

太宗为了自己避暑的需要，修葺了隋仁寿宫，并改名九成宫，每逢盛暑便前往避暑消夏，却把年迈的老父丢在长安忍受酷暑的煎熬。对于太宗的这种行径，有的正直官员看不下去，反对他远离京师、抛下老父独自去避暑，他们指出：“太上皇春秋已高，陛下宜朝夕视膳。今九成宫去京师三百里，太上皇或时思念陛下，陛下何以赴之？又，车驾此行，欲以避暑；太上皇尚留暑中，而陛下独居凉处，温凊之礼，窃未所安！”[②]太宗却借口自己有病，遇到炎热天气便有所加剧，最后还是不顾一切地走掉了。面对这种状况，李渊一定感慨万分，想当年自己在位时，到仁智宫避暑都要带上儿孙们，也包括李世民在内，如今被迫退位，却受到亲生儿子的冷落，这位太上皇也只能独自哀叹了。

直到贞观八年（634）时，太宗大概觉得以前的做法有损于其明君形象，同时随着时间的推移，他对父亲心中的隔膜也渐渐淡漠了，所以在这年七月第一次请太上皇同去九成宫避暑。“上皇以隋文帝终于彼，恶之”[③]，推辞不去。隋仁寿四年（604），隋文帝被自己的儿子隋炀帝杨广杀死于仁寿宫，而九成宫就是在仁寿宫的基础上改建的。唐高祖大概

① 《资治通鉴》卷一九四，唐太宗贞观六年正月，第6094页。

② 《资治通鉴》卷一九四，唐太宗贞观六年正月，第6094—6095页。

③ 《资治通鉴》卷一九四，唐太宗贞观八年七月，第6106页。

联想到自己以前与李世民的关系，认为此去不吉利，所以才坚决推辞。太宗数次劝行，他越加怀疑，最后还是没有去。可见玄武门之变的阴影也始终在李渊的脑海中萦绕，这阴影直到他死去也没有消除。

太宗见自己的父亲如此状态，为了证明自己的清白，遂于这年十月，在长安城北龙首原上修建大明宫，作为太上皇的避暑之所。然而，没有等到建成，李渊就一病不起，最终也没能享受到。至死也没有像寻常百姓那样心情坦荡地与儿子生活过，对于晚年的李渊来说无疑是他最大的悲哀。

不过，退位后的唐高祖毕竟也有过几次快乐的时刻，只是这种日子对他来说太短暂了，更多的还是孤独和寂寞。

贞观四年（630）四月，唐军大破东突厥，活捉颉利可汗。唐太宗在长安顺天楼举行了隆重的献俘之礼，长安城中一片欢腾。长期的边患解除了，人们不再担心东突厥的侵扰，可以安居乐业了，激动的心情自然难以言表。当李渊听到这个消息后，心情激动，感慨万分，兴奋地说："汉高祖困白登，不能报；今我子能灭突厥，吾托付得人，复何忧哉！"[①]李渊太原起兵，向东突厥称臣，武德时期连年不断地受到突厥的侵扰，现在这种隐患消除了，往昔的屈辱一朝而雪，使他常年忧闷的心情豁然开朗。他召集李世民与大臣十余人和诸王、妃、公主置酒于凌烟阁。酒酣之际，高祖自弹琵琶，太宗起舞，公卿们不断地向高祖敬酒，祝他长寿愉快，一直到夜晚才散去。

贞观六年（632）九月，太宗驾幸武功高祖旧宅，这时此处已改名为庆善宫，在这里大摆酒宴，赋诗唱和。他命起居郎吕才配乐，称之为《功成庆善乐》，在宴会上表演。庆善宫是太宗出生之所，大概他旧地重游，想起了父母的生育之恩。十月，返回长安后直奔大安宫看望自己的老父。在大安宫设宴，让皇后、皇孙为太上皇敬酒，并献上美食及服饰等物，直到夜深才罢。

贞观八年三月，西突厥使者到长安朝贡。高祖设宴于两仪殿款待西

---

① 《资治通鉴》卷一九三，唐太宗贞观四年三月，第6075页。

突厥使者，长孙无忌向高祖上千万岁寿。高祖大悦，以酒赐太宗，太宗又奉觞祝寿，流着眼泪说："百姓获安，四夷咸附，皆奉遵圣旨，岂臣之力。"[①]太宗和长孙皇后又先后向高祖进膳，并献服饰等物，一切都按照家庭常礼安排，使高祖享受到了天伦之乐，感受到了家庭的温情。

这一年，高祖还到长安城西阅兵，面对威武雄壮的将士，他非常兴奋，亲自慰劳。返回之后，置酒于未央宫，命三品以上官员全部赴宴。在宴会上高祖命突厥颉利可汗起舞，又令岭南越族首领冯智戴咏诗，高祖高兴地说："胡、越一家，自古未有也。"太宗奉觞上寿，并说："今四夷入臣，皆陛下教诲，非臣智力所及。"又说往昔汉高祖也在这里设宴为他父亲祝寿，"妄自矜大，臣所不取也"。这句话的历史背景是，汉高祖向其父说起，起初大人常以为我是无赖，不治产业，不如我的哥哥，今日我的事业成就与他们相比哪个更大？太宗在取得对突厥战争的胜利及四夷归附的时刻，特意选在未央宫设宴，又对自己的父亲说这一番话，是大有深意的，表面上看他不赞成汉高祖的做法，实质上是旧事重提，借古喻今。旧史记载说，高祖听后"大悦"，"殿上皆呼万岁"[②]。其实唐高祖要不就是以年迈装糊涂，要不就是旧史臣曲笔回护，没有如实记载高祖听到此话时的反应。这是高祖一生中最后一次盛宴，死神已经向他招手了。

这一年秋季，高祖患上了中风。次年五月，病情加剧，死于大安宫重拱殿，终年七十岁，临终之时遗命"园陵制度，务从俭约"[③]。群臣上谥号称太武皇帝，庙号高祖。十月，葬于献陵，位于今陕西省三原县境内，陵前至今仍有华表、石虎等石刻。

① 《旧唐书》卷一《高祖纪》，第17—18页。

② 《资治通鉴》卷一九四，唐太宗贞观七年十二月，第6103—6104页。

③ 《旧唐书》卷一《高祖纪》，第18页。

第三节 唐太宗时期

一、稳定统治的措施

玄武门政变成功后，秦王府诸将要求乘势将李建成、李元吉部下百余人全部处死，并抄没家产。尉迟敬德不同意，争论说罪在李建成、李元吉二人，元凶既除，滥杀支党，会使人心不安、社会不稳。李世民认为有理，于是以高祖的名义颁诏，大赦天下，除李建成、李元吉等元凶之外，其余同党一概不问。这一政策的推出，对于尽快稳定局势起到了较大的作用。

李建成部下将领冯立、薛万彻等都是在得知大赦令后自动投案的，皆释而不问，并授予军职。李建成的谋士魏徵、王珪、韦挺等，都得到了妥善的安排。李世民深知自己杀兄夺位有愧于道德伦理，为了消除这方面的不良影响，早在贞观初，就下令追封建成为息王，又追封元吉为海陵王，并下令以王礼改葬。埋葬之日，他亲送至宜秋门，哭之甚哀。魏徵、王珪请求陪送到墓地，太宗遂命原东宫、齐王府僚属全都前去送葬。贞观十六年（642）六月，太宗又下诏恢复李建成的皇太子地位与名分，李元吉改封为巢王。

唐太宗像

在中外历史上，许多政变成功者上台后，对原来的政敌采取了高压政策，致使人心浮动，社会久久不能稳定，其统治地位也往往难以迅速巩固。太宗以其杰出的政治家风度与气魄，妥善地处理了政变遗留问题，使大批原东宫、齐王府旧部情绪稳定、没有疑虑，缓和了统治集团内部的矛盾，巩固了太宗的统治地位，使他可以很快地把精力转移到整顿内政、发展生产、抵御外侵上来。

河北地区曾是李建成的势力范围，一些东宫、齐王府的党羽在玄武门之变后也逃到了这一带，如果处理不当，使这些人利用李建成的影响举事，将会造成极为严重的隐患。太宗采取了魏徵的建议，派他亲到河北一带进行安抚，释放了一些原东宫集团的人物，争取当地豪杰的支持，减免当地赋税，使得这一地区人心平稳，社会安宁。

李唐皇室出自关陇政治军事集团，武德时期统治阶层中大都为关陇地区人。唐太宗即位之初，囿于地域之见，也未能公平地对待山东（指太行山、崤山以东）人士。贞观元年（627），“太宗尝言及山东、关中人，意有同异”，遭到了殿中侍御史张行成的批评，他指出：“臣闻天子以四海为家，不当以东西为限；若如是，则示人以隘狭。”[①]这番话对唐太宗触动很大，以后逐渐改变了原来的用人政策，擢用了一大批山东人士。

在改组政府方面，太宗首先从调整宰相班子入手。高祖宠信的裴寂被清除出宰相行列，后流放致死。贵族出身的陈叔达、萧瑀、宇文士及等人，由于进取精神不强，比较保守，从宰相职位上被换了下来，但由于他们都是武德时李世民的支持者，所以另行予以妥善安置。这样就为他安置原秦王府旧僚创造了条件，如高士廉、长孙无忌、房玄龄、杜如晦、李靖等，都先后进入宰相班子，从而完成了中枢决策机构的改组工作。

房玄龄像

同时，太宗还采取了如下措施：

精简官员，裁减州县。在隋朝统治时期，中央机构官员共

① 《旧唐书》卷七八《张行成传》，第2703页。

二千五百八十一员，人数较多，办事效率不高。太宗即位之初，就一再表示要“量才授职，务省官员”。他令房玄龄根据这个原则，确定中央各部门的官员定额。经过房玄龄等人的认真核查论证后，确定中央各机构的官员定编数为六百四十员。太宗对此非常满意。对于地方官员的选任，太宗也非常重视，决定刺史由自己亲自选定，县令则由中央五品以上官员各举荐贤才一人，从而在一定程度上改变了刺史、县令选非其才的状况，使吏治情况有所改善。隋文帝统治时期，曾针对南北朝以来“十羊九牧”的状况，把地方行政区划由州、郡、县三级制改为州、县二级制，裁减了不少州县。隋末以来，天下大乱，豪杰并起，拥众据地，加之武德初期对归附的各地豪杰，多割地设置州县以安置，导致州县数量大大地超过了隋朝开皇、大业年间。太宗针对这种情况，采取坚决措施，省并州县，经过努力，至贞观十三年，全国共有州府三百五十八个，县一千五百五十一个，大大少于武德时期。从而减轻了百姓的负担，提高了行政效率，有利于社会生产的恢复和发展。

轻徭薄赋，勤俭节用。经过隋末大乱，社会经济遭到严重破坏。唐初社会萧条，一片残破景象。高祖在位九年，由于战争并未完全停息，因此社会没有得到很好的恢复。为了尽快恢复经济，太宗推行了轻徭薄赋的政策，以减轻百姓负担，使百姓能够休养生息。要想真正做到轻徭薄赋，就必须节约政府的财政开支，所以省费惜用、力戒奢侈便成为太宗在贞观前期一直坚持的一个重要方针。

推行均田，劝课农桑。均田令颁布于武德时期，但是比较彻底地贯彻与推行，却是在贞观时期。为了解决好授田不足的问题，太宗支持把官僚贵族多占的土地分给农民的举措，甚至把本应分给官员的职田拿来分给农民，由政府另行从官仓中拨粮给收回职田的官吏，以缓解这个矛盾。他所采取的另一个措施，便是减少皇家园囿，将土地分配给农民，以增加耕地面积。在大力推行均田制的同时，太宗还派遣使者到各地巡视，督促农民努力生产，检查地方官劝课农桑的政绩。为了不耽误农时，他还运用法律手段惩治那些影响农业生产的行为，不许在农忙时兴建工程和征发徭役。

兴修水利，增殖人口。太宗十分重视水利建设，多次亲自视察水灾灾情和黄河治理情况。在太宗的督促与倡导下，各地官员大都重视兴修水利，先后修复前代并新建了大量的水利工程，为恢复和发展农业生产发挥了重要的作用。要想发展农业生产，就必须有充足的劳动力。经过隋末动乱，人口锐减，高祖统治的武德年间，全国仅有二百余万户，不到隋朝户数最多时的四分之一。所以太宗采取许多措施以增加人口，如奖励婚嫁，鼓励生育，赎回外流人口，释放宫女令其婚配等。经过努力，至贞观二十三年（649），全国人口达到了三百八十万户，比武德时期增加了近一百八十万户。

设置义仓，储粮备荒。隋文帝时曾设置社仓，储粮以备荒。炀帝大肆挥霍，国用不足，遂取社仓之粮以充费用，致使储粮耗尽，无法发挥储粮赈灾的作用。高祖时尚未恢复这一制度，太宗即位后，于贞观二年设置义仓，规定每亩田征收粮二升，下下户及少数民族不交粮，商人无田者按照其资产的多少分别交纳数量不等的粮食，用于灾年赈济灾民，或者贷给农民作为种子，秋季收获后归还。太宗还下令设置常平监官，专掌平抑物价，物价上涨时，减价抛售物品；丰年物价下降时，则大力收购，使物价不致上升过多。其中最主要的是平抑粮价，以防止谷贱伤农、谷贵伤民。

经过太宗的治理，贞观时期农业的恢复和发展很快，出现了“天下大稔，流散者咸归乡里，米斗不过三、四钱，……东至于海，南极五岭，皆外户不闭，行旅不赍粮，取给于道路焉”[①]的景象，与隋末唐初的残破景象形成了鲜明的对照。

二、从被尊为天可汗说起

东突厥是唐朝最大的威胁。太宗在未即位前，挟突厥以自重，即位

① 《资治通鉴》卷一九三，唐太宗贞观四年十二月，第6085页。

以后，突厥并没有放弃对唐朝的侵扰。为了获得更多的子女金帛，东突厥仍然连年入寇，如何解除边患便成了摆在太宗面前的一个突出问题。为了一举解决东突厥问题，太宗除了训练军队、养精蓄锐外，还采取了分化突厥的政策，结好于西突厥，不使其支援东突厥颉利可汗，又拉拢薛延陀，形成对东突厥的南北夹攻之势。在条件完全成熟后，于贞观四年一举击败东突厥，活捉了颉利可汗，此时严重威胁唐朝北方的边患基本解除。

此战的胜利使唐朝声威远播，各国、各族纷纷遣使到长安朝贡，他们服饰不同，面貌各异，会集于长安，唐太宗命著名画家阎立德绘《职贡图》，“异方人物诡怪之质，自梁、魏以来名手，不可过也”[①]。此图生动地反映了各国、各族使者云集长安的热闹、隆重的场面。贞观四年三月，四夷君长请求尊太宗为“天可汗”，太宗说：“我为大唐天子，又下行可汗事乎！”群臣及各族酋长皆呼万岁。从此以后以玺书赐西北诸国、诸族君长时，“皆称天可汗”[②]。

接着唐朝又陆续灭亡吐谷浑、薛延陀、高昌，平定焉耆、龟兹，在西域设立安西四镇，有效地控制了天山以南的广大地区，保护了商路，有利于中西交通要道丝绸之路的畅通，为以后唐朝在西域的进一步发展奠定了基础。高宗时期，唐朝在打败西突厥后在庭州（今新疆维吾尔族自治区吉木萨尔县北破城子）设立北庭都护府，管理天山以北的广大地区，从而完成了统一西域的事业。

贞观二十一年（647），太宗在回纥、仆骨、拔野古、阿跌、契苾以及同罗、多滥葛、浑部、思奚结、斛薛等部居住地分别设立了羁縻府州，以诸部酋长为都督、刺史，各赐金银缯帛及锦袍，酋长们大喜，欢呼拜舞。太宗还在长安天成殿设宴，款待各族酋长，并演奏了十部乐。于是，诸族共同请求在回纥以南、突厥以北开辟一条道路，称之为参天可汗道，沿途设置六十八处驿馆，备有马及酒肉以供给过往的使者。每

---

① 〔唐〕朱景玄撰，温肇桐注：《唐朝名画录·神品下》，四川美术出版社1985年版，第8页。

② 《资治通鉴》卷一九三，唐太宗贞观四年三月，第6073页。

年以貂皮充作租赋，并请求派给各族能文之士，掌管表疏书启。太宗一一答应。次年，唐朝击败了西突厥，在西域获得空前的胜利，各国纷纷朝贡。面对一片大好形势，太宗十分兴奋，他对群臣说："人生有几种不同的乐趣，修土城骑竹马，儿童之乐；饰金翠穿罗纨，妇女之乐；兴贩易聚钱财，商贾之乐；百姓安居，四海一统，帝王之乐。朕今日可谓大乐矣！"这是太宗对自己一生成就的总结，真可谓春风得意，踌躇满志。客观地看，太宗在处理各国、各族关系方面的确成就突出，在中华民族大家庭形成的过程中，这位杰出的皇帝所成就的事业，可以说达到了前所未有的程度。

太宗制定的民族政策，促使唐朝与吐蕃建立了良好的关系，文成公主入藏，加强了内地与吐蕃之间的经济文化交流，促进了吐蕃社会的发展。与此同时，也有大批少数民族内迁，在这一时期的长安城中，就有许多他族之人居住，在朝中任官者也不在少数。其中以突厥、铁勒、粟特、契苾、吐谷浑、契丹、鲜卑、奚、浑、吐蕃、于阗、龟兹等族人为多。在今甘肃、宁夏、陕西北部，山西、河北一带，都安置了大批内迁的他族人口，甚至在南方地区也或多或少地安置了一些内附的他族人口。这些大量内迁的民族，改变了原有的生活方式和生产方式，这些民族固有的文化也对内地文化产生了较大的影响，形成了更加丰富多彩的大唐文化，促进了各民族的融合。

三、唐太宗与子女

（一）严于教子

太宗共有十四个儿子，即太子李承乾、楚王李宽、吴王李恪、魏王李泰、齐王李祐、蜀王李愔、蒋王李恽、越王李贞、晋王李治、纪王李慎、江王李嚣、代王李简、赵王李福、曹王李明，其中太子李承乾、魏王李泰、晋王李治三人为长孙皇后所生。

太宗共有二十一位女儿，即襄城公主、汝南公主、南平公主、遂安公主、长乐公主、豫章公主、巴陵公主、普安公主、东阳公主、临川公主、清河公主、兰陵公主、晋安公主、安康公主、新兴公主、城阳公主、高阳公主、金山公主、晋阳公主、常山公主、新城公主等。现能考知为长孙皇后所生的是长乐公主、晋阳公主、新城公主等3人。

太宗对子女要求颇严，他曾经对魏徵说："自古侯王能自保全者甚少，皆由生长富贵，好尚骄逸，多不解亲君子远小人故尔。"[①]为了使自己的儿子能从历史中汲取教训，他命魏徵等人将自古以来帝王子弟成败之事迹，编成一书，称《自古诸侯王善恶录》，分赐诸子。魏徵还为这部书撰写了序言，太宗阅后，大加赞扬，要求诸子将此作为座右铭，当成立身之本。

太宗不仅要求诸子从历史中吸取经验教训，还注重让自己的儿子了解社会，了解民间疾苦，他根据自己的切身体会，认识到帝王子弟只有接触社会才能真正体验到世事的艰难，只有在磨炼中才能增长才干。太宗曾对于志宁说过自己的这种体会："卿等辅导太子，常须为说百姓间利害事。朕年十八，犹在民间，百姓艰难，无不谙练。及居帝位，每商量处置，或时有乖疏，得人谏诤，方始觉悟。……况太子生长深宫，百姓艰难，都不闻见乎？"[②]这时的太子是李承乾。出于这种认识，太宗一面要求东宫官员见到太子的不足之处随时进谏；另一方面也让太子参与一些政事的处理，在实践中增长才干。贞观四年，他下诏规定：自今以后有诉讼者，如经尚书省判而不服，可到东宫上诉，由太子裁决，倘若还不服，才可奏闻皇帝。太宗外出巡幸，常令太子留守监国，据说他处理政事"颇识大体"[③]。

太宗虽然贵为皇帝，但作为父亲，宠爱自己的子女也是人之常情，因此每年都要给诸子赏赐大量的财物。贞观六年，太宗将女儿长乐公主下嫁给长孙冲。太宗特别宠爱这个女儿，加之又是长孙皇后亲生，因此嫁妆比较丰厚，比自己的妹妹永嘉长公主的嫁妆多一倍。魏徵认为此事

① 《贞观政要集校》卷四，第214页。

② 《贞观政要集校》卷四，第212页。

③ 《旧唐书》卷七六《恒山王承乾传》，第2648页。

不妥，上书劝谏。太宗觉得魏徵说得很对，但又怕长孙皇后不高兴，遂把魏徵的进谏告诉了长孙皇后。长孙皇后听后感叹地说：我平时常听说陛下很器重魏徵，却不知是什么原因，今日看到此事，才知道他真是一位社稷重臣！我与陛下为结发夫妇，也得到陛下的尊重与爱抚，即使这样，每次说话都要观察陛下情绪的好坏，不敢轻易触犯威严，何况君臣之间呢？魏徵能做到这一点，的确难能可贵，陛下不可不从。太宗夫妇不仅很快纠正了此事，为了感谢和鼓励魏徵，还赐给他钱四百贯、绢四百匹。

礼部尚书王珪的儿子王敬直娶了太宗的女儿南平公主为妻。由于是公主下嫁大臣之家，自然无人再敢按照《礼》规定的媳妇见公婆之仪行事，这种状况由来已久，并非唐初如此。王珪认为太宗动辄以礼法行事，自己带头恢复这种礼仪，当不会受到责怪，还能收到示范与宣传效果。于是，他与其妻在正堂而坐，令南平公主亲执笲巾行盥馈之礼，礼成而退。太宗得知此事后大加赞赏。从此以后，凡公主下嫁，只要公婆在世的，都要行此礼仪。这件事不能简单地看成是维护旧礼节的问题，实际是媳妇能否尊重公婆的社会问题，对出身于高门或优裕家庭的女子尤为重要。唐太宗能支持此事，从一个侧面反映了他对子女要求严格和对家庭教育的重视。

太宗为了巩固李唐的统治，大封诸皇子为王，并赐予封户，建立王府，设置王府辅导之官。他在政治上对诸王要求很严，培养他们的各种才干，但在生活上却给予种种优待，赏赐大量物品。马周对太宗的这种做法不以为然，上疏指出：汉、晋以来，在诸侯王的问题上有许多教训，历代君主对这些教训都是熟知的，但是沉溺于私爱，因而没有借鉴“前车之覆，后车之鉴”的教训。今日诸王宠遇之恩有得过厚，很容易导致恃恩骄纵的事发生。往昔魏武帝曹操宠爱陈思王曹植，等到魏文帝即位，对曹植防范甚严，待其如同狱囚，就是先帝施恩太多而引起的。何况皇帝的儿子何愁不富贵，有封地食邑、锦衣美食，何必每年再厚加赏赐？俗语说：“贫不学俭，富不学奢。”陛下创建大业，难道只是为了安置好自己的儿子？应该从长远考虑，制定规章，使万世遵照执行。疏奏呈上后，太宗非常赞赏。

马周的上述言论实际上有所专指。吴王李恪，他的母亲杨妃是隋炀帝的女儿，门第很高，加之李恪有文武之才，太宗常说这个儿子很像自己，甚至一度有立为太子的打算。魏王李泰，是长孙皇后亲生，有文学之才，太宗非常宠爱，专门为他设置了文学馆，允许其自选学士。由于李泰体胖，特许他乘小舆入宫上殿。马周的上疏中所说的恩宠太厚就是说这两个人。太宗虽然对其有所偏爱，但他能听从臣下的意见，有意识地约束自己的行为，以免对儿子造成不利影响，或者助长他们的骄纵奢侈习气。贞观十年，太宗把李恪、李泰和自己的几位兄弟招来，以历史上帝王子弟骄逸不法导致败亡的事例，教训他们注重德行修养，不要与人争富贵，并告诫说：“勿纵欲肆情，自陷刑戮。”[①]这一年，太宗命吴王李恪为安州都督，晋王李治为并州（今山西省太原市西南）都督，纪王李慎为秦州（治今甘肃省秦安县西北）都督。在他们即将赴任时，每人赐书信一封，以相告诫，并说：“我本来想给你们赏赐珍玩等物，恐这样将会使你们骄奢不法，还不如赠以此言（指书信）更好些。”

吴王李恪在安州都督任上，多次外出畋猎，损害了百姓的庄稼，侍御史柳范提出弹劾，太宗毫不留情地罢去了李恪的官职，并削减封户300户，以示惩罚。太宗认为吴王犯法，辅佐之官不能及时匡正，也有责任，欲将安州长史权万纪治罪，经人劝谏而释放。太宗这样做，目的是督促辅导诸王之臣尽职尽责，使皇子们少犯甚至不犯错误。吴王李恪被罢官后，太宗召他回京师，教育他说：“父亲爱儿子，这是人之常情。儿子能尽忠尽孝则很好，若不遵教诲，触犯礼法，必然招致刑戮。父亲

① 《贞观政要集校》卷四，第219页。

虽然爱子心切，也不能徇私枉法，那时就不好办了。作为大臣和皇子都要谨慎行事，约束自己的行为。”后来李恪吸取了这次教训，再也没有犯过类似错误。纪王李慎在地方任职期间，多行善政，得到人们的赞扬，后来又调任襄州（治今湖北省襄樊市襄州区），由于政绩突出，当地“百姓为之立碑”[①]。太宗得知后非常高兴，特意下诏进行勉励褒奖。

（二）善于择师

太宗为了使自己的儿子得到更好的教育，更顺利地成长，非常重视给皇子选择辅导之官。太宗曾经明确地谈论过为皇子们选择师傅的意义，他说：“有智慧之人，自然不会轻易受到外界不良风气的影响；但是，一般的人就不是这样，环境与教育对他们的成长影响很大。周成王由于有周公、召公为太傅，日闻礼法、仁德，所以就成为圣君；秦二世胡亥，以赵高为师傅，教以刑罚，后来即位就诛功臣，杀亲族，残暴不仁，秦朝很快覆亡。可见人的善恶都是由于教育的不同而形成的。所以朕要为太子、诸王选择贤人为师傅，使他们懂得仁德、礼法，以利于他们顺利成长。”太宗还命近臣都要多多留意，访察正直忠信之臣，各举荐二三人，以供自己选择。先后为诸王、太子充任过师傅的有李纲、王珪、马周、岑文本、于志宁、杜正伦、李百药、张玄素、孔颖达、权万纪等人，他们都是正直忠信之人，尽职尽责，受到太宗的器重。如太子少师李纲，“每吐论发言，皆辞色慷慨，有不可夺之志，太子未尝不耸然礼敬”[②]。李百药曾撰《赞道赋》、于志宁撰《谏苑》二十卷、孔颖达撰《孝经义疏》，用于教导太子、诸王。

太宗为使诸子知书达礼，还效法古人，提倡尊师重道，他命礼部尚书王珪兼任魏王李泰之师，又令宰相房玄龄向魏王转达他的旨意，说：“卿宜语泰，每对王珪，如见我面，宜加尊敬，不得懈怠。”[③]太宗还改定礼仪，以保证师、傅的尊崇地位。他对长孙无忌、房玄龄说：“三师

① 《旧唐书》卷七六《纪王李慎传》，第2664页。

② 《贞观政要集校》卷四，第200页。

③ 《贞观政要集校》卷四，第204页。

（指太师、太傅、太保）以德道人者也。若师体卑，太子无所取则。”于是下令撰太子接三师仪注。规定：三师到东宫，太子要出殿门迎接，并先拜三师，然后三师答拜，进门要让三师先入。三师坐，太子才能落座。太子给三师写书信，前头一定要有“惶恐”二字，最后要有“惶恐再拜”字样。[①]

贞观四年，太子少师李纲患脚疾，步行不便。太宗赐以步舆，命令侍卫抬他入东宫，还下诏令太子亲自迎接他上殿，“亲拜之”，以显示尊重师道。李纲为太子讲授君臣、父子之道，“问寝视膳之方”[②]。所谓“问寝视膳”，是《礼记》记载的一个故事，说周文王为世子时，每天要三次向父亲王季问安：鸡鸣时就穿好衣服到父亲寝室外问睡眠如何；中午、晚上都要问安，吃饭时要亲试食物的冷热，饭后还要了解吃了多少、胃口如何。通过这类教育，使得太子与诸王懂得封建伦理纲常，以达到统治阶级内部和睦的目的。

（三）齐王李祐之死

齐王李祐为太宗第五子，阴妃所生。武德八年，高祖封其为宜阳王，不久又改封楚王、燕王。贞观十年，改封齐王，任齐州（治今山东省济南市）都督。李祐的舅父阴弘智对他说：“你们兄弟很多，陛下千秋（亡故）以后，你的安全可能会受到威胁，应当早做准备，多募壮士以自卫。”李祐年轻无知，性格急躁，轻信了阴弘智的话。阴弘智遂将妻兄燕弘信推荐给李祐，李祐对燕弘信非常器重，给他大批金帛，让他招募武士。

太宗对于任职于外地的儿子要求颇严，怕他们年轻骄纵，遂选择了一些刚正之士为长史、司马，辅佐诸王管理地方事务，诸王如有过失则随时匡正并上奏皇帝。李祐喜欢畋猎，又昵近小人，长史薛大鼎屡次劝谏不听，太宗认为薛大鼎辅导无方，遂把他罢官。权万纪以前曾做过吴王李恪的长史，正直忠信，太宗遂调权万纪为齐州长史，辅佐齐王。

① 《贞观政要集校》卷四，第204页。

② 《贞观政要集校》卷四，第200页。

权万纪见齐王所作所为多不法，常犯颜直谏，李祐不听。权万纪遂把李祐身边最为亲近的壮士昝君謩、梁猛彪等驱逐出齐州，以免他们诱惑齐王胡作非为。李祐又暗中将他们召回，更加宠信。太宗得知这些事后，几次写信严厉斥责李祐。权万纪害怕自己也像薛大鼎一样受到李祐牵连而获罪，便对李祐说："王乃陛下爱子，陛下希望王能改过自新，故严加教训，倘若王能悔过，我愿入朝见陛下，奏说王的改过决心。"李祐遂上表谢罪，权万纪入京后也对太宗言齐王必能改过，太宗甚喜，勉励权万纪，又颁敕书再次警告齐王，切勿再犯前过。李祐听说权万纪受到皇帝慰勉而自己又一次被责，以为权万纪出卖了自己，心中愤愤不平。权万纪回到齐州后，对李祐的要求更严，不许他走出城门，把所有鹰犬全都释放，也不许昝君謩、梁猛彪与李祐相见。致使李祐对权万纪更加痛恨，遂与昝、梁等人商议，打算诛杀权万纪。贞观十七年（643），齐王李祐谋杀权万纪的事泄露，权万纪遂把齐王亲党逮捕入狱，并将此事上奏太宗。太宗一面命刑部尚书刘德威前往审讯此案，一面命李祐与权万纪入京。权万纪奉诏先行，李祐派二十余骑追赶，在途中把权万纪射死。

权万纪死后，李祐在其党的劝说下，索性起兵反叛。李祐下令城中十五岁以上男子都要参军，又把城外百姓驱赶入城，打开府库，赏赐士卒。李祐还设立官署，大封众人为官，每夜与亲党数人饮酒作乐，自以为得志。太宗得知齐王反叛的消息后，大为震惊，他根本没有想到自己的亲生儿子竟敢反叛，痛心之余，下令兵部尚书李勣率九州军队讨伐，并颁下手敕切责李祐。

李祐下令召所属州县军队集中于齐州，竟无一地响应。齐州城中官吏、百姓见李祐如此荒唐，知道他即将败亡，纷纷縋城而逃。李勣大军尚未进入齐州境内，青（治今山东省青州市）、淄（今山东省淄博市西南）等数州兵马也纷纷向齐州推进。齐王府兵曹参军杜行敏等不愿跟随李祐反叛，商议举兵铲除李祐，很多齐王府中的人以及官吏、百姓无不响应。杜行敏趁夜深李祐防备不严之机，率众四面围攻王府，并斩杀了居住在王府之外的李祐同党。战斗一直进行到次日中午，由于李祐余党拼死力战，竟攻不破王府。杜行敏遂命四周堆积柴草，扬言如不投降，便将他们烧为灰烬。李祐见大势已去，只好开门投降，杜行敏斩杀其余党，把李祐押送回长安。太宗下诏将李祐废为庶人，然后赐死于内侍省。

李祐骄奢荒淫，不听劝谏，在贞观中期生产恢复、社会稳定的情况下，竟敢举兵谋反，无疑是逆社会潮流而动，必然得不到人们的支持和拥护，失败不可避免。太宗一向重视对子女的教育，想不到竟然出现了这样一个逆子，对他打击之沉重是不言而喻的。虽然齐王李祐反叛事件的出现，并不能说明太宗对子女的教育是失败的，但有一点可以肯定，即搞分封制显然不合时宜，这一事件给太宗敲响了警钟，证明分封制不仅不能起到拱卫皇室的作用，反而会破坏中央集权。

四、唐太宗与亲属

太宗对待亲属像对待子女一样要求颇严，有功必赏，有过必罚，从不轻授官爵。他即位不久，就把宗室中封为郡王而无功者全部降为郡公。江夏王李道宗十七岁时就追随太宗南征北战，为统一全国立下了许多战功，后又与李靖等人率军平定吐谷浑，就是这样的功臣，一旦犯罪，太宗也绝不宽容。贞观十二年（638），李道宗因接受贿赂被捕下狱。太宗惋惜地说：“道宗俸禄甚多，又得到很多赏赐，家有余财，却如此贪婪，使人嗟惋，又使人鄙视。”遂下诏免去他的官爵，削去封邑。但好在李道宗知错必改，在征伐高丽的战争中屡立功勋，晚年自请授以闲职，好学不倦，敬贤礼士，不以权势凌人，广受舆论好评。

太宗虽然诛杀了建成、元吉二人，那是由政治斗争的残酷性所决定的，对于政治家来说也是司空见惯之事。但他对于兄弟之间的感情还是非常珍惜，建成死后，太宗在兄弟中年纪最长，又是皇帝，所以自觉地担负起教育诸弟的责任。他为诸弟选择正直之臣为师，对他们严格要求，又时时将诸弟招来为他们讲授骄奢必亡的道理，告诫他们勤奋学习，亲君子、远小人。

太宗第十一弟韩王李元嘉为宇文昭仪所生。贞观六年，昭仪死，元嘉当时年仅十五岁，涕泣不食，太宗怜惜其弟年幼，多次劝解安慰。李元嘉好学，收藏书籍达万卷，生活俭朴，如同普通士大夫家，与兄弟友爱，相见如布衣之交，这一切都受到太宗的赞扬，对他优礼有加。

太宗十四弟霍王李元轨，少年多才，深受太宗器重，魏徵也对他大加称赞，太宗遂为他娶魏徵之女为妻。李元轨不仅文才出众，武艺也不凡，有一次他随太宗打猎，箭无虚发，太宗高兴地抚着他的背说："汝武艺过人，恨今无所施耳。当天下未定，我得汝岂不美乎！"[①]李元轨前后数次出任刺史，每到一州，政事委于长史、司马，自己谨慎自守，闭门读书，从不扰民，与贤人往来，如布衣之交，不仗势凌人。有人曾问与元轨交往颇深的徐州（今江苏省徐州市）布衣刘玄平："霍王有何长处？"回答说："无长。"问者感到很奇怪，刘玄平解释说："人有所短，才能见其长，至于霍王，无所不备，你让我怎么回答呢？"可见元轨的口碑之好。正因为如此，太宗对元轨宠遇弥厚。

太宗的七弟汉王李元昌任梁州（治今陕西省汉中市）刺史时，多次违反法度，太宗曾经下诏严加斥责，元昌不但不思改过，反而更加怨恨。贞观十七年，太子李承乾谋反事发，经查证，元昌也曾参与密谋。太宗不忍诛杀，打算特赦死罪，李勣、高士廉等人认为天子应以四海为家，以万姓为子，用法公平，不能徇私，力主诛杀元昌。太宗不得已，只好将元昌赐死于家中。

高士廉为太宗之妻长孙皇后之舅，参与过玄武门之变，为太宗的心腹大臣。太宗即位后被任为侍中，在贞观初年的拨乱反正中，他出力甚多，威望很高。就是这样一位重要的大臣，一旦有失，太宗也不轻易放过，必加惩处。有一次，黄门侍郎王珪有密表需要上奏太宗，交给高士廉代为转达，高士廉扣留密表不奏。事发后被太宗从宰相降为安州都督，又转任益州大都督府长史。高士廉在蜀中移风易俗，发展水利，兴

① 《旧唐书》卷六四《霍王元轨传》，第2430页。

办教育，政绩突出。太宗见他能改过自新，且政绩不凡，遂又把他调入朝中任吏部尚书。

长孙无忌是太宗的妻兄，少年时就与太宗相友善，太宗从河东进军关中时他来相投，此后跟随太宗长年征伐，立有功劳。玄武门之变时，他力主先发制人，并参与了玄武门的战斗，故深受太宗器重。太宗即位后因念他是外戚，又有功勋，就想任用他为宰相，只因时机未到，只好暂时忍耐。贞观元年六月，尚书右仆射封德彝死；七月，太宗遂任长孙无忌为右仆射（宰相）。长孙皇后认为自己贵为皇后，家族地位已经非常尊贵了，兄长再执国政似乎不当，希望太宗取消成命，太宗不听。不久，有人密表反映长孙无忌权势过盛，太宗不疑，长孙无忌本人恳请辞去相位，皇后又再次陈请，太宗不得已只好解除了他的宰相之职。贞观七年（633），封长孙无忌为司空。长孙无忌坚辞不就，并上表表示自己身为外戚，如再加显官，恐怕会使别人议论陛下徇私情照顾亲属。太宗说："朕择才授官，若无才干道德，纵然是至亲，也不轻易授以要职，比如对襄邑王李神符就是如此；如果才干与德行突出，虽是仇怨之人也不放弃，比如魏徵就是一例。倘若朕因你是皇后之兄，多赐子女金帛就可以了，何必授予重要官职？可见朕授官完全是依据德才而定。"长孙无忌始终受到太宗的信任和器重，成为贞观时期政治舞台上一位举足轻重的人物。

河间王李孝恭是高祖堂兄的儿子。巴蜀三十余州在他的招抚下归属了唐朝。平定萧铣，他是唐军主帅，功劳最大。辅公祏反叛，李孝恭再次率军征伐，迅速扫平了叛乱，稳定了江淮广大地区。旧史说："自大业末，群雄竞起，皆为太宗所平，谋臣猛将并在麾下，罕有别立勋庸者，唯孝恭著方面之功，声名甚盛。"[①]对于这样的宗室功臣，太宗非常尊重。贞观初，任他为礼部尚书，封河间王，赐封户一千二百户。李孝恭性格宽恕，不以功骄矜。"太宗甚加亲待，诸宗室中莫与之为比。"[②]

① 《旧唐书》卷六〇《李孝恭传》，第2349页。

② 《旧唐书》卷六〇《李孝恭传》，第2349页。

李孝恭曾对亲近的人说过这样的话：“我所居住府第宏伟壮丽，这不是我所希望的，应当卖掉，另外再建一所规模较小的住宅，能够容纳得下现有人口就行。我死之后，诸子有才，能守住这份家业就足够了；如果他们不才，也免使他人获得好处。”李孝恭作为古人，能具有这样的想法，的确难能可贵。

太宗对待亲属，能做到敬贤才、远小人，赏罚分明，不因亲属滥赏官爵，表现出一个雄才大略帝王所应有的广阔胸怀与风范。贞观时期政治清明，社会安宁，统治阶层内部人心稳定，社会矛盾趋于缓和，与太宗的这一系列措施与做法不无关系。

五、废立太子的风波

（一）失宠的太子李承乾

李承乾为长孙皇后所生，是太宗的嫡长子。武德二年，生于长安承乾殿，因而得名。他一岁时，就被高祖封为常山王。武德七年，又改封为中山王。太宗即位后，因是嫡长子，遂立为皇太子。幼年的李承乾聪明活泼，太宗十分喜爱。高祖逝世，太宗居丧期间，命李承乾监国裁决政事，这时他年仅十七岁，但是处理政事颇为得当。太宗对此十分满意，以后每次外出巡幸，都留他在长安居守监国。

为了把太子李承乾培养成合格的皇位继承人，太宗非常注意对其的教育，选择德高望重、学识渊博的大臣为太子的师傅。贞观四年，太宗任命李纲为太子少师，以儒家君臣父子之道教育太子。李纲正色立言，对太子要求颇严，李承乾这时年仅十二岁，还是个小孩子，对这样的严师当然畏惧恭敬，不敢放松学业。次年，太宗又命李百药为太子右庶子，加强对太子的教育和匡辅。李百药针对太子留心典籍但嬉戏过度的特点，专门作了一篇《赞道赋》，列举古今帝王成败的教训，劝谏太子近君子、远小人，尚节俭、戒奢侈。太宗得知此事，大加赞扬，要李百药辅弼太子善始善终，并赐良马一匹、彩绢三百段。这一时期担任过太子辅导之官的还有杜正伦、于志宁、房玄龄、孔颖达、张玄素等人。他们都能尽心竭力匡正太子过失，如于志宁曾作《谏苑》二十卷，对太子进行讽谏。孔颖达每次进谏，不留情面。太子的乳母遂安夫人认为太子年纪已经不小了："何宜屡得面折？"孔颖达说："蒙国厚恩，死无所恨。"[①]谏诤更加频繁、更加严厉。孔颖达撰《孝经义疏》，把讽谏之意贯穿于注疏之中。太宗知道后，分别赏赐于志宁、孔颖达帛五百匹、黄金五斤。

太宗为了培养太子的政治才干，让他参与诉讼之事，并让一些富有政治经验的重臣，辅佐太子处理政事，"太子每亲政事，太宗必令（李）纲及左仆射房玄龄、侍中王珪侍坐"[②]。这样做也是为了随时匡正太子之失。杜正伦为太子右庶子时，太宗对他说："我儿有疾病，这不要紧，还可以医治；如不敬贤好善，私下接近的全是小人，问题就严重了。希望你认真观察，若劝谏不听，可以来告诉我。"太宗把太子的政治缺陷看得比生理缺陷更为严重，无疑是正确的。太宗始终认为只要是中等之才，就可以通过教育使其变为有用的人才，所以他不放弃对太子的教育，并要求臣下多多举荐贤良以辅佐、训导太子。直到贞观十六年，即废去太子的前一年，太宗还在为如何教育好太子而苦心积虑。他问群臣说："当今国家什么事最急迫？请你们每个人都谈一下各自的意见。"众人纷纷发表各自的见解，都不能得到太宗的赞同，唯有谏议大夫褚遂良的话得到太宗的首肯。褚遂良说："目前天下太平，四方归心，只是太子、诸王应有定分，使他们各安其位，这是当务之急，需要尽快处理。"褚遂良正是看到太子地位动摇，怕诸王争位引起政治危机，所以才委婉地提醒太宗重视这个问题。太宗是何等样人，自然明白褚遂良的言下之意，他说："此言很对，我既以长子位居东宫，诸弟与诸子之数将近四十人，心中常为此事而忧虑。但是，自古以来嫡子也好，庶子也好，如无贤良辅佐，何尝不倾败家国？你们应该为我访求贤

① 《贞观政要集校》卷四，第236页。

② 《旧唐书》卷六二《李纲传》，第2377页。

德之才，以辅弼太子及诸王。诸王府的官员，不应该让他们任职太久，时间长了不免和诸王情义深厚，非分的企图多是由于这个原因而诱发的。今后王府官员，任职不要超过四考。”从这些话看，太宗到这时仍没有放弃对李承乾的教育，作为父亲，太宗对儿子可谓尽心竭力了。

李承乾由于生长于深宫之中，缺乏艰难生活的磨炼，全无社会阅历，加之身为皇太子地位尊贵，生活舒适而散漫，长大以后，染上了喜好声色、漫游无度的纨绔子弟习气。他知道父亲对自己要求严格，所以总是把自己伪装起来，背着太宗去干一些荒唐的事。每临朝处理政务和接待大臣，必言忠孝之道；退朝后，便与群小亵狎。东宫中辅佐之臣进谏之时，他事先就已猜到他们要说什么，便正襟危坐，主动引咎自责，口齿伶俐，态度诚恳，搞得谏臣答拜不暇，“故人人以为贤而莫之察”[①]。

但是，假象只能瞒哄人一时，时间久了总要露出马脚来。当李承乾的所作所为败露后，太宗派去的辅佐之臣因为职责所在不能不进行劝谏，李承乾不但不听，反而恶语相向。如贞观十三年，李承乾因游猎而废学，右庶子张玄素上书劝谏，李承乾不听，张玄素再次上书力谏，李承乾大怒，斥责说：“庶子患了疯狂症吗？”不久，李承乾又在宫中击鼓玩乐，声音传到宫外，张玄素听到后，遂去见太子，极言切谏。李承乾当着张玄素的面将鼓毁掉，暗中却派人谋害张玄素，乘张玄素早朝之时，在途中伏击，用马楇猛击张玄素，差一点使他丧命。

贞观十四年，太子詹事于志宁因太子广造宫室，奢侈过度，又沉溺于声色之中，上书劝谏，承乾不听。次年，正在农忙之时，太子广召农夫充役，又不许分番，直接影响了生产，人怀怨苦。他还私引突厥人入宫，于志宁又一次上书进谏，李承乾大怒，密遣刺客张师政、纥干承基前往于志宁家中刺杀他。当时，于志宁正在为母服丧，被太宗起复为太子詹事。于志宁恪守礼法，二人潜入其宅，看到于志宁睡在芦草之上，知道他是大孝之人，不忍伤害而返。

太子还命人造了一口大鼎，召逃亡奴隶偷盗民间马牛，亲自宰杀烹

① 《新唐书》卷八〇《常山王承乾传》，第3564页。

煮，与左右亲近之人共食。他还喜好突厥语、突厥服饰，选左右面貌像突厥人的，每五人为一部落，穿羊裘梳发辫，让他们放牧牛羊。又制作了突厥的五狼头纛及旗幡，设置帐庐，李承乾自居帐中，宰羊烹煮，仿照突厥人的方式，抽佩刀割肉而食。他曾对左右说：“我学作可汗死，你们可仿效突厥丧仪，哭祭于我。”于是僵卧在地，左右皆剺面号哭，跨马绕“尸”而走。他还说：“有朝一日，我当了皇帝，当率数万骑畋猎于金城之西，然后散发为突厥人，投身于阿史那思摩部下，当一位领兵将领。”

有一位太常寺的乐人，年纪十几岁，长得十分美貌，善歌舞，太子对他非常宠幸，取名叫称心，与他同食同睡。道士秦英、韦灵符也因左道而得宠于李承乾。太宗得知此事，大怒，把称心等人全部处死，连坐诛死者数人。太宗还把太子召去，严加斥责。但李承乾不思悔改，心中思念称心不已，在东宫中修建一室，供上他的画像，并在禁苑为他修筑坟墓，朝夕祭奠，痛哭徘徊，私赠官爵。他越想越愤恨，竟然称病，数月不朝见太宗。

太宗的异母弟汉王李元昌，行为不法，多次受到太宗的谴责，因此对太宗非常不满。李承乾却与他臭味相投，关系十分亲密，两人朝夕相处，游乐玩耍。他们有一次把左右分为两队，太子与李元昌各领一队，让他们身披毛毡甲胄，手拿竹制长矛，布阵大呼交战，击刺流血，以为娱乐。有人“作战”不力，被捆上手足用树枝抽打，甚至有被活活打死的。太子还说：“假使我今日做天子，明日就在禁苑设置万人营，与汉王分别统率，观他们互相战斗，岂不乐哉！”他还公然叫嚷：“我做了天子，当纵情欢乐，想干什么就干什么，有敢于进谏的，就杀掉，不过杀五百人，就无人再敢阻挡我了。”

李承乾生理上有缺陷，即“病足”，也就是说他可能是个跛子。即使如此，太宗也没有因此而废去他的太子之位，但是李承乾的这些行径确实使太宗非常痛心，尽管太宗想尽一切办法来教育他、挽救他，无奈李承乾不知悔改，遂使太宗渐渐地疏远了他，并有了改立太子的想法。

（二）急于夺嫡的李泰

太子李承乾的失宠，使他的兄弟滋生了夺取东宫之位的欲望，其中最迫切也最有希望的便是魏王李泰。

李泰是太宗第四子，也为长孙皇后所生。武德三年封宜都王，次年改封卫王。太宗即位后封越王，贞观十年改封魏王。李泰从小勤奋好学，文章写得很好，又喜好招贤纳士，和李承乾形成鲜明对比，因而很得太宗的宠爱。贞观十年，太宗大封诸王为都督、刺史，并于当年二月命他们各自离京赴任，李泰被任命为相州（治今河南省安阳市）都督，却不赴任所，继续留在京师。“太宗以泰好士爱文学，特令就府别置文学馆，任自引召学士。”[①]这种做法和太宗当年在秦王府置文学馆如出一辙，所以元代著名史学家胡三省在注释《资治通鉴》时，特地在这一条下注明“为泰图东宫张本”[②]。

贞观十一年（637），太宗又以礼部尚书王珪为魏王师，这是一种辅佐、教导亲王的官职。太宗还对李泰说：“汝事珪当如事我。”[③]李泰知道自己的父亲把这样的朝廷重臣派来辅佐自己意味着什么，所以每次见到王珪总要先拜，王珪也以老师而自居。太宗因李泰身胖腰大，行走不便，特令允许他乘小舆入宫朝见，“其宠异如此”[④]。

贞观十二年，魏王府司马苏勖以自古贤王皆招士著书，劝李泰奏请修撰《括地志》。“于是大开馆舍，广延时俊，人物辐凑，门庭如市。”[⑤]经李泰奏请，太宗批准，当时朝臣中参与该书编撰的有：著作郎萧德言、秘书郎顾胤、记室参军蒋亚卿、功曹参军谢偃等。李泰奏请修撰《括地志》的目的有二：其一，可以借修撰书籍为自己捞取好声誉，为夺取太子之位创造条件；其二，可以借机扩充势力，招纳一批人到魏王府集团中。太宗对此事大力支持，下诏命卫尉寺供帐，光禄寺供食。

① 《旧唐书》卷七六《濮王泰传》，第2653页。
② 《资治通鉴》卷一九四，唐太宗贞观十年二月胡三省注，第6119页。
③ 《资治通鉴》卷一九四，唐太宗贞观十一年三月，第6127—6128页。
④ 《旧唐书》卷七六《濮王泰传》，第2653页。
⑤ 《资治通鉴》卷一九六，唐太宗贞观十六年正月，第6174页。

《括地志》共计五百五十卷，历时四年编成，于贞观十六年奏上，太宗命藏于秘阁，赐李泰绢帛万段，赐给参与编修者萧德言等人大批彩帛。《括地志》是一部大型地理类典籍，它是以贞观十三年的簿书，全国三百五十八州为准绳，叙述了这些州郡的建置沿革、山川形势、风俗物产、人口古迹等等。该书大约在南宋后亡佚，今仅有辑本八卷传世，这是非常可惜的。《括地志》的修成，确实为李泰赢得了好的声誉，赞誉之声不绝，对李承乾形成了很大威胁，也引起了李承乾的嫉恨。

李泰以驸马都尉柴令武、房遗爱等二十余人为心腹，又以韦挺、杜楚客总摄魏王府事，让韦、杜二人暗中交结朝中大臣，“津通赂遗”，“文武群官，各有附托，自为朋党”[①]。李承乾恐被废去太子之位，对其弟李泰恨之入骨。太常乐人称心被太宗处死，李承乾怀疑是李泰告的密，心中更加痛恨。他命太子左卫副率封师进与刺客张师政、纥干承基等人，设法刺杀李泰，由于其防范甚严，无法得手。李承乾见一计不成，遂命人冒充魏王府典签官，到玄武门上封事，告发李泰的种种“罪行”。太宗知道这是有人故意诬告，下诏搜捕上书人，结果没有捕获。太子李承乾的这些做法，是黔驴技穷的表现，非但于事无补，反而引起李泰的警惕和太宗对他的反感。

在太子李承乾的过失日渐暴露的情况下，让他继续当太子将来继承大统，显然是不合适的。但是，自古以来嫡长子承继皇位的观念根深蒂固，轻易改换太子为历代之大忌，尽管李承乾不成器，但要把他废去，也是一件大事，太宗也不敢轻易做出这样的决定。于是就采取了扶持魏王李泰的办法，逐步地创造条件，以便在时机成熟的情况下使李泰登上太子之位。太宗扶持宠异魏王的具体做法是：增加魏王的月料，使其超过了太子的月料标准。又令李泰迁居于宫中武德殿，以便父子随时见面。有一次，太宗亲临魏王府，赏赐给魏王府官员大批财物，赦免长安死刑犯，并免除魏王府所在的延康坊民户一年的租赋。长安城以南北走向的朱雀大街为界，东为万年县，西为长安县，延康坊的位置在长安县

① 《旧唐书》卷七六《濮王泰传》，第2655页。

所管区域内。太宗赦免长安死刑以下罪犯和免除延康坊的租赋，用意是非常明显的，实际上是替魏王收买人心。

太宗为了抬高李泰地位，曾借机发挥，压制那些不支持李泰的大臣，有人反映说三品以上的大臣，皆轻蔑李泰，“意在谮侍中魏徵等，以激上怒”。太宗于是御齐政殿，召三品以上大臣入见，大发雷霆地说：“我有一言，向公等道。往前天子是天子，今时天子非天子耶？往年天子儿是天子儿，今日天子儿非天子儿耶？我见隋家诸王，达官一品已下，皆不免被其踬顿。我之儿子，自不许其纵横，公等所容易过，得相共轻蔑。我若纵之，岂不能踬顿公等！”[①]房玄龄等人见太宗如此震怒，吓得战栗不已，却不料魏徵很严肃地反驳了太宗：当今群臣并无人轻蔑李泰。今三品以上大臣，都是朝廷公卿，连陛下您都非常尊重，就是小有不是，亲王如何可以随便折辱？如果国家纲纪混乱，当然就谈不上这些了，而今正是圣明之时，魏王岂能如此放肆！隋文帝不知礼义，放任诸王，使其无礼于臣下，不足以效仿。这些话义正词严，使太宗无法反驳，何况太宗是圣明之君，岂能不知魏徵的话是有道理的？于是转怒为喜，赏赐了魏徵一千匹绢，才算结束了这个尴尬局面。

魏徵还反对魏王居于武德殿，认为太宗爱自己的儿子可以理解，但应防止其骄奢，也不应违背礼法。太宗只好让李泰搬回魏王府。除了魏徵之外，褚遂良也反对太宗对待魏王的一些做法。太宗给魏王的月料超过太子，褚遂良就看不惯，上疏坚决反对，认为“庶子虽爱，不得逾嫡”[②]，这是自古以来的礼法，否则将会导致祸乱的发生。太宗迫于舆论压力，不得不表示接受意见。贞观十六年，关于太宗废立太子的传闻越来越多，据载：“时太子承乾失德，魏王有宠，群臣日有疑议。”[③]从“群臣日有疑议”一句看，当时对是否废去李承乾太子之位持不同观点的大臣人数还不少。在这种压力下，太宗不得不明确表态自己并不打算废去太子。他对群臣说：“方今群臣，忠直无逾魏徵，我遣傅太子，用

① 《贞观政要集校》卷二，第135—136页。

② 《资治通鉴》卷一九六，唐太宗贞观十六年正月，第6174页。

③ 《资治通鉴》卷一九六，唐太宗贞观十六年八月，第6177页。

绝天下之疑。”[①]于是太宗在这年九月正式任命魏徵为太子太师。魏徵因为有病，上表推辞。太宗下手诏说：“周幽王、晋献公都是因为废嫡立庶而导致亡国危家，汉高祖几乎废去太子，赖有四皓辅佐太子而平安。我今日的举动，目的也在于此。”一直到贞观十七年正月，太宗还对群臣一再表白说：“外间有些人看到太子脚有毛病，魏王聪颖，又时常跟随我游幸，遂产生废立太子的议论，一些侥幸投机之徒，已经投靠于魏王。太子虽然病足，还可以行走。《礼》曰：‘嫡子死，立嫡孙。’太子的儿子已经五岁，我决不以庶子代替嫡长子，以免开启窥窬之源！”同月，魏徵病危，太宗还和李承乾一同到其府上看望他。太宗这一举动也是为了向外界表明自己并无废去太子之意。

太宗既然已经在扶持魏王李泰，并有废去太子之意，为什么却又有以上这些举动呢？首先是由于群臣反对废太子的人不少，其中还有一些像魏徵这样的重臣，这就使太宗不能不慎重地对待这个问题。其次是李承乾虽然失德，但并无反逆行为，充其量不过行为荒唐，还没发展到非废不可的地步。李泰夺嗣的行动过分暴露，加之恃宠骄傲，引起了一些大臣的不满，何况他本人也没建立什么功业，难使众人敬服。在这种情况下，废长立幼显然时机不成熟，太宗从封建礼法出发，只能做出以上的表示，以平息舆论。

但是，太宗这样的姿态，并不表示他已彻底放弃废立太子的打算，这一点与他的经历和思想有关。从经历上看，太宗本人就不是以嫡长子的身份登上帝位的，因而他并不一定坚持嫡长子继承制。从思想上看，他曾经说过：“国家立太子者，拟以为君，人之修短，不在老幼。”[②]可见太宗的思想深处，还坚持立贤而不一定立长。这种思想平心而论是比较明智的，这样做对政权的长治久安是有益处的。然而这种想法与古代礼法却极不吻合，对于一个口口声声要大兴礼法的皇帝来说，是不便说出口的，当反对废立太子的大臣们用礼法作为武器进行反击时，太宗只

① 《资治通鉴》卷一九六，唐太宗贞观十六年八月，第6177页。

② 《贞观政要集校》卷七，第401页。

能妥协退让了。贞观十七年三月，齐王李祐发动叛乱被镇压，李祐本人被赐死。同月，投靠李承乾的将军李安俨上疏说："皇太子及诸王，陛下处置，未为得所。太子国之本也，伏愿深思远虑，以安天下之情。"[①]太宗只好再次表示决不废长立幼。太宗此前已经多次公开表过态了，为什么还有人继续提这个问题？可见太宗虽然口头上表态了，但在实际行动中并没有改变亲近魏王、疏远太子的立场。否则就不会有人再次提出这个问题，李承乾也不会愚蠢到阴谋发动政变。

（三）一场流产的政变

李承乾集团人数虽然不少，但大都地位不高，没有多大的影响力。朝臣中反对废立太子者，大多不过是出于对古代礼法的维护，认为不应轻易废长立幼而已，没有讨好或投靠李承乾的意思。太子集团中的主要人物有如下数人：汉王李元昌、吏部尚书侯君集、洋州（今陕西省西乡县）刺史赵节、驸马都尉杜荷、左屯卫中郎将李安俨等。连东宫系统中的主要官员都没加入这个集团，如左庶子张玄素、右庶子赵弘智以及令狐德棻、于志宁等，可见李承乾集团是多么地孤立。

汉王李元昌是高祖的第七子，太宗的异母弟。此人勤于学习，善绘画，隶书写得很好，行书也不错。《书断》说他的字"洒落可观"，然"过于奔放"[②]。他的画"颇得风韵，自然超举"[③]，尤善画马羊、禽鹰。但其政治才干不行，在华州（治今陕西省渭南市华州市）刺史、梁州都督任上干过不少不法之事，太宗曾颁手诏予以谴责。他非但不自责，反而心怀怨愤。贞观十六年，他回到京师，便投入到李承乾集团中去，参与密谋。李元昌曾对李承乾说："我希望殿下早当天子。近日入宫，看到陛下身边有一美人，善弹琵琶，事成之后，希望能赏赐给我。"李承乾表示不成问题。

洋州刺史、开化公赵节是赵慈景的儿子，他的母亲是唐高祖之女长

① 《唐会要》卷四《储君》，第45页。

② 〔唐〕张彦远著，范祥雍点校：《法书要录》卷九《书断》，人民美术出版社2016年版，第301—302页。

③ 〔宋〕佚名：《宣和画谱》卷一三，人民美术出版社2016年版，第217页。

广公主，也算是皇亲国戚。赵慈景早年奉唐高祖之命率军进攻河东，被尧君素所杀。赵节自以为他家功劳甚大，不满意现有地位，投入李承乾集团中，想在政治上捞取更大的好处。

李安俨曾是李建成的部下，玄武门之变时，他率军与秦王府军队拼死力战。事后，太宗认为他能忠于故主，也算是忠义之士，故没有治其罪，反而让他掌典宿卫之任。李安俨不但不感恩戴德，反而投入李承乾麾下，欲对太宗行不轨之事。究其原因与他不满自己的官职低下有关，到贞观十七年时，他仅是一个正四品下的中郎将，而与他同时的薛万彻等人的地位却远在他之上。

驸马都尉杜荷是宰相杜如晦的次子。杜如晦早死，太宗念其功大，把女儿城阳公主嫁给了杜荷，任命他为尚乘奉御，封襄阳郡公。但杜荷生性暴虐，不遵法度，不知感恩，却与李承乾气味相投，往来密切，并且利令智昏地为他出谋划策。

在李承乾集团中最值得一提的是侯君集。他本是太宗手下的得力大将，早年投入秦王府，跟随太宗南征北战，屡立战功。玄武门之变时，侯君集积极出谋划策，并参与了诛杀李建成、李元吉的行动，所以太宗即位不久，就任命他为右卫大将军。贞观四年，升任兵部尚书，参与朝政。后作为李靖的助手征服了吐谷浑，作为统帅他又率军灭亡了高昌。侯君集后来口口声声说他平定两国，即指这些事。由于侯君集功大，所以他的画像也被悬挂于凌烟阁中。这样一位重臣为什么却要投入李承乾集团中，冒杀身破家的风险呢？这还要从他扫平高昌说起。贞观十四年，侯君集率军攻破高昌国，未奏请太宗，就擅自流配抄没无罪之人，又私取该国珍宝。部下将士见主帅如此，纷纷盗窃财物，侯君集怕牵连出自己，因而不敢追究查处。回到长安后，有人告发此事，太宗遂将他交给司法部门查处。中书侍郎岑文本认为功臣大将不可轻易地加以屈辱，命将出师，重要的在于克敌制胜，如能克敌，虽贪可赏；若吃败仗，虽廉可诛。于是上疏太宗主张不要追究侯君集的罪过，太宗遂下诏释放了侯君集。侯君集自以为功劳甚大，却被捕下狱，心中对此极为不满。贞观十七年二月，太子詹事张亮外出任洛州（今河南省洛阳市东）都督。侯君集以为张亮对这个任命也不满意，就去见张亮，问他道："你这次出京，知道是何人排斥你吗？"张亮说："不是你是谁呀!"侯君集回答说："我平定一国以来，受到了很大的冤枉，处处受到斥责，如何还能排斥别人！"他鼓动张亮与他一同造反。张亮遂将此事密奏太宗。太宗说："你与君集都是功臣，君集对你说这话时，又无他人听见，如将他下狱审问，他肯定不会承认，两人相证，事未可知，你就不要再说了。"太宗对待侯君集与以往一样，不久又将他与其他功臣的画像同列于凌烟阁。侯君集不知悔改，依然如故。

侯君集的女婿贺兰楚石任东宫千牛，侍奉太子，李承乾从他那里得知侯君集心怀怨愤，就多次令贺兰楚石引侯君集入东宫，向他请教保全太子之位的办法。侯君集认为李承乾劣弱，就劝他造反，并举起自己的手说："此好手，当为殿下用之。"①他还告诫李承乾，魏王为陛下所爱，恐怕殿下有被废黜的危险，以后如有敕召见殿下，应早做准备，不要到时手足无措。李承乾认为侯君集说得很对，厚加赏赐，视为心腹。

太子李承乾所依赖的这些人，或为狂妄之徒，或为野心家，无一老成持重的正直贤士。他们不识时务，在唐初社会刚刚稳定，生产有所发展，百姓向往安乐太平的情况下，逆社会潮流而动，妄图大搞动乱，失败自然是难以避免的。

李承乾既已决定发动政变，于是召集同谋者，割破手臂，以帛蘸血，然后烧成灰倒入酒中，同饮而尽，誓同生死。他们计划率兵袭击大内，杀害太宗。当他们听到齐王李祐造反失败的消息后，李承乾对纥干承基说："我东宫西墙距大内不过二十步，与卿等谋大事，岂是齐王所能比的？"他们就是利用东宫紧靠太宗所居的太极宫的方便条件，图谋发动突然袭击。杜荷说："琅玡人颜利仁善观天象，他说天象有变，陛下当为太上皇。"劝李承乾尽快起事，以应天象。他还献策说："请称

① 《资治通鉴》卷一九六，唐太宗贞观十七年三月，第6191页。

疾，上必临问，可以得志。”[①]建议李承乾称病危急，利用太宗前来东宫探视病情之机，发动政变。

贞观十七年四月，李承乾集团的政变计划还未来得及实施，就在偶然之间被揭穿了。在审理齐王李祐反叛的案件时，牵连出了纥干承基，遂将他逮捕入狱，并判处死刑。纥干承基为了活命，于是就供出了太子李承乾的谋反计划。太宗没有想到自己的儿子竟会如此大逆不道，感到非常震惊，遂命长孙无忌、房玄龄、萧瑀、李勣等重臣会同大理寺及中书省、门下省查处此案。经过认真调查和审理，证明谋反确属事实。太宗与群臣商议如何处治李承乾，没有人敢首先提出处理意见，最后由通事舍人来济提出处理原则，即“陛下不失为慈父，太子得尽天年，则善矣！”[②]实际上是建议不要对李承乾处以死刑。这个意见正符合太宗的心意，于是下诏把李承乾废为庶人，暂时幽禁于右领军府，后来流放到黔州（治今重庆市彭水自治县），贞观十八年（644）十二月病死。

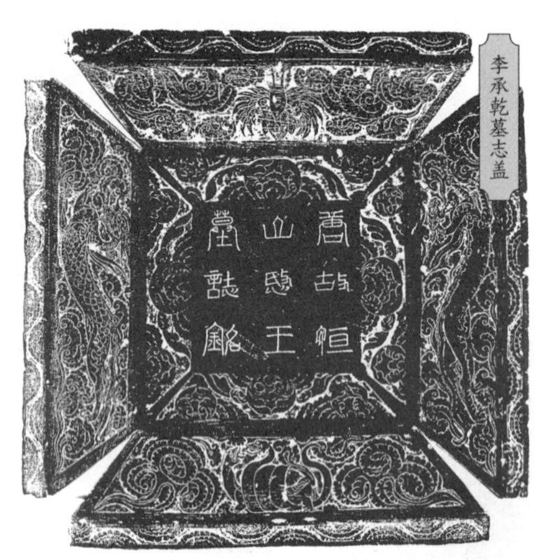

李承乾墓志盖

太宗还想免去汉王李元昌的死罪，群臣坚决反对，太宗只好赐他于家中自尽。对于侯君集、李安俨、赵节、杜荷等人，太宗就无所顾忌了，将他们统统处死。左庶子张玄素、右庶子赵弘智以及令狐德棻等人，因为不能及时谏诤，全部免官贬为庶人。于志宁因为数次犯颜直谏，受到太宗的褒勉，没有牵连进去。纥干承基因为揭发李承乾的阴谋有功，被任命为折冲都尉，封平棘县公。

① 《新唐书》卷九六《杜如晦传附杜荷传》，第3860页。

② 《资治通鉴》卷一九七，唐太宗贞观十七年四月，第6193页。

（四）渔翁得利的李治

魏王李泰一心想夺取太子之位，李承乾被废，太子之位空虚，正是他入主东宫的好时机，自然不能轻易放过。于是，李泰天天入宫侍奉太宗，显得非常殷勤孝顺。太宗本来就宠爱李泰，李承乾被废后，长孙皇后亲生的儿子就只剩下魏王李泰和晋王李治二人了，其他均为妃嫔所生。在李泰和李治二人中，李泰排行第四，李治排行第九，李泰为长，所以太宗当面向李泰许愿，同意立他为太子。此外，岑文本和刘洎两位重臣也劝太宗早日立魏王为太子，似乎魏王李泰的太子之梦就快要成真了。

不料宰相长孙无忌坚决反对立李泰，力主立晋王李治为太子。他的出面使这个问题又趋复杂化了。长孙无忌是李泰和李治的亲舅父，按理他对这两个人不应有亲疏之别，为什么却支持一个反对另一个呢？要搞清这个问题，必须从这两位皇子自身说起，晋王李治性格懦弱，平日与外臣极少交结，这时仅十五六岁，还不大懂得权术与政治之类的事情，当然也就使人对其没有什么不好的印象。而魏王就不同了，他早在开文学馆时就已网罗了一批人才，之后因为太宗宠爱，有夺嫡的可能，遂使一批文武官员投入其集团之中，加上他自己的主动拉拢，已经形成了一股政治势力。长孙无忌既是皇亲国戚，又是元老重臣，长期担任宰相，在贞观后期权势很大，他要想长期执政，保持自己的权势不变，就必须从这两位外甥中选出一位更有利于自己扩展权势的人作为储君。选李泰显然不大合适，因为李泰有属于自己的政治势力，一旦当了皇帝，肯定要重用自己的亲信，而且他年纪较大，有一定的政治能力，不好控制。再加上李泰自恃有太宗的扶持，大概没有求助于长孙无忌，于是便显得有些冷落了这位舅父。而李治就不同了，他没有自己的政治势力，且为人懦弱，扶持他当储君便于自己将来操纵朝政，所以长孙无忌极力主张立李治为太子。此外，支持李治的并非长孙无忌一人，还有房玄龄、李勣、褚遂良等人。这大概是魏王李泰平时傲慢，与三品以上公卿争礼造成的后果。正因为有这样一批重要大臣的反对，才使太宗不敢轻易下诏立魏王为太子。

但太宗并不就此放弃自己的主张，他决定再试试朝臣的态度。有一天，太宗对群臣说："昨日青雀投我怀中，说他今日就如同重生一样，成为天子的儿子。他有一个儿子，他死之日，一定将其杀死，然后传位于晋王。谁人不爱自己的儿子，我见他这样说，心中甚是怜悯。"青雀是李泰的小名。所说重生等语，当是太宗又一次表示要立他为太子，故李泰才说出这一番话来讨好太宗。太宗是何等英明的人物，其实他对李泰这些话并非完全相信，他不过是借李泰的话去堵那些反对者的口。你们不是要立李治吗？那好，等魏王死了以后再传位给他吧。太宗的话立即遭到褚遂良的反驳，他说："陛下此言大误，希望认真想一想，哪有陛下万岁之后，魏王当了皇帝，肯杀自己的爱子，传位给晋王的道理？陛下以前既立承乾为太子，却又宠异魏王，供给礼遇皆超过承乾，结果造成今日这样的局面。前事不远，足以为鉴。陛下今日要立魏王为太子，请先安置好晋王，这样才能安全。"所谓"前事不远，足以为鉴"，指的就是玄武门之变兄弟相残之事。这番话触到了太宗痛处，使他更难以抉择如何妥善处理好这个问题，太宗当场就流了泪，说"我不能尔"[①]，也就是说他还没有找到保证自己的儿子不互相残杀的好办法。

接着又发生了一件事，终于促使太宗改变了立魏王为太子的初衷。魏王李泰看到立自己为太子的事出现了新障碍，而这个障碍在他看来就是自己的弟弟李治，于是他决定利用李治平日与汉王李元昌关系较为亲密的事实恐吓李治，让他自动退出竞争。李泰找到李治，对他说："汝与元昌善，元昌今败，得无忧乎？"[②]李治本就懦弱胆小，经李泰这样一吓，果然恐惧得不得了，唯恐李元昌参预谋反的事牵连到自己，整日忧心忡忡。太宗看到他恐惧的样子，感到很奇怪，便再三询问，李治就把李泰讲的话都告诉了太宗，"上怃然，始悔立泰之言矣"[③]。太宗之所以有些后悔，是因为他从李泰对李治的话中隐隐地感到了一股寒气，使

① 《资治通鉴》卷一九七，唐太宗贞观十七年四月，第6195页。

② 《资治通鉴》卷一九七，唐太宗贞观十七年四月，第6195页。

③ 《资治通鉴》卷一九七，唐太宗贞观十七年四月，第6195页。

他认识到褚遂良的话不幸被言中了。这不仅涉及晋王李治将来的安全问题，同时也牵涉到李承乾能否活下去的问题。

太宗把李承乾囚禁起来后，有一次把他招来当面谴责。李承乾说："臣为太子，复何所求！但为泰所图，时与朝臣谋自安之术，不逞之人遂教臣为不轨耳。今若泰为太子，所谓落其度内。"[①]平心而论，这些话还真合情合理。这也提醒太宗，在他生前可以赦李承乾不死，一旦将来李泰继承了皇位，因为争夺太子之位的仇恨，就很难保证李承乾能否继续生存下去了。

为了避免兄弟残杀的事再度发生，现在只剩下一条路可走，那就是放弃李泰改立李治为太子。对于这一点，太宗自己讲得非常清楚："我若立泰，则是太子之位可经营而得。自今太子失道，藩王窥伺者，皆两弃之，传诸子孙，永为后法。且泰立，承乾与治皆不全；治立，则承乾与泰皆无恙矣。"[②]太宗的这一决定对日后政局的稳定有较大的益处，避免了可能发生的纷争与动乱。

实际上，太宗在公布自己的最后决定时，为了避免再发生争论，还是动了一番脑筋的。据载，太宗在两仪殿坐朝，散朝时留下长孙无忌、房玄龄、李勣、褚遂良等人，对他们说："我三子一弟，所为如此，我心无憀。""三子一弟"指李承乾、李泰、李治与李元昌。"因自投于床，抽佩刀欲自刺"[③]，长孙无忌等急忙上前抱住太宗，夺下佩刀交给晋王李治。他们问太宗为何如此难过，到底想干什么。太宗回答说："我想立晋王为太子。"长孙无忌连忙说："谨奉诏。有异议者，臣请斩之。"太宗对晋王说："你舅父许你为太子，还不赶快拜谢。"晋王跪拜以谢长孙无忌。太宗对长孙无忌等人说："公等已同意此事，只是不知其他人的意见如何？"长孙无忌回答说："晋王仁孝，天下久已归心，请陛下召见百官，肯定不会有异议。如若不然，臣愿以性命担保。"太宗于是在太极殿召见六品以上文武官员，对群臣说："承乾

① 《资治通鉴》卷一九七，唐太宗贞观十七年四月，第6195页。

② 《资治通鉴》卷一九七，唐太宗贞观十七年四月，第6196—6197页。

③ 《旧唐书》卷六五《长孙无忌传》，第2452页。

大逆不道，李泰也很凶险，皆不可立。朕打算从诸子中另选一人为太子，谁可担此大任，请众卿明言。”群臣皆呼曰：“晋王仁孝，应当为嗣。”这件事终于确定下来了。太宗抽佩刀欲自刺的举动，的确不成体统，尤其还当着晋王李治的面讨论立嗣之事，似乎不大可能。其实这正是太宗别出心裁的举动，试想皇帝为了立晋王竟闹到要自杀的地步，在这种情况下，即使是原来支持李泰的大臣，也不敢再出面争论了，谁负得起这样的责任，谁又敢冒这样的大不韪？太宗以自己的智慧一举制止了一场原本激烈的争论，使立嗣问题顺利地解决，有利于政局迅速地稳定。在立晋王的问题上之所以没有发生争论，不能不说与太宗的这一举动有直接的关系。

《新唐书·濮王李泰传》载：“长孙无忌固欲立晋王，帝以太原石文有‘治万吉’，复欲从无忌。”这一记载不大可信。太宗从来都重人事，轻迷信，对谶语之类的东西尤其反对，如何会因一块石头上有这么几个字就轻易改变自己的立场？这是高宗当了皇帝以后，有些旧史官为了抬高其地位，编造的所谓顺应天命的谎言。此类东西，在历史上层出不穷，并非什么新鲜的把戏。

在确定晋王为太子的当日，李泰还不知道这一变化，率百余骑至大内南门永安门，被把守宫门的官员阻挡住，只许他一人入宫，然后根据太宗的命令，将他幽禁于内苑。数日后，下诏免去李泰一切官职，降爵为东莱郡王，迁于均州郧乡县（今湖北省郧县）安置。魏王府官员凡与李泰亲近的全部流放岭南，杜楚客免官贬为庶人，给事中崔仁师因奏请过立李泰为太子，贬为鸿胪少卿。

处置李泰后，太宗下诏正式立晋王李治为皇太子，并大赦天下。以长孙无忌为太子太师、房玄龄为太子太傅、萧瑀为太子太保、李勣为太子詹事，后两人皆同中书门下三品，即仍为宰相。又以于志宁、马周为太子左庶子，苏勗、高季辅为右庶子，褚遂良为太子宾客。太宗几乎把朝廷中重要大臣都任以东宫系统官职，用以辅佐李治，其用心良苦，于此可见一斑。

以上所述，可以清楚地看出李治之所以能登上太子之位，完全是他的两位兄长争斗得两败俱伤的结果，并非他本人有什么过人的才智。不过太宗对李治实在是不放心，他立李治为太子固然可以避免兄弟相残，然而太子毕竟是未来的皇帝，将来是要统治天下、治理万民的，没有相当的才干与魄力是无法胜任的，搞得不好也不利于国家的长治久安，对于这一点太宗是非常清楚的。太宗曾对长孙无忌说："公劝我立雉奴，雉奴仁懦，得无为宗社忧，奈何？"[①]"雉奴"是李治的小名。太宗因吴王李恪有文武之才，"甚为物情所向"[②]，又打算改立李恪为太子。李恪是太宗的第三子。此事为长孙无忌所知，"无忌密争之，其事遂辍"[③]。

太宗立李治为太子的目的是想避免兄弟相残，由于李治懦弱，后来立武则天为皇后，武则天为了取代唐室，建立大周政权，大杀唐朝宗室，太宗子孙几乎被诛杀殆尽，这种状况却是太宗所始料未及的。武则天指示许敬宗诬告长孙无忌谋反，他所极力保护的这位外甥"竟不亲问无忌谋反所由，惟听敬宗诬构之说"[④]，下诏免去其一切官爵，流放偏远外州，不久逼令其自缢而死。长孙无忌的家属亲戚全部流放岭南，子侄或流放或诛杀。这一结局也是长孙无忌无论如何也想不到的。

（五）其他诸子的情况

除了太子李承乾、魏王李泰、晋王李治及齐王李祐之外，太宗还有十个皇子，其情况如下：

楚王李宽，太宗第二子，由于太宗弟李智云早亡，遂在武德三年时，由唐高祖做主，将其过继到李智云门下。李宽很早就亡故了，贞观初，被追封为楚王。

吴王李恪，太宗第三子。他的母亲是隋炀帝的女儿，因其门第高贵，加之李恪有文武才，很得太宗的宠爱，"太宗常称其类己"[⑤]。在太

① 《新唐书》卷八〇《濮王李泰传》，第3571页。
② 《旧唐书》卷七六《吴王李恪传》，第2650页。
③ 《旧唐书》卷六五《长孙无忌传》，第2453页。
④ 《旧唐书》卷六五《长孙无忌传》，第2456页。
⑤ 《旧唐书》卷七六《吴王李恪传》，第2650页。

子李承乾失宠后，太宗立晋王李治为太子，又因李治生性懦弱，曾一度有改立李恪为太子的打算，由于长孙无忌的反对而作罢，也正因如此，为其日后不得善终埋下了隐患。

李恪早在武德九年时，就被封为汉王，授益州（治今四川省成都市）大都督，因为年幼并没有赴任所就职。贞观十年，改封吴王。贞观十二年，授安州都督。唐高宗即位后，官拜司空、梁州都督。高宗永徽四年（653）二月，高阳公主与驸马房遗爱谋逆被诛，李恪英武，名望素高，长孙无忌为了断绝众望，遂诬陷李恪也参与了此事，将其处死。李恪临死时，大骂曰："长孙无忌窃弄威权，构害良善，宗社有灵，当族灭不久！"[①]后来长孙无忌果然为武则天所杀。

李恪共有四子，在他被害之时，均被流放到岭南蛮荒之地。长孙无忌被诛后，高宗遂追封李恪为郁林王，并立庙祭祀。他的长子李仁，后改名千里，在武则天统治时期历任诸州刺史。当时李唐宗室子弟多被诛杀，李千里由于数次进献符瑞，竟得免祸，并升任为金吾将军。中宗复位后，晋封成王，任左金吾卫大将军兼益州大都督。因参与诛杀武三思之事，被诛杀抄家。唐睿宗即位后，平反并恢复官爵。

蜀王李愔，太宗第六子，与吴王李恪为同母兄弟。贞观五年（631），封梁王；十年，改封蜀王，任益州都督、岐州（治今陕西省宝鸡市凤翔区）刺史。李愔骄横不法，曾无故殴打所属县令，又畋猎无度，使太宗非常生气，一度削去其封户之半，并贬为虢州（治今河南省灵宝市）刺史。太宗死后，李愔自以为再也无人可以约束自己，经常外出畋猎，毁坏百姓庄稼。典军杨道整叩马劝谏，被李愔拽翻毒打。经御史大夫李乾祐弹劾，高宗遂将其贬为黄州（治今湖北省武汉市新洲区）刺史，升杨道整为折冲都尉，赐绢五十匹。永徽四年，因李恪之事的牵连，被贬为庶人，流放到巴州居住。后来，又改封为涪陵王，乾封二年（667）死。

蒋王李恽，太宗第七子。贞观五年封郯王，十年改封蒋王，历任安、

① 《资治通鉴》卷一九九，唐高宗永徽四年二月，第6281页。

梁、遂、相等州都督或刺史。李恽生活奢侈，好聚敛，在安州时，多造器用服玩，州县不堪其扰，给百姓造成了一定负担。永徽二年（651），唐高宗给诸王各赐帛五百段，独不赐李恽与滕王李元昌，并说：“滕叔、蒋兄自能经纪，不须赐物；给麻两车以为钱贯。”“二王大惭。”[①]上元元年（674），有人赴长安诬告李恽谋反，高宗派官前往查处，李恽惶恐不安，遂自尽而死。

越王李贞，太宗第八子。贞观五年封汉王，后改封原王、越王。历任徐、扬（治今江苏省扬州市）、相、安、蔡（治今河南省汝南县）等州都督或刺史。李贞善骑射，懂文史，颇有吏才。其自以为有才，所到之处，偏听偏信，奸佞当道，正直官员反倒受到贬斥，又放纵仆人，侵暴百姓，故人服其才而鄙其行。武则天临朝称制时，他与唐朝其他宗室联合密谋匡复李唐政权。垂拱四年（688），武则天以明堂新建成为由，召诸王、宗室赴京参加大享之礼。李贞等认为武则天想借机铲除宗室，遂举兵反叛。武则天遣大军讨伐，并下诏改其姓氏为虺氏。大军包围了蔡州城，李贞战败，饮药而死。中宗即位后，侍中敬晖欲恢复其官爵，被武三思所阻止，直到唐玄宗开元四年（716），才颁诏恢复了其爵位，并以礼改葬。

纪王李慎，太宗第十子。贞观五年封申王，十年改封纪王，历任秦、襄、荆（治今湖北省荆州市荆州区）、邢（治今河北省邢台市）、贝（治今河北省清河县西北）等州都督或刺史。李慎为政清明，襄州百姓曾为其立碑颂扬，得到过太宗的奖励。李慎虽贵为亲王，但却好学不倦，精通文史，与越王李贞齐名。李贞起兵反对武则天时，李慎不愿同谋，但事后仍被逮捕下狱，并判处死刑，临行刑前，却又放免，改姓虺氏。李慎虽然侥幸逃过一死，但仍被流放到岭南，行至中途而死。其诸子除长子早亡外，其余均被武则天杀害，家属流放岭南。中宗即位后，下诏追复李慎一切官爵。

江王李嚣，太宗第十一子。贞观五年封王爵，次年因病而亡。

---

① 《资治通鉴》卷一九九，唐高宗永徽二年七月，第6274页。

代王李简，太宗第十二子。贞观五年封王爵，当年病死。

赵王李福，太宗第十三子。贞观十三年封王，由于隐太子李建成诸子全部被杀，遂命其为建成后嗣。贞观十八年，授秦州都督，后任梁州都督。高宗咸亨元年（670）病死。

曹王李明，太宗第十四子。贞观二十一年封王，历任梁、虢、蔡、苏（治今江苏省苏州市）等州都督或刺史。因齐王李元吉诸子被诛，诏令其为元吉的后嗣。李明任苏州刺史时，放纵下属危害百姓，不遵法度，不奉国命，长史孔祯劝谏不听。高宗永隆二年（681），太子李贤被废，李明因与李贤多有交往，被降为零陵郡王，安置于黔州。黔州都督谢祐为了讨好武则天，逼迫李明自杀。高宗得知后，非常惋惜，将黔州官员全部免职。

六、太宗与后妃

（一）长孙皇后

长孙皇后十三岁嫁给李世民，当时李世民也不过十六岁，可谓少年夫妻。长孙皇后从小好读书，贤惠知礼，对唐高祖非常孝顺，很得高祖的喜爱。玄武门之变时，她亲自慰勉战士，“左右莫不感激”[①]。

她当了皇后以后，生活节俭，性格和顺。妃嫔以下有病，她都要亲自看视慰抚，甚至把自己的药和饭食送给患病的妃嫔。有时太宗暴怒，无故责罚宫人，长孙皇后要求由她负责惩处，让太宗不必为此劳心，过一段时间等太宗平静下来后，再为之申诉，因此宫中“刑无枉滥”[②]。太宗的女儿豫章公主从小丧母，长孙皇后将她收养，慈爱超过了对待自己亲生的儿女。由于长孙皇后善于处理宫内的各类事务，不仅为太宗分忧，还赢得了宫中上下的赞扬与爱戴。

长孙皇后对自己的儿子要求很严，经常教育他们要节俭、谦和。

---

① 《旧唐书》卷五一《长孙皇后传》，第2164页。

② 《资治通鉴》卷一九四，唐太宗贞观十年六月，第6120页。

太子李承乾的乳母告诉皇后，说东宫器用之物比较少，请求增置，遭到拒绝。长孙皇后告诉她："为太子，患在德不立、名不扬，何患无器用邪！"[①]

太宗因魏徵直谏屡次使他下不了台，十分生气，经皇后巧妙地劝解后，使他对魏徵一如既往。太宗欲重用皇后的兄长长孙无忌，皇后认为外戚不可使之权重，坚决反对。太宗不听，任命长孙无忌为宰相。皇后又密令长孙无忌苦求辞让，太宗只好同意。长孙皇后有一异母兄长孙安业，好酒无赖，在父亲死后，把年幼的长孙无忌与长孙皇后赶出家门，因此长孙无忌兄妹二人是在舅父高士廉家中长大的。长孙皇后并不嫉恨以往之事，太宗当了皇帝后，劝太宗加以任命，使长孙安业官至监门将军。后来，长孙安业因罪被捕，按律将处以死刑。长孙皇后叩头流涕为他请命，认为长孙安业按其罪行，确实应予诛杀，只是这样做了以后，天下之人还以为是因以往旧事而被处极刑，不仅对她的声誉有影响，而且也将影响朝廷声誉。太宗遂免去了长孙安业的死罪。

贞观八年（634），长孙皇后病重。太子李承乾对其母说："所有的医生都已看过，各种药物都已服过，只是病情不见减轻，不如请求赦免囚徒，度人入道教，也许福佑降临，病情会好转。"皇后则说："死生有命，不是人力可以改变的。如果修福可延长生命，我平生就没做过恶事，可见行善无效，还有何福可求？况且赦免囚徒是国家大事，'道、释异端之教，蠹国病民，皆上素所不为'[②]，岂可因我一人而乱天下之法！你的话不可听从。"李承乾一听母亲这样说，不敢去向太宗提议，遂私下告诉房玄龄，由房玄龄上奏太宗。太宗听后，打算下诏实施此事，也被长孙皇后阻止。从这件事来看，长孙皇后不仅识大体、顾大局，颇有超越常人的风范，而且是一个不迷信佛、道之教的女政治家，她的言行比历史上那些尊崇佛道、劳民伤财的皇帝不知要高明多少倍。

长孙皇后病危时，还对太宗进行谏诤。她见房玄龄因为小过而被勒

① 《资治通鉴》卷一九四，唐太宗贞观十年六月，第6120页。

② 《资治通鉴》卷一九四，唐太宗贞观十年六月，第6120页。

令回家待罪，便对太宗说：“玄龄事陛下最久，小心谨慎，奇谋秘计，皆所预闻，竟无一言漏泄，非有大故，愿勿弃之。”[①]太宗听了她的话，又把房玄龄召入朝中。她临终时还再三叮嘱太宗，不要给外戚太多的权力，只有这样才可使子孙保全。她告诫太宗亲君子，远小人；纳忠谏，去谗言；省徭役，停游猎。

长孙皇后曾将古代妇女得失之事汇集起来，编成《女则》一书，共十卷，又亲自为此书作序。她自认为此书编撰缺乏条贯，主要是为戒约自己的言行而编，要求左右不要告诉太宗。直到她死后，太宗才得知此事，阅读后感慨颇深，他对侍臣说：“皇后此书，足可垂范于后代。”并认为皇后能经常规谏自己的过失，她的死去，“是内失一良佐，以此令人哀耳！”[②]长孙皇后还写了一篇文章，批驳汉章帝的母亲马太后，认为马太后虽然制止了章帝对外戚的封爵，却没有抑制外戚发展势力；只是告诫其生活不要奢侈，却没采取任何措施。这样做不过“是开其祸败之源而防其末流也”[③]。这些话不乏真知灼见。

长孙皇后还反对厚葬，提倡薄葬。她临终之时，告诫太宗不要厚葬她。她认为自己生前没有做过多少有益的事，死后不可以厚葬害人。自古圣贤，都崇尚俭薄之葬，唯有无道君主才大修陵墓，祸害天下之人，为有识之士所嘲笑。她留下遗言要求“因山而葬，不须起坟，无用棺椁，所须器服，皆以木瓦，俭薄送终”[④]。她甚至要求送葬之时儿女辈不必参加，以免他们哭哭啼啼，“徒乱人意”。她的这些要求，得到太宗的支持，其墓室修筑仅动用百余人，数十日完工，“不藏金玉、人马、器皿，皆用土木，形具而已”[⑤]。作为皇后，仅动用这点人力在如此之短的时间内修成陵墓，确实比较少见。长孙皇后生前生活节俭，死后薄葬，其对政治与生活的见解又如此精辟，在古代皇后中很少有人能与之

① 《旧唐书》卷五一《长孙皇后传》，第2166页。

② 《旧唐书》卷五一《长孙皇后传》，第2167页。

③ 《资治通鉴》卷一九四，唐太宗贞观十年六月，第6121页。

④ 《旧唐书》卷五一《长孙皇后传》，第2166页。

⑤ 《资治通鉴》卷一九四，唐太宗贞观十年六月，第6122页。

相比，是古代杰出的女性之一。

长孙皇后死于贞观十年六月，终年三十六岁，十一月，葬于昭陵（今陕西省礼泉县境内）。长孙皇后与太宗情义颇深，她的死去使太宗悲伤不已，太宗为此在禁苑中修建了一座高楼，以便望见昭陵。有一次，太宗又想起了皇后，遂和魏徵一同登楼，北望昭陵。魏徵说："臣眼睛昏花，没有看见。"太宗真以为他没有见到，遂为他指示方位，魏徵说："臣以为陛下是在望献陵，如果是昭陵，则我早就看到了。"太宗听后不觉眼泪直流，遂下令毁去此楼。献陵，是唐高祖的陵墓，魏徵这样做是有意讥刺太宗只惦念妻子而忘了父亲，太宗毁楼是怕担上不孝的名声。对于此事，魏徵不免有些偏颇，太宗虽是皇帝，却也具有常人的感情，爱妻新丧，焉能不思念？何况思念亡妻并不等于忘掉了亡父，两者之间没有关系。魏徵如此作为，倒叫人觉得他缺少一点人情味，远不如太宗显得感情真挚，令人可亲可佩。至于太宗毁楼并非绝情，因为他曾大力提倡礼仪、孝道，作为皇帝更要做好表率，既然魏徵已经指出这个问题，如果他仍无动于衷，将会严重影响到他和朝廷的声誉，所以毁楼是不得已的行为，并非出自太宗真心。可见要成为一代明君，往往要受到许多方面的制约，有时也得做一些违心的事情。

（二）"乱伦"之讥

太宗的后妃除了长孙皇后外，能知道姓氏的还有杨妃（李恪母）、阴妃、燕妃、徐妃、韦妃、杨妃、王氏（李福母）、杨氏、武才人等人。以上诸人除徐妃、武才人外，都是因生了皇子才留下了姓氏，其他妃嫔全都湮没无闻了。上面提到的杨氏原是李元吉的妃子，李元吉在玄武门之变中被杀后，因杨氏美丽贤淑，太宗就将她纳入宫中。杨氏入宫后为太宗生了一个儿子，即第十四子李明，贞观二十一年，封为曹王。杨氏深得太宗宠爱，尤其是长孙皇后死后，太宗更加珍爱她，并打算立为皇后。这件事遭到魏徵的反对，魏徵对太宗说："陛下方比德唐、虞，奈何以辰嬴自累！"[①]辰嬴即春秋时期秦穆公的女儿怀嬴。晋国公子

① 《资治通鉴》卷一九八，唐太宗贞观二十一年八月，第6249页。

圉在秦国为人质，秦穆公就将怀嬴嫁给他，后来圉逃回国做了国君，临走时要怀嬴跟他一块逃走，怀嬴不愿擅自离开自己的国家，拒绝同行。以后晋国公子重耳到秦国避难，秦穆公又把怀嬴嫁给重耳，并派兵护送重耳回国夺得国君之位，重耳就是历史上著名的晋文公。晋文公叔侄同娶一个妻子，“秦晋之好”的成语，说的就是秦、晋两国的数代通婚。这件事在当时那个时代是允许的，只是为后来的封建礼法所不容，说什么“辰嬴嬖于二君”[①]。嬖，宠幸之意，含有贬义。魏徵如此一讲，便把太宗吓了回去，从此不再提立后的事了。太宗虽没有把杨氏立为皇后，然终其一生不再另立皇后，大概也是出于对杨氏的爱恋吧。由于太宗在玄武门之变后，把其弟李元吉的几个儿子全部诛杀，致使元吉无后，遂在贞观二十一年封李明为曹王不久，便让他作为李元吉的继子，以承嗣其后。

对于太宗纳杨氏为妃嫔这件事，在唐代当然无人敢说什么，但自宋代以来就不断受到人们的批评与责难，视之为“乱伦”。如编撰过《资治通鉴》的史学家范祖禹就说过：“太宗手杀兄弟，曾不愧耻，而复纳元吉之妃，恶莫大焉。”[②]在范祖禹看来，太宗发动政变、手杀兄弟尚可谅解，又纳弟妇为妃则是莫大的恶行。近世以来，尤其是近年来，不少学者多从李唐家族的血统上寻找太宗纳弟妇的历史根源，认为李唐具有较多的鲜卑血统成分，又受到突厥人的深刻影响，李氏家族受突厥这种“父兄死，子弟妻其群母及嫂”[③]的婚俗影响，故在其家族中多次出现“乱伦”现象是不足为奇的。其实，所有这些说法都是对南宋理学家朱熹的“唐源流出于夷狄，故闺门失礼之事，不以为异”[④]的观点的诠释，并非什么新创见。

姑且不论李唐先祖是否出于夷狄的问题，恐怕仅从他们血统中具有胡族成分或受突厥人的影响来解释这一现象就显得比较勉强。因为人们

① 《资治通鉴》卷一九八，唐太宗贞观二十一年八月胡注引贾季语，第6249页。

② 〔宋〕范祖禹：《唐鉴》卷六，商务印书馆1958年版，第52页。

③ 《隋书》卷八四《突厥传》，第1864页。

④ 〔宋〕黎靖德编：《朱子语类》卷一三六，中华书局1986年版，第3245页。

的生活习俗是由社会环境决定的，并随社会生活环境的改变而改变，并不是由血统来决定的，更何况李氏家族仅仅是有一些异族血统，并非全部为胡族血统。至于说受突厥人影响更是显得勉强，在唐代的长安等地确实有一些人喜好胡风，那也只是在生活的某个方面追求新奇而已，往往表现为一时，谈不上对汉族人基本生活方式和社会风俗的影响。从历史上看，在民族杂居地区往往是少数人受社会中绝大多数人的影响，而不是绝大多数人反倒受少数人的影响。突厥人在唐朝内地毕竟是少数，他们只能受汉族人的影响，最后被融合于汉族之中，而绝不是反之。

太宗大兴礼乐，尊崇儒学，提倡仁德、孝道，其文治成就超过了以往许多帝王。一个接受儒家传统思想如此彻底的帝王，却偏偏在婚俗上受胡族的影响，使人难以理解。如果唐太宗和李唐诸帝真的接受了胡族的"妻其群母及嫂"的婚俗，那就应该在后宫妃嫔制度上有所体现，然而史籍中并无这方面内容的记载。从唐太宗和其他诸帝的婚姻状况看，没有一位皇帝的正妻是其兄弟之妻，充其量只是妃嫔，且只表现在个别皇帝身上，大多数的皇帝并没有这样做。既如此，如何能说李唐皇室接受了胡族婚俗呢？突厥婚俗是父兄死妻其嫂或庶母，都是作为正妻，如隋朝义成公主先嫁启民可汗，启民死，其子始毕可汗"表请尚公主，诏从其俗"①，于是义成公主又嫁给启民之子始毕可汗。既然是"诏从其俗"，可见内地没有这种婚俗，所以才作为特例批准。唐德宗女咸安公主嫁给回纥可汗，后来数次改嫁，也都是经过唐政府的批准，并且作为正妻。唐太宗虽纳李元吉妃杨氏为妃嫔，却未能立为皇后，说明唐朝婚俗必定不同于胡族。皇后与妃嫔从广义上讲，都是皇帝的配偶，但地位相差悬殊，就如同普通人家的妻与妾一样，前者必须是明媒正娶，后者就比较随意了，甚至可以通过买卖、转赠而获得。唐朝的法律规定："诸有妻更娶妻者，徒一年。"②但却不禁止多纳妾。可见妻妾在名分、地位上是多么的悬殊。正因为如此，唐太宗纳杨氏为妃嫔，魏徵没有表

① 《隋书》卷八四《突厥传》，第1876页。

② 〔唐〕长孙无忌等编撰，刘俊文笺解：《唐律疏议笺解》卷一三《户婚律·有妻更娶》，中华书局1996年版，第1014页。

示反对，但当要将她扶正为皇后时，魏徵就出面干预了。因为在魏徵看来，皇帝多几个妃嫔就如同常人多纳几个妾一样，至于这个妾的身份如何都无关紧要，但是要将其扶正为妻，那就不同了，就要仔细调查一下其家庭、门第、身份等，看够不够做正妻的资格。历史上经常有这样的情况，有人纳妓为妾，人们不觉得有什么不可以，但要将其扶正或直接娶妓为妻，就要遭到父母、亲属、朋友的反对，甚至遭到社会舆论的谴责或嘲弄。这样的例子在唐代也是很多的。杨氏曾是太宗弟弟的妻子，再要成为太宗的正妻，从身份上看显然不大合适，与中国传统的婚姻习俗相违背，故遭到魏徵的反对，太宗本人经提醒后也认识到问题的严重性，所以不再坚持原来的想法。

高宗纳武则天为妃嫔，没有遇到什么阻力，但当他要把武则天立为皇后时，问题就不同了，遭到了大多数元老重臣的坚决反对，数次商议都没能通过，阻力之大、斗争之激烈都是空前的。好在高宗是万民之主，具有绝对的权力和地位，一意孤行臣下也没有办法，但不等于有这样的结果就一定有这样的婚姻习俗。玄宗纳杨玉环为妃嫔，宠爱异常，即使当时玄宗并没有皇后，也从未有过将她册立为皇后的打算，直到马嵬之变杨玉环被缢死时，她也只是个贵妃身份。之所以出现这种现象，根本的原因就在于她们以前的生活经历所带来的特殊身份，使她们不便于被扶正。这些史实充分说明由于妻妾名分与地位的悬殊，对皇帝纳妃与常人纳妾一样，要求并不严格，但是对于册立皇后则不同了。一句话，由于妾（妃嫔）在家庭（王族）中地位的低下，使当时的人们对于诸如此类的“乱伦”现象，能够容忍和谅解。

其实，在唐以后的各朝，妻妾同样存在着地位悬殊的问题，为什么这些王朝的统治者“乱伦”现象却没有唐朝这样多呢？要回答这一问题必须先明确唐代的“乱伦”到底是受胡族的影响，还是另有历史根源。关于前一问题已在前面做过论述，不再多说了，现在探讨一下是否还有其他历史影响。从汉族的婚俗渊源看，我国先秦时期曾普遍存在着像唐代那样的所谓“乱伦”现象，比如前面提到的辰嬴之事，这种例子举不胜举，而且对这些婚俗赋予了特定的名称。如子娶父之妻妾的婚制，叫作“烝”；孙娶祖父的妻妾，叫作“因”；侄娶伯叔的妻妾，叫作“报”；等等。这一切在当时都是正常的社会现象，不为社会舆论所谴责。随着社会的发展，思想观念的改变，这些现象尤其遭到后世儒家的谴责，人们也逐渐改变了这种婚俗。但是，其残余影响却始终存在，不要说唐代，在唐以后的各朝中仍然顽强地存在着此类现象，只是人们不再把它视为正常现象，而要给予社会舆论的谴责罢了。李唐皇室中的这种所谓“乱伦”现象，实际上就是这种残余影响的反映。唐朝的所谓“乱伦”现象，并不仅此一例，如太宗叔父庐江王李瑗谋反被杀，太宗便纳其爱姬崔氏为妃。弟娶兄妻的例子也很多，如唐中宗女安乐公主先嫁武崇训，武崇训死后，又嫁其弟武延秀。还有婚姻不计辈分的现象，如唐肃宗之女郯国公主嫁给肃宗张皇后之弟张清，即外甥女嫁给了舅父。以上这些现象在官员家庭和民间也不少，如李仁钧娶表侄女崔氏为妻。[①]因此，就算李唐皇室有胡族血统，因而婚俗有胡族之风，那么其他人并无这种血统，如何也存在这种现象呢？可见从血统的角度是解释不了这种现象的。直到清代，甘肃不少地区还保留着上古婚俗的残余，据载：“甘省多男少女，故男女之事颇阔略。兄死妻嫂，弟死妻其妇，比比皆是。……有兄弟数人合娶一妻者。”[②]我国南方一些地方亦是如此，“兄死则妻其嫂，弟死则妻其妇，比比而然”[③]。这些现象显然与突厥风俗无关。这种习俗不仅甘肃有，由于我国地域广阔，各地发展不平衡以及其他一些原因，近代以来不少地方还都保留着这种婚俗。因此，说唐太宗纳弟妇是胡风胡俗的影响，毋宁说是上古社会传统婚俗残余的反映。太宗纳弟妃为妃，既然为当时的社会舆论和习俗所允许，也就算不上唐太宗个人生活的“污点”了，不应以后世的思想观念和习俗去苛求

① 〔宋〕李昉等：《太平广记》卷一六〇《秀师言记》，中华书局1961年版，第1148页。

② 〔清〕赵翼、姚元之撰，李解民点校：《簷曝杂记》卷四《甘省陋俗》，中华书局1982年版，第76页。

③ 《簷曝杂记》卷四《苗倮陋俗》，第70页。

历史人物。

唐代之所以能够宽容一些在后世看来不能允许的婚姻现象，简单地说，与唐代所处的历史阶段与社会特点有关。唐代处于古代社会的上升、繁荣时期，社会风气比较开放，表现在政治制度、民族政策、外交关系、社会风尚、民间礼俗以及婚姻制度上，禁忌比较少，约束人性的封建礼教尚未发展到后世那么严酷的程度，致使唐代婚俗呈现出少有的开放特点，如：妇女贞节观淡漠，允许妇女再嫁，离异束缚较少，可以异辈通婚，允许转房婚，等等。在这样一种社会风气下，只要不影响社会的稳定和人口繁衍的数量与质量，一些古老婚俗残余影响的存在，也就得到宽容与默许。这种情况经五代直到北宋前期，仍或多或少地保留着。北宋后期及南宋以来，封建礼教渐趋严酷，加上理学家的推波助澜，人们的思想观念变化较大，许多地方的乡规民约中把规范婚嫁之事都写了进去，要求人们严格遵守。延至明清时期更达到登峰造极的地步，遂使社会风气大变，唐太宗纳弟妇之事也就再也得不到宽容和谅解了，成为被嘲弄讥讽的对象。

七、晚年的生活

（一）嗜好书法

在中国书法发展史上，唐代是自晋代以来的又一个高峰时期。在这个历史时期，真（楷）、行、草、篆、隶各书体中都涌现了一批影响深远的名家，其中真书与草书影响尤大。在初唐时期，真书已有了明显的突破，表面上看仍然继承晋朝王羲之的衣钵，实质上已超出了王氏藩篱，自成一代新风。其特点是：结字略长，笔法遒劲，已无王派书法的恬淡萧散，却于精求法度中显现出了劲健的风格。初唐四大家——欧阳询、虞世南、褚遂良、薛稷代表了这一时尚。在行书和草书方面，尚守晋代王派之法度，以王羲之为宗师，新意不多。初唐书法家除了以上四人外，还有钟绍京、陆柬之、王知敬以及唐太宗等人。

唐太宗喜好书法是很出名的，为了培养书法人才，在中央国子监下辖的六学中就包括有书学。此外，弘文馆也设置有书学，史载："贞观元年，敕见任京官文武职事五品已上，子有性爱学书及有书性者，听于馆内学书，其法书内出。其年，有二十四人入馆，敕虞世南、欧阳询教示楷法。"[①]唐朝的这种教育体制对培养大量的书法人才、促进书法水平的提高，有着非常积极的意义。唐朝初年就在科举考试的科目中设置了明书科，专门录取在书法方面有造诣的人才，也就是说只要在书法方面有所成就，也可以通过科举而获得做官的资格，这对鼓励人们学习书法起到了非常重要的作用。唐朝规定吏部每年主办一次官员铨选，参加铨选的人要进行身、言、书、判的考试，通过考试后才能授予官职，其中"书"就是指书法考试，可见唐政府对官员的书法要求之严。这一切都与唐太宗重视与爱好书法有着密切的关系。

唐太宗李世民在武德时期虽然也爱好书法，但由于忙于平定割据的战争，戎马倥偬，尚无暇顾及这种爱好，即皇帝位后，遂采取各种措施促进书法的发展。学习书法的第一步就是临摹前代书法家的字迹，临摹得法与否，是学书成功与否的关键。太宗对这一点有独到的见解，他说："今吾临古人之书，殊不学其形势，唯在求其骨力；及得其骨力，而形势自生耳。然吾之所为，皆先作意，是以果能成也。"[②]这种见解深得书法学习的要领。太宗认为初学书法时，要做到心神正，志气和，"心神不正，字则欹斜；志气不和，字则颠仆"[③]。他还根据自己长期学习书法的体会，总结了一套笔法要诀，对字的点、划、擎、竖、戈、环、波等的写法，都提出了自己独到的看法和体会。太宗还认为任何技艺都没有学不精的道理，关键在于能否做到专心致志，只要用心苦练，就可以取得成就；同时，学习书法一味苦练还不行，还必须多动脑筋思考，不断地总结经验。他还认为"学书之难，神彩为上，形质次之，兼

① 〔唐〕李林甫等撰，陈仲夫点校：《唐六典》卷八《弘文馆》，中华书局1992年版，第255页。

② 《法书要录》卷四，第164页。

③ 〔清〕董诰：《全唐文》卷一〇唐太宗《笔法论》，中华书局1983年版，第123页。

之者便到古人”[1]。就是说学习前人书法重在神似，形似是次要的，只要做到形神兼备，便可达到古代名家的水平。

太宗最为推崇的前代书法家便是晋人王羲之，他一生搜集了许多王羲之的墨迹，据《唐会要》卷三五《书法》载，他共得钟、王真迹“一千五百一十卷”。《宣和书谱》卷一说他：“雅好王羲之字，心慕手追，出内帑金帛，购人间遗墨，得真行草二千二百余纸来上。万机之余，不废模仿。”

太宗为了得到王羲之最著名的作品《兰亭序》，还留下了一段有趣的佳话。据宋人施宿所撰的《会稽志》卷一六载：《兰亭序》自南朝梁末动乱以来，从宫廷流入民间，陈朝天嘉（560—565）年间，为僧人智永所获，后将它献给了陈宣帝。隋朝灭亡陈朝后，《兰亭序》便为时任灭陈统帅的晋王杨广所得。杨广对它并不珍惜，僧果向他借去拓摹，杨广当了皇帝以后，竟把此事忘记了，没有向僧果索讨。僧果死后，其弟子僧辩才便得到了《兰亭序》。李世民当秦王时，曾经得到过《兰亭序》的拓本，十分惊喜，便命人四处求购真迹，却没有得到。后来得知辩才手中有《兰亭序》真迹，便派欧阳询前往求之，获得后献给李世民，时在武德中。

另据《太平广记》卷二〇八引《法书要录》载：《兰亭序》为僧智永所获，智永死后，为其弟子僧辩才所得。贞观中，太宗在听政之暇，锐意学习书法，虽然获得了不少王羲之书法真迹，唯有《兰亭序》真迹一直无法获得。当听说此物在辩才之手后，遂下诏将其召入京师，在内道场供养，恩赉优洽，并追问《兰亭序》的下落。辩才称在其师生前确曾见过此物，但自其师死后，屡经战乱，已经失落不知所在了。太宗无法，只好将其放归越州（治今浙江省绍兴市）。以后，又召入京师，追查此物，前后三次，竟不能使其献出此物。于是宰相房玄龄向太宗推荐监察御史萧翼，此乃梁元帝曾孙，多智谋，有才艺，命其充使前往越州设法获取《兰亭序》。萧翼化装成商贾潜往越州，遂又伪装成潦

---

① 《全唐文》卷一〇唐太宗《笔意论》，第123页。

倒书生，日暮入辩才所居寺庙，拜佛观壁画，从而得以接近辩才。由于其博学多才，与辩才颇能谈得来，两人弈棋赋诗，谈论文史书画，相见甚欢，他一连住了十余日。一天，萧翼拿出了梁元帝自书的《职贡图》给辩才赏玩，又谈论起了书法，萧翼说自己也喜欢二王书法，并随身带有数帖。辩才看了后说："是即是矣，然未佳善耳。贫道有一真迹，颇是殊常。"萧翼问："何帖？"答曰："《兰亭》。"萧翼笑曰："数经乱离，真迹岂在，必是响榻伪作耳。"辩才详细告知他此物的来历，并邀请他明日前来观看。次日，萧翼见到了《兰亭序》真迹，故意说它是拓本，两人反复辩论不休。后来萧翼乘辩才离寺之机，取走了《兰亭序》，并通过当地都督齐善行唤来辩才，告知他奉敕命前来索取《兰亭序》。辩才闻言，当场昏倒，"良久始苏"。

萧翼回到京师长安，献上了《兰亭序》，太宗大喜，给他升官赏赐。太宗虽然怒辩才秘吝，因其年迈，不忍加刑。"数月后，仍赐物三千段、谷三千石，便敕越州支给。辩才不敢将入己用，乃造三层宝塔，塔甚精丽，至今犹存。"[①]后来太宗命供奉拓书人赵模、韩道政、冯承素、诸葛真等四人，各拓数本，分赐皇太子及诸王、近臣。太宗病危临终前，命令将《兰亭序》作为殉葬品埋入昭陵。关于此事有两种不同的记载，一种是说宰相褚遂良奏请将其埋入昭陵，另一种记载说太宗命高宗李治在其死后埋入昭陵。

关于萧翼智取《兰亭序》的故事，流传颇广，南唐大画家顾德谦还以此事为题材，创作了一幅《萧翼取兰亭图》。宋人桑世昌，是大诗人陆游的外甥，曾撰有《兰亭考》一书，共十二卷，也提到过这个故事。关于太宗与《兰亭序》的故事，尽管许多典籍都有所记载，但大体上都不出以上这两种说法，只是在一些小的细节上或时间上略有出入而已。

太宗学习书法主要还是师从虞世南。虞世南曾师从僧智永，而智永是王羲之的七世孙，曾在山阴永欣寺为僧，人称"永禅师"。他擅长楷书与草书，继承了王氏家法，虞世南跟从其学习书法，"颇得其体"。

① 《太平广记》卷二〇八《购兰亭序》，第1590页。

实际上智永的书法成就不如虞世南，关于这一点，唐人已有评论。由于其是王氏后裔，唐太宗又酷爱王羲之书法，因此其名气甚大，求书者踏破了“铁门限”。

太宗跟随虞世南学书，虞世南死后，由于褚遂良深得王氏书法真传，故又成为太宗的侍书，经常侍候太宗一同研究书法。太宗在练习书法时，经常写不好“戈”字偏旁。有一次，太宗写“戬”字，只写了一半，留下了“戈”字偏旁未写，命虞世南补全此字，然后令褚遂良评论，褚遂良说：“今观圣上所写，唯有戬字戈法逼真。”太宗对其眼光非常钦佩，从此更加勤奋练习。

由于太宗勤学苦练，加之方法得当，又有名家指点，因此其书法水平提高很快。房玄龄说太宗笔力超过了前代的名家钟繇、张芝，这话有些夸大，然太宗的书法水平较高，却是不争之事实。《唐朝叙书录》一书说太宗的“笔力遒劲，为一时之绝”，《唐会要》卷三五《书法》说其“笔势惊绝”，可见水平还是比较高的。正因为如此，太宗也时常以自己的作品赠人，如贞观十八年五月，他用飞白书写了“鸾凤、蟠龙”等字于扇面之上，赐给长孙无忌、杨师道二人。飞白是枯墨用笔的一种书体，笔画中微微透白，故名飞白。此外，太宗还用飞白书写了“凤鸾冲霄，必假羽翼，股肱之寄，要在忠力”赐给了马周，给戴至德写了“泛洪源，俟舟楫”，给郝处俊写了“飞九霄，假六翮”，给李敬玄写了“资启沃，罄丹诚”，给崔知悌写了“罄忠节，赞皇猷”[①]。对臣下或寄予重望，或予以勉励。太宗的行书也写得很好，代表作有《温泉铭》《晋祠铭》，流传至今。

太宗晚年书法水平有了很大的提高，在唐代书法史上也占有一席之地，他的书法作品成为当时人们追求的对象。如贞观十八年二月十七日，太宗在玄武门设宴，召请在朝三品以上官员参加。太宗一时高兴，操笔作飞白之书，当时群臣乘着酒兴，纷纷从太宗手中抢夺，刘洎竟然登上御床，抢先夺得。那些没有抢到的大臣纷纷指责刘洎擅登御床，罪

① 〔宋〕王谠撰，周勋初校证：《唐语林校证》卷五，中华书局2008年版，第432页。

当死，请求太宗将其交给法司惩处。太宗笑着说：“昔闻婕妤辞辇，今见常侍登床。”[①]本是君臣同乐，太宗当然不愿因人一时的失误去扫众人之兴。

（二）善撰诗文

太宗还非常喜欢撰写诗文，仅《全唐文》就收录了他的文章七卷，《全唐诗》收其诗作六十九首，诗全为太宗的作品，但《全唐文》所收的文章却不一定都是他的作品。这些文章大体可分为赋、诏敕、册文、书、序、祭文、令、政论、书论等类型，其中诏敕、册文、书、祭文等大都不是太宗的手笔，而是有关官员以太宗的名义撰写的，其他类型如赋、政论、序、书论等，应为太宗所撰。唐太宗的这些文章全为骈体文，语多用典，讲究对仗、押韵，辞藻华丽，还未摆脱六朝绮丽文风的影响。宋人评论太宗的文风时，认为太宗功业雄卓，然而所撰文章，纤靡浮丽，“嫣然妇人小儿嘻笑之声”，与其伟大的功业大不相称。这也是唐朝初年文坛普遍存在的问题，是时代局限性的表现，并非太宗一人如此。

客观地看，太宗的文学作品也不是全无可取之处，其所撰的《小山赋》《小池赋》等篇，论气势虽不雄浑，与其叱咤风云的统帅风范很不相称，然其中也不乏刻画细致、辞藻典雅的段落。如《小山赋》中的：“松新翠薄，桂小丹轻，……才有力以胜蝶，本无心而引莺。半叶舒而岩暗，一花散而峰明。”《小池赋》中的：“牵狭镜兮数寻，泛芥舟而已沉。涌菱花于岩腹，擘莲影于波心。减微涓而顿浅，足一滴而还深。”这些句子都得到了后人的高度评价，所谓“渲染小字，工妙乃尔，可见才大者而心必细”[②]云云。太宗毕竟是一代英主，其政论文章等还是比较充实的，议论精辟，言之有物，多为他长期执政的政治经验的总结。其中《金镜》一文，对历史上的治乱成败进行了详尽的分析，从

---

① 《法书要录》卷四，第164页。

② 〔清〕陈鸿墀纂：《全唐文纪事》卷四《帝制一》，上海古籍出版社1987年版，第44页。

而总结出了值得借鉴的经验教训，也不乏名言警句。《帝范前序》《后序》《政本论》《谕侍臣绝谗构论》等篇，都是不可多得的政论文章，所论及的内容都是当时存在的比较重要的问题。

太宗的诗歌与文章一样，仍摆脱不了南朝风气的影响，其诗歌循规蹈矩，逐句相对，与普通文士无异，缺乏创业英主的豪迈气概。从《全唐诗》所收太宗诗歌来看，大体上为咏物、写景、述怀、巡幸、君臣唱和、宫廷生活等内容。这些作品从体裁上看，均为五言诗，矫揉造作，宫廷气息较浓，缺乏社会生活气息，这和他的帝王地位及生活环境有关，不可能创作出贴近社会生活的诗篇；从艺术形式看，风格单一，形式拘谨，缺乏感人的艺术魅力。

但是仔细分析，太宗的诗作也并非一无是处。首先，太宗的诗歌政治性较强，不少诗句都体现了他治国惠民、明慎刑赏、察善纳谏、节用惜费、发展生产的一贯思想。如他的《咏雨》诗中的“和风吹绿野，梅雨洒芳田”“花沾色更鲜，对此欣登岁”等句，从绵绵春雨联想到农业生产，把一个帝王期盼丰年的心情表现得淋漓尽致。再如《登三台言志》诗：“未央初壮汉，阿房昔侈秦。在危犹骋丽，居奢遂役人。岂如家四海，日宇罄朝伦。”指出了暴秦摧残人民、营作不息，致使天下鼎沸、社稷倾颓的历史教训，同时此诗也贯穿了他轻徭薄赋、与民休息的治国思想。

其次，他的某些诗篇抒发了他指挥千军万马扫平割据、统一全国的不凡气概，这些诗大都写得气势雄伟，有较强的感染力。如《经破薛举战地》诗“移锋惊电起，转战长河决。营碎落星沉，阵卷横云裂”等句，一扫往日辞藻纤丽、缺乏气势的缺点，无论是措辞还是气魄均有了较大的变化。他的《饮马长城窟行》一诗，气势雄壮，视野宽阔，悲凉慷慨，为太宗诗作中难得的佳作，其中“塞外悲风切，交河冰已结。瀚海百重波，阴山千里雪”与“悠悠卷旆旌，饮马出长城。塞沙连骑迹，朔吹断边声”等句，[①]写得最好，没有边塞战争经历的人，是不可能写出

① 以上均见〔清〕彭定求等：《全唐诗》卷一，中华书局1960年版，第1—20页。

这样的诗句的。

总之，太宗的诗文虽然不少，其中也有一些较好的作品，但总体来看，水平欠佳，尤其是缺乏宏大的气魄，与他的政治、军事成就不可同日而语。当然，要求一位皇帝创作出艺术水平上乘的作品，不免有些苛刻。然而像太宗这样功业卓著的英主，又是驰骋疆场的伟大统帅，所谓文如其人，总得表现出一些不凡的气概吧？像汉高祖刘邦的“大风起兮云飞扬，威加海内兮归故乡，安得猛士兮守四方”和宋太祖赵匡胤的“未离海底千山黑，才到天中万国明”的雄伟气概，在太宗的作品中是找不出来的。不过太宗也有自知之明，贞观十一年，著作佐郎邓世隆上表请求编太宗文集，被他以“虽有词藻，终贻后代笑”[①]为由，拒绝组织编辑。

（三）喜好良马

马匹是古代重要的军事装备之一，它不仅是驮运给养的重要工具，也能供战士骑乘，保证军队的最大机动性，在一定意义上，马匹就是战斗力。唐政府对马匹的供给与繁衍十分重视，从唐太宗时起就建立了完整的马政系统，并开始建立大规模的国家养马业。唐朝的国家牧场设在幅员辽阔的陇右地区，其种马大都来自周边国家和少数民族地区，主要是通过贸易、进贡、和亲聘礼等方式获得，此外还通过战争手段获取了不少良马。唐朝把引进的良马统称为胡马或番马，为了便于区分和管理，对不同的马要烙上不同的马印，仅《唐会要》卷七二《诸蕃马印》就留下了约三十五种不同来源的马的马印实图。可见唐朝对外来马的引进还是非常成功的。

太宗建立国家马政，是从国家武备必须依赖大批战马的需要出发的，也是长期战争实践给他的启示。太宗一生征战最善于使用骑兵，唐朝初年灭亡强大的东突厥，依靠的也是骑兵部队。太宗不仅为国家建立了系统完整的马政体系，而且他本人也非常喜爱良马，曾拥有过不少的良马。他为了获得良马有时是不惜代价的。隋文帝时期，大宛国曾进贡

① 《贞观政要集校》卷七，第388页。

了一匹千里马，号“师子骢”，据说它早上从长安出发，下午就可奔驰到洛阳。隋朝末年，天下大乱，这匹马就不知所踪了。太宗即位后，下令天下各地寻访这匹马的下落，后来被宇文士及从朝邑（今陕西省大荔县东）一家磨坊中找到。这匹马已经变得皮焦尾秃，完全失去了往日的丰采。太宗得知找到师子骢的消息后，按捺不住喜悦的心情，亲自到长安城东的长乐坡去迎接它。由于此马已老，牙齿脱落，太宗命以钟乳饲养，后来又产了五匹马驹，“皆千里足也”[1]。

太宗的战马中最著名的，当然是他亲冒矢石与群雄逐鹿时骑乘过的“六骏”。据研究这六匹马都是来自西北的胡马，从“特勒骠”的命名就可知它是来自突厥的良马。这些马在战争中都立下过不少的功劳，因此太宗非常喜爱它们，曾命著名的大画家阎立本把它们画成图本，太宗亲自题写了图赞。这六匹马的名字及太宗的赞语是：

拳毛䯄：黄马黑喙，平刘黑闼时所乘。前中六箭，背二箭。赞曰：月精按辔，天驷横行，弧矢载戢，氛埃廓清。

什伐赤：纯赤色，平世充、建德时乘。前中四箭，背中一箭。赞曰：瀍涧未静，斧钺伸威，朱汗骋足，青旌凯归。

白蹄乌：纯黑色，四蹄俱白，平薛仁杲时所乘。赞曰：倚天长剑，追风骏足，耸辔平陇，回鞍定蜀。

唐太宗昭陵六骏什伐赤

唐太宗昭陵六骏白蹄乌

特勒骠：黄白色，喙微黑色，平宋金刚时所乘。赞曰：应

① 〔唐〕张鷟：《朝野佥载》卷五，中华书局1979年版，第120页。

策腾空，承声半汉，入险摧敌，乘危济难。

飒露紫：紫鷰骝，平东都时所乘。前中一箭。赞曰：紫鷰超跃，骨腾神骏，气讋山川，威凌八阵。

青骓：苍白杂色，平窦建德时所乘，前中五箭。赞曰：足轻电影，神发天机，策兹飞练，定我戎衣。[①]

后来太宗命人将“六骏”的图像雕刻在石头上，太宗死后，就将这些石雕陈列在昭陵之侧。现四骏陈列于西安碑林博物馆内，另两件真品被盗往美国，现仍藏于宾夕法尼亚大学博物馆内。这些雕刻均为浮雕，造型粗犷，雄健有力，动感强烈，形态各异。马的鬃毛都已经经过修剪或捆扎成束，如齿状的雉堞。这种形式最初可能起源于伊朗，后来流传于中亚和西伯利亚一带，并传到了中国，但在汉代以后又湮没无闻了。不过在突厥却仍然流行这种形式，昭陵六骏齿状鬃毛在中原地区的再现，是这些马来自突厥的又一证明。

太宗对良马的喜爱还表现在他对黄骢马的怀念上，这匹马是他扫平窦建德时所骑乘过的战马。骢，指青白色的马，“六骏”之一的青骓为“苍白杂色”，也是平定窦建德时骑过的马，因此这两匹马很可能是同一匹。黄骢说明青白色中杂有淡黄毛，青骓的毛色中明确记载有杂色，从这个特征看也应是同一匹马。这匹马后来在征伐高丽的战争中死去了，太宗非常惋惜，命乐工谱写了《黄骢叠曲》来寄托自己的惋惜怀念之情。

贞观二十一年八月，骨利幹遣使贡献良马百匹，太宗从中挑选了十匹骏马，总号“十骥”，并亲自为它们命名，即腾霜白、皎雪骢、凝露骢、悬光骢、决波騟、飞霞骠、发电赤、流金騧、翱麟紫、奔虹赤。这些马来自贝加尔湖以北地区，是一批筋骼粗壮、强健有力的骏马，虽然它们都是当时难得的骐骥，但由于是在太宗统治末期进贡的，这时已经没有了大规模的战争，它们也就失去了建立功业的机会，唐太宗本人与

① 《全唐文》卷一〇《六马图赞》，第124—125页。

它们之间缺少一种生死与共的亲密关系，所以它们也不可能获得“六骏”那样的地位和荣誉，知名度也没有“六骏”那样高，但这并不等于这些马骏异健美程度低，只是机遇不好而已。从这些情况看，唐太宗直到晚年仍未改变喜爱良马的癖好。

唐代黑釉马

（四）骄傲奢侈

太宗在贞观初期能够实行轻徭薄赋、慎刑恤罚的政策，也能够做到任人唯贤、从谏如流，但是随着统治地位的巩固，到了贞观中期就已经开始骄纵起来，至其统治后期情况更加严重。早在贞观十年，魏徵就上疏指出，随着唐朝“威加海外，万国来庭，仓廪日积，土地日广”，太宗的骄傲情绪越来越严重，“由乎待下之情未尽于诚信，虽有善始之勤，未睹克终之美故也”[①]。批评太宗不能前后一致，善始善终。魏徵还指出：在贞观初期，太宗闻谏则喜，见善则扬；到了贞观八九年间，还能乐于纳谏；从此之后，逐渐不愿再听直言，有时虽勉强接受，但远不如往昔那样爽快、自如。甚至有把忠于国事者视为擅权、把正直进谏者视为诽谤的现象，以致出现了“正人不得尽其言，大臣莫能与之争”[②]的局面。这种情况越到太宗晚年就越严重，尤其是魏徵在贞观十七年死后，朝廷上谏诤之声日渐稀少，谀悦之言却慢慢增多了。贞观十八年四月，太宗自己也感到“人臣顺旨者多，犯颜则少”，于是要求群臣直言他的过失。宰相长孙无忌等人皆说陛下没有什么过失，唯有刘洎与马周两人婉转地提了一点意见。此时的太宗已经不能再如以前那样虚心

① 《贞观政要集校》卷五，第309页。

② 《贞观政要集校》卷五，第309页。

地接受谏诤，史载："群臣言事者，上引古今以折之，多不能对。"[1]太宗的这种态度实际上是变相地拒绝进谏，言事者非不能对，而是不敢对，因为双方地位高下悬殊，没有相当的胆略谁敢轻犯君威？唐太宗在政治上的这种变化，是其事业成功后不能保持清醒头脑、骄傲情绪日渐滋长的表现。

随着这种情况的发展，贞观末年朝廷内部的内耗也愈来愈严重。比如魏徵曾是唐太宗最为信任的大臣，死后太宗亲自起草碑文并亲自书写碑文。魏徵生前曾密荐中书侍郎杜正伦与吏部尚书侯君集有宰相之才。后杜正伦任太子右庶子时屡次向太子李承乾进谏，李承乾不听，杜正伦遂对李承乾说，如再不改过，将向太宗上奏，并说这是太宗对他的叮嘱。此事被太宗知道后，认为杜正伦泄漏密情，将他贬官。侯君集因参与太子李承乾谋反之事被诛杀。于是唐太宗怀疑魏徵"阿党"，即搞政治小集团。魏徵曾将他前后进谏的言论拿给当时的史官褚遂良看，太宗知道后，更加不高兴。遂下令推倒了魏徵墓前的碑石，又撕毁了衡山公主和魏徵之子魏叔玉的婚约。后来太宗征伐高丽失败，损失惨重，感到非常后悔，认为魏徵如果活着，一定不会让他有这次行动，遂又命人再次立起推倒的魏徵墓碑，并赏赐了魏徵的家属。

唐俭跟随太宗约三十年，忠心耿耿，太宗对他也十分赏识，把豫章公主嫁给了唐俭之子唐善识。太宗晚年时自尊心极强，有一次与唐俭弈棋时发生了争执，本是游戏，不必认真对待，但唐太宗却认为唐俭轻视于他，大怒，将其从吏部尚书贬到潭州（治今湖南省长沙市）任地方官。太宗还不解恨，要尉迟敬德察访唐俭是否有怨言，准备借故将他处死。幸亏尉迟敬德实事求是，才使唐俭免为刀下冤鬼。《朝野佥载》卷六说："唐俭事太宗，甚蒙宠遇，每食非（唐）俭至不餐。数年后，特憎之，遣谓之曰：'更不须相见，见即欲杀。'"这种情况正是唐太宗晚年心态变化的真实写照。

房玄龄为贞观名相，曾经辅佐太宗建立过不朽的功勋，在贞观后期

---

① 《资治通鉴》卷一九七，唐太宗贞观十八年四月，第6208—6209页。

也多次因小事被太宗赶回家中赋闲，经人劝解，又数次任用。在这样的政治气氛下，不少朝臣战战兢兢，唯恐大祸临头。贞观十八年，岑文本被任为中书令（宰相），回家后面带忧色，其母询问何故？岑文本说："非勋非旧，滥荷宠荣，位高责重，所以忧惧。"亲朋们得知岑文本升任宰相，皆来祝贺，岑文本说："今受吊，不受贺也！"①岑文本的弟弟岑文昭，是一个正九品的校书郎，喜欢结交宾客，太宗知后很不高兴，他对岑文本说，要将其弟贬到地方做官。岑文本再三哭求，说他母亲年岁已高，特别珍爱其弟，从未离开身边，如贬到外地，老母忧愁，肯定不会久在人世。太宗这才收回成命，把岑文昭召入宫中，严厉谴责其不许再结交宾客。岑文昭不过是一个小小的校书郎，即便结交一些朋友，也不会搞出大名堂，太宗之所以看重此事，是对岑文本的防范，担心岑文本通过其弟建立个人势力。太宗晚年疑心之重，由此可见一斑。正因为如此，一些元老功臣晚年大都杜门不出，以防猜忌。如尉迟敬德，晚年"谢宾客不与通"②。李勣也深为太宗所忌，几乎为其所杀。

刑部尚书张亮好收认假子（义子），曾收认了五百人之多。太宗认为他图谋不轨，下狱追究其罪，张亮不服，太宗说："亮有假子五百人，养此辈何为？正欲反耳！"③命群臣讨论这件案子，大多数人不敢违背皇帝意愿，随声附和，唯有将作少匠李道裕认为张亮谋反证据不足，罪不当死。但太宗刚愎自用，听不进去正确意见，坚持将张亮处死，抄没家产。后来他又后悔错杀张亮，遂将李道裕提升为刑部尚书。

这一时期以宰相刘洎的被诛最为冤枉。太宗征高丽时，留刘洎辅佐太子李治，并兼任太子左庶子，总管吏、礼、户三部尚书之事，权力之重前所未有。太宗临出征前对刘洎再三叮嘱，要他尽心辅佐太子，刘洎为了使皇帝放心，遂表示说："愿陛下无忧，大臣有罪者，臣谨即行诛。"太宗听到心中老大不快。贞观十九年（645），太宗患病，刘洎探望后，神色悲怆，担心太宗将会一病不起，对同僚说陛下病情如此沉

① 《资治通鉴》卷一九七，唐太宗贞观十八年八月，第6211页。

② 《新唐书》卷八九《尉迟敬德传》，第3755页。

③ 《资治通鉴》卷一九八，唐太宗贞观二十年三月，第6235页。

重，实在令人担忧！褚遂良乘机向太宗进谗说：“洎言国家事不足忧，但当辅幼主行伊、霍故事，大臣有异志者诛之，自定矣。”[①]太宗联想起此前刘洎说过的话，认为刘洎有异志，遂赐其自尽。

太宗晚年不仅猜忌朝臣，对地方官员也不能完全信任。贞观二十年（646），他派大理卿孙伏伽等二十二人分赴全国各地巡察，一大批刺史、县令遭到贬黜。这些人不服，纷纷赴阙称冤。太宗亲自处理了此事，“以能进擢者二十人，以罪死者七人，流以下除免者数百千人”[②]。一次处罚贬黜如此之多的地方官员，实在令人吃惊。从本来要被贬黜的官员中，经太宗亲自过问后反倒有二十人获得提升的情况看，可以断言这其中冤滥之事还有不少。

太宗在贞观前期生活尚比较节俭，但到贞观十一年时，马周就指出其近来营作过多，使百姓徭役负担过重，并认为后宫嫔妃及诸王妃服饰奢华。说明随着太宗在政治上的变化，生活上也开始发生变化了。贞观十三年，魏徵针对太宗近岁颇好奢纵的现象，上疏指出太宗在生活上的种种变化：其一，求骏马于万里，购珍奇于域外，追求各种新奇物品，“见轻于戎狄”。其二，轻用民力，营建不息，还强词夺理地说什么百姓无事则骄逸，经常役使则容易驱使。其三，喜好畋猎，致使“鹰犬之贡远及于四夷”。其四，徭役繁重。其五，生活骄奢，日益严重，口头上说要节俭恤民，心里却不忘追求享乐。[③]从魏徵的上疏中可以看出，贞观十一年至十三年（637—639），太宗生活作风的变化是很大的，尤其值得注意的是，他还采取两面手法，说的是一套，做的又是另一套。想尽种种办法，找各种借口，拒绝群臣进谏，这是一个非常危险的倾向。

不过在这一时期太宗虽有奢侈行为，但还不算过分，贞观后期才有所加重。通观太宗的主要营建活动有：修葺了洛阳宫苑，在东都禁苑兴建了飞山宫、元圃苑；在汝州（治今河南省汝州市）西山修建了襄城

① 《资治通鉴》卷一九八，唐太宗贞观十九年十二月，第6233页。

② 《资治通鉴》卷一九八，唐太宗贞观二十年正月，第6234页。

③ 《贞观政要集校》卷一〇，第536—540页。

宫；在关中修建了汤泉宫（天宝时改名华清宫），修葺了九成宫，兴建了翠微宫和玉华宫等。在关中的这几处行宫规模都较大，耗费了不少人力、财力。兴建玉华宫时，太宗“务令俭约”，“然备设太子宫、百司，苞山络野，所费已巨亿计”①。由于这几处宫室的接连兴建，所谓“北阙初见，南营翠微，曾未逾时，玉华复兴”②，徭役屡兴，给关中人民造成了很大的苦难。修建襄城宫时，“役工一百九十万，杂费称是”③。花费如此之大，太宗仅居住了数日，就因当地天气暑热而废去，并将负责工程的阎立德罢官。

太宗虽然曾多次批评隋炀帝骄奢亡国，但内心却对其豪华的生活极为羡慕。他曾盛饰宫殿，明燃灯烛，仿效隋炀帝那样过夜生活，然后将炀帝的萧皇后请来一同观赏，并问她：“孰与隋主？”萧后笑而不答，再三询问，她才说：“炀帝不过是亡国之君，陛下乃开基之主，奢侈与俭约，本不相同。”太宗又问炀帝到底奢华到什么程度。萧后说：“每除夜，殿前诸位设火山数十，每一山焚沉香数车，沃以甲煎，焰起数丈，香数十里。一夜用沉香三百余车、甲煎二百余石。房中不燃膏火，悬宝珠一百二十照之。陛下殿前所焚是柴木，所爇膏油，但觉烟气薰人。”太宗听了萧后的这番描述，好长时间不说话，“口刺其奢，心伏其盛”④。“心伏其盛”才是对太宗心理活动的真实描述。

关于太宗晚年的这种变化，他本人也不否认，他曾对太子李治说：“吾居位以来，不善多矣，锦绣珠玉不绝于前，宫室台榭屡有兴作，犬马鹰隼无远不致，行游四方，供顿烦劳，此皆吾之深过，勿以为是而法之。”⑤太宗晚年能认识到这些方面的不足，算是对自己有一个客观的总结，说明太宗毕竟不同于一般的庸主，并没有完全被成功冲昏了头脑，这一点还是难能可贵的。

---

① 《资治通鉴》卷一九八，唐太宗贞观二十二年正月，第6253页。

② 《唐会要》卷三〇《玉华宫》，第647页。

③ 《唐会要》卷三〇《诸宫》，第652页。

④ 〔宋〕曾慥：《类说》卷三一，文学古籍刊行社1955年版，第2051页。

⑤ 《资治通鉴》卷一九八，唐太宗贞观二十二年正月，第6251页。

对太宗在贞观后期这种变化的评述，并不是说他已经质变，客观地看，太宗一生还是功大于过；说他晚年文过饰非，不愿纳谏，也是和前期比较而言的，并非如隋炀帝那样任何进谏都听不进去。唐太宗虽然向往奢侈的生活，然而他也非常清楚如果一味地追求奢侈，将可能造成严重的后果，所以不敢过分地放纵自己。因此，贞观后期的政治风气与吏治还是比较好的，唐朝的社会生产也是在向前发展的，只是与前期相比，励精图治的精神不再那么强烈而已。

八、唐太宗之死

（一）服食丹药

太宗死于贞观二十三年五月，终年五十一岁。对于一位驰骋疆场多年又平生喜好畋猎的皇帝来说，这个年龄就死去了似乎有些过早。究其原因，完全是嗜服丹药的恶果。太宗早年曾嘲笑秦始皇追求神仙长生之术，并认为人的寿命长短，“皆得之于自然，不可以分外企也”①，又说：“忠良可接，何必海上神仙乎；丰镐可游，何必瑶池之上乎！”②说得如此冠冕堂皇，不想在晚年竟也重蹈覆辙，真是一个莫大的讽刺。

太宗早年患有“气疾”，但是对健康影响不大，从他经常外出畋猎就可以证明这一点。贞观十七年，太子李承乾与魏王李泰之间的政争对他精神上的打击很大。征伐高丽的失败，使这位战无不胜的皇帝大丢面子，思想负担很重，郁郁寡欢，回国后大病一场。据载，贞观十九年十一月，太宗在定州（治今河北省定州市）一度病情加重，几乎丧命。经过抢救后扶病急返京师，次月到并州，病情好转，百官皆贺，于是在当地休养，直到次年三月才返回长安。回长安后因病未痊愈，需要继续疗养，遂命太子李治处决军国机务，从此以后太宗的健康每况愈下，关于他患病的记载接连出现。在这种情况下，太宗可能便逐渐由不相信金

① 《唐大诏令集》卷七六《九嵕山卜陵诏》，第431页。

② 《全唐诗》卷一《帝京篇序》，第1页。

石丹药转为迷信此类药物，希望真的有灵丹妙药能够发挥奇效，使自己长生不老。史籍中有太宗在此之后，直到贞观二十三年丧命为止，连接不断的患病记载，这和他服食丹药有极大的关系，这样做不仅没有恢复他的健康，反而使病情更加恶化，最终因此丧命。

贞观二十一年正月，高士廉病逝，太宗欲亲往哭祭，长孙无忌劝谏说："陛下饵金石，于方不得临丧，奈何不为宗庙苍生自重！"[①]可见太宗在此之前已开始服食丹药了。大概太宗因服食中国方士的丹药无效，于是转而服用外国术士的丹药，以求获得长生。《续世说》卷九载："太宗俘虏天竺国人，就其中得方士那罗迩娑婆寐，自言二百岁，云自有长生之术。"这个天竺人就是王玄策所俘获的众多天竺人中的一个，应当是在贞观二十二年（648）五月到达长安的。太宗对他深加礼敬，"馆之于金飙门内，造延年之药"，并且命令兵部尚书崔敦礼监督此事，命天下各地采集奇药异石，供其炼制丹药。"药成，服，竟不效。"

太宗的直接死因就是服食了天竺人所制的丹药。高宗时东台侍郎郝处俊说："昔贞观末年，先帝命婆罗门僧那罗迩娑寐依其本国旧方合长生药。……历年而成，先帝服之，竟无异效，大渐之际，名医莫知所为。"[②]宪宗时的朝臣李藩也说："文皇帝服胡僧长生药，遂致暴疾不救。"[③]可见太宗确是死于此人所制之药。根据史籍记载，这个天竺人炼制长生药大约花费了将近一年时间。他是贞观二十二年五月到的长安，太宗死于次年五月，正好一年时间。据记载，太宗在贞观二十三年四月行幸翠微宫，此宫建在终南山中。此山相传是神仙、修炼之士经常出没的地方，太宗到这里来可能是为了找一个适当的场所服食长生药。另外，此时太宗虽然患病，但病情似乎还不严重，因为在这之前的上个月，因久旱降雨，太宗还扶病到显道门外大赦天下，如果是病危就不能有这种举动，也不能离开长安到山中的一座行宫中去。五月，太宗病情突然加剧，腹泻不止，大约是服食了这种丹药所致。御医束手无策，太

① 《资治通鉴》卷一九八，唐太宗贞观二十一年正月，第6244页。

② 《旧唐书》卷八四《郝处俊传》，第2799页。

③ 《旧唐书》卷一四《宪宗纪》，第432页。

宗很快就与世长辞了。因为太宗死在长安之外，为了以防万一，“乃密不发丧”，返回长安时，“侍卫如平日”[①]。说明太宗的确是突然死亡，才搞得当时的将相如此紧张，到了长安才正式宣布皇帝驾崩。一位富有才干、文治武功显赫一时的皇帝，最后竟死于一剂丹药，实在可悲。

这位夺去太宗生命的天竺人，按律当处以重罪，结果竟然被平安地放回国。出现这种不正常现象的原因，据载是唐朝政府担心如果诛杀此人，将遭到夷狄取笑，有损于唐朝的体面，因此不敢追究此人的罪行。[②]一个害人性命的凶手竟被无罪释放，太宗的生命如此不值钱，大概是他无论如何也不会想到的，历史和这位一代英主开了个大玩笑。

（二）临终遗命

太宗病危之时，仍然没有忘记玩弄权术，他对太子李治说：“李勣才智有余，但是你对他并无恩惠，恐怕他很难服你。我现在将他贬黜，他如果迅速离京而去，等我死后，你可以任命他为仆射（宰相）；如果他犹豫不愿离京，应当立即处死。”于是，太宗就将李勣从宰相任上贬为叠州（治今甘肃省迭部县）都督。李勣接到诏令，没有回家就直接出京赴任，可见他对太宗的用心非常清楚。后人对太宗这种做法大有异议，认为他不能以诚待人，反而以权术对待臣下，故李勣也以权术对待高宗。这也是太宗晚年疑心太重的表现，和贞观前期形成鲜明对比。一个月后，高宗即位，遂任命李勣为检校洛州刺史、洛阳宫留守，不久，又任命他为宰相。

太宗临终时，召长孙无忌与褚遂良入寝殿，将太子李治托付给他们，并嘱咐太子：“无忌、遂良在，汝勿忧天下！”[③]实际上是让李治一定要重用这两人，以便保证贞观时期的政策能得以继续推行。太宗还命褚遂良起草遗诏。通观这篇遗诏，除了一些官样文字外，有几点内容值得注意：其一，诸王任都督、刺史者，都可以入长安奔丧，唯独不许

① 《资治通鉴》卷一九九，唐太宗贞观二十三年五月，第6267页。

② 《旧唐书》卷八四《郝处俊传》，第2799页。

③ 《资治通鉴》卷一九九，唐太宗贞观二十三年五月，第6267页。

李泰入京赴丧。太宗这样做是为了保证太子李治能顺利即位，并非他不喜爱李泰。其二，宣布停止征伐高丽的一切准备工作。说明太宗在临终时终于对这个问题有所认识，不愿为此再劳民伤财、大动干戈了。其三，宣布停止一切营建活动。说明太宗对自己晚年追求奢侈生活最终有了清醒的认识，并在实际行动上有所体现。其四，要求丧事及陵园制度从俭。

在长孙无忌、褚遂良等人主持下，太子李治在长安太极殿即位，史称唐高宗。据载，太宗驾崩的消息宣布后，周边各国、各族在长安任职者和来长安朝贡者数百人，也非常悲痛，按照各民族的不同习俗，有的剪发、有的剺面、有的割耳，流血洒地，以表达他们的悲痛怀念之情。阿史那社尔、契苾何力等蕃将请求杀身殉葬，高宗不许。这一切都说明太宗在各国、各族人民中威望还是非常高的，并深受他们的爱戴。

（三）宏伟的昭陵

太宗的昭陵位于今陕西省礼泉县东北二十千米的九嵕山上。昭陵是太宗生前亲自选定的陵址，他早年带兵作战以及在后来的畋猎中，对九嵕山一带地形非常熟悉，他对侍臣说九嵕山孤耸迥绝，可将陵址定在此处。说明太宗看中了九嵕山的形势雄伟，因而才定为陵址。

昭陵博物馆门景

高祖的献陵是堆土成陵，即在高阜之地深凿墓室，堆土夯筑成高大的封土堆，称为“山陵”。而太宗的昭陵却与此不同，是“因山为陵”，即在山势险峻的九嵕山上，从旁凿石洞为地宫，绕山筑城，虽无封土，却利用了自然的山峰，比封土为陵显得更为宏伟高大。昭陵最早营建于贞观十年，当时长孙皇后病故，太宗命人在九嵕山凿石为陵，动用百十名工匠，数十日而毕。据《唐会要》卷二〇《陵议》载：贞观十八年太宗下诏在九嵕山旁凿石室，二十三年八月十八日完工。历时五年最后完工，固然不如秦汉时期花费十几年乃至数十年时间修建一座帝陵，但也绝不是太宗在诏书中所说的“务从俭约”“足容一棺而已”。有关昭陵的墓室情况目前尚无发掘资料可供参考，仅从文献记载看，其华丽堂皇的程度也是非常惊人的。所谓“因九嵕层峰，凿山南面，深七十五丈为玄宫”，玄宫即墓室，“缘山傍岩，架梁为栈道，悬绝百仞，绕山二百三十步，始达玄宫门。顶上亦起游殿。文德皇后即玄宫后，有五重石门，其门外于双栈道上起舍，宫人供养如平常”[①]。这些栈道在太宗葬入玄宫后，即被拆除。五代时，温韬任静胜军节度使，在镇七年，将在其境内的唐朝诸帝陵全部挖掘，其中昭陵封固最为严密，温韬花费了很大气力才得以进入玄宫，“见宫室制度闳丽，不异人间，中为正寝，东西厢列石床，床上石函中为铁匣，悉藏前世图书”[②]。这还不包括规模宏伟的地面建筑，可见太宗“务从俭约”的说法不过是官样文章而已。

太宗的昭陵开始了唐代帝陵“因山为陵”的制度。太宗为什么要凿山为陵，而不沿袭秦汉以来的封土为陵呢？用太宗自己的说法，有两条理由：其一是“今为此制，务从俭约”。就是说“因山为陵”比封土为陵更加节省人力财力。其二是殉葬之物不用金玉珍宝，可使“奸盗息心”。太宗生前几次讲到汉文帝的霸陵，依山为陵，不堆土为坟，不藏金玉，节俭为美。但其实“因山为陵”比封土为坟的工程更为复杂，难

① 《唐会要》卷二〇《陵议》，第458页。

② 〔宋〕欧阳修撰，〔宋〕徐无党注：《新五代史》卷四〇《温韬传》，中华书局1974年版，第441页。

度更大，并不节省人力物力，然墓道封固得的确比较严密。因此所谓俭约之说并不能成立，而后一理由才是其真正的目的，即深埋密封，防止盗掘。太宗自己在采用这一制度的同时，还要求子孙永遵此法，故自太宗之后的诸帝大都采用这一制度。

新修昭陵祭祀广场

昭陵远眺

昭陵除了玄宫深在九嵕山峰之中外，还在地面绕山建造了如同皇宫一样的城墙、门阙、宫殿。在九嵕山之南有献殿，山之北有祭坛，西南面有下宫，山顶有神游殿，四周有城墙，城墙的四面中央设门，东为青龙门、西为白虎门、南为朱雀门、北为玄武门，城墙的四角建有角阙，驻有兵士警卫。

山顶上的神游殿位于玄宫之上，以供墓主灵魂游乐之用。

献殿也叫“寝宫”，主要为上陵朝拜或举行重要祭祀典礼之用。献殿是陵区内的主要建筑，规模宏大。据资料显示，献殿在朱雀门内，遗址约四十米见方，东西面有庑房、阙楼以及门庭，中间有一条龙尾道直通献殿。献殿除了供上面所说的活动外，还陈列墓主的神位和生前服御之物，史载：“高力士于太宗陵寝宫见小梳箱一，柞木梳一，黑角篦一，草根刷子一，叹曰：‘先帝首建义旗、新正皇极十有余载，方致升平，随身服用，惟留此物。将欲传示孝孙，永存节俭。’”[①]可证其事。

祭坛位于山北，其主体建筑是寝殿，中有神位，是进行日祭和时祭的场所。在位的皇帝对其父皇之陵要每日派人祭奠，叫日祭；朔望或节

① 〔五代〕王仁裕等撰，丁如明辑校：《开元天宝遗事十种》载郭湜《高力士外传》，上海古籍出版社1985年版，第115页。

日祭祀，叫时祭。因此，寝殿周围建有供留守官员和宫人居住的房舍。寝殿本来设在山上，因供水困难，加之屡次失火有所烧毁，遂移到山下瑶台寺旁。献殿和寝殿分别设置，是为了适应上陵朝拜、举行重大典礼活动以及守陵官吏、宫人日常祭祀和饮食生活的需要，这样就使得重大祭奠典礼显得更加庄重。

据文献记载，在太宗葬后，高宗李治为了弘扬其父皇的赫赫武功，命令将各族、各国归附唐朝的君长形象雕刻成石像，并为每座石像题刻官名、人名，连同昭陵六骏石雕“列于陵司马北门内，九嵕山之阴，以旌武功”[①]。这些石像分别是：

突厥颉利可汗、右卫大将军阿史那咄苾。

突厥突利可汗、右卫大将军阿史那什钵苾。

突厥乙弥泥孰俟利苾可汗、右武卫大将军阿史那思摩。

突厥都布可汗、右卫大将军阿史那社尔。

薛延陀真珠毗伽可汗。

吐蕃赞普松赞干布。

新罗王、乐浪郡王金贞德。

吐谷浑河源郡王、乌地也拔勒豆可汗慕容诺曷钵。

龟兹王诃黎布失毕。

于阗王伏阇信。

焉耆王龙突骑支。

高昌王、左武卫将军麴智盛。

林邑王范头黎。

天竺帝那伏帝国王阿罗那顺。

这十四尊石像分立寝殿门内东西两侧，其中西侧七座石像题名石座仍然存在，东侧置石像处早已坍塌，这些石像早已毁坏，仅残存几躯残体和几件残头石块，从残块看石像有深眼高鼻者，有满头卷发者，有辫发缠于头者，有头发中分向后梳拢者，有戴兜鍪者。现存的西侧七座

① 《唐会要》卷二〇《陵议》，第458页。

石像题名座分别是阿史那社尔、阿罗那顺、高昌王麴智盛、于阗王伏阇信、吐蕃赞普松赞干布、焉耆王龙突骑支、薛延陀真珠毗伽可汗。近年来，又发现了新罗王金贞德的石像底座残块，题名依稀可见。此外，陈列昭陵六骏的位置，不在文献所记载的东西庑房，经考察应在寝殿前的白石台基上。

高昌故城遗址

昭陵石刻在唐代诸帝陵中并不算多，但在品类、造型及题材方面却有着独特的意义。首先是题材不取祥瑞、辟邪之类，也不取仪卫之形，而是选取太宗生前骑乘过的六匹骏马和十四国君长，使其具有弘扬武功，象征民族团结、国家统一的政治意义。其次，昭陵石刻采取写实与浮雕技法，具有很强的现实主义特色。各国君长石像高不过六尺，连座九尺许，无论体长与面貌均无夸张之处，属于写实之作。六骏采用浮雕技法，此法以前多见于古青铜器和佛教艺术之中，自从昭陵六骏采用此法后，此后唐诸帝陵的鸵鸟等像，也多采用此种技法。

（四）陪葬制度

功臣死后陪葬于帝王陵园的做法，在唐代始于唐高祖的献陵，但制度却是太宗确立的。高祖葬于献陵之后，太宗下诏规定："自今以后，身薨之日，所司宜即以闻。赐以墓地，并给东园秘器，事从优厚，庶敦追远之义，以申罔极之怀。”[①]以后营建昭陵时，又再次重申“宜令所司，于昭陵南左右厢，封境取地，仍即标志疆域，拟为葬，所以赐功臣。其父祖陪陵，子孙欲来从葬者，亦宜听许”[②]。这些功臣陪葬者丧葬所需费用，皆由官给，有的立碑，有的赠粟麦绢帛，有的给仪仗鼓吹。不少人生前就预赐茔地，以便提前营建坟墓。

唐代帝王陵园中的陪葬者以献陵、昭陵为最多，前者陪葬六十七墓，后者共一百六十七墓。其他诸陵多者十余墓，少者数墓。献陵陪葬者几乎全是功臣，昭陵约三分之二为功臣或少数民族人物。盛唐帝陵陪葬者半数为功臣，以后诸陵的陪葬者几乎全是皇族，逐渐失去了功臣陪陵的意义。

陪陵者的多少关系到陵园的大小，这也是帝王生前功业大小的一个标志。昭陵的陪葬者最多，其陵园规模在唐代也最大，在我国历代帝王陵园中也是数一数二的，占地方圆六十千米，面积约三十万亩。如此广大的区域内，由于有众多的陪葬墓显得并不空旷，加上各陪葬墓前立有的石人、石羊、石虎、石柱、石碑之类的点缀，使整个陵园的气势更加宏伟。这些陪葬墓还各具特点，如李靖墓起冢像阴山、积石山，李勣墓冢像阴山、铁山、乌德鞬山，阿史那社尔墓冢像葱岭，阿史那思摩墓冢像白道山等，以纪念墓主生前的赫赫战功。这些著名将帅的墓冢，也为昭陵增色不少。

功臣陪陵与皇族陪陵有很大的不同，它表现的是君臣之间荣辱与共、休戚相关的亲密关系。昭陵陪葬墓众多，既是太宗倡导的结果，同时也是功臣们忠于君主、乐于陪从的表现。太宗在创建唐朝、统一全国、开拓边疆以及开创贞观盛世的伟大事业中，得到了许多贤臣良将的竭力辅佐，互相之间建立了良好的君臣关系。生前太宗妥善安置功臣，使他们晚节得保，死后君臣同葬一地，如同众星拱月一般，这种做法在历史上的确少见。昭陵的布局及其众多陪葬墓群所构成的陵园体系，显

① 《唐大诏令集》卷六三《赐功臣陪陵地诏》，第346页。

② 《唐大诏令集》卷六三《功臣陪陵诏》，第337页。

示了太宗的文治武功，礼赞了贞观之治的清明与繁盛。

第四节 唐朝前期的宫廷制度

一、嫔妃制度

嫔妃，又称内官，《左传·昭公元年》载："内官不及同姓，其生不殖。"晋代著名学者杜预明确指出，这里所谓的内官，就是嫔御，即嫔妃也。说明天子选取嫔妃也是遵照了古代的"同姓不婚"的习俗，以有利于人口质量的提高。唐代以前历代的嫔妃制度，实际上都沿袭了《周礼》的相关制度，并在这个基础上发展而来。按照《周礼》的规定，天子有三夫人、九嫔、二十七世妇、八十一御妻，加上王后共计一百二十一名内官。由于王后是天子的正妻，母仪天下，地位尊贵，故在嫔妃之外。因此，天子的嫔妃实际应有一百二十名。

汉、晋以来，皇帝的嫔妃虽然各有名号，然多不齐备。隋朝建立后，按照《周礼》的记载，设置了夫人、嫔、婕妤、美人、才人、宝林、御女、采女等，以"充百二十位"①。唐朝前期的嫔妃制度沿袭了隋制，据《新唐书》卷七六《后妃传上》记载：

> 唐制：皇后而下，有贵妃、淑妃、德妃、贤妃，是为夫人。昭仪、昭容、昭媛、修仪、修容、修媛、充仪、充容、充媛，是为九嫔。婕妤、美人、才人各九，合二十七，是代世妇。宝林、御女、采女各二十七，合八十一，是代御妻。

可以看出唐朝前期的嫔妃名号虽然不完全与《周礼》相同，但其基本规制却是如出一辙，所不同的是，隋制与《周礼》的规定只有三夫人，而唐朝却是四夫人，这样就多出了一人，成了一百二十一人。唐朝之所以

① 《唐六典》卷一二《内官》，第347页。

发生了这样的变化，是因为按照法象之说，天子周围应有四星，皇后地位尊贵，自然不能与夫人同列，于是便排除了周代以后妃为四星的做法，直接以四夫人为四星。直到玄宗时期，这一制度才有所变化，在后面的专节中将要论述到这些变化，这里就不多说了。

唐阎立本绘《步辇图》局部

嫔妃们各有其品阶和相应的职事，据《新唐书》卷四七《百官志二》记载：

> 贵妃、淑妃、德妃、贤妃，各一人，为夫人，正一品；
>
> 昭仪、昭容、昭媛、修仪、修容、修媛、充仪、充容、充媛，各一人，为九嫔，正二品；
>
> 婕妤九人，正三品；
>
> 美人四（九）人，正四品；
>
> 才人五（九）人，正五品；
>
> 宝林二十七人，正六品；
>
> 御女二十七人，正七品；
>
> 采女二十七人，正八品。

其中四夫人“掌佐皇后论妇礼于内，无所不统”，也就是说四妃辅佐皇后掌管后宫的全部事务，所谓“无所不统”即指此。实际上包括四妃在内的所有嫔妃，并没有具体事务可掌，宫中的各种具体事务由各级宫官掌管，她们只不过是地位高低不等的皇帝妻妾而已，为皇帝生儿育女。从历代宫廷的情况来看，宫女与一般嫔妃都为皇帝所有，二者之间并没有太大的不同。

唐朝前期的嫔妃制度至唐高宗时有所变化，据《唐会要》卷三《内职》条载：

> 龙朔二年（662），改易官名。置赞德二人，正一品，以代夫人；宣仪四人，正二品，以代九嫔；承闺五人，正四品，以代美人；承旨五人，正五品，以代才人；卫仙六人，正六品，以代宝林；供奉八人，正七品，以代御女；侍栉二十人，正八品，以代采女。又置侍巾三十人，正九品。

此次最大的改变，一是名号有所增多，二是数量大大减少。不过此次改变并没有持续多长时间，咸亨二年（671），便又恢复了旧制，前后持续仅九年时间。

二、宫官六尚的设置

（一）性质及渊源

所谓宫官在这里是指宫中女官，由她们掌管宫中各种具体事务，通常由宫女中具有一定文化知识和才干者充任。从现有文献来看，有关宫官的记载最早见于《周礼》一书，《周礼注疏》卷一七《春官宗伯》载："世妇，每宫卿二人、下大夫四人、中士八人、女府二人、女史二人、奚十有六人。""注：世妇，后宫官也。王后六宫，……女府、女史、女奴有才智者。"王后掌管六宫，每宫有宫卿二人，共十二人，其下属中的女府、女史、女奴等，皆为女官。从下大夫、中士等职官的设置来看，《周礼》所规定的宫官中亦参用士人，并非全用女官。后世历朝也有参用士人的例子，而唐代则全用女官，士人如掌管宫廷事务者，则全都隶属于殿中省。

自汉、魏以来，皆沿袭了这一制度，只是在职事方面历代各有不同。汉代的女官多掌管宫中事务性工作，在东汉末年，开始在宫中设置女尚书之职，掌管文书章奏。魏明帝统治时期则赋予其更大的权力，所谓“乃选女子知书可附信者六人，以为女尚书，使典省外奏事，处分当画‘可’”[①]。可见女尚书拥有代替皇帝批阅外廷奏章的权力。关于宫中女官的设置，在两晋南北朝时期，或置或废，颇不一致，且名号各异，职数差异也很大，没有形成定制。

隋朝在文帝统治时期，在宫中置有六尚、六司、六典等职以分掌宫内诸事，但却不许其染指外廷政事，且品阶低下，如六尚视从九品，六司位视勋品，六典视流外二品。隋炀帝统治时期，改置六尚，职掌之事与文帝时略同，但品阶却有所提高，六尚为从五品，六司为从六品，六掌位从九品，此外还设置有许多流外之职。其中尚宫局掌传宣启奏，尚仪局掌管宫中经史教学及音律、宾客等，尚服局掌印玺、符节、衣服等事，尚食局掌膳羞酒醴，尚寝局掌床席、帷帐、铺设、洒扫等事，尚工局掌营造、裁缝、金玉、钱货等。隋代宫官的特点是：全由女官充任，不再参用士人；不再授予过问外廷政事的权力，仅掌管宫内各种事务性工作；机构健全，分工明确，职数与品阶皆有严格的规定。这一切都表明宫官制度发展到隋代已经比较完善和健全了，并且对唐代产生了直接的影响。

（二）机构与职能

唐朝的宫官制度沿袭了隋制，但是机构与职能比隋朝更加健全，并且对后世产生了较大的影响。唐朝的宫官机构仍为六尚，其具体设置及职能情况如下。

尚宫局　设尚宫二人为长官，正五品，下辖有：

司记二人，正六品；典记二人，正七品；掌记二人，正八品。

司言二人，正七品；典言二人，正八品；掌言二人，正八品。

司簿二人，正六品；典簿二人，正七品；掌簿二人，正八品。

司闱六人，正六品；典闱六人，正七品；掌闱六人，正八品。

尚宫局的主要职能是导引中宫出入，并掌管宫官之印。宫中所需物品，由外廷机构具体承办，并将相关文籍呈送尚宫局，由司记抄录审

① 〔宋〕李昉：《太平御览》卷九四《皇王部》，中华书局1960年版，第448页。

核，盖印后交付内侍省，由内侍省将回文移交外廷相关机构。其他五尚也各有其印，但只限于本机构内部使用，不能加盖在对外的文书簿籍上，对外只能用尚宫局印。尚宫局的具体分工情况是这样的：

司记掌印，凡是宫中各机构出入的各种文簿账目，都由其审核，未经审核不能付诸实施。典记、掌记辅佐司记掌管这些事务，其他诸司的情况均是如此，就不一一罗列了。

司言掌宣传启奏之事，凡是皇帝有敕颁下，都要交付司言署名、登记，并且另行抄写一份，交付掌管宫门的官员送出。如果外廷机构奏事，皇帝阅后的批复意见也要交给司言，由司言登记抄录，连署后交给相关部门执行。

司簿主要掌管宫人的名册以及对宫人廪赐之事。

司闱主要掌管宫中诸门户的钥匙。

尚仪局　置尚仪二人为长官，正五品。下辖有：

司籍二人，正六品；典籍二人，正七品；掌籍二人，正八品。

司乐四人，正六品；典乐四人，正七品；掌乐二人，正八品。

司宾二人，正六品；典宾二人，正七品；掌宾二人，正八品。

司赞二人，正六品；典赞二人，正六品；掌赞二人，正六品。

彤史二人，正六品。

尚仪局的职能是掌管宫中礼仪及起居诸事。

司籍掌管甲、乙、丙、丁四部典籍的教授以及宫中所用的笔札、几案等事。

司乐掌管教习宫人音乐、舞蹈、器乐演奏等事。

司宾掌管宾客朝见、宴会赏赐之事。

司赞掌管引导朝见、宴会赞礼等事。凡宫中举行宴会时，如有宾客参加，通常由司赞引导宾客立于殿庭之下，司言代表皇帝宣敕赐座，然后由司赞引导其入席就座。皇帝赐酒，宾客要起身拜谢，赐食时也要起身再拜，这一切礼节都要在司赞的指引下进行，否则就是失仪，将会受到处罚。

彤史掌管记录宫闱起居之事等。

尚服局　以尚服二人为长官，正五品。下辖有：

司宝二人，正六品；典宝二人，正七品；掌宝二人，正八品。

司衣二人，正六品；典衣二人，正七品；掌衣二人，正八品。

司饰二人，正六品；典饰二人，正七品；掌饰二人，正八品。

司仗二人，正六品；典仗二人，正七品；掌仗二人，正八品。

尚服局掌管宫中后妃、内命妇、女官的各种服饰、器玩、仪仗等事。

司宝掌管各种印玺、符契、图籍的保管，平时分类保管，相关部门如需使用，则“执状奏闻”，批准后交付使用。符契无论是出付或收回，都要登记在册，并且规定收回时一定要用朱笔登记，以备核查。

司衣掌管衣服及首饰。

司饰掌管沐浴、巾栉及器玩的保管等事。

司仗掌管宫中羽仪仗卫等事。

尚食局　以尚食二人为长官，正五品。下属有：

司膳四人，正六品；典膳四人，正七品；掌膳四人，正八品。

司酝二人，正六品；典酝二人，正七品；掌酝二人，正八品。

司药二人，正六品；典药二人，正七品；掌药二人，正八品。

司饎二人，正六品；典饎二人，正七品；掌饎二人，正八品。

尚食局掌管宫中包括皇后、嫔妃等的膳食供给之事，凡给后妃进食前，都要先检查是否安全，然后才能进呈。

司膳掌管后妃的膳食烹调。

司酝掌管酒醴饮品的供给。

司药掌管医方医药之事。

司饎掌管宫人饮食供给与薪炭等事。

尚寝局　置尚寝二人为长官，正五品。下属有：

司设二人，正六品；典设二人，正七品；掌设二人，正八品。

司舆二人，正六品；典舆二人，正七品；掌舆二人，正八品。

司苑二人，正六品；典苑二人，正七品；掌苑二人，正八品。

司灯二人，正六品；典灯二人，正七品；掌灯二人，正八品。

尚寝局掌管帝后及嫔妃寝宫管理以及与此相关的物品管理之事。

司设掌管帷帐、茵席等的张设以及宫中的洒扫之事。

司舆掌管帝后、嫔妃的舆辇、伞扇、羽仪等事。

司苑掌管宫中园苑内种植蔬菜、水果之事。

司灯掌管宫中灯烛的供给及管理之事。

尚功局　以尚功二人为长官，正五品。下属有：

司制二人，正六品；典制二人，正七品；掌制二人，正八品。

司珍二人，正六品；典珍二人，正七品；掌珍二人，正八品。

司彩二人，正六品；典彩二人，正七品；掌彩二人，正八品。

司计二人，正六品；典计二人，正七品；掌计二人，正八品。

尚功局掌管宫中衣服的缝制及前述五局所未涉及的其他各种事务。

司制掌管宫中衣服裁剪缝制之事。

司珍掌管金玉、宝货的收藏保管。

司彩掌管彩物、缯锦、丝帛的保管及供给。

司计掌管宫中衣服、饮食、薪炭等的账目及调配。

除了以上所述的机构及职事外，唐朝还设置了掌管纠察宫中事务的女官。这是因为宫廷之中人员颇多、事务繁杂，如果没有专职人员负责对宫中各部门的纠察监管，则很难保证宫廷生活正常有序地进行。这类人员包括宫正一人，正五品；司正二人，正六品；典正四人，正七品。凡宫内以上人员中有不能履行职责或违反宫廷禁令者，一旦发现，通常由司正撰写文书上报宫正裁决，小事由宫正直接处罚，大事则奏闻皇帝或皇后，然后再行惩罚。

太子东宫仿皇宫也有内官之置，其职官设置情况如下：

司闺二人，从六品，掌管导引太子妃及宫人名簿，总管掌正、掌书、掌筵等三司。

掌正司置掌正三人，从八品，掌管文书出入，并登记成册，此外还掌管东宫门户钥匙，负责对东宫宫人的纠察与处罚等事。

掌书司置掌书三人，从八品，掌管东宫符契、宝货、经簿、传宣、启奏、廪赐、纸笔等事，同时还掌管东宫宫人的文化教育，并监管印的使用。

掌筵司置掌筵三人，从八品，掌帷幄、床褥、几案、伞扇、洒扫、铺设之事。

三、内侍省的设置

（一）历史渊源

宦官是人类社会发展到一定阶段的产物，不仅中国有，在古代世界的一些国家中也都曾经出现过。如古代的西亚诸国，欧洲的希腊、罗马，印度的莫卧儿帝国以及伊斯兰国家中，都有存在的迹象。但是就其人数最多、持续时间最长、制度最严密者，则非中国莫属。关于中国宦官的产生时间问题，至今还没有定论。大约在夏商时期，中国的刑罚中出现了宫刑，从而为宦官的出现创造了可能性。可以肯定的是，西周时已有了宦官制度，其中处以宫刑的罪人遂成为当时宦官的主要来源，《周礼·秋官司寇》说的“宫者使守内”，便是明证。不过当时并不叫宦官、太监，而是称为阉人、寺人、阍人、内小臣等，人数较为有限。

自此以来，中国历代莫不建立了宦官制度，并且出现了一些比较有名的宦官，如战国时赵国的缪贤、秦代的赵高、东汉的蔡伦等。需要说明的是，秦至西汉时期的宦官之职并不全是阉人担任，也有士人担任的。至东汉时期，则全由阉人充当宦官，而且宦官机构进一步发展，职掌更加明确，并且在社会政治中的作用日益重要，形成了宦官专权的局面。东汉的宦官也与秦、西汉一样，均由少府管辖，主要有中常侍、中黄门、小黄门等职。

经过魏晋南北朝至隋朝时，内廷侍奉机构一改由少府管辖的情况，成立了专门机构——内侍省，此为纯粹的宦官机构，并且设置了一套完整的职官。需要说明的是，隋炀帝大业三年（607），改革官制，内侍省改名为长秋监，其官员参用士人。唐因隋制，仍置内侍省，其官员全用阉人。在唐朝前期其名称一度发生过变化，唐高宗龙朔二年改为内侍监，咸亨元年复故；武则天光宅元年（684）改为司宫台；唐中宗神龙元年（705）复故。以上这些变化仅限于名称上的变化。

（二）职官设置及职能

唐朝内侍省的职官设置分为两大部分，即内侍省直属职官与所属五局之职官。唐太宗吸取前代宦官专权的教训，规定内侍省不设三品官，故唐朝前期的内侍省最高职官的品阶也不过是从四品上。与此同时，还规定宦官不得过问外廷政事，亦不得出使。因此，在唐朝前期内侍省主要掌管内廷各种事务，尚无法顾及外廷政事，更谈不上与南衙朝官争权夺利了。下面分别就内侍省的职官设置与职掌做一简介：

内侍四人，从四品上；内常侍六人，正五品下。他们分别为内侍省的正副长官，除了总掌五局事务外，还直接掌管一些具体事务：每年春季的第三个月的吉日，皇后祭先蚕于北郊时，由内侍与内常侍升坛执掌相关仪式；皇后车驾出入时，由他们分领诸宦官乘马在两边夹引。

内给事八人，从五品下。掌判内侍省日常事务，此外每逢元日、冬至群官朝贺皇后时，则出入宣传。除此之外，宫人所需的衣服、费用，按照其品阶高低及人数多少进行统计，每年春、秋二季报送中书省。

主事二人，从九品下，隶属于内给事，掌管勾检稽失，检查抄目，以便发现问题时及时纠正，相当于内侍省内部的监察、审计人员。

内谒者监六人，正六品下；内谒者十二人，从八品下。前者掌管宫内传宣之事，凡皇亲命妇入宫朝见皇后，有关部门将其人数、名籍报送内侍省，由内谒者监进行审查。命妇下车，由专人引入命妇院朝堂，然后由其奏闻。后者主要掌管皇亲命妇朝见时的班位排列。在他们之下，还置有内典引十八人、寺人六人，这些都是流外之职，前者负责导引命妇朝见出入之事，后者负责皇后车驾出入的安全事务，执御刀护卫于两旁。

内寺伯二人，正七品下。这是一种专职的监察官员，主要负责纠察内侍省的各种不法之事，每年举办大傩时，则监视出入人员。

以上这些都是直属于内侍省的各种职官，下面介绍五局的设置及其职官。

掖庭局　西周时有巷伯之职，秦朝改为永巷，汉武帝改为掖庭，至唐相沿未变。掖庭局为掌管宫中女工之事的部门，凡沦落为官奴婢之人多由掖庭局管理，在这里服各种苦役，如种桑养蚕，缫丝纺织、缝纫浆洗、洒扫庭院等。掖庭局设令二人为长官，从七品下；丞三人，从八品下，掌管本局日常事务；宫教博士二人，从九品下，掌教授宫人书法、算术及其他各种技艺；监作四人，从九品下，掌管宫中各种杂役及制造事项。此外，还置有计史二人，掌原料的供给和工程期限的核定；典事十人，掌管各种工役的管理。这两种职务均为流外之职。

宫闱局　西周有阍人掌王宫之门禁，隋朝置宫闱局，唐朝因袭未变。宫闱局的主要职能有：掌管宫门及出入钥匙；举行太庙祭祀之礼仪时，负责皇后神主的出入之事，事毕则将物品归于原室。设宫闱令二人为长官，从七品下；丞二人，从八品下，掌管本局日常事务，以下各局皆同，就不再一一叙述了。其下属有内阍史二十人，掌管诸门钥匙；内掌扇十六人，掌管皇后伞扇；内给使无常员，掌管诸门进出物品的抄目，这是流外之职。唐朝规定凡宦官中无品阶者皆称内给使。

奚官局　西汉有暴室丞，掌管宫中妇人患病之事，甚至皇后、妃嫔的犯罪，亦归其管辖。梁、陈及北齐皆在大长秋寺下置奚官署，隋朝置奚官局，唐因隋制。奚官局掌管宫人医疗、丧葬及其名品等事。凡宫人患病，则供其医药；死亡，则按照其品阶给其衣服和丧葬之物。内命妇五品以上死亡，如无亲戚，则由奚官局负责在其同姓中选男子一人每年主祭；如无同姓之人，由奚官局负责每年春、秋两季进行祭祀。置有令二人，正八品下；丞二人，正九品下；典事四人，流外之职。

内仆局 东汉有中宫仆之置，北齐亦置有中宫仆署，隋朝置内仆局，唐因隋制。内仆局是一个掌管宫中后妃车乘的机构。置有令二人，正八品下，掌皇后车乘出入导引之事；丞二人，正九品下；驾士一百四十人，典事八人，皆为流外之职。凡后妃车乘出入，内仆令居左，丞居右，夹引而行。典事掌管检查车乘之事，驾士则具体负责调训马匹、驾驭车乘。唐朝规定皇后的车乘共分六种，其一为重翟，接受册命、陪同皇帝祭祀时乘用；其二曰厌翟，祭祀先蚕时乘用；其三曰翟车，归宁省亲时乘用；其四曰安车，临幸时乘用；其五曰望车，拜陵、临吊时乘用；其六曰金根车，平时出行时乘用。这些车乘均由内仆局掌管。

内府局 西汉少府的属官中有内者令，东汉时有中宫私府令，主管宫中钱币、布帛诸物的收藏，并兼管衣被的裁制、浆洗等事。北魏、北齐皆有类似职官，隋朝置内者局，唐改为内府局。内府局是掌管宫中府库的机构，凡宫中的珍宝、绢帛、钱币出入给纳之数，皆由其掌之。凡皇帝举行朝会要对五品以上官员赏赐绢彩、金银器时，由其供给；将士出征有功，或者外国使者、少数民族首领面辞归还时，所赏赐的物品也都出自这里。置有令二人，正八品下；丞二人，正九品下。

唐朝太子东宫系统也有宦官机构，这就是内坊。置典内二人为长官，从五品下；丞二人为副长官，从七品下。其下属职官主要有：录事七人、典直四人，正九品下；导客舍人六人、阍帅六人、内阍八人、内给使无员数、内厩二十人、典事二人、驾士三十人。以上人员皆为流外之职。其中典内掌东宫内部事务及宫人粮廪赐予，丞为之贰。典直掌管仪式，导客舍人掌管导引宾客及次序，阍帅掌管东宫门户，内阍掌管人员出入，内给使掌管伞扇，内厩掌管东宫车舆，典事掌管牛马之事，驾士掌管车舆的驾驭。

唐代的宦官人数在不同时期多少不一，高祖、太宗统治时期，只允许宦官供奉禁中，故人数有限。武则天统治时期，人数渐增，至中宗神龙中，宦官人数达到三千余人，其中七品以上及员外官达千余人，“然衣朱紫者尚寡”[①]。到了唐玄宗统治末期，宦官人数又有所增加，总数为四千六百二十八人，其中高品为一千六百九十六人。唐宪宗元和以后，大体维持在四五千人，最多时达到万人之多。[②]唐代宦官人数之多，至此达到了顶峰，他们中不少人专权擅政、多占田产，发展成为一股极大的政治势力，在历史上留下了深刻的影响。关于这些问题，后面还要详论，这里就不多说了。

四、殿中省的设置

（一）历史渊源

殿中省是一个为皇室生活服务的机构，从其职能的角度看，《周礼》一书中所记载的许多职事都可以说是它的前身，如膳夫、掌舍、司服中士、小司徒中大夫、巾车下大夫等，都是分掌天子及其后妃生活的各种官职。“秦置六尚，谓尚冠、尚衣、尚食、尚沐、尚席、尚书，若今殿中之任。”[③]此后历代大都设置了类似的机构和职官，但大都分散而置，没有由一个机构统管起来。至曹魏时期，始置殿中监，统管此类事务，并为两晋、刘宋所沿袭。至南朝齐又有所变化，分置内、外殿中监各八人，分别掌管皇室各类生活之事，并为梁、陈等朝所沿袭。北魏也仿南朝之制，置有殿中监。北齐改为殿中局，置监四人，隶于门下省。

隋朝建立后，避杨忠讳，改殿中局为殿内局，置监二人。隋炀帝大业三年，改革官制，为了完善三省制，将原隶属于门下省的尚食局、尚药局、御府局、殿内局等机构从其中分离出来，另行成立了殿内省。又将原属于太仆寺的车府署、骅骝署从中分离出来，亦隶属于殿内省，统编为尚食、尚药、尚舍、尚衣、尚乘、尚辇等六局。殿内省的长官仍

① 《旧唐书》卷一八四《宦官传》，第4754页。

② 《全唐文》卷八四五牛希济《治论》，第8880页。

③ 〔唐〕杜佑撰，王文锦、王永兴、刘俊文等点校：《通典》卷二六引《汉仪注》，中华书局1988年版，第742页。

称监，副职为少监、丞，各置一人，其中监正四品，少监从四品，丞从五品。门下省本为中枢机要之司，但是自南北朝以来其为皇家服务的色彩仍很浓厚，除了出纳王言外，还兼掌了不少有关天子衣食起居等生活方面的事务，此次将其改革后，就使门下省比较彻底地摆脱了宫廷事务的纠缠，成为职责分明的封驳机关，从而使三省制真正形成。而殿内省的成立，也使原来分属于各个部门的为皇家生活服务的机构归于一个大机构，同时也使隋朝的中央职官制度更加整齐划一、分工更加职责明确。

唐承隋制，仍然继续设置了这一机构，只是将其名称恢复为殿中省而已。唐高宗龙朔二年，改殿中省为中御府，殿中监改名中御大监，少监改名中御大夫，同时改尚食局为奉膳局、尚药局为奉医局、尚衣局为奉冕局、尚舍局为奉扆局、尚乘局为奉驾局、尚辇局为奉辇局，皆于咸亨元年复旧。

（二）职官设置及职能

唐朝殿中省的职官主要有：监一人，从三品，统掌殿中省全部事务，皇帝坐朝则率其下属执伞扇排列于左右；朝廷举行大祭祀，则进呈大圭、镇圭等礼器，事毕后，收回而藏之；皇帝外出行幸时，殿中省率其下属侍奉皇帝于仗内；如果皇帝游宴、畋猎，也要备好车乘侍奉天子；尚药局配制御用之药时，殿中监要亲自到场监制，并且要亲尝，以保证用药的安全。

少监二人，从四品上，主要是辅佐长官做好以上工作。

殿中丞二人，从五品上，主要职责是：掌管本省日常事务，“兼勾检稽失，省署抄目”[①]。前一句是指对不按相关制度处理公务和没有按照规定的日期完成公务的人员进行检查，后一句是指审核并签署殿中省每天收到的和发出的公文目录，因此殿中丞负有对本部门工作的监察之责。

主事二人，从九品上，掌印及受事发辰。所谓“受事发辰”，就是

① 《唐六典》卷一一《殿中省》，第323页。

登记本部门官员们接受工作的起始日期，以便稽查官员们是否按时完成了各自的工作。唐朝各级官府对每项工作的完成期限都做了规定，小事五日，中事十日，大事二十日。有了受事起始时间的登记，再按相关规定去检查，就可以有效地纠举官员不作为、不尽职的行为。

殿中省下辖六局的职官设置及职能如下：

尚食局　西周有膳夫、内饔之置，秦朝有尚食之职，皆掌天子饮食。西汉置太官、汤官之职。北齐有尚食局，以典御二人为长官；又有中尚食局之置，仍置典御二人为其长官。北周时置内膳上士二人，在天子进食前先尝之。隋朝沿袭北齐之制，仍置尚食局，有典御二人、直长四人、食医四人。炀帝大业三年，改典御为奉御，正五品。唐朝沿袭隋制，仍置奉御二人，正五品下。唐高宗龙朔二年，改称奉膳大夫，咸亨元年复故。

尚食局掌供天子常膳，凡进食，必先尝。各地进贡的各种珍异美味，皆由尚食局掌管，分类储藏。尚食局在向皇帝供给饮食时，要按照一年四季的变化，调整饮食的结构及味道，所谓“春肝、夏心、秋肺、冬肾、四季之月脾，皆时王不可食”①。实际上就是通过调整饮食结构，以适应季节的变化，从而达到食疗养生的目的。尚食局还有一个职责，就是每年元日、冬至举行大朝会时，由其会同光禄寺，按照官员的品秩，分等级供给饮食。对王公大臣及外来使者、宾客的赐宴，也由其掌管。除此之外，尚食局还掌管诸帝陵每月祭享的供食，这种祭食通常都由尚食局派人在陵墓所在地烹饪，殿中省每季差官巡视监临。

尚食局的职官除了奉御二人外，还有直长五人，正七品上；食医八人，正九品下；主食十六人，为流外吏职。其中直长为尚食局的副长官；食医掌管饮食的调配，即具体负责食疗养生之事；主食为掌管膳食烹饪之事的人员，其下置有主膳（即厨师）八百四十人，由主食分别统领，各司其职。

尚药局　在南朝梁、陈等朝及北魏，均由太医兼掌天子的医药。至

① 《唐六典》卷一一《殿中省》，第324页。

北齐时，才将这些职能统归于尚药局，此外还置有中尚药局掌管宫中医药之事。隋朝沿袭了这一制度，在尚药局置有奉御、侍御医、直长、司医、按摩师等职官。唐因隋制，仍置奉御二人为其长官，正五品下。至龙朔二年时改尚药奉御为奉医大夫，咸亨元年复故。

尚药局掌管配制御药及诊病之事，其药分为四类，即汤、丸、酒、散，“视其病之深浅所在而服之”①。在配制御药时，尚药奉御与殿中监要亲自到场监视。由于御药的配制关系到天子生命的安危，为了以防万一，唐朝规定除了殿中监与尚药奉御必须到场外，门下省、中书省的长官及当值的诸卫大将军各一人到场，与殿中省、尚药局的长官共同监视。药成，负责此事的医佐还要亲自品尝。在完成这些程序后，密封并加盖尚药局印，写明药方，注明配制年、月、日与监视配制药物的官员及机构名称。皇帝服用药物时，由尚药奉御先尝，殿中监、皇太子依次而尝，然后才能献给皇帝服用。

除了置尚药奉御二人为长官外，在其下还置有直长四人，正七品下，辅佐奉御掌管本局事务；侍御医四人，从六品上；司医四人，正八品下；医佐八人，正九品下。这些都是具有一定地位的医官，负责疾病的诊治及御药的合制，其中侍御医专司给天子的诊治，司医与医佐则负责其他患病人员的诊治。其下还置有主药十二人、药童三十人、按摩师四人、咒禁师四人、合口脂匠二人等，这些都是地位较低的流外吏职，具体负责各类事务，其中主药、药童负责药物的刮、削、捣、筛等加工事务，按摩师负责推拿按摩，咒禁师专司驱邪逐鬼。

尚衣局　《周礼》中记有司服上士之职，掌管天子吉凶服饰。至战国时置有尚衣、尚冠之职。秦代在少府之下置有御府令、丞，掌管供御服。自东汉以来，由宦官掌管宫婢为皇帝缝制服饰及负责浣洗等事。两晋时期，此类事务归于光禄勋。南朝刘宋时，置左右御府令、丞。此后，此类事务或隶于右尚方，或隶于主衣局。隋朝建立后，置御府局监二人，炀帝时将此类事务统归于殿内省尚衣局，置奉御二人为长官。唐

① 《唐六典》卷一一《殿中省》，第325页。

因隋制，龙朔二年改尚衣奉御为奉冕大夫，咸亨元年复旧。

唐代的尚衣局掌缝制和供应天子衣服、冠冕，所谓“天子之服。则有大裘冕、衮冕、鷩冕、毳冕、绨冕、玄冕、通天冠、武弁、黑介帻、白纱帽、平巾帻、翼善冠之服，并出于殿中省”[①]。每一种服饰都有相应形制、色彩及图案等规制，用于皇帝在各种场合穿戴，丝毫不能混乱。尚衣局除这一职能外，还掌管皇帝的大圭、镇圭的保管，凡皇帝祭祀于郊庙、社稷或举行大朝会时，则奉圭以进，事毕则收而藏之。

尚衣奉御仍置二人，从五品上，为长官；直长四人，正七品下，为副长官；主衣十六人，为流外吏职。在殿中省所管六局中，以尚衣局所掌职事最为简洁明了，因此其所管人员相对而言也比较少。

尚舍局　《周礼》记载有掌舍之职，掌管天子所居之处的帷、幕、幄、帟等事。汉代的少府之下辖有守宫令、丞等官，掌管宫殿陈设。曹魏时期则以殿中监掌管此类事务，此后历代大体上均沿袭了曹魏的这一制度。隋炀帝时置殿内省，改殿内局为尚舍局，置奉御二人为长官。唐朝因袭隋制，仍置奉御二人，从五品上。唐高宗龙朔二年，改尚舍奉御为奉扆大夫，咸亨元年复故。

尚舍局掌管殿庭张设以及洒扫之事。天子行幸时，尚舍预先准备三部帐幕，共分为五个等级，“有古帐、大帐、次帐、小次帐、小帐，凡五等”[②]。每种帐皆有各自不同的尺寸和数量的规定。在帐幕之外，设置排城以为蔽捍。所谓“排城”，是以高大宽厚的木板制成，上面画有辟邪猛兽等图案，内外以漆漆之，互相连接，形成一种比较坚固的屏障，以保证皇帝的安全。皇帝行幸时的汤沐之事，也由尚舍局掌管。每到举行大祭祀之时，尚舍局都要在郊外祭坛的东南方向，预先设置行宫，张设幕帐。在明堂、太庙举行祭祀典礼，也要设置行宫帐幕。凡元日、冬至举行大朝会时，要在皇宫正殿预施榻席及薰炉；如举行朔望朝，即每月初一、十五举行的朝会，则施设幄帐于正殿。因此，尚舍局实际负责

① 《唐会要》卷三一《舆服上》，第659页。

② 《唐六典》卷一一《殿中省》，第329页。

的是皇帝外出行幸、祭祀、朝会时的各种张设，至于平时在皇宫中陈设之事则由内官尚寝局负责。

尚舍局的职官除了奉御之外，还置有直长六人，正七品下，为奉御的副手；幕士八千人，均为流外吏卒，前面所述的各种场合的帐幕及陈设之事，实际上均是由其承担的。由于工程量大，需要动用大量的人力，因此尚舍局所管人员之多为六局之最。

尚乘局　秦汉以来，有关天子御马的事务皆由九卿之一的太仆掌管，直到隋炀帝时，才将原由太仆寺掌管的此类事务抽出来，在殿内省另置尚乘局专掌之。唐朝沿袭隋制，仍置尚乘局，以奉御四人为长官，从五品上，其中一人掌左六闲马，一人掌右六闲马，一人掌草料及马夫的请受配给，一人掌鞍鞯辔勒、供马调度及防治马匹疾病和药料等事。唐高宗龙朔二年，改尚乘奉御为奉驾大夫，咸亨元年复故。唐玄宗开元二十四年（736），将奉御之数减为二人。

尚乘局主要掌管闲厩之马的管理事务，即管理皇室所用马匹的饲养、调训、供给等事务。所谓六闲马，指飞黄、吉良、龙媒、騊駼、駃騠、天苑，各分为左右，共十二闲，分二厩管理，称之为祥麟、凤苑。唐朝的内外闲厩之制，后来还有所变化，但主要是名称与数量方面的变化，就不详述了。唐朝规定对闲厩之马，非调习训练，不得捶击；在调习训练时，也只限于厩内骑乘，不得随意外出。还规定陇右诸牧监每年每监进献细马五十匹，其他杂给马一百匹。对于这些新进之马，凡细马要在马身上印上“三花”字样，杂给马则印以“飞”“风”等字样，作为标志。

尚乘局在奉御之外，还置直长十人，正七品下；奉乘十八人，正九品下；司库一人，正九品下；司廪二人，正九品下；习驭五百人、掌闲五千人、典事五人、兽医七十人、驾士若干人，均为流外吏卒。其中奉乘掌率习驭、掌闲、驾士等类人员以及掌管马匹的调训与饲养，司库掌鞍辔乘具的保管，司廪掌草料之出纳，兽医掌治疗马疾。

尚辇局　《周礼》中记载有小司徒中大夫二人，掌管六畜、车辇；

又有巾车下大夫五人掌王后之五辂。秦汉以来皆在太仆之下置车府令，掌管天子车辇。东晋时废太仆，由驾部掌管其事。南北朝时置有车府、乘黄令、丞，唯有北周置司车辂以掌其事。隋朝初期沿袭南北朝旧制，亦置有车府令、乘黄令；炀帝时置殿内省尚辇局，以奉御二人为长官。唐朝沿袭隋制，唯奉御的品秩由正五品改为从五品上。高宗龙朔二年改奉御为奉辇大夫，咸亨元年复故。

尚辇局掌皇帝舆辇、伞扇之事。唐代天子辇有七种，即大凤辇、大芳辇、仙游辇、小轻辇、芳亭辇、大玉辇、小玉辇等，这些多非实用之物，而是所谓天子仪物。凡举行大朝会时陈列于殿庭，举行大祭祀时陈列于庙侧，事毕则由尚辇局收回保管。此外，唐朝还规定天子舆分为三种，即五色舆、常平舆和腰舆，前两者亦属于仪物，真正可以乘用的只有腰舆一种，是皇帝在宫中的日常乘用之物。至于伞扇，是在举行大朝会、常朝时使用，陈之于庭，以朝会的规模大小而确定所用伞扇之数。唐制，天子伞扇共计一百五十六柄，分为左右陈列，唐朝前期使用翟尾扇，玄宗开元初改为孔雀图案，以五彩丝绣成，是天子所用的仪物之一。

尚辇局在奉御之下亦置直长四人，正七品下；掌辇二人，正九品下；主辇四十二人，奉辇十五人，皆为流外吏职。

五、为皇室服务的其他机构

（一）太常寺与皇室的关系

太常之名自秦汉确定以来，作为九卿之一，一直为历代所沿袭，而且其职能的变化也非常之小。作为掌管国家礼乐的机关，在我们这个文明古国的历史中，其地位一直排在九卿之首，两千多年来没有动摇过。唐朝的太常寺虽然仍属于国家机构，但从职能来看，却仍有不少职能与皇室密切相关，也就是说其为皇室服务的性质仍然存在。

唐朝的太常寺仍以太常卿、少卿为正副长官，前者正三品，后者正四品上。下辖有两京郊社署、诸陵署、诸太子陵署、诸太子庙署、太乐署、鼓吹署、太医署、太卜署、廪牺署、汾祠署、两京齐太公庙署等机构，每署各置令、丞为正副长官，分别为从七品下、从八品上的官职。其中与皇室事务直接有关的机构有诸陵署、诸太子陵署、诸太子庙署、太乐署等，现将其职能及涉及皇室的事务情况简述如下：

诸陵署 其实际上就是掌管已故皇帝陵墓的守卫、洒扫、祭祀等事务的机构，每一个陵各置一个陵署。唐朝规定每个皇帝的陵墓，置陵户各数百人，如乾陵、桥陵、昭陵各四百人，献陵、定陵、恭陵各三百人，主要任务是在所在陵令的管理下负责洒扫、维护、守卫陵园。凡每月朔望及每年元日、冬至、寒食等时节，都要献食祭享。在唐朝不少皇帝还规定每日要对自己生身父亲的陵墓献食享之，如唐玄宗时规定对唐睿宗的桥陵就是如此。唐朝还规定，功臣、皇戚、子孙若愿陪葬者，可以允许葬在陵园之内，但兆域之内则任何人都不许葬入。除了以上人员外，唐朝在每个帝陵还驻有甲士，以保卫陵园的安全。

诸太子陵署、诸太子庙署 为已故太子设置陵署，是唐朝的创举，自除汉武帝为戾太子墓园置官管理外，此后历代皆不见有这种设置。唐朝规定每个太子陵置一陵署，掌管陵园的守卫及洒扫维修事务。由于太子的地位毕竟不同于皇帝，所以这种陵署的令、丞品阶要低于帝陵的官员。对已故皇帝的祭祀通常在太庙进行，而已故太子则享受不到这种待遇，于是唐朝又设置了太子庙，并且置官管理，规定有后裔的已故太子，子孙自主祭祀；无后裔的太子，则以近族之人主祭，祭祀时所需音乐、祭品皆由政府供给。

太乐署 这本是掌管国家大典、朝会、祭祀、宴享时所需乐舞的一个机构，与皇室生活并无密切的关系，但是在唐朝前期，皇帝举办盛大宴会时，所表演的娱乐性质的乐舞，也是由其提供的。后来唐朝另外设置了各类教坊，逐渐取代了太乐署这个方面的职能。因此，在唐朝后期太乐署为皇室服务的性质愈来愈淡化，遂成为完全的国家乐舞机构，而为娱乐服务的职能则丧失殆尽了。

在我国上古乃至秦汉时期，国家机构的设置有一个很明显的特点，即国事与皇室的家事不分，政权与神权不分。国家机构职能上的这些现象说明这个时期我国的典章制度还很不完善，是制度落后的表现。至隋唐时期，这种情况已经有了很大的变化，负责国家政事与负责皇室事务的机构已经有了较为明确的区分，但是还不十分彻底，太常寺与下面论述到的一些机构中存在的一些职能就是明显的例证。这种情况的存在与“朕即国家”的思想密切相关，只有在现代制度中才能彻底消除这种现象。

（二）太仆寺与宫廷的关系

掌管舆马的职官，早在《周礼》中就已经设置了，但太仆的名号却是秦汉才确定的。唐代的太仆寺掌管国家厩牧、车舆之事，下辖乘黄、典厩、典牧、车府四署，皆置有令、丞为长贰，太仆寺以卿、少卿为正副长官，分别为从三品、从四品上。其中一些职能也涉及为皇室生活服务，太仆寺下属机构主要有如下几种：

乘黄署　掌管皇帝车舆之事。唐朝规定天子有五辂，一曰玉辂，皇帝祭祀、纳皇后时则乘之；二曰金辂，举行飨射、饮至、郊征还等礼仪时则乘之；三曰象辂，外出行道时则乘之；四曰革辂，巡狩、阅军、出征时则乘之；五曰木辂，外出畋猎时则乘之。这些都是畜力牵引的车辆，五辂皆有副车，此外还有指南车、记里车、白鹭车、鸾旗车、辟恶车、耕根车、安车、四望车、羊车、黄钺车、豹尾车、属车等各类车辆，这些都属于天子卤簿（仪仗）的组成部分。这些车辂所用之马，则由尚乘局提供。凡有大的典礼举行，乘黄署则根据典礼的性质、等级提供相应的车辂，事毕则收而藏之。

典牧署　掌管诸牧监上缴的杂畜给纳之事，以便提供给政府相关部门及为皇宫服务，以满足这些部门畜产品所需。唐朝对诸牧监都有每年提供马、牛、羊及各种畜产品的数量规定，上供以后便交给典牧署，再由其按规定分配给相应部门。其中尚食局所需的牛羊，便是来自典牧署，而不是直接由牧监提供。

车府署 掌管王公以下贵族车辂的管理事务。唐朝规定王公以下的车辂分为四等，一曰象辂，二曰革辂，三曰木辂，四曰轺车。车府署管理的这些车辂，并非王公等日常乘坐的车辆，而是用于其参加各种典礼时乘用，因为是国家礼仪的一个部分，因此必须由专门部门负责。唐朝规定亲王给象辂，三品以上官员给革辂，五品以上官员给木辂，京县令给轺车。在唐朝只有皇室宗亲才可以封亲王，从这个角度看，不能不说车府署亦有为皇室服务的一些色彩。

（三）宗正寺对皇室宗亲的管理

在九寺中以宗正寺与皇室的关系最为密切，这一机构的设置完全是为皇室服务的。秦汉时期就已有了宗正，其后虽有宗伯、秩宗等名号变化，但万变不离其宗，宗正所掌的职事极少变化。唐代的宗正卿与其他诸卿一样，也是从三品，少卿为从四品上。自唐初以来，其下没有设置分支机构，玄宗开元二十五年（737），为了抬高道教的地位，才将管理道教的事务从尚书省礼部祠部司中分离出来，在宗正寺置崇玄署以管理之。

宗正寺的职能是管理皇室宗亲事务，所谓“掌皇九族、六亲之属籍，以别昭穆之序，纪亲疏之列”①。凡李姓皇室，不论地位高低，也不论与当今皇帝血缘亲疏如何，都在其管理的权限之内。李姓皇室凡生育子女，都要及时申报宗正寺，以便将其编入谱牒之中；凡皇室宗亲应封爵者，子孙应袭封者，都要由宗正寺编制成册，及时报送吏部司封司予以封授；凡举行大祭祀、册命、朝会之礼，皇室宗亲应陪位并参与者，也要由其造册分别亲疏，报送相关部门。

此外，太皇太后、皇太后、皇后的亲属由司封按照血缘关系的亲疏分为五等，编制成册，然后再送交宗正寺，此后这些皇亲的各种事务便由宗正寺管理了。至于崇玄署所掌管的事务与皇室并无关系，就不再叙述了。

---

①《唐六典》卷一六《宗正寺》，第465页。

（四）司农寺管理苑囿的职能

司农寺的渊源可以追溯到秦汉时期，最直接的源头是秦代的治粟内史，汉景帝改名为大农令，武帝又改为大司农，直到南朝梁才称之为司农卿。唐朝的司农寺仍置卿、少卿为正副长官，分别为从三品、从四品上。下辖有上林、太仓、钩盾、导官四署及诸仓监、司竹监、温泉监、京都苑四面监、京都苑总监、九成宫监、诸屯监等机构，其中上林署、温泉监、京都苑四面监、京都苑总监、九成宫监等署监，都与皇家事务有关，分别介绍如下：

上林署　“掌苑囿、园池之事……凡植果树蔬菜，以供朝会、祭祀；其尚食进御及诸司常料亦有差。凡冬季藏冰，先立春三日纳之冰井。”[①]上林署掌管的苑囿、园池实际上只限于长安地区，其他地区或者一些大的宫殿则有专门机构负责管理，下面还要涉及。

温泉监　设有监、丞各一人，下面诸监皆同。温泉监所管的是位于临潼骊山的温泉宫，这里是皇家专用的汤沐场所。《唐六典》卷一九《温泉汤》载：“若有防堰损坏，随时修筑之。凡王公已下，至于庶人，汤泉馆室有差，别其贵贱，而禁其逾越。凡近汤之地，润泽所及，瓜果之属先时而育者，必为之园畦，而课其树艺；成熟，则苞匭而进之，以荐陵庙。”可见温泉监不仅要管理好宫室、汤泉以备皇帝随时驾临，还要兼管此宫周边地区的各类事务，并负有向宫中、陵庙提供时鲜果蔬的责任。

京都苑四面监　这实际是四个机构的总称，分别掌管青城宫、明德宫、洛阳宫农圃监、洛阳宫食货监的事务，除了负责对这些地方的维护、修葺外，还要负责花木、水果及蔬菜的种植事务。唐初并没有这样的名号，唐高宗显庆二年（657），改青城宫监为东都苑北面监，明德宫监为东都苑南面监，洛阳宫农圃监为东都苑东面监，洛阳宫食货监为东都苑西面监，总称京都苑四面监，每监各置监一人、副监一人、丞二人。

---

① 《唐六典》卷一九《司农寺》，第526页。

京都苑总监　掌管上述机构管辖之外的在洛阳的皇家宫苑、园池之事，除了提供禽鱼果木之外，宫苑之内的各类人员的管理也在其职责范围之内。

九成宫监　九成宫原名仁寿宫，是隋文帝时兴建的皇家避暑行宫，唐太宗时修葺后改名九成宫，由于其远离长安，故置专官进行日常管理。九成宫的官员除了负责日常维护、修葺之外，与其他诸监不同的是，其还负责合炼并进贡药饵之事。

六、皇宫的宿卫机构

唐朝前期的中央宿卫机构有所谓十六卫，分别是左右卫、左右骁卫、左右武卫、左右威卫、左右领军卫、左右金吾卫、左右监门卫、左右千牛卫等。除左右监门卫、左右千牛卫外，其余十二卫皆分别领有府兵，是全国府兵的统领管理机关，均负有宿卫京城、皇城的职责。但是从宿卫宫廷的角度看，有着直接关系的还是左右金吾卫、左右监门卫与左右千牛卫。

（一）左右金吾卫

秦朝置有中尉，掌京师巡警。汉武帝时，改名为执金吾。曹魏时复称中尉，此后历代或置或废。隋朝置有左右武候府，炀帝时改为左右候卫。唐初沿袭隋制，至唐高宗龙朔二年，改名为左右金吾卫。

左右金吾卫各置有大将军一人，正三品；将军二人，从三品，为正副长官。唐德宗贞元二年（786），置增上将军各一人，从二品。在他们之下，各置有长史一人、录事参军一人、仓曹参军二人、兵曹参军二人、骑曹参军一人、胄曹参军一人、左右街使各一人。在诸曹参军之下，各置有府、史等吏职若干人。长史掌判诸曹，相当于内务总长。录事参军掌勾稽诸曹，负责内部的审计监察事务。其余诸曹的分工是：仓曹掌文职军官的勋考、俸禄、医药及过所，兵曹掌武官宿卫番第，骑曹掌马匹杂畜簿账，胄曹掌兵械与营缮。左右街使分察京师六街徼巡。

十六卫皆置有司阶（正六品上）、中候（正七品下）、司戈（正八品下）、执戟（正九品下），各若干人，号称四色官。

左右金吾卫共掌管五十一个军府，其中：内府一个，即翊府一；外府五十个，外府即折冲府。内府置于京师，其长官称中郎将（正四品下），置左右郎将各一人（正五品上），因而也称为中郎将府。其下置有录事一人、兵曹参军一人、府一人、史二人、校尉五人、旅帅十人、队正二十人、副队正二十人。其中校尉、旅帅、队正、副队正等皆为一级领兵军官，分别是团（三百人）、旅（一百人）、队（五十人）等军队编制的统兵军官。

左右金吾卫的主要职能是“掌宫中及京城昼夜巡警之法，以执御非违”①。具体而言，主要有以下方面的职能：

第一，宫中巡警及充当仗卫。金吾卫负有在宫中昼夜巡警之责，由金吾大将军或将军轮值率卫士在宫中巡察，通常只能步行，不许骑马。正因为如此，宫中有其常设机构，称为仗舍，也称为金吾仗院，是其在宫中的驻兵及办公场所。分为左右两院，其中左金吾仗院位于大明宫含元殿之东，右金吾仗院位于其西面。由于其位于大明宫正殿——含元殿的前面，是官员待罪之处，因此仗院也时常临时关押罪犯。金吾仗院其侧有门，曰侧门，是诸王退朝的候止之处，也是都督、刺史及御史出使时的候对之处。唐朝规定，宫门黄昏而闭，次日五更开启。唐肃宗至德年间（756—758），有一名吐蕃罪犯从金吾仗院逃跑，为了搜查罪犯，宫门很晚才开，致使上朝的百官无处容身，“宰相待漏于太仆寺车坊”。因为金吾仗院位于含元殿之前，大明宫建福门与望仙门之内，宫门不开，百官自然无处容身。于是在唐宪宗元和二年（807，一说三年），始置百官待漏院于建福门外，作为百官上朝时等待宫门开启的场所。

唐制，凡举行朝会，由三卫卫士分为五仗，皆全副武装，列于东

---

① 《唐六典》卷二五《左右金吾卫》，第638页。

西廊下，又置内仗，立内廊阁门外，共四十六人，“以左右金吾将军当上，中郎将一人押之”。在朝堂置左右引驾卫士六十人，由左右金吾大将军各一人押之，“号曰押引驾官”[1]。正因为金吾卫具有这样的特殊地位，所以有金吾将军自称是“天子押衙”[2]。金吾仗卫不仅仅是皇帝仪仗的组成部分，在朝会时凡皇帝欲逮捕有罪官员时，往往也命金吾将军执行。至于金吾将士在京城中执行皇命，抓捕有罪官员的事例更是比比皆是。

第二，维护京师治安，捕捉盗贼。由于金吾卫负责长安城内的巡警，所以其廨署及营地也设在长安城中，其中左金吾卫位于皇城东面的永兴坊内，右金吾卫位于皇城西面的布政坊内。具体而言，负责京师治安的是左右街使，《新唐书·百官志四上》载：“左右街使，掌分察六街徼巡。凡城门坊角，有武候铺，卫士、彍骑分守，大城门百人，大铺三十人，小城门二十人，小铺五人，日暮，鼓八百声而门闭；乙夜，街使以骑卒循行叫呼，武官暗探；五更二点，鼓自内发，诸街鼓承振，坊市门皆启，鼓三千挝，辨色而止。”金吾卫所属的翊府中郎将，“掌领府属，督京城左右六街铺巡警，以果毅二人助巡探”[3]，也负有巡警之责。唐制，发生在街衢的案件，由左右街使负责；发生在坊内的案件，则由左右巡使负责。金吾卫捕获的贼徒，按规定不送京兆府而必须送交大理寺审理。除此之外，左右街使还要负责长安城的树木养护及绿化之事，如大和九年（835）敕：“诸街添补树，并委左右街使栽种，价折领于京兆府。”[4]在唐代，百官上朝照例没有卫士保护，但自从宰相武元衡遇刺身亡后，从元和十年（815）起，由金吾街使派兵护送宰相上朝，至大明宫建福门而止。直到大和九年因甘露之变爆发，才罢去了这一规定。

第三，纠察京师非违及百官举止。早在隋炀帝统治时期，就在金

① 《新唐书》卷二三《仪卫志上》，第482页。

② 《旧唐书》卷九五《惠文太子范传》，第3017页。

③ 《新唐书》卷四九《百官志四上》，第1285页。

④ 《唐会要》卷八六《街巷》，第1868页。

吾卫的前身左、右候卫各增置察非掾二人，“专纠弹之事”。唐朝虽然没有再在金吾卫设置这样的专职官员，然这一职能却保留下来了。如唐德宗时，对朝官监视颇严，李则之任左金吾大将军时，“又希旨伺察苛细以闻，人皆畏之”[①]。“中朝士相过，金吾辄飞启，宰相至阖门谢宾客。”[②]以至于宪宗时的宰相裴度为了与朝官商议政事，竟要先报告皇帝后，才敢在家中召见群僚。除了对官员的监视外，凡发生在京城中的其他非违之事，不论僧俗胡汉，皆在其纠察范围之列。

第四，掌管登闻鼓并接受百姓冤状。唐朝在宫门置有登闻鼓，百姓有冤或有告密者，可以直接至宫门，击登闻鼓告御状。登闻鼓由金吾将军管理，并且规定：“其击登闻鼓者，金吾将军收状为进，不得辄有损伤，亦不须令人遮拥禁止。”[③]如有告密者，可以状投匦而进，唐朝专门置有理匦使负责此事。对告密人则规定由金吾卫收留在仗院之中，等待皇帝处理。由于金吾卫掌京师巡警，所以百姓有冤往往向其申诉，如李惟简任左金吾大将军时，“长上万国俊夺兴平民田，吏畏不敢治，至是诉于（李）惟简，即日废国俊，以地与民”[④]。皇帝出巡时，由金吾将军率引驾卫士清道，因此规定：“在路有称冤苦，州县不能疏决者，委御史、金吾收状为进。”[⑤]

正是由于左右金吾卫负有如此重要的使命，即使在唐后期南衙诸卫无兵可掌而成为空架子的情况下，金吾卫仍握有一定的兵力。比如唐肃宗时期组成的左右威远营，后来隶属于鸿胪寺，建中元年（780）转隶于左右金吾卫，至元和二年（807），为了充实其兵力，又将英武军并入左右威远营。因此，唐人常说：“而环卫之职，金吾尤重。”[⑥]皇帝也称金

---

① 《册府元龟》卷六二八《环卫部·奸佞》，第7259页。

② 《新唐书》卷一七三《裴度传》，第5210页。

③ 《全唐文》卷四七唐代宗《求言诏》，第524—525页。

④ 《新唐书》卷二一一《李宝臣传附李惟简传》，第5951页。

⑤ 《全唐文》卷二五四苏颋《幸新丰及同州敕》，第2573页。

⑥ 《全唐文》卷三〇九孙逖《授王斛斯守左金吾卫大将军兼范阳大都督府长史制》，第3137页。

吾卫将士是："昼巡周卫，夜警岩廊，既曰爪牙，实称心腹。"[①]可见对之重视程度。

（二）左右监门卫

汉、魏时期有城门校尉之职；隋朝设置有左右监门府；唐沿隋制，龙朔二年改为左右监门卫。

左右监门卫各置大将军一人、将军二人，为正、副长官，有中郎将各四人，长史、录事参军、兵曹参军、胄曹参军等各一人，这些官员的品阶及职能与金吾卫相同，其下有府、史、掌固、亭长等吏职若干人。低级军职有监门校尉二百二十人、直长六百二十人、长人长上二十人、直长长上二十人。贞元二年（786），增置上将军各一人。

左右监门卫的职责是"掌诸门禁卫门籍之法"[②]。唐朝规定：在京各部门凡能入宫者，都由本部门将需要入宫的文武九品以上官员的官爵、姓名等情况编造成册，每月送达于监门卫一次。如果有吏职或者其他各类人员需要出入宫禁者，也要由其所在部门将其身份、年纪、相貌等编成文书，送交监门卫，监门卫检验核实后，方能进入宫门，这一套文书称之为门籍。如果是财物出入宫门时，要求编造成册，并制成正副本，将一本送达监门将军掌管，出入宫时，要先经监门将军审核批准（判），然后持判及物由守门将士检验核实后方能出入。唐朝还规定左监门将军掌管入宫事务，右监门将军主持出宫事务，其门籍一月一换。无论宫门还是城门皆左入右出，监门卫官员检查巡视时皆从便门出入，互不相扰。皇帝出巡时，仍由监门卫按照这一套制度执行，于"牙门"监守。中郎将的职责是监察诸门，并不直接掌管门司。

从国库内领取钱物，先要勘验木契（凭证），然后要编造成文书，写明所领钱物名目及数量、领取人姓名，加盖左藏署印后送交监门卫，经其检查核实后，方能出城门。

举行朝会时，百官入宫后，御史台官员传点毕，由监察御史领百官

① 《全唐文》卷一七唐中宗《赐成王千里衣物敕》，第203页。

② 《唐六典》卷二五《左右监门卫》，第640页。

入内门，站立两阶，监门校尉二人手执门籍，曰“唱籍”，点名时，百官喊“在”。点验完毕后，才可入门。

关于唐代的门籍，宋元之际著名史家胡三省说：“唐制：门籍，流内记官爵、姓名，流外记年齿、状貌。月一易其籍，非迁解不除。无门籍者，有急奏，则令门司与仗家引奏。”何谓“仗家”？胡三省说：“宿卫五仗之执事者。”①

除了门籍之外，如果在非正常情况下出入诸门还要有所凭据，唐中宗景龙元年（707）十月敕：“宫殿门、宫城皇城门、京城门、禁苑门，左右内外各给交鱼符一合，巡鱼符一合；左厢给开门鱼一合，右厢给闭门鱼一合；左符付监门掌，交番巡察，每夜并非时开闭，则用之。”②唐代的鱼符分为左右符，必须两符勘合方可作为凭据使用，其中左符由监门卫掌管，右符由出入诸门者持有，作为夜晚和非正常情况下出入诸门的凭据。

唐朝自玄宗以来，宦官势力膨胀，高级宦官多兼任监门卫大将军或将军，遂使掌管诸门之事逐渐由宦官控制。唐朝后期，尤其是宫苑诸门，在通常情况下皆由宦官掌管。

（三）左右千牛卫

千牛卫的得名，来自《庄子》中的一则故事，即“庖丁为文惠君解牛十九年，所割者数千牛，而刀刃若新发于硎石”。南朝刘宋时，皇帝的防身刀，就称为千牛刀，取其锋利之意。北魏时将皇帝的侍卫军官称为千牛备身。北齐设置有领左右府，其领左右将军统率千牛备身，也是皇帝的侍卫。隋朝置有左、右领左右府，是皇帝的侍卫机构，以大将军、将军为长官，掌领侍卫皇帝左右及供御兵仗。唐朝建立后，改为左、右千牛府；显庆元年（656），改为左、右千牛卫；龙朔二年，改为左、右奉宸卫；咸亨元年复为左、右千牛卫。

唐代左、右千牛卫各置大将军一人、将军一人为正、副长官。贞元二

① 《资治通鉴》卷二二四，唐代宗大历元年二月胡三省注，第7189页。

② 《册府元龟》卷六〇《帝王部·立制度》，第636页。

年，增置上将军各一人，位在大将军之上。其下有中郎将各二人、长史一人、录事参军一人、兵曹参军一人、胄曹参军一人，以上官员品阶与职能同于金吾卫。其下有府、史、掌固、亭长等吏职若干。此外，还有千牛备身各十二人、备身左右十二人、备身一百人、主仗一百五十人。

左、右千牛卫的主要职能是“掌宫殿侍卫及供御之仪仗”①。皇帝坐朝之时，由千牛大将军、将军率领千牛备身、备身左右执御刀，升殿侍列于御座两旁；如果皇帝亲射于射宫，大将军、将军率领其下属执弓箭、御刀侍从左右；“凡御仗之物二百一十有九，羽仪之物三百，自千牛以下分掌之”②。唐制，凡皇帝坐朝之时，千牛卫的将士严禁在皇帝面前横过，禁止与左右之人私语，禁止招物或摇头示意，如果违反将受到严厉处罚。皇帝有口头宣召时，由通事舍人传诏，如果距离较远，则由千牛卫中郎将宣于阶下。

从制度上看，左右千牛卫应是皇帝的侍卫机构，因此对其所属将士选择颇严，除了大将军、将军、中郎将等高级武官由皇帝亲自选任外，其下属的千牛备身、备身左右等军官，多从王公贵族子弟中选拔。唐制“凡千牛备身左右及太子千牛备身，皆取三品已上职事官子孙，四品清官子，仪容端正，武艺可称者充”。这里所谓的四品清官“谓诸司侍郎、左右庶子也”③。实际上这是公卿贵族子弟入仕的途径之一，是唐朝门荫制度的一部分。正因为如此，所谓“武艺可称者”的选拔标准，往往成为一种具文，如契苾明八岁即授左千牛，试想八岁的儿童谈何武艺可称？《旧唐书·职官志一》亦载：千牛备身左右，“卫官已上、王公已下高品子孙起家为之”。所谓“起家”，即释褐入仕，包括高级宦官子弟亦可据此入仕。《资治通鉴》卷二四六记载了这样一件事：“开府仪同三司、左卫上将军兼内谒者监仇士良请以开府荫其子为千牛。给事中李中敏判曰：‘开府阶诚宜荫子，谒者监何由有儿？’士良惭恚。”因为开府仪同三司为从一品，左卫上将军为从二品，故可荫子，而内谒

① 《唐六典》卷二五《左右千牛卫》，第641页。

② 《新唐书》四九上《百官志四上》，第1287页。

③ 《旧唐书》卷四三《职官志二》，第1833页。

者监则是宦官职务，宦官无生育能力，故李中敏才说：“谒者监何由有儿？”其实唐朝政府是承认宦官收养子女的合法性，这事实际上反映了士大夫对宦官阶层的一种歧视排斥态度。正因为如此，在唐后期千牛卫虽然没有明令废除，但作为皇帝的侍卫机构更多地只具有象征意义，仅成为帝王仪仗的组成部分，而皇帝的侍卫则另有军队承担。

（四）从左右屯营说起

左右屯营是唐朝初期的禁军部队，他们是参加唐高祖太原起兵的基本部队。攻入长安，建立唐朝后，大部分都被遣散归农，有三万余人不愿归农，自愿留在长安宿卫京师。于是唐高祖便把渭河以北、白渠两旁的无主土地分配给他们耕种。他们平时驻扎在长安城北禁苑之内，号称“元从禁军”。唐太宗李世民发动玄武门之变时，这支部队也参与其中。《旧唐书·敬君弘传》载：“武德中，为骠骑将军，……掌屯营兵于玄武门”，在战斗中力战而死。这里所说的“屯营兵”便是指这支元从禁军。这支军队中原有的军士年老之后，便由其子弟顶替入伍，故又号为“父子军”。

贞观十二年，唐太宗正式组建左右屯营，军号为“飞骑”，仍驻扎在玄武门，以诸卫将军为统兵将领。这支军队与南衙十二卫的宿卫军队不同，属于北衙系统，从而初步形成了南北衙相互牵制以维持平衡的军事体制。这支军队的军士选拔颇严，要求取“长六尺阔壮者，试弓马四次上、翘关举五、负米五斛行三十步者”[①]。既要求身长六尺以上、身强力壮者，又要通过数次弓马考试、能翘关五次、背负五斛米行走三十步，才可以入选。

早在贞观初年，太宗就从元从禁军中选拔了一批善骑射的军士，号称“百骑”，并亲自进行校阅训练。命他们分两番在北门（即玄武门）宿卫，皇帝外出狩猎时，便带着这支部队，实际上成了皇帝的亲信卫队。左右屯营组成后，太宗又从中选拔善于骑射者，充实到百骑中，

---

① 《新唐书》卷五〇《兵志》，第1331页。

“衣五色袍，乘六闲驳马，虎皮鞯，为游幸翊卫”[①]。另据《新唐书·姜行本传》载：“太宗选趫才，衣五色袍，乘六闲马，直屯营，宿卫仗内，号曰‘飞骑’，每出幸，即以从。”从“宿卫仗内”“每出幸，即以从”等语看，这支部队不仅在皇帝外出时从行，而且还宿卫宫中，应该是皇帝的贴身卫队。这里之所以仍称为“飞骑”，是因为百骑在建制上隶属于左右屯营，左右屯营的军号为“飞骑”，故也可以称其为“飞骑”。

后来这支部队还有所扩大，具体经过如下：唐高宗龙朔二年，改左右屯营为左右羽林军，仍然为天子禁军。从建制上看，百骑仍隶属于羽林军。武则天永昌元年（689）十月，改百骑为千骑，说明其兵力有所加强，仍屯驻于玄武门。唐中宗景龙元年七月，太子李重俊与左羽林大将军李多祚等私调千骑诛杀武三思后，又欲诛杀韦皇后等人，唐中宗对千骑说：“汝辈皆朕宿卫之士，何为从多祚反！苟能斩反者，勿患不富贵。”[②]于是千骑倒戈，杀死了李多祚等人。从中宗称其为“宿卫之士”看，这支军队的性质仍然未变。大约是因为千骑在迅速平息这次政变中有功，同年九月，遂改千骑为万骑，分为左、右营，进一步充实了兵力。需要说明的是，左右万骑营的兵力虽然进一步加强，但在建制上仍隶属于左、右羽林军，还不算是独立建制的军队，只不过是北衙禁军中一支专门宿卫宫室的军队而已。这支军队后来的变化情况，将在以后的相关章节论述。

七、东宫机构及职官设置

（一）三太、三少与宾客

因为皇太子是储君，即未来的皇帝，所以东宫的官属机构基本模仿中央的三省六部、卿监百司等机构而设，只是在规模和官员的人数上有

① 《新唐书》卷五〇《兵志》，第1331页。

② 《资治通鉴》卷二〇八，唐中宗景龙元年七月，第6612页。

所压缩而已。

所谓三太，即太子太师、太子太傅、太子太保，各置一人，从一品；三少指太子少师、太子少傅、太子少保，各一人，正二品。他们都是太子的辅导之官，即太子的老师，负责教导太子。唐朝规定三太、三少不一定全设，有合适的人选则设之，无则缺之。唐置太子宾客四人，正三品。此官源于汉代，汉高祖欲废太子，皇后吕氏采用张良的建议，聘请商山四皓为宾客，辅佐太子。后世或置或废。太子宾客的职能是侍从规谏，赞相礼仪。

以上官职无具体职掌，实际上都是闲散之职，由于其品位崇高，通常作为安置罢去权位后的权臣或勋臣的职位。

（二）詹事府

詹事府仿中央尚书省而置。唐高宗龙朔二年改名为端尹府，咸亨元年复旧；武则天天授（690—692）中改名为宫尹府，神龙元年（705）复旧。

詹事府置詹事一人（正三品），少詹事一人（正四品上），为正副长官。其职能是“统东宫三寺、十率府之政令，举其纲纪，而修其职务”[①]。其下置有丞二人，正六品上，掌判府事，凡皇帝的敕令及尚书省、左右春坊的符颁于东宫各机构者，皆要经过丞之手颁下；如果东宫各机构有事需要申报朝廷诸司者，也要通过丞才能发出。从其职能来看，相当于詹事府的办公厅。主簿一人，从七品上，掌印及勾检稽失，即纠正非违、检查公事失错及是否按时完成工作。其下置有录事二人，正九品下，掌受事发辰，即负责登记官员接受工作的日期，以便检查其完成情况。太子司直二人，正七品上，掌弹劾宫僚、纠举职事，相当于中央的御史之职。凡东宫诸官朝见太子时，由司直分知东、西班，即检查朝见太子的礼仪及是否有人无故缺席。平时要对东宫诸司包括十率府的官员进行监察，发现失错，随时纠弹。太子出行时，司直要深入卤簿纠察，即检查仪仗情况。

---

① 《唐六典》卷二六《太子詹事府》，第662页。

（三）左、右春坊

左、右春坊仿中央的中书省、门下省而置。唐初有门下坊、典书坊，龙朔二年改为左、右春坊，咸亨元年复旧。景云元年（710）又改为左、右春坊。

左春坊置左庶子二人，正四品上。其下置有太子中允二人，正五品下；司议郎四人，正六品上；左谕德一人，正四品下；左赞善大夫五人，正五品上。其下还置有录事、主事、令史、书令史等各类官吏。

左庶子为其长官，掌侍从太子，赞相礼仪，驳正启奏等事；中允为其副职；司议郎掌侍从规谏，驳正启奏，相当于门下省给事中的职能；左谕德掌侍从太子出入，谕太子以道德；左赞善大夫掌翊赞太子以道德，太子行为凡不符合德义者，则以古今成败之事规劝。左谕德与左赞善大夫相当于中央的散骑常侍和谏议大夫。

右春坊置右庶子二人，正四品下。其下置有太子中舍人二人，正五品下；太子舍人四人，正六品上；右谕德一人，正四品下；右赞善大夫五人，正五品上；太子通事舍人八人，正七品下。

右庶子与中舍人为右春坊的正副长官，掌侍从献纳启奏，相当于中央的中书令和中书侍郎。太子舍人“掌侍从，行令书、令旨及表、启之事”[①]，即负责太子令和表、启的起草及发布等事，相当于中央的中书舍人。太子通事舍人掌引宫臣辞见和劳问，相当于中央的通事舍人。右谕德与右赞善大夫的职能同左春坊，就不再复述了。

此外，左春坊下属有崇文馆、司经局、典膳局、药藏局、内直局、典设局、宫门局等机构，简介如下：

崇文馆仿中央的门下省所属的弘文馆而置。有学士二人，掌刊正图书经籍、教授学生；校书郎二人，正九品下，掌校勘书籍。

司经局仿中央秘书省而置，掌东宫图籍。有洗马二人，从五品下，为其长官。其下有文学三人，正六品下，掌撰写文章，缮写经籍，供给笔墨；校书四人（正九品下），正字二人（从九品上），皆掌图书校理

① 《唐六典》卷二六《太子右春坊》，第671页。

刊正之事。

典膳局仿中央尚食局而置，掌进膳尝食之事。置典膳郎二人，正六品上；丞二人，正八品上。

药藏局仿中央尚药局而置，掌医药诊治。置药藏郎二人，正六品上；丞二人，正八品上。

内直局仿中央尚衣局、尚辇局等机构而置，掌服饰、伞扇、符玺等事。置有内直郎二人，正六品下；丞二人，正八品下。

典设局仿中央尚舍局而置，掌汤沐、铺设、洒扫等事。置典设郎四人，从六品下。

宫门局仿城门郎而置，掌东宫诸门管钥等事。置宫门郎二人，从六品下；丞二人，正八品下。

（四）三寺

三寺指家令寺、率更寺与仆寺，仿中央九寺之制而置。龙朔二年分别改为宫府寺、司更寺、驭仆寺，咸亨元年复旧。

家令寺仿中央的光禄、司农、太府三寺而置。置家令一人，从四品上。其下有丞二人，从七品上；主簿一人，正九品下。家令寺掌东宫饮食、仓储等事，总辖食官署、典仓署、司藏署，各置有令、丞等官，分别为从八品下和从九品下。食官署掌饮食酒醴，典仓署掌衣粮、器皿出纳，司藏署掌财货出纳与营缮。

率更寺仿中央的宗正、太常、大理三寺而置。置令一人，从四品上。其下有丞一人，从七品上；主簿一人，正九品下。率更寺掌宗族次序、礼乐、刑罚及漏刻等事，凡太子参加的各种典礼，皆由其掌管礼仪，并为太子导引。

仆寺仿中央的太仆、卫尉、鸿胪三寺及殿中省尚乘局而置。置仆一人，从四品上。其下有丞一人，从七品上；主簿一人，正九品下。仆寺掌东宫车舆、乘骑、仪仗、丧葬等事，下辖厩牧署，有令、丞，分别为从八品下和从九品下，掌车乘马牧之事。

（五）十率府

东宫十率府仿中央的十六卫而置。分别是左右卫率府、左右司御率府、左右清道率府、左右监门率府、左右内率府，各有率一人（正四品上），副率各一至二人（从四品上）。其下各置有长史一人，正七品上；录事参军各一人，从八品上；仓曹参军各一人，从八品下；兵曹参军各一人，从八品下；胄曹参军各一人，从八品下。长史总判诸曹，大事请示率，小事专决。录事参军及诸曹参军的职能同于十六卫，这里就不赘述了。此外，十率府各置有司阶一人、中候二人、司戈二人、执戟三人，分别为从六品上、从七品下、从八品下、从九品下，仍然称为“四色官”。

此外，左右卫率府统领有亲府、勋府、翊府各一个，外府即折冲府五个；左右司御率府与左右清道率府各领有外府三个，不领内府；其余率府皆不领军府。

亲府、勋府、翊府各置有中郎将一人，从四品上；左右郎将各一人，正五品下。中郎将与郎将各率本府之校尉、旅帅等军官，宿卫东宫。如果有大朝会及太子出入，则率其将士侍卫太子。

在十率府中，左右清道率府仿中央的左右金吾卫而置，掌东宫内外昼夜巡警之法。左右监门率府仿中央的左右监门卫而置，其职能大体上也与监门卫相似，掌率其将士掌管东宫诸门禁卫及门籍之法等。左右内率府仿中央的左右千牛卫设置，掌率东宫千牛、备身侍卫太子，并掌管兵仗、器物。

在唐朝前期，东宫十率府有兵可掌。自从府兵制崩溃后，十率府与南衙诸卫一样，也基本成了闲散机构，虽然没有明令罢废，但已没有具体职事可掌。尤其是唐朝中期以来，太子不居于东宫，不仅十率府成为闲司，就连东宫其他机构也基本成为闲司，东宫系统的职官逐渐成了官员的迁转之阶，或者用来安置闲散官员。

八、太子内官

唐沿隋制，太子东宫亦有内官，其机构与职能仿六尚而置，只是规模及人数不及此而已，有三司、三掌之制，均由女官充任。

司闺　从六品，掌导引太子妃及东宫宫人名簿，总辖掌正、掌书、掌筵。

掌正，从八品，掌文书出入并内宫管钥，兼管对宫中女官、宫人的责罚纠察之事。

掌书，从八品，掌印及符契、图籍、传宣、启奏、纸笔及宫人的廪赐之事。

掌筵，从八品，掌帷幄、床褥、几案、伞扇、洒扫、铺设及宾客等事。

司则　从六品，掌礼仪参见，总辖掌严、掌缝、掌藏。

掌严，从八品，掌首饰、衣服、巾栉、沐浴、器玩、仗卫等事。

掌缝，从八品，掌裁缝衣服等事。

掌藏，从八品，掌金玉、珠宝、财货、锦缯、缣采等的出纳。

司馔　从六品，掌膳馐，凡向太子及太子妃进食，由其先尝，总辖掌食、掌医、掌园。

掌食，从八品，掌膳馐、酒醴、灯烛、柴炭及宫人的食料与器皿。

掌医，从八品，掌医药、伎乐等事。

掌园，从八品，掌东宫园苑及果蔬种植等事。

第五节　宫苑建筑

唐长安城中有三组宫殿群，即西内太极宫、东内大明宫、南内兴庆宫，其中兴庆宫建成较晚，这里暂不涉及，容后介绍。唐朝前期还在长安、洛阳之外建有不少离宫别馆，其中有些比较重要，许多重要的历史事件都发生在这些宫馆，所以有必要简要地予以介绍。

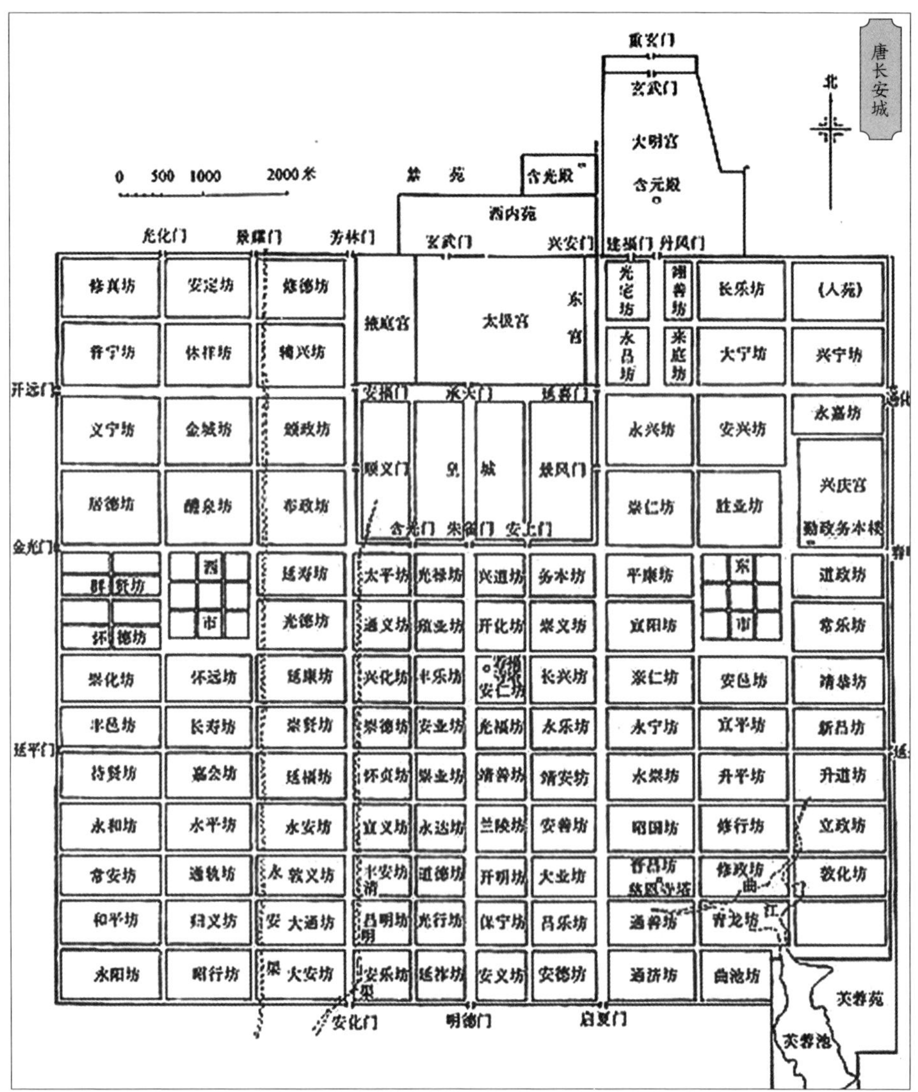

一、太极宫

西内太极宫，是隋文帝时期兴建大兴城时修建的一组庞大的宫殿群，当时称之为大兴宫。唐朝建立后，改大兴城为长安城，改大兴宫为太极宫，成为唐王朝的政治中心。为了更清楚地介绍太极宫，有必要将长安城的基本布局做一介绍：唐长安城分为三大部分，即宫城、皇城和外郭城。宫城除了太极宫外，还包括掖庭宫和东宫，前者位于太极宫的西面，后者位于太极宫的东面，分别为妃嫔与太子居住的地方。宫城位于长安城的最北面，背靠长安城外的一条从西向东的高坡——龙首原，宫城的南面便是皇城。皇城是唐朝政府各机关的所在地，是唐王朝的行政中心。皇城之外便是外郭城，坊、市都在外郭城。无论外郭城还是皇城、宫城，都有夯土城墙，十分高大雄伟。

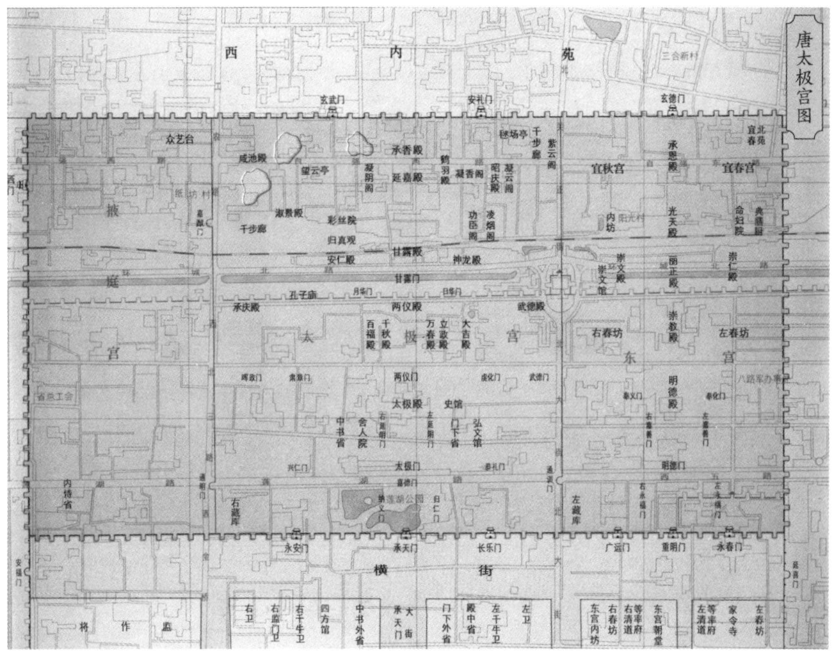

据考古实测，太极宫东西长2820.3米，南北长1492.1米，南面有5个大门，正中的门叫承天门（位于今西安市莲湖公园南墙），门外与皇城之间的东西横街宽三百余步，是长安城最宽的街道，这里实际是一个广场。承天门是举行“外朝”的地方，每逢国家大典，如改元、大赦、元日和冬至大朝会以及阅兵、受俘等，皇帝均登承天门举行大典。太极宫的前殿名叫太极殿，是举行“中朝”的地方，每月的朔望朝都在这里举行。太极殿北边的两仪殿，是举行“内朝”的地方，“常日听朝而视事焉”[①]。

① 《唐六典》卷七《尚书工部》，第217页。

包括这两殿在内，太极宫共有十六座大殿，位于中轴线上的，除了这两座大殿外，还有甘露殿、延嘉殿。这四座大殿两侧有武德殿、承庆殿、安仁殿、昭庆殿等大量建筑群。著名的陈列功臣画像的凌烟阁，也在太极宫内。太极宫北面有玄武门，这里驻有保护皇宫的重兵，玄武门之变就是在这里发生的。

出了玄武门便是西内苑，有苑墙环绕，并驻有禁军，从北面保卫宫城的安全。承天门大街两侧的皇城，在北面没有城墙，而宫城南面却有高大的城墙。站在宫城城墙上，可以居高临下俯瞰皇城中的一切，宽阔的承天门东西横街实际就是一片开阔地，南北宽度超过了一箭之遥，这种设计对保证宫城南面的安全有着重要的意义。

唐长安城的这种建筑布局形成了城中城的格局，太极宫所处位置既体现了皇帝至高无上的地位，又有利于保障安全，这种建筑格局对后世各代京城的规划产生了深远的影响。

二、大明宫

大明宫本来是唐太宗李世民在贞观八年为其父李渊修建的一处避暑的宫殿，当时称之为永安宫，还没有完全建成，李渊便死去了。其位置在长安城北的龙首原上，即长安城东北角的禁苑之内，其南墙即外郭城的北墙，就像长安城突然长出了一个头一样。龙朔二年，唐高宗又对大明宫进行了大规模的扩建，次年高宗便搬到大明宫居住和处理朝政。自此以后，除了唐玄宗外，唐朝的历代皇帝都居住在这里，遂使大唐帝国的政治中心由太极宫转移到了大明宫。

大明宫位于今西安火车站北部偏东一千米多的龙首原上。实测宫城西墙长2256米，北墙长1135米，南墙长1674米，东墙长2614米，整体略呈楔形。大明宫南墙即外郭城北墙的一段，与太极宫一样设有五个城门，中间的正门叫丹凤门，丹凤门大街宽一百二十步。丹凤门与承天门相似，凡改元、大赦、献俘等重大活动，皇帝都要驾御丹凤门城楼主持。

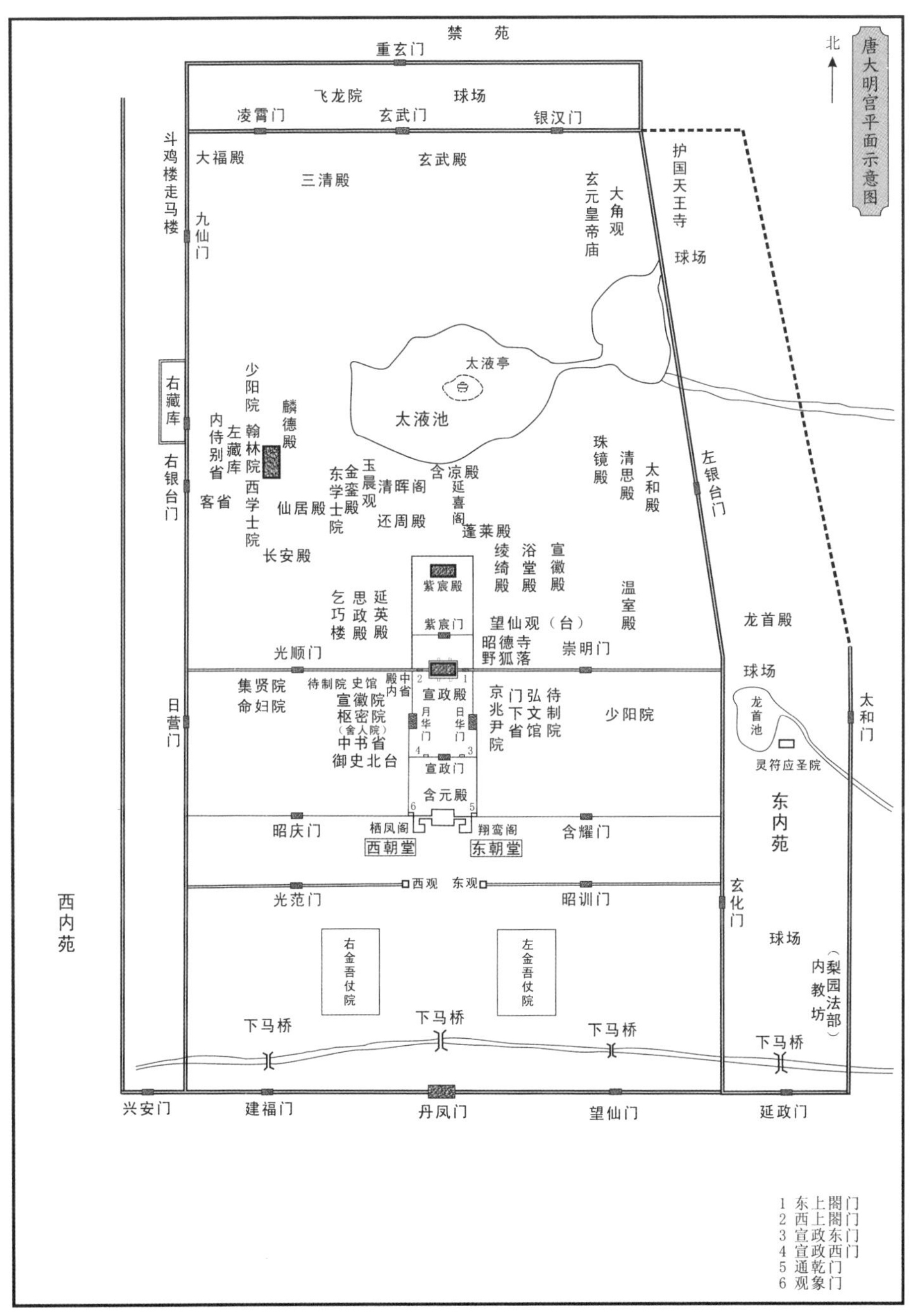
唐大明宫平面示意图
北
禁　苑
重玄门
飞龙院
球场
凌霄门
玄武门
银汉门
斗鸡楼走马楼
大福殿
玄武殿
三清殿
护国天王寺
玄元皇帝庙
大角观
九仙门
球场
太液亭
太液池
右藏库
少阳院
麟德殿
内侍别省
左藏库
翰林院
西学士院
客省
右银台门
珠镜殿
清思殿
太和殿
左银台门
东学士院
金銮殿
玉晨观
清晖阁
含凉殿
延喜阁
仙居殿
还周殿
蓬莱殿
长安殿
绫绮殿
浴堂殿
宣徽殿
紫宸殿
乞巧楼
思政殿
延英殿
温室殿
紫宸门
望仙观（台）
龙首殿
光顺门
昭德寺
野狐落
崇明门
球场
集贤院
命妇院
待制院
史馆
殿内省
中书省
宣政殿
日营门
宣徽院
枢密院
（舍人院）
中书省
御史北台
月华门
日华门
京兆尹院
门下省
弘文馆
待制院
少阳院
龙首池
灵符应圣院
太和门
宣政门
含元殿
东内苑
昭庆门
栖凤阁
翔鸾阁
含耀门
西朝堂
东朝堂
西观
东观
玄化门
光范门
昭训门
西内苑
右金吾仗院
左金吾仗院
球场
内教坊
（梨园法部）
下马桥
下马桥
下马桥
下马桥
兴安门
建福门
丹凤门
望仙门
延政门
1 东上阁门
2 西上阁门
3 宣政东门
4 宣政西门
5 通乾门
6 观象门

丹凤门遗址

含元殿遗址保护现状

大明宫的正殿是含元殿，它与丹凤门及宣政殿、紫宸殿等大殿处在大明宫的中轴线上，构成了大明宫主体建筑。含元殿前东西两侧有翔鸾、栖凤二阁，据考古实测，含元殿夯土台基高3米余，东西长75.9米，南北宽42.3米，左右两侧有形成斜坡台阶的龙尾道由平地直通大殿。含元殿是举行外朝的场所，也是当时唐长安城内最宏伟的建筑，非常壮丽，站在含元殿前，终南山清晰可见，长安街市近在眼前。如今地面建筑物虽然荡然无存，但站在其宫殿遗址上仍可体会到当时登高望远那种视野开阔的感觉。

今复原之唐大明宫含元殿

含元殿后的宣政殿是皇帝举行中朝的场所，其后面的紫宸殿是举行内朝的场所。紫宸殿西北面的延英殿，是皇帝召见宰相议政的场所，并形成了“延英召对”制度，在唐朝中后期的政治生活中处于越来越重要的地位。

著名的麟德殿建筑群始建于唐高宗麟德年间（664—665），前、中、后三殿相连，故又称“三殿”。以中殿为主殿，并有回廊相绕，与东、西亭和郁仪、结邻楼对称，开创了我国古代建筑艺术的新风格。考古实测殿基遗址东西宽七十余米，南北长一百三十米，规模非常之大。这里是皇帝召见外国使者、举办三教讲论、举行盛大宴会以及表演角抵和击鞠的场所。

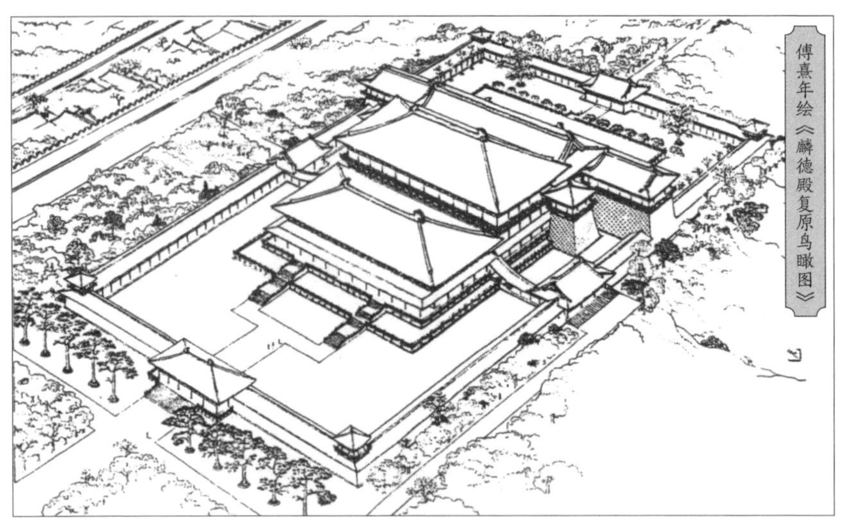

傅熹年绘《麟德殿复原鸟瞰图》

三、离宫别馆

唐朝的皇帝与其他王朝的帝王一样，也在各地修建了不少的离宫别馆，主要集中在长安、洛阳周围。这些离宫规模大小不一，有的是在前朝离宫的基础上改建的，有的是在李氏家族旧宅的基础上扩建的，当然也新建了一部分。详情如下：

龙跃宫　位于今陕西省西安市高陵区西李观周村。这里是唐高祖李渊的父亲李昞的旧宅，也是李渊的出生地，故李渊于武德六年，将其改名为龙跃宫。武德七年和武德八年（625），李渊两次驾临龙跃宫。唐德宗改观内为修真观，观内供奉有唐高祖真容，后梁时罢废。

庆善宫　位于今陕西省武功县南九千米处渭水岸边，由于渭河水流的冲刷，故址早已被冲毁成为河床了。据《长安志》记载，唐高祖李渊在武功共有三处住宅，只有庆善宫既是高祖旧宅又是太宗出生之处，所以在武德元年称为武功宫，六年改名为庆善宫，其他两处后均改为佛寺，即乘本寺与宝意寺。武德七年，唐高祖驾临庆善宫，一共住了六天。唐太宗即位后，于贞观六年（632）率领文武百官驾临庆善宫，大宴群臣与故老。太宗即席赋诗，命起居郎吕才配乐，取名为《功成庆善乐》，又命六十四名童子起舞，以歌颂太宗的功德。此后，太宗还数次驾临过庆善宫，并对其进行了扩建。后来太宗为了纪念其母亲，改庆善宫为慈德寺，具体时间不详。

通义宫　位于唐长安城朱雀西街之西的通义坊。这里原本是李渊在长安的旧宅，武德六年改名为通义宫。贞观元年，太宗下诏将其改为尼寺。

九成宫　位于今陕西省麟游县新城区。根据记载，唐九成宫原为隋仁寿宫，建于开皇十三年（593），由宰相杨素监建。由于仁寿宫地处山区，道路崎岖且工程巨大，成千上万的民工劳累而死，隋文帝非常生气。但由于独孤皇后十分喜爱这座离宫，隋文帝不仅没有处罚杨素，反而赏赐其大量钱财。隋文帝很快也被仁寿宫的华美建筑、秀丽景色所征服，甚至将年号“开皇”改为“仁寿”。仁寿二年（602），独孤皇后死于仁寿宫。仁寿四年（604），隋文帝也被其子隋炀帝害死于仁寿宫。

唐贞观初，太宗因南征北战而积劳成疾，群臣建议修筑离宫以避炎暑，太宗决定以隋仁寿宫为基础加以修缮，并改名为九成宫。贞观六年到贞观十八年，太宗曾五次到九成宫避暑。这座皇家园林的自然风光与人工建筑完美结合，在唐代就吸引了不少文人骚客。王勃、王维、李商隐、杜甫等都曾游览过九成宫，并留下了不少诗作。唐代画家李思训曾绘有《九成宫纨扇图》，其子李昭道也绘有《九成宫图》。至于《九成宫醴泉铭》碑更是蜚声于海内外，它是唐代著名书法家欧阳询的代表作，被誉为楷书之宗。九成宫无论是在当时还是对后世都有很大的影响。唐高宗永徽二年（651），改为万年宫。乾封二年，又恢复旧名。

玉华宫　位于今陕西省铜川市印台区，南距铜川市区约六十千米。兴修于唐高祖武德七年，当时取名仁智宫。由于仁智宫是一处集避暑、休闲与狩猎为一体的胜地，唐太宗遂于贞观二十一年下令兴修玉华宫，以凤凰谷原仁智宫建筑为主体，通过玲珑的石桥、廊道将西北的兰芝谷与东北的珊瑚谷连结为一个大的宫苑。其殿宇名字有据可查的共六处，即玉华殿（正殿）、其北为排云殿，再北是庆云殿，还有庆福殿、晖和殿（太子所居之宫）、肃成殿（后改肃成院）。在凤凰谷东北的珊瑚谷还建有别殿，整个玉华山东西十多里的三个山谷中，共修了九座巍峨的宫殿，五个高大、华丽的宫门，中间由桥和廊道接连，总称玉华宫。由于这里避暑胜于九成宫，加之距长安较近，所以晚年的唐太宗经常将这里作为避暑的最佳选择。

唐高宗崇信佛教，即位后于永徽二年（651）改玉华宫为寺。显庆四年（659），著名高僧玄奘请求寻一处幽静之地翻译佛经，高宗遂请其到玉华寺居住并主持翻译工作。随着玄奘师徒的到来，玉华寺才真正成为佛教圣地。从近几年考古发现和研究成果看，玄奘师徒译经的地方是故玉华宫的正殿玉华殿。这里苍松环绕，静穆异常。玄奘师徒在玉华寺，从显庆五年（660）正月一日开始翻译梵本共二十万颂的《大般若经》，至龙朔三年（663）冬月二十三日完成，历时三年。不久，玄奘病死于玉华殿，其后众僧徒相继离去，从此玉华寺便冷清下来了。

翠微宫　位于今陕西省西安市长安区黄峪寺村，其村盘山而上，处在秦岭深处。翠微宫初称太和宫，唐高祖武德八年所建。贞观二十一年，唐太宗重修太和宫，并改名为翠微宫。唐元和间（806—820）废宫为寺，宋太平兴国三年（978）改称永庆寺，明、清重修。如今除了残垣断壁、塔石零落外，地面建筑已荡然无存了。翠微宫所在地海拔约1300米，比西安市区高出约900米，加之受植被、地势、季节的影响，这里的年平均气温比西安市区低6℃左右，这就是唐高祖与唐太宗把避暑离宫建于这里的根本原因。翠微宫的宫殿建筑情况已不可考，只知有翠微殿、含风殿等宫殿。唐太宗在世的最后三年中，有两年的盛夏是在翠微宫度过的，并且最终病死于这里。上面提到唐宪宗元和中把翠微宫改为佛寺，也有学者认为改寺的时间应在唐玄宗天宝末或唐肃宗统治时期。

华清宫　位于今陕西省西安市东三十千米处的临潼区骊山脚下。华清宫得名于唐玄宗时期，但是其作为天子离宫却由来已久。早在西周末期这里就是游览胜地；以温泉汤为中心而兴建离宫别馆，始于秦始皇统治时期；如果说秦朝的兴建初步奠定了皇家离宫的基础，汉武帝时的大规模扩建，则使其成为长安东面最为重要的离宫之一。此后，历代都在这里进行过兴建，从而使骊山温泉的利用达到了一个个新的阶段。贞观十八年，唐太宗诏阎立德营建骊山宫殿，赐名汤泉宫。高宗咸亨三年（672），改名温泉宫。玄宗天宝六载（747）正式定名为华清宫，取“温泉毖涌而自浪，华清荡邪而难老”之意。宫内的汤池称为华清池，其名称一直沿用到今天。

唐代的华清宫，充分利用了当地的地形，使其成为一座结构严谨、雄伟壮丽的庞大宫殿建筑群。主要殿舍以温泉为中心，都布设在山前洪积扇面上，构成了华清宫的核心，然后向山上和山下展开，利用地形特点，布设不同类型和用途的楼阁亭榭。骊山上遍布青松翠柏，山下有芝兰谷、荔枝园、芙蓉园、梨园、椒园、东花园等，处处生机盎然。建筑物倚山面水，鳞次栉比，周围绕以罗城。主要建筑有左右弘文馆、左右朝堂、左右讲武殿、后殿、前殿、遥光楼、飞霜殿、长生殿、玉女殿、七圣殿、功德院、羽帐、瑶坛等。飞霜殿是玄宗住宿的地方，其南就是御汤九龙汤，亦曰莲花汤。莲花汤的西北就是杨妃赐浴之汤，亦名海棠汤，汤池用石砌成，形似一朵盛开的海棠花。杨妃长期沐浴于此，后世干脆称之为贵妃池了。唐玄宗几乎每年十月出幸华清宫，岁末始还长安。从开元二年（714）到天宝十四载（755）的四十二年间，他先后出幸华清宫三十六次，甚至还有一年去两次的情况。因此，可以说玄宗统治时期是华清宫最为鼎盛的时期。

安史之乱以后，由于政局不稳，虽然有皇帝偶然也去，但是次数却是非常有限的，从而使华清宫逐渐冷清下来了。在华清宫失去往日繁华景象的同时，殿宇也得不到及时的修葺，不仅如此，还免不了人为的破坏。如唐代宗时，大宦官鱼朝恩为了修建章敬寺，便拆毁过华清宫的楼榭。到了五代后晋时期，更是将其改为灵泉观，赐给了道士。到了宋代，这里已是一片破败景象。元、明、清时期，分别进行过一定程度的修整，现在的华清池大致上保留了清初时的基本格局。

奉天宫　建于唐高宗永淳元年（682），位于嵩阳县北嵩山之南，具体位置已不可考。建成后唐高宗曾经两次住在这里。弘道元年（683）

十二月，高宗死去，颁遗诏废去奉天宫。次年，即睿宗文明元年（684）二月，改其为嵩阳观。

三阳宫　武则天圣历三年（700）修造三阳宫于嵩阳县，具体位置在今河南省登封市东南告成镇石淙河风景区。武则天数次居住在这里，并且与群臣游石淙河，在石淙河两岸的巨石上有两通题有诗句的摩崖碑，记载了当时宴游赋诗的盛事，这是至今留下来的有关三阳宫仅有的记录。长安四年（704）正月，武则天下诏毁三阳宫，取其材木以营建兴泰宫。

兴泰宫　位于今河南省洛阳市洛龙区的万安山，今河南省宜阳县赵堡镇西赵堡村至今有其遗址存在。兴泰宫建于长安四年，直到唐玄宗开元后期仍然存在，玄宗曾在这里居住过。

襄城宫　唐太宗贞观十四年建，位于汝州市临汝县鸣皋山，但至今仍没有找到其遗址。此宫建成后的次年三月，太宗驾幸这里，由于此宫烦热，加上当地多有毒蛇，于是太宗下令废去了此宫。因此，襄城宫仅仅存在了半年时间。

此外，在长安与洛阳沿途，唐朝历代皇帝都修建了不少离宫，如华阴（今陕西省华阴市）的琼岳宫、金城宫，郑县（今陕西省渭南市华州区）的神台宫，陕县（今河南省三门峡市陕州区）的绣岭宫，渑池（今河南省渑池县）的芳桂宫，福昌（治今河南省宜阳县福昌村）的福昌宫，永宁（今河南省三门峡市陕州区）的崎岫宫、兰峰宫等，就不再一一详述了。

第二章　唐高宗至睿宗时期的宫廷

第一节　唐高宗时期

一、武则天是如何当上皇后的

（一）武则天的身世

武则天的家乡在今山西省文水县南徐村。她的父亲名叫武士彟，原是一名木材商人，在隋朝统治时期经营有方，因而大富。但是他在仕途上却没有获得进展，直到隋炀帝大业年间（605—617）才混了个鹰扬府队正的小官。唐高祖李渊奉命在河东镇压农民起义军时途经文水，曾在武士彟的家中居住过，受到了热情的接待，两人之间建立了密切的关系。后来李渊被任命为太原留守时，遂任命武士彟为行军司铠。武士彟看到天下大乱，义军蜂起，遂劝李渊起兵反隋，并且进献兵书和符瑞。李渊太原起兵时，武士彟被任命为大将军府铠曹参军，并一路跟随大军开进长安。唐朝建立后，以功拜光禄大夫、库部郎中，封太原郡公，历任工部尚书、扬州大都督府长史、豫州都督、利州都督、荆州都督等官职，先后被晋封为应国公、周国公。由于武士彟参加过太原起兵，也算是唐朝的开国功臣之一，所以唐高祖曾经颁诏免死一次。贞观九年（635）五月，时为太上皇的李渊死去了，当时武士彟在荆州都督任上，闻知此讯后悲伤过度，呕血而死。

武氏家族是一个古老的家族，原籍沛县（今江苏省沛县），西汉初期迁到了梁邹（今山东省邹平市东北），汉武帝时又迁到沛郡之竹邑（今安徽省宿州市北符离镇），东汉时竹邑隶属于沛国，自此这个家族就以沛国竹邑为其籍贯。《攀龙台碑》亦云其先祖“居沛之竹邑”。晋室东迁时，武氏家族又一次南迁，迁到了今江苏省南京市及安徽省和县一带。大约在南北朝时期，武氏家族又从南方迁到北方，所谓“别封大陵县，赐田五十顷，因居之”[1]。大陵县，即文水县。从此武氏家族就以文水为其籍贯，由于文水县为太原属县，故武氏多以太原武氏为郡望。

这个家族在南北朝时期有多人入仕为官，如武念在刘宋时投北魏任洛州长史，封归义侯；其子武洽为平北将军，封晋阳公；其子武神龟任国子祭酒，封受阳公；武神龟之子武克己任越王长史，封寿阳公；其子武居常在北齐任镇远将军，袭爵寿阳公；其后武氏家族的地位便每况愈下，武居常之子武俭任北周永昌王咨议参军；武俭之子武华任隋东都丞，此人便是武则天的爷爷。武华共生了四个儿子，即武士稜、武士让、武士逸、武士彟，武士彟排行第四。由于武氏家族并非世代高官的士族，所以长期以来被视为“小姓”、庶族，这种出身后来一度对武则天争夺皇后之位带来了很不利的影响。

武士彟的原配为汾阳相里氏，生有四个儿子，其中两个早亡，武德三年相里氏也因病身故，只留下了两个儿子，即武元庆、武元爽。据说其子病亡时，武士彟因忙于公务，无暇过问。其妻病危时，他也顾不上看视，唯表示哀悼而已。唐高祖知道后，深为感动，认为其“忠节有余”“举无与比”[2]，给予了高度的评价。为了安抚武士彟，唐高祖亲自为他物色配偶，并选中了杨氏。

杨氏出身于名门世族，其家族世居弘农（今河南省灵宝市北）。在北朝时其家族中多人身居太守、刺史、将军等职。杨氏的父亲杨达，在隋朝历任黄门侍郎、尚书左右丞、州刺史、纳言，官居宰相，封始安侯。但是，随着杨达的离世，隋朝的灭亡，杨氏家族的地位大不如前，以至于杨氏年过四旬仍未出嫁，只能嫁给武士彟作为续弦。

杨氏与武士彟成婚的时间是在武德五年前后，当时杨氏约四十四岁，武士彟约四十六岁。由唐高祖充当婚主，官供所需，这在当时是非常荣耀的。杨氏与武士彟结婚后，共生了三个女儿，长女成人后嫁给了贺兰越石，后封韩国夫人；次女即武则天；三女嫁给了郭孝慎，早死。

---

① 《新唐书》卷七四上《宰相世系表四上》，第3136页。

② 《册府元龟》卷六二七《环卫部·忠节》，第7252页。

关于武则天的生年，史书中没有具体记载。晚唐诗人李商隐的《利州江潭作》诗自注“金轮感孕所”，武则天曾加尊号称“天册金轮大圣皇帝”，因此这里所谓的“金轮”即指武则天。李商隐的这首诗是根据民间关于龙潭的传说而创作的，说有一天利州都督武士彟的夫人杨氏到潭边游玩，忽然潭中跃出一条金龙，和她交欢，因此有孕，后来就生下了武则天。也就是说，武则天是在其父任利州都督时所生。宋人所撰的《元丰九域志》记载说：“武士彟为利州都督，生皇后于此。”[①]利州治今四川省广元市，无独有偶，在广元曾出土一通《大蜀利州都督府皇泽寺唐则天皇后武氏新庙记》碑，[②]立于后蜀广政二十二年（959），此碑文字有残缺，中国科学院原院长郭沫若在“贞观时，父士彟为都督于是□□□后焉”一句中，将残缺处依次补上了“州、乃、生”三个字。于是又成为武则天出生于广元的一条证据。然武士彟任利州都督的确切时间是贞观元年年底，任此职前后四年时间。武则天的卒年为神龙元年。关于其去世年龄有几种不同的记载，或八十一岁，或八十二岁，或八十三岁，据此推算，她当出生在公元625年、624年或623年。无论怎么推算，武则天都不应出生在利州。

那么到底哪一年更准确呢？诸书均载武则天十四岁时被唐太宗召入宫中为才人。另据《资治通鉴》卷一九五的记载，武则天入宫时间为贞观十一年。据此推算，武则天应该出生于唐高祖武德七年。司马光将武则天入宫时间定在此年的依据是吴兢的《则天实录》，此书记载她的终年为八十二岁，十四岁入宫，故其入宫应在贞观十一年。应当说司马光的这种做法是值得肯定的，因为《则天实录》的史料价值的确要高于他书。

据唐人所撰的《谭宾录》的记载，武士彟任利州都督时，著名术士袁天纲奉命入京，途经利州时，曾为武士彟的几个子女相过面。当时武

① 〔宋〕王存撰，魏嵩山、王文楚点校：《元丰九域志》附录《新定九域志》卷八《利州》，中华书局1984年版，第678页。

② 陕西省古籍整理办公室编，吴钢主编，王志阳等点校：《全唐文补遗》第1辑，三秦出版社1994年版，第459—461页。

则天年龄尚幼，尚在襁褓之中，穿着男孩的衣服。袁天纲见而大惊，说此郎君龙目凤颈，长相非凡，若是女子，将来必为天下之主。《册府元龟》《旧唐书》《新唐书》《太平广记》等书，均有相同的记载。虽然诸书言之凿凿，但发表此类言论在当时属于悖逆之罪，袁天纲恐怕不敢轻易说出，且最早记载袁天纲事迹的专书《袁天纲外传》中根本没有提到此事，故不可信。

贞观九年（635）以前，武则天与母亲随父亲一道宦游于各地，自从其父死后，她们的生活一度陷入困境。原因是武士彟前妻所生的两个儿子武元庆、武元爽以及他们的叔伯兄弟武惟良、武怀运等人，对待杨氏和她的女儿们很是刻薄无礼。她们母女孤立无援，在故乡文水无法立足，只好来到了长安。虽然有武士彟的同僚故旧的关照，但她们的生活并未因此而有根本的改变，日子过得仍是很不惬意的。

直到贞观十一年（637），唐太宗听说武士彟的二女儿相貌美丽，于是便召入宫中立为正五品的才人，母女的境遇才稍有改观。据载，十四岁的武则天离开娘家、步入深宫，临别之时，其母杨氏“恸泣与诀”，武则天本人却表现得非常自信，说：“见天子庸知非福，何儿女悲乎？”①说明武则天的心里对神秘的宫廷生活充满了憧憬。

关于武则天当才人期间的生活情况，史书记载的并不多。只知道唐太宗对武则天的相貌非常满意，认为她如花似玉、千娇百媚，特意赐给了“武媚”的称号，人称“武媚娘”。对于年轻的女人来说，这是一个不可多得的美称。还有一个记载说：唐太宗有一匹良马，名叫“师子骢”，性情刚烈，高大肥逸，无人能够驯服它。武则天看到后，自告奋勇地说：“妾能制之！只需要三件东西，一是铁鞭，二是铁檛，三是匕首。铁鞭鞭之不服，则以铁檛击其首，如果还不服，就以匕首割断它的喉咙。”②唐太宗对她的这种气概非常欣赏。不过，武则天并没有获得唐太宗的恩宠，因为在此后的十多年中，许多嫔妃的地位都有所提升，

① 《新唐书》卷七六《则天皇后传》，第3474页。

② 《资治通鉴》卷二〇六，武则天久视元年正月，第6544页。

但她仍然是个才人；她并没有为唐太宗生过一男半女，也就是说她并没有怀过孕。从贞观十一年到太宗去世的贞观二十三年，这期间正是武则天生育能力最强的时期，这一切都说明贞观时期的武则天并不受宠。因此，武则天从十四岁到二十六岁，女性最美好的年华却是在深宫中虚度的，除了在宫中接受了要求严格的读书、习字、吟诗的教育外，其生活和心情是无聊寂寞的。

贞观二十二年，一个荒诞不经的事件，令她几乎遭受了灭顶之灾，差一点使她年轻的生命终结。

当时太白星不止一次地在白天出现，太史局的官员对这一星相的解释是："女主昌。"又有谣言："当有女武王者。"[①]民间还有一本叫《秘记》的书流传，其中说道："唐三世之后，则女主武王代有天下。"[②]此事使唐太宗坐卧不宁，他决定要除掉这个隐患，为自己的子孙留下一个稳定的江山。他怀疑的对象首先对准了左武卫将军李君羡。此人爵封武连县公，宿卫于玄武门。有一次，唐太宗在宫中设宴款待武官，行酒令，命大家各言小名，李君羡自报小名"五娘子"。太宗听后愕然，然后笑着说："何物女子，如此勇猛！"事后思量，李君羡的官职和爵号都有"武"字，其小名也有"五"（武）字，且又是一个女名，莫非"女主武王代有天下"的流言应在此人身上！于是太宗免去了他掌典禁兵的军职，派到华州任刺史。后来又借口李君羡与妖人往来，图谋不轨，在这年七月将其处死。[③]

即使如此，唐太宗还不放心，他问太史令李淳风："《秘记》中所说的事，真的会发生吗？"李淳风回答说："臣仰稽天象，俯察历数，其人已在陛下宫中，为亲属，自今不过三十年，当王天下，杀唐子孙殆尽，其兆既成矣。"唐太宗说："疑似者尽杀之，何如？"回答说："天之所命，人不能违也。王者不死，徒多杀无辜。且自今以往三十年，其人已老，庶几颇有慈心，为祸或浅。今借使得而杀之，天或生壮者肆其怨毒，恐陛下子孙，无

① 《旧唐书》卷六九《李君羡传》，第2524页。

② 《旧唐书》卷七九《李淳风传》，第2718页。

③ 《旧唐书》卷六九《李君羡传》，第2525页。

遗类矣！”[①]于是，唐太宗只好罢手。

《太平广记》卷二二四引《定命录》又做了进一步的演绎，现录之如下：

> 武后之召入宫，李淳风奏云：“后宫有天子气。”太宗召宫人阅之，令百人为一队，问淳风。淳风云：“在某队中。”太宗又分为二队，淳风云：“在某队中，请陛下自拣择。”太宗不识，欲尽杀之。淳风谏：“不可。陛下若留，虽皇祚暂缺，而社稷延长。陛下若杀之，当变为男子，即损灭皇族无遗矣。”太宗遂止。

此类描述穿凿附会的痕迹太明显，不可相信。不过李君羡为此而死，却是事实。武则天当上皇帝后的天授二年（691），李君羡的家属诣阙称冤，武则天下令为其平反冤案，追复官爵，以礼改葬。

（二）狐媚偏能惑主

贞观二十三年五月，雄才大略的唐太宗死了。六月，太子李治即皇帝位，史称唐高宗。武则天和后宫中没有生育的嫔御统统被剃度落发，送进感业寺为尼。这种青灯梵钟的生活比起宫中虽然寂寞但却锦衣玉食的日子更加凄苦。感业寺位于今陕西省西安市北郊，当地有一所感业寺小学，即建在该寺旧址上。

唐高宗像

不过，身处尼寺中的武则天并没有完全绝望，她把解脱苦难的希望寄托于年轻的新皇帝李治身上。据《资治通鉴》卷一九九记载：“上之为太子也，入侍太宗，见才人武氏而悦

① 《资治通鉴》卷一九九，唐太宗贞观二十二年六月，第6259—6260页。

之。”可见是武则天的美丽深深地吸引了这位皇太子。李治是贞观十七年被立为太子的，贞观二十年唐太宗病重，诏军国大事委太子处断。李治在听政之暇，入宫侍奉父亲，不离左右。太宗让他“游观习射”，他称不好此道，愿意侍奉膝下，“太宗大喜，乃营寝殿侧为别院，使太子居之”[①]。就在这期间，李治认识了武则天。

不过此时的李治与武则天为名义上的母子关系，且其父尚健在，当不至于有什么越轨行为。在唐代男女之间的禁锢比较松弛，既然李治喜欢武则天的美色，而深受多年冷落的武则天也从这位年轻的太子身上看到了未来的一线希望，两情相悦，相互之间产生爱慕之情也是难免的了。关于这一点，唐高宗李治并不隐讳，他后来在永徽六年十月立武氏为皇后的诏书中写道：“朕昔在储贰，特荷先慈，常得侍从，弗离朝夕，宫壸之内，恒自饬躬，嫔嫱之间，未尝迕目，圣情鉴悉，每垂赏叹，遂以武氏赐朕，事同政君，可立为皇后。”[②]意思是说自己当太子时，经常侍奉在太宗身边，妃嫔往来，从来都看也不看。太宗对他的这种行为十分欣赏，就把武则天赐给了他，这件事就如同汉宣帝把王政君赐给太子一样。王政君后来成为汉元帝的皇后，是汉成帝的生母。不过王政君是后宫家人子，而武则天是太宗才人，两人身份不同，这道诏书生拉硬扯，牵强附会，类比甚是不当。此外，诏书中说太宗在生前已将武则天赐给了李治，显然是想遮人耳目，如果真是这样，为什么太宗死后，武则天还要入感业寺为尼呢？

从这道诏书看，李治与武则天之间的爱慕关系由来已久，如从贞观二十年算起，至永徽六年止，已经长达十年之久。

自从武则天入感业寺后，高宗李治对她思念不已。永徽元年（650），为给唐太宗过周年，李治以忌日行香为由前往感业寺。在这里他与武则天见了面，两人非常激动，“武氏泣，上亦泣”[③]。关于两人关系的密切程度，从武则天所写的一首诗中也可以窥知，她所写的《如意娘》一

① 《新唐书》卷三《高宗纪》，第51页。

② 《资治通鉴》卷二〇〇，唐高宗永徽六年十月，第6293—6294页。

③ 《资治通鉴》卷一九九，唐高宗永徽五年三月，第6284页。

诗，相传是在感业寺时所撰，其诗曰：

看朱成碧思纷纷，憔悴支离为忆君。
不信比来长下泪，开箱验取石榴裙。[①]

从此诗来看，武则天对唐高宗也是非常爱恋的，正因为如此，两人见面后，才会出现抱头大哭的场面。此后，唐高宗还数次看望过武则天。天下没有不透风的墙，此事终于被高宗的王皇后知道了，不过她并没有阻止高宗，反而命人告知武则天蓄发，然后又劝高宗把武则天接入宫中。王皇后之所以如此“大度”，是因为当时她正与高宗宠爱的萧淑妃争风吃醋，接回武则天可分萧淑妃之宠。还有一个原因也迫使唐高宗不得不接武则天入宫，即他与武则天的第一个儿子李弘出世了。据《旧唐书·孝敬皇帝传》载：上元二年（675），太子李弘死，时年二十四岁。又据《资治通鉴》卷二〇〇载：显庆元年，“立皇后子代王弘为皇太子，生四年矣”。则李弘应该出生于永徽三年（652）年末或永徽四年年初。也就是说，武则天在感业寺中已经产子了。此事如不尽快解决，将对皇帝的声誉非常不利，形势迫使唐高宗对此事不能再拖了。

高宗永徽四年，武则天被接回宫中，时年二十九岁。入宫之初，武则天对王皇后百依百顺，十分恭敬，深得王皇后的欢心。王皇后多次在高宗面前称赞武则天，没过多久，高宗便封武则天为昭仪，正二品，进入九嫔之列。

高宗对武则天非常宠爱，而对萧淑妃逐渐冷落起来。王皇后本来主张将武则天接入宫中是为了共同对付萧淑妃，没有想到武则天入宫后不仅夺去了萧淑妃之专宠，而且使唐高宗对自己更加冷淡，追悔莫及。于是，王、萧两人又联合起来，共同对付武则天，她们多次在高宗面前诋毁武则天，可高宗根本不予理睬。武则天也毫不示弱，在宫中大肆活动，笼络人心，“武昭仪伺后所不敬者，必倾心与相结，所得赏赐分与

① 《全唐诗》卷二七，第393页。

之。由是后及淑妃动静，昭仪必知之，皆以闻于上”[①]。这场宫廷斗争从一开始，武则天就展现出不同于一般的高超手段，始终掌握着斗争的主动权。

王皇后出身名家大族，是西魏大将王思政的玄孙，其父母两家都与李唐皇室有一定的血缘关系。早在唐高宗为晋王时，王氏便在同安公主的推荐下被选为晋王妃。李治被立为太子后，她又被册为太子妃。高宗即位的当年，她就被册立为皇后。作为皇家的媳妇，王氏的相貌应当说是无可挑剔的，但是她却不大会讨男人的欢心。因此，李治并不喜欢她，只是出于对唐太宗的顺从，才娶其为妻，又出于对长孙无忌等顾命大臣的尊重，册其为皇后。而且王皇后与宫中其他妃嫔的关系也不融洽，对皇帝的左右不能善待，所谓“后不能曲事上左右，母魏国夫人柳氏及舅中书令柳奭入见六宫，又不为礼”[②]。这一点与当时的武则天正好形成鲜明的对照。萧淑妃也是李治当太子时被选入东宫的，当时被封为良娣。高宗即位后，她被封为淑妃，是高宗众多嫔妃中比较喜欢的一个。王皇后没有生育子女，萧淑妃却儿女双全，这也是高宗喜欢萧淑妃的一个原因。

尽管武则天已经获得了皇帝的专宠，但是她若是想要再进一步，困难还是不小的。首先，王皇后背后有很强大的政治势力，她的舅父柳奭当时是中书令，也就是宰相。此外，王皇后还有唐高宗的舅父长孙无忌及褚遂良、于志宁、韩瑗等一批重臣的支持。其次，唐高宗虽然不喜欢王皇后，但她毕竟是自己的父亲太宗皇帝亲自选定的儿媳妇，故其还没有下定废除其皇后地位的决心。从武则天这一方来看，她虽然深得高宗的宠爱，但也存在着明显的弱点：首先她曾经是太宗皇帝的才人，这种身份非常敏感；其次，她出身低微，其家族地位与王皇后这样的名族不可同日而语。

为了改变这种状况，唐高宗托名褒赏功臣，给屈突通等十三名武

---

① 《资治通鉴》卷一九九，唐高宗永徽五年十月，第6286页。

② 《资治通鉴》卷一九九，唐高宗永徽五年十月，第6286页。

德时的功臣提高了官位，其中武士彟赠并州都督。这些大都是已经死去的人，为什么突然又想起褒奖他们呢？根本原因就是提高武氏家族的门第，向王、萧二家示威。永徽五年六月，中书令柳奭因王皇后宠衰，上书请解政事，为了进一步打击王皇后的势力，高宗很快就同意了他的请求，遂免去其中书令之职，降为吏部尚书，但还暂时留在朝中。一褒一贬，高宗的态度何其鲜明。同时也说明武则天的活动能量已经不仅仅局限于宫内，开始向外朝渗透发展了。

（三）皇后废立之争

尽管武则天入宫不久就已经将唐高宗牢牢地控制住了，获得了专宠的地位，但是要想促使高宗下定决心废除王皇后，还必须采取非常手段。

永徽五年年末，武则天生了一个女儿，长得十分可爱，高宗也非常喜爱。王皇后因为没有生育，所以也非常喜欢小孩子。她闻讯后，遂前往看望，并抱起来逗弄了一番。王皇后走后，武则天便下狠心掐死了自己的亲生女儿，然后又盖好被子，装作没事人一样离去了。一会儿，高宗来了，武则天佯装欢笑，掀开被子去抱小孩，当她看到死去的孩子时，忍不住大哭起来。问左右宫女情况，回答说王皇后刚才来过。高宗大怒，不假思索地说："后杀吾女！"武则天乘机告状，哭诉自己所受的种种委屈。王皇后面对这种情况，拿不出证明自己无罪的证据。高宗就此下定了废除王皇后、改立武则天的决心。

武则天此举虽然割断了高宗与王皇后之间的结发之情，促使其感情完全破裂，初步达到了自己的目的，但是也付出了惨痛的代价，亲手葬送了长女的小生命。此后，在长达数十年的生活中，这种阴影始终笼罩在她的心头，使其得不到安宁。

但是事情并不像武则天与高宗想象得那么简单，支持王皇后的元老大臣们成为废立皇后的最大障碍，其代表人物则是唐高宗的舅父、宰相长孙无忌以及褚遂良、于志宁、韩瑗、柳奭、来济等人，他们大都是宰相或太宗时期的重臣，拥有强大的政治势力和广泛的社会影响。当然也有一批人支持武则天，这些人大都是新进之士，欲想通过支持武则天获取政治上的好处。这一批人有李勣、许敬宗、李义府、崔义玄、王德俭、袁公瑜等，除了李勣是建唐的元老功臣外，其余人等或为政治失意分子，或为野心勃勃的新进之士。而李勣之所以支持武则天，是因为在朝中他虽然贵为宰相，但相权却完全控制在长孙无忌手中，欲想改变现状，必须先要铲除或削弱长孙无忌的政治势力，才能提高自己的政治地位，而废立皇后这件事则是一次最好的时机。

从永徽六年初开始，高宗开始谋划废立皇后之事。最初，高宗与武则天希望通过软化长孙无忌等人立场的做法以获得他们对此事的支持。为了达到这一目的，高宗与武则天一同驾临长孙无忌府，带去了十车金宝缯锦，并且封其三子为五品的朝散大夫，长孙无忌对这一切照收不误，但对改立皇后之事却置若罔闻。在家宴酒酣耳热之际，高宗再三陈说：因皇后无子，武昭仪有子，所以要行改立之事。长孙无忌听后，采用了顾左右而言他的伎俩，搞得高宗与武则天十分无趣，只好怏怏而返。

尽管如此，武则天仍不死心。她又让自己的生母杨氏亲自出面，到长孙无忌府上拜见，低三下四，再三祈请，希望能获得支持，却再一次遭到拒绝。卫尉卿许敬宗自告奋勇，出面去求长孙无忌，也被毫不客气地碰了回来，并且遭到了严厉的训斥。

在这一切努力都失败的情况下，高宗与武则天虽然非常恼怒，却也无可奈何。因为长孙无忌是高宗舅父，在立太子及即皇帝位等大事上有拥立之功，又是顾命大臣，权重势大，一时也拿他没有办法。

正在此时，发生了一件重要的事。王皇后看到武则天宠遇日隆，而自己却受到冷遇，心急如焚，无奈之下，竟然想出了一个极为愚蠢的办法。她与其母柳氏找来了巫师，欲用“厌胜”之术除去武则天，使唐高宗回心转意。然而她们没有料到的是，其身边之人早已被武则天收买，这一情况很快便被武则天知晓了。于是武则天立即向唐高宗报告了此事，说王皇后诅咒皇帝，罪不容诛。高宗大怒，下令将柳氏赶出了宫门，不许再入宫。这一事件的发生，更加坚定了高宗废除王皇后的决心。

由于武则天这时仅是一个二品的昭仪，其上还有贵妃、淑妃、德妃、贤妃等，如果直接被立为皇后，似乎有些名不正言不顺。于是唐高宗特下诏封武则天为宸妃，以提高其地位。但是此事遭到韩瑗和来济的坚决反对，认为国家定制，嫔妃皆有定数，从未有过宸妃的名号，今立武昭仪为宸妃，就会破坏国家礼制。高宗不愿因此引起更大的争议，遂取消了宸妃之号。反对派取得了一次小小的胜利。

为了打击支持武则天的势力，长孙无忌利用所掌握的大权，草拟诏书打算贬中书舍人李义府为壁州（治今四川省通江县）司马，使其远离中央。诏书尚未转到门下省，就已走漏了风声。李义府得知消息后，急忙找另一位中书舍人王德俭商量对策。王德俭说：“皇帝欲立武昭仪为后，之所以犹豫未决，是担心宰相反对。如果你能设法立武昭仪为后，定能转祸为福。”李义府遂利用代替王德俭在宫中值宿的时机，直接上表皇帝，请求废王皇后，改立武昭仪为皇后。高宗果然非常高兴，亲自召见李义府，并且赏赐珠一斗，仍然留任旧职。武则天当然也非常高兴，终于有人敢违背长孙无忌等的意志，公然请求立自己为皇后了。有了这个开头，就不怕没有人跟随。于是武则天又暗中派人对李义府多方劳慰勉励，不久李义府便升任为中书侍郎。果然不出武则天所料，接着卫尉卿许敬宗、御史大夫崔义玄、御史中丞袁公瑜等皆跟进，公开表态支持立武则天为皇后，许敬宗由此得以升任为礼部尚书。

为了削弱反对派的势力，高宗将吏部尚书柳奭贬为遂州刺史，并且限其立即赴任，当他走到扶风时，有人上奏说他泄露禁中语，于是被贬到更加偏远的荣州（治今四川省荣县）任刺史。长安令裴行俭得知将立武则天为皇后，坚决反对，曾与长孙无忌、褚遂良私议其事。袁公瑜得知后，告诉了武则天的母亲杨氏，杨氏再转告武则天，于是又将裴行俭贬为西州（治今新疆吐鲁番东南）都督府长史。

高宗见武则天有了一批支持者，重新建立了立武则天为皇后的信心。永徽六年九月的一天，退朝以后，高宗将长孙无忌、李勣、于志宁、褚遂良等人召入内殿，商议废立皇后之事。褚遂良说："今日之召，多为中宫，上意既决，逆之必死。太尉元舅，司空功臣，不可使上有杀元舅及功臣之名。遂良起于草茅，无汗马之劳，致位至此，且受顾托，不以死争之，何以下见先帝！"[①]意思是说长孙无忌是皇帝的舅父，李勣是建唐的功臣，既然皇帝决心要立武则天为皇后，坚决反对必然要冒杀头的风险，为了避免皇帝担杀舅父和功臣的恶名，不如由我出面力争，不然便没有面目到地下见先帝。李勣虽然支持立武则天为皇后，但却不愿与长孙无忌等人公开发生冲突，既然褚遂良如此说，正好称病不入。进入内殿之后，唐高宗首先说："皇后无子，武昭仪有子，今日打

① 《资治通鉴》卷一九九，唐高宗永徽六年九月，第6289—6290页。

算立昭仪为后，如何？”褚遂良说：“皇后出身名家，是先帝为陛下所娶，先帝临崩时，拉着陛下的手对臣说：‘朕佳儿佳妇，今以付卿。’这话陛下当时也听到了，言犹在耳，皇后并没有大的过失，岂可轻废？臣不敢顺从陛下之意违背先帝之命。”高宗听后，不悦而散。

第二天，再次召集群臣商议此事。褚遂良又率先发言，他说：“陛下假如一定要改立皇后，天下名门望族甚多，何必非要立武氏呢？武氏曾侍奉过先帝，人所共知，天下耳目，难道都可以遮蔽吗？千秋万代之后，谓陛下为何人？希望陛下三思！臣今日违背陛下意愿，罪当死。”说完以后，褚遂良放下笏，叩头至流血，说：“臣愿意交还此笏，请求陛下将臣放归田里。”高宗大怒，下令将褚遂良拖出。武则天在帘后大声喊道：“何不扑杀此獠！”长孙无忌说：“褚遂良受先帝顾命，有罪不可加刑。”这样才算保住了褚遂良。于志宁见势不妙，再也不敢说话了。

有一天，韩瑗乘奏事之机，垂泪向高宗进谏，反对立武氏为后，高宗不理。次日又谏，高宗命左右将其送出宫去。于是韩瑗又写表章上奏说：“民间百姓娶妻，都要认真选择，何况天子呢？皇后母仪万国，为民表率。往昔嫫母辅佐黄帝，妲己祸害纣王。每每想起这些古代的历史，常常使人感叹不已，没想到竟会发生在今日。希望陛下醒悟，不要给后人留下笑柄。”来济也上表说：“王者立后，必择礼教名家，端庄贤淑的女子，以副四海之望。”对于这些论调，高宗一概不予理会。

虽然高宗没有接受这些反对者的意见，但是元老重臣的态度使他也感到了沉重的压力。就在他感到无助的时候，忽然想起了李勣，于是便召见了他。高宗问道：“朕想立武昭仪为皇后，然褚遂良等坚决不同意。遂良等是顾命大臣，难道事情就这样算了不成？”李勣本来是支持改立皇后的，但又不愿意说得太露骨，于是便回答说：“此陛下家事，何必更问外人？”此话的意思已经非常明确了，就是要高宗不要理会褚遂良等人，想怎么办就怎么办。高宗听到此话十分高兴，有了李勣这样的功臣支持，使他坚定了改立皇后的决心。许敬宗也在朝堂之上大造舆论，说：“田舍翁多收了十斛麦，尚且打算改换妻子。天子欲要改立皇后，关他人何事？为何妄生异议？”武则天指使人将许敬宗的这种论调报告了高宗，以坚定高宗的信心。

于是，高宗先将褚遂良贬为潭州都督，将这个最坚定的反对者清除出朝廷，杀鸡儆猴，以镇慑其他反对者。眼见形势已不可扭转，再也无人敢公开出面反对了。这年十月，高宗正式颁诏，将王皇后和萧淑妃废为庶人，囚禁于别院，将其全家包括兄弟统统流放到岭南。接着，高宗又颁布了一道诏书，正式册立武则天为皇后。武则天这位命运坎坷的奇女子，经过了不懈的努力，终于如愿以偿地登上了皇后的宝座，从而揭开了她命运最重要的一幕。

关于这一事件的结局，不是势力强大的元老重臣集团取得胜利，反倒是此时尚没有多少实力的武则天一方获得了胜利，达到了自己的目的，其背后的原因何在？仔细分析，大体有如下几个方面的原因：一是元老集团一方推不出可以拿事的人物，他们虽然反对高宗废皇后立武氏的主张，但是还得拥戴他当皇帝，而高宗也有通过这件事摆脱元老顾命大臣控制的目的，高宗的态度是武则天一方最终胜利的重要因素。二是元老一方没有兵权，军方的重要代表人物李勣却站在武则天一方，这也在一定程度上影响了双方力量的对比，而这一时期的禁军将领谨驯之辈没有参与政治的野心。三是高宗对元老集团采取了逐步清除的办法，前后花了四年时间，使得斗争形势显得不那么激烈，也有利于问题的解决。[①]

二、太子李忠与李弘

（一）李忠的身世

唐高宗李治共有八子，长子燕王李忠，为宫人刘氏所生；次子许王李孝，为宫人郑氏所生；三子泽王李上金，为宫人杨氏所生；四子雍王

① 参阅黄永年：《说永徽六年废立皇后事真相》，见黄永年：《文史探微：黄永年自选集》，中华书局2000年版，第203—219页。

李素节，为萧淑妃所生；五子代王李弘、六子章怀太子李贤、七子中宗李显、八子睿宗李旦，皆为武则天所生。

李忠，字正本，是李治的第一个儿子。贞观十七年李治被立为太子后不久，李忠降生了。年轻的李治刚被立为太子，又喜降贵子，可谓双喜临门，心中的那份喜悦自不待言。于是在东宫大摆宴席，遍请群臣，以示庆贺。不一会儿，唐太宗驾临东宫，对大家说："朕始有嫡孙，心中高兴，想和众卿同乐。"在酒宴高潮时，太宗亲自起而舞蹈，并邀请在座的群臣共同起舞，尽欢而散。太宗还给每位来贺的臣僚赏赐财物，可见太宗对这位孙子的降生是多么高兴。

贞观二十年，年仅4岁的李忠就被封为陈王。永徽元年，刚刚即位不久的高宗李治，就任命李忠为雍州牧。雍州是京城长安所在地，雍州牧即长安地区的最高行政长官。虽然此时的李忠不过是一个几岁的孩子，并不能亲掌政事，但从高宗李治的这一任命看，他对自己的长子还是抱有无限期望的，是一个父亲对儿子慈爱之情的反映。由于王皇后没有生育，而李忠的生母地位低微，王皇后舅父柳奭建议由王皇后提出立李忠为太子的打算，这样的话李忠就会感激王皇后，并与其亲近，这也是王皇后将来的一个依靠。

柳奭的这个建议主要是针对萧淑妃而提的。当时萧淑妃得宠，其子李素节活泼可爱，聪明伶俐，年仅数岁便可诵书千言，深得高宗的喜爱。如果李素节被抢先立为太子，对王皇后来说将是最大的不幸。王皇后自然清楚其中的利害关系，于是便向高宗提出了立李忠为太子的建议。为了使此事能够顺利进行，柳奭与长孙无忌、褚遂良、韩瑗、于志宁等人联合，全力推举李忠，终于在永徽三年七月，将李忠推上了太子宝座。

（二）李忠被废经过

武则天入宫之初，虽然已有了儿子李弘，但由于当时忙于争夺皇后之位，尚无暇顾及为其子夺取太子之位。永徽六年十月，她如愿当上了皇后，而太子仍是李忠，这就使她坐卧不宁了。因为太子是未来的皇帝，地位十分重要，且又是在王皇后与长孙无忌、柳奭、褚遂良等人提携下当上太子的，一旦成为皇帝，必然对自己不利。更何况武则天也有自己的儿子，虽不是长子，却是皇帝的嫡子，完全有条件成为太子，而且此事对巩固武则天的皇后地位也至关重要。因此，改换太子理所当然成为武则天所要解决的又一件大事了。

由于此事比较敏感，不便由武则天自己出面提出，但在其争夺皇后之位时形成的政治势力中，不乏老谋深算的人物，有人就已经揣测到了武则天的这种心理，这个人就是礼部尚书许敬宗。永徽六年十一月三日，即武则天当上皇后的次月，许敬宗便上奏高宗，请求改易太子。他说："永徽爰始，国本未生，权引彗星，越升明两。近者元妃载诞，正胤降神，重光日融，爝晖宜息。安可反植枝干，久易位于天庭；倒袭裳衣，使违方于震位！"意思无非是说皇后的儿子才应该当太子，居震位。所谓"震"，指嫡长子，在古代以其守社稷宗庙，主持祭祀。高宗览奏，遂召见许敬宗，询问他改易太子之事。许敬宗回答说："皇太子，国之本也，本犹未正，万国无所系心。且在东宫者，所出本微，今知国家已有正嫡，必不自安。窃位而怀自疑，恐非宗庙之福，愿陛下熟计之。"[①]其实高宗也赞同改换太子，君臣二人一拍即合。

李忠虽未成年，但已经懂事了，知道自己的太子地位很难保住，索性主动提出让出太子之位。也许是东宫臣僚知道大势已去，不如主动让出太子之位，这样的话，对李忠的人身安全更为有利，遂建议其主动让位。总之，不管原因如何，李忠自己提出让位，使改易太子变得容易多了，且使长孙无忌、韩瑗等人无话可说。

为了不节外生枝，许敬宗建议高宗尽快改换太子。高宗遂于显庆元年正月六日下诏，将皇太子李忠降为梁王、梁州刺史。另立武则天之子代王李弘为皇太子，这时李弘年仅四岁。

李忠被废后，原东宫僚属惧祸，有的逃亡在外，有的躲避不出，无人敢再见废太子。唯有右庶子李安仁，泣涕拜辞后，方才离去。李忠到

① 《资治通鉴》卷二〇〇，唐高宗永徽六年十一月，第6295页。

梁州后不久，又被迁到更为偏远的房州（治今湖北省房县）任刺史。他每日惊恐不安，不知何日大祸将到，以至于改穿妇女衣服，以防刺客。他还经常做噩梦，自己占测吉凶。此事被人告发后，他又被废为庶人，囚禁在黔州李承乾的故宅中。后来，宦官王伏胜、中书侍郎上官仪得罪了武则天，武则天遂指使许敬宗诬告李忠与王、上官两人勾结谋反，因而被赐死，终年二十二岁。太子李弘心慈，上奏高宗，请求以礼收葬，许之。

高宗的其他几个非武则天所生的儿子下场都很悲惨，除了许王李孝早亡外，泽王李上金与雍王李素节，都先后被武则天害死，其子或被诛杀或被流放。直到神龙元年武则天下台，唐中宗重新即帝位后，才得以平反昭雪，流放者也被追还，并授予官爵。

（三）清除长孙无忌等人

王皇后与萧淑妃虽然被废为庶人，并被囚禁于别院，但是她们一日不死，便仍是武则天的心头大患。有一次，高宗突然想起了二人，遂行至囚禁之所看望。当他看到门户封闭甚严，仅在墙壁上开一小孔以通食器时，不由得伤感不已，大呼曰："皇后、淑妃安在？"王氏哭着说："妾等得罪为宫婢，何得更有尊称！"又说："如果陛下还念往昔之情，使妾等能够再见天日，请改此院为回心院。"高宗回答说："朕即有处置。"此事很快就被武则天知晓了，她大怒，派人将王、萧二人各杖一百，砍去手足，装入酒瓮之中，说："令二妪骨醉！"数日后她们才死去，武则天还不解恨，又斩断其首。据载，二人临死时，表现颇不相同。王氏说："愿大家万岁！昭仪承恩，死自吾分。"萧氏大骂说："阿武妖猾，乃至于此！愿他生我为猫，阿武为鼠，生生扼其喉。"[①]从此以后，宫中便不再养猫。事已至此，武则天还不罢休，又改王氏为蟒氏，萧氏为枭氏。之后，武则天经常在夜间梦见王、萧二人披发沥血，如同死时情状。于是，只好从西内太极宫迁到蓬莱宫（大明宫），仍然时时梦见，不得安宁。于是便搬到东都洛阳居住，终其一生很少再回长安。

---

① 《资治通鉴》卷二〇〇，唐高宗永徽六年十一月，第6294页。

收拾完王、萧二人，武则天便对准了长孙无忌、韩瑗、来济等人。韩瑗见褚遂良被贬，心中不平，遂上疏为其称冤，高宗说："遂良之情，朕亦知之。然其悖戾好犯上，故以此责之，卿何言之深也！"韩瑗回答说："陛下无故弃逐旧臣，恐非国家之福！"高宗不听。韩瑗见此情况，自知难以使高宗回心转意，遂请求罢官归乡，高宗仍不允许。显庆二年七月，武则天指使许敬宗、李义府诬告侍中韩瑗、中书令来济与褚遂良勾结，图谋不轨，以桂州（治今广西壮族自治区桂林市）为用武之地，将褚遂良调到桂州。后又将褚遂良贬为爱州（今越南清化市）刺史，韩瑗贬为振州（今海南省三亚市西北）刺史，来济贬为台州（今浙江省临海市）刺史，柳奭由荣州贬到更为偏远的象州（今广西壮族自治区象州县东北）任刺史。显庆三年（658）或四年，褚遂良在爱州病死。

褚遂良、韩瑗、柳奭、来济等被贬逐后，长孙无忌的势力遭到极大的削弱，于是武则天便把打击的矛头转向了长孙无忌。据《资治通鉴》卷二〇〇高宗显庆四年四月条载：

> 武后以太尉赵公长孙无忌受重赐而不助己，深怨之。及议废王后，燕公于志宁中立不言，武后亦不悦。许敬宗屡以利害说无忌，无忌每面折之，敬宗亦怨。武后既立，无忌内不自安，后令敬宗伺其隙而陷之。

接受指令后，许敬宗便寻找一切机会，准备对长孙无忌动手。不久，洛阳人李奉节状告太子洗马韦季方、监察御史李巢等结党营私，高宗令许敬宗审理此案。由于许敬宗推案甚急，韦季方难以忍受，自杀未遂。许敬宗向高宗诬奏说韦季方与长孙无忌诬陷忠臣近戚，使权力集中于长孙无忌，然后伺机谋反，事情败露后，韦季方这才畏罪自杀。高宗闻听此言，大惊说："岂有这等事？舅父被小人所诬陷，如果说他老人家有些牢骚，倒是可能的，何至于反！"许敬宗说："臣反复推问，反状已露，陛下犹豫不决，恐怕非社稷之福。"高宗听到此话，泣曰："我家不幸，亲戚中屡屡有人有异志。而今朕之舅父也是如此，使朕惭见天下之人。”又问道：“如果事情真实，当如何处置？”许敬宗回答说：“先帝与长孙无忌共同夺取天下，天下人皆服其智。其任三十年，威望极高，如果一旦起兵谋反，陛下派谁前去抵挡呢？今日幸亏在审理别的案件时发现他的阴谋，实在值得庆幸。希望陛下尽快决断，莫失时机。”高宗为了谨慎起见，令许敬宗再加详查。第二天，许敬宗回奏说：“昨夜韦季方已经承认与长孙无忌同反，臣又问：‘长孙无忌乃是皇帝至亲，地位已崇，为何还要造反呢？’韦季方回答说：韩瑗曾对长孙无忌说柳奭、褚遂良劝您立梁王（指李忠）为太子，今梁王已废，皇上已经对您产生了怀疑，因此才将您的舅子高履行从朝中贬到益州任长史。从此以后，长孙无忌常感忧虑，逐渐产生了谋反的想法。后来又见到韩瑗等人相继被贬，因此才与韦季方等商议谋反。”许敬宗的这一套谎话，竟骗得高宗深信不疑，于是高宗泣曰：“舅父尽管如此，朕也不忍杀之。”许敬宗又劝高宗当机立断，高宗也不亲自询问，遂下诏削去长孙无忌官爵，任命为扬州都督，却将其安置于偏远的黔州居住，仍按一品官的待遇供给，即每日细白米二升，粳米、粱米各一斗五升，粉一升，油五升，盐一升半，醋三升，蜜三合，粟一斗，梨七颗，苏一合，干枣一升，木橦十根，炭十斤，葱韭豉蒜姜椒之类各有差；每月给羊二十口，猪肉六十斤，鱼三十头各一尺，酒九斗。

许敬宗还诬陷说，长孙无忌谋反，得到了韩瑗、柳奭、于志宁等人的支持。高宗于是将韩、柳、于等人全部罢去官爵，又将长孙无忌的儿子长孙冲免官除名，流放岭南；褚遂良的儿子褚彦甫、褚彦冲流放爱州，在半道被杀死；益州长史高履行累贬为洪州（治今江西省南昌市）都督。

长孙无忌等人虽已被贬，武则天还不放心，必须将其置之死地而后快。不久，许敬宗派遣中书舍人袁公瑜前往黔州，逼令长孙无忌自缢。又派使者前去杀死柳奭、韩瑗，由于韩瑗已经死亡，遂开棺验尸以验明正身，柳奭则被杀于象州。长孙、韩、柳三家的近亲，全部流放岭南为奴。长孙无忌的侄子长孙祥，在常州（治今江苏省常州市）被处以绞刑。至此，武则天已将其政敌基本诛杀殆尽，为其专权擅政创造了条件。

（四）太子李弘死亡之谜

李弘是武则天所生的第一个儿子，高宗第五子，永徽六年封为代王，显庆元年立为太子。他自幼喜欢读书，曾经令许敬宗、许圉师、上官仪、杨思俭等人“博采古今文集，摘其英词丽句，以类相从”，编成《瑶山玉彩》五百卷，受时人好评[①]。李弘为人宽厚，性格温顺，与其母武则天形成鲜明的对比。比如当时有敕令规定，参加守边和征伐高句丽的兵士如有逃亡者，在规定的期限内如不主动自首，捕获后处斩，家属没官。经李弘奏请，废除了逃亡兵士家属没官为奴的规定。咸亨二年，唐高宗与武则天驾幸东都洛阳，留李弘在长安监国。当时关中大旱，宿卫的兵士所食皆为榆皮蓬实，李弘看到后，悄然令家令寺开仓，每个士兵的家属各给米若干，务使足食。他还请求高宗，将同州（治今陕西省大荔县）沙苑分给贫苦无地的农民。对李弘的所作所为，高宗非常赞赏，曾说：“（李）弘仁孝，宾礼大臣，未尝有过。”[②]

萧淑妃死后，她的两个女儿义阳、宣城公主长期配于掖庭为奴，年近三十（一说四十）而未嫁，李弘看到非常同情，奏请高宗同意后，让她二人出嫁。此事激怒了其母武则天，指使将二人嫁给了宿卫的禁军卫士。由于这些原因，李弘逐渐失去了其母武则天的宠爱。这一时期高宗多病，不能正常理事，所以常令李弘监国，而武则天的权力欲极盛，李弘的存在显然阻碍了她进一步掌控大权，于是便对李弘下手了。关于此事《新唐书·孝敬皇帝传》记载说：“上元二年，从幸合璧宫，遇鸩薨，年二十四，天下莫不痛之。”《旧唐书》本传虽然未载其死因，但同书《肃宗诸子传》却有明确的记载，李泌对唐肃宗说：“臣幼稚时，念《黄台瓜辞》，陛下尝闻其说乎？高宗大帝有八子，睿宗最幼。天后所生四子，自为行第，故睿宗第四。长曰孝敬皇帝，为太子监国，而仁

① 《旧唐书》卷八六《高宗诸子传》，第2828—2829页。

② 《新唐书》卷八一《三宗诸子传》，第3589页。

明孝悌。天后方图临朝，乃鸩杀孝敬，立雍王贤为太子。贤每日忧惕，知必不保全，与二弟同侍于父母之侧，无由敢言。乃作《黄台瓜辞》，令乐工歌之，冀天后闻之省悟，即生哀愍。”[①]关于李弘的死因，有人认为其因病而亡，并非死于武则天之手。史有记载，李弘身体较弱，时常患病，这一点倒是没有问题，问题是关于死因，除了新旧《唐书》有明确的记载外，其他地方均无明确记载。宋代史学家司马光认为此事难明，故在《资治通鉴》卷二〇二中记载此事时写道：“太子薨于合璧宫，时人以为天后酖之也。”也没有持否定的态度。因此，不能断然排除武则天害死李弘的可能。

此外，李弘死后多年，唐中宗神龙元年六月，“祔孝敬皇帝于太庙，号义宗”[②]。其妃裴氏死后，追号哀皇后。李弘作为一个已故的皇太子，生前并没有任何丰功伟绩，为什么在死后，获得了如此之多的追尊之号？如果说追尊其为孝敬皇帝，是其父高宗对早夭儿子的一种哀思的寄托，那么追尊其为义宗，并且一度祔于唐朝太庙之内，其妃又被追尊为哀皇后，恐怕就不仅仅是出于血缘的问题，其中透出的信息很令人玩味，它间接地反映了李弘之死的原因，绝非寻常。

还有一件事，也很值得玩味。据《新唐书·诸帝公主传》载：萧淑妃的女儿义阳公主嫁给权毅，任何种官职却没有记载。高安公主，即宣城公主，下嫁王勖，其后来任颍州（治今安徽省阜阳市）刺史。另据《资治通鉴》卷二〇二记载：义阳、宣城下嫁上翊卫权毅、王遂古。“上翊卫”，即上番的翊卫卫士。两种书所载宣城公主所嫁之人姓相同而名不同，不知是否是同一人。至于王勖任官之事，据《旧唐书·泽王李上金传》载：永隆二年，武则天突然上奏说：“义阳、宣城二公主缘母萧氏获谴，从夫外官，请授官职。”武则天突然大发善心，主要是想通过此举缓和一下舆论对她的压力，并不是真的良心发现。这样做的结果，遂使得这两位公主的丈夫获得了官职，上面提到的王勖所任颍州刺

① 《旧唐书》卷一一六《肃宗诸子传》，第3385页。

② 《资治通鉴》卷二〇八，唐中宗神龙元年六月，第6594页。

史，就是这样得到的。然而，到武则天正式当了皇帝之后，遂又于天授中（690—692）处死了王勖，至于权毅则不知所终。这就说明，武则天对萧淑妃女儿出嫁之事一直耿耿于怀，虽然暂忍一时，最终还是出了一口恶气。

三、太子李贤被杀真相

（一）李贤其人其事

李贤，字明允，为唐高宗与武则天所生的第二子。《新唐书》本传说他“容止端重”，数岁时便能做到读书不忘，故深为高宗所喜爱。高宗曾经对李勣称赞过李贤的聪敏，说他已读过《尚书》《礼记》《论语》等书，并能背诵古诗赋十余篇，凡是读过的书，均能熟记不忘。李贤最初被封为潞王，后来改封为沛王、雍王，并一度改名为李德，领雍州牧、凉州大都督，直到上元元年（674），才又改为李贤。

其兄太子李弘死后，即在上元二年六月，立其为皇太子。由于高宗身体欠佳，所以曾令李贤监国，“贤处事明审，为时论所称”。正因为李贤颇有政治才干，所以高宗在仪凤元年（676）颁敕褒扬李贤说：“皇太子贤自顷监国，留心政要。抚字之道，既尽于哀矜；刑网所施，务存于审察。加以听览余暇，专精坟典。往圣遗编，咸窥壸奥；先王策府，备讨菁华。好善载彰，作贞斯在，家国之寄，深副所怀。可赐物五百段。”[1]从这些记载来看，高宗对这位儿子寄予了深切的希望，希望他能够继承唐朝大统，使大唐王朝的统治得以延续。而李贤在政治上的才干，恰恰是其母武则天最不愿意看到的，其杀身之祸，最主要的原因就在于此。

李贤不仅在政治上有所作为，而且在发展文化事业上也做出了突出的贡献。他召集了当时的学者，如太子左庶子张大安，太子洗马刘讷言，洛州司户格希玄，学士许叔牙、史藏诸、周宝宁等，注释范晔的

① 《旧唐书》卷八六《章怀太子传》，第2832页。

《后汉书》，此书一直流传到今天。此书修成后，受到了高宗的称赞，赐物三万段，并且命令将该书收藏于皇家秘阁。从两《唐书》的记载来看，李贤还撰写了《修身要录》十卷、《列藩正论》三十卷，还创作过《宝庆曲》等六首。说明李贤不仅具有文才、史才，而且还精熟音律，确是一个多才多艺之人。

（二）李贤与武则天的矛盾

李贤被立为太子时已二十二岁，是成年人了，这与其兄李弘被立为太子的情况大不相同，当时李弘年仅数岁，还是一个什么也不懂的孩子。加之李贤在武则天的几个儿子中天分最高，又颇有政治才干，对于热衷于掌控权力的武则天来说，这自然是一个不易控制的人。除了这个最大的原因外，他们母子不和还有一些其他的原因。

李贤出生于永徽五年十二月十七日，当时高宗与武则天前往唐太宗昭陵拜谒，行至途中，产下了李贤。就这点来看，李贤很可能是早产儿，因为如果是正常生产，则高宗不应在武则天临产之时，在数九天冒着严寒带她去谒陵。既然是早产，当与一路的颠簸有直接的关系，同时也使武则天受到了极度的惊吓，很可能由此而使武则天不喜欢这个早产的孩子。而后来发生的事也使李贤不喜欢他的母亲。事情的经过是这样的：宫中有人私下传说李贤是武则天的姐姐韩国夫人所生，“贤亦自疑惧”[①]。韩国夫人嫁给了贺兰越石，生有一男一女，早寡。自从高宗立武则天为昭仪后，韩国夫人作为皇戚也时常出入宫中，由于她相貌美丽，也得幸于高宗。正因为韩国夫人与高宗存在这样的关系，所以宫中才会有这样的传言。还有一件事，也是导致这种传言产生的一个因素，即李贤是在永徽六年正月与其兄李弘一同封王的，当时李贤仅出生一个月，这在唐朝的历史上是极为罕见的。要知道此时的李贤还仅仅是一个昭仪的儿子，并非皇后之子，受到如此待遇，不免使人们怀疑其身份。当然这件事现在已经无法查证清楚了，然由此导致李贤心生疑虑，从而不愿与武则天亲近却完全是有可能的。

---

① 《旧唐书》卷八六《章怀太子传》，第2832页。

上元三年（676），唐高宗因为患有风疾，不能正常理事，打算令皇后武则天摄理国事。将此事交给宰相商议时，中书令郝处俊坚决反对，认为："陛下正合谨守宗庙，传之子孙，诚不可持国与人，有私于后族。"[①]中书侍郎李义琰也反对此事，遂导致此议作罢。皇太子李贤在注释《后汉书》时，收罗了一批学者作为自己的政治势力。仪凤元年，薛元超任同中书门下三品、检校太子左庶子，承担了辅佐太子的责任。不过薛元超是一个"骑墙派"，并非与太子同心同德。仪凤二年（677）三月，高宗命反对逊位于武则天的郝处俊兼太子左庶子，另一宰相李义琰兼太子右庶子，成为东宫的宫僚。次月，又将太子左庶子张大安升任为宰相。这样就使宰相群体中东宫的势力越来越大。仪凤四年（679）五月，高宗再次命太子监国，李贤名正言顺地取得了对国事的处置大权。在这种情况下，武则天感到了空前的政治压力，她面临着身体状况越来越差的高宗去世后大权完全落到李贤手中的危机。

武则天自然十分焦急，她命人撰写了《少阳正范》和《孝子传》，送给李贤去读。"少阳"就是指太子，所以前一书实际上是告诉李贤应该如何做好太子，后一书则是要求李贤要顺从自己，显然武则天是想通过这一办法使李贤能够回到"正常的轨道"上来。并且"数作书诮让之"，即用书信的形式谴责李贤。然而李贤非但不顺从，而且由此产生了抵触情绪，同时还感到了极大的压力，即所谓"太子愈不自安"[②]。武则天与李贤的母子关系越来越紧张，到了一触即发的状态。

（三）李贤被废的真相

这时发生了正谏大夫明崇俨被杀的事件，从而为武则天废去李贤的太子之位提供了一个良机。明崇俨，洛州偃师（今河南省洛阳市偃师区）人。此人好鬼神左道之术，乾封（666—668）初年，应岳牧举，得以任黄安县丞。后因得到高宗的赏识，逐渐升至正谏大夫，并入阁供奉。他曾经为武则天做厌胜之事，因而也深得武则天的赏识。他见太子

① 《旧唐书》卷八四《郝处俊传》，第2800页。

② 《资治通鉴》卷二〇二，唐高宗永隆元年八月，第6397页。

李贤不为皇后所喜，常常密称“太子不堪承继，英王貌类太宗”，又言“相王相最贵”[①]，极力挑拨武则天与李贤的母子关系。英王指李贤的弟弟李显，相王指其弟李旦。仪凤四年五月的一天，明崇俨在夜晚被刺客所杀，一时无法捕获凶手，武则天怀疑是李贤指使人杀死了明崇俨。

由于武则天并无李贤指使人杀死明崇俨的直接证据，于是便寻找其他罪状处置李贤。由于李贤颇好声色，“与户奴赵道生等狎昵，多赐之金帛”[②]，于是武则天指使人告发此事。此类事对于一位皇太子而言本来是微不足道的，武则天自知仅凭此事也不足以扳倒李贤，她的目的在于通过此事的审理，扩大调查范围，寻找除去李贤的其他证据。高宗只好命宰相薛元超、裴炎与御史大夫高智周等审理此案，兴师动众，在东宫大肆搜查，结果在东宫马坊搜得皂甲数百领，作为李贤谋反的证据。赵道生也供称明崇俨是他本人受太子指使杀死的。唐高宗本来就喜爱太子，想要宽宥他。然武则天却说：“作为儿子而怀谋逆，天地所不容，大义灭亲，不可赦免。”于是在永隆元年（680）八月，废去李贤的太子之位，并将其幽禁起来。

这一案件同时还牵连了一大批人，除东宫的许多官员被诛杀外，宰相、左庶子张大安和太子洗马刘讷言等十余人或被贬官或被流放。太宗之子曹王李明和太宗孙嗣蒋王李炜以李贤党羽受到连坐，李明降为零陵郡王，黔州安置，后被黔州都督谢祐奉武则天的命令逼迫自杀；李炜被除名，道州（治今湖南省道县）安置，后来也被武则天所杀。薛元超本为太子左庶子，由于在审理此案中有功，没有追究其责任。当宣布对东宫宫僚免于追究时，薛元超拜舞谢恩；而右庶子李义琰涕泣不止，受到了时人的赞誉。

此案还牵连到李贤的几个幼小的儿子。其子李光顺、李守礼、李守义都被幽禁于宫中，十八年没有走出庭院。后来李光顺被杀，李守义病死，只有李守礼活了下来，并被封为邠王。此人一直活到开元末年，因

① 《资治通鉴》卷二〇二，唐高宗永隆元年八月，第6397页。

② 《资治通鉴》卷二〇二，唐高宗永隆元年八月，第6397页。

在长期的监禁中患了严重的风湿病，能预知晴雨天气，人以为怪。唐玄宗的四弟岐王向其兄报告说：“邠哥有术！”李守礼解释说：“臣无术也，则天时以章怀迁谪，臣幽闭宫中十余年，每岁被敕杖数顿，见瘢痕甚厚。欲雨臣脊上即沉闷，欲晴即轻捷，臣以此知之，非有术也。”[①]说完，泪流不止，玄宗也感到非常伤心。

此事实际上是一桩冤案。首先，李贤谋反证据不足。从东宫马坊搜出的数百领皂甲并不能作为李贤谋反的证据，因为按照唐朝制度，东宫机构中有太子仆寺，下设马坊，且东宫有军事机构十率府，领有一定数量的军队，东宫中拥有一定数量的皂甲完全是正常的情况。《资治通鉴》卷二〇二在记载此事时写道：“于东宫马坊搜得皂甲数百领，以为反具。”从“以为反具”四字的行文语气看，司马光的态度倾向性也是非常明显的。另据《新唐书·高智周传》载：高智周“与薛元超、裴炎同治章怀太子狱，无所异同，固表去位，高宗美其概，授右散骑常侍，请致仕，听之”。高智周审理此案后，为什么还要“固表去位”呢？高宗为什么要对他的这个行为表示赞赏呢？很值得思索。从“无所异同”四字看，说明作为主审官之一的高智周并不能按照案情实事求是地审理，只能和其他审判官一样，按事先定好的调子办事，他本人又不愿承担诬陷太子的责任，所以才辞去官职以表示自己的清白。从高宗对高智周人格的赞赏态度看，说明高宗对此事也有完全不同的态度，但又不能按自己的意志去办，可见此时大权已经旁落了。

其次，李贤杀明崇俨实为诬陷。因为凡记载此事的史籍大都说没有捕获凶手，甚至说“或以为（明崇）俨役鬼劳苦，被鬼杀之”[②]，这种说法当然不可信，但也说明此事确实与李贤无关。唯有《御史台记》说刑部郎中郑仁恭负责审理明崇俨被杀案，“旬余，果获贼矣。朝廷称之”。这段史实见于《资治通鉴》卷二〇二调露元年四月条考异，由于史料中没有说明捕获贼是何人，所以司马光没有采用，而是仍然坚持贼

① 《旧唐书》卷八六《章怀太子传附李守礼传》，第2833页。

② 《朝野佥载》卷三，第66页。

无所获的说法。尽管如此，这条史料也证明了杀死明崇俨者并非李贤指使。至于赵道生供称的他受太子指使杀死明崇俨的记载，极可能是逼供的结果，连武则天自己也不真正相信，不敢公布于众，她在谈到李贤的“罪状”时，也只是说“为人子怀逆谋，天地所不容”。指皂甲之事，并无涉及杀明崇俨的罪行。从常理分析，对李贤地位造成威胁的并非明崇俨，杀死他对巩固自己的地位毫无助益，反而会打草惊蛇，引来更大的祸患，李贤身为太子，聪明过人，怎么会干出如此愚蠢的事呢?

李贤被废后，其弟李显被立为太子。永淳元年，高宗与武则天驾幸洛阳，留太子在长安监国。

（四）谁是杀害李贤的凶手

李贤被废后，先被囚禁在长安宫中，于永淳二年（683）迁往巴州（治今四川省巴中市）安置。据《旧唐书・章怀太子传》载：“文明元年（684），则天临朝，令左金吾将军丘神勣往巴州检校贤宅，以备外虞。神勣遂于闭于别室，逼令自杀。年三十二。则天举哀于显福门，贬神勣为迭州刺史，追封贤为雍王。”从这一记载来看，似乎是丘神勣擅自做主，逼死了李贤，而武则天事先并不知情，所以才追封李贤，并处罚了丘神勣。

然事实并非如此。另据同书《丘神勣传》载：“高宗崩，则天使于巴州害章怀太子，既而归罪于神勣，左迁迭州刺史。寻复入为左金吾将军，深见亲委。”《新唐书》本传所载与此相同。《新唐书・章怀太子传》亦载：“武后得政，诏左金吾卫将军丘神勣检卫贤第，迫令自杀，年三十四。后哀举显福门，贬神勣迭州刺史，追复旧王。”这里所谓的“旧王”，即指李贤原来的封爵雍王。另据《资治通鉴》卷二〇三光宅元年二月条载：“太后命左金吾将军丘神勣诣巴州，检校故太子贤宅，以备外虞，其实风使杀之。”同年三月条载：“丘神勣至巴州，幽故太子贤于别室，逼令自杀。太后乃归罪于神勣。”根据以上记载可以看出，杀害李贤的元凶应是武则天，丘神勣只不过是一个帮凶而已。

为什么武则天要在此时杀死李贤呢？原来在此之前，唐高宗死后，太子李显即位仅仅一月有余就被武则天废为庐陵王，另立相王李旦为皇帝，居于别殿，不得预政，武则天则临朝称制。此举使天下震动，重臣刘仁轨以汉朝吕后事相劝诫，禁军飞骑中有人因散布不满情绪被捕获诛杀。与此同时，又贬逐了一批宗室，如李上金、李素节、李重照等人，都是在此时被贬逐的。为了防止有人借拥立李贤之名反对自己临朝称制，所以武则天才急忙遣丘神勣赴巴州除掉李贤。后来徐敬业举兵造反时，曾派人找了一个相貌与李贤相似的人，然后对其众说："贤不死，亡在此城中，令吾属举兵。因奉以号令。"[①]可见武则天还是有先见之明的。

神龙元年，武则天垮台，唐中宗复位，追赠李贤为司徒，并派人将其灵柩从巴州迁回，陪葬于乾陵。唐睿宗即位后，又追赠其为皇太子，谥号章怀。

四、高宗之死

（一）从上官仪被杀说起

武则天在摧垮了以长孙无忌为首的政敌后，就开始积极地干预朝政了。而高宗性格懦弱，无法加以控制，早在显庆四年就已经出现了"自是政归中宫矣"[②]的记载。自显庆五年十月起，唐高宗因为患有风眩头重之疾，犯病时往往目不能视，因此，百官奏事多委武后决断。"后性明敏，涉猎文史，外事皆称旨。由是始委以政事，权与人主侔矣"[③]，这样就给了武则天名正言顺地参与朝政的权力。在此后近二十年中，武则天一步步地加强自己的权势，而唐高宗则大权旁落，宫中号两人为"二圣"。

武则天入宫之初，尚能够"屈身忍辱，奉顺上意"，高宗对其非常满意，于是才力排众议立其为皇后。当皇后之初，她虽然也频频干预

① 《资治通鉴》卷二〇三，则天后光宅元年九月，第6424页。

② 《资治通鉴》卷二〇〇，唐高宗显庆四年八月，第6317页。

③ 《资治通鉴》卷二〇〇，唐高宗显庆五年十月，第6322页。

朝政，但尚不敢公然违背高宗的意志。等到她铲除政敌、拥有了自己的政治势力后，便开始作威作福，“上欲有所为，动为后所制，上不胜其忿”[①]。当时有个道士名叫郭行真，经常出入宫中，行厌胜之术。宦官王伏胜遂将此事报告了高宗，高宗大怒，密召西台侍郎、同东西台三品上官仪商议此事。上官仪乘机进言：“皇后恣意专权，海内多有议论，不如废之。”高宗表示赞同，于是命上官仪起草废后诏书。这一时期武则天已经在高宗左右安排了自己的心腹，于是马上有人将此事报告了武则天。武则天见事情紧急，急忙赶到高宗居住的宫中。这时起草好的诏书尚在高宗面前，“上羞缩不忍，复待之如初”。他又担心武则天怨怒，便说：“我初无此心，皆上官仪教我。”[②]把责任全部推到了上官仪身上。

上官仪早年在故太子李忠为陈王时，曾在陈王府任咨议参军；王伏胜则在李忠为太子时，在其宫中做事。于是，武则天认为他们二人都是李忠的死党，遂指使许敬宗诬告上官仪、王伏胜与李忠勾结，谋大逆。于麟德元年（664）十二月，将上官仪下狱处死，上官仪之子上官庭芝与王伏胜皆被诛杀，籍没其家。接着，又将李忠赐死于流放之所。右相刘祥道并未参与此事，因为与两人关系密切，而被贬为司礼太常伯。又将左肃机郑钦泰等一批朝官或贬官，或流放，原因就是他们与上官仪关系较为密切。

从此以后，高宗每次坐朝，武则天则垂帘于后，政无大小，皆与闻之。“天下大权，悉归中宫，黜陟、杀生，决于其口，天子拱手而已。”[③]上元元年八月，高宗称天帝，武则天则称天后。次年三月，高宗的病情进一步加剧，朝政完全归于天后。高宗还打算下诏令武则天摄国政，由于中书侍郎郝处俊的进谏而未行。弘道元年（683）十二月，高宗病死，遗诏太子李显即皇帝位，同时规定：“军国大务不决者，兼取天

---

① 《资治通鉴》卷二〇一，唐高宗麟德元年十月，第6342页。
② 《资治通鉴》卷二〇一，唐高宗麟德元年十月，第6342页。
③ 《资治通鉴》卷二〇一，唐高宗麟德元年十二月，第6343页。

后进止。”①

客观地说，由于唐高宗身患重病，朝政多依靠武则天决断，而武则天果敢明敏，颇有政治才干，唐朝的国事得以在正常的轨道运行，社会生产得以顺利发展，这一切都与武则天的努力分不开。这一时期虽然数次换易太子，而高宗也确实数次令太子监国，可是除了章怀太子李贤尚具有一定的政治才干外，高宗的其余诸子皆才能平平，包括后来的中宗、睿宗皇帝在内，皆是如此。因此，李唐皇室有武则天这样的成员，虽然从保持皇室内部的稳定和平安的角度看，应该是一个很大的不幸；但从保持国家政事的正常运转和社会的稳定发展的角度看，则是大幸。

（二）魏国夫人死亡之谜

武则天的姐姐韩国夫人早年守寡，生有一男一女，其子即贺兰敏之，其女即魏国夫人。韩国夫人与武则天一样以美貌而著称，由于她与武则天是姐妹关系，所以经常以大姨的身份出入宫廷，由此得到唐高宗的宠爱，她去世时，高宗非常哀恸。

韩国夫人的女儿也与其母一样美貌，被称为“国姝”。韩国夫人去世后，她遂被封为魏国夫人，也经常出入宫中，同样受到了高宗的宠幸，高宗一度还想把她纳入宫中，正式封为嫔妃，因为担心武则天反对，所以一时决断不下。此事使得武则天妒火中烧，非常生气，为了保住自己的地位，她决定对其采取断然的行动。

乾封元年八月，武则天终于等来了一次良机。前面已经说过，武士彟的前妻所生的儿子武元庆、武元爽以及武士彟兄之子武惟良、武怀运等，在武士彟死后，皆对其后母杨氏及其女儿非常刻薄，杨氏也对他们非常怨恨。武则天当了皇后后，杨氏被封为荣国夫人，武惟良从始州长史升为司卫少卿，武怀运自瀛州长史升为淄州刺史，武元庆自右卫郎将升为宗正少卿，武元爽从安州户曹参军升至少府少监。荣国夫人曾置酒宴，对武惟良等人说：“颇忆畴昔之事乎？今日之荣贵复何如？”谁知武惟良等人竟然不买账，口出不逊之言，使得荣国夫人非常不高兴。此

① 《新唐书》卷四《则天皇后本纪》，第82页。

事被武则天知道后，于是请求高宗将武惟良等人外放到偏远之州任职，“外示谦抑，实恶之也”[①]。武元庆到任后，忧虑而死；武元爽因事被流放到振州而死。

在泰山举行封禅大典时，按例诸州刺史都要到泰山参加大典，并朝觐皇帝，武惟良、武怀运参加完大典后，跟随皇帝到了长安。于是武则天在武惟良等人所献的食物置毒，让魏国夫人食之，致使其丧命，然后又归罪于武惟良、武怀运，将二人诛杀。武则天此举，一箭双雕，既铲除了与她争宠的年轻甥女，又报了曾经欺凌过她们母女的堂兄弟之怨仇。事情至此，杨氏与其女武则天还不解恨，又将惟良等改姓为蝮氏。武怀运之兄武怀亮早亡，其妻善氏当年对荣国夫人最为无礼，于是将她没入掖庭为奴，终日鞭打，直至肉尽见骨而死。

此事做得非常诡秘，高宗也被瞒过了，他在伤感之余，却也无可奈何。武则天虽然报了私怨，却造成武士彟没有后嗣的结局，于是又奏请高宗，将其姐之子贺兰敏之立为武士彟之后嗣，改姓武氏，袭封周国公。这是一件非常奇怪的事，尽管武元庆、武元爽已死，但其子侄仍然存在，然而让一个外孙来继承宗祀，于古代宗法制度颇为不合。也许武则天认为他们已改为蝮氏，不可为武士彟之后嗣。高宗对魏国夫人之死非常伤感，出于对她的怀念，也就同意了这种安排。

不过，使武则天没有想到的是，贺兰敏之并没有因此而对她感恩戴德。魏国夫人刚刚死亡不久，高宗见到贺兰敏之时，悲伤地说：“我出去坐朝之时，她尚无恙，退朝后已经救之不及，为何如此之快？”贺兰敏之只是号哭而不说一句话。武则天见此状况，心想“此儿疑我”，“由是恶之”，遂产生了铲除贺兰敏之的想法。[②]

贺兰敏之是一位风度翩翩的美少年，曾与其外祖母荣国夫人有过不正当的关系。武则天的女儿太平公主当时年幼，往来于荣国夫人之家，尽管有宫女随行，贺兰敏之胆大妄为，竟强逼其欲行不轨之事。荣国夫

① 《资治通鉴》卷二〇一，唐高宗乾封元年八月，第6349页。

② 《资治通鉴》卷二〇二，唐高宗咸亨二年四月，第6367页。

人死后，他不但不悲伤，竟然拥妓奏乐，还将用来造佛像为荣国夫人追福的大瑞锦私自隐没，引起了武则天的不满。司卫少卿杨思俭的女儿，有美色，高宗与武后选为太子李弘之妃，已经开始筹备婚礼了，却被贺兰敏之强行奸污，于是武则天上表请求对贺兰敏之严加罚处。咸亨二年六月，颁敕将贺兰敏之流放雷州（治今广东省雷州市），并恢复其本姓。行至韶州（治今广东省韶关市西南），以马缰自缢而死。

贺兰敏之死后，遂将流放到岭南的武元爽之子武承嗣召回，拜尚衣奉御，承袭了其祖父武士彟的周国公爵位。

（三）高宗之死与营建乾陵

弘道元年十二月四日，唐高宗死于洛阳宫的贞观殿，终年五十六岁。同月十一日，皇太子李显即位于柩前，尊武则天为皇太后。

关于唐高宗之死，宋代著名史学家司马光认为武则天应负很大的责任。这年十一月，高宗病危，头痛难忍，目不能视，召侍御医秦鸣鹤诊治。秦鸣鹤请求刺头出血，其病可愈，武则天在帘后大怒说：“此可斩也，乃欲于天子头刺血！”司马光在这里强调了一句，点明武则天阻止的原因，“不欲上疾愈”。高宗说：“但刺之，未必不佳。”于是用针刺百会、脑户两个穴位，高宗的眼睛立马复明，头也不痛了。为了掩饰自己，武则天亲自拿出了彩绢百匹赐给了秦鸣鹤。[①]秦鸣鹤此举虽然减轻了唐高宗的痛苦，但并不等于根治了病患，一月后，高宗终于撒手而去。

关于唐高宗的患病情况，前面已经论到了，他自显庆五年患病以来，经常复发，且情况一次比一次严重。因此高宗是因病而死，这一点应是毋庸置疑的。至于武则天是否有意拖延不治，致使高宗病情加重，不治而亡，因史料缺乏，不好论定，只好存疑待定了。

高宗死后葬于何处，在朝廷中是有争议的。高宗在临死之前，曾对侍臣说过：“上天若能延长我一二月之命，得还长安，死无所憾。”可见高宗是有西归之意的。新科进士陈子昂认为，关中人多地狭，又遭饥

① 《资治通鉴》卷二〇三，高宗弘道元年十一月，第6415页。

荒，田地荒芜，不能供给千乘万骑的食宿，也不堪凿山采石的劳役。东都富庶，人杰地灵，是设置陵寝的最佳地方。武则天还是坚持按照高宗的遗愿，决定灵柩西返。

前面简要介绍过，我国古代帝王陵墓主要有两种形式，一种是堆土成陵，一种是因山为陵。所谓堆土成陵，就是在平地上掘坑，下葬后垒土成丘，以为坟垅，如著名的秦始皇陵就是如此；所谓因山为陵，就是凿山为窟，以山为冢，汉文帝的霸陵和唐太宗的昭陵就是此类代表。武则天认为因山为陵坚固牢靠，高大雄伟，决定营造这种陵墓。

此事决定后，武则天遂派卜陵使前往关中勘察地形，选定陵址。古代帝王的陵墓大都在都城的北面，唐高祖、唐太宗的陵墓也均在渭水之北，于是便把注意力集中在渭北山系。经过认真地选择比勘后，最后选中了梁山。梁山位于长安西北，海拔1047.9米，位于唐太宗昭陵的所在地九嵕山之西，武水环其西，北连丘陵，南接平原，孤峰突起，为形胜之地。由于其地处长安西北的“乾”地，所以取名为乾陵。

武则天命吏部尚书韦待价为山陵使，征发兵民十余万动工营建乾陵。由于组织得法，督促甚急，经过半年的日夜施工，便基本完成了这一巨大的工程。乾陵的建筑包括地下宫殿和地面城阙，地面建筑主要有城墙、城门、献殿、寝殿、游殿、阙楼等，主要用于保护陵寝和祭祀。地下宫殿则用于安放棺椁和殉葬品。城墙分内外两重，内城保护地宫，以夯土筑成；外城城墙是陵园的外部屏障，周长四十千米。乾陵的内城四门外，有石狮各两尊。神道两旁有华表二、翼马二、朱雀二、仗马二、翁仲二十、碑一。在朱雀门内献殿稍前两侧，立有六十一尊宾王石像。

在外城西南部还建有下宫，以象征死者的离宫。在外城西部建有临川亭，以供死者“游幸”。在外城南六里处有乾陵署，为陵墓的管理官吏居住和办公所建。

文明元年五月十五日，高宗的灵柩在其子睿宗（此前中宗李显已被废）及群臣的保护下，离开了洛阳。武则天本人则留在洛阳主持政务。六月灵柩到达长安，由于乾陵尚未营建完毕，遂殡高宗灵柩于太极殿之西阶，供长安官吏吊谒。直到八月十日，方才将灵柩移到乾陵安葬。

五、中宗为何被废

唐章怀太子墓打马球壁画局部

中宗李显生于显庆元年十一月，次年被封为周王，授洛州牧。这种官职对幼小的皇子来说，均为遥领，并不莅职。仪凤二年，改封英王，改名李哲。章怀太子李贤被废，遂立其为皇太子。高宗死后，即皇帝位于洛阳，史称中宗。

嗣圣元年（684）正月，立太子妃韦氏为皇后，同时将韦后父韦玄贞自普州参军升为豫州刺史。仅仅十天，中宗又要任命韦玄贞为侍中，即宰相，还要授给其乳母之子五品官。时裴炎受高宗遗命，辅佐中宗，他认为这样做很不妥当，遂出面力争。中宗怒曰："我以天下与韦玄贞何不可！而惜侍中邪！"[①]裴炎退出后，马上去找武则天，商议废帝之事。

裴炎主张废帝，是因为担心得罪了皇帝，将会对自己不利。可是他胆敢公然去找皇帝的母亲商议此事，说明他已摸准武则天的心理，知道这样做不仅不会有任何风险，反而会得到皇太后的大力支持。为什么武则天会同意废去自己亲生儿子的帝位？这在常人完全是不可理解的，可是对武则天来说，则是难得的好机会。武则天早在高宗时就已控制了朝

① 《资治通鉴》卷二〇三，则天后光宅元年正月，第6417页。

廷大权，其子即位后，并不能影响她控制朝政，她之所以同意这样做，根本原因就在于她并不满足于垂帘听政，而是要从幕后走向前台，最终登上皇帝的宝座。

有一件事很能反映武则天此时的心理变化情况。高宗死于弘道元年十二月四日，遗命太子于柩前即位。可是时过七日，仍未有新帝举行即位仪式的消息。宰相裴炎心急如焚，急忙去找武则天，要她下令中书、门下两省尽快举办典礼，使新帝早日即位。同月十一日，太子才得以即皇帝位。武则天的这种态度，说明她并不希望有一个新皇帝出现，她在等待局势出现某种变化。可惜的是，此时的条件尚不成熟，拥戴她当女皇的势力尚未完全形成，没有人敢冒天下之大不韪，提出让她代替高宗之子即位当皇帝。

客观地说，中宗李显并不是一个才干突出、励精图治的皇帝，从一定程度上说他是一个比较昏庸的帝王。他在即位之初，就不顾一切地提升其岳父的地位，毫无疑问，是一个错误的决定。不过，仅凭这一点还不足以废去其皇帝之位，而且武则天完全有权纠正他的决定，但是武则天并没有这样做。

嗣圣元年二月六日，武则天以皇太后的名义召集百官于乾元殿，裴炎、中书侍郎刘祎之及羽林将军程务挺、张虔勖等率禁军入宫，宣布太后令，废中宗为庐陵王，扶其下殿。中宗还不服气，质问道："我有何罪？"武则天斥责说："你欲将天下送与韦玄贞，何得无罪？"就这样中宗仅仅当了一个多月的皇帝，就被自己亲生母亲赶下了台。

不久，流放韦玄贞于偏远的钦州（今广西省钦州市东北），迁庐陵王于房州安置。

六、为何说睿宗是傀儡

中宗被废后，武则天遂立其幼子豫王李旦为皇帝，史称唐睿宗。李旦是唐高宗的第八子，龙朔二年六月生于长安。初名李旭轮，后又先后改名为李轮、李旦。初封殷王，领冀州大都督、单于大都护、右金吾卫大将军；乾封元年，改封豫王；总章二年（669），改封冀王；上元二年，改封相王；仪凤三年（678），又改封为豫王。

李旦虽然登上了皇帝宝座，但政事仍决于皇太后，李旦居于别殿，不许过问朝廷的任何政务，实际上不过是一个傀儡而已。

据史书记载，李旦自幼刻苦学习，书法水平较高，善于撰写草书与隶书，他还喜爱训诂之学，应该说李旦要比他的哥哥李显强得多。而且他很有见识，知道形势对己不利，懂得韬晦之术。既然母亲不让自己过问政事，索性乐得清闲，绝不结交臣僚，也不上殿坐朝，并且率王公百官向其母上尊号，表示自己很有孝心。正因为睿宗一味地退让，于是武则天也就放心地临朝理政了，史载："自是太后常御紫宸殿，施惨紫帐以视朝。"①

武则天的这种做法，在朝臣中还是有不同意见的。武则天令刘仁轨留守长安，将关中政事完全委托给他。但是刘仁轨并不领情，他上疏说自己年老恐怕不堪重任，并且以西汉吕后专权导致覆败之事为例，劝告武则天要汲取历史教训，还政于睿宗。武则天非但没有生气，反而命秘书监武承嗣带玺书前往安抚，大意是说："今皇帝居丧期间，不便理政，所以我才代其辛劳。吕后之事被后世所笑，您以此为例劝诫于我，忠贞之操，劲直之风，古今罕比。我初闻此事，也深震惊。静而思之，确实应该作为借鉴。公乃先朝重臣，希望以江山社稷为重，不要以暮年请辞。"为了安抚人心，她还提拔了拥立睿宗的刘祎之为宰相，对程务挺等老将也屡加赏赐。她的种种手段，使得局面得以稳定下来。

正是由于睿宗一味采用韬晦之术，才使得其生命得以保全。在他任皇帝期间，武则天采取了一系列行动，为自己能最终登上皇帝之位而不遗余力，睿宗不仅没有表示丝毫的不满情绪，反而率群臣带头劝进。当然这种行为也有不得已的因素在内。办完高宗的丧事后，为了平息舆论，武则天假意让睿宗临朝理政。睿宗因为有其兄的前车之鉴，如何敢接受此事？遂马上表示自己能力不足。于是武则天便有理由继续执政下

① 《资治通鉴》卷二〇三，则天后光宅元年正月，第6419页。

去了。武则天当上皇帝以后，睿宗被降为皇嗣（即太子）。即使如此，李旦也不敢有丝毫的怨言。

尽管睿宗对武则天百依百顺，可是武则天并没有因此而放松对他的监视与猜忌。宰相刘祎之对武则天临朝称制很不满意，曾将自己的想法告诉了凤阁舍人贾大隐，谁知贾大隐竟是一小人，为了自己升官发财，不惜出卖同僚。他将此事密告武则天，刘祎之遂被下狱问罪。刘祎之初下狱时，李旦知其冤枉，上疏为其辩护。刘祎之的亲友知道后，都向他表示祝贺。刘祎之深知武则天的秉性，便说："这是促我速死也！"果然，武则天见疏大怒，下令处死了刘祎之。刘祎之临死前，神色自如，自草谢表。麟台郎郭翰、太子文学周思钧称赞了其表文几句，就被武则天贬到偏远之地任职。

不仅如此，李旦的后妃也不免遭到杀身之祸。其皇后刘氏，早年嫁给李旦为妃，生宁王及寿昌、代国两位公主。李旦即皇帝位后，立刘氏为皇后。武则天称帝后，她又被降为妃。长寿二年（693），她与李旦的另一妃子窦氏一同被召入宫中，从此以后便失踪了，再也没有回来。原来她们二人被户婢诬告，说她们挟蛊道祝诅咒武则天，因此才被召入宫中杀害，然后秘密埋葬。窦氏生了唐玄宗及金仙、玉真两公主，李旦为相王时，纳其为孺人，李旦当了皇帝后，进位德妃。唐睿宗再次即位后，为了寻找其遗骨，花了很大精力，始终没有找到。只好招魂葬于东都之南，取名靖陵。后来由于其亲生子李隆基当了皇帝，所以在睿宗死后，追尊其为皇太后。并将窦氏与刘氏一同祔葬于睿宗的桥陵，当然也只能是招魂葬之。

七、武则天是怎样当上皇帝的

（一）镇压反叛

武则天废去中宗，另立睿宗之后，改元文明。虽然她一再声称自己是代皇帝执政，同时又吸取与李贤斗争的经验，立李旦妃刘氏为皇后，立李旦长子李成器为皇太子，又对宰相班子进行改组，提拔了一批新人。但这一切都没有平息人们对她的疑虑，尤其是唐宗室人人自危，朝廷内外疑云重重，气氛非常紧张。不久，就发生了扬州起兵之事，公开打出了反武的旗号。

这次起兵是徐敬业领头干起来的。他是唐朝功臣李勣的孙子，李勣原名徐世勣，因功大被唐朝皇帝赐姓李，因此有的书也称徐敬业为李敬业。徐敬业少年时善于骑射，走马如飞，练就了一身好武艺，且富于胆略。他曾随其祖父作战，以勇敢著称。入仕以后，历任太仆少卿、眉州（治今四川省眉山市）刺史等，袭爵英国公。由于其敢作敢为，引起了其祖父的忧虑，曾经说过："然破我家者必此儿。"①

嗣圣元年（684），徐敬业坐赃被贬为柳州（治今广西壮族自治区柳州市）司马，其弟徐敬猷时任盩厔县令，也受牵连而被免官。兄弟二人与前盩厔县尉魏思温一同南下，在扬州时遇到了被贬官的前给事中唐之奇、詹事府司直杜求仁及临海县丞骆宾王等。大家熟人相见，又同病相怜，越说越气愤，越说越感到前途渺茫。于是决定以匡复庐陵王为名，起兵反对武则天。

他们设计以谋反罪名抓了扬州长史陈敬之，而后徐敬业乘官驿车而来，冒充新任的扬州司马，声称奉密旨讨伐高州刺史冯子猷。他们打开府库取出财物，放出囚徒，驱使丁役和铸钱工匠等数百人为兵，占据了扬州。

扬州地处南北大运河与长江的交汇处，距出海口也不远，是当时国内外重要的交通枢纽，经济十分繁荣，时有"扬一益二"的说法，也就是说富庶发达程度，扬州为天下第一，益州（成都）则为第二。隋、唐两朝长安与洛阳的粮食与物资主要依赖扬州转运供给，控制了扬州就等于控制了唐朝的经济命脉。

徐敬业在扬州起兵后，北面有楚州（治今江苏省淮安市西南）司马李崇福领导的山阳、盐城、安宜三县起兵响应，楚州唯一没有响应的盱眙县，不久也被徐敬业部将尉迟昭攻陷了都梁山，这样就打通了苏北

① 《隋唐嘉话》卷中，第34页。

邗沟段的运河。在十余日内，徐敬业就聚集了十几万人的军队，声势浩大，给予武则天极大的震撼。

徐敬业的起兵性质属于军事反叛，他们这一批人大都是政治野心家，起兵的目的并不在于讨伐武则天，扶持庐陵王，而是想搞分裂割据，因此完全是一次逆历史潮流而动的行动。为了获得舆论的支持，由骆宾王起草了一篇著名的《讨武瞾檄》，文采斐然，很值得一读，其中写道：

> 伪临朝武氏者，人非温顺，地实寒微。昔充太宗下陈，尝以更衣入侍，洎乎晚节，秽乱春宫，密隐先帝之私，阴图后庭之嬖。入门见嫉，蛾眉不肯让人；掩袖工谗，狐媚偏能惑主。践元后于翚翟，陷吾君于聚麀。加以虺蜴为心，豺狼成性，近狎邪僻，残害忠良，杀姊屠兄，弑君鸩母。人神之所同嫉，天地之所不容。……公等或家传汉爵，或地协周亲，或膺重寄于爪牙，或受顾命于宣室。言犹在耳，忠岂忘心？一抔之土未干，六尺之孤何托？倘能转祸为福，送往事居，共立勤王之师，无废旧君之命，凡诸爵赏，同裂山河。请看今日之域中，竟是谁家之天下！[①]

这篇极尽谩骂攻击之能事的檄文，在当时的确产生了一定的影响。据载武则天看到之后，竟丝毫没有动怒，反而询问作者是谁。当她得知为骆宾王所撰后，竟说了一句：“宰相之过也。人有如此才，而使之流落不偶乎！”[②]她的这一宽宏大量的行为，千百年来竟成为一段佳话。

面对突发的战争，宰相裴炎认为时机到来了，他要利用徐敬业起兵的机会，迫使武则天归政，扶持睿宗上台。当武则天召他入宫征询消

① 《旧唐书》卷六七《李勣传附敬业传》，第2490—2491页。

② 《资治通鉴》卷二〇三，则天后光宅元年九月，第6424页。

灭叛乱的办法时，裴炎提出：皇帝年长，不亲政事，使得此辈得以为借口。如果太后归政，则叛乱不讨自平。武则天听后，怒火中烧，认为裴炎与徐敬业勾结，里应外合，于是下令将裴炎抓起来，并将其处死。然后她命左玉钤卫大将军李孝逸为扬州道大总管，殿中侍御史魏元忠为监军，率兵三十万，浩浩荡荡，南下讨伐徐敬业。

这一时期叛军内部在选择发展方向方面产生了分歧。徐敬业的主要谋士魏思温主张渡淮北上，直攻洛阳，这样将会获得更多不满武则天统治的人的支持，并认为这是最上策。但大多数人认为不如先占据金陵，南取常、润（治今江苏省镇江市）等州，以长江为险，可以建立割据，图谋所谓的霸业。这一战略方向的错误选择，使这批野心家走上了失败的道路，同时也给予武则天充分的准备时间来调动军队做好军事讨伐。

战幕在都梁山拉开，官军初战失利，调整部署后击败了叛军，最后在高邮（今属江苏省）与徐敬业所率的主力进行决战。经过艰苦的战斗，官军击败了徐敬业的主力，斩首七千余级，溺死者不计其数。徐敬业、徐敬猷、骆宾王等逃到了江都，想渡海出奔高丽，却因为风阻不能出航。而朝廷大军日益逼近，徐敬业的部将见势不妙，遂将他们斩首后投降，余党唐之奇、魏思温等也被捕获，传首东都。此次叛乱前后历时四十多天，虽然来势汹汹，却未造成大的破坏，从而使武则天度过了一生中最大的一场军事危机。另外，此次平叛战争的胜利，避免了再次出现南北分裂割据的局面，使唐朝社会经济的恢复发展不至于中断，从而为日后开元盛世的出现创造了必要的条件。

武则天面临的另一场叛乱，便是以越王、豫州（今河南省）刺史李贞为首的李唐宗室的起兵。在此之前，武则天给自己加上了一个“圣母神皇”的尊号，虽然她尚未公然废去睿宗的皇帝地位，但是几乎所有的李唐宗室都已看透这是她“潜谋革命”、改朝换代的一个信号，因而惶惶不可终日。为了保住李唐王朝的江山不至于落入他人之手以及维护身家性命的安全，在他们看来除了起兵反抗外，已经别无良策了。

首先密谋起兵的是唐高祖的第十一子韩王李元嘉，他的母亲是隋朝大将宇文述的女儿，很得唐高祖的宠爱。李渊的原配窦氏死后，李渊在称帝后一直没有再立皇后，曾打算立宇文氏为皇后，但事情没有办成，从而使李元嘉失去了成为太子的可能。由于他在宗室中辈分极高，所以武则天在临朝称制时，封其为太尉，位极人臣，但却外放为绛州（治今山西省新绛县）刺史，不使其在朝中掌握实权。徐敬业起兵时，武承嗣曾建议除去韩王及其同母弟鲁王李灵夔，因裴炎的阻止而未成。这种朝不保夕的生活使韩王等人饱受煎熬。武则天在革唐之命的道路上得寸进尺，使韩王觉得不能再等待了，必须尽快举兵，迎还中宗。垂拱四年（688）七月，韩王之子、黄公李譔致书于越王李贞，鼓动其早日举兵。他又伪造皇帝玺书给李贞之子博州（治今山东省聊城市东北）刺史琅琊王李冲，称睿宗已被囚禁，诏诸王前来救驾。李冲也伪造皇帝玺书，命博州长史萧德琮召募士卒，并分报韩、鲁、霍、越、纪等王，各自起兵，共赴东都洛阳。

除了以上唐朝宗室外，参与此事的还有唐高祖的女儿常乐公主及其丈夫寿州（治今安徽省寿县）刺史赵瓌、越王李贞的女婿汝南县丞裴守德、唐高宗的女儿太平公主的丈夫驸马都尉薛绍及他的两个哥哥薛顗、薛绪。

但是并不是所有的宗室都积极地参与了起兵，比如李贞的叔伯兄弟、鲁王李灵夔之子范阳王李蔼便是其中的一个，他不但没有积极参与起兵，反而向武则天告密，从而使事情过早地暴露了。

在这种局势下，琅琊王李冲在没有准备妥当的情况下，便匆忙地起兵了。李冲于八月十七日起兵，其父李贞于当月二十五日举兵响应。由于其他诸王尚未准备充分，事出仓促，只好暂时按兵不动。越王李贞父子虽然举事，但兵力寡弱，人心不齐，与武则天一方比较，实力相差悬殊。得知越王父子举兵的消息后，武则天命清平道大总管丘神勣和中军大总管麴崇裕各率大军征讨，很快便击败了反叛的军队，迅速平定了叛乱。李冲本人被其部下所杀，李贞不愿被俘受辱遂饮药而死。事后穷治越王余党，牵连而死者达两千余人。

事平后，武则天命酷吏周兴审讯宗室诸王，将韩王李元嘉、鲁王李灵夔、黄公李譔、常乐公主等全部抓到洛阳，然后逼迫其自杀。又将虢王李凤的儿子申州刺史东莞郡公李融及薛顗、薛绪、薛绍、江都王李绪、殿中监裴承先等处死，其中薛绍因为是武则天之女太平公主的丈夫，杖一百，饿死于狱中，总算落了个全尸。霍王李元轨被流放到黔州，行至陈仓时死于半途。

武则天对李唐宗室的这次胜利，证明已经无任何强大的政治力量可以和她抗衡，在改唐为周的道路上，已经不存在大的障碍了，剩下的事便是如何弹压反对者，大造舆论，安排程序，风风光光地登上皇帝的宝座了。

（二）酷吏政治

武则天登上女皇宝座的过程中，来自朝廷内部反对的声音从来就没有间断过，有的人以灾变要求武则天交权，有的人不愿自己的亲人“事女主”，有的人谋划如何迎归庐陵王。正因为如此，所以武承嗣提出“尽诛皇室诸王及公卿中不附己者”[①]时，武则天也没有表示反对。如何才能铲除反对者？除了出兵讨伐公开的反对者外，对于分布在全国各地及朝廷中的反对者，最有效的莫过于利用酷吏，采用残酷镇压的办法了。

从文明元年废中宗为庐陵王起，武则天就开始推行酷吏政治，大规模的滥刑开始施行了。这年二月，中宗刚刚被废，有十余名飞骑军士在一起饮酒，当中有一人大发牢骚，说早知道废掉中宗没有赏赐，还不如拥戴庐陵王。其中另一人马上出面报告，武则天命令捕杀了这些人，除了发牢骚者被处以死刑外，其余人等属于知情不报也被处以绞刑，告发者却得到了五品官的奖赏，告密之风由此而兴起。

垂拱二年（686）三月，武则天在朝堂上设置了铜匦，名义上是征求对朝政得失的意见，主要目的却是接受天下密奏，以了解民间之事，显然是为了加强政治控制。她还规定：“有告密者，臣下不得问，皆给驿

① 《旧唐书》卷一八三《武承嗣传》，第4729页。

马，供五品食，使诣行在。虽农夫樵人，皆得召见，廪于客馆，所言或称旨，则不次除官，无实者不问。”[①]这一政策推行的结果，使得四方告密者蜂起，形成了百官人人自危、重足屏息的恐怖局面。

告密制度实行的结果之一，就是物色了一批酷吏。仅《旧唐书·来俊臣传》就罗列了二十七名酷吏的名字，他们是刘光业、王德寿、王处贞、屈贞筠、鲍思恭、刘景阳、丘神勣、来子珣、万国俊、周兴、来俊臣、鱼承晔、王景昭、索元礼、傅游艺、王弘义、张知默、裴籍、焦仁亶、侯思止、郭霸、李敬仁、皇甫文备、陈嘉言、唐奉一、李秦授、曹仁哲等。他们有的人网罗无赖数百人，到处打探，专以告密为事；有的人编写了《告密罗织经》一书，用来教授下属如何网罗无辜，织成反状，构造布置，使人无法辩白；还有的人诉讼一人，马上能牵连上百人，致使监狱人满为患。他们还创制了各种各样残酷的刑具用来拷问囚犯，有所谓“定百脉”“喘不得”“突地吼”“著即承”“失魂魄”“实同反”“反是实”“死猪愁”“求即死”“求破家”等名目。“讯囚引枷柄向前，名为驴驹拔橛；缚枷头着树，名曰犊子悬车；两手捧枷，累砖于上，号为仙人献果；立高木之上，枷柄向后拗之，名玉女登梯。”[②]这些骇人听闻的酷刑，使囚犯见者往往汗流浃背，望风自诬。来俊臣在洛州牧院和皇城丽景门内设制狱，“俊臣每鞫囚，无问轻重，多以醋灌鼻，禁地牢中，或盛之瓮中，以火圜绕炙之，并绝其粮饷，至有抽衣絮以啖之者。又令寝处粪秽，备诸苦毒。自非身死，终不得出”[③]。因此丽景门竟被称为“例竟门”[④]。当时公卿上朝，必与家人告别说：“不知重相见不？”[⑤]由于酷吏滥用刑拷，所以其所办案件绝大多数都是虚枉不实的冤案，所谓“及其穷竟，百无一实”[⑥]。

---

① 《资治通鉴》卷二〇三，则天后垂拱二年三月，第6438—6439页。

② 《朝野佥载》卷二，第36页。

③ 《旧唐书》卷一八六上《来俊臣传》，第4838页。

④ 《太平广记》卷二六七《来俊臣》，第2098页。

⑤ 《旧唐书》卷一八六上《来俊臣传》，第4838页。

⑥ 《通典》卷一七〇《刑法典八》，第4429页。

这些酷吏们先后办了许多大案，如章怀太子李贤案、宰相裴炎案、徐敬业起兵案、刘祎之案、杨初成案、李孝逸案、冯元常案、郝象贤案、越王李贞等宗室起兵案、蹇味道案、鄱阳公李諲案、纪王李慎案、徐敬真案、魏玄同案、黑齿常之案、嗣郑王李璥案、韦方质案、江融案、范履冰案、泽王李上金案、许王李素节案、裴居道案等。这许许多多的大案，每起案子都牵连了大批人员，被诛杀者不计其数，使一大批皇室宗亲、衣冠之族家破人亡、妻离子散，虽然沉重地打击了一些武则天的反对者，然而更多的却是一大批无辜者受到了伤害。其中有些案件前面已经略有提及，有的则没有详细论述。为了反映其中的荒唐之处，有必要列举其中一二案。

如李孝逸案就是一宗地道的冤假错案。李孝逸本是镇压徐敬业起兵的功臣，得胜归朝后，威望很高，引起了武承嗣的不满。遂指使人诬告李孝逸，说他自己曾言“名中有兔，兔，月中物，当有天分”[①]。武则天认为这是谋大逆之罪，但念其有平定扬州叛乱之功，减死除名，流放到岭南儋州（今海南省儋州市西北），后来死在了流放地。同时，有一批与李孝逸往来密切的官员受到牵连，如崔知贤、董元昉、裴安期等也都受到了严厉的罚处。

再如韦方质案，其人时任宰相。载初元年（690）一月，韦方质患病在家，武承嗣、武三思等前往探视。当时韦方质卧床不起，左右劝他起床相迎，说道：“踞见权贵，恐招危祸。”韦方质倒是一个颇有骨气的人，回答说：“吉凶命也，大丈夫岂能折节曲事近戚以求苟免也。”[②]果然因此而得罪了武承嗣等人，于是被酷吏周兴、来子珣所诬陷，流放儋州，并且籍没其家。同时，也有一些人受到了株连。

从武则天临朝称制到正式登上皇帝宝座这一时期，虽然诛杀了大批公卿大臣，但是最主要的目标还是对准了李唐宗室，其中唐高祖、唐太宗、唐高宗这三代皇帝的儿子们，凡在世的除李显、李旦外，其余的基

① 《资治通鉴》卷二〇四，则天后垂拱三年十月，第6446页。

② 《旧唐书》卷七五《韦云起传附方质传》，第2634页。

本被诛杀殆尽。至于这两人能被留下来的原因，一则因其是武则天的亲子，另一更重要的原因则是他们都对武则天构不成威胁。尽管如此，李显还是被流放到了房州，李旦实际上被软禁在别殿，每天都过着提心吊胆的日子。

武则天虽然任用酷吏，但并不是完全放任不管，且通常只给他们执法权，却不给其执政权。在他们闹得实在不成样子时，武则天也会诛杀一批酷吏，以平息舆论。因此，武则天时期的酷吏真正有好下场的并不多，尤其是那些为恶甚剧者。武则天在当上皇帝后，仍然延续了这种酷吏政策，以巩固自己的统治。但是在其晚年时期，尤其是她重新选定李显为太子后，为了缓和紧张的气氛，遂逐渐放弃了酷吏政治。

（三）拜洛受图

为了证明自己争当女皇符合“天意”，武则天在这方面搞了许多活动，拜洛受图便是其中之一。我国上古时代有一传说：伏羲氏继天而王，有龙马负图出于黄河，乃据其文字，以画八卦，称之为河图。后来大禹治水有功，神龟背负书出洛水，以成九畴，谓之洛书。后人认为龙马负图、神龟负书，都是圣人出现的标志。汉代大学者董仲舒提出了“天人感应”和谶纬神学，经汉武帝大力提倡后，这些学说逐渐占据了思想界。在唐代，人们更重视祯异灾祥之类的东西，即使唐太宗这样英明的皇帝也不能避免，尤其是其晚年时期。武则天为了顺利登上皇帝宝座，自然也乐意借助此类东西，营造出一种天意归之、民心所向的热烈气氛。

垂拱四年四月，武承嗣命人在一块白石头上凿了“圣母临人，永昌帝业”八个大字，又用紫石杂药物填之，伪造出古朴的样子，称之为“宝图”。然后命雍州人唐同泰奉表献给了武则天，谎称得之于洛水。武则天大喜，唐同泰因献宝有功，被任命为游击将军。五月，武则天下诏宣布，将要亲自拜洛，接受“宝图”，并且下令要求诸州都督、刺史及宗室、外戚，在拜洛典礼前十日齐集洛阳。七月，大赦天下，“更名‘宝图’为‘天授圣图’；洛水为永昌洛水，封其神为显圣侯，加特进，禁渔钓，祭祀比四渎。名图所出曰‘圣图泉’，泉侧置永昌县”①。命令修筑拜洛坛于“圣图泉”以北，并制定了拜洛受图的相关礼仪，武则天还亲自撰写了《大享拜洛乐》十四章。

经过了充分的准备后，这年十二月二十五日，在洛水之滨举行了场面宏大、隆重而庄严的拜洛受图典礼。事后，洛阳父老刻碑于拜洛坛前，号“天授圣图之表”。朝臣们奉上热情洋溢的贺表，朝野上下一片热闹的场面。这些活动都为武则天正式登基大造舆论，呈现出朝野一致拥戴的气氛。

（四）大享明堂

武则天经过长期的经营，人们都以为她应该黄袍加身了，可是她仍然认为时机还不够成熟，还需要再等良机，再创造条件，而大享明堂便是她走向皇帝宝座的又一个里程碑。

垂拱四年十二月二十七日，在武则天拜洛受图之后的两天，由她的男宠薛怀义主持修建的明堂正式建成了。根据相关文献的记载，这座明堂高二百九十四尺，方三百尺，分上、中、下三层，雕梁画栋，金碧辉煌，气势非常之宏伟。那么武则天花费了巨额钱财兴建它要达到什么政治目的呢？这就需要认真分析了。

我国自古以来，帝王以能在明堂布政为美，许多朝代的帝王也都兴建了明堂，并以在其中居住和施政为理想。但是对于绝大多数帝王来说，兴建明堂只能是一种美好愿望，其原因主要有二：一是对明堂制度不甚了解，很难具体实施兴建计划；二是由于明堂规模宏大，没有丰足的财力很难承担修建所带来的沉重的经济负担。所以即使像唐太宗这样英明神武的君主，也没有兴建明堂，甚至连到泰山举行封禅大典也没有做到。唐朝到武则天统治时期，经过前期六七十年的恢复和发展，社会经济实力已经有了很大的提高，从而使武则天有条件兴建明堂。当然也有人对此举提出了批评，认为武则天浪费了巨额的钱财，兴建的明堂奢侈过度，是一种劳民伤财的行为。武则天坚持兴建明堂并不仅仅是为了

① 《资治通鉴》卷二〇四，则天后垂拱四年七月，第6449页。

改善处理军国大事的办公条件，而是想通过此举来证明自己的伟大与高明，人为地创造出一种国富力强的氛围，为最终登上皇帝宝座营造气氛、争取民心。在明堂建成后，武则天曾说过："夫明堂者，天子宗祀之堂，朝诸侯之位也。开乾坤之奥策，法气象之运行，故能使灾害不生，祸乱不作。眷言盛烈，岂不美欤！"[①]从这种夸大明堂作用的言论中，可以体会到武则天兴建明堂的某种目的。

为了庆贺明堂的建成，武则天下诏大赦天下，赐宴群臣，改河南县为合宫县，并给这座宏伟的建筑起了一个很气派的名字，叫作"万象神宫"。为了展示自己的丰功伟绩，她又下令开放明堂，让东都的妇人及诸州父老进入参观。甚至有吐蕃及许多其他少数民族的使者也长途跋涉来到洛阳，向武则天祝贺，从而使她的虚荣心得到了极大的满足。

永昌元年（689）正月一日，大享明堂的典礼如期举行了。武则天身穿礼服，率领睿宗、太子及群臣在明堂举行规模盛大的祭祀昊天上帝与唐朝历代皇帝的典礼活动。在这次典礼中，武则天为初献，睿宗为亚献，睿宗的长子、时为太子的李成器为终献。他们依次向昊天上帝、唐高祖、唐太宗、唐高宗、武士彟（当时尊为魏国先王）以及五方帝座等帝王和神祇礼拜，并献上祭品。然后驾临则天门，大赦天下，改元。

武则天花费了巨额钱财兴建明堂，绝不仅仅是为了举行这次祭祀神祇的典礼，而是具有极明显的政治色彩。由于明堂既是祭祀之所，又是布政之地，这种双重性质的存在，也就使它成为最理想的替天行道场所。大享明堂的活动使武则天代表天意的形象更加高大丰满，同时也进一步提高了武氏家族的社会地位。接着武则天布政于明堂，受群臣朝贺，大封武氏诸祖，整饬风俗，改诏为制，改革文字，积极为正式登基做好最后的奠基工作。

具有讽刺意味的是，这座花费了大量百姓血汗钱而修建的宏伟建筑，在天册万岁元年（695）竟被武则天的男宠薛怀义因为争风吃醋而放火烧毁了。

---

① 《旧唐书》卷二二《礼仪志二》，第863页。

（五）利用佛教

为了进一步借助神佛的力量，为自己顺利地改朝换代服务，武则天又利用佛教制造舆论。在唐代流行的各种宗教中，影响最大的为佛、道二教。道教已被李唐皇室尊为国教，极力抬升其地位，武则天要革李唐的命，自然不能利用道教，而只能利用佛教了。

长安兴教寺

武则天利用佛教主要想解决女子称帝的问题，因为在中国还从未有过女子称帝的先例，无法比附；中国儒家的经典中也没有女子可以称王的相关内容，也无法加以利用；但是佛教经典中却有女子可以称王的说法，这也是武则天选择佛教的一个重要原因。在《大正藏》第十二册《大方等无想经》（又称《大云经》）卷四中，有这样一段：

> 尔时众中有一天女，名曰净光。……佛告净光天女言：汝于彼佛暂一闻大涅槃经。以是因缘，今得天身。值我出世，复闻深义。舍是天形，即以女身当王国土，得转轮王所统领处四方之一。……汝于尔时，实为菩萨。为化众生，现受女身。
>
> 是天女者，……为众生故，现受女身。……尔时诸臣即奉此女以继王嗣。女既承正，威伏天下。阎浮提中所有国土悉来奉承，无拒违者。……如是女王，未来之世，……当得作佛。

自佛教传入中国以来，经过魏晋南北朝时期的发展，至隋唐时期佛教达到了鼎盛时期，无论是在士大夫还是在普通百姓内，都有大批的信众，因此武则天用佛教经典中关于女子称王的说法来证明改朝换代的合理性，应当说是顺理成章的。

陕西西安慈恩寺大雁塔

由于《大云经》中有女子可以称王的说法，所以武则天非常重视此经。为了使这种说法能为更多的人们所了解，如何宣扬《大云经》便是一个必须要认真解决的问题。首先，她指使一些僧侣出面，宣扬这种说法。武则天的男宠僧薛怀义“言则天是弥勒下生，作阎浮提主，唐氏合微”[①]。东魏国寺僧法明也上表：“言太后乃弥勒佛下生，当代唐为阎浮提主。”[②]其次，由这些僧侣向武则天进献《大云经》四卷，然后由武则天颁敕规定两京及天下诸州各建大云寺一所，藏《大云经》，并命高僧升座讲解此经。为了更好地宣扬《大云经》，她还指使一些僧人为此经作疏，进行发挥，使得女子可以称王的思想得到更为广泛的传播。关于这一点，敦煌所藏的《大云经疏》残卷中有明确的记录：

> 经曰：“即以女身，当王国土。”……今神皇王南阎浮提一天下也。
>
> 经曰：“女既承正，威伏天下，阎浮提中，所有国土，悉来承奉，无拒违者。”此明当今大臣及百姓等，尽忠赤者，即得子孙昌炽，……皆悉安乐。……如有背叛作逆者，纵使国家不诛，上天降罚并自灭。[③]

---

① 《旧唐书》卷一八三《薛怀义传》，第4742页。

② 《资治通鉴》卷二〇四，则天后天授元年七月，第6466页。

③ 敦煌文书S·6502。关于此经疏的研究综述，见周倩倩：《敦煌本〈大云经疏〉研究综述》，载《天水师范学院学报》2016年第1期，第27—30页。

从中可以清楚地看出其宣扬“佛”授命圣母神皇改朝换代、统治天下，并告诫不得违背佛的意志，违者上天降罚的政治色彩。

柏孜克里克千佛洞

（六）臣民请愿

经过了一系列的活动和努力后，武则天终于完成了改朝换代的全部准备工作，马上就可以登上女皇宝座了。在全国一片颂扬声中，武则天本来可以宣布建立大周王朝，可是她觉得戏做得还不够，还需要再添一些民意的色彩，于是，一场场声势浩大的请愿活动又拉开了序幕。

据《资治通鉴》卷二〇四载初元年九月三日条载：“侍御史汲人傅游艺帅关中百姓九百余人诣阙上表，请改国号曰周，赐皇帝姓武氏。太后不许，擢游艺为给事中。”我国历代凡权臣篡位，都要演一出禅让的把戏，而且还要三让三辞，然后才接受陈请。武则天也不例外，所以她自然不会马上接受傅游艺的请求，但是又马上提拔了傅游艺的官职，显然是鼓励他的这种行为。司马光接着写道：“由是百官及帝室宗亲，远近百姓，四夷酋长、沙门、道士合六万余人，俱上表如游艺所请。”

可见榜样的力量是无穷的，动员的人越多，场面越是热闹，越能讨到即将登基女皇的欢心，这一点大家都是心知肚明，为了各自的利益，争先恐后地投入到这场活动中去。当然有的参与者并不是为了捞取政治上的好处，而是为了避祸，如李唐宗室就属于这一类，唐睿宗李旦也属于此类，他也赶紧上表，请求放弃帝位并改姓武氏，毕竟保住性命要比帝位重要得多。

上引《资治通鉴》的记载不算详细，据当时人陈子昂的说法：第一次是傅游艺组织的九百人的请愿，第二次是洛阳父老、僧尼道士一万两千人，第三次才是文武百官、四夷酋长、皇帝宗亲以及沙门道士五万余人。[①]前后参加请愿者共计六万余人。他们不仅仅是表示一下便散去，而是“守阙固请”，在这种情况下，武则天只好顺应民心、勉为其难了。

仅有臣民的请愿还不够，还必须有改朝换代的祥瑞出现。九月五日，“群臣上言：有凤凰自明堂飞入上阳宫，还集左台梧桐之上，久之，飞东南去；及赤雀数万集朝堂”[②]。

至此，所有的关于革唐为周的戏全部演完了，武则天于是命令有司准备改朝礼仪，要隆重登场了。这年九月九日，适逢重阳佳节，洛阳城中，喜气洋洋，一片欢腾气氛。武则天登上了则天楼，宣布改唐为周，以洛阳为神都，改元天授，大赦天下；又宣布降唐睿宗李旦为皇嗣（太子），赐姓武氏，其名依旧为轮，迁居东宫。对李旦而言，一切又都回到了从前。

第二节 武则天时期

一、巩固统治的举措

武则天登上皇帝宝座时，已是六十七岁的高龄了，史载：“太后

① 《全唐文》卷二〇九陈子昂《大周受命颂》，第223页。

② 《资治通鉴》卷二〇四，则天后天授元年九月，第6467页。

春秋虽高，善自涂泽，虽左右不觉其衰。”[①]长寿元年（692）九月，她又长出了新齿。圣历二年（699）正月，又生出了八字重眉。这一切都证明武则天的精力比较充沛，从而使她有精力亲自处理朝政。为了巩固已经建立起来的大周政权，防止大权旁落，她日理万机，躬亲庶政，做到了“政由己出，明察善断”。除了自己做到亲理政事外，她还要求群臣体察民情，关心民间疾苦，注意发展生产。因此在武则天统治时期，唐朝的社会生产继续呈快速发展趋势，比如永徽三年时，全国有385万户，至神龙元年已经达到了615万户，增长了59.7%。粮食储备丰足，时人杨齐哲说：“神都帑藏储粟，积年充实，淮海漕运，日夕流衍。”[②]陈子昂说：“太原蓄钜万之仓，洛口积天下之粟。”[③]可见国家太仓储粮之多。除了国家太仓外，地方州县的仓廪也比较充实，尤其是义仓储藏了大量的粮食，以备救荒之用。此外，手工业和商业也得到了较大程度的发展，冶金业、丝织业、建筑业、制瓷业、造船业等，都比唐初有了较大程度的发展。商业都市进一步繁荣，除了长安、洛阳非常繁华外，今扬州、成都、广州等城市的商业在当时也都有了较大的发展。时人崔融说：“天下诸津，舟航所聚，旁通巴、汉，前指闽、越，七泽十薮，三江五湖，控引河洛，兼包淮海。弘舸巨舰，千轴万艘，交贸往还，昧旦永日。”[④]可见当时商品交流之繁忙程度。

武则天像

武则天为了巩固统治，深知任用贤才之重要性，于是先后任用了一批贤能之臣，如狄仁杰、姚崇、宋璟、张说等，除了狄仁杰早亡外，

① 《资治通鉴》卷二〇五，则天后长寿元年八月，第6487页。
② 《唐会要》卷二七《行幸》，第603页。
③ 《全唐文》卷二一二陈子昂《谏灵驾入京书》，第2148页。
④ 《旧唐书》卷九四《崔融传》，第2998页。

其余人都是促成开元盛世的重要人物。姚崇在武则天时期就已经当上了宰相，在开元前期他是举足轻重的人物，是唐玄宗最重要的辅弼大臣。宋璟也是她发现的重要人才，担任过凤阁舍人这样重要的职务，后来成为唐玄宗的左膀右臂，辅佐他促成了开元盛世的形成。至于张说更是这一历史时期著名的大文人，经武则天选拔出仕后，其才干得到充分的发挥，名声日显，后来在唐玄宗时期官至宰相。其他如萧至忠、郭元振、张嘉贞、李孝杰等，都是武则天发现并重用的文武之才。正因为武则天善于发现人才，使用人才，所以受到了后世的高度评价。如唐朝后期的名相陆贽评论说：太后“尤务拔擢，弘委任之意，开汲引之门，进用不疑，求访无倦，非但人得荐士，亦许自举其才。所荐必行，所举辄试，其于选士之道，岂不伤于容易哉！而课责既严，进退皆速，不肖者旋黜，才能者骤升，是以当代谓知人之明，累朝赖多士之用。此乃近于求才贵广，考课贵精之效也”[①]。宋代著名史家司马光也说：“太后虽滥以禄位收天下人心，然不称职者，寻亦黜之，或加刑诛。挟刑赏之柄以驾御天下，政由己出，明察善断，故当时英贤亦竞为之用。”[②]客观地看，这些评论都是比较中肯的。

为了巩固统治，武则天还做到虚心纳谏，对于敢于犯颜直谏的大臣，她采取了一种宽容的态度。比如她在统治前期推行酷吏政策，利用酷吏来打击政敌。但是当有人犯颜直谏，要求铲除酷吏、缓刑省法时，却能做到“颇采其言”，并且赐物进行奖励。如对右补阙朱敬则、侍御史周矩等人，就是如此。她还颁布诏旨，鼓励群臣进谏。如陈子昂曾多次上书言事，批评时政，得到了武则天的赏识。延载元年（694）九月，武则天拿出了一枝梨花，群臣以为祥瑞，大臣杜景俭却不以为然，武则天非但没有生气，反而赞扬说：“卿真宰相也。”[③]圣历年间，武则天欲冬季讲武，延至孟春，王方庆上疏认为此举将妨害农时，得到了她的采纳。武则天曾一度颁布命令禁屠，但崔融却认为此举不当，于是又取消

① 《旧唐书》卷一三九《陆贽传》，第3803页。
② 《资治通鉴》卷二〇五，则天后长寿元年一月，第6478页。
③ 《资治通鉴》卷二〇五，则天后延载元年九月，第6497页。

禁令。尤其在其晚年，不但能够做到虚怀纳谏，而且还经常主动求谏，颇有唐太宗的风范。

所有这一切，都使得武周时期的政治比较清明，社会相对稳定，老百姓安居乐业，从而使得唐朝的经济、文化一直呈现出顺利发展之势，为后来“开元盛世”的形成奠定了物质基础和人才基础。

二、男宠问题

（一）男宠知多少

武则天作为一名女皇帝，自然免不了有一些男宠。根据文献记载，武则天前后共有四位男宠，前有薛怀义、沈南璆，后有张易之、张昌宗。其实这些仅是文献记载的有名有姓的人物，应当还有不少失其姓名的男宠。

据《旧唐书·张行成传附张易之、张昌宗传》载：“天后令选美少年为左右奉宸供奉，右补阙朱敬则谏曰：‘臣闻志不可满，乐不可极。嗜欲之情，愚智皆同，贤者能节之不使过度，则前圣格言也。陛下内宠，已有薛怀义、张易之、昌宗，固应足矣。近闻尚舍奉御柳模自言子良宾洁白美须眉，左监门卫长史侯祥云阳道壮伟，过于薛怀义，专欲自进堪奉宸内供奉。无礼无仪，溢于朝听。臣愚职在谏诤，不敢不奏。’”侯祥等以阳道壮伟而请求为奉宸内供奉，可知所谓左右奉宸内供奉，均是供武则天玩乐的男宠而已。从这一记载也可以看出，武则天选美少年为奉宸内供奉，条件无非是两个，其一洁白漂亮，其二阳道壮伟。武则天拥有如此之多的男宠，与历史上的男皇帝拥有众多的嫔妃并无根本的区别。

据《资治通鉴》卷二〇六记载，以上之事发生在久视元年（700）六月。其实武则天广选男宠之事要早于此时，据上引《资治通鉴》载，圣历元年（698），置控鹤监；次年正月，置控鹤监丞、主簿等官，“率皆嬖宠之人”，胡三省注曰：“先已置控鹤监，今方备官。”当时就有正谏大夫员半千因古无此官，“且所聚多轻薄之士，上疏请罢之；由是忤旨，左迁水部郎中”。[①]从“嬖宠之人”“轻薄之士”等句可以看出武则天所宠幸的这些人到底都是些什么货色。因此，有学者认为控鹤监不过是武则天的淫乐之窟而已。正因为如此，员半千的上疏才会触怒武则天，而遭到贬官的处罚。前面提到的奉宸府，不过是控鹤监改名罢了，其性质并无任何的变化。由于奉宸府的名声实在不好，“太后欲掩其迹，乃命易之、昌宗与文学之士李峤等修《三教珠英》于内殿”[②]。

武则天宠爱男宠，乃出自人性之自然，也是生理与心理方面的需要，无足为奇。有人认为武则天以男宠作为监视贵戚、大臣的工具，恐怕有些言过其实。

（二）薛怀义其人其事

薛怀义，京兆鄠县（今陕西省西安市鄠邑区）人。本姓冯，名小宝，早年在洛阳街头以卖药为生。他与唐高祖女千金公主的侍女相识，因而为公主所知。武则天大杀李唐宗室，千金公主为保命，百般讨好武则天，她见冯小宝身体壮伟、聪明机警，遂将他引荐给武则天。冯小宝受到武则天的宠爱，成为其首位男宠。

因冯小宝出身寒微，于是令其与驸马薛绍合族，改名为薛怀义。为了方便其出入宫禁，遂度为僧，垂拱元年（685），又重新修整了东汉时所建的白马寺，命薛怀义为寺主。薛怀义自从攀上了武则天这根高枝，愈加骄横，出入乘御马，有宦官十余人相随，“士民遇之者皆奔避，有近之者，辄挝其首流血，委之而去，任其生死。见道士则极意殴之，仍髡其发而去。朝贵皆匍匐礼谒，武承嗣、武三思皆执僮仆之礼以事之，为之执辔，怀义视之若无人。多聚无赖少年，度为僧，纵横犯法，人莫敢言。右台御史冯思勗屡以法绳之，怀义遇思勗于途，令从者殴之，几死”[③]。

垂拱四年（688），武则天决定建造明堂，命薛怀义主持此项工程。

① 《资治通鉴》卷二〇六，则天后圣历二年正月，第6538页。

② 《资治通鉴》卷二〇六，则天后久视元年六月，第6546页。

③ 《资治通鉴》卷二〇三，则天后垂拱元年十二月，第6436—6437页。

薛怀义拆毁洛阳乾元殿，在其原址建明堂。明堂是一座非常宏伟的建筑，工程量很大，役使凡数万人。拽一根大木料，往往要动用上千人，“置号头，头一啊，千人齐和”[①]。明堂共三层，高三百尺。建成后，又在明堂北建造天堂，工程量仅次于明堂，其中的夹纻大佛像，仅小指就可容纳数十人站立，可见其规模之大。这两项工程十分浩大，花费了巨额的钱财，“府藏为之耗竭”。薛怀义因此功，官拜左威卫大将军，封梁国公。

武则天宠信薛怀义，授予其高官显爵，又担心不能使众心服，便想使他建功立业，于是任命其为清平道大总管，率军抵御突厥。薛怀义率大军来到边疆，却未遇到突厥军队，只好无功而返。即使如此，薛怀义为了彰显自己的功勋，命令在单于台立碑刻字，吹嘘自己的功德。返朝后，武则天加授其辅国大将军、右卫大将军，改封鄂国公，赐帛两千段。不久，武则天又任命其为朔方道行军大总管，率十八将军迎击来犯的突厥，尚未成行，闻听突厥已退，只好作罢。武则天欲使薛怀义建功立业的目的始终没有达到。

武则天如此宠信薛怀义，薛怀义也投桃报李，他与僧法明一起撰《大云经疏》，为武则天改朝换代大造舆论。薛怀义还升座宣讲《大云经》，总算是为武则天做了一点事情。

由于武则天的放纵，使薛怀义更加骄横，与一些不法之徒勾结在一起，选有膂力者千人度为僧，欺压百姓，胡作非为。他曾刺牛血画大像，仅大像头部就高达二百尺，自云刺自己的膝血而为之。侍御史周矩上奏弹劾，武则天不许。薛怀义闻听此事后，追至肃政台，乘马直入，袒腹于床，进行示威。周矩召台吏，将欲推按，薛怀义急忙乘马而去。周矩将此事上奏，武则天为了缓和舆论的压力，只好说：“此道人风病，不可苦问。所度僧任卿勘当。”[②]于是周矩将薛怀义所度僧悉数流配远州。周矩此举深深地得罪了薛怀义，不久薛怀义便寻机诬陷他，将他免官下狱。

---

① 《旧唐书》卷一八三《薛怀义传》，第4742页。

② 《旧唐书》卷一八三《薛怀义传》，第4742—4743页。

薛怀义挥金如土，武则天听任其胡花乱用，只要怀义提出，无不应允。每次举办佛教的无遮大会，薛怀义用钱都在万缗以上。届时士女云集，又散发钱十车，人们争拾，甚至有践踏而死者。白马寺僧侣还广占公私田宅，洛阳一带良田美宅多为其所有，而武则天听之任之，不加约束。

由于薛怀义权势甚大，人们不敢直呼其名，尊称其为薛师。有一老胡人自言五百岁，称见到薛师已二百年了，然容貌竟然越来越年轻。对于此类胡言乱语，武则天竟也深信不疑。

尽管武则天对薛怀义恩宠不衰，但她毕竟年事已高，后来薛怀义便不愿再入宫侍奉她了。在这种情况下，武则天便另寻御医沈南璆为男宠，而对薛怀义逐渐冷落。薛怀义当然不满这种现状，又恨又恼，遂于天册万岁元年放火烧毁天堂，由于火势甚大，烧及明堂，“火照城中如昼，比明皆尽”。武则天为了掩盖此事，“但云内作工徒误烧麻主，遂涉明堂”[①]。为了粉饰太平，武则天下令重建明堂、天堂，仍命薛怀义主持工程。

薛怀义自焚烧明堂后，心不自安，言多不顺，即使对武则天也是如此。为了防止不测，他密选百名身强力壮的宫人置于左右。由于武则天对薛怀义日益厌恶，乘其入宫之机，在瑶光殿前树下将其抓获，并指令建昌王武攸宁率壮士将其打死，一说缢死，然后将尸体送回白马寺，焚烧后造塔葬之。

（三）张易之与张昌宗

张易之与张昌宗，定州义丰（今河北省安国市）人。他们是太宗、高宗时的宰相张行成的族孙，虽非士族高门，但其家族地位却是薛怀义所不能相比的。

张易之的父亲张希臧，生前曾任过雍州司户参军的小官。张易之是以门荫而入仕的，二十余岁，官至从五品上的尚乘奉御。自从薛怀义死后，武则天的男宠只剩下了沈南璆，此人未见参与过政治，此后也不再

---

① 《资治通鉴》卷二〇五，则天后天册万岁元年正月，第6499页。

见于记载，很可能也死去了。武则天没有男宠陪侍，寂寞难耐，于是她的女儿太平公主便向她推荐了张昌宗。张昌宗又向武则天推荐说：“臣兄易之器用过臣，兼工合炼。”[①]武则天召见张易之后，十分喜爱，于是兄弟二人共侍宫中。他们均傅朱粉，衣锦绣，每日陪伴在武则天身边，给这位年迈的女皇帝带来了无限的欢娱。

晚年的武则天非常喜爱张氏兄弟，“俄以昌宗为云麾将军，行左千牛中郎将；易之为司卫少卿。赐第一区、物五百段、奴婢驼马等。信宿，加昌宗银青光禄大夫，赐防閤，同京官朔望朝参”[②]。其父张希臧已死，仍赠官襄州刺史，封其母韦氏、臧氏为太夫人，赏赐的财物不可胜计。张昌宗累迁散骑常侍，并命凤阁侍郎李迥秀为臧氏的情夫。朝中众臣见张氏兄弟得宠，纷纷投靠，就连武氏子弟也不得不向其示好。史载：“武承嗣、三思、懿宗、宗楚客、晋卿皆候易之门庭，争执鞭辔，谓易之为五郎，昌宗为六郎。”[③]有人奉承张昌宗说：“六郎面似莲花。”宰相杨再思却说：“不然。”张昌宗问其故，杨再思说：“再思以为莲花似六郎，非六郎似莲花也。”[④]

武则天设置控鹤府监，以张易之为长官，正三品。后来改控鹤监为天骥府，又改天骥府为奉宸府，任张易之为奉宸令。《三教珠英》修成后，加张昌宗为司仆卿，封邺国公；张易之为麟台监，封恒国公，各赐实封三百户。不久，又改授张昌宗为春官侍郎。每次宴集，则令张氏兄弟戏弄公卿大臣以为笑乐。张昌宗身披羽衣，吹箫，乘木鹤，奏乐于庭。一些献谀者都说张昌宗乃是王子晋的后身，并且赋诗赞美，其中崔融咏诗曰：“昔遇浮丘伯，今同丁令威。中郎才貌是，藏史姓名非。”[⑤]张易之、张昌宗皆粗能作文，如遇到应制和诗，往往由当时的诗人宋之

---

① 《旧唐书》卷七八《张行成传附传》，第2706页。

② 《旧唐书》卷七八《张行成传附传》，第2706页。

③ 《资治通鉴》卷二〇六，则天后神功元年正月，第6514页。

④ 《旧唐书》卷九〇《杨再思传》，第2919页。

⑤ 《旧唐书》卷七八《张行成传附传》，第2706页。

问、阎朝隐代笔。[①]

在二张控制下的奉宸府中也集中了一批文人学士，如吉顼、李迥秀、阎朝隐、李峤、宋之问、沈佺期等。除此之外，还有一批朝臣为了获得政治上的好处，也先后依附于二张，如崔融、苏味道、王绍宗、郑愔、杨再思、韦承庆、崔神庆、房融等，其中不乏官居宰相的重臣，如杨再思、房融等人。这样就形成了以二张为核心的政治集团，其势力在武则天的纵容下迅速地膨胀起来。与薛怀义、沈南璆不同的是，二张在拥有了较强的政治势力后，也开始干预起朝政了。史载："则天春秋高，政事多委易之兄弟。"[②]

二张的弟弟张昌仪任洛阳令，凭借两位兄长的权势，受人请托无虚日。一天上早朝时，有一姓薛的选人拦马贿赂其五十金，请其帮助获得官职。张昌仪公然接受了贿金，至朝堂，便将此人之状交给了天官侍郎张锡。过了几天，张锡竟将此状搞丢了，遂去问张昌仪此人姓甚名何。张昌仪大骂说："办不了事的蠢才！我也记不得了，只要是姓薛的，就授给官职。"张锡心中畏惧，遂将这一年选人中凡是姓薛的共计六十余人，全部注拟授官。

二张的行为也引起了一部分朝臣的不满，甚至包括王公贵戚在内。久视元年（700），朝臣杨元禧兄弟三人因为不满二张，被同时贬官。邵王李重润与其妹永泰郡主、妹夫武延基私下议论二张专权，张易之奏知武则天，武则天遂下诏处死了三人，一说是其父李显被迫缢死了他们。御史大夫魏元忠奏称二张有罪，张易之不自安，诬告魏元忠欲扶持太子取代武则天。武则天问有何证据，张易之说凤阁舍人张说可为证人。次日，武则天召魏元忠与张说当庭对质，结果根本就没有这回事。尽管如此，武则天为了迁就张易之，不顾其他几位重臣的反对，还是将魏元忠贬为高要（今广东省肇庆市高要区）县尉，将张说流放钦州。

二张的行为引起了更多的朝臣愤愤不平，于是在长安四年（704）七

① 《旧唐书》卷七八《张行成传附传》，第2707页。

② 《旧唐书》卷七八《张行成传附传》，第2707页。

月，大家群起而攻之，纷纷揭露二张及其兄弟的贪污行为。武则天迫于压力，只好将其兄弟五人全部下狱。御史大夫李承嘉、中丞桓彦范力主将张昌宗免官，武则天在杨再思的支持下，以张昌宗合药有功为由，赦免并官复原职。宰相韦安石举奏张易之有罪，武则天遂命其与另一宰相唐休璟按问。然后，找借口将韦、唐二人放为外官，恢复了张易之的官爵。

这年十二月，张昌宗又一次被人告发，说他召术士占相，图谋不轨。于是武则天只好再次将张昌宗下狱按问。御史中丞宋璟等人力主严惩，要求处斩抄家。武则天又故技重演，调宋璟赴外差。宋璟却以中丞非军国大事不应出使为由，拒绝不走。武则天无奈，只好命其审问张昌宗，然后遣中使颁敕特赦了张昌宗。宋璟气愤地说："不先击小子脑裂，负此恨矣。"[①]武则天命张昌宗向宋璟谢罪，宋璟拒而不见。

武则天不顾一切地极力袒护二张，甚至杀害自己的孙子、孙女，贬逐重要大臣，从而使自己与朝中众臣处于严重对立的状态，也使自己的统治地位处于极度的不稳定状态中。神龙元年（705）正月，年迈的武则天再次卧病不起，二张在宫中侍奉。宰相张柬之等与太子李显、太平公主、相王李旦等联合起来，发动禁军，攻入宫中，斩杀了二张，其党羽房融、崔神庆、崔融、李峤、宋之问、杜审言、沈佺期、阎朝隐等数十人，皆遭贬逐，一举铲除了这一政治集团。

三、皇位继承权之争

在武则天晚年有一个很大的难题使她难以决断，由于她本人是女皇帝，选择何人为皇位继承人便成为亟待解决的问题。对她来说，可以从武姓子侄中选择，也可以从李姓诸子中选择。在武姓子侄中最有可能的是武承嗣、武三思两人，在李姓中便是李显与李旦两人，而朝臣中围绕着李、武二姓，也展开了激烈的争论，使这一问题一时成为最受人们关注的大事。

① 《资治通鉴》卷二〇七，则天后长安四年十二月，第6577页。

（一）武承嗣其人其事

武承嗣，是武则天之兄武元爽之子。武元爽与武则天是同父异母兄妹，其父武士彟死后，武元爽与其兄元庆之子武惟良、武怀运待武则天母子无礼，使她们的生活一度陷入困境。武则天当了皇后后，将武元庆、武元爽等贬逐而死，又设计处死了武惟良、武怀运。另以其姐韩国夫人之子贺兰敏之为武士彟的后嗣，改姓武氏。贺兰敏之死后，武氏家族便没有了后嗣，在这种情况下，武则天只好将武承嗣从流放地岭南召回，任以尚衣奉御之职，袭祖爵周国公，不久迁秘书监。武则天临朝称制时，追尊其五代祖以下为王，武承嗣又被任命为礼部尚书，不久，任太常卿、同中书门下三品，当上了宰相。载初元年，代苏良嗣为文昌左相、同凤阁鸾台三品，兼知内史事。

武承嗣为了自己的切身利益，全力支持武则天革命，诛戮李唐宗室，代唐为周。武周政权建立后，于天授元年（690）在洛阳设立武氏七庙，武承嗣被封为魏王，其堂弟武三思被封为梁王。由于武承嗣处于武氏家族继承人的特殊地位，自以为也应是武周政权的继承者，至于他与武则天的杀父之仇，都统统被高官厚禄、锦衣玉食所冲淡了，何况还有皇位继承者的诱惑时时在他的心头缠绕。据载："初，后擅政，中宗幽逐，承嗣自谓传国及己，武氏当有天下，即讽后革命，去唐家子孙，诛大臣不附者，倡议追王先世，立宗庙。"[①]说明武承嗣想当皇位继承人的野心由来已久。只是由于武氏统治尚不稳固，他只好暂时隐忍着满腔的欲望，没有提出这个想法。

天授二年（691），即武则天称帝的第二年，这时徐敬业、李唐宗室诸王的起兵先后被镇压，大批朝臣和宗室被诛杀，武承嗣认为武周政权已经巩固，于是迫不及待地提出了让自己当皇太子的想法。当然这不便由他自己直接提出来，他还不至于那么笨，而是指示其党徒凤阁舍人张嘉福去办此事。张嘉福遂命洛阳人王庆之等数百人上表，以请愿的方式要求立武承嗣为皇太子。可是事情完全出乎武承嗣的预料，此事遭到

① 《新唐书》卷二〇六《外戚传》，第5837页。

了两位宰相的反对，其中一位是岑长倩。岑长倩认为皇嗣（指李旦）仍在东宫，是合法的皇位继承人，故不应有此动议。武则天又征询另一位宰相格辅元的意见，格辅元也坚决反对这一动议。这样就使武承嗣的企图落了空。不过这两位反对者也付出了血的代价，不久，岑长倩和格辅元被诬陷谋反而下狱，另一位宰相欧阳通不愿承认与岑、格二人共同谋反，于是三人一同被诛杀。

武则天在这次事件中的态度十分暧昧，她当时召见了王庆之等人，询问他们为何要废去皇嗣，另立武承嗣。王庆之说："今谁有天下，而以李氏为嗣乎！"武则天不但没有谴责王庆之，反而好言慰谕，并发给他印纸一份，作为出入宫门随时见她的凭证。这种态度清楚地说明武则天并不反对改易太子，只是由于朝中阻力太大，不便公开表明态度罢了。后来，王庆之时常入宫求见，弄得武则天不胜其烦，遂命凤阁侍郎李昭德将王庆之拉出杖责，以示薄罚。李昭德将王庆之推出宫城光政门外，指着他对朝臣们说："此贼欲废我皇嗣，立武承嗣。"[①]命人将他重重地摔下，致使王庆之耳目出血，然后乱杖打死。

武承嗣是一个非常贪婪且残暴的家伙。右卫大将军李孝逸在平定徐敬业叛乱中建立了大功，因而威望很高。武承嗣深所妒忌，多次在武则天面前进谗言，致使李孝逸被贬官，后来死于流配之地。宰相韦方质患病，武承嗣等人前往看望，韦方质因病重没有起床迎接，武承嗣遂指示酷吏周兴等人诬陷韦方质，致使其被免官流放，抄没家产。武承嗣还指使周兴诬构唐高宗子泽王李上金、许王李素节，致使二人死于非命。他还多次诬告过唐朝著名宰相狄仁杰，请求诛杀之，幸亏武则天这次还算清醒，才使狄仁杰保住了一命。

武承嗣还是一个好色之徒。他获知左司郎中乔知之家有一名婢女窈娘，十分美丽，能歌善舞，遂借去以教自家姬妾，却不再归还。乔知之无奈，遂撰《绿珠篇》诗，秘密送给窈娘。窈娘获知此诗，悲痛万分，怀恨自杀。武承嗣大怒，指使酷吏诬告乔知之，将其处死，并籍没其家产。

① 《资治通鉴》卷二〇四，则天后天授二年九月，第6475页。

正因为如此，如果武承嗣如愿取得皇太子之位，并且当上了皇帝，对于当时的社会政治将会造成很不好的影响，不知道将有多少人头落地，整个社会也将动荡不安，不利于唐朝社会生产的发展。

武承嗣当然不会因为一次失败而甘心，圣历元年，武承嗣再一次图谋夺取皇太子之位。他多次派人劝说武则天立自己为太子，说什么“自古天子未有以异姓为嗣者”[①]。此事遭到了狄仁杰、李昭德等一批重臣的反对，甚至张易之、张昌宗等人也反对此事，使得武承嗣的努力再一次遭到失败。

不仅如此，武承嗣还被罢去了相位，转任太子太保，虽然品阶崇高，但却没有什么实权。皇太子地位没有争得，反而失去了权位，在这双重打击下，武承嗣快快不乐，竟然一病不起，呜呼哀哉了。

（二）武三思其人其事

武三思是武则天之兄武元庆之子，历任右卫将军、夏官尚书等职。武周政权建立后，封梁王，历任天官尚书、春官尚书、特进、太子宾客、同凤阁鸾台三品、内史等职。因此武三思在武氏子弟中也是权势颇重的一个人，虽然数次被罢相，但武则天对其的信任却是始终如一。

武三思与武承嗣不同，他略涉文史，性格狡诈，巧舌如簧，故深得武则天的宠信，曾数次驾临其家，赏赐甚厚。他还非常注意与武则天身边的宠臣搞好关系，与薛怀义、张易之、张昌宗等人关系密切。张易之、张昌宗也曾命画工图绘武三思及纳言李峤、凤阁侍郎苏味道、夏官侍郎李迥秀、麟台少监王绍宗等十八人像，号为《高士图》，也算是投桃报李。武三思为了讨好武则天，率领四夷酋长请求建造天枢立于端门之外，即洛阳皇城正南门之外，目的是“铭纪功德，黜唐颂周”。当时由各少数民族首领及胡商捐钱亿万，所买铜铁仍不足建造之用，于是便强征民间农器以供之，影响了社会生产的正常进行。据记载：“天枢，其制若柱。高一百五尺，径十二尺，八面，各径五尺。下为铁山，周百七十尺，以铜为蟠龙麒麟萦绕之；上为腾云承露盘，径三丈，四龙人

① 《资治通鉴》卷二〇六，则天后圣历元年二月，第6526页。

立捧火珠，高一丈。工人毛婆罗造模，武三思为文，刻百官及四夷酋长名，太后自书其榜曰‘大周万国颂德天枢’。”[①]所用铜铁不少于二百万斤。他还唆使武则天建造三阳宫、兴泰宫等离宫，“功费甚广，百姓苦之”[②]。又与太平公主大量度人为僧，大造佛寺。所有这一切都极大地浪费了社会财富，在一定程度上加重了百姓的负担。

武则天对武三思非常信任，多次任命武三思为统兵大将，以帮助其树立威信，建立功勋。如万岁通天元年（696），契丹犯边，命武三思为榆关道安抚大使，以备契丹。长安二年（702），又任命武三思为大谷道大总管，打算出兵击突厥。这几次任命均未成行，原因就在于，武则天既想让自己的侄子建功立业，又深知其并无军事才能，不敢冒如此大的风险，于是便出现了这种命将而不出征的奇怪现象。

武三思与武承嗣一样，均为妒贤忌能之辈，凡是不依附于自己的正直朝臣，则多加以陷害。如宰相周允元与诸宰臣侍宴，武则天令大家各述典籍中的善言警句，周允元遂说：“耻其君不如尧、舜。”武三思认为这是指斥皇帝，是大不敬之罪。幸亏武则天头脑比较清醒，说道：“闻其言足以诫，安得为过？”[③]这才使周允元免遭诬陷。不过平心而论，在武则天统治时期，武三思与武承嗣比起来，害人还不算多，其作恶最多的时期是在中宗统治时期，残害屠戮了不少公卿大臣。

武三思同样也有争当太子的野心，他见武承嗣争当太子失败，以为武则天不愿意立武承嗣，于是便动员一些人劝武则天改立自己为皇太子。但是此事仍遭到以宰相狄仁杰为首的一批大臣的反对。据《新唐书·狄仁杰传》载：“会后欲以武三思为太子，以问宰相，众莫敢对。仁杰曰：‘臣观天人未厌唐德。比匈奴犯边，陛下使梁王三思募勇士于市，逾月不及千人。庐陵王代之，不浃日，辄五万。今欲继统，非庐陵王莫可。’”引文中所说的“匈奴”，即指突厥。武则天听后大怒，罢议。不过这一段记载颇有矛盾，因为此时庐陵王尚未接回，如何谈得上

① 《资治通鉴》卷二〇五，则天后天册万岁元年四月，第6502—6503页。

② 《资治通鉴》卷二〇七，则天后长安四年正月，第6569页。

③ 《新唐书》卷一一四《周允元传》，第4205页。

招募军队的事情？李显为河北道元帅，招募军队，乃是在其回到洛阳并且是在被立为太子之后。

不久，武则天夜梦玩双陆而不胜，遂召狄仁杰和王方庆入宫，问之。二人乘机劝说道："双陆不胜，无子也。天其意者以儆陛下乎！且太子，天下本，本一摇，天下危矣。文皇帝身蹈锋镝，勤劳而有天下，传之子孙。先帝寝疾，诏陛下监国。陛下掩神器而取之，十有余年，又欲以三思为后。且姑侄与母子孰亲？陛下立庐陵王，则千秋万岁后常享宗庙；三思立，庙不祔姑。"[①]

武则天却说：这是朕的家事，卿不要干预。狄仁杰驳斥说："王者以四海为家，四海之内，孰非臣妾，何者不为陛下家事！君为元首，臣为股肱，义同一体，况臣备位宰相，岂得不预知乎！"[②]

在这之前，李昭德也给武则天做了大量的工作。他说："天皇，陛下之夫；皇嗣，陛下之子。陛下身有天下，当传之子孙为万代业，岂得以侄为嗣乎！自古未闻侄为天子而为姑立庙者也！且陛下受天皇顾托，若以天下与承嗣，则天皇不血食矣。"[③]所谓"血食"，就是指杀牲以祭祀。李昭德以夫妻之情对武则天进行劝谏，狄仁杰以母子之情来感化她，并且不约而同地提到了当时人非常重视的立庙与祭祀问题。武则天是有神论者，又是虔诚的佛教徒，佛教宣传来世、轮回等学说，因此上述这些话很能打动她的心，使她的态度逐渐有所改变。

在这场争夺太子之位的斗争中，反对武氏的一方动员了一切能够利用的力量，全力阻止二武谋夺太子之位。前面已经提到武则天的男宠张氏兄弟也参与到这场斗争中来，其详情如下，右肃政台中丞吉顼与张易之兄弟同为控鹤监内供奉，关系密切。有一次，吉顼对他们二人说："公兄弟贵宠如此，非以德业取之也，天下侧目切齿多矣。不有大功于天下，何以自全？窃为公忧之！"两人大惧，流涕求计。吉顼说："天下士庶未忘唐德，咸复思庐陵王。主上春秋高，大业须有所付；武氏诸

① 《新唐书》卷一一五《狄仁杰传》，第4212页。

② 《资治通鉴》卷二〇六，则天后圣历元年二月，第6526页。

③ 《资治通鉴》卷二〇四，则天后天授二年十月，第6476页。

王非所属意。公何不从容劝上立庐陵王以系苍生之望！如此，非徒免祸，亦可以长保富贵矣。”“二人以为然，承间屡为太后言之。太后知谋出于顼，乃召问之，顼复为太后具陈利害，太后意乃定”[①]。另据《新唐书·狄仁杰传》载：“张易之尝从容问自安计，仁杰曰：‘惟劝迎庐陵王可以免祸。’”宋代著名史学家司马光认为狄仁杰必不与张易之这样的小人深言军国大事，因而否定了这一记载。从狄仁杰一生来看，其机警多智，办事不拘一格，张易之既为武则天所宠信，对其加以利用也未始不可。

这场围绕着皇位继承权的争夺斗争，最终以武氏兄弟的失败而告终。究其原因，除了人们仍然怀念唐朝、不忘旧主之外；武氏兄弟作恶太多、人心丧尽，也是一个重要的因素。

（三）为何再次立李显为太子

中宗李显被废为庐陵王，安置于房州，每天过着提心吊胆的日子。其复出完全是靠狄仁杰等大臣的支持才得以实现。其实就在双方争夺太子之位时，睿宗李旦正处在皇嗣（太子）的地位上，为什么以狄仁杰为首的朝臣们却要极力主张接回庐陵王李显，而不是帮助李旦巩固地位呢？

从当时的情况看，以李旦为皇嗣，只是武则天的权宜之计，从她打算立武氏子弟为太子的态度看，说明她无意以李旦为继承人，仅把他作为一个过渡性的人物。从立嗣以长的传统看，李显年长，并且是唐高宗生前选定的继承人，又曾经当过皇帝，社会影响力要远远大于李旦。李显是从皇帝的位置上被赶下台，幽禁于偏僻的房州，其悲惨的境遇更易使人同情。无论是徐敬业起兵，还是契丹、突厥的军事侵扰，无不以匡复庐陵王为辞，在广大的臣民心目中，庐陵王似乎也是李唐皇室的象征。正因为如此，狄仁杰等朝臣才力劝武则天接回庐陵王，只要这个目的达到了，就等于宣告诸武营求太子之位的失败。此外，洛阳仅有李旦

① 《资治通鉴》卷二〇六，则天后圣历元年二月，第6526—6527页。

一人，显得势单力薄，接回李显也可以起到显著的“强李氏，抑诸武”[①]的作用。

武则天在众臣的极力劝说下，已经动摇了立武氏子弟为太子的信心，但尚未下定接回李显的决心。狄仁杰瞅准这个时机，加紧了对武则天的思想工作。有一天，武则天梦见一只大鹦鹉，羽毛丰满，但两翅俱折，她询问宰相们此梦主何征兆，狄仁杰说：“鹉者，陛下姓也；两翅折，陛下二子庐陵、相王也。陛下起此二子，两翅全也。”[②]契丹孙万荣率军围攻幽州，并发布檄文，其中有“何不归我庐陵王”[③]之语。显然孙万荣也在利用匡复庐陵王的名义，以使自己的起兵更具有“合理性”，煽动人们对武氏统治的不满。孙万荣打庐陵王这张政治牌，武则天很难应付，这对促使她迎回庐陵王也有一定的积极作用，因为她要争取政治上的主动，就只能接回庐陵王，以消除别人借以反叛的口实。于是，她决定接受狄仁杰的建议，把李显接回洛阳，并彻底打消了立武氏子弟为太子的想法。

圣历元年三月，武则天派职方员外郎徐彦伯前往房州，以接庐陵王及其妃、诸子回洛阳治病的名义，秘密把他们一行人接回洛阳，当时朝廷百官及武氏诸王皆不知晓。庐陵王入宫后，武则天坐在殿上，垂帘于前，外人皆不知帘后藏有谁。然后她招狄仁杰等人入宫，对他说道：“前者所议，事实非小，寤寐反覆，思卿所言，弥觉理非甚乖。朕意忠臣事主，岂在多违！今日之间，须易前见。以天下之位在卿一言，可朕意即两全，逆朕心即俱毙！”武则天意在最后试探狄仁杰的态度。狄仁杰并没有被这番话吓倒，依然坚持要接回庐陵王，说到激动之处，“言发涕流”。武则天也被狄仁杰的情绪所感染，不觉呜咽流涕，命左右卷帘，唤出庐陵王，对狄仁杰说：“还卿储君！”[④]

---

① 《资治通鉴》卷二〇六，则天后圣历元年二月条引《考异》，第6528页。

② 《朝野佥载》卷三，第60页。

③ 《资治通鉴》卷二〇六，则天后圣历元年二月，第6526页。

④ 《资治通鉴》卷二〇六，则天后圣历元年三月，《考异》引《狄梁公传》，第6529页。

庐陵王李显回到洛阳后，由于皇嗣仍由其弟李旦充当，所以还不能马上被立为储君。但是此事却标志着李、武争夺太子之位的斗争，以武氏子弟的彻底失败而告终，剩下的事就是如何妥善处理皇嗣李旦的问题了。

睿宗李旦自从被降为皇嗣，名义上仍是皇位的继承人，实际上连性命都无法保证。武则天即帝位初期，凡举行盛大的祭祀典礼，均以李旦为亚献，以其长子李成器为终献。可是到了长寿二年正月初一，武则天在万象神宫举行盛大的祭祀活动时，她本人执镇圭为初献，却以魏王武承嗣为亚献，梁王武三思为终献。这种情况的出现，标志着在这一时期她已经倾向于以武氏子弟为皇位继承了，李旦的地位岌岌可危。不久，武则天又将李旦的几个儿子的爵位统统降为郡王，李成器原为皇太子，武则天称帝后改称皇孙，此时降为寿春王，李成义降为衡阳王，李隆基降为临淄王，李隆范降为巴陵王，李隆业降为彭城王，并且全部被囚禁在宫中。李旦的正妃刘氏和德妃窦氏，相继被杀，连遗骨都找不到了。

在这一时期，李旦数次险遭酷吏之毒手，公卿未经武则天的同意不得私见皇嗣。前尚方监裴匪躬与内常侍范云仙二人未经允许，私自看望了李旦，被人告发后，武则天下令将二人腰斩于市。自此以后，公卿大臣以下都不敢与皇嗣相见，李旦已经沦为高级囚徒了。

祸不单行，又有人告发李旦有异谋，武则天遂令酷吏来俊臣追查此事。来俊臣把李旦左右之人抓来，严刑逼供，残酷拷打，太常乐工安金藏对来俊臣说：“你既然不相信安金藏之言，我可以剖开心以明皇嗣没有谋反的意图。”于是他用利刃自剖其腹，五脏毕出，流血满地，惨不忍睹。武则天得知此事，急命医生救治，使安金藏得以侥幸不死。安金藏此举极大地震动了朝野，也使武则天大为震惊，她亲自看望了安金藏，并感叹地说：“吾有子不能自明，不如尔之忠也。”[①]遂下令停止推问，李旦由此也躲过了一劫。

由此，李旦自知不为其母所爱，能保住性命已属不易，何敢祈望继续为皇位继承人。当其兄从房州返回洛阳后，李旦就已清楚自己应该怎

① 《新唐书》卷一九一《安金藏传》，第5506页。

么办了，何况立嫡以长也是自古以来的传统。于是他主动提出让位于庐陵王，态度十分坚决，武则天慎重考虑后，接受了他的请求，改立李显为皇太子，封李旦为相王。

圣历元年九月十五日，在李显回到洛阳半年后，举行了隆重的册立皇太子的典礼。李显在度过了十四年的流放生活后，再度回到了东宫。十八年前，即永隆元年，他已经被册立为皇太子，此次是二度被册立为太子。一生两度当太子，两次当皇帝（此后在神龙元年他又一次即皇帝位），李显的这种经历也算是一种历史奇观吧。

四、消弭李武矛盾的努力

（一）李武联姻

武则天接回庐陵王李显并将其立为太子，是唐朝后来得以恢复的基础，没有这个转变，李氏子弟便不能取得皇位的合法继承权。武则天既然已经决定把皇位重新交给李氏家族，同时又想保住武氏家族已经取得的权势和地位，就必须做好消弭两家矛盾的工作，最好能使李、武两个家族今后长期和睦相处。但是由于先前对李唐宗室的大肆杀戮，两个家族的矛盾与隔阂已经很深了，欲想弥合，必须首先从恢复李氏家族的应有地位入手。随着李显被立为皇太子，武则天将原来打击、抑制李氏家族的政策，改变为笼络、安抚的政策，希望能形成李、武联合执政的政治局面。

圣历二年十月，武则天解除了对李旦诸子的囚禁，赐宅于洛阳积善坊，兄弟五人分院而居，号“五王宅”。大足元年，他们跟随武则天回到了长安，又在兴庆坊赐宅，仍号“五王宅”。

李显共有四子，长子李重润早在高宗生前就已被立为皇太孙，李显被废黜后，他也随之迁居房州。李显被立为皇太子后，他被封为邵王；次子李重福这时被封为唐昌王；三子李重俊被封为义兴王；四子李重茂由于年幼，直到圣历三年（700）才被封为北海王。李显诸子除了李重润原来就有名位外，其余诸子都是这一时期封的爵位。

促成李武两家联姻，也是武则天弥合两家关系的一种措施。首先联姻的是武攸暨与太平公主。太平公主原来的丈夫是薛绍，垂拱中被人诬告与李唐宗室诸王联合谋反，因此而死去。武则天本来打算将太平公主嫁给武承嗣，由于武承嗣当时患病，所以只好改嫁给武则天伯父武士让的孙子武攸暨。当时武攸暨已有妻子，武则天处死了其妻，强行将太平公主嫁给了他。这一婚姻还不能看成是武则天主动改善李武两家关系的行为，因为此事发生得比较早，是武则天怜爱自己女儿的一种行为，只是具有李武联姻的外在形式而已。

武则天有意识地促成两家联姻的行为是：将李显的女儿新都郡主嫁给武承业之子陈王武延晖；永泰郡主嫁给武承嗣之子南阳王武延基；安乐郡主嫁给武三思之子高阳王武崇训，武崇训死后又改嫁给武承嗣另一子淮阳王武延秀。安乐郡主与武延秀的这一段婚姻发生在武则天死后，虽然如此，仍算是李武政治婚姻的一种延续。可以清楚地看出，武氏子弟所娶的李氏之女，无一不是皇太子李显的女儿，从中可以反映出武则天的良苦用心。

（二）明堂立誓

为了弥合李武两家的矛盾，武则天可谓煞费苦心，其中一条就是令两家立誓于明堂，永远和好。这件事发生在圣历二年四月十八日，史载：“太后春秋高，虑身后太子与诸武不相容。壬寅，命太子、相王、太平公主与武攸暨等为誓文，告天地于明堂，铭之铁券，藏于史馆。”[①]这件刻铭于铁券的誓文，虽然藏于史馆，却仍然没有留传下来，因而具体内容不得而知。不过这种誓言到底能否真正发挥作用，恐怕武则天自己也不确定。

据记载，圣历三年，吉顼因为依附于太子李显，引起了武氏子弟的怨恨，对其百般攻击，致使武则天将其贬到外地。可见武氏子弟对李氏家族中人的戒心有多强，誓文言犹在耳，就已经开始攻击了。吉顼临行

① 《资治通鉴》卷二〇六，则天后圣历二年四月，第6540页。

时，得到武则天的召见，吉顼涕泣而言，大意是：“臣今日远离陛下，永无再见之日，希望能向陛下进一言。”武则天令其坐下谈，吉顼说：“将水与土合为泥，有争乎？”回答说：“无争。”吉顼又说：“将泥的一半制佛，另一半制成天尊，有争乎？”武则天说：“有争。”吉顼顿首说：“宗室、外戚各安其分，则天下安；今太子已立而外戚仍封为王，这是陛下驱使他们日后相争，双方都不得安全。”武则天说：“朕也知道，但是事情已经如此，也不好改变了。”说明不仅朝臣中有人认为李武之间的争斗不可能平息，就连武则天自己也认为矛盾是难以完全弥合的，只能走一步看一步了。

（三）西返长安

李显被立为太子之后，不仅李唐宗室的地位有了很大改变，而且整个政治环境也发生了很大的变化。标志之一就是武则天放弃了以前推行的严酷政治，改为比较和缓的政策，使得政治局面变得宽松起来了。这种变化在久视元年以后最为明显，除了她的个人隐私外，其他问题都允许公开讨论，言路的开放已经到了一个相当宽松的程度。

最典型的例子就是武邑（今河北省武邑县）人苏安恒的上疏事件。长安元年（701）八月，苏安恒上疏要求武则天退位，让太子李显即皇帝位，其内容主要有两点：其一，认为武则天年事已高，处理繁重的国事不利于圣体的安泰；而皇太子春秋鼎盛、年富力强，不如禅位于太子，自己安享天年。其二，主张将武氏诸王全部降为公侯，任其闲居，同时要将武则天的20多个孙子全部裂土为王。认为如不这样，一旦陛下千秋万岁之后，武氏诸王将难以自处。这件事要是发生在以前，简直不可想象苏安恒将会受到如何残酷的处置。幸运的是，此时的武则天已不再是以前的武则天，苏安恒非但没有受到惩罚，反而受到了武则天的召见、赐食，对其再三抚慰后遣还本乡。

次年五月，苏安恒再次上疏要求武则天退位，与上一次不同的是，此次上疏措辞尖锐，态度激烈。他认为武周政权已是“运祚将衰”，快要垮台了，应尽快把政权交给李氏子弟。目前“奸邪乘时，夷狄纷扰，屠害黎庶”这一现象的形成，完全是武则天“微弱李氏，贪天之功，何以年在耄倦，而不能复子明辟”引起的。苏安恒还指出：天下是高祖、太宗的天下，陛下虽然占据着皇帝宝座，但却是李氏旧基，陛下不过是鸠占鹊巢罢了。太子年德俱盛，陛下贪图宝座而忘母子之情，何以教天下母慈子孝？又如何使天下移风易俗？像这样继续下去，陛下有何颜面进唐室宗庙，以何诰命去谒高宗陵墓？殊不知物极则反，“器满则倾”。不如上符天意、下顺民心，早日将天下“神器”归还李家。苏安恒最后还强调：臣之所以不惜一死上疏，完全是为了国家安稳，如果陛下认为这是不忠的行为，请斩臣头以令天下。[①]面对这篇措辞激烈的上疏，武则天没有再召见苏安恒，也没有治其罪，采取了不予理会的态度。

苏安恒的这两次上疏在当时无疑是两次晴天霹雳，极大地震动了朝野，虽然苏安恒地位低下，但人们并没有因此而忽略他的呼声，有关唐史的多部史籍都收录了他的上疏，可见影响之大。武则天能容忍如此尖锐的批评，说明她不愿因惩治苏安恒而去刺激本来就不和谐的李武两家的关系，以免引起李氏家族以及支持他们的朝臣的不安，破坏已经变得比较缓和的政治气氛。

政治气氛宽松的标志之二，就是在人事上已经开始启用一些以前的政敌为官。武则天令宰相举荐可以充任员外郎的人选，宰相韦嗣立举荐了广武（今甘肃永登东南）令岑羲。此人乃是原宰相岑长倩的侄子，而岑长倩因为反对立武承嗣为太子，被诬陷谋反，在十多年前被武则天诛杀。当时韦嗣立也不敢力荐，只是说：“但恨其伯父长倩为累。”武则天却认为只要岑羲本人有才，“此何所累！”于是将他提拔为天官员外郎。武则天改变态度后，“由是诸缘坐者始得进用”[②]。

政治气氛宽松的标志之三，就是垂拱以来的大量冤案陆续得到昭雪，这是武则天晚年努力改变政治气氛的一项重要措施。圣历二年，

① 《全唐文》卷二三七《请复位皇太子第二疏》，第2392—2393页。

② 《资治通鉴》卷二〇七，则天后长安四年九月，第6574页。

宰相韦嗣立提出把垂拱以来的大小案件，罪无轻重，全部昭雪，死者追赠官爵，生者放归乡里，武则天还不愿接受。可是到了长安二年八月，武则天却主动颁布了一道敕令，规定自今以后，有告发徐敬业、李贞、李冲余党者，“一无所问”[①]，内外官司一律不再受理。它的颁布标志着武则天不再把这些人的所谓余党视为政敌，说明她对上述案件的性质的看法已发生了变化，只是不便公开为上述诸人平反罢了。

这年十一月，监察御史魏靖上疏，要求重新复核来俊臣等酷吏所办的旧案，武则天同意了。经过认真的调查取证，“由是雪冤者甚众”[②]。

神龙元年正月，武则天大赦天下，规定自文明元年以来，除徐敬业、李贞、李冲及其他反逆魁首外，罪无大小，全部予以赦免昭雪。武则天的这一举措影响很大，基本上将她临朝称制以来的冤假错案全都予以平反了。尽管这一举措是在李峤、崔玄時、桓彦范等人多次请求下出台的，但武则天最终能接受他们的奏请，与她努力营造宽松的政治气氛的想法有关。此举缓和了朝臣中对酷吏政治的反感情绪，为将来把政权和平地交接给李氏家族创造了条件。

长安元年十月，武则天以七十八岁的高龄率子孙、百官西幸长安。她自永淳元年以来一直住在洛阳，光宅元年又将洛阳改为神都，近二十年间从未离开。这时却不顾天寒地冻、年事已高，毅然西幸，显然是另有目的的。这次她在长安整整居住了两年，于长安三年（703）十月返回洛阳。在此期间，她改含元宫为大明宫，恢复了原来的旧称；创设武举，吸纳军事人才；又在大明宫麟德殿宴请吐蕃与日本使臣；为酷吏所搞的冤假错案平反昭雪。长安是李唐王朝的国都和统治中心，实际上是李唐社稷的象征。武则天此次返回长安居住了很长的时间，在这里处理了大量的政务，主要就是为了进一步融洽与李氏家族的关系。要不是长安三年秋关中地区遭受雹灾和暴雨袭击，李峤上表请求，她也许不会离开长安。回到洛阳后的次年，武则天又一次打算驾幸长安，后经人劝阻

① 《资治通鉴》卷二〇七，则天后长安二年七月，第6559页。

② 《资治通鉴》卷二〇七，则天后长安二年十一月，第6560页。

而未能成行。

武则天晚年如此钟情于长安，反映了她急于消除李武隔阂，缓和双方矛盾的迫切心情，也是她最终放弃皇帝尊号，回到李家媳妇位置的一种早期姿态。

五、神龙政变

（一）政变集团

武则天既然已经立李显为皇太子，表明她是要把皇位交给李氏家族的，为什么还会发生神龙政变，用军事手段推翻她的统治地位呢？

武则天册立太子时已七十五岁，李显已经四十三岁了，完全可以上台执政了，可是武则天并没有马上退位。如果弥合李武之间的矛盾需要一定的时间，可是数年之后她仍丝毫无退位的表示，甚至连其患病期间也不愿让太子监国，这样就不免引起许多人对她的不满。苏安恒的上疏反映的绝非他个人的看法，实际上代表了一大批人的观点，反映的是朝野中拥李派们的共同心声。

也许武则天打算在自己“千秋万岁”之后，再由太子接管政权。但这个打算实际上是行不通的，原因就在于她的这个皇帝宝座是从李氏家族那里抢夺来的，这在许多人看来是不合法的，对李氏家族来说也是耿耿于怀的，一句话，她的政权内部存在着许多不稳定的因素。从李显在圣历元年被立为太子，到神龙元年武则天被推翻，长达七年时间，这对李显及拥戴他的朝臣来说，实在是太漫长了，是李显和他的拥戴者们难以忍耐的。历史上册立太子之后，因急于即位不知发生了多少抢班夺权的悲剧，其中也有获得成功者。这些还都是同一个家族内部的纷争，更何况武则天所面对的却是另一个家族，因此这种斗争的爆发就更加难以避免了。

还有一个原因，就是她对二张的宠信。武则天晚年一方面努力缓和各种政治势力间的矛盾，另一方面却在扶持新势力，制造新的矛盾。

在武则天的扶持下，二张势力发展很快，一批朝臣依附于二张，他们的兄弟张同休、张昌期、张昌仪依仗其势，卖官鬻爵，强占民田，抢夺奴婢、姬妾不可胜数。他们还欺压百姓，草菅人命，引起了朝野上下的极大愤慨。二张势倾朝野，飞扬跋扈，连太子、相王、太平公主等李氏子孙都对他们非常敬畏，曾共同上表请封张昌宗为王，可见其势力之大。在武则天统治的最后几年，二张与朝中各种势力的矛盾越来越激化，武则天不但未加以调整，反而给予其更大的权力，所谓“则天春秋高，政事多委易之兄弟”①。二张不知机谋，仗着武则天的宠信有恃无恐、恣意妄为，却不知已将自己置于火炉之上。

长安元年，邵王李重润与其妹永泰郡主、妹夫武延基因议论二张专权而被处死，就是出于张易之的密告。李显当时没有表示出不满，但是失去长子与爱女的愤恨情绪是不言而喻的，从他即帝位后追赠李重润为皇太子、永泰郡主为公主并号其墓为陵看，规格如此之高，显然是用于寄托自己的哀思。李重润的谥号为“懿德”，意为美德。李显授其爱子这样的谥号，说明他并不认为李重润议论二张专权为无德。据载：“重润风神俊朗，早以孝友知名，既死非其罪，大为当时所悼惜。”②李显焉能不痛惜自己的子女？二张在立太子的问题上已经得罪了武氏诸王，此次又因其之故使武延基丧命。武延基是武承嗣之子，袭爵魏王，在武氏诸王中地位较高，他的死自然使诸武对二张更加不满。

宰相魏元忠多次得罪过二张，于是二张便诬陷魏元忠与司礼丞高戬私下议论说：“太后老矣，不若挟太子为久长。”③武则天大怒，将魏、高二人下狱治罪。由于凤阁舍人张说不愿做伪证，也受到了牵连。为了营救三人，凤阁舍人宋璟、殿中侍御史张廷珪、左史刘知几、凤阁舍人桓彦范、著作郎魏知古、殿中侍御史王晙、宰相朱敬则等先后上疏力保，虽然使这三人幸免一死，却被流放于岭南。临行时，太子仆崔贞慎等八人饯行于郊外，张易之又指示其党诬告崔贞慎与魏元忠等谋反，幸

① 《旧唐书》卷七八《张行成传附传》，第2707页。

② 《旧唐书》卷八六《懿德太子传》，第2835页。

③ 《资治通鉴》卷二〇七，则天后长安三年九月，第6564页。

得监察御史马怀素的坚持，使张易之的阴谋没有得逞。张易之诬告崔贞慎的根本目的在于陷害太子李显，这一点被当时人看得非常清楚。因为崔贞慎等均是太子东宫的官员，一旦谋反罪名成立，李显岂能逃脱干系？加之此次被流放的司礼丞高戬，“太平公主之所爱也”[①]，二张此举不免又开罪于太平公主。

二张不懂政治，倚仗武则天的宠信与支持，目空一切，到处树敌，很快与太子、相王、太平公主、武氏诸王以及广大朝臣结怨，在当时各种政治势力中处于孤立无援的境地。武则天纵容二张，也引起了各种势力对她的不满，尤其是李氏子弟及其支持者的不满，一定程度上抵消了她以前所做的努力。这就是政变时太子、相王、太平公主等也参与其中的一个重要原因。

政变集团的骨干分子是张柬之、敬晖、袁恕己、桓彦范、崔玄暐以及姚崇等人，此外，所有在朝廷内的李氏子弟也都参与其中，包括太子李显、相王李旦及其诸子、太平公主等人。

此次政变的首谋者是张柬之，襄州襄阳（今湖北省襄阳市襄州区）人，进士及第后长期沉沦，不得重用，直到六十三岁时才担任了一个县丞的小官。永昌元年，应贤良方正科制举，名列第一，被授予监察御史之职，时年六十五岁，但并非自此时来运转，直到年逾八十岁时，才得以充任宰相。他之所以被重用，是因为狄仁杰的全力推荐，得以从荆州长史任上调任洛阳司马。又由于狄仁杰的再次推荐，升任为秋官侍郎。狄仁杰死后，姚崇又推荐张柬之，终于使他得以升任宰相高位。

张柬之联络了敬晖、袁恕己、桓彦范、崔玄暐等人，组成了一个政治小集团，谋图推翻武则天的统治，恢复李唐社稷。如果以上五人是发动政变的核心人物的话，其骨干分子还有右羽林大将军李多祚、洛州长史薛季昶、右羽林将军杨元琰、左右金吾卫大将军李湛、左威卫将军薛思行、职方郎中崔泰之、司刑评事冀仲甫、左羽林将军赵承恩、检校司农少卿翟世言、驸马都尉王同皎等一批官员。

① 《资治通鉴》卷二〇七，则天后长安三年九月，第6564页。

此外，武氏诸王也不是铁板一块，因为他们中的某些人与二张有矛盾，所以当以诛戮二张为名的政变爆发后，其中有些人显然抱着观望的态度，没有采取任何保护武则天的行动。如左羽林大将军武攸宜，他是武惟良之子，封建安王，历任左、右羽林军大将军，总领禁兵前后10余年。中宗即位后，他仍任羽林大将军，并没有被削去兵权。这就说明武攸宜尽管没有参与政变，但也没有阻止政变，所以才得以继续掌握禁军兵权。太平公主的丈夫武攸暨也是一个观望者。太平公主积极参与政变密谋，武攸暨不会没有觉察，但却未见密谋泄露。中宗即位后，敬晖等大臣奏请罢诸武王爵，中宗不同意，“更言攸暨、三思皆与去二张功，以折晖等”[①]。中宗说武攸暨参与了诛杀二张的政变密谋，不一定可靠，但他不反对政变却是可以肯定的。至于说武三思也参加了政变，没有任何依据，当是不愿罢诸武王位的一种托词。武氏诸王中有些人的观望态度，有利于政变计划的顺利实施。

（二）政变经过

长安四年十二月，武则天身染重病，居住在迎仙宫长生院（殿），太子、宰相也无法轻易见到，只有张易之、张昌宗日夜陪伴身边。由于皇帝患病，外臣无法面君，情况不通，洛阳城中人心惶惶，谣言四起，有人传书于通衢，宣称张易之兄弟谋反，报知武则天后，她也不加追查。

神龙元年正月，武则天病情加重。张柬之等人认为时机成熟，加紧了政变的准备工作。他们把桓彦范、敬晖、杨元琰、李湛等人都安置在左、右羽林军将军的职位上，委以禁军兵权。姚崇这时也从灵武返回朝廷，于是政变集团的主要人物已齐集洛阳，做好了各种准备，洛阳城也处在他们的严密控制之下。武则天与二张由于居于深宫，事先毫无觉察，缺乏警惕与防范。

正月二十二日，寒风凛冽，洛阳城中兵马调动频繁。相王李旦率袁恕己、薛季昶等统率诸卫及洛州吏卒占据了交通要道和重要政府署衙，

---

① 《新唐书》卷二〇六《外戚传》，第5838页。

做好了随时应对突发事变的准备。

袁恕己则派兵包围了政事堂，即宰相议政之场所，逮捕了值日宰相韦承庆、房融和司礼卿崔神庆，切断了政事堂与宫中及其他部门之间的联系。

张柬之与崔玄暐、敬晖、桓彦范、薛思行等率左右羽林军五百人直趋玄武门，命李多祚、李湛、王同皎等急赴东宫迎接太子。在这关键时刻，李显却摇摆不定，不敢出宫，其懦弱无能的性格暴露无遗。驸马都尉王同皎见此情况，心急如焚，遂对李显说："先帝以神器付殿下，横遭幽废，人神同愤，二十三年矣。今天诱其衷，北门、南牙，同心协力，以诛凶竖，复李氏社稷，愿殿下暂至玄武门以副众望。"李显却说："凶竖诚当夷灭，然上体不安，得无惊怛！诸公更为后图。"李湛说："诸将相不顾家族以徇社稷，殿下奈何欲纳之鼎镬乎！请殿下自出止之。"[①]李显不得已，只好出宫，由王同皎抱扶上马，直向玄武门驰去。

这时张柬之等人正在玄武门外与宿卫在这里的千骑（皇帝卫队）相持不下。守卫玄武门的是殿中监田归道，他奉命率千骑把守玄武门，没有参与政变密谋，敬晖派人与他交涉，要他交出军队，遭到拒绝。正在这时，太子李显赶到，田归道不敢阻拦，众人遂乘机夺门闯入宫中。

张柬之、李湛等拥太子入宫后，直扑武则天居住的迎仙宫，正好遇见二张，两人仓卒之际躲避不及，被斩于殿庑之下，之后包围了武则天居住的长生院。武则天闻变惊起，问道："乱者为谁？"众人奏曰："臣等奉太子令诛杀逆贼张易之、张昌宗，恐有泄露，故不敢以闻。称兵宫禁，罪当万死！"这时太子李显进入殿内，武则天看到后说："乃汝邪？小子既诛，可还东宫。"桓彦范进曰："太子安得更归！昔天皇以爱子托陛下，今年齿已长，久居东宫，天意人心，久思李氏。群臣不忘太宗、天皇之德，故奉太子诛贼臣。愿陛下传位太子，以顺天人之

① 《资治通鉴》卷二〇七，唐中宗神龙元年正月，第6580页。

望！”[①]武则天一听此话，遂翻身而卧，不再说话。

众人退出后，留李湛等率军队守卫迎仙宫，不许任何人出入。武则天对李湛说：“你也是诛杀张易之的将军？我对你父子不薄，何至于此？”李湛是李义府的幼子。又对崔玄暐说：“他人也许是通过其他途径而晋身高位，唯独卿乃是朕亲自提拔，竟也会参与此事？”崔玄暐回答说：“这么做正是为了报答陛下的大德。”可见武则天并不甘心下台。

接着，张柬之等收捕了张昌期、张同休、张昌仪兄弟，斩杀之后，把他们与张易之、张昌宗一同枭首于洛阳天津桥南。将其同党韦承庆、房融、崔神庆等下狱治罪。

二十三日，武则天被迫下诏命太子监国，并颁布了《命皇太子监国制》，其中写道：“朕方资药饵。冀保痊和。机务既繁。有妨摄理。监临之寄。属在元良。宜令皇太子显监国。百官总己以听。朕当养闲高枕。庶获延龄”[②]云云。意思是说她现在依靠药物度日，而国事繁忙，难以摄理，所以令皇太子监国，自己高枕无忧地颐养天年，希望还能多活些时间。这道制书当然不是出自武则天的本意，而是张柬之等人起草并迫使她同意颁布的。

二十四日，武则天又下诏传位于皇太子。次日，太子李显正式即位，仍称中宗，并且大赦天下，唯张易之同党不赦，为酷吏所冤枉者全部予以昭雪平反，子女配没为奴者皆免；李唐皇族配没者皆恢复原来的皇族身份，分情况授予官爵。这道赦书对被酷吏诬陷的受害者意义不大，因为武则天晚年已陆续解决了这些问题，受益最大者应是李唐宗室。因为武则天对以李贞、李冲为代表的宗室诸王始终不肯赦宥，被其诛杀的唐宗室诸王、妃、公主、驸马等，没有人敢于将其收尸埋葬，子孙流放岭南者甚众，有的拘禁多年，有的流落民间，“为人佣保”[③]。至此，命州县搜访遗骨，以礼改葬，追复官爵，命子孙承袭。不久，宗室

① 《资治通鉴》卷二〇七，唐中宗神龙元年正月，第6580—6581页。

② 《唐大诏令集》卷三〇《则天太后命皇太子监国制》，第112页。

③ 《资治通鉴》卷二〇八，唐中宗神龙元年二月，第6586页。

子孙或被州县送入朝中，或闻听消息自行而来，都得到中宗的召见，涕泣拜舞，各以亲疏袭爵拜官。

（三）退居上阳宫

中宗即皇帝位的次日，即正月二十六日，武则天被送到上阳宫居住，由李湛率领禁军宿卫，其实是看管起来了。次日，中宗亲率文武百官到上阳宫看望武则天，并尊她为“则天大圣皇帝”。这时还发生了一个小的插曲，即姚崇随中宗与百官一同看望武则天时，呜咽流涕不止，与王公以下皆欢呼称庆的情况形成了鲜明的对比。当时桓彦范、张柬之对他说：“今日岂是啼泣时！恐公祸从此始。”姚崇回答说：“事则天岁久，乍此辞违，情发于衷，非忍所得。昨预公诛凶逆者，是臣子之常道，岂敢言功；今辞违旧主悲泣者，亦臣子之终节，缘此获罪，实所甘心。”[①]果然不久，姚崇被外任为亳州（治今安徽省亳州市）刺史，转常州刺史。其实此情况发生的真实原因是姚崇见此次政变没有杀掉武三思等武氏子弟，深感不妙，为了避祸，只好远离朝廷政治中心，他凭借自己的智慧躲过了杀身之祸。

自此以后，每十日中宗到上阳宫看望武则天一次，以尽为子之道。对于武则天这样权力欲极盛的人来说，失去权力的打击要远胜于子孙孝顺带来的抚慰。她的精神状态迅速地恶化了。据载，武则天晚年虽然年事已高，由于善于涂饰，虽子孙在侧，也不觉衰老。自从迁到上阳宫后，其不再修饰打扮，“形容羸悴”，中宗看到后，大吃一惊。她在上阳宫郁郁寡欢地生活了三百天，于神龙元年十一月二十六日终于走完了她的人生历程。

在神龙元年二月五日，中宗宣布恢复了唐的国号，并规定郊庙、社稷、陵寝、百官、旗帜、服色、文字等皆如永淳以前故事。永淳是唐高宗的最后一个年号，也就是说，将武则天所改变的一切又都重新改回去了。洛阳从神都改为东都，重新成为唐朝的陪都，北都（武则天在天授元年改名）改为并州（今山西省太原市西南）。虽然中宗改变了武周

---

① 《旧唐书》卷九六《姚崇传》，第3022—3023页。

的一切制度，但并没有像武则天疯狂迫害李氏子孙那样对待武氏家族，只是在群臣的再三要求下，将武氏诸王降为郡王，武周七庙之主仍然保留，只不过迁到了长安的崇尊庙中，还规定“武氏三代讳，奏事者皆不得犯”[①]。

面对这种情况，武则天自然不便再称皇帝了，于是其临终前遗制去帝号，称则天大圣皇后。在她生命的最后一刻，终于自愿回到了李氏家族媳妇的位置上，这是一个明智的选择。因为只有这样，她才能够与唐高宗合葬，也才能在其死后保留一个合法的地位。同时还命将王皇后、萧淑妃及褚遂良、韩瑗、柳奭等人的亲属全部赦免，并令复业。

（四）归葬乾陵

如何埋葬武则天的问题，在朝廷中曾经发生过激烈的争论。武则天在其遗制中要求与高宗葬在一起，即归葬于乾陵。然给事中严善思却认为不妥，他上疏认为武则天既是太后，地位就应比唐高宗低，如果掘开乾陵合葬，就是以卑动尊。建议在乾陵之旁，另择一地，新建一陵。严善思的意见实际上代表了张柬之等一大批朝臣的心愿，中宗心里也为所动，遂命群臣详议。但是武氏子弟却坚决反对这一动议，武三思通过韦皇后及上官婉儿等做中宗的工作。最后，中宗否决了严善思等的意见，决定将武则天与唐高宗合葬于乾陵。

神龙二年（706）正月，中宗护送武则天的灵柩回到了京师长安，准备安葬事宜。由于武三思、韦皇后等人主张厚葬，一切从优，这样就必须进行较长时间的准备。直到这年五月，才将一切事宜准备停当。五月十八日，正式将武则天安葬于梁山的乾陵之中，从此中国历史上唯一的女皇帝便长眠于此，并在其陵前竖起了一座高高的无字碑，让后人去评说其一生的功过是非。

---

① 《资治通鉴》卷二〇八，唐中宗神龙元年五月，第6590页。

第三节　唐中宗、睿宗时期

一、昏庸的中宗

（一）武氏继续掌权

中宗即位之后，遂立其妻韦氏为皇后，并且追赠皇后父韦玄贞为上洛王，皇后母崔氏为王妃。中宗这种行为遭到了左拾遗贾虚己的批评，却没有引起中宗的重视。

韦后是一个政治野心很大的女人，欲仿效武则天干预朝政。中宗每坐朝，其必施帷幔坐于殿上，引起了朝臣的极大不满，桓彦范上表中宗，请求不要让韦后出外朝干预国政，中宗不听。干预朝政的除了韦后外，还有安乐公主与上官婉儿等人。安乐公主出生在中宗与韦氏迁往房州的途中，因而特别受到中宗的宠爱，于是愈加骄横。上官婉儿本是高宗时宰相上官仪的孙女，上官仪被杀后，其家被籍没，上官婉儿当时尚幼，被收入掖庭为奴。她长大后聪慧异常，明习吏事，善撰诗文，因而得到武则天的喜爱，命其在宫中掌管文书表奏，尤其是圣历以来，“百官表奏，多令参决”[①]。中宗即位后，仍命其专掌制命，并且封为婕妤（嫔妃的一种），后又升为昭容，使其得以弄权于禁中。

当初张柬之等人发动政变时，并没有诛杀武氏诸王，目的是留给中宗诛之。关于这一点，《资治通鉴》卷二〇八有明确的记载，张柬之说：“主上昔为英王，时称勇烈，吾所以不诛诸武者，欲使上自诛之以张天子之威。”实际也是为中宗着想。中宗即位之后，张柬之等人遂劝中宗诛杀诸武，中宗不听。张柬之又说：武则天“革命之际，宗室诸李，诛夷略尽；今赖天地之灵，陛下返正，而武氏滥官僭爵，按堵如故，岂远近所望邪！愿颇抑其禄位以慰天下！”[②]也就是退一步请求贬降诸武官爵，中宗仍不听。敬晖等人又率百官上表，请求降诸武王爵，中

① 《旧唐书》卷五一《后妃传上》，第2175页。

② 《资治通鉴》卷二〇八，唐中宗神龙元年二月，第6587页。

宗不许。后来在百官的再三要求下，才勉强将武三思、武攸暨等降为郡王，武懿宗等十二人降为公爵。

中宗不仅不愿诛杀诸武，而且还与武三思打得火热，多次微服前往武三思家，监察御史崔皎密表进谏，中宗反而将其所谏之言泄露给武三思，引起了武三思等人对崔皎的切齿痛恨。

中宗即位后，虽然以魏元忠、张柬之、崔玄暐、袁恕己等人为宰相，敬晖、桓彦范为纳言，但是对他们并不完全信任，他们关于政事的意见也多不听取，但是对武三思却言听计从。武三思之所以在中宗复位后仍旧能够擅权，与韦后不无关系。据载，武三思与上官婉儿私通，关系非同一般，上官婉儿又将他推荐给韦后，韦后遂将其引荐给中宗，因此武三思可以随意出入禁中，甚得中宗信任。韦后之所以如此善待武三思，除了其女安乐公主的驸马武崇训是武三思之子，两家为儿女亲家的关系外，韦后本人也与武三思私通。中宗畏惧韦后，对其百依百顺，以致她们敢卖官鬻爵、胡作非为。史载："韦后及太平、安乐公主等用事，于侧门降墨敕斜封授官，号'斜封官'，凡数千员。内外盈溢，无听事以居，当时谓之'三无坐处'，言宰相、御史及员外郎也。"[①]所谓"斜封官"，即没有正式制敕或经过正规铨选程序而授予的官职。

由于武三思权势甚大，使得一些投机分子纷纷投靠其门下，成为其党徒。如考功员外郎崔湜，本是敬晖的心腹，敬晖等为了制约武三思，命其为耳目，刺探诸武动静。崔湜见中宗亲近武三思而疏远敬晖等，于是转而投靠武三思，将敬晖等的密谋全部告诉了武三思。武三思为了鼓励崔湜，遂提升其为中书舍人。殿中侍御史郑愔原为二张心腹，二张被杀后，被贬为宣州司士参军，又因为贪赃事发，只好弃官逃亡。后来他潜入洛阳，投到武三思门下，为其出谋划策，武三思又设法任命其为中书舍人。史载："三思令百官复修则天之政，不附武氏者斥之，为五王所逐者复之，大权尽归三思矣。"[②]这里所谓"五王"就是指张柬之等五人。

① 《新唐书》卷四五《选举志下》，第1176页。

② 《资治通鉴》卷二〇八，唐中宗神龙元年五月，第6592页。

关于五人封王，也与武三思有关。武三思与韦后将这五人视为眼中钉、肉中刺，必欲除之而后快。他们对中宗说：五人恃功专权，于社稷不利。昏庸的中宗竟然信以为真。于是武三思给中宗出谋划策，将张柬之等五人封为王，罢去其相权，外不失尊宠功臣之意，内实夺其权。中宗大喜，于是封敬晖为平阳王、桓彦范为扶阳王、张柬之为汉阳王、袁恕己为南阳王、崔玄暐为博陵王。罢知政事，赐金帛鞍马，只令参加朔望朝，即每月初一、十五举行的大朝会。

（二）五王之死

韦后与武氏的专权擅政，使得参与神龙政变的众臣心灰意冷，人人自危。如右羽林将军、弘农郡公杨元琰，见武三思专权，遂请求弃官为僧，中宗不许。敬晖得知此事，嘲笑地说："假如此事让我早知道，一定劝皇上同意其请求，割去胡头，岂不更妙。"因为杨元琰多胡须，相貌类似胡人，故敬晖才这样相戏。杨元琰说："功成名遂，不退将危。此乃由衷之请，非徒然也。"[①]对杨元琰的这种态度，敬晖很不高兴。后来，五王被害，唯独杨元琰安然无事。张柬之见中宗如此昏庸，也心生退意，上表请求退归故乡养疾。此举正合中宗心意，遂任命张柬之为襄州刺史，但却不许掌管州事，给全俸养疾。

张柬之虽然离开了京师，但敬晖、桓彦范、袁恕己等人尚在京师，武三思仍然深感不安，于是设法将此三人分别贬为滑（治今河南省滑县东）、洺（治今河北省邯郸市永年区）、豫三州刺史，将他们赶出了朝廷。至于崔玄暐早在这之前就已经被任命为检校益州长史、知都督事，不久，又被贬为梁州刺史。至此，神龙政变的主要功臣基本被贬黜殆尽。

即使如此，武三思仍不罢休，非要将神龙功臣诛杀殆尽不可。少府监丞宋之问与其弟宋之逊为二张同党，被贬岭南，逃回洛阳，住在好友光禄卿、驸马都尉王同皎家。王同皎见武三思与韦后擅权，经常与亲属议论此事，切齿痛恨。宋之逊为了讨好武三思，遂派人将此事告诉了武

① 《资治通鉴》卷二〇八，唐中宗神龙元年五月，第6593页。

三思。武三思遂指使人诬告王同皎与洛阳人张仲之、祖延庆、武当丞周憬等勾结，招纳壮士，打算杀死武三思后派兵入宫，废去皇后。这导致王同皎等被斩，并籍没其家。周憬逃入比干庙中，大声呼曰：“比干古之忠臣，知吾此心。三思与皇后淫乱，倾危国家，行当枭首都市，恨不及见耳！”[①]说罢自刎。而宋之问、宋之逊等却因此功而重新得到任用。

敬晖等人虽然被贬到外地，武三思仍不放过，必欲置之死地而后快。他与韦后日夜在中宗面前诉告，诬陷他们结党营私。神龙二年三月，中宗下令将敬晖贬为朗州（治今湖南省常德市）刺史、崔玄暐为均州刺史、桓彦范为亳州刺史、袁恕己为郢州（治今湖北省钟祥市）刺史。又将黄门侍郎宋璟贬为检校贝州刺史。这年五月，刚刚将武则天安葬完毕，武三思便又指使人诬告张柬之等五人通谋，于是中宗将张柬之贬为新州司马、敬晖贬为崖州（治今海南省海口市琼山区东南）司马、桓彦范贬为泷州司马、袁恕己贬为窦州司马、崔玄暐贬为白州司马，并且削去他们的封爵。

张柬之等人虽然屡遭贬逐，但只要他们人还在，对武三思来说终究是一个威胁，于是他又想方设法置他们于死地。经过一番谋划，终于想出了一条毒计。武三思指使人暗中将韦后的种种丑行写在纸上，张贴于洛阳的热闹处天津桥，呼吁废黜韦后。中宗得知此事后大怒，命御史大夫李承嘉追查此事。李承嘉遂上奏说此事乃张柬之等五人指使他人而为，并说其明在废后，实则谋逆，请求处以族诛之刑。武三思又指使安乐公主在宫内谮告，侍御史郑愔在外进奏，内外夹攻，务要置张柬之等人于死地。中宗因为在即位之初曾赐张柬之等人铁券，恕十死，于是便将张柬之流放泷州、敬晖流放琼州、桓彦范流放瀼州、袁恕己流放环州、崔玄暐流放古州，其子弟年龄在十六岁以上者全部流放岭南。武三思见目的没有达到，又指使太子上表，请诛杀五人三族，中宗仍然不许。

中书舍人崔湜对武三思说：此五人异日北归，终为后患，不如遣使假称诏命而杀之。武三思问：谁可为使者？崔湜推荐了大理正周利用。

① 《资治通鉴》卷二〇八，唐中宗神龙二年二月，第6600页。

此人曾被张柬之贬为嘉州（治今四川省乐山市）司马，因此而愤愤不平，对张柬之等恨之入骨。于是遂提升周利用为右台侍御史，命其出使岭外。周利用到达时，张柬之、崔玄暐二人已经病死，遂将桓彦范乱杖打死，将敬晖剐而杀之。袁恕己平时迷信神仙之术，服用黄金，周利用逼其饮用野葛汁，这是一种毒草，食之则死。袁恕己饮数升而不死，毒发倒地，指甲、手指脱落，周利用命人乱棍打死。周利用回朝后，被提升为御史中丞。

武三思杀死五王后，权倾朝野，得意忘形，常常说："我不知人世间何谓善人，何谓恶人，只要对我好则为善人，对我恶则为恶人。"在朝中他拥有一大批党羽，许多朝臣都纷纷依附于他，兵部尚书宗楚客、将作大匠宗晋卿、太府卿纪处讷、鸿胪卿甘元柬等皆为其羽翼，御史中丞周利用、侍御史冉祖雍、太仆丞李俊、光禄丞宋之逊、监察御史姚绍之五人为其耳目，当时人称之为"五狗"。

（三）韦后专权

皇后韦氏，京兆万年（今陕西省西安市）人。韦氏家族是京兆地区著名的大士族，但是在唐朝初年，她所在的这一支的政治地位却不高，其祖父韦弘表，在贞观中仅任曹王府典军；其父韦玄贞，任普州参军。中宗为太子时，纳韦氏为妃，遂提拔韦玄贞为豫州刺史。在武则天统治时期，韦氏也是历经磨难，过着提心吊胆的日子。据载，在房州时，中宗惧不自安，每闻朝廷使者到，惶恐欲自杀。韦氏劝慰说："祸福倚伏，何常之有，岂失一死，何遽如是也！"两人相依为命，"情义甚笃"。中宗为了报答韦氏，竟对其说："一朝见天日，誓不相禁忌。"[①]这也是韦氏肆无忌惮的一个重要原因。

韦后与武则天一样，均是权力欲极盛的女人，但却不具备武则天那样的政治才干与手腕，她一方面上表请求将成丁的标准年龄改为二十三岁、老丁改为五十九岁，以减轻农民的赋役负担，同时又请求天下士庶母丧服孝三年，以收买人心；另一方面又胡作非为，卖官鬻爵，打击正

① 《旧唐书》卷五一《韦庶人传》，第2171—2172页。

直官员，搞得朝野上下怨声载道。韦后弟韦洵早亡，赠爵为汝南王，并且与宰相萧至忠亡女举行冥婚，合葬。韦后又为其舅崔从裕之子娶萧至忠另一女儿，成婚之日，中宗作为萧氏婚主，韦后作为崔氏婚主，“时人谓之‘天子嫁女，皇后娶妇’”[①]。韦后还纵容家人胡作非为，其七妹封崇国夫人，“嫁将军冯太和，权倾人主，尝为豹头枕以辟邪，白泽枕以辟魅，伏熊枕以宜男”[②]。冯太和死后，又改嫁嗣虢王李邕。监察御史姚绍之贪赃五千贯，据法当死，因韦后妹极力保护，免死贬为琼山县尉。

秘书员外监郑普思在雍、岐二州以妖术蛊惑人心，图谋不轨，被当地官员捕获。郑普思妻第五氏善于装神弄鬼，深为韦后所宠信。第五氏将此事告知韦后，韦后遂通过中宗命令将郑普思释放。洛州偃师人燕钦融，见韦后专权乱政，上奏中宗，韦后大怒，“劝中宗召钦融廷见，扑杀之。宗楚客又私令执法者加刃，钦融因而致死”[③]。“定州人郎岌，亦备陈韦庶人（指韦后）及宗楚客将为逆乱之状，中宗不纳，而韦庶人劝杖杀之”[④]。

宰相韦巨源与韦后同族，韦后认其为昆弟，附其籍。景龙二年（708），韦后自言其衣箱内有五彩云，韦巨源认为这是祥瑞之兆，劝中宗宣布于天下，并颁大赦之令。韦巨源见中宗昏庸，遂劝韦后行武则天之事。不久，举行南郊大典，韦巨源请求韦后为亚献，自己为终献。

由于韦后势大，除了韦巨源、宗楚客、杨再思等宰相依附外，还有纪处讷、窦怀贞等一批朝廷重臣也成为其党羽。其中，窦怀贞最是卑鄙无耻，他时任御史大夫、检校雍州长史，掌管京师长安地区的行政大权。为了讨好韦后，改名从一，以避韦后之父名讳。窦怀贞丧妻，韦后乳母本为蛮婢，年纪已老，嫁给窦怀贞为妻，封莒国夫人。当时习惯上称乳母的丈夫为阿奢，窦怀贞每次谒见皇帝或者进奏表疏，必称皇后阿奢，当时人遂称其为“国奢”，而窦怀贞非但不以为耻，反而洋洋得意。

---

① 《旧唐书》卷九二《萧至忠传》，第2971页。

② 《旧唐书》卷三七《五行志》，第1377页。

③ 《旧唐书》卷一八七上《燕钦融传》，第4884页。

④ 《旧唐书》卷一八七上《燕钦融传附郎岌传》，第4885页。

韦后对自己的子女百般呵护，关于安乐公主的情况后面还要专门介绍，这里只就其所生的另一女儿长宁公主的情况略加介绍。长宁公主为安乐公主之姐，下嫁杨慎交。她曾在洛阳建造府第，命杨务廉主持营建，动用了大量的人力物力。建成后，遂提拔杨务廉为将作大匠，此人后来因贪赃数十万而被终身免官。迁居西京长安后，中宗将高士廉的旧宅与左金吾卫营房拨给长宁公主为府宅，又将坊西的空地扩展为鞠场（球场），在这一区域建起了华丽的府第，广厦千间，楼高三层，筑山浚池，成为规模宏大的建筑群。中宗与韦后多次亲幸其府，饮酒赋诗，尽欢而罢。洛阳废永昌县，长宁公主请求将其公廨赐给自己为府第，又将太宗子魏王李泰的原府第强行霸占，修建了大量的楼台亭阁，华丽程度可与西京宅第相媲美。长宁公主“内倚母爱，宠倾一朝”[①]，与安乐、宜城二公主争任事，收受贿赂。后来韦后被诛，长宁公主失去庇护，丈夫杨慎交被贬到外地，遂卖其在长安的府第，仅木石一项就“为钱二十亿万”，其奢华程度可见一斑。

韦后对非自己亲生的子女，不但不加以关照，反而进行陷害。谯王李重福，中宗第二子，历任国子祭酒、左散骑常侍等职。李重福之妃是张易之的外甥女。神龙初年，中宗即位不久，韦后就诬陷李重福与张易之兄弟勾结导致李重润之死，贬其为濮州（今山东省鄄城县北旧城镇）员外刺史。后又转到更为偏远的均州（今湖北省丹江口市西北）任职，且不许其过问政事。景龙三年（709），中宗举行南郊大典，大赦天下，流人皆放还，李重福却不被允许返回京师。不得已李重福只能上表自陈，表示只要允许自己一睹圣颜，“虽没九泉，实为万足。重投荒徼，亦所甘心”[②]，却不被理会。

（四）荒唐的君主

当初中宗李显即位后不久，便被其母武则天废去，降为庐陵王，迁到外地安置。由于李显的特殊身份，武周统治末年，全国臣民对其寄

① 《新唐书》卷八三《中宗八女传》，第3653页。

② 《旧唐书》卷八六《中宗诸子传》，第2835—2836页。

予了很高的期望，希望他能重整混乱的政局，开创李唐统治的新局面。然而李显重新即皇帝位后的所作所为，反而使这一时期的政治更加混乱，使广大臣民大失所望。朝中奸佞横行，韦后、武三思专权，卖官鬻爵，贿赂公行，所用宰相不是韦后、武三思之党，便是奸佞之徒，即使有个别正直之士，如魏元忠等人，由于屡受政治迫害，也改变了原有立场。因此，中宗一朝，政治黑暗，国事不理，朝廷内部潜伏着极大的政治危机。

中宗复位的次月，便授予武三思司空、同中书门下三品，并加实封五百户，连同以前所封达到一千五百户之多。封定安郡王、驸马都尉武攸暨为定王、司徒，加实封四百户，连同以前所封达一千户。由于此时武氏诸王声名狼藉，权力还控制在神龙政变的功臣手中，所以武三思与武攸暨只好力辞新授官爵，但中宗此举还是造成了很不好的影响，寒了许多正直朝臣之心。

中宗用人全凭个人好恶，不按朝廷制度行事。术士郑普思、尚衣奉御叶静能，“皆以妖妄为上所信重”。于是便在神龙元年四月，以墨敕授郑普思为秘书监，叶静能为国子祭酒。所谓“墨敕”，是从宫中直接颁发，不经过中书、门下两省，也没有加盖皇帝印玺。桓彦范、崔玄暐力言不可，中宗却说已经颁布，不能更改。神龙二年，又加僧慧范等九人五品官阶，赐爵郡公、县公；道士史崇恩等亦加五品阶，授国子祭酒同正之职。其在东宫的旧僚不问贤愚，也都得到重用，如魏元忠、韦安石、李怀远、唐休璟、崔玄暐、杨再思、祝钦明等，皆以东宫旧僚而同时拜相。左卫将军纪处讷娶武三思的妻姐为妻，被提拔为检校太府卿。至于宦官，超迁七品以上官者达千余人。

唐朝自开国以来，公主非特殊情况，不开府，不置官属。中宗即位的次年正月，即命太平、长宁、安乐、宜城、新都、定安、金城诸公主皆开府，置官属。加上韦后、太平、安乐等人的卖官鬻爵，使得官员数量大增，不仅加重了政府的财政负担，而且造成了很不好的历史影响。在这一时期，诸王、公主的封户数也极大地膨胀了。据不完全统计，这

金城公主照容图

一时期相王实封户数一万户、太平公主一万户、安乐公主四千户、长宁公主三千五百户，卫王、温王各两千五百户，新都、宜城、定安三公主各一千三百户，宣城公主一千户、武三思一千五百户、武攸暨一千户。贞观末年规定：“敕诸王并宜食一千户封。”[①]可见，此时的实封户数已大大地突破了贞观时的规定，以致给百姓造成了极大的经济负担，景龙三年敕曰：“应食封邑者，一百四十余家，应出封户凡五十四州，皆天下膏腴物产。其安乐、太平公主封，又取富户，不在损免限。百姓著封户者，甚于征行。”[②]唐朝的赋税制度规定：如遇灾害，收成十分损四以上免租，损六以上免调，损七以上课役全免。安乐、太平公主的封户“不在损免限”，从而使得这些百姓难以承受沉重的剥削，破产逃亡者甚众。同时还对国家财政收入造成了极大的影响，形成了“国家租赋，大半私门；私门资用有余，国家支计不足”[③]的局面。

更为荒唐的是，在中宗统治期间，宫禁制度荡然无存。据《旧唐书·韦庶人传》载：其“引武三思入宫中，升御床，与后双陆，帝为点筹，以为欢笑，丑声日闻于外”。中宗允许宫女数千人夜出观灯，有与人私通甚至逃逸不还者。他还允许宫中担任内职的女官出入禁中，上官婉儿及宫人中得到中宗宠信者，皆有外宅，“出入不节，朝官邪佞者候

① 《册府元龟》卷五〇五《邦计部·俸禄》，第5748页。

② 《唐会要》卷九〇《缘封杂记》，第1949—1950页。

③ 《唐会要》卷九〇《缘封杂记》，第1951页。

之，恣为狎游，祈其赏秩，以至要官”[1]。他还“命宫女为市肆，公卿为商旅，与之交易，因为忿争，言辞亵慢，上与后临观为乐”[2]。在唐代，虽然社会风气较为开放，但宫禁制度还是颇严的，像中宗这样纵容者，还是比较少见。正因为如此，宫官及嫔妃与朝官私通便不可避免了。如上官婉儿作为皇帝的嫔妃却先后与武三思、吏部侍郎崔湜私通。后来崔湜得以拜相，便是得上官婉儿之功。

正是由于中宗宫禁不严，后妃得以弄权干政，致使其政治野心膨胀，后来中宗遇弑而亡，一定程度上也是他自己造成的。

二、中宗之死

（一）太子李重俊之死

李重俊，中宗第三子，宫人所生。圣历元年，封义兴郡王。神龙初，封卫王，任洛州牧，不久又升任左卫大将军、扬州大都督。由于中宗的长子李重润已死，次子李重福被贬在外地任官，在中宗诸子中以李重俊年长，故于神龙二年七月，立其为皇太子。

史载：“重俊性虽明果，未有贤师傅，举事多不法。”[3]李重俊被立为太子不久，中宗遂任命秘书监杨璬、太常卿武崇训为太子宾客。杨璬即杨慎交，为长宁公主的驸马；武崇训为安乐公主驸马。二人皆贵宠，无学术，“惟狗马蹴踘相戏昵”[4]。太子宾客“掌侍从规谏，赞相礼仪”，是东宫的重要臣僚。中宗不选择正直方正的贤臣为东宫官属，却以此等人物辅佐太子，没有尽到父亲的应尽之责。太子左庶子姚珽数次上疏谏诤，右庶子平贞昚又献《孝经议》《养德传》以为劝谏，李重俊虽然欣然受纳，但却不愿改正。李重俊本来性格果敢，但早年缺乏良好的教育，成为太子后又没有正直之臣辅佐教导，故处事急躁，稍有挫抑

① 《旧唐书》卷五一《韦庶人传》，第2172页。

② 《资治通鉴》卷二〇九，唐中宗景龙三年二月，第6631页。

③ 《旧唐书》卷八六《中宗诸子传》，第2837页。

④ 《新唐书》卷八一《中宗诸子传》，第3595页。

容易铤而走险。

由于李重俊非韦后亲生，因此韦后一众对李重俊非常厌恶。武三思与韦后勾结，又有上官婉儿相助，“每下制敕，推尊武氏”[①]，引起了太子的不满。史载：“武三思挟韦后势，将图逆，内忌太子。”[②]于是便指使其子武崇训教唆安乐公主经常凌辱太子，呼其为奴。安乐公主还多次向中宗提出废去太子，立自己为皇太女。中宗虽没有应允立安乐公主为皇太女，但也没有对其进行谴责。所有这一切都引起了太子李重俊的极大愤慨。

景龙元年（707）七月，太子与左羽林大将军李多祚、将军李思冲、独孤祎之、沙吒忠义等，率羽林千骑兵三百余人冲入武三思家，杀死了武三思及其子武崇训，同时还杀死了其同党十余人。又指使左金吾大将军、成王李千里及其子天水王李禧分兵把守宫城诸门，太子与李多祚等引兵从肃章门而入，搜索韦后、安乐公主、上官婉儿等人。中宗急忙与韦后、安乐、上官等人登上玄武门楼躲避，同时命令右羽林大将军刘景仁率飞骑百余人在楼下守卫。宰相杨再思、李峤与兵部尚书宗楚客等拥兵屯于太极殿，闭门自守。太子与李多祚率兵进至玄武门楼，被守卫的兵士所阻止，加之看到中宗在楼上，一时不知所措，按兵不动。中宗见太子之兵迟疑不进，知其心有顾虑，遂在楼上对李多祚所率的千骑喊道：“汝辈皆朕宿卫之士，何为从多祚反！苟能斩反者，勿患不富贵。”[③]于是千骑反戈相击，斩李多祚、独孤祎之、沙吒忠义等，余众溃散。李千里与李禧攻右延明门，欲杀宗楚客等人，却战败而死。太子李重俊率残余士卒逃往终南山，行至鄠县西，仅余数骑，在林下休息时被左右所杀。昏庸的中宗竟欲将太子之首级用来祭武三思、武崇训之灵柩，然后枭之于朝堂。

接着中宗又下诏废李重俊为庶人，凡是参与此次行动者皆被斩杀，太子之兵经过诸门的把守者全部被流放。赠武三思为太尉、梁宣王，武

① 《资治通鉴》卷二〇八，唐中宗景龙元年六月，第6611页。

② 《新唐书》卷八一《中宗诸子传》，第3595页。

③ 《资治通鉴》卷二〇八，唐中宗景龙元年七月，第6612页。

崇训为开府仪同三司、鲁忠王。安乐公主还请求将武崇训之墓号为陵，由于朝臣反对而作罢。

李重俊此次起兵，本意是在诛杀诸武、安乐公主、上官婉儿等人，废韦后为庶人，并非针对中宗。之所以失败，主要原因是其党人心不齐。参与此事的主要人物宰相魏元忠与大将军李多祚，关键时刻迟疑不战，阴持两端，致使战机丧失。《旧唐书·魏元忠传》载："元忠又嫉武三思专权用事，心常愤叹，思欲诛之。"又载："节愍太子起兵诛三思，元忠及左羽林大将军李多祚等皆潜预其事。……太子兵至玄武楼下，多祚等犹豫不战，元忠又持两端，由是不克。"当时太子与李多祚所率之兵多，把守玄武门楼的兵少，如果全力攻击，并不难获胜。李多祚等人的动摇不仅使此次政变失败，而且使自己付出了沉重的代价，李多祚当场被杀，魏元忠虽然侥幸得以活命，但其子魏昇却被杀死。

后来，唐睿宗即位，追赠李重俊为节愍太子。

（二）安乐公主恃宠弄权

安乐公主，中宗最幼女，生于赴房州途中，中宗脱衣裹之，故取名裹儿。由于生于艰难之时，中宗对其特别珍爱。安乐公主成年后，下嫁武三思之子武崇训。武崇训死后，她又嫁给了武承嗣的第二子武延秀。

武延秀在武则天统治时期，曾奉命前往突厥迎娶默啜可汗女为妻，但默啜却不愿把女嫁给武氏子弟，因而将武延秀扣留下来，长期不得归。直到神龙初年，突厥请和，才放回武延秀，归来后被封为桓国公，授左卫中郎将。由于武延秀与武崇训是堂兄弟关系，所以经常出入安乐公主府第。武延秀美姿仪，且久在蕃中，会说突厥语，常在安乐公主府中唱突厥歌、跳胡旋舞，姿态潇洒，甚得公主欢心。武崇训死后，安乐公主遂改嫁武延秀。为了使安乐公主高兴，其出嫁时，中宗允许动用皇后仪仗，出动禁兵盛其仪卫，令安国相王李旦为障车，中宗与韦后登安福门楼亲观，赐宴三日，灯烛彻夜如昼，并且为之大赦天下。

安乐公主生活奢侈，她出嫁武延秀时，"蜀川献单丝碧罗笼裙，缕金为花鸟，细如丝发，鸟子大如黍米，眼鼻嘴甲俱成，明目者方见之”。她还有一裙，用百鸟毛织成，“正看为一色，旁看为一色，日中为一色，影中为一色，百鸟之状，并见裙中”，值钱一亿，由尚方织成，当时共织成两件，另一件献给了韦后。自此以后，王公贵族妇女纷纷仿效，以致“江岭奇禽异兽毛羽，采之殆尽”[①]。她“与长宁公主竞起第舍，以侈丽相高，拟于宫掖，而精巧过之”。即使这样她还不满足，请求将昆明池赐给她作为私家之湖，中宗因为百姓赖以渔捕为生，没有同意。安乐不悦，于是强夺民田挖掘沼池，广袤数里，一说四十九里，“累石象华山，引水象天津，欲以胜昆明，故名定昆”[②]。安乐公主还广建佛寺，致使国家财力困竭。安乐公主与武崇训所生子，年仅数岁，授金紫光禄大夫、太常卿同正员、左卫将军，封镐国公，赐实封五百户。安乐公主与武延秀所生子满月时，中宗与韦后亲至其府第，命宰相李峤及诗人宋之问、沈佺期、张说、阎朝隐等数百人赋诗赞美，并且当场颁布赦令。

安乐公主还干预朝政，滥授官爵。她仗着父母的宠爱，“恣其所欲，奏请无不允许，恃宠横纵，权倾天下，自王侯宰相已下，除拜多出其门”[③]。她经常自写诏敕，然后掩盖其文请中宗签署，“帝笑而从之，竟不省视”[④]。诸公主皆开府置官吏，其中尤以安乐公主所置官吏最滥。安乐、长宁公主等皆大肆卖官，“虽屠沽臧获，用钱三十万，则别降墨敕除官，……钱三万则度为僧尼。其员外、同正、试、摄、检校、判、知官凡数千人”[⑤]。许多朝臣见安乐公主权势甚大，纷纷投靠，以获得美官。如益州成都人閰丘均，经安乐公主推荐，起家就任太常博士。还有些官员贪赃枉法，本应治罪，由于安乐公主庇护而得以逍遥法外。如崔湜因为投靠上官婉儿得以拜相，后与郑愔同掌铨选，由于受贿滥授官职，被御史劾奏，贬为江州（治今江西省九江市）司马。后来由于安乐

① 《旧唐书》卷三七《五行志》，第1377页。

② 《资治通鉴》卷二〇九，唐中宗景龙二年七月，第6623页。

③ 《旧唐书》卷一八三《外戚传》，第4734页。

④ 《旧唐书》卷五一《韦庶人传》，第2172页。

⑤ 《资治通鉴》卷二〇九，唐中宗景龙二年七月，第6623页。

公主从中周旋，改任襄州刺史，不久，又召回京师任尚书左丞。宦官左监门大将军薛简等有宠于安乐公主，纵暴不法，被御史弹劾，御史大夫窦怀贞畏惧安乐公主，竟然扣押了弹劾表章。金城公主出嫁吐蕃，命宰相赵彦昭充使护送。赵彦昭担心自己外出时权力被他人所夺，遂通过安乐公主请求留在京师，中宗遂另遣左骁卫大将军杨矩代赵彦昭前往。

由于安乐公主势大，一些阿谀之徒遂不遗余力地讨好她，以期获得政治上的好处。比如国子祭酒祝钦明，在中宗即将举行南郊大典时，上疏请求以皇后为亚献，又请求以安乐公主为终献，以讨好安乐公主，后来因为反对力量甚大只好作罢，他的这种行径遭到人们的唾弃。“长宁、安乐诸公主多纵僮奴掠百姓子女为奴婢，侍御史袁从之收系狱，治之。公主诉于上，上手制释之”。袁从之坚决反对，说：“陛下纵奴掠良人，何以理天下！”[①]中宗还是强行将这些僮奴释放。安乐公主还与太平公主各树朋党，互相攻击，争斗得不可开交。

（三）上官婉儿其人其事

上官婉儿为唐初诗人上官仪的孙女。史载：上官婉儿“辩慧善属文，明习吏事，则天爱之”[②]。她曾经因事触怒武则天，受到黥面的刑罚，因其有才，才得以继续留在宫中。据《酉阳杂俎》卷八《黥》载：“今妇人面饰用花子，起自昭容上官氏所制以掩点迹。”也就是说唐代妇女的这种化妆术，源于上官婉儿，她为了遮掩面部的黥痕，不得已在面部画上花子，人们纷纷仿效，竟成为一代之风尚。从武则天圣历以后，百司表奏多令其参决。不过在武则天统治时期，上官婉儿虽然可以参与政治，却不敢过分揽权。中宗即位后，又命其专掌制敕的起草，“益委任之，拜为婕妤，用事于中”[③]。她与武三思、韦后等勾结起来，专权擅政，一时成为炙手可热的人物。

上官婉儿长期生活在武则天身边，对武则天的政治手腕非常熟悉，

① 《资治通鉴》卷二〇九，唐中宗景龙三年正月，第6631页。

② 《资治通鉴》卷二〇八，唐中宗神龙元年二月，第6587页。

③ 《资治通鉴》卷二〇八，唐中宗神龙元年二月，第6587页。

也非常佩服。她见韦后权力欲极强，而中宗懦弱无能，遂劝韦氏行武则天故事，以收买人心。韦氏提出的“天下士庶为出母服丧三年”以及改变成丁制度的动议，都是出自上官婉儿的建议，她想利用韦后为自己谋取更大的政治利益。她除了协助武三思、韦后做了许多祸乱朝政的事情外，当然也做了一些有益的事情。史载：“婉儿常劝广置昭文学士，盛引当朝词学之臣，数赐游宴，赋诗唱和。”[①]中宗遂置昭文馆大学士四人，直学士八人，学士十二人，皆选文学才俊之士任之。上官婉儿才华出众，每次举行宴会，君臣赋诗唱和，她一人代替中宗、韦后、长宁公主、安乐公主作诗，数首并作，“辞甚绮丽，时人咸讽诵之”。“每游幸禁苑，或宗戚宴集，学士无不毕从，赋诗属和，使上官昭容第其甲乙，优者赐金帛。”即让上官婉儿评定水平高下。“于是天下靡然争以文华相尚，儒学忠谠之士莫得进矣。”[②]这也为促进唐朝的文学发展做出了一定的贡献。上官婉儿死后，唐玄宗令收集其遗作，编成文集二十卷，并令张说撰序，流行于世。据载，其母怀上官婉儿时，曾梦见有人送给她一杆大秤。占者曰：“当生贵子，而秉国权衡。”[③]后来生下了一个女儿，人们都说占得不准。后来婉儿专秉内政，果如占者之言。这些记载当然不可尽信。

上官婉儿虽然依附于韦后，但是她毕竟比韦后更富有政治经验，尤其是经过神龙元年的政变和李重俊诛杀武三思的事变后，她对政治的险恶有了进一步的认识。据载，上官婉儿曾经利用手中的权力将其姨母之子王昱任命为左拾遗，王昱对婉儿之母郑氏说：“武氏，天之所废，不可兴也。今婕妤附于三思，此灭族之道也，愿姨思之！”郑氏以此语告诫上官婉儿，婉儿不听。李重俊起兵时，入宫索取婉儿，婉儿这才感到畏惧，想起了王昱之言，“自是心附帝室，与安乐公主各树朋党”[④]。中宗死后，她与太平公主定谋，草遗制立温王李重茂为帝，令相王李旦辅

① 《旧唐书》卷五一《上官昭容传》，第2175页。

② 《资治通鉴》卷二〇九，唐中宗景龙二年四月，第6622页。

③ 《旧唐书》卷五一《上官昭容传》，第2175页。

④ 《资治通鉴》卷二〇九，唐睿宗景云元年六月，第6646页。

政。这道制书被宗楚客、韦温所改，删去了相王辅政等语。唐玄宗李隆基起兵诛杀韦氏时，上官婉儿率宫人执烛迎接李隆基，并且拿出了遗制的草稿给刘幽求看，刘幽求遂为其向李隆基求情，李隆基不听，下令将其处死。李隆基即位之后，心有所悔，这才命人收集上官婉儿的作品，编辑成文集，也算是对错杀婉儿之悔意的一种婉转表达。

（四）中宗遇毒而亡

唐中宗对韦后、安乐公主等人的纵容姑息，导致她们权力欲极度膨胀，为了获取更大的权力与更高的政治地位，她们反而将中宗视为其夺权道路上的最大障碍，欲除之而后快。

景龙四年（710）五月，许州（治今河南省许昌市）司兵参军燕钦融上言韦后淫乱，安乐公主、武延秀、宗楚客等图危社稷时，被宗楚客矫诏杀死。“上虽不穷问，意颇怏怏不悦；由是韦后及其党始忧惧”[①]。除了这个因素外，还有一事也是促成中宗被害的一个原因。散骑常侍马秦客颇通医术，光禄少卿杨均善于烹调，凭借这些技能，得以出入宫禁，讨得韦后的欢心，并与之私通。此事毕竟有很大的风险，恐怕事泄被杀，也促使他们二人加入到谋害中宗的行列中来了。而最主要的原因，则是韦后欲仿效武则天临朝称制，中宗不除，这一目的便无法达到。至于安乐公主参与此事，是韦后答应她自己临朝称制后，立她为皇太女。总之，由于种种原因，使这些人勾结起来，共同策划了谋杀皇帝的阴谋。

这年六月二日，她们在中宗所食的饼餤中置毒，导致中宗中毒，死在了长安太极宫的神龙殿，终年五十五岁。

中宗驾崩时，马秦客在身边侍疾，“议者归罪于秦客及安乐公主”[②]。这时韦后才感到恐惧，于是她秘不发丧，召其同党入宫中商议应对的办法。经过一番商议，遂于六月三日将所有的宰相全部召入宫中，以防意外发生。又征发诸府兵五万人入屯京师，命驸马都尉韦捷及韦

① 《资治通鉴》卷二〇九，唐睿宗景云元年四月，第6641页。

② 《旧唐书》卷五一《韦庶人传》，第2174页。

灌、卫尉卿韦璿、左千牛卫中郎将韦锜、长安令韦播等韦氏子弟分别统领这些调来的军队及左右羽林军与飞骑、万骑等禁军。同时命中书舍人韦元代替金吾将军巡防长安六街。为了防止谯王李重福兴兵讨伐，又命左金吾大将军赵承恩与左监门卫大将军、内侍薛思简率五百人急赴均州防守。东都洛阳地理位置非常重要，韦后遂以刑部尚书裴谈、工部尚书张锡为同中书门下三品、东都留守，坐镇于洛阳。

在一切都准备妥当后，于六月四日集百官发丧，韦后临朝摄政，大赦天下，改元唐隆。并命韦后堂兄韦温总知内外守捉兵马事，掌握了全部兵权。六月七日，温王李重茂正式即皇帝位，时年十六岁。

三、韦氏集团的覆灭

（一）政变集团

中宗死后，宗楚客、武延秀与司农卿赵履温、国子祭酒叶静能等，皆劝韦后效武后故事，进行改朝换代。“南北衙军、台阁要司，皆以韦氏子弟领之，广聚党众，中外连结。宗楚客又密上书称引图谶，谓韦氏宜革唐命。谋害殇帝（李重茂），深忌相王及太平公主，密与韦温、安乐公主谋去之”[①]。

这一时期长安城中人心惶惶，“相传将有革命之事，往往偶语，人情不安”[②]。韦氏乱党的行为，不仅危及李唐王朝的统治，而且直接威胁到相王李旦、太平公主等李唐宗室的性命安全，使得他们不得不有所行动，以铲除乱党。

李唐宗室集团除了相王李旦、太平公主之外，最核心的人物应是李旦之子临淄王李隆基。李隆基本来任潞州（治今山西省长治市）别驾，这时被罢职住在长安，他见韦后乱政，遂暗中交结豪杰勇士，尤其是羽林军中的左右万骑营。当时万骑营由韦播等人统领，他们为了树立威

① 《资治通鉴》卷二〇九，唐睿宗景云元年六月，第6643页。

② 《旧唐书》卷五一《韦庶人传》，第2174页。

望，到任当日便借故鞭打数人，引起了万骑将士的极大不满。韦氏子弟的愚蠢，使得人心更加倾向于李隆基。万骑营将领葛福顺、陈玄礼等谒见李隆基，诉其委屈。李隆基劝他们诛杀诸韦，匡复社稷，众将士皆踊跃请死自效。此外，万骑营果毅李仙凫也参与了密谋。

兵部侍郎崔日用素来依附于韦、武，与宗楚客关系尤为密切，当他知道了宗楚客的阴谋后，担心祸及自身，遂派遣宝昌寺僧普润密见李隆基，报告了其阴谋，并劝李隆基早日行动。参加这个集团的还有太平公主的儿子卫尉卿薛崇暕、苑总监钟绍京、尚衣奉御王崇晔、前朝邑尉刘幽求、折冲都尉麻嗣宗、宦官高力士等一大批人。

当李隆基等人商量好发动政变的计划后，有人建议应当先告诉相王李旦，取得他的同意后再动手。李隆基却认为此事风险很大，事成则归功于相王；如果不成，则以身殉国，不要牵累到相王。再者，如果禀告相王，他赞同此事则身涉险境；如果不同意，将阻挠大计。因此，相王李旦是此次政变最大的受益者，但他事先并未参与密谋。

李隆基如此设想，为的是尽到为子之道，不过事情一旦失败，李旦也难逃被诛杀的命运。早在景龙元年李重俊事件之后，安乐公主与宗楚客等就共同诬陷相王与太平公主，说他们也参加了李重俊的密谋，请求收捕入狱。李重俊只不过是相王的侄子都被累及至此，更何况此次是相王之子李隆基发动的政变，一旦失败，相王岂能逃脱干系？然而作为人子，能如此设想，已属难能可贵了。

（二）诛灭韦氏

据载，当时有道士冯道力与处士刘承祖皆善占卜之术，两人均认为此举大利。他们去见李隆基，说李隆基所居之坊名叫隆庆，时人讹“隆”为“龙”，而韦氏又改元“唐隆”，这一切都预示着李隆基上应天命，前途无可限量。李隆基听后，也颇为自负，从而增强了其发动政变的信心。

景龙四年六月二十日黄昏，李隆基与刘幽求微服潜入长安城北的禁苑之中去会见苑总监钟绍京。钟绍京这时又颇有悔意，打算拒见李隆基。苑总监的廨署就在禁苑之内，钟绍京之妻对其丈夫说："以身殉国，神必助之。况且你已经参加谋划，今虽反悔不行，事后难道能免于追究吗？"于是钟绍京急出拜见了李隆基，遂将这里作为指挥政变的大本营。夜幕降临，葛福顺、李仙凫等万骑营将士前来谒见李隆基，请其发令行动。二更时分，流星散落如雪。刘幽求说："天意如此，时不可失！"于是决定马上分头行动。葛福顺拔剑直入屯驻在玄武门外的羽林军营，将韦璿、韦播、高嵩等人斩首，然后对广大将士说："韦后鸩杀先帝，危害社稷，今夜当共诛诸韦，凡韦姓男女身高达到马鞭以上者，全部斩杀，拥立相王为天子。有敢心怀两端者，罪及三族。"羽林将士皆欣然听命。葛福顺等把韦璿等人首级送到李隆基处，李隆基取火验明无误，便与刘幽求直奔玄武门，钟绍京率其下属的丁匠数百人，手持斧锯相随。葛福顺率左万骑营攻玄德门，李仙凫率右万骑营攻白兽门，约定攻下后，会集于凌烟阁前，举声大噪。葛福顺、李仙凫等斩杀守门将士，夺门而入，李隆基率余众候于玄武门外。三更时分，听到大噪之声，知道葛福顺等已经得手，李隆基遂率众进入玄武门。太极殿内陈放着中宗的灵柩，守卫者乃是南衙诸卫兵，听到噪声，皆披甲响应。

韦后见宫中大乱，慌乱中逃入飞骑营，飞骑营将士斩其首级献给李隆基。安乐公主此时正在照镜画眉，军士冲入将其杀死。武延秀逃到肃章门外被斩杀。上官婉儿求情不得，被李隆基下令斩于旗下。

当时殇帝李重茂尚在太极殿，刘幽求说："众约今夕共立相王，何不早定！"[①]言下之意是要杀死李重茂，被李隆基所阻止。遂令诸军搜索在宫中的韦姓人以及其他韦氏同党，捕获后全部斩杀。天晓时分，内外皆定。次日，李隆基出见其父相王李旦，并迎请相王入宫辅佐殇帝李重茂。

李隆基接着又紧闭城门，分遣万骑将士收捕韦氏亲党。斩韦温于东市，斩宗楚客于通化门，斩韦巨源于街衢，其余同党如马秦客、叶静能、杨均、赵履温等皆被斩杀。又命崔日用率军出城赴杜曲（今陕西省西安市

① 《资治通鉴》卷二〇九，唐睿宗景云元年六月，第6646页。

长安区杜曲镇），诛杀韦氏家族其他人员，甚至襁褓儿也不能幸免，混乱中将住在当地的不少杜姓之人也杀死了。

一切办妥之后，遂于当日宣布赦令，规定其余支党不再追究。李隆基由临淄王升为平王，即由郡王升为亲王，并兼管左右万骑营，掌握了禁军兵权。其余立功臣僚各有升赏。接着又发生了一件事，引起了李隆基及太平公主的警觉。

六月二十二日，刘幽求在太极殿处理政事，忽然悄悄走进一宫女与一宦官，要求他起草制书，册立李重茂生母为皇太后。刘幽求说："国家有大难，人心不稳，且中宗皇帝尚未安葬，现在立太后，不妥！"李隆基得知此事后，告诫刘幽求保密，不要向外传言。第二天，太平公主便传来李重茂愿意让位于相王的命令，相王坚决不同意。这说明此事的发生刺激了太平公主，故其急于使李旦即皇帝位。由于李旦的坚决推辞，使得原来的计划一时无法进行。于是刘幽求请宋王李成器、平王李隆基劝说其父早日即位，免得夜长梦多。经李成器、李隆基的极力劝说，相王终于同意即位。

六月二十四日，相王、太平公主及群臣齐集太极殿。太平公主首先说："皇帝欲以位让叔父，可乎？"刘幽求跪曰："国家多难，皇帝仁孝，追踪尧、舜，诚合至公；相王代之任重，慈爱尤厚矣。"于是宣读事先以李重茂名义写好的制书，传位于相王。当时，李重茂仍坐在御座上，太平公主上前对他说："天下之心已归相王，此非儿座！"[①]遂将殇帝拉了下来。相王正式即位，史称唐睿宗，御承天门，大赦天下。

四、睿宗的统治情况

（一）颁布新政

睿宗即位后，将李重茂复封为温王；景云二年（711），改封襄王，于集州（治今四川省南江县）安置。开元二年，李重茂任房州刺史，同

① 《资治通鉴》卷二〇九，唐睿宗景云元年六月，第6649页。

年死去。

睿宗即位，所做的第一件事便是大封功臣。为太平公主增加封户，其子薛崇训先任右千牛卫将军，接着又封为王爵，另一子薛崇简也封了王。钟绍京先后任中书侍郎、中书令、户部尚书。李隆基被立为皇太子，但此事还是颇费了一番周折：从年龄上看，宋王李成器是嫡长子，按理应当被立为太子，但是李成器却不愿当太子，他认为平王李隆基于国家有功，应该被立为太子。刘幽求说："臣闻除天下之祸者，当享天下之福。平王拯社稷之危，救君亲之难，论功莫大，语德最贤，无可疑者。"[①]在这种情况下，只好立李隆基为皇太子。李成器被任命为雍州牧、扬州大都督、太子太师。至于刘幽求，先后被任命为中书舍人、银青光禄大夫、行尚书右丞、知政事，一个月后，又升任为吏部尚书、侍中，封徐国公，成为朝廷最有权势的大臣之一。姚崇也从外地被召回京师，任兵部尚书、同中书门下三品；韦嗣立、萧至忠任中书令，赵彦昭、崔湜任吏部侍郎、同平章事；宋璟任检校吏部尚书、同中书门下三品。

睿宗此次即位，与其兄中宗不同，他对武氏家族的地位进行贬抑。首先，将武则天的称号由则天大圣皇后恢复为旧号天后。废武氏崇恩庙及昊陵、顺陵，追削武三思、武崇训爵位及谥号，开棺曝尸，平其坟墓。废韦后为庶人，安乐公主为悖逆庶人。追谥雍王李贤为章怀太子，恢复了他应有的政治地位。恢复了李重俊的太子名号，为张柬之、桓彦范、敬晖、崔玄時、袁恕己、李千里、李多祚平反昭雪，恢复官爵。将依附于武氏、韦氏的宋之问、冉祖雍等人罢免官职，流放岭外。又将中

① 《资治通鉴》卷二〇九，唐睿宗景云元年六月，第6650页。

宗时韦后、安乐公主等所搞的墨敕斜封官数千人，全部罢免。

所有这一切行动，使得人心大快，初步稳定了自中宗以来动荡的政治局面。在这一时期的宰相群体中，以宋璟、姚崇二人最为精明强干，他们两人合作，革除了中宗以来的各种弊政，“进忠良，退不肖，赏罚尽公，请托不行，纲纪修举，当时翕然以为复有贞观、永徽之风”[①]。

不过睿宗并非励精图治之主，即位以来的所作所为，多是出自太子李隆基、太平公主及姚崇、宋璟等几位宰相的主张，他本人并无多少建树。当时，宰相每奏事，睿宗都要问：“是否与太平公主商议过？”或者问：“是否与三郎商议过？”三郎即指太子李隆基。回答说已经商议过了，才可实施。

（二）李重福之乱

在睿宗统治的整个时期，虽然铲除了韦氏乱党，使李唐皇室的统治地位得到巩固，但是朝廷中的不稳定因素并未完全消除，可以说政治斗争的浪潮一波未平，一波又起。

最先发难的是中宗次子谯王李重福，他曾被韦氏陷害，贬为均州刺史。韦后毒死中宗，专权擅政，李重福与被贬为江州司马的原吏部侍郎郑愔、洛阳人张灵均联合，准备起兵讨伐韦氏，尚未起事而韦氏已败，睿宗即皇帝位。张灵均对李重福说：“大王为中宗皇帝亲子，且排行在李重茂前，当为天子。相王虽然有功，也不应当继承帝位。东都士庶都希望大王前来。如果潜入东都发动左右屯营兵，袭杀留守，占据东都。然后西取陕州，东取河南北，天下可定。”[②]李重福本来就对相王李旦即位深为不满，按照父死子继的传统，自己才应当是皇帝，张灵均的这番话自然正中其下怀。

当时郑愔被任命为沅州（治今湖南省洪江市）刺史，但他借故留在洛阳未行，以等待李重福的到来。他事先起草了制书，册立李重福为皇

① 《资治通鉴》卷二〇九，唐睿宗景云元年六月，第6652页。

② 《旧唐书》卷八六《中宗诸子传》，第2836页。

帝，尊睿宗为皇季叔，以温王李重茂为皇太弟，以自己为左丞相知内外文事，张灵均为右丞相知武事，改元中元克复。李重福与张灵均星夜驰往洛阳，郑愔在驸马都尉裴巽家中做好了准备，以迎接李重福。

景云元年（710）八月，洛阳地方官员侦知到这种情况，于是派人到裴巽家捕捉郑愔。正在这时，李重福突然赶到洛阳，当地官员自留守以下，纷纷逃窜，只有洛州长史崔日知等少数官员率众抵抗。东都留台侍御史李邕急忙赶到左右屯营驻地，告诉他们说："谯王获罪于先帝，今无故入东都，必然是为了作乱，你们应当平定叛乱，立功以获取富贵。"又驰至东都皇城，告诉守门官员紧闭诸门，不要接纳李重福。李重福进入洛阳后，先赴左右屯营，营中乱箭如雨，无法靠近。只好又赴左掖门，见门紧闭，大怒，命令部下焚门。大火尚未烧起，左屯营兵已经赶来，李重福势孤力单，无法抵御，只好逃出洛阳城，藏匿于山谷。第二天，东都留守出兵搜捕，李重福无处躲藏，自投漕河溺死。郑愔、张灵均等皆被捕获斩首。

（三）太平公主集团

李重福之乱的迅速平定，表明人心思定，希望早日恢复稳定的政治局面。然而这一时期最大的政治危机却不是来自李重福，而是来自太平公主集团。

太平公主机敏多权谋，武则天认为她"类己"，在其子女中最为喜爱，因此她能够得到参与一些机密大事议决的机会。在武则天统治时期，太平公主畏惧其母，尚不敢扩充势力、招揽权柄。在诛杀张易之、推翻武则天的统治以及铲除韦氏的斗争中，太平公主的政治势力大大地膨胀了。睿宗对他这位妹妹非常尊重，经常与她商议国家大政，每次她入宫奏事，两人都要坐在一起讨论很长时间；如果她一时没有入宫朝谒，睿宗则派宰相到其府中咨议军国大事。史载："公主所欲，上无不听，自宰相以下，进退系其一言，其余荐士骤历清显者不可胜数，权倾人主，趋附其门者如市。……田园遍于近甸，收市营造诸器玩，远至岭、蜀，输送者相属于路，居处奉养，拟于宫掖。”[①]

这一时期的宰相多为太平公主私党，专权用事，由于太子李隆基英武，公主颇忌惮之，图谋改易太子，另择暗弱者立之，以长久地保持其既得利益与权势。于是，他们散布流言，说“太子非长，不当立”[②]。为此睿宗专门颁制戒谕中外，止息流言。太平公主还派人侦视太子动静，其一举一动皆禀告睿宗知悉。太子的左右，往往也是太平公主的耳目。以上这些行为，致使李隆基非常不安。为了夺取李隆基的太子之位，太平公主召太子少保韦安石至其府，共议此事，韦安石固辞不往。睿宗曾密召韦安石，对他说：“听说朝廷上下皆归心于太子，卿应当多多留心此事。”韦安石回答说：“陛下为何出此亡国之言？这一定是太平公主的阴谋。太子有功于社稷，仁明孝友，天下所知，希望陛下不要听信谗言。”当时太平公主就在帘后窃听，大怒，指使人陷害韦安石。韦安石幸得郭元振解救，才免于被害。

太平公主邀请宰相们会集于大明宫光范门内，指使他们上奏皇帝，改易太子，宋璟大声说：“太子有大功于天下，真宗庙社稷之主，公主为何忽有此议！”结果不欢而散。太平公主还私下对宋王李成器说：“废太子，以尔代之。”[③]其实太平公主并不是真的为李成器着想，当初商议立太子时，她也是赞同建储以功的原则的，只是当她认为立李成器更有利于自己专权时，才改变主意，所有这一切都是以其切身利益为中心。于是宋璟与姚崇密见睿宗，进言道：“宋王是陛下的长子，豳王李守礼是高宗的长孙（豳王乃章怀太子之子），太平公主在其间挑拨是非，使太子不安。不如将宋王、豳王皆任命为外州刺史，远离朝廷。同时罢岐王、薛王的左右羽林军兵权，任命他们为太子左右率，使其侍奉太子。将太平公主与武攸暨迁往东都洛阳安置。”宋、姚建议的目的在于消除潜在的政治隐患。睿宗除了拒绝将太平公主迁往东都外，其余建议都接受了，规定诸王、驸马自今以后不得再掌典禁兵，任命宋王李成

① 《资治通鉴》卷二〇九，唐睿宗景云元年六月，第6651页。

② 《资治通鉴》卷二一〇，唐睿宗景云元年十月，第6656页。

③ 《册府元龟》卷二八六《宗室部·忠》，第3226页。

器为同州刺史、豳王李守礼为豳州刺史、岐王李隆范为左卫率、薛王李隆业为右卫率，这实际上是为了增加太子的实力，有意把他的两个弟弟安排在其身边。同时，将太平公主安置于蒲州（治今山西省永济市西），这里距离长安较近，既便于兄妹相聚，又将其与太子隔开，希望能避免双方矛盾的激化。

（四）皇太子监国

景云二年（711）二月，睿宗命太子监国，将一些权力交给太子掌管，六品以下官员的任命及徒罪以下的裁断，并取太子处分。

睿宗之所以在很短的时间内采取了这么多的措施，除了为了消弭太子与太平公主之间的矛盾外，太子的支持者在其中也发挥了重要的作用。关于宋璟、姚崇的作用，在上一小节已经论到了。策动太子监国的则是中书侍郎、同平章事张说。张说当过东宫侍读，与李隆基关系密切。太子的妃子杨氏怀孕，李隆基担心太平公主知道此事后祸及杨氏，于是命张说弄来打胎药打算堕胎，结果没有成功。杨氏想吃酸的东西，“玄宗亦以告说，（张）说每因进经，辄袖木瓜进献”[①]。可见当时李隆基的处境是多么危险，同时也说明张说与李隆基的关系确实不同寻常，其能当上宰相，也是出于李隆基的推荐。不久，“有术者上言，五日内有急兵入宫”。睿宗急召大臣商讨应对之策时，张说指出这是有人进谗欲动摇太子地位，实际上是暗指太平公主指使人制造了谣言。面对这种严峻的形势，张说向睿宗建议：“陛下若使太子监国，则君臣分定，自然窥觎路绝，灾难不生。”[②]加上宋璟、姚崇、郭元振等人的极力劝说，终于使睿宗痛下决心，令太子监国，此举挫败了太平公主罢废太子的阴谋，在一定程度上巩固了李隆基的太子地位。同时也表明双方斗争的第一个回合，李隆基集团暂时取得了优势，而对太平公主集团来说，无疑是当头一棒，打击了其猖狂的气焰。

① 《开元天宝遗事十种》载李德裕《次柳氏旧闻》，第2页。

② 《册府元龟》卷二五九《储宫部·监国》，第2942页。

五、睿宗退位

（一）李隆基其人

李隆基，睿宗第三子，其母窦氏在他即位当了皇帝之后被追尊为昭成顺圣皇后。李隆基出生于武则天垂拱元年八月的东都洛阳。垂拱三年，封为楚王。长寿元年十月，出阁开府置官属，当时年仅八岁。有一次参加朔望朝时，李隆基车骑甚盛，浩浩荡荡直至朝堂。当时武懿宗任金吾将军，见李隆基仪仗严整，遂上前呵斥。李隆基大声斥责道："吾家朝堂，干汝何事？敢迫吾骑从！"[①]小小年纪，竟有如此胆识，受到其祖母武则天的赞赏。

长寿二年，降为临淄郡王。圣历元年，赐第于东都积善坊。大足元年，武则天驾幸长安时，李隆基也随同西行，赐宅于兴庆坊。在武则天统治后期，他历任右卫郎将、尚辇奉御等官职。中宗即位之后，历任卫尉少卿、潞州别驾等职。旧史记载，李隆基在潞州时，其境内有黄龙白日升天。其打猎时，头顶有紫气盘绕，围绕着李隆基前后出现了十九件祥瑞之事。但这些都是编造出来美化李隆基的，不足为信。

李隆基自幼便接受了良好的教育，精通音律，善写八分书，仪表堂堂，好与人结交，获得了一大批人物的拥戴和支持。景龙四年，中宗将要举行南郊典礼，李隆基借机来到了京师长安。中宗曾亲临其宅第，结彩为楼船，在其家池中游览。中宗死后，李隆基加快了活动的步伐，终于将韦氏之党全部铲除，挽救了李唐王朝。

（二）自愿当太上皇的睿宗

睿宗李旦的即位，是当时政治斗争的客观需要，在中宗死后，只有他即位当皇帝，才能镇服人心，有利于局势的稳定。李旦一生长期处在政治斗争的漩涡中，担惊受怕，而他本人的性格却是"宽厚恭谨，安恬好让"[②]，不愿意继续生活在这种环境中，所以萌生了让出皇位去当太上

---

① 《旧唐书》卷八《玄宗纪上》，第165页。

② 《资治通鉴》卷二〇八，唐中宗景龙元年八月，第6614页。

皇的想法。

李隆基当上监国的两个月后，即景云二年四月，李旦趁太平公主在蒲州时，召集三品以上大臣商议，欲传位给太子，他说："朕素怀淡泊，不以宸极为贵。昔居皇嗣，已让中宗。及居太弟，固辞不就，思脱屣于天下为日久矣。今欲传位太子，卿等以为如何？"[①]群臣没有人表示赞同或反对，也不便表示什么，所以此次商议并没有做出最后的决定。

可是，皇帝欲传位于太子的消息，一经传出，立刻引起了极大的震动。首先是太平公主集团惊讶不已，他们没有料到皇帝即位不到一年就要公开声称传位，而这样做极不利于他们与太子集团之间的斗争，于是便派人出面劝说睿宗取消此打算。太平公主集团的殿中侍御史和逢尧率先出面，他对睿宗说："陛下春秋未高，立为四海所依仰，岂得遽尔！"[②]此事也引起了太子集团的反应，李隆基命太子右庶子李景伯上疏推辞，并且表示连监国也不愿干了。李隆基之所以出面推辞，首先是因为还没有摸清睿宗的行为是否出于真心，如果仅是试探，将会出现不利于自己一方的发展态势；其次，自古以来凡禅位（或传位）之时，莫不再三让之，哪有闻听此事便兴高采烈的？由于各方出于各自利害关系的考虑，都在传位问题上坚持了否定的态度，睿宗只好暂时打消了自己的打算。

由于睿宗已经说出了传位的打算，虽然暂时收回，但总不能一点表示也没有。于是，他又颁布了一道制书，规定："凡政事皆取太子处分。其军旅死刑及五品已上除授，皆先与太子议之，然后以闻。"[③]这道制书所授给李隆基的权力比他刚当监国时更大。唐睿宗之所以这样做，是想通过这种逐渐过渡的办法，慢慢地退出政治舞台。即使如此，此事也引起了太平公主集团的极大不满。为了消除紧张的关系，李隆基请求让位给宋王李成器，没有得到批准，他又请求召太平公主回京师，得到了睿宗的赞同。李隆基这么做，一是为了证明自己与兄长、姑母之间关系融洽，并没有很强的权力欲；二是说明李隆基此时的处境还是比较艰

① 《册府元龟》卷二五九《储宫部·监国》，第2943页。

② 《资治通鉴》卷二一〇，唐睿宗景云二年四月，第6664页。

③ 《资治通鉴》卷二一〇，唐睿宗景云二年四月，第6665页。

难的。睿宗在这件事上的做法，说明他仍然采取了调和两方关系，维持双方势力平衡的不偏不倚态度。

太平公主返回京师后，并没有对李隆基释放的善意有任何回报，反而加紧了结党营私，扩充自己政治势力的步伐。早在她迁往蒲州之前，就已经将宋璟、姚崇等人从宰相行列中排挤出去了，此次回来后，又设法把支持李隆基的韦安石、郭元振、张说等人从相位上拉了下来。与此同时，她又把一批自己的私党安插到宰相位子上，如益州长史窦怀贞、太子詹事崔湜、右散骑常侍魏知古、中书侍郎陆象先等，或为同中书门下三品，或同平章事，全都成为宰相，使得政治的天平向太平公主一方倾斜。

当时有一个叫王琚的人，参加铨选补授为诸暨县主簿，前去拜谢太子。他故意摆出一副高步徐行的姿态，侍者告诉他太子就在殿廷帘内。王琚故作惊奇地说："何谓殿下？当今独有太平公主耳！"[①]想用这种办法来刺激李隆基，激发他的斗争勇气。李隆基当然明白这一切，从此将王琚视为心腹。从这些记载来看，当时李隆基的处境的确不妙。

另据郑綮所撰的《开天传信记》记载："上于藩邸时，每戏游城南韦、杜之间。因逐狡兔，意乐忘返，与其徒十数人，饥倦甚，休息于封部大树下。适有书生延上过其家，家贫，止于村妻、一驴而已。上坐未久，书生杀驴拔蒜备馔，酒肉滂霈。上顾而奇之，及与语，磊落不凡，问其姓名，乃王琚也。自是上每游韦、杜之间，必过琚家，琚所咨议合意，益亲善也。及韦氏专制，上忧甚，独密言于琚，曰：'乱则杀之，又何疑也！'上遂纳琚之谋，戡定祸难。累拜为中书侍郎，实预配享焉。"[②]此段记载不为司马光所采用，因为王琚并未参与诛杀韦氏之谋，但可备李隆基与王琚初识记载之一说。

延和元年（712）七月，西边的天空上出现了彗星，太平公主指使术士趁机向睿宗报告，说帝座及前星有灾，皇太子当为天子。其目的在于

① 《资治通鉴》卷二一〇，唐玄宗先天元年八月，第6675页。

② 《开元天宝遗事十种》载郑綮《开天传信记》，第49页。

挑拨睿宗与太子之间的关系，诬陷李隆基不安心于太子之位，有抢班夺权的阴谋。可是人算不如天算，睿宗本来就无意于继续当这个皇帝，正好术士又借天意这么做，于是决定传位于太子。太平公主集团没有想到事情弄巧成拙，纷纷出来劝阻。睿宗说：“中宗之时，群奸用事，天变屡臻。朕时请中宗择贤子立之以应灾异，中宗不悦，朕忧恐数日不食。岂可在彼则能劝之，在己则不能邪！”李隆基得知此事，急忙入见，叩头于地，请求说：“臣以微功，不次为嗣，惧不克堪，未审陛下遽以大位传之，何也？”睿宗说：“社稷所以再安，吾之所以得天下，皆汝力也。今帝座有灾，故以授汝，转祸为福，汝何疑邪！”李隆基再三不肯，睿宗说：“汝为孝子，何必待柩前然后即位邪！”[①]李隆基无奈，流着眼泪出宫而去。

七月二十五日，睿宗颁制传位于太子，太子上表坚辞。太平公主见事情已无法挽回，遂转而请求睿宗可以传位于太子，但军国大权仍然亲掌，睿宗同意了她的请求。八月三日，太子李隆基正式即皇帝位，史称唐玄宗，尊睿宗为太上皇。并且规定太上皇仍自称朕，每五日于太极殿坐朝，三品以上官员的任命及重大国政仍由太上皇决定，其余政事由玄宗决定。

（三）铲除太平公主集团

玄宗虽然正式即位，但由于权力还没有完全掌握在自己手中，所以仍处处受到太平公主的牵制。当时宰相中多太平公主之党，刘幽求与右羽林将军张晫打算出动羽林军诛杀这些太平公主的同党，谋定后，张晫密言于玄宗说：“窦怀贞、崔湜、岑羲皆因公主得进，日夜为谋不轻。若不早图，一旦事起，太上皇何以得安！请速诛之。臣已与幽求定计，惟俟陛下之命。”[②]玄宗同意了这个计划。但他没有想到的是，张晫将这个计划泄露给了侍御史邓光宾，从而使玄宗感到非常恐惧，怕弄得不好危及自己现在的地位。为了自保，他主动把这个计划报告给了太上皇，

---

① 《资治通鉴》卷二一〇，唐玄宗先天元年七月，第6674页。

② 《资治通鉴》卷二一〇，唐玄宗先天元年八月，第6676—6677页。

并将刘幽求逮捕下狱。有人认为刘幽求等人离间皇室骨肉，应当处以死罪。玄宗却向太上皇求情，说刘幽求有大功，不可杀。于是将刘幽求流放于封州（今广东省封开县东南封川镇），流张暐于峰州（今越南富寿省越池市东南），邓光宾于绣州（今广西壮族自治区桂平市南）。

刘幽求被清除出宰相行列，是太平公主集团的一大胜利。不久，太平公主又设法任命吏部尚书萧至忠为中书令，从而使宰相行列中又多了一个她的同党。双方势力一消一长，形势的发展似乎对公主一方有利。然而玄宗也不会坐以待毙，数月后，他又设法将兵部尚书郭元振任命为宰相。尽管如此，在当时的宰相中，太平公主的势力还是占优，所谓“时宰相七人，五出主门下”[①]。这种说法微有所误，当时的七位宰相是窦怀贞、萧至忠、崔湜、岑羲、郭元振、魏知古、陆象先等，其中前四人无疑属公主之党，郭元振与魏知古支持玄宗，而陆象先虽然与玄宗没有很深的关系，但却是一个正直无私之人，并且反驳过太平公主欲废玄宗的建议，因此此人即使不是玄宗心腹之臣，但也绝非太平公主同党，可算是一位中间派人物。之所以有上述那种说法，原因就在于陆象先的拜相是出于太平公主之力，故旧史臣认为他应属于太平公主之党，这其实是不对的。

玄宗与刘幽求等人密谋的失败，使得太平公主集团更加警觉，以前她只是谋划如何废黜太子，玄宗即位后，也只是想如何罢废皇帝，掌握大权，并无诛杀玄宗的想法。但这一事件使她看到了问题的严重性和政治斗争的残酷性，因而她开始千方百计扩充实力，准备发动政变，害死玄宗。

太平公主集团采取的措施主要有如下几项：

首先，拉拢与扩充势力。除了扩大在宰相班子中的实力外，还极力拉拢朝中其他大臣，主要有雍州长史李晋、太子少保薛稷、左羽林大将军常元楷、右羽林将军李慈、左金吾将军李钦、鸿胪卿唐晙、中书舍人李猷、右散骑常侍贾膺福、西明寺僧人慧范等。慧范与太平公主乳母张

① 《新唐书》卷八三《太平公主传》，第3651页。

氏有染，遂恃太平公主之势，逼夺民产，御史大夫薛谦光与殿中侍御史慕容珣奏弹之。太平公主诉于睿宗，反而使薛谦光被贬为岐州刺史。正是由于太平公主势大，故旧史说："文武之臣，太半附之。"[①]

其次，拉拢北衙禁军。北衙禁军中以左右羽林军实力最为强大，原被李隆基所控制，自从右羽林将军张暐被贬后，太平公主遂拉拢常元楷与李慈。此二人掌握禁兵，经常私下谒见太平公主，而宰相窦怀贞等则控制了南衙诸卫之兵，从而使太平公主一方的军事实力大大地增强了。

再次，阴谋害死玄宗。太平公主集团指使崔湜出面，勾结宫人元氏，在玄宗常饮的"赤箭粉"中放入了毒药，打算害死玄宗，结果没有得逞。

面对如此紧张的局势，忠于玄宗的臣子非常焦虑，纷纷建议早早采取对策。如远在东都洛阳的张说派人向玄宗献来佩刀，请求先下手为强。王琚对玄宗说："事迫矣，不可不速发。"[②]被赶到荆州任长史的崔日用，利用回京奏事的机会，向玄宗建议极早讨捕逆党，认为一旦"奸宄得志，则祸乱不小"。玄宗主要担心会惊动太上皇，崔日用说："天子孝，安国家，定社稷。今若逆党窃发，即大业都弃，岂得成天子之孝乎！"[③]即认为一旦奸谋得逞，玄宗连皇帝都当不成了，还谈什么大孝呢？在得到玄宗的肯定后，他进一步提出了先控制北衙禁军、再收捕逆党的策略，这也得到了玄宗的赞同。

开元元年（713）七月，宰相魏知古密告太平公主准备在这月四日发动政变，打算命常元楷、李慈等率羽林兵突击武德殿，窦怀贞、萧至忠、岑羲等率南衙兵响应。于是玄宗与岐王李范、薛王李业（即李隆范与李隆业，避玄宗，去"隆"字）、郭元振及龙武将军王毛仲、殿中少监姜皎、太仆少卿李令问、尚乘奉御王守一、宦官内给事高力士、果毅都尉李守德等定计，决定抢先动手，先发制人。

七月三日，玄宗通过王毛仲取闲厩马及士卒三百余人，自武德殿入虔化门，召常元楷、李慈入见，将其斩杀。这样就使对方所控制的羽林

① 《资治通鉴》卷二一〇，唐玄宗开元元年六月，第6682页。

② 《资治通鉴》卷二一〇，唐玄宗开元元年六月，第6682页。

③ 《旧唐书》卷九九《崔日用传》，第3088页。

军失去了头领。接着又在内客省捕获了贾膺福、李猷，在朝堂捕获了宰相萧至忠、岑羲，全部斩杀。窦怀贞仓皇逃窜，跳入沟中，自缢而死。太平公主闻变，逃入山寺，三日后自知无法脱身，只好又返回长安家中，被赐死于家中。其余党羽数十人或杀或流，显赫一时的太平公主集团就这样很快地烟消云散了。但是，追查其支党的工作一直延续到这年年底。经过比较彻底的清查后，太平公主的势力终于被彻底肃清了。

此事还是惊动了太上皇李旦，他仓皇登上了承天门楼躲避。郭元振向他奏报了皇帝诛杀乱党的情况，一会儿，玄宗也亲自上了承天门楼，向其父解释了事件爆发的原因。

次日，太上皇颁布诰命，规定“自今军国政刑，一皆取皇帝处分，朕方无为养志，以遂素心”[①]，即交出了全部权力。此后，玄宗精心治理国家，终于开创了开元盛世，使唐王朝成为当时世界上最为强盛的帝国。

（四）铲除乱党的社会意义

玄宗李隆基一举铲除太平公主乱党，彻底结束了自神龙元年以来持续了七八年的政治动荡局面。此后，玄宗在一批贤明之臣的辅佐下，励精图治，开创了皇皇大唐盛世。从这个意义上看，玄宗铲除太平公主逆党具有重要的历史意义。

太平公主集团是一股落后的政治势力，其大多数是好恶任情、阿附权贵、是非颠倒、见风使舵的小人。如窦怀贞先是依附于韦后，后又投靠太平公主，在为金仙、玉真二公主修造道观时不遗余力、亲自督建，人们讽刺他说：“前为韦氏国奢，后作公主邑丞。”[②]韦后垮台后，他亲斩其妻，以便和其划清界限。这个集团的另一骨干萧至忠，表面上清俭刻苦，实际上却贪得无厌，后来其家被籍没，发现了大量的财帛。他们中的有些人甚至公然强取百姓财产，如僧慧范“逼夺百姓店肆，州县不能理”[③]。太平公主本人也非常贪财，其失败后，“籍公主家，财货山

① 《资治通鉴》卷二一〇，唐玄宗开元元年七月，第6684页。

② 《旧唐书》卷一八三《窦怀贞传》，第4725页。

③ 《旧唐书》卷一〇一《薛登传》，第3141页。

积，珍物侔于御府，厩牧羊马，田园息钱，收之数年不尽”[1]。

他们行事往往以小集团的利益为重，置国家利益于不顾，凡是反对这个集团的人均会受到残酷的打击。如景云二年，宋璟与姚崇向睿宗建议将宋王、豳王任州刺史，岐、薛二王罢去禁军兵权，太平公主徙居东都。太平公主知晓后大怒，逼迫李隆基上奏，将二人贬为州刺史。她还力主恢复已经罢职的斜封官的官职，指使殿中侍御史崔莅、太子中允薛昭上奏此事，造成了很不好的政治影响。姚、宋二人被罢相后，“（韦）安石与李日知代姚、宋为政，自是纲纪紊乱，复如景龙之世矣”。前右率府铠曹参军柳泽上疏说：“斜封官皆因仆妾汲引，岂出孝和之意！陛下一切黜之，天下莫不称明。一旦忽尽收叙，善恶不定，反复相攻，何陛下政令之不一也！议者咸称太平公主令胡僧慧范曲引此曹，诳误陛下。臣恐积小成大，为祸不细。”[2]但睿宗不听。这里所说的“孝和”，即指中宗皇帝。再比如僧慧范因逼夺百姓店铺，被御史大史薛谦光上疏揭发，结果反被太平公主诬陷，贬为岐州刺史。可见这个集团的存在，对当时社会政治造成了很不好的影响。正因为如此，铲除这个政治集团有利于吏治的改善、政治的清明，故正直官员和百姓无不拍手称快。

至于李隆基及其支持者则是一股坚持改革、谋求社会发展的政治力量，如宋璟、姚崇、刘幽求、张说、卢怀慎、王琚等，无不具有这种信念，并且具有突出的政治才干。他们一方面坚持与以太平公主为首的腐朽势力斗争，一方面力所能及地改善吏治，革除中宗以来的弊政。

铲除太平公主集团，消除了改革道路上的障碍，至此唐玄宗才真正掌握了朝廷大权，使得他与其手下大臣开始有了用武之地。从玄宗在事变后发布的命令中也可以看出他颇具信心，他希望文武百官“戮力同心，辅相休命，各尽诚节，共治维新”[3]。可以说太平公主集团的瓦解，是唐朝政局由不安定到安定的转折点，也是唐朝历史进入“开元之治”的新起点。

---

① 《资治通鉴》卷二一〇，唐玄宗开元元年七月，第6685页。

② 《资治通鉴》卷二一〇，唐睿宗景云二年二月，第6664页。

③ 《册府元龟》卷一一《帝王部·继统三》，第107页。

第三章　唐朝鼎盛时期的宫廷

第一节　皇皇盛世

一、开元之治

玄宗在位共四十五年时间，使用了三个年号，即先天、开元、天宝，其中先天年号仅用了两年，实际时间仅为一年，开元年号用了二十九年，天宝年号用了十五年。在开元时期，尤其是前期，玄宗与他的辅佐大臣拨乱反正、励精图治，使得大唐帝国社会稳定，经济繁荣，文化发达，与周边民族及国家的交往非常频繁，使大唐帝国声威远播，成为当时世界上数一数二的强大帝国，也使中国古代社会发展达到了鼎盛时期。

在开元初期，玄宗注意选贤任能，尤其是对宰辅的选拔最为重视。所谓：“开元中，上急于为理，尤注意于宰辅。”[①]姚崇、卢怀慎、宋璟、苏颋、源乾曜、张嘉贞等，都是对促成“开元之治”发挥过重要作用的宰相。玄宗本人也颇具政治家的风范，深得人君之体。比如宰相姚崇向玄宗汇报进用郎吏之事时，玄宗仰视殿屋而不答；再三奏请，依然不理。姚崇见状惶恐不安，搞不清皇帝到底是什么态度，急忙退出。宦官高力士进谏说：“陛下初承鸿业，宰臣请事，即当面言可否。”玄宗回答说：“朕既任崇以庶政，事之大者当白奏，朕与共决之。如郎署吏

① 《开元天宝遗事十种》载郑处诲《明皇杂录》卷上，第15页。

秩甚卑，崇独不能决，而重烦吾耶？”[①]也就是说，皇帝应亲决大事，小事则专委宰臣处断，皇帝不应再过问，这就是所谓的抓大放小。当高力士把玄宗的这个意思转达给姚崇后，不仅姚崇本人，朝廷上下“皆以上有人君之大度，得任人之道焉”[②]。

此外，玄宗还注重对地方官的选任，认为“诸刺史县令，与朕共治，情寄尤切”[③]。并且规定刺史、县令赴任时，都应当面向皇帝辞行，“朕当亲与畴咨，用观方略”[④]。他还亲自选拔太守、县令，“告诫以言，而良吏布州县，民获安乐”[⑤]。他甚至动员京官出任地方官，以改变地方官吏队伍的结构。在玄宗的关注下，当时的地方吏治得到了显著的改善，涌现出一批卓有政绩的良吏，促进了当时社会的稳定与发展。

玄宗在纳谏与求谏方面也做出了很大的努力，他多次下令求谏，要求朝臣们大胆直言进谏，对朝政提出批评。从史籍记载来看，上书直谏者不仅仅是内外臣僚，还包括平民百姓、文人学者、方伎隐士等各类人员。这一切对改善当时的政治气氛、改善吏治都起到了极好的作用。除了求谏外，接受和容纳谏言，也是一件说起来容易做起来很难的事。唐玄宗在这方面就做得很好，不仅接受进谏的态度很诚恳，还恢复和健全了谏官议政制度，鼓励谏官们无所回避，敢于犯颜直谏。对一些元老重臣的意见尤为尊重，史载：“玄宗初即位，体貌大臣，宾礼故老，尤注意于姚崇、宋璟，引见便殿，皆为之兴，去则临轩以送。”[⑥]

在开元时期，玄宗还大力推行移风易俗、抑制奢靡的政策。为了更好地推行这项政策，他发挥表率作用，于开元二年七月下令将宫中一些珠玉锦绣堆在殿庭之前，放火焚烧。并下令金银器物要由有关部门统一熔铸为铤，以供军国之用，后妃不得穿戴珠玉锦绣，“天下更不得采取

① 《开元天宝遗事十种》载李德裕《次柳氏旧闻》，第2页。
② 《开元天宝遗事十种》载李德裕《次柳氏旧闻》，第2页。
③ 《唐会要》卷八一《勋》，第1766页。
④ 《唐会要》卷六九《都督刺史已下杂录》，第1436页。
⑤ 《新唐书》卷五六《刑法志》，第1415页。
⑥ 《开元天宝遗事十种》载李德裕《次柳氏旧闻》，第2页。

珠玉，刻镂器玩，造作锦绣”“两京及诸州旧有官织锦坊，宜停”[①]。玄宗这样做的目的就是为全国臣民做出示范，以便改变长期以来形成的奢靡风气，移风易俗，提倡节俭的社会风气。玄宗还反对厚葬风气，规定明器及其他丧葬物不得用金银为饰，坟墓大小高低必须严格地按照相关规定执行，违者决杖一百。

经过朝野上下的一致努力，终于实现了天下大治，开创了太平盛世，唐人自己描绘这一历史时期的情况是：

> 河清海晏，物殷俗阜。安西诸国，悉平为郡县。自开远门西行，亘地万余里，入河隍之赋税。左右藏库，财物山积，不可胜较。四方丰稔，百姓殷富，管户一千余万，米一斗三四文，丁壮之人，不识兵器。路不拾遗，行者不囊粮。其瑞叠应，重译麕至，人情欣欣然，感登岱告成之事。[②]

这种描写虽然不乏溢美之词，但社会稳定，物价低廉，“百姓殷富”“重译麕至”等情况，确是初唐时期所没有见过的社会现象。著名诗人杜甫也描绘过“开元之治”的盛况，他在《忆昔》一诗中写道：

> 忆昔开元全盛日，小邑犹藏万家室。
> 稻米流脂粟米白，公私仓廪俱丰实。
> 九州道路无豺虎，远行不劳吉日出。
> 齐纨鲁缟车班班，男耕女桑不相失。[③]

自此以后，直至天宝时期，全国各地长期处于和平发展的历史时期，社会经济与文化得到了很大的发展。尽管天宝时期政治开始腐败，社会矛盾有所激化，但朝廷上下仍是一派歌舞升平的景象，社会的稳定局面直

① 《册府元龟》卷五六《帝王部·节俭》，第591页。
② 《开元天宝遗事十种》载郑綮《开天传信记》，第50页。
③ 《全唐诗》卷二二〇《忆昔二首》，第2325页。

到安禄山叛乱爆发前还是一直维持着。应该说整个开元、天宝时期是唐王朝发展的最好时期，创造出了繁荣的经济成果和灿烂的文化成就。

二、四部书与《唐六典》

（一）四部书的编集

在我国历史上每一个繁盛时期，除了在经济、政治、军事等方面取得较大的成就外，在文化方面也一定会有一些大的动作，取得一定的文化成就，其中以整理和编集典籍最为历代统治者所重视，成为其弘扬“文治”政绩的首选。在开元时期由唐玄宗出面组织的最大的文化工程，便是整理编集了四部书和编撰了《唐六典》这部典籍。

先说四部书的整理和编集，所谓“四部”，指甲、乙、丙、丁四部图书分类法，也就是后世所谓的经、史、子、集四部图书。其实在唐代就已经有这样的称呼了，所谓：“书有四部：一曰甲，为经；二曰乙，为史；三曰景，为子；四曰丁，为集。”[①]文中所谓“景”，原本为“丙”，避唐高祖李渊之父李昞的讳，遂改为“景”。唐朝在武德初年由于忙于统一全国的战争，还无暇顾及整理图籍。武德五年，秘书监令狐德棻奏请：“今乘丧乱之余，经籍亡逸，请购募遗书，重加钱帛，增置楷书，专令缮写。”经过数年的努力，“群书毕备”。贞观二年，经秘书监魏徵的奏请，唐太宗下令“校定四部书”，即整理国家收藏的图籍。数年之后，使得国家图籍“粲然毕备”[②]。

唐制，由秘书省掌管国家图籍，长官称秘书监，掌邦国经籍图书之事。其中有少监、丞、秘书郎、校书郎、正字、主事等官员，其中秘书郎具体掌管四部图籍，分库而藏之；校书郎与正字，掌校雠典籍，刊正文字。

除此之外，隶属于门下省的弘文馆和隶属于中书省的集贤院也分别

① 《唐六典》卷九《集贤殿书院》，第280页。

② 《唐会要》卷三五《经籍》，第751页。

掌管部分典籍，因此也置有官员负责对图籍的保管和校刊。其中弘文馆除了学士之外，还置有校书郎二人、典书二人、拓书手三人以及笔匠、熟纸装潢匠各若干人，这些都是针对图籍整理、校雠、修补而专门设置的官吏和工匠。

集贤院则是唐玄宗时期设置的。为了弘扬文教，玄宗下令大收群书，自开元五年（717）起，在乾元殿东廊下抄写四部书，以充实内库收藏。为了丰富藏书，玄宗不仅令百官积极支持，还下令向民间商借图籍，缮写完毕后奉还。当时命右散骑常侍褚无量、秘书监马怀素负责此事，称乾元院使，并且专门设置了刊定官四人，具体承担此项工作。次年，乾元院更名为丽正修书院，改修书官为丽正殿直学士。开元八年（720），“加文学直，又加修撰、校理、刊正、校勘官”[1]。后来，命大文人张说主持此事。开元十三年（725），召张说等人宴于集仙殿，遂改名为集贤殿，改丽正殿修书院为集贤殿书院，以张说为集贤殿大学士，张说请求去掉“大”字，诏许之。并且定制“五品已上官为学士，六品已下为直学士。每宰相为学士者，为知院事，常侍一人，为副知院事。”[2]陆续还设置了修撰官、校理官、中使、孔目官、知书官等官职，属于吏职的有书直及写御书一百人、拓书手六人、画直八人、装书直十四人、造笔直四人、典四人。这样便使得集贤院成为国家最大的图书整理及收藏机构，在开元时期其规模一度超过了秘书省，并且规定“集贤院学士掌刊缉古今之经籍，以辩明邦国之大典，而备顾问应对。凡天下图书之遗逸，贤才之隐滞，则承旨而征求焉”[3]。

经过玄宗君臣的努力，集贤院整理抄写甲、乙、丙、丁四部书各一书，“置知书官八人分掌之”“凡四部库书，两京各一本，共一十二万五千九百六十卷，皆以益州麻纸写”。集贤院所藏图籍不仅书写用纸质量很好，而且装潢也非常讲究，所谓“其集贤院御书：经库皆钿白牙轴，黄缥带，红牙签；史书库皆钿青牙轴，缥带，绿牙签；子库皆雕紫

① 《新唐书》卷四七《百官志二》，第1213页。

② 《旧唐书》卷四三《职官志二》，第1851页。

③ 《唐六典》卷九《集贤殿书院》，第280—281页。

檀轴，紫带，碧牙签；集库皆绿牙轴，朱带，白牙签，以分别之”[①]。

十二万五千九百六十卷，这是唐朝各个时期国家收藏图籍最高的一个数据，安史之乱以后，两京沦陷，图籍散佚，便再没有达到这个数字。此外，这也是我国自汉代以来国家收藏典籍最多的一个时期。据载：西汉国家收藏典籍为三万三千九百卷，汉末动乱，散失严重，东汉建立后，大力搜集，部帙渐增。董卓之乱，迁都长安，载书之舟沉之于黄河。至西晋时，虽经搜求，最多时也不过二万七千九百四十五卷。永嘉之乱，晋室南渡，所存官书，仅区区三千零一十四卷。经过南朝诸帝的收集整理，至南齐时，达到了一万八千零一十卷。梁元帝时，图书最多，共计七万余卷，这是包括佛道之书在内的数字。隋朝统一全国以后，秘书监牛弘奏请搜集散落在各地的图籍，并编成目录，计有三万余卷。因此，唐朝能在开元年间取得这样的成就实在是难能可贵的，须知此时雕版印刷技术尚未用来印书，公私藏书皆为手抄，这和宋代以来的情况是大不相同的。

（二）《唐六典》的修撰

《唐六典》是我国盛唐时期编撰的一部国家行政法典，也是世界历史上最早的一部相当完备的综合性行政法典，对中国后世诸王朝产生过重大的影响，亚洲许多国家也借鉴过它，在世界法制史上，具有很高的法学价值和史学意义。

这部典籍的编撰开始于开元十年（722），当时由起居舍人陆坚负责此事，玄宗亲手写了六条，即理典、教典、礼典、政典、刑典、事典。其编撰原则玄宗也确定了，即“错综古今，法以周官，作为唐典”[②]。也就是说玄宗亲自确定了该书的内容、体例和编撰原则。由于这个要求颇高，使得《唐六典》的编撰十分艰难，前后历时十七年，数易主持人，才得以在开元二十六年（738）完成。先后主持此事的有陆坚、张说、萧嵩、张九龄、李林甫等五人。

---

① 《旧唐书》卷四七《经籍志下》，第2082页。

② 《旧唐书》卷二六《礼仪志六》，第988页。

《唐六典》最终的编撰体例，形式上取玄宗“六典”之名，实则仿照《周礼》之六官，以唐代各机构各级职官为纲目，又以唐代颁行令、式为内容，以职官沿革为注。从而创构了规模宏大、纲目清楚、叙述规范的典制编纂体例，成为“会典体”典制体裁的创始之作。其内容丰富、创意独具的自注与正文互为经纬，动态地记载一代典制的崭新记述方法，为后世典制专著创造性地运用自注创造了良好的范式。这种编撰体例比较贴近玄宗的理想化构想，却与玄宗本意不符，玄宗所说的六典，包括政治、经济、军事、法律、思想、文化等各个方面的典章制度，几乎囊括了各个领域，要将它们逐一编修并纂集为一册，实非易事。此外，玄宗要求“法以周官”，即以《周礼》六官之制作为唐典的经络框架，而唐朝实行的三省六部制度与《周礼》是完全不同的政制体系，致使编撰官员历时数年也确定不了编撰体例与内容，处于无所适从的状态。这也是此书编撰历时十七年的一个重要原因。

《唐六典》共三十卷，正文包括唐朝从中央到地方各种机构建置和官吏的任用制度，注文主要叙述了各种机构及官职的历史沿革。其内容主要包括：

三师（太师、太傅、太保）、三公（太尉、司徒、司空） 为训导、论道之官，是中央的最高顾问。

三省 即尚书、门下、中书三省，由这三个部门组成最高决策机关，其中中书省为出令机关，门下省为审议机关，尚书省为行政中枢机关。在唐朝前期，由三省长官组成政事堂，为最高决策机构，后改名为中书门下。尚书省下辖六部（吏、户、礼、兵、刑、工），每部下辖四司，共二十四司，六部二十四司为中央行政管理机关。

九寺、五监 为中央政府的事务性机构。指太常、光禄、卫尉、宗正、太仆、大理、鸿胪、司农、太府等九寺，国子、少府、将作、军器、都水等五监。

御史台 为中央最高监察机构，下设三院御史，即台院之侍御史、殿院之殿中侍御史、察院之监察御史。

此外，还有秘书省、殿中省、内侍省、十六卫、太子东宫、诸王府、公主邑司等各种机构。在地方上有府、州、县，还有都督府、都护府等各级机构。

《唐六典》与普通的职官类典籍最大的不同，在于它是通过古代国家立法的形式而产生的，并且将令、式等行政法规加以综合和梳理，分别写入各条制度之下，展现了唐朝的政权组织形式以及各级机构职能和官吏任用的详细规定，可谓一代典章，厘然具备。

《唐六典》撰成以后，关于其是否颁布施行，存在着不同的观点，争论颇为激烈。大体上有三种观点：一种观点认为《唐六典》修成后保存在集贤书院，并没有颁布行用；一种观点综合开元以来的各种史实，认为它实际上已被历朝所施用；还有一种观点则认为《唐六典》被部分地执行了，没有事事遵用。现在看来，这三种观点中以第二种比较可靠，《唐六典》不仅在开元以后被频繁地施用，而且在五代、两宋时期也经常作为行政法规被遵行。

三、泰山封禅大典

在唐玄宗统治时期，最为隆重的典礼莫过于封禅泰山。封禅泰山是自秦代以来帝王们最为向往的一件大事，秦始皇、汉武帝、东汉光武帝以及唐高宗都先后封禅于泰山，因此封禅泰山便成为显示强大国力和四海升平的一个重大典礼，每一个统一王朝的君主无不期望到泰山封禅。其实在名山大岳都可举行封禅，并非仅限于泰山，武则天就曾封禅于中岳嵩山，也有人奏请唐玄宗封禅华山，只是秦始皇封禅泰山，加之泰山为五岳之首，遂使得泰山封禅的重要性超过了其他名山大岳。

什么叫封禅？唐人裴光庭说：“封禅者，所以告成功也。”即表示帝王受命于天，使天下大治，特向天神地祇告知。那么，什么叫成功呢？裴光庭也有一个解释：“夫成功者，德无不及，百姓无不安，万国无不怀。”[①]正因为封禅具有这样的意义，那些自认为具有文治武功、获得太平盛世的帝王，无不希望通过举行封禅大典，以粉饰太平，宣扬君权神授。

贞观五年，天下一统，唐朝也征服了东突厥，四夷来朝。于是赵郡王李孝恭上表，请求举行封禅之礼，随后荆州都督武士彟也上表请求封禅。次年，年谷屡登，群臣上言请封泰山。但是，由于这一时期唐朝的社会经济尚未完全恢复，民物凋残，都未能举行。贞观十一年，群臣又一次上表请求封禅，太宗命秘书监颜师古撰定《封禅仪注书》，又命房玄龄、魏徵、杨师道博采众议，确定为永式。贞观十五年（641），太宗下诏封禅泰山，命太常卿韦挺、礼部侍郎令狐德棻为封禅使。车驾已行至洛阳，天空中突现彗星，起居郎褚遂良上表认为不便东行，“太宗深然之，下诏罢封禅之事”[②]。贞观二十一年，又一次下诏封禅，结果因为泉州海溢，没有成行。终太宗之世，始终没有能够举行封禅大典。后来，到了乾封元年，唐朝的社会经济有了进一步的发展，于是唐高宗举行了隆重的封禅大典。然而后世对这位皇帝的此行为却多有非议，认为他的功业远不及太宗，只是依靠其父的鸿业，继续了贞观时期的政策，才得以维持统治。这样一位美德稍逊的皇帝成功地“封岱礼天”，而雄才大略的唐太宗却因为社会经济条件所限，未能举行这种旷世大典，实在有些遗憾。

唐玄宗取得的“开元之治”的成功，使得大唐帝国达到了鼎盛，自然有资格封禅于泰山。最早提出举行封禅大典的是崔日用，早在开元初，崔日用任吏部尚书，“尝采毛诗《大雅》《小雅》二十篇，及拟司马相如《封禅书》，因玄宗生日表上之，以申规讽，并述告成之事。玄宗省表嘉叹，赐衣一副、帛五十匹，以酬其意”[③]。那时玄宗刚刚励精图治，事业未成，举行封禅大典的条件还不成熟，故玄宗只能赐其物以表示鼓励。开元十二年（724），经过十几年精心治理，社会平稳，连年丰

① 以上见《新唐书》卷八四《裴行俭传附光庭传》，第2806页。

② 《册府元龟》卷五四三《谏诤部·直谏十》，第6207页。

③ 《册府元龟》卷五二三《谏诤部·讽谏》，第5943页。

收，国家的经济实力有了很大的提升。这年文武百僚、各地朝集使、皇亲和四方文学之士，纷纷上书及献赋，请求举行封禅，前后达千余篇。仅这年闰十一月，就有四次上书，张说在其中扮演了重要角色。在大家一片歌功颂德之声中，玄宗也有些飘飘然，其好大喜功的心理在这种风潮中得到了极大的满足，于是应朝野一致的请求，同意举行封禅大典。

开元十三年十月，玄宗从东都洛阳出发，文武百官、四夷酋长、护驾军队连同运送各种物资的队伍，浩浩荡荡，绵延数百里。数万匹马，各以同一毛色为一队，远远望去，宛如云锦。全程行走了二十五天，于十一月六日抵达泰山脚下。九日，玄宗率众登山，为了不打扰灵山宝地的清静，玄宗命大队人马留在谷口，自己与宰相、诸王及礼官登上山头。在泰山上下行道上布满了卫兵，仪卫环列百余里。玄宗在山上过了一夜，十日清晨，正式举行封禅之礼，在山上封台前坛，祭拜昊天上帝，以唐高祖配享。玄宗为首献，邠王为亚献，宁王为终献。礼毕，将盛有玉册与玉牒的两个玉匣藏于祭坛之石室。然后又在封台东南方的一座燎坛，点燃了事先堆积的柴草，火势冲天而上，顿时庆云纷纷，欢呼之声震天动地，群臣卫士大呼万岁，欢呼之声传遍泰山上下。

以上礼仪称之为“封祀”，结束以后，回到山下。次日，举行“禅社首”大典。社道山是泰山下西南方向的一座小山，相传周成王封泰山时，禅于社首，唐高宗也曾禅于社首，玄宗因袭旧制，也在此山举行了禅社首的典礼。在社首举行的是享皇祇的典礼，即祭祀地神。所谓封禅之礼，就是指封泰山、禅社首的祭祀天地的大典。

所有这些礼仪结束之后，唐玄宗接受了文武百官、二王之后、诸州朝集使、四夷首领及使者、文士儒生的朝觐，所谓“四方诸侯，莫不来庆”[①]。同时，玄宗还封泰山神为天齐王，并大赦天下。十四日，玄宗率领大队人马离开泰山，踏上了归途。

唐玄宗封禅泰山不仅是唐代几次封禅大典中规模最大的，而且在历代封禅活动中也是最为隆重的一次，支撑这一盛大典礼的是大唐王朝强

---

① 《旧唐书》卷二三《礼仪志三》，第901页。

大的国力和繁荣的文化，其中所展示的礼仪对后世也具有深远的影响。

四、防范宗室诸王

（一）外任刺史

唐玄宗李隆基亲眼看见了武则天以来唐朝宗室内部为争夺皇位而展开的多场殊死斗争，又对唐初太宗与李建成之间的血腥屠杀非常熟悉，他深知对其地位最大的威胁不是来自外部，而恰恰是李唐皇室内部。当年太平公主阴谋动摇李隆基太子地位时，姚崇、宋璟等人就请求将李成器与李成义外任为刺史，“以绝谋者之心”[①]。玄宗对这一点当然也是了然于心的。所以当他发现重臣张说私入岐王宅时，立刻贬其为相州刺史，目的就在于防范朝廷大臣与诸王交结而危及皇位。

开元二年六月，玄宗命宋王李成器为岐州刺史，申王李成义为豳州刺史，豳王李守礼为虢州刺史。次月，又命岐王李范为绛州刺史，薛王李业为同州刺史。这一次任命诸王为刺史与当年太宗任命诸王为刺史的目的颇为不同，太宗的目的是屏藩皇室，巩固李唐王朝的统治，颇有些“封建制”的意味；而此次玄宗外任诸王为刺史，却是防范诸王危及皇位，以巩固自己的统治地位。正因为如此，所以他规定诸王不能亲掌政务，州务由长史、司马等上佐主持。同时他又规定诸王中每季必须有二人入朝，循环往复。表面上是为强化兄弟友悌之情，其实是为了便于了解诸王动态，杜绝诸王与朝臣的联系，尤其是防止功臣与诸王交结，以免他们利用诸王特殊的身份搞不利于自己的活动。

玄宗外任诸王为刺史，只是在开元初期一度施行过，待到其地位巩固、政治局势稳定后，便不再实施了。开元七年（719），他便陆续将诸王召回京师。首先召回的是宋王李成器，并改封宁王。次年，又相继召回了岐王、薛王、申王等。开元九年（721），将豳王召回长安。至此，外任都督、刺史的诸王已全部回到了长安。玄宗的这一举动，并不表示

---

① 《旧唐书》卷九五《睿宗诸子传》，第3010页。

他已经彻底放弃了对诸王的戒备，而是他根据政治局势的变化，采取了另外一种防范措施。关于这个问题将在后面的小节中论述，这里就不再多说了。

（二）天子友悌

在唐朝诸帝中，与兄弟关系比较亲密的当属玄宗，对兄弟、诸子防范最严的也是玄宗，这种看似矛盾的关系却实实在在集中于玄宗一身。

由于玄宗以非嫡长子的身份登上了皇帝宝座，这便使他不能不对其兄弟产生猜忌之心，史书中明确记载：“上禁约诸王，不使与群臣交结。”[①]但是，这一切都是在暗中做的，表面上玄宗与诸王还是保持友悌的关系，故史载：“以为天下友悌，近世无比。帝既友笃于昆季，虽有谗邪交构其间，然友爱如初。”[②]如果玄宗与兄弟的关系真的亲密无间，何人敢进谗言？正因为其心存猜忌，才给人以可乘之机。不过，玄宗表面上与兄弟之间的确表现得十分亲密。

武则天统治时期，赐睿宗诸子宅第，当时号“五王宅”，玄宗的青少年时期就是与诸兄弟一起在“五王宅”里度过的。玄宗即位当了皇帝后，为了表现兄弟之情依然如故，又搞出了一个“五王帐”。史载：“帝友爱至厚，殿中设五幄，与五王处，号五王帐。”[③]后来，由于要将五王宅所在的隆庆坊扩建为兴庆宫，于是在兴庆宫附近给诸王赐宅，赐宁王、薛王宅于胜业坊，赐申王、岐王宅于安兴坊，“环列宫侧”。这样就可以仍然保持兄弟共居的格局。玄宗在兴庆宫西修建了“花萼相辉之楼”，其南建了“勤政务本之楼”，“帝时时登之，闻诸王作乐，必亟召升楼，与同榻坐，或就幸第，赋诗燕嬉，赐金帛侑欢。诸王日朝侧门，既归，即具乐纵饮，击球、斗鸡、驰鹰犬为乐，如是岁月不绝，所至辄中使劳赐相踵，世谓天子友悌，古无有者”[④]。

在玄宗诸兄弟中，以其兄长宁王李成器（后改名李宪）最为恭谨畏

① 《资治通鉴》卷二一三，唐玄宗开元八年十月，第6741页。

② 《册府元龟》卷四七《帝王部·友爱》，第508页。

③ 《明皇杂录·逸文》，第40页。

④ 《新唐书》卷八一《睿宗六子传》，第3597页。

慎，从未干政或与人结交。之所以如此，是因为宁王是嫡长子，当年立李隆基为太子时，他极力推让，才使其得遂心愿。正因为宁王身处嫌隙之地，所以不得不谨慎小心。他每日饮酒作乐，且酷爱音乐，即使在炎热的夏季，也亲自挥汗击鼓，所读之书乃龟兹乐谱。所以玄宗对宁王最为敬重，曾将所获仙药与之分享，并写信对他说："今持此药，愿与兄弟共之，偕至长龄，永永无极也。"[①]每年宁王过生日，玄宗都要亲赴其宅，表示祝贺。平常也经常赐物，尚食所造酒馔及四方所献酒酪异馔，也赐给兄弟分享。宁王曾经把一年之中玄宗所赐之物抄成目录，送交史馆，竟达数百纸之多。宁王晚年患病，御医及赐物之使，相望于道，有一僧医治宁王疾稍有成效，玄宗大喜，赐以绯袍、银鱼袋。玄宗给宁王的封户累计高达五千五百户，创唐朝封户之最。

开元二十九年（741），宁王因病死去，终年六十三岁。玄宗失声恸哭，认为宁王有推让天下之功，"非大号不称，乃追谥让皇帝"[②]，赠其妃为恭皇后，号其墓为惠陵。

为了表示对其他兄弟的友爱，唐玄宗还给其兄弟几乎每人都赠谥太子称号。在其他历史时期存在过这种情况，在唐朝也早有追谥太子的先例，但是像玄宗这样广泛地追谥，却是极为罕见的。开元十二年（724）十一月，申王李㧑病死，玄宗追赠其为惠庄太子。开元十四年（726）四月，岐王李范病故，玄宗又追赠其为惠文太子。开元二十二年（734）七月，薛王李业病逝，玄宗追赠其为惠宣太子。玄宗兄弟共六人，长兄宁王已追谥让皇帝，幼弟汝南王李隆悌早亡，睿宗即位后追赠王爵。玄宗追赠其兄弟为太子的行为，对于和睦皇族内部关系、稳定政治局势有着积极的意义，同时也为后世诸帝做出了榜样。

在太宗的兄弟中，李建成与李元吉死于玄武门之变；唐高宗的兄弟或被诛杀，或遭贬黜，善终者不多；唐中宗共有四子，皆死于祸乱之中；唯有玄宗能善待兄弟，从而使睿宗诸子多获保全，与先前的情况形

① 《新唐书》卷八一《睿宗六子传》，第3598页。

② 《新唐书》卷八一《睿宗六子传》，第3598页。

成鲜明的对比，这不能不说是玄宗坚持友悌的一个善果，受到了后世的赞扬。如宋人评论说："睿宗有圣子，一受命（指玄宗），一追帝（指宁王），三赠太子，天与之报，福流无穷，盛欤！"[①]

（三）十王宅与少阳院

在唐朝前期，诸皇子年长后多令出阁，甚至外任刺史、都督，只有年纪幼小的皇子才不令出阁。如唐高宗在贞观中被封为晋王，因其是长孙皇后所生的最幼子，太宗怜之，不令出阁。高宗时，睿宗为豫王，是武则天所生的最幼子，也不令出阁。中宗时，李重俊为太子，李重茂因年幼而不出阁，后来在李重俊死后竟然被立为皇帝。睿宗诸子，也就是玄宗和他的兄弟们，封王后也是出阁的，例如李隆基就曾担任过潞州别驾之职。他本人当了皇帝之后，其兄弟们也都出阁过。

玄宗即皇帝位以后，因为诸子年纪尚幼，所以皆未出阁，居住在皇宫之内。年纪渐长封王以后，仍不令出阁，而是在长安安国寺东紧靠苑城另建了一座大宅，将他们安置于其中。《新唐书·十一宗诸子传》曰：

> 开元后，皇子幼，多居禁内，既长，诏附苑城为大宫，分院而处，号"十王宅"，所谓庆、忠、棣、鄂、荣、光、仪、颍、永、延、盛、济等王，以十，举全数也。中人押之，就夹城参天子起居。家令日进膳。引词学士入授书，谓之侍读。寿、信、义、陈、丰、恒、凉七王就封，亦居十宅。鄂、光废死，忠王立为太子，庆、棣继薨，唯荣、仪十四王居院，而府幕列于外坊，岁时通名起居。

之所以称"十王宅"，举其全数，最初应为十二王，后来又加进来几个王，于是后来便称之为"十六宅"。无论是十王宅还是十六宅，或者叫十六王宅，都不是指确切的人数。十六宅位于长安城东北角，北面紧靠小儿坊，西面为安国寺，位置在今陕西省西安市空军军医大学至省金属

① 《新唐书》卷八一《睿宗六子传》赞曰，第3604页。

结构厂之间，长缨路东西横贯其中。其东面紧靠夹城，通过夹城可以直入大明宫或兴庆宫，所谓“就夹城参天子起居”，就是指他们顺着夹城入宫向皇帝问安。由于这些亲王均同居一处，而不是像以前那样住在各自的王府内，按照唐制，每个王府各置有僚属，而这些僚属又不能住在十六宅内，只能住在外坊，上面所说的“府幕列入外坊”，就是这个意思。由于亲王与其府僚并不能随时相见，只能每年四时向各自的主人通名问安而已，所以这些所谓的王府官全都成了闲散之职。这些亲王的饮食由家令统一供给，学习由侍读负责，并且有宦官专门管理十六宅的事务，唐后期称之为十六宅使。如此严格的措施，不但将这些皇子与朝臣隔离，从此远离政治，而且使其失去了行动的自由，成为金丝笼中的小鸟。自从唐玄宗兴建了十六宅以后，皇帝大都不再放诸王出阁，而是将他们集中安置在十六宅中，这实际上已成了一种不成文的制度，终唐之世，再无变化。

在这一历史时期还出现了所谓百孙院的建筑。这些亲王长大以后，自然要纳妃生子，据载，玄宗共生子三十人，所以其孙是非常之多的。这些人都与其父居住在十六宅显然是不可能的，也无法容纳，于是便在其外另建府宅以安置之。关于这个问题，《旧唐书·玄宗诸子传》记载说：

> 外诸孙成长，又于十宅外置百孙院。每岁幸华清宫，宫侧亦有十王院、百孙院。宫人每院四百，百孙院三四十人。又于宫中置维城库，诸王月俸物，约之而给用。诸孙纳妃嫁女，亦就十宅中。

唐玄宗经常要在华清宫度过冬季，通常在每年十月驾幸华清宫，年底或第二年春季返回长安，因此在华清宫也兴建有十六宅和百孙院。皇帝驾幸华清宫时，这些皇子皇孙们也要随同前往。为他们服务的宫人也是很多的，前面已经说过，诸王是分院而居的，每院四百人，为十几个王服务的宫人总数即达数千人之多。这还不包括百孙院的宫人，每院三四十人，一说是二十四人，故总数亦有数千人。在经济上玄宗也对这些皇子皇孙进行了控制，他们所得的月俸统统收藏于宫中的维城库，集中供用。这些皇子皇孙们封王后，照例还要赐给数量不等的封户，这部分的收入是否也入维城库，史书中没有明确的记载，既然自己的月俸他们都不能自由支配，那么这部分收入很可能也是要入维城库的。

除此之外，这些皇子皇孙的婚姻也不能自由，《新唐书·十一宗诸子传》说："太子、亲王、公主婚嫁并供帐于崇仁之礼院。"礼院也叫礼会院，原本是长宁公主宅，位于崇仁坊内，后以其宅西半部置礼会院，"每公主、郡县主出降，皆就此院成礼"[①]。也就是说，礼会院不仅承办诸皇子、皇孙的婚礼，公主、郡主、县主的婚礼也在这里举办。可是由于皇子皇孙人数太多，皇帝也不可能一一关照，致使其婚姻问题往往不能及时解决。为了解决这个问题，很多人便向一些有权势的人行贿，如杨贵妃的姐妹韩国夫人、虢国夫人就是这样的人，她们控制着皇子皇孙的婚姻。史载："十宅诸王及百孙院婚嫁，皆以钱千缗赂韩、虢使请，无不如志。"[②]即通过她们向玄宗反映，才能如愿婚娶。到了后来，旧的问题尚未完全解决，新的问题又出现了，即诸王所生的女儿，因为无人关心，而他们的父母虽有心却无力顾及，以至于年纪渐大，却迟迟不得婚配。所谓"其女嫁不以时，选尚者皆由宦官，率以厚赂自达。"[③]这里所说的宦官，就是指掌管十六宅和百孙院的宦官，要向他们行贿，才能够使这个问题得到解决。因为这些人掌握着向皇帝反映问题的话语权，可以提醒皇帝该给哪些人解决婚姻问题了。到了唐宪宗统治时期，这些问题仍然没有得到很好的解决，元和六年（811），甚至由宰相出面向皇帝奏请要求解决诸王之女的婚姻问题，于是"诏封恩王等六女为县主，委中书、门下、宗正、吏部选门地人才称可者嫁之"[④]。

① 〔宋〕宋敏求：《长安志》卷八，三秦出版社2013年版，第277页。
② 《资治通鉴》卷二一六，唐玄宗天宝七载十一月，第6891—6892页。
③ 《资治通鉴》卷二三八，唐宪宗元和六年十一月，第7687页。
④ 《资治通鉴》卷二三八，唐宪宗元和六年十二月，第7687页。

不仅诸王如此，连皇太子也同样受到严格的管制。在玄宗以前的诸帝统治时期，太子皆居于东宫，而且在东宫还建立了一套职官制度，关于这个问题在第一章已有专门的介绍。此外，东宫还统领有一定数量的军队，这就是十率府下辖的诸军府及其军队。可是到了玄宗统治的开元年间，却不允许太子再在东宫居住，所谓："太子不居于东宫，但居于乘舆所幸之别院。太子之子，亦分院而居，婚嫁则同亲王、公主，于崇仁里之礼院。"[①]也就是说，皇帝住在长安，太子就居住在皇宫中之别院；皇帝外出，太子就住在皇帝所居的附近院落，而很少再像唐前期那样留太子在京师监国。这种做法后来也形成了制度，玄宗以后诸帝凡立太子多不居东宫，而是住在少阳院。关于少阳院的称呼始于何时，史书缺载，唐德宗贞元三年（787），李泌曾说："太子自贞元以来常居少阳院，在寝殿之侧。"[②]可能在肃、代时期就已经有了这一称呼，最迟不会迟于贞元三年。大明宫内有两处少阳院，一处在崇明门外，另一处在翰林院以北、麟德殿以西，李泌所说的就是后一处。这里所说为长安的少阳院，其实在皇帝乘舆所幸之处，太子所居的地方都可称为少阳院。

唐玄宗时期创立的十六宅、百孙院、少阳院（当时尚无这一称呼），表面上看似乎体现了皇帝对皇子皇孙的关爱，其实质却是出于对其防范的政治需要，正因为如此，才使得这一做法被沿袭下来，并且制度化了。

五、宠臣与中官

（一）王毛仲其人其事

在开元时期最得宠的臣子无过于王毛仲、张玮、王琚等数人，其中最得宠者乃是王毛仲。此人本是高丽人，其父曾任游击将军，因犯法被收为官奴，后生王毛仲，故其长期在临淄王府为奴。李隆基任潞州别驾

① 《唐会要》卷五《诸王》，第60页。

② 《资治通鉴》卷二三三，唐德宗贞元三年八月，第7499页。

时，他也曾跟随赴任。当时还有一个家奴名叫李守德，善于骑射，被李隆基买来，与王毛仲一同侍候左右。不过王毛仲聪慧灵巧，善于猜度主人心思，因而更受李隆基的宠信。唐中宗景龙三年（709），李隆基从潞州回到了长安，他见朝政混乱、韦氏专权，遂秘密结交禁军将领，经常与他们在一起饮酒作乐，赐赠金帛财物。王毛仲与李守德陪同左右，因此深知李隆基的心思。于是，王毛仲也主动结交禁军中人及豪杰之士，得到了李隆基的赏识。

李隆基决定举兵诛灭韦氏之党时，李守德紧随李隆基左右，而王毛仲却担心事如不成会牵连到自己，因此藏匿不出。政变成功后数日，王毛仲才公开露面。李隆基也没有责备他，还奏授封其为将军，可见宠信之深。李隆基为太子时，将立功的左右万骑营扩编为左右龙武军，与左右羽林军共同号称为北门四军，命葛福顺等人分押之。同时又命王毛仲专掌东宫驼马鹰狗等坊，未逾一年，遂升任其为大将军，官至三品。在铲除太平公主集团的斗争中，王毛仲立有大功，授辅国大将军、左武卫大将军、检校内外闲厩兼知监牧使，进封霍国公，实封五百户，在立功数人中封赏最厚。

王毛仲为官奉公正直，不避权贵，“两营万骑功臣、闲厩官吏皆惧其威，人不敢犯”[①]。唐朝的马政在贞观时期由张万岁掌管，一度发展很快，无论是监牧的扩大，还是马匹数量的增加，都达到了一个空前的高度，诸监牧所养之马达到七十余万匹。但是自武则天垂拱以来的二十余年间，减耗大半，所存盖寡。到开元元年时，仅余马二十四万余匹。自从王毛仲在开元二年掌管马政以来，大力整顿监牧，调整人员，恢复张万岁时的规章制度，“群牧孳息，遂数倍其初。刍粟之类，不敢盗窃，每岁回残，常致数万斛”[②]。至开元十三年时，马匹已增加到四十三万匹；开元十九年（731），增至四十四万匹，牛羊增长达数倍之多。唐玄宗东行封禅于泰山时，王毛仲从诸监牧抽调数万匹良马随行，“每色为

① 《旧唐书》卷一〇六《王毛仲传》，第3253页。
② 《旧唐书》卷一〇六《王毛仲传》，第3254页。

一队，望如云锦，玄宗益喜”[1]。这些政绩的取得，都与王毛仲的努力分不开。正因为如此，玄宗授其开府仪同三司的官衔，从一品，是文散官的最高一级。自玄宗即帝位以来的十五年间，共给四人授予此官，其余三人是王同皎及名相姚崇、宋璟，王毛仲能与他们同列，玄宗对其宠信可见一斑。不仅如此，玄宗还追赠王毛仲父为益州大都督；其两个妻子均授予国夫人的邑号；其子尚在童稚，就授予五品官，长成后，令其与皇太子同游。

玄宗还赐给王毛仲大量的财物、驼马、奴婢和房宅。王毛仲嫁女，朝中百官皆前往祝贺，玄宗问其还有何要求？王毛仲说：“臣万事已备，但未得客。”玄宗问道：“难道张说、源乾曜辈也不肯前来吗？”王毛仲回答说：“他们都已来了。”玄宗道：“知汝所不能致者一人耳，必宋璟也。”毛仲说：“然。”玄宗笑着说：“我明日帮你召客。”次日，玄宗对宰相们说：“朕的家奴王毛仲有婚事要办，你们与朝中达官皆要前去祝贺。”迫使宋璟及众臣皆前往王毛仲家，为其捧场。[2]据《旧唐书·王毛仲传》载：“每入侍宴赏，与诸王、姜皎等御幄前连榻而坐。玄宗或时不见，则悄然如有所失，见之则欢洽连宵，有至日晏。”王毛仲妻产子，因夏季天气炎热要借皇家内苑亭子纳凉，玄宗也答应了。

正因为玄宗对王毛仲过分宠信，致使其逐渐养成了一股骄气，即使对宫中的宦官也不以为礼，甚至贵近者如杨思勗、高力士者，也视若无睹，“甚卑品者，小忤意，辄詈辱如僮仆。力士等皆害其宠而未敢言”[3]。不仅如此，连玄宗派到其家宣诏的使者，王毛仲也不为礼，位卑者，“或踞见，忤意即侮悴，以气凌之，直出其上”[4]。王毛仲还与葛福顺结为儿女亲家，禁军诸将见王毛仲奏请，无不应允，纷纷投靠，得其恩惠者不在少数，故“进退随其指使”。王毛仲如此骄横，又与禁军

① 《旧唐书》卷一〇六《王毛仲传》，第3254页。

② 《资治通鉴》卷二一二，唐玄宗开元十三年十二月，第6768页。

③ 《资治通鉴》卷二一三，唐玄宗开元十八年十一月，第6792—6793页。

④ 《新唐书》卷一二一《王毛仲传》，第4336页。

诸将关系亲密，不能不引起皇帝的警惕。吏部侍郎齐澣曾对玄宗说过："福顺典兵马，与毛仲婚姻，小人宠极则奸生，若不预图，恐后为患，惟陛下思之。况腹心之委，何必毛仲，而高力士小心谨慎，又是阉官，便于禁中驱使。"[①]加之与王毛仲关系亲密的李守德、唐地文、王景耀、高广济等数十人，倚仗王毛仲的势力，所为多不法，也引起了不少朝臣的忧虑。

万骑将军马崇正白昼杀人，被法司捕获，王毛仲却极力营救，全然不顾国家法度，引起玄宗的不满，但玄宗却隐忍不发。王毛仲又自请任马崇正为兵部尚书，没有如愿，王毛仲心生怨恨。

王毛仲妻产子三日，玄宗派宦官高力士前往宣诏，赐其子五品官及大量的金帛酒馔。高力士回来后，玄宗问曰："毛仲喜乎？"对曰："毛仲抱其襁中儿示臣曰：'此儿岂不堪作三品邪！'"玄宗大怒曰："昔诛韦氏，此贼心持两端，朕不欲言之；今日乃敢以赤子怨我！"高力士乘机进奏说："北门奴，官太盛，相与一心，不早除之，必生大患。"胡三省注曰："王毛仲、李守德皆帝奴也。又葛福顺等皆出于万骑。中宗以户奴补万骑，故云然。"[②]玄宗因为其党势力较大，不愿轻举妄动，还要等待时机。

开元十九年，王毛仲向太原军器监索取兵器甲仗，太原府少尹严挺之将此事急奏玄宗，使得玄宗不得不对王毛仲采取行动。为了不至于使其党因震惊而狗急跳墙，玄宗并未谴责他的这一行动，只是以其心怀怨望、骄横不法的罪名，将其贬为瀼州员外别驾，贬葛福顺为壁州员外别驾，唐地文被贬为振州员外别驾，李守德被贬为严州（治今浙江省桐庐县西北）员外别驾，其余诸人也纷纷被贬出朝廷，王毛仲的几个儿子守贞、守廉、守庆、守道等，皆被贬到边远州郡任判司。不久，玄宗又下令将王毛仲处死于途中，从而铲除了朝廷的这一潜在隐患，这有利于政局的继续稳定。

① 《旧唐书》卷一九〇《齐浣传》，第5037页。

② 《资治通鉴》卷二一三，唐玄宗开元十八年十二月，第6793页。

（二）高力士名位俱隆

高力士，高州良德（今广东省高州市东北）人。他本是十六国之一的北燕皇室后裔，原名冯元一，北魏灭亡北燕时，北燕宗室的一支在冯业的率领下，在北魏太武帝太延二年（436）渡海南下，投奔南朝刘宋政权，冯业被任命为新会（今广东省江门市新会区北）太守。自冯业之后，其子冯谊、其孙冯融，三世为守牧。为了能够得到当地土著的支持，冯融为其子冯宝聘娶岭南豪族冼氏之女为妻，这就是历史上著名的冼夫人，她为维护国家统一、反对分裂割据，做出了很大的贡献。隋朝末年，天下大乱，冼夫人之孙冯盎扫平动乱，占据了岭南二十余州。唐朝建立后，冯盎于武德五年归顺了唐朝，被封为吴国公、高州总管，其诸子分别为岭南诸州刺史。在唐朝初期，冯氏家族在岭南势力很大，所谓“盎奴婢万余人，所居地方二千里”[①]。冯元一的祖父冯智玳、父亲冯君衡先后任潘州刺史，其家长期居住在潘州，故旧史记载说高力士为潘州人，也是有道理的。

冯氏家族在冯君衡时遭到沉重打击。武则天为打击岭南的地方势力、巩固自己的统治，在长寿二年将冯君衡罢官，抄没家产，冯元一当时年仅十岁，便被没为官奴，与家庭分离了。五年后，即冯元一十五岁时，被岭南讨击使李千里所获，献入宫中，当了小宦官。“后因小过，挞而逐之。内官高延福收为假子”“延福出自武三思家，力士遂往来三思第”[②]，年余，遂又其将召入宫中，继续当宦官。冯元一改名高力士，当是在其认高延福为养父时。

唐中宗统治时期，政事混乱，高力士遂投靠了临淄王李隆基，《旧唐书·高力士传》说：“景龙中，玄宗在藩，力士倾心奉之，接以恩顾。及唐隆平内难，升储位，奏力士属内坊，日侍左右，擢授朝散大夫、内给事。”所谓“唐隆平内难”，就是指诛灭韦氏的斗争；“升储位”，即指李隆基被立为皇太子。内坊为太子东宫所属的

① 《旧唐书》卷一〇九《冯盎传》，第3288页。

② 《旧唐书》卷一八四《高力士传》，第4757页。

宦官机构，高力士到这里任职，从此以后便名正言顺地成为李隆基的亲信了。

此后，高力士还参加了诛灭太平公主集团的斗争，因功升任右监门卫将军、知内侍省事。高力士是一个文武全才，据记载他曾担任过宫教博士之职，此职掌教习宫人书算众艺，没有较高的文化素养是不可能胜任的。其墓志铭记载说："令受教于内翰林，学业日就，文武不坠，必也射乎。五善即闲，百发百中。"[①]可见高力士的学识来自于宫廷教育。高力士的射术达到了百发百中的程度，另其神道碑记载，有一次其曾一箭射中两只雕。[②]正因为高力士具有这样的能力，才能够数次参与平定内乱的战斗。

唐玄宗即位以来，高力士的地位也水涨船高，历任右监门卫大将军、内侍监，迁冠军、镇军、辅国、骠骑大将军及开府仪同三司，封齐国公，累充内飞龙大使、开漕使等官职。他的权力也很大，所谓"每四方进奏文表，必先呈力士，然后进御，小事便决之"。唐玄宗也常说："力士当上，我寝则稳。"[③]这一时期的许多将相能够身至高位，都与高力士有关，如宇文融、李林甫、李适之、盖嘉运、韦坚、杨慎矜、王鉷、杨国忠、安禄山、安思顺、高仙芝等，无不如此。由于高力士权势甚大，太子呼其为"二兄"，诸王公主皆呼其为"阿翁"，驸马辈呼其为"爷"。平时高力士在玄宗寝殿侧帘帷中休息，他还在殿侧另建一院，院中有高力士修功德处，"雕莹璀璨，穷极精妙"[④]。

高力士家富于财，资产殷厚，即使王侯也难以比拟。他曾在长安来庭坊建造宝寿佛寺，又在兴宁坊造华封道观，规模宏大，富丽堂皇。宝寿寺钟铸成时，高力士举办斋会以庆祝，举朝官员全都到场。凡击钟

① 《全唐文补遗》第七辑《大唐故开府仪同三司兼内侍监上柱国齐国公赠扬州大都督高公墓志铭并序》，第59页。

② 《全唐文补遗》第一辑《唐故开府仪同三司兼内侍监赠扬州大都督陪葬泰陵高公神道碑并序》，第36页。

③ 《旧唐书》卷一八四《高力士传》，第4757页。

④ 《旧唐书》卷一八四《高力士传》，第4758页。

者，击一杵施钱百贯，有人击二十杵，少者亦击十杵。他还在京郊建造水碾，“并转五轮，日碾麦三百斛”[①]，获利无数。

开元初，高力士娶吕玄晤女为妻，此女容貌美丽，因为这个原因，吕玄晤得以充任少卿、刺史等高官，吕氏其他子弟亦官至王傅。后来吕夫人死，葬长安城东，葬礼甚盛。无论是朝廷大员还是地方长吏，无不争先致祭，从城中高力士宅至东郊墓地，车马充溢，络绎不绝。

高力士虽然富贵满盈，但并不骄盈自满，为人谦虚谨慎，小心翼翼地侍候着皇帝。他善于观言察色，分析形势，如果有风险，虽至亲至爱者，临覆败也不营救。高力士一生做了不少有益的事情，有时还敢于向玄宗进谏。如太子李瑛死后，宰相李林甫力主立寿王李瑁为太子，李瑁排行第十八，又无突出的才干和功劳，因此玄宗犹豫不决，寝食难安。高力士遂劝其立忠王李玙为太子，因为忠王李玙在玄宗现存诸子中年纪最长，从而平息了一场纷争。玄宗晚年倦于政事，曾打算将政事交给宰相李林甫。高力士却认为天下大权不可轻易交给他人，一旦养成威势，就无可挽回了。玄宗听后，虽然不乐，但却自此打消了交权的念头。玄宗命高力士到民间为太子选美，高力士认为如果在民间选美，势必惊动百姓，致使社会动荡不安，不如从掖庭局选取数名白皙貌美之女，得到了玄宗的赞同。

高力士对玄宗忠心耿耿，为了维护其统治尽心竭力，除了参加过诛杀韦氏、太平公主集团的斗争外，在天宝十一载（752）还平定过一次内乱。这年四月，御史大夫、京兆尹王鉷之弟户部郎中王銲与邢縡关系密切，邢縡密谋勾结龙武万骑杀死龙武将军，然后举兵作乱，放火烧诸城门，杀死宰相及重要朝臣。事泄后，玄宗命王鉷抓捕乱党，王鉷以为其弟与邢縡在一起，他命人先招王銲回家，然后与杨国忠率兵包围了邢縡家。邢縡与数十人持弓刀突围，并且承诺只杀杨国忠所率之人，而不杀王鉷所率之兵。杨国忠见状，也不敢贸然动手，双方一时相持不下。这时，高力士率飞龙禁兵四百余骑赶到，击斩邢縡，捕获其党，皆斩之，

① 《旧唐书》卷一八四《高力士传》，第4758页。

从而一举平定了叛乱。

安史之乱爆发后，高力士保护玄宗安全到达西蜀。官军收复长安后，已是太上皇的玄宗又与高力士一同返回长安，住在兴庆宫中。由于唐肃宗的宠臣大宦官李辅国从中作梗，挑唆肃宗将其父迁移到太极宫居住。李辅国亲率射生军五百骑，露刃拦道，强迫玄宗迁移。高力士见状，叱令李辅国下马，强迫他与自己共同护卫玄宗移往太极宫。因为这个原因，李辅国对高力士恨之入骨，设法将高力士流放到巫州（今湖南省洪江市西南黔城镇），时在上元元年六月。

徐燕孙绘《明皇并马图》

唐代宗宝应元年（762），高力士遇赦返家，六月，得知玄宗离世的消息，悲伤过度，身患重病。八月，死于返回途中的朗州，终年七十九岁。

第二节　宫廷制度的变化

一、兴庆宫的兴建

武则天大足元年，武则天自洛阳回到了长安，在隆庆坊为李隆基等兄弟五人赐宅，号为“五王宅”。隆庆坊位于长安城东，西临胜业坊，北临永嘉坊，东靠长安东城墙，南邻道政坊。唐玄宗登基后，他的兄弟们奏请“献宅为宫”，同时又将坊内居住的百姓和其他官员迁出。自开元二年营造宫殿，经前后四十年多次扩建，形成占地面积2016亩的新宫殿群。它因坊为名，又按惯例避玄宗李隆基的名讳，改“隆”为“兴”，得名兴庆宫。

兴庆宫占地并不仅限于原来的隆庆坊，兴修时不断地扩大面积，向北延伸到永嘉坊，通常所说的其占两坊之地，实际上只占了一坊半，即占据了原隆庆坊全部和永嘉坊的一半。兴庆宫的面积较大明宫为小，但却比明清的北京故宫（约1080亩）要大得多。

兴庆宫平面为长方形，东侧有夹城复道与大明宫、芙蓉园相通。宫三面设门，正门兴庆门在西垣偏北处。宫内被一道东西墙分割成南北两部分，北部为宫殿区，南部为园林区，以南部的园林风光为最美。这里有龙堂、大同殿、长庆殿、交泰殿、沉香亭、花萼相辉楼和勤政务本楼等高大建筑物，环绕一泓碧水的龙池，犹如仙境。相传龙池中曾大量种植荷花、菱角和各种藻类植物，池南岸还种有可解酒的醒醉草。兴庆宫北半部的宫殿巍峨辉煌，南薰殿、新射殿、大同殿，金花落隐没林中，各有千秋，别具一格。兴庆宫周围共有七座宫门，正门称兴庆门，面朝西，在其南有金明门；南面有两门，即通阳门、明义门；北面有三门，从西向东，依次是丽苑门、跃龙门、芳苑门；兴庆宫的东面即夹城复道。

考古工作者曾在龙池西南发掘出十七处建筑遗址，文献所记花萼相辉楼、勤政务本楼等就分布在这一带。宫内出土的装饰瓦件种类甚多，仅莲花纹瓦当即有七十三种，又有黄绿两色琉璃滴水。可以推知兴庆宫建筑之豪华当在太极、大明二宫之上。

自开元十六年（728）唐玄宗由大明宫移入兴庆宫居住听政，这里遂成为盛唐的政治活动中心。唐代著名诗人李白，就曾在沉香亭前为正在观赏牡丹的唐玄宗和杨贵妃赋诗，写成了著名的《清平调》三首。在开元前期唐玄宗励精图治、奋发有为，兴庆宫中的勤政务本楼，意在表现他“勤于政事，关心民疾”。然而，随着玄宗统治后期日渐腐败、安

于享乐，这个名称也日益成为一种讽刺。在今西安市兴庆宫公园大门的西南角，仍然保存着勤政务本楼的遗址。但见绿草如茵，柱础犹存，使人感叹岁月流逝、沧桑巨变。

自从汉唐以来，长安城的主要宫殿均采用倚龙首原而建的原则，以尽占地理优势，为什么兴庆宫却越出了这一常规，将宫殿建在了外郭城中的闹市区？根本原因与唐王朝强大的政治、经济、军事实力有关。兴庆宫虽然没有充分占据地利，但这种不足却被唐朝强大的政治、经济、军事实力所弥补，换句话说，大唐帝国强大的国力，使得皇宫的安全得到了根本的保障，地势的高低已经不大为这时的人们所重视了。这与汉武帝把建章宫建在汉长安城外的道理是相同的，试想若在汉初匈奴的军事威胁没有消除时，这种情况简直是不可想象的。

在整个玄宗一朝，兴庆宫一直是政治中心，玄宗在这里处理了大量的国政，接待了为数众多的外国与少数民族使者。玄宗与杨贵妃之间的许多故事也发生在这里，他们除了在兴庆宫过着奢侈的生活外，由于兴庆宫距城南最大的风景名胜区曲江池较近，正好迎合了玄宗曲江饮宴、享尽人间富贵的生活需要，故玄宗也时常驾临曲江游幸。

“安史之乱”以后，兴庆宫失掉了政治上的重要地位，成为安置太上皇或皇太后的处所，唐玄宗从成都返回长安后，曾一度居住在这里。顺宗退位后，也曾居住于此。经过唐末战乱，兴庆宫殿宇楼台毁灭殆尽。后来，金朝官吏张仲孚在兴庆池北修筑众乐堂、流杯亭，每逢上巳节（三月三）和重阳节（九月九），长安仕女们仍然喜欢到兴庆池泛舟，宴饮娱乐。直到清初（17世纪），兴庆池才彻底干涸，仅留下了起伏的湖岸、蜿蜒的渠道残迹和宫殿楼阁的废墟。中华人民共和国成立以后，在原址上修建了兴庆宫公园，面积仅743亩，不到唐时原宫的五分之二，是我国最古老的遗址公园。公园中兴庆湖即在原兴庆宫中龙池原址上建成，只是面积较小。湖中碧波荡漾，岸边树木葱郁、绿草如茵、百花似锦，景色宜人。兴庆宫公园是西安人民休闲娱乐的最主要场所之一。

二、芙蓉园与曲江池

清代袁耀《芙蓉园图》

芙蓉园地处曲江风景名胜区，其历史源远流长，最早可以追溯到秦汉时期，当时利用曲江地区原隰相间、山水优美的自然特点，在这里兴建了皇家禁苑——宜春苑，成为面积广大的上林苑的一个组成部分。当时的宜春苑中，包括著名的风景点恺洲、宜春宫。其中恺洲利用曲江池之畔的天然黄土梁建成，形成了一个曲折有致的小半岛，其上树木花草茂密，曲径通幽，风光十分秀丽。宜春宫位于曲江池西南侧，是皇帝游幸时的休憩之所。

汉初称曲江为乐游园，在汉武帝时修浚了汉武泉，从而进一步扩大了曲江的水面，使其周回达六里之广。并进一步整修了宜春宫，对宜春宫的殿宇、楼阁、亭台、门阙等都进行了扩建修葺，广植花木竹草，从而使整个曲江风景区的面貌发生了很大的变化，曲江之名也始于此时。

隋唐时期由于在曲江西北兴建了都城，遂对曲江地区重新进行了规划，深掘了曲江池，使池水面积进一步扩大，池中布满荷花，整修了堤岸，池的四周遍植柳树及各种树木，其间有亭榭楼阁点缀，从而使这里成为蔚为壮观的皇家园林。曲江虽然风光优美，但隋文帝却对其名称中的“曲”字颇为忌讳，便命令臣下为其起一个更好的名称。因为池水中种植的荷花颇为繁盛，荷花别名芙蓉，于是大臣高颎遂建议改名为芙蓉园，池称芙蓉池，这便是芙蓉园之名的由来。

隋朝末年，社会动荡，战乱频频，曲江园林一度因失修而衰败。唐朝建立后，随着社会经济的逐渐恢复和发展，唐朝政府在隋朝芙蓉园的基础上稍加修葺，芙蓉园仍然作为长安重要的游乐场所。据文献记载，唐太宗曾先后三次游历过芙蓉园。自太宗以来，唐朝历代皇帝都对曲江地区的发展做出了或多或少的贡献，先后兴建了慈恩寺、杏园、青龙寺、乐游园等多处名胜，从而为盛唐曲江文化的繁荣奠定了基础。唐玄宗时期，唐朝社会稳定，经济繁荣，具备了大规模扩建曲江园林的物质条件。这一时期主要是挖凿了黄渠，从南山引来了义峪之水注入曲江，又疏浚了汉武泉，使得曲江池水面有了进一步的扩大，也标志着芙蓉池的水面达到了一个空前的状态，因为芙蓉池本身就是曲江池的主体部分。芙蓉池位于芙蓉园内，唐人又称其为凤凰池，是皇家专用之湖，一般臣民不得随便入内。此外，便是在曲江及芙蓉园内兴建了大量的亭台阁楼，其中皇家所建的多在芙蓉园内，其他政府机构及私人所建的多在曲江池畔。玄宗在芙蓉园内兴建的主要有紫云楼、彩霞亭、临水亭、水殿、山楼（亭）、凉堂、蓬莱山等。经过盛唐时期的大力扩建后，芙蓉园内宫殿相接、楼阁连绵、亭台起伏，形成了独具特色的建筑群，加上林木密布、花草繁茂，使得芙蓉园成为曲江地区风景最美的胜景。

安史之乱以后，长安多次遭到焚毁破坏，曲江及芙蓉园中的不少建筑也或多或少遭到破坏，包括紫云楼、彩霞亭这些主要建筑都荡然无存了。唐文宗大和九年（835）七月，颁敕造紫云楼、彩霞亭于曲江芙蓉园北。当时调发左右神策军军士各一千五百人，除了兴建紫云楼、彩霞亭外，还淘掘了曲江池，清除池底淤泥，并允许在京诸司有财力者在闲地营造亭台楼阁，欲恢复盛世之旧观。但是由于唐后期社会动荡，财力有限，实际上已经不可能恢复其往日宏大的规模了。唐朝末年，宣武节度使朱全忠强迫唐室东迁洛阳，并且下令拆毁长安城，将木材顺渭水漂下，以营建洛阳宫室，遂使长安城成为丘墟，芙蓉园及曲江一带的园林建筑也遭到毁灭性的破坏，一片残破景象，从而彻底结束了芙蓉园作为皇家园林胜景的历史。

唐代的曲江园林区是以曲江池为中心，包括曲江池、芙蓉园、杏园、慈恩寺、乐游园、青龙寺等在内的，由一批风景点组成的一个范围广大、内容丰富的园林综合体。这一区域位于长安城东南隅，是包括皇帝、贵族、士人、僧侣、平民在内所有长安人聚集游乐的公共园林区，其中芙蓉园为皇室专用的园林，他人未经允许不能入内。

芙蓉园也叫芙蓉苑，位于曲江池的南岸，紧靠长安的外郭城，周围有高高的围城。其北墙是长安外郭城，其他三面才是真正的园墙。关于芙蓉园的大小，根据文献记载，其占地30顷。考古人员曾于1957年在钻探测量长安城基址时，把芙蓉园框定在一个东西长1360米，南北宽1060米的长方形范围内，总面积约为144万平方米。这个测量结果与文献记载相差颇大，唐代的30顷约合今199万平方米，如按这个数据计，则芙蓉池不能全部包括在园内，并且导致芙蓉园的南墙从芙蓉池的较宽处通过，这无论如何是不可能的。于是考古人员又进行了第二次探测，对上述问题进行了纠正，沿东墙西折终点向南延长了约500米，这样就基本上把整个芙蓉池包括进来了。经过第二次探测后，使芙蓉园的面积增加了50万平方米，这与文献记载的就已经非常接近了。

芙蓉园紫云楼

芙蓉园中以芙蓉池为核心，其面积约为70万平方米，占整个芙蓉园面积的三分之一。芙蓉池在唐代又称凤凰池，由于其面积较大，故整个芙蓉园的风光以水景为主。池中多植莲花，每到盛开季节，繁花似锦，水面画舸点点，与周围的翠竹垂柳、片片香草相互辉映，景色十分宜人。在池的周围建有各种建筑物，它们与池水、林木、花草等错落有致，搭配自然，使得芙蓉园美景如画，令人无限向往。美景激起了许多诗人的诗兴，他们纷纷撰诗描绘芙蓉园的景色，如苏颋的诗曰："绕花开水殿，架竹起山楼。荷芰轻薰幄，鱼龙出负舟。"[①]前两句描写了处在万花丛中的水殿与森森竹林中的山楼，后两句则描绘了芙蓉池中荷香阵阵、鱼跃轻舟的景象。正因为芙蓉园里花木繁盛，所以才有唐代著名诗人王建"鱼藻池边射鸭，芙蓉园里看花"[②]的描写。

此外，芙蓉园还是皇帝经常举行盛大宴饮活动的场所，唐初著名诗人宋之问的《春日芙蓉园侍宴应制》诗云：

---

① 《全唐诗》卷七三《春日芙蓉园侍宴应制》，第799页。

② 《全唐诗》卷三〇一《宫中三台词二首》，第3423页。

芙蓉秦地沼，卢橘汉家园。谷转斜盘径，江回曲抱源。

风来花自舞，春入鸟能言。侍宴瑶池夕，归途笳吹繁。[①]

本诗除了对芙蓉园中鸟语花香的景色描绘外，还将笔触延伸到整个曲江地区，对其历史沿革及地理概况都做了生动的描写。

有时皇帝也允许一些大臣或士大夫入园游览，如诗人李绅考中进士，参加完曲江宴后，一行人等被皇帝特诏允许进入芙蓉园游览，他的《忆春日曲江宴后许至芙蓉园》诗说“春风上苑开桃李，诏许看花入御园”，将其兴奋激动的心情表露无遗。此诗的三至六句：“香径草中回玉勒，凤凰池畔泛金樽。绿丝垂柳遮风暗，红药低丛拂砌繁。”[②]更是充分描绘了凤凰池即芙蓉池的美景。可见，凡能被召入园中游览或参加宴乐的人，都将此事视为莫大的荣宠和难逢的机遇。

唐李昭道《曲江图》

近年来在曲江旧址新建了大唐芙蓉园风景区，位于原唐代芙蓉园的北面，占地1000亩，其中水面面积300余亩，是我国第一个全方位展示盛唐风貌的大型皇家园林文化主题公园，目前正以它秀丽的风光和独特的魅力，吸引着无数的游客前来观光游览。

① 〔唐〕武平一：《景龙文馆记》卷二，中华书局2015年版，第63页。

② 《全唐诗》卷四八〇《忆春日曲江宴后许至芙蓉园》，第5461页。

三、嫔妃制度的变化

唐朝在武德时期，皇后之下置有四夫人，即贵妃、淑妃、德妃、贤妃。唐高宗时，欲把武则天从昭仪提升为宸妃，遭到了一些老臣的反对，理由就是宫廷制度中没有宸妃的名号，如果设置将会破坏制度，致使高宗的这次行动以失败而告终。唐玄宗即位后，认为“后妃四星，其一正后，不宜更有四妃，乃改定三妃之位”[①]。于是确定了惠妃、丽妃、华妃的名号，均为正一品。其下置有六仪六人，正二品；美人四人，正三品；才人七人，正四品。连同三妃在内共计二十人。其六仪只是对这一级嫔妃的总称，具体有淑仪一人、德仪一人、贤仪一人、顺仪一人、婉仪一人、芳仪一人，合称六仪。对于宫中女官的设置，亦有所改革，置尚宫、尚仪、尚服各二人，正五品，比之唐朝前期已经有所减省。其下“自六品至九品，即诸司诸典职员品第而序之，后亦参用前号”[②]。

从整个玄宗统治时期的情况看，玄宗前期的这些改革后来又有所变化。首先，重新恢复了贵妃的名号，具体时间在天宝四载（745），当时册封杨玉环为贵妃，位在诸妃之上，皇后之下。其次，恢复了唐朝前期的宫官制度。从成书于开元二十七年（739）的《唐六典》来看，其宫中六尚的设置，已经与唐前期基本一致了，这就是上引《旧唐书》所说的“后亦参用前号”一句的意思之所在。

自从玄宗恢复了贵妃名号，直到唐朝末年，这一名号始终延续不废，成为地位仅次于皇后的最尊贵的嫔妃名号。关于玄宗即位后，对宫廷嫔妃制度整顿的原因，《唐会要》卷三《内职》有详细的记载，摘录如下：

> 高祖、太宗黜隋之乱政，未下车而大放宫女。正位配尊，惟其旧德，宫闱之职，备员而已，所谓刑于内以正乎外。及高宗永徽之后，政出宫中，公卿大夫罔不惮服，其取威也多。山陵

① 《旧唐书》卷四四《职官志三》，第1867页。

② 《旧唐书》卷五一《后妃传上》，第2162页。

> 未毕，而冢嗣再废。遂阙翦王室，改立宗社，非一朝一夕之故，其所由来渐矣。及中宗追王韦氏，崇宠三思，使以先朝故事尊诱之。于是庆云之瑞，宣于朝廷；桑女之歌，布于天下。防闲之道大坏，乱逆之谋预召矣。卒以祸败，为后王诫。玄宗即位，大加惩革，内外有别，家道正矣。

可见玄宗之所以改革嫔妃制度，是汲取了唐前期的教训，尤其是高宗、中宗以来的教训，为了巩固李唐皇室的统治地位，不得不对嫔妃制度进行整顿，减少了其职位和人数。至于是否限制其权力，史书缺载，不便妄论，然其此举的目的在于巩固皇权，就必然会在这方面采取一些措施，只是详情我们不得而知而已。但是随着李唐王朝国力的强大，皇室地位的巩固，玄宗越来越倦于政事而耽于享乐，致使外戚势力壮大，造成了很不好的历史影响，这一点也是他始料未及的。

四、内侍省职官的变化

自玄宗以来，内侍省职官也发生了一些变化，主要表现在三方面：一是在内侍省设置了三品官，二是增设了内坊局的机构，三是增加了内侍省职官数。

唐朝初年，太宗吸取了历史教训，为了防止宦官专权，规定内侍省不置三品官。据《旧唐书》卷四二《职官志一》载："内侍监：唐初旧制，内侍省无三品官，内侍四员，秩四品。天宝十三年十二月，玄宗以中官高力士、袁思艺承恩遇，特置内侍监两员，秩三品，以授之。"这段引文有两处需要稍加说明，其一，据《唐会要》卷六五《内侍省》和《资治通鉴》卷二一七载，设置内侍监的时间应在天宝十三载（754）十一月，而不是十二月。其二，另据《新唐书》卷四七《百官志二》载内侍监为从三品，而上引《旧唐书》却将其列入正三品官员之列。从现存的有关唐代典籍看，除了《新唐书》外，其余史籍均记为正三品，如

《旧唐书》卷一八四《宦官传》载：“置内侍省内侍监两员，秩正三品，以力士、思艺对任之。”《唐会要》卷二五《辍朝》：“内侍监以上，正三品。”《资治通鉴》卷二一七唐玄宗天宝十三载十一月条：“己未，置内侍监二员，正三品。”可见《新唐书》的记载有误，内侍监应为正三品。内侍监的设置不仅在于其打破了唐朝旧制，而且实际上是宦官势力不断膨胀的结果，也是玄宗以后出现的宦官专权局面的一种预兆。

关于此职的设置，元代史学家胡三省评论说：“中官之贵，极于此矣，至帝始隳其制。杨思勗以军功，高力士以恩宠，皆拜大将军，阶至从一品，犹曰勋官也。今置内侍监正三品，则职事官矣。”[①]高力士与杨思勗所拜大将军，皆为武散官，并不是胡三省所说的勋官，这一点是需要指出的。内侍省设置内侍监后，作为职事官，无疑提高了内侍省的地位。在唐代只有中书省、门下省、太常寺等极少数机构为正三品，内侍监设置后，遂使其地位与以上诸机构并驾齐驱，并高于其余八寺以及御史台、秘书省、殿中省、国子监等，这显然是一种极不正常的状态。

前面已经论到，内坊本为太子东宫的内侍机构。开元后期，由于太子不居东宫，而是住在少阳院内，于是在开元二十七年四月，将内坊改隶内侍省，成为其下属的一个局。关于这个问题，《唐会要》卷六五《内侍省》载：“开元二十七年四月二十八日敕：义方之训，固在亲承，太子既绝外朝，中官自通禁省，有何殊异，别立主司！其内坊宜复内侍省为局。”可见内坊改隶内侍省，完全是由于太子不居东宫之故。

内坊局的长官称令，置二人，从五品下；丞二人，从七品下，令与丞为内坊局正副长官。坊事五人，从八品下，掌序导宾客；典直四人，正九品下，掌宫内仪式导引，通传劳问，纠劾非违，察出纳。此外，还置有导客舍人六人、阍帅六人、内给使若干人、内厩人八人、内厩尉二人、录事一人、令史三人、书令史五人、典事二人、驾士三十人、亭长与掌固各一人，这些均为流外之职。内坊改隶内侍省后，其职能并没有

① 《资治通鉴》卷二一七，唐玄宗天宝十三载十一月，第6928—6929页。

改变，前面已经论过，就不再重复了。

需要指出的是，正因为内坊的职能仍然是掌管东宫内部事务及宫人粮廪之事，而此时东宫的职官、宫人、宦官人数已大大减少了，无多少具体事务可掌，因此内坊局实际上就成为内侍省中的一个闲散机构，只是碍于太子的储君地位，不便公然废去罢了。

玄宗统治时期不仅提高了内侍省的地位，还增加了内侍省的官员人数。在设置内侍监的同时，改原来的内侍为少监，置二人，不久又恢复了内侍之职，置四人，与少监均为从四品上。自玄宗以来，随着宦官阶层权势的不断增强，内侍省的职官员数仍呈不断增加之势，其中以唐德宗时期增加最多。如贞元四年（788）二月四日，“内侍省内给事加二员，谒者监加四员，内侍（寺）伯加置四员”[①]。内给事原置八人，至此增加到十人；内谒者监原有六人，增加后亦为十人；内寺伯原置二人，增加后为六人。贞元十五年（799），又增置内给事二人。贞元二十年（804），增置掖庭局令四人。内侍省职官人数的不断增加，是其职事繁忙、权势不断扩展的必然结果，在唐代政治生活中留下了很不好的影响。

五、宫廷教育制度

与明清时期不同，有唐一代，不仅不禁止宦官、宫女学习文化，反而非常重视对嫔妃、宫女、宦官的教育，鼓励其努力提高文化素质，因此宫廷教育制度比较健全，设立了一些机构和许多职官专门负责宫廷内部的教育事务。唐代的这种情况对后世形成了较大的影响。

（一）内文学馆

唐初置有内文学馆，隶属于中书省管辖，以精通儒学的官员一人为学士，“掌教宫人”。内文学馆学士实际为其长官，唐代宫廷中宫人人数众多，仅靠学士一人自然无法承担沉重的教学任务，故在其下还置有

① 《唐会要》卷六五《内侍省》，第1336页。

许多教官，据《新唐书·百官志二》载：内文学馆，“有内教博士十八人，经学五人，史、子、集缀文三人，楷书二人，庄老、太一、篆书、律令、吟咏、飞白书、算、棋各一人”。从这一记载可以看出，唐代宫人学习的内容有儒家经典、历史、子部书、各体文章、诗词、楷书、篆书、飞白书、庄老之学、律令、数学、棋艺等，内容十分丰富。

武则天如意元年（692），改内文学馆为习艺馆。不久，又改名翰林内教坊，“以事在禁中故也”[①]。历时不久又恢复了习艺馆的旧称。另据《高力士墓志铭》载，“令受教于内翰林，学业日就，文武不坠”[②]云云。这里所谓的“内翰林”，就是指翰林内教坊。据此可知，其不仅教授宫人，而且也负有教授宦官文化的责任。

唐廷非常重视对习艺馆任教官员的选择，多选饱学或才艺之士充任。据《唐才子传》卷一载，唐初著名诗人杨炯与宋之问，在武则天统治时期都曾奉命到习艺馆任过教职。为了鼓励人才到习艺馆任职，唐朝政府还制定了一些优惠的政策，规定：“习艺馆诸色内教，通取前资及常选人充，经二年已上，选日，各于本色量减两选，与处分。”[③]这里所说的“内教”，即内教博士的省称。他们只要任职两年以上，铨选时就可以给予减两选的优惠。唐朝规定六品以下官员，任满后并不能马上参加铨选，必须待若干选后才能参加铨选并任新职。一选即一年，减两选，即可以提前两年参加铨选。须知担任诸皇子侍讲、侍读、侍文、侍书的官员，必须任满三年才能参加铨选。两相比较，可知唐朝对任内教博士者给予了相当优惠的政策。

由于内教博士毕竟任职于禁中，所以有时也不免卷入到政治风波中去。如唐中宗时，太子李重俊起兵诛杀了武三思，事后，有人诬告习艺馆内教博士苏安恒参与过密谋，致使其被杀害。唐睿宗即位后，为其昭雪平反，追赠谏议大夫。不管苏安恒是否真的参与过密谋，其能被牵连进去，就说明内教博士是有条件参与此类宫廷斗争的。

① 《旧唐书》卷四三《职官志二》，第1854页。

② 《全唐文补遗》第七辑，第59页。

③ 《唐会要》卷七四《吏曹条例》，第1598页。

（二）宫教博士

据《新唐书·百官志二》载：掖庭局置“宫教博士二人，从九品下。掌教习宫人书、算、众艺”。隋朝置有宫教博士十三人，而唐朝仅置二人，人数骤减，其原因就在于唐朝置有内文学馆掌教授宫人众艺，而以宫教博士掌管掖庭局所管宫人众艺的教授，因此不需要过多的职数。

宫教博士均由宦官充任，这是唐代宫廷教育比较发达，宦官中不乏博学之士之故。如大宦官高力士，据其墓志铭记载，在武则天统治时期就曾充任过宫教博士。再如宦官李从证，所谓“公多艺不群。聪明天折。博读经书。偏精《左氏春秋传》。学晋右将军书。墨妙笔功。时称能者。通老氏六博。周人十二棋中得其一。可以对人而阅视。所重者重于道。所眈者眈于琴。德辅如毛。艺成羽翼”[①]。可谓多才多艺，亦可见唐代宫廷教育是成功的。正因为如此，所以唐代的宦官是完全可以胜任宫教博士一职的。此外，唐朝还把一些有一技之长的人，阉后送入宫中教授宫人。最有名的例子便是唐太宗时，把当时很有名的一位琵琶高手罗黑黑，“阉为给使，使教宫人”[②]。所谓“给使”，就是指宦官。

又据《新唐书·百官志二》“习艺馆”条载：“开元末，馆废，以内教博士以下隶内侍省，中官为之。”这一记载是极不可靠的。细读其文，言下之意是说，内教博士自此以后改以宦官充任。我们知道凡宦官任此职者，均称宫教博士。可是内侍省掖庭局所属的宫教博士并非始置于开元末年，早在唐初已有，上面提到的高力士，其任宫教博士时是在武则天统治时期，可证其非。另外，习艺馆内教博士在唐后期仍然有设置，如宋庭芬，“世为儒学”，唐德宗贞元中，授其饶州司马，“习艺馆内教，赐第一区，加谷帛”[③]。所谓“习艺馆内教”，即习艺馆内教博士的省称。内教博士与宫教博士的最大不同，就是前者为士人，后者是

① 〔清〕陆心源：《唐文拾遗》卷三一《唐故宣义郎行内侍省内仆局丞员外置正员上柱国李府君墓志铭并序》，中华书局1983年版，第10724页。

② 《资治通鉴》卷二〇三，则天后垂拱二年四月，第6441页。

③ 《新唐书》卷七七《尚宫宋若昭传》，第3508页。

宦官身份。

宫教博士自唐初设置以来，有唐一代始终长设不废。关于这一问题从已出土的唐代宦官墓志中可以得到证实，直到唐末，一直都有宦官充任此职。

（三）内教坊

据《旧唐书》卷四三《职官志二》载：“内教坊：武德已来，置于禁中，以按习雅乐，以中官人充使。则天改为云韶府，神龙复为教坊。”又据《新唐书》卷四八《百官志三》载，武则天如意元年改为云韶府，“以中官为使”。“开元二年，又置内教坊于蓬莱宫侧，有音声博士、第一曹博士、第二曹博士”①。蓬莱宫即大明宫。开元二年只是将内教坊移置蓬莱宫侧，并不是另外新设了一个内教坊，原来的内教坊“武德以来，置在禁门内”②。这里所谓的禁门，指太极宫禁门。唐宪宗元和十四年（819）正月，“徙置仗内教坊于延政里”③。《唐会要》卷三四《杂录》的记载与此同，唯有《旧唐书》卷一五《宪宗纪下》记为“复置仗内教坊于延政里”。此记载显然是不对的，所谓仗内教坊，即内教坊。

内教坊与左右教坊均为唐朝设置的乐舞机构，为宫廷生活服务，其中左右教坊“掌俳优杂技”④，以宦官为使，不隶太常寺。宫中每有宴集庆典，则由内教坊表演乐舞。在一些特殊情况下，内教坊也会出宫表演，如唐玄宗为安禄山造新第成，入住之日，“侑以梨园教坊乐”。胡三省注曰：“梨园，皇帝梨园弟子也。教坊，内教坊也。”⑤唐代宗时，以大宦官鱼朝恩判国子监事，上任时，“诏宰相及中书门下官、诸司常参官、六军军将送上。京兆府造食，内教坊音乐、竿木浑脱，罗列于论堂

① 《新唐书》卷四八《百官志三》，第1244页。

② 《唐会要》卷三四《杂录》，第733页。

③ 《册府元龟》卷一四《帝王部·都邑二》，第149页。

④ 《新唐书》卷四八《百官志三》，第1244页。

⑤ 《资治通鉴》卷二一六，唐玄宗天宝十载正月，第6903页。

前”[1]。这些都是皇帝为了宠异幸臣而出动内教坊乐的例子。

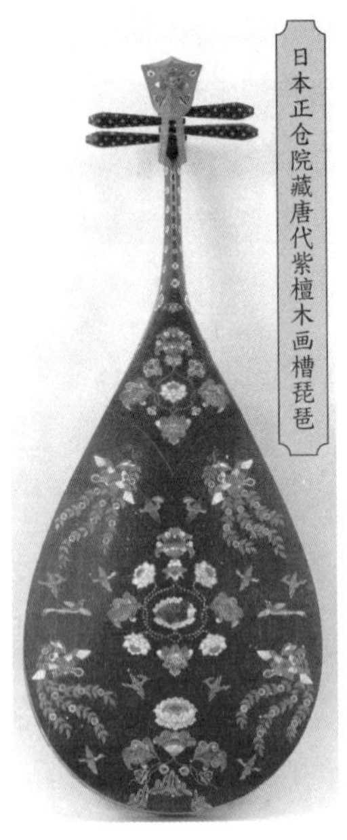
日本正仓院藏唐代紫檀木画槽琵琶

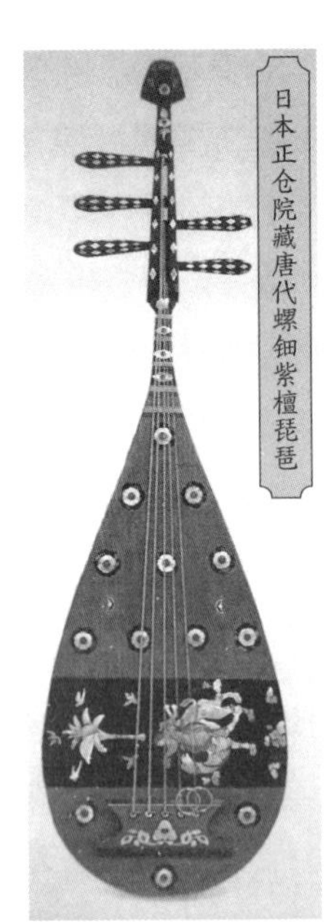
日本正仓院藏唐代螺钿紫檀琵琶

内教坊除承担以上任务外，还承担教授学生的任务，其设置的所谓音声博士、第一曹博士、第二曹博士等官职，就是一种教职。既有教官，自然有学生（弟子），关于这一点文献中亦有记载。如开元二十三年（735）敕曰：“内教坊博士及弟子，须留长教者，听用资钱，陪其所留人数，本司量定申者为簿。”[2]这里所谓的“弟子”，就是内教坊的学生。唐太宗时甚至规定，执行死刑之时，“内教坊及太常，并宜停教”。在古代执行死刑时，往往要停止举乐，因为内教坊特殊的性质，其教授学生时必须要奏乐歌唱，所以在这一天要停止教学。由于内教坊长期以来都设置在宫中，其又具有教学的性质，所以将其列为宫廷教育机构之一。

至于内教坊的弟子都是些什么人，从目前所掌握的资料看，虽然不能排除有宫人在内，但绝大多数应该是具有一定才艺的宫廷之外的青年人。最有名的例子便是白居易《琵琶行》所提到的女主人公，所谓“自言本是京城女，家在虾蟆陵下住。十三学得琵琶成，名属教坊第一部”。白居易所撰的《琵琶行序》中说道：“元和十年（815），予左迁九江郡司马。明年秋，送客湓浦口，闻舟中夜弹琵琶者。听其音，铮铮然有京都声。问其人，本长安倡女，尝学琵琶于穆、曹二善才。年长

① 《旧唐书》卷二四《礼仪志四》，第924页。
② 《唐会要》卷三四《杂录》，第734页。

色衰，委身为贾人妇”[1]云云。结合上引诗句所述内容，可知此女在长安时，隶属教坊，而这里所谓的教坊只能是内教坊，因为左、右教坊皆“掌俳优杂技”，不可能用到琵琶。此外，据《资治通鉴》卷二一二载，开元十三年二月，玄宗亲自选诸司长官有声望者十一人为诸州刺史，离京之日，命宰相率百官“饯于洛滨，供张甚盛。赐以御膳，太常具乐，内坊歌妓”。胡三省注曰：“内坊，内教坊也，即开元二年选置宜春院之妓女。”另据《资治通鉴》卷二一一载：开元二年正月，“又选伎女，置宜春院，给赐其家”。胡三省注曰：“宜春院当在西内宜春门内，近射殿。”西内，指太极宫。综合这些资料，可知宜春院歌伎归内教坊管辖。而这些所谓歌伎，均是以歌舞为生的艺人，来自于民间。她们入宫以后，除了表演歌舞外，平时还要不断地学习以提高表演技艺。

（四）从女学士说起

据《旧唐书》卷五二《后妃传下》载：“女学士、尚宫宋氏者，名若昭，贝州清阳人。父庭芬，世为儒学，至庭芬有词藻。生五女，皆聪惠，庭芬始教以经艺，既而课为诗赋，年未及笄，皆能属文。长曰若莘，次曰若昭、若伦、若宪、若荀。若莘、若昭文尤淡丽，性复贞素闲雅，不尚纷华之饰。尝白父母，誓不从人，愿以艺学扬名显亲。若莘教诲四妹，有如严师。著《女论语》十篇，其言模仿《论语》。”唐德宗贞元四年，昭义节度使李抱真上表推荐，德宗召入宫中，“试以诗赋，兼问经史中大义，深加赏叹。德宗能诗，与侍臣唱和相属，亦令若莘姊妹应制。每进御，无不称善”。其中以宋若昭最为突出，颇晓人事，封尚宫之职，“自宪、穆、敬三帝，皆呼为先生，六宫嫔媛、诸王、公主、驸马皆师之，为之致敬。进封梁国夫人”。《唐会要》卷三《杂录》亦载：“自后皇太子及诸王、公主等，多从受学。”从这些记载看，宋氏姐妹在宫廷教育中充当着非常重要的角色，由于其学生以嫔妃、太子、亲王、公主、驸马等为主，从而使其处在一个非常特殊的地位上。

---

① 〔唐〕白居易撰，谢思炜校注：《白居易诗集校注》卷一二，中华书局2006年版，第961—962页。

一般来说，唐代太子、亲王的教育皆有专职官员负责，如太子有三师、三少等，亲王有傅、友、文学等官，这些都是国家职官制度中规定的专门负责太子、亲王教育、赞导的官职，至于以他官兼任的所谓侍读之类的职务就更多了。对于嫔妃、公主等的文化教育是如何进行的，政书中多语焉不详，从以上记载中，却可窥知一二。

其实在唐代的宫廷中，从事此类教育的人并不仅此一例。唐太宗有徐贤妃，博学多才，其“女弟为高宗婕妤，亦有文藻，世以拟汉班氏”[①]。文中所说“女弟”，即妹妹之意，“婕妤”则为唐代嫔妃的一种，正三品。从引文中的“世以拟汉班氏”一句看，可见其也在宫中负责过对嫔妃的文化教育之责。“班氏”，指汉代著名史学家班固的妹妹班昭，班固修撰《汉书》未成，由班昭续修而成。后来班昭入宫为皇后及诸嫔妃的老师，尊称其为曹大家，因为其丈夫姓曹，名寿，故有此称。班昭与徐贤妃之妹的身份不同，前者并非皇帝的嫔妃，而后者则为嫔妃之一，以其与班昭相比拟，显然是指班昭所具有的老师身份。从这些情况看，唐代宫廷中对嫔妃、公主们的文化教育，显然是另行聘请具有才艺的女性来负责的，只是由于史籍疏于记载，才使这个问题变得隐晦不清了。

（五）梨园与梨园弟子

梨园位于长安城北皇家禁苑之内，具体位置在光化门北，光化门是禁苑南面西头第一个门，具体位置在今陕西省西安市以北的小白杨村附近。因这一区域内多植梨树，故号梨园。关于梨园之名，最早见于唐高宗仪凤元年，其名的确定可能还要早于这个时期。梨园内有建筑物存在，武则天时，诗人沈佺期写有《三月三日梨园亭侍宴诗》：“九门驰道出，三已禊堂开。画鹢中川动，青龙上苑来。野花飘御座，河柳拂天杯。日晚迎祥处，笙镛下帝台。”[②]描写了女皇在梨园举行盛大宴会的情景。唐中宗也在这里举行过宴会，景龙三年正月乙亥，“宴侍臣及近亲

① 《新唐书》卷七六《徐贤妃传》，第3473页。

② 〔唐〕徐坚：《初学记》卷四《岁时部下》，中华书局2004年版，第72页。

于梨园亭”[①]。这个梨园亭就建在梨园内。唐朝后期在梨园内还建有宫殿，据《唐会要》卷二七载：唐文宗“太和四年七月，幸梨园会昌殿，观新乐”。大（太）和九年八月丁丑“因幸梨园含光殿，大合乐”[②]。会昌殿、含光殿都是建在梨园内的建筑物。有人以唐中宗曾在这里举行过拔河活动，便认为梨园是打球、拔河的空旷场所，这是错误的。通过上面所述，可知唐前期梨园内的建筑物并不多，经后来逐渐兴建，遂使其成为一组建筑群。

据《新唐书》卷二二《礼乐志十二》载：“玄宗既知音律，又酷爱法曲，选坐部伎子弟三百教于梨园，声有误者，帝必觉而正之，号‘皇帝梨园弟子’。宫女数百，亦为梨园弟子，居宜春北院。”从这段记载可以看出，唐玄宗的梨园弟子包括两部分人，一部分是坐部伎的子弟，人数为三百人；另一部分是宫女，人数为数百人。其中宫女组成的这部分梨园弟子住在宜春北院，宜春北院位于东宫之内。那么坐部伎子弟三百人又住在何处呢？上面的记载没有提到。另据《旧唐书》卷二八《音乐志一》记载，在梨园内另建有院落以安置他们。这是因为坐部伎弟子皆为男性，不便将他们安置在宫内，只能把他们安置在梨园别院分别居住。

唐玄宗教授的所谓法曲是怎么回事呢？其实法曲并不是一种新乐或者套曲，而是清乐、胡乐、俗乐、雅乐、道曲和佛曲等多种音乐形式的集合体，它们是并列的关系，每种形式基本独立。现能考知的法曲曲目有数十种，即“《王昭君乐》一章，《思归乐》一章，《倾杯乐》一章，《破陈乐》一章，《圣明乐》一章，《五更转乐》一章，《玉树后庭花乐》一章，《泛龙舟乐》一章，《万岁长生乐》一章，《饮酒乐》一章，《斗百草乐》一章，《云韶乐》一章，十二章”[③]；还有《一戎大定乐》《赤白桃李花》《堂堂》《望瀛》《霓裳羽衣》《献仙音》《献天花》《听龙吟》《碧天雁》《火凤》《春莺啭》《雨淋铃》等，共计

① 《册府元龟》卷一一〇《帝王部·宴享二》，第1197页。

② 《册府元龟》卷一一一《帝王部·宴享三》，第1206页。

③ 《唐会要》卷三三《诸乐》，第717页。

二十四曲[1]。除此之外，据《新唐书》卷二二《礼乐志十二》载："梨园法部，更置小部音声三十余人。帝幸骊山，杨贵妃生日，命小部张乐长生殿，因奏新曲，未有名，会南方进荔枝，因名曰《荔枝香》。"这里所说的《荔枝香》，是一首新创作的乐曲。可知这些法曲有的是前代流传下来的古曲，有的是唐代创制的新曲，有的属于清乐，有的属于胡乐，有的属于俗乐，有的属于雅乐，有的则属于佛曲或道曲，都是供奉于内廷的唐代音乐的精华。

这样梨园就成为唐玄宗教授音乐的另一宫廷机构了，由于是皇帝亲自指导，故备受人们重视。梨园弟子除了学习和练习奏乐、歌唱、舞蹈外，还承担为宫廷娱乐服务的职能，前面所提到的梨园小部在华清宫表演的情况，便是明证。梨园的乐器也是当时最好的，据载：

> 安禄山自范阳入觐，亦献白玉箫管数百事，皆陈于梨园。自是音响殆不类人间。有中官白秀贞自蜀使回，得琵琶以献。其槽以逻逤檀为之，清润如玉，光辉可鉴，有金缕红文，蹙成双凤。贵妃每抱是琵琶，奏于梨园，音韵凄清，飘如云外。[2]

可见杨贵妃也时常来到梨园，与梨园弟子们切磋技艺，或者与其同乐。其实在天宝时期，不仅唐玄宗有梨园弟子可教，杨贵妃亦有弟子。由于她善弹琵琶，"而诸王贵主洎虢国已下，竞为贵妃琵琶弟子。每授曲毕，皆广有进献"[3]。只是杨贵妃的弟子与众不同，为亲王、公主及其他嫔妃，包括杨氏姐妹在内。

安禄山叛军攻入长安后，梨园弟子四处逃散，但是安史之乱平定以后，梨园作为宫廷音乐机构又恢复起来了。一直到大历十四年（779）五月，刚刚即皇帝位的唐德宗就宣布罢去了梨园使及乐工三百人。此次罢

---

① 左汉林：《唐代梨园法曲性质考论》，载《中央音乐学院学报》2007年第3期，第47—55页。

② 《太平御览》卷五八三《乐部二一》，第2628—2629页。

③ 《太平御览》卷五八三《乐部二一》，第2629页。

去的只是作为宫廷音乐机构的梨园，剩余人员被转隶于太常寺。梨园置使不知始于何时，很可能是在肃、代时期。

但是从唐后期的情况看，梨园作为宫廷音乐机构又恢复了，直到唐朝末年的昭宗统治时期，还提到梨园乐工之事。如黄巢义军攻入长安后，“乐工沦散”“钟悬之器，一无存者”。后来唐昭宗即位时，亲谒郊庙，只好另行铸造编钟，“求知声者处士萧承训、梨园乐工陈敬言与太乐令李从周，令先校定石磬，合而击拊之，八音克谐，观者耸听”[①]。唐昭宗即位于龙纪元年（889），距大历十四年已经一百一十年了，故这里所提到的梨园乐工陈敬言，当是恢复梨园后的乐工。可见梨园作为唐朝的宫廷音乐机构至少断断续续持续了二百年左右的时间。

六、内库制度

内库指皇家财政库藏，是用来专供宫廷及皇室生活需要而建的。秦汉以来，由于皇家内库与国家库藏混淆不分，所以皇室生活所需亦由国家库藏供给，内库与国库并没有非常清楚的分工。隋唐时期，皇家内库与国库分属于不同的系统，内库遂成为专供皇室及宫廷生活所需的专门库藏。唐朝的内库收入主要来自国库支拨、地方上供和皇家庄田收入，其中国库支拨是其最主要的收入来源。

将皇家私库与国家库藏加以区分，是唐代财政制度进步的表现，但是在“朕即国家”的历史时期，在开支方面，这种制度对皇帝而言并没有很大的限制，本来属于宫廷开支的费用，皇帝往往也命令国库支出。如“玄宗在位多载，妃御承恩多赏赐，不欲频于左右藏取之”[②]，“左右藏”即国库，分左藏和右藏，左藏掌钱币布帛，右藏掌金银珠玉宝货。有唐一代，这种情况并非仅此一例，而是频频出现。内库既然为皇家私库，按理其所储不应比国库丰足，可事实上，不少时期的国库远不如内

① 《旧唐书》卷二九《音乐志二》，第1081—1082页。

② 《旧唐书》卷一〇五《王铁传》，第3229页。

库充实，甚至一些时期的国家财政开支反倒要向内库支取，如唐宪宗元和十二年（817），“出内库罗绮、犀玉、金带之具，送度支估计供军”。次年，“出内库绢三十万匹、钱三十万贯，付度支供军”[①]。唐穆宗长庆元年（821），国库空虚，“仍出内库钱三十七万五千贯，付度支给用”[②]。长庆四年（824），“仍出内库绫二百万匹付度支，充边军春衣”[③]。度支，是唐朝掌管国家预算的机关。这种例子举不胜举，说明在唐后期内库支拨范围越来越大，有国库化的趋势。

为什么会出现这种现象呢？除了唐朝自安史之乱以来，国家财政状况愈来愈恶化的原因外，还有一个重要的原因，就是皇帝更加重视内库的作用，甚至不惜侵夺本应收入国库的财赋以充实内库，或是直接将国库当作内库使用，《旧唐书》卷一一八《杨炎传》有一例，录之如下：

> 初，国家旧制，天下财赋皆纳于左藏库，而太府四时以数闻，尚书比部覆其出入，上下相辖，无失遗。及第五琦为度支、盐铁使，京师多豪将，求取无节，琦不能禁，乃悉以租赋进入大盈内库，以中人主之意，天子以取给为便，故不复出。是以天下公赋，为人君私藏，有司不得窥其多少，国用不能计其赢缩，殆二十年矣。中官以冗名持簿书，领其事者三百人，皆奉给其间，连结根固不可动。及炎作相，顿首于上前，论之曰：“夫财赋，邦国之大本，生人之喉命，天下理乱轻重皆由焉。是以前代历选重臣主之，犹惧不集，往往覆败，大计一失，则天下动摇。先朝权制，中人领其职，以五尺宦竖操邦之本，丰俭盈虚，虽大臣不得知，则无以计天下利害。臣愚待罪宰辅，陛下至德，惟人是恤，参校蠹弊，无斯之甚。请出之以归有司，度宫中经费一岁几何，量数奉入，不敢亏用。如此，然后可以议政。惟陛下察焉。”诏曰：“凡财赋皆归左藏库，

① 《旧唐书》卷一五《宪宗纪下》，第460、463页。

② 《旧唐书》卷一六《穆宗纪》，第479页。

③ 《资治通鉴》卷二四三，唐穆宗长庆四年正月，第7831页。

一用旧式，每岁于数中量进三五十万入大盈，而度支先以其全数闻。”炎以片言移人主意，议者以为难，中外称之。

宰相杨炎力争后，唐德宗才同意恢复旧制，仍将国家财赋交由太府寺左藏署掌管。

皇帝既然有意增加内库的库藏，朝廷内外不少大员有意讨好皇帝，也主动设法向内库进献钱财，以捞取政治上的好处。如玄宗时，王鉷为户口使，“鉷探旨意，岁进钱宝百亿万，便贮于内库，以恣主恩锡赉。鉷云：‘此是常年额外物，非征税物。’玄宗以为鉷有富国之术，利于王用，益厚待之”[①]。这种情况到安史之乱后更加严重，史载：“四方贡献，悉入内库。权臣猾吏，因缘为奸，或公托进献，私为赃盗者动万万计。”[②]这样做的结果是内库得到充实，官吏中饱私囊，致使国库收入日减，百姓负担繁重。

内库是对皇家私库的总称，其规模非常庞大，“则天时，建昌王武攸宁置内库，长五百步，二百余间，别贮财物以求媚”[③]。这仅是武攸宁扩建的部分内库，全部规模到底有多大，史书缺载，肯定要远远大于此。唐代的内库还有分工，唐玄宗时创建了大盈、琼林二库，前者又称百宝大盈库，类似于左藏，以宦官充使掌管，称大盈库使；琼林库的职能类似于右藏，也由宦官掌管，称琼林库使。自从这两库设置以来，受到了不少正直大臣的批评，但是从文献记载来看，它们一直维持到唐朝末年。

除了这两库以外，唐朝内库中还有许多专库，列举如下：

藏书库　专门收藏宫廷图籍。如“元（玄）宗开元五年，于乾元殿置修书使，召学士张说等谳于集仙殿东廊下，写四部书以充内库。……又召学士张说等谳于集仙殿，改名集贤，其修书使为集贤殿学士。自是图籍不独秘书省，宏文崇文馆皆有之。集贤所写，则御书也。分为四部，

① 《旧唐书》卷一〇五《王鉷传》，第3229页。

② 《旧唐书》卷一一八《杨炎传》，第3421页。

③ 《旧唐书》卷三七《五行志》，第1366页。

一曰甲为经，二曰乙为史，三曰丙为子，四曰丁为集。两京各一本，共二万五千九百六十卷”[①]。

内弓箭库　收储各类兵器、弓箭。唐宪宗时，“宰相武元衡被害，宪宗出内库弓箭、陌刀赐左右街使，俟宰相入朝，以为翼从，及建福门退。至是亦停之”[②]。唐朝置有内弓箭库使，以宦官充任，专掌此事。

药材库　专门收储各类药物。唐懿宗女同昌公主患病，“医者欲难其药，奏云：‘得红蜜白猿膏，食之可愈。’上令检内库，得红蜜数石，本兜离国所贡也。白猿膏数瓮，本南海所献也”[③]。

服饰库　专门收储皇帝、皇后、嫔妃在各种场合所穿的服饰。

食品与口味库　前者是专门收储各类食品的专库；后者所谓“口味”，是指山珍野味及各地珍异土产等特殊的食物，由宦官任口味库使进行管理。

茶叶库　唐朝中期以来，饮茶风气已经普遍流行于全国，在宫廷中也有专门收储茶叶的专库，而且收储量极大。如元和八年（813），“又命以内库绢千匹、茶千斤，为兴唐观复道夫役之赐”[④]。元和十二年（817），“出内库茶三十万斤付度支进其直”[⑤]。

酒库　唐朝在宫廷中置酒坊，专掌酒醴酿造，由宦官任酒坊使进行管理。陕西省西安市西郊出土的唐代银酒注底部，刻有“宣徽酒坊”字样，此坊专为皇宫造酒。文献中也有大量的皇帝赏赐茶酒的记载，这一切都说明宫廷中置有酒库，以供皇帝及宫廷所需。

唐朝的内库均由宦官管理，在唐朝前期，由内侍省内府局管理。《旧唐书》卷四四《职官志三》载：“内府局：令二人，正八品下。丞二人，正九品下。书令史二人，书吏四人。内府令掌中藏宝货，给纳名数。丞为之二。凡朝会五品已上，赐绢帛金银器于殿廷者，并供之。诸

① 《全唐文》卷八九〇王锴《上蜀主奏记》，第9299页。

② 《旧唐书》卷一七下《文宗纪下》，第563页。

③ 《太平广记》卷二三七《同昌公主》，第1872页。

④ 《唐会要》卷五〇《观》，第1028页。

⑤ 《册府元龟》卷四九三《邦计部·山泽》，第5593页。

将有功，并蕃酋辞还，亦如之。”随着内库的规模越来越大，分工越来越细，仅靠内府局是很难管理好的，因此管理内库的宦官人数也在不断地增加。如唐德宗时，“宦官领其事者三百余员，皆蚕食其中，蟠结根据，牢不可动”①。

唐朝后期在朝中逐渐形成了与南衙朝官系统相对应的内诸司使系统，这个系统以两神策中尉、两枢密使为首，合称“四贵”。实际上“四贵”只是内诸司使系统的精神领袖，其实际首领应该是宣徽使。唐朝置有宣徽院，分为南北两院，各置宣徽使一人负责统管内诸司使职事。宋人徐度在其所撰的《却扫编》中说：

> 宣徽使本唐宦者之官，故其所掌皆琐细之事。本朝更用士人，品秩亚二府，……然其职役多因唐之旧：赐群臣新火，及诸司使至崇班内侍供奉，诸司工匠、兵卒名籍，及三班以下迁补、假故、鞫劾，春秋及圣节大宴，节度迎授恩命，上元张灯，四时祠祭，契丹朝贡，内庭学士赴上督其供张，内外进奉名物，教坊伶人岁给衣带，郊御殿朝谒圣容，赐酺，国忌，诸司使下别籍分产，诸司工匠休假之类。②

从中可以看出宣徽使所掌职事之范围的情况，实际上内诸司使的内部事物皆由宣徽使掌管，此外还“分掌四案，曰兵案、曰骑案、曰仓案、曰胄案”③。正因为如此，在唐朝后期，内库实际上也统归宣徽院掌管，上面所提到的“仓案”，是其掌管内库的一个证据。除此之外，在已出土的许多唐代宦官墓志中，都提到“宣徽库家”这一职务，这是其掌管内库的又一证据。上引《却扫编》中所说的掌管“内外进奉名物”，更是

① 《资治通鉴》卷二二六，唐代宗大历十四年十二月，第7274页。

② 上海古籍出版社编：《宋元笔记小说大观》载徐度《却扫编》卷下，上海古籍出版社2007年版，第4524—4525页。

③ 〔元〕马端临：《文献通考》卷五八《职官考十二》，中华书局2011年版，第1722—1723页。

其掌管内库的直接记载。类似资料还有很多，就不一一列举了。

唐代的内库功能齐全、无所不包，所储物资琳琅满目、品类甚多。其主要功能是为宫廷生活服务，首先是向皇帝、皇后、嫔妃、太子、公主等皇族供给生活所需的各类物品。所谓“唐法沿于周、隋，妃嫔宫官，位有尊卑，亦随其品而给授，以供衣服铅粉之费，以奉于宸极”[①]。这仅是平时供给，至于非时赏赐不在其内。皇子皇孙的供给也由内库负责，如唐玄宗时，置十王宅、百孙院，于“禁中置维城库以给诸王月俸”[②]。这里所谓“维城库”，只不过是内库的一个分库而已，专供诸皇子皇孙的生活所需。

自唐肃宗、代宗以来，内库的支出项目越来越多，除了供给宫廷各种需求之外，军饷官俸、赎买赈济、补充国用、支付马价、收购图书、典礼祭祀、平抑物价、兴建寺观、修葺宫室、维护山陵等，莫不动用内库之藏。从唐朝的财政制度看，以上所列开支项目中的绝大多数都应由国库支拨，但是由于唐朝后期财政状况不佳，国库空虚，无力支付，皇帝只好动用内库来开支了。

七、内庄宅使

所谓庄宅，包括别庄、宅第和田园三者在内。唐朝有庄宅使与内庄宅使之别，前者为掌管国有庄宅的使职，以士大夫充任；后者则为掌管皇家庄宅的使职，通常均以宦官充任。如唐代宗广德二年（764），以宰相杜鸿渐兼庄宅使。宋人高承的《事物纪原》记载说：“李吉甫《百司举要》曰：则天分置庄宅使。又曰：司农别有园苑、庄宅使。”[③]杜鸿渐兼任的庄宅使就是隶属于司农寺的庄宅使，而武则天所置的庄宅使则属于内庄宅使。内庄宅使在一些史书中经常被省称为庄宅使，元代史学家胡三

① 《旧唐书》卷一〇五《王鉷传》，第3229页。

② 《旧唐书》卷八二《玄宗诸子传》，第3616页。

③ 〔宋〕高承撰，〔明〕李果订，金圆、许沛藻点校：《事物纪原》卷六《庄宅》，中华书局1989年版，第303页。

省说：“唐内诸司有教坊使、庄宅使，皆宦者为之。”[①]这里所说的庄宅使便省去了“内”字。

内庄宅使掌管的事务颇为繁杂，大体上可以分为以下几类事务：

首先，凡产权属于皇家的宅第均归其掌管。如唐敬宗宝历二年（826）九月，“敕户部所管同州长春宫庄宅，宜令内庄宅使管系”[②]。同州长春宫庄宅本为皇家资产，原由户部代管，此次收归内庄宅使掌管。再如“宝历三年六月，琼王府长史裴简永状：请与诸王共置王府一所。伏见诸王府本在宣平坊东南角，摧毁多年，因循不修。至元和十三年七月十三日，庄宅使收管。其年八月二十五日，卖与邠宁节度使高霞寓”[③]云云。唐朝后期诸王均统一居住在十六宅，致使诸王府年久失修，于是索性予以出卖。这里所说的庄宅使，也是指内庄宅使，由其掌管属于皇家的诸王府第。既然内庄宅使掌管属于皇家的宅第，那么修缮事务也应当属于其分内之事，关于这一点也有史料证明。唐敬宗曾经颁敕：“长春宫庄宅，宜令内庄宅使营建。”[④]

其次，掌管皇家田园的经营事务。如唐代宗大历十四年，“内庄宅使上言诸州有官租万四千余斛，上令分给所在充军储”[⑤]。唐代由于种种原因，皇室在各地或多或少拥有一些田地，由于其经营由内庄宅使负责，所以才有以上请示这一万四千余斛地租的记载。出于天灾人祸等各种原因，皇帝往往要发布赦免命令，免去百姓的一些租税负担，除了免除国家部分税收外，内庄宅使所管的田园租税也在免除范围之内。如唐顺宗在永贞元年（805）六月规定，“其庄宅使从兴元元年至贞元二十年十月三十日已前，畿内及诸州府庄宅、店铺、车坊、园硙、零地等所有百姓，及诸色人应欠租、课、斛、斗、见钱、绝丝、草等，共五十二万

① 《资治通鉴》卷二四五，唐文宗开成元年四月及胡三省注，第7925页。

② 《旧唐书》卷一七上《敬宗纪》，第521页。

③ 《唐会要》卷六七《王府官》，第1386页。

④ 《唐会要》卷三〇《杂记》，第656页。

⑤ 《资治通鉴》卷二二五，唐代宗大历十四年五月，第7259页。

余，并放免”[①]。再如唐懿宗曾规定：“应租庄宅使司产业庄硙店铺、所欠租斛斗草、及舍课地头等钱，所由人户贫穷，无可征纳。年岁既远，虚系簿书，缘咸通七年赦条不该。今宜从大中三年已后至大中十四年已前，并宜放免。”[②]唐僖宗也颁布过类似赦文：“内庄宅使巡官及人户等，应欠大中十四年已前至咸通八年已前诸色钱六万二千三百八十贯三百文、斛一十万三千七十四石九斗、丝二十二万七千五百八两、麻二千四百七十斤、草二十六万五千八百五十五束。念其累岁不稔，人户贫穷，徒有鞭笞，终难征纳，并宜放免。”[③]从这些记载中，可以看出唐朝皇室庄园均采取租佃的方式经营；其所征收的租税的物类，上述文献也记载得非常清楚。

再次，其他经济类事务。前引唐顺宗永贞元年的赦文中所提到的“庄宅、店铺、车坊、园硙、零地等”一句，已经涉及内庄宅使所掌管的除宅第和田园之外的一些经济事务。其中店铺，就是市场内的店舍，是经营商业销售的场所；车坊，据研究可知是停放车马的场所，也是属于商业经营的范畴；园硙，当是指碾硙，即是水力推动的加工粮食的设施，唐代官僚贵族经营者甚多，皇室也没有置身事外；零地，可能是指零星的小块土地。在唐代，以上这一切大都是通过租赁的方式经营，收取租金和谷物便成为内庄宅使的一项重要任务。其实庄宅使所掌管的范围并不仅于此，据《穆宗即位赦》中说：“诸州府，除京兆、河南府外，应有官庄宅、铺店、碾硙、茶菜园、盐畦、车坊等，宜割属所管官府。”[④]即将原属于庄宅使所管的这些经营项目划归当地官府管辖，但长安、洛阳两地仍由庄宅使管理。另据《旧唐书》卷一四《宪宗纪上》载：元和二年（807）六月，令“东都庄宅使织造户，并委府县收管。”据此可知，庄宅使还掌管着纺织一类的事务，所谓织造户即指专门为皇室服役的纺织工匠。除此之外，庄宅使还掌管一些似乎

① 《册府元龟》卷四九一《邦计部·蠲复三》，第5566页。
② 《唐大诏令集》卷八六《咸通八年五月德音》，第491页。
③ 《唐大诏令集》卷七二《乾符二年南郊赦》，第401页。
④ 《唐大诏令集》卷二，第11页。

与经济工作无关的事务，如唐文宗开成元年（836）七月，右拾遗魏謩上疏："陛下不迩声色，屡出宫女以配鳏夫。窃闻数月以来，教坊选试以百数，庄宅收市犹未已。"[①]胡三省注认为此处"庄宅"指内庄宅使。庄宅使竟然为宫廷收买妇女，当是其掌管着许多经济事务，手中经费充足，因此皇帝才命其临时负责此事。这种事务当非其本职范围内的事情，应属于特例。顺便说一下，庄宅使所掌握的经费称"庄宅钱"，在唐代动用这笔经费的记载不少，如唐宣宗大中十年（856），下诏以庄宅钱为名臣段秀实的后人收赎其家在崇义坊的旧宅，计用钱三千四百多贯。[②]

自从唐朝武则天时设置内庄宅使以来，一直到唐末，长期未废。胡三省说："唐昭宗天复三年诛宦官，以士人为内诸司使，时所存者九使而已。"[③]其中就包括内庄宅使。五代时期仍然设置内庄宅使，其中后唐一度仍以宦官充使，其余诸朝皆以士人充使，充使者虽然身份不同，但职能却相沿未变，仍然掌管皇室庄宅等经济事务。

八、北衙禁军

（一）天子六军

唐朝的北衙禁军先后废置颇多，曾经有北衙十军的叫法，然常置的有左右羽林军、左右龙武军、左右神武军，总称为"北衙六军"，也称"天子六军"。

唐初的禁军是所谓的"北门军"，也称"元从禁军"，又称"屯营兵"。这支部队是跟随唐高祖太原起兵，打到长安后留下来的一部分，约有三万人，主要负责守卫宫城北门。贞观十二年，改为左右屯营，其军号称"飞骑"。唐高宗龙朔二年，改左右屯营为左右羽林军。左右羽林军一度兵力强大，张柬之等人发动政变，推翻武则天的统治，依靠的

① 《资治通鉴》卷二四五，唐文宗开成元年四月及胡三省注，第7925页。

② 《长安志》卷七《唐京城》，第262页。

③ 《资治通鉴》卷二七三，后唐庄宗同光二年正月胡三省注，第8912页。

就是羽林军。早在唐太宗时，就从飞骑中选才力骁健善骑射者，号为百骑，作为皇帝的侍卫。武则天时，将百骑扩大为千骑。中宗时又扩大为万骑，并分为左右营，当时仍隶属于左右羽林军。唐玄宗诛灭韦氏乱党时，依靠的禁军就是左右万骑营，故玄宗即位后，万骑营的发展很快，并于开元二十六年新置左右龙武军，以左右万骑营隶之，实际上就是在万骑营的基础上扩建而成的，与左右羽林军合称为“北门四军”。后来到肃宗至德二载（757），由于宿卫兵力弱，于是增置左右神武军，以灵武元从军士及扈从官员子弟充，与以上诸军合称“北衙六军”。此后，唐朝的禁军还有左右英武军、左右神策军等，这些都属于北衙系统，与南衙十二卫互相制约，相当于汉代的南北军体制，以维持平衡。自安史之乱以来，“北门四军”兵力寡弱，新组建的左右神武军兵力也不强大，所谓“六军”遂成为装点天子门面的仪卫，除了能在政治斗争中发挥一些作用外，并不具备真正的战斗力。

六军各置大将军一人，正三品；将军二人，从三品；其下还置有长史及诸曹参军等职官。德宗兴元元年（784），六军各置统军一人，从二品，成为六军中的最高军职。唐朝后期，宦官控制六军兵权，置有左、右三军辟仗使，相当于监军使。北衙诸军大将军、将军与统军皆不再掌握兵权，与南衙诸卫大将军、将军一样都是供养勋臣的闲职。

（二）左右神策军

唐朝自肃宗以来，南衙诸卫基本成了空架子，无兵可用，北衙诸军力量也十分衰弱。因此，中央政府急需一支强大的禁军部队，作为中央直接控制的军事支柱，神策军就是这样一支军队。

神策军本是天宝中陇右节度使哥舒翰击败吐蕃后，在临洮以西的磨环川（今甘肃省卓尼县西）设置的军名，即节度使属下的一级军事驻防单位。安史之乱时，这支军队奉命调回内地参加平叛，后来吐蕃占据了陇右地区，这支神策军的驻地也被占据，无法回防，遂留在内地，驻守于陕州（治今河南省三门峡市陕县东北老城）。广德元年（763），吐蕃内侵，占领长安，唐代宗仓皇逃到陕州，当时大宦官鱼朝恩驻在陕州，遂率包括神策军在内的当地驻军护驾。吐蕃军撤退后，他又率这支部队护送代宗回到了长安。于是神策军也就成为禁军，并留在了长安。由于其本来就属于野战军，战斗力较强，所以发展很快，逐渐成为北衙诸军中最为强大的一支军队。除了宿卫京师之外，还分驻于京师西北诸镇，承担着防御吐蕃的任务，兵力最盛时达十八万余人。从唐后期的情况看，神策军还多次参与平定藩镇叛乱的战争，于是在宿卫京师之外，又有了野战任务，性质仍是禁军，但又不同于一般意义上的禁军，具有双重性质。

左右神策军各置大将军二人，将军二人。贞元十四年（798），左右神策军各置统军一人，品阶同于六军统军。

神策军成为禁军后，一开始并非由宦官统率，泾原兵变时，百官、禁军离散，唯有宦官数百人跟随皇帝左右。此时的神策军在军使白志贞的统率下，没有发挥拱卫皇帝、镇压叛乱的作用，反而纷纷逃散。经此事变，唐德宗认为还是家奴（指宦官）可靠，于是便把禁军兵权逐渐交到宦官手中。贞元二年（786），改神策左右厢为左右军，“特置监句当左右神策军，以宠中官”[①]。贞元十二年（796），改监句当左右神策军为左右神策军护军中尉。在中尉之下还置有中尉副使、中护军、判官、都勾判官、勾覆官、表奏官、支计官、孔目官、驱使官及长史、诸曹参军事等官职。这样，左右神策军就形成了以护军中尉为首的一整套组织和指挥系统。从此以后直至唐末，神策军便一直在宦官的控制之下，成为其专权擅政的有力工具，而神策大将军、将军都失去了兵权。左右军中尉手握重兵，不仅南衙诸司难以与其比肩，就连皇帝的废立亦在其掌握之中，本来从职能上看，其并无参与朝政之责，但其凭借实力也时常参与中枢决策，干预国政。

唐朝后期府兵制崩溃，南衙十二卫无兵可掌，遂使得南北衙军事系统互相制约的体制完全破产。北衙六军兵力寡弱，唯有神策军兵力强大，兵权却控制在左右神策中尉手中。唐代宦官之所以能够专权擅政，

① 《新唐书》卷五〇《兵志》，第1333页。

主要是依仗其所控制的禁军兵权与内诸司使系统，从而构成了唐代政治的一大特色。

九、宫廷乐舞

唐代宫廷乐舞有雅乐与燕乐之分。雅乐是朝廷举行各种典礼时所表演的乐舞，是所谓的庙堂之乐，用于南郊大典、宗庙祭祀以及朝贺、册封等典礼活动时。雅乐是所谓的礼乐制度的重要组成部分，表演程式庄严、肃穆，但却死板、僵化，缺乏生命力，因此在宫廷中并非经常举行表演。所谓燕乐，指的是宫廷举行宴享时表演的乐舞，也称为“宴乐”，燕乐并不只有娱乐性、艺术性，也具有一定的礼仪性。燕乐有广义与狭义之分，广义的燕乐是指所有宫廷筵宴中表演的乐舞，狭义的则是指十部乐与坐部伎、立部伎中的第一部——《燕乐》。燕乐的根在民间，具有强大的活力与生命力。

莫高窟壁画唐乐舞图

敦煌壁画中的胡旋舞图

（一）十部乐

隋朝的燕乐有九部乐，即《西凉伎》《清商伎》《高丽伎》《天竺伎》《安国伎》《龟兹伎》《康国伎》《疏勒伎》《礼毕伎》等。唐朝初期仍然沿用隋朝的九部乐，唐太宗贞观十一年，废除了《礼毕伎》。贞观十四年，创制了《燕乐》，并将它列为第一部。这一年，唐朝灭亡了高昌王国，俘获了许多高昌乐师。贞观十六年，唐太宗在举行宴会时表演了《高昌乐》，从此以后，它便成为十部乐之一了。

唐朝的十部乐是：《燕乐》《清商乐》《西凉乐》《天竺乐》《高丽乐》《龟兹乐》《安国乐》《疏勒乐》《康国乐》《高昌乐》。在这十部乐中，除了《燕乐》《清商乐》和《西凉乐》为中原固有之外，其余七部均是少数民族及外国乐舞。其中中原地区固有的《清商乐》，又称《清乐》，内容十分复杂，乐舞甚多，武则天时部分亡佚，尚余六十多曲，可见内容之丰富。至于新创制的《燕乐》，完全是为了歌颂大唐帝国的兴盛繁荣而作，曲目不多，只有四部乐曲。《西凉乐》为西北河西地区的乐舞，其受外来乐舞的影响很大，并非纯粹的中国乐舞。其余七部乐，共计二十余曲。这些外来的乐舞，除了《高昌乐》外，大多都在南北朝时期传入中国，比较多地保留了原来的民族风格或地区色彩。

唐人所绘的宫乐图

唐代的十部乐并不仅是音乐，还包括舞蹈、歌曲在内，这与今天所说的音乐不同。如《清商乐》就包括《白纻舞》《前溪舞》《铎舞》《公莫舞》《明君舞》《巾舞》《巴渝舞》等舞蹈，歌曲有《阳伴》等；《西凉乐》就包括《白舞》《方舞》，歌曲有《永世乐》等；《天竺乐》的舞蹈有《天曲》，歌曲有《沙石疆》；《高丽乐》有舞蹈《歌芝栖》，歌曲有《芝栖》；《龟兹乐》有舞蹈《小天》《疏勒盐》，歌曲有《善善摩尼》；等等。

十部乐中的每部乐表演时都有一定的程式，其服饰、乐器、人数都有严格的规定，尤其是外来的那几部乐，表演者均要穿相应民族的服饰，乐曲的名称沿用音译，所使用的乐器也都是当地的民族乐器。

十部乐虽然是燕乐，但也只是在宫廷大宴或者皇帝在场的情况下才能表演，平常并不能随便演出。如果有朝廷官员擅自组织演出，将会受到严厉的处罚。即使是主管朝廷礼仪和祭祀乐舞的太常卿，也不能随意演出。如唐宣宗时，太常卿封敖在其上任时，未经皇帝同意便“廷设九部乐，敖宴私第”[①]，结果被贬了官，这就是前面所提到的燕乐具有礼仪性的体现。正因为如此，也使得十部乐具有了较强的政治性，从而使其生命力受到了较大的影响，在唐朝尚未灭亡之时，就已经有相当部分的曲目失传了。

唐彩绘说唱俑

（二）坐部伎与立部伎

由于十部乐逐渐成为宫廷仪式乐舞，仅在重要的筵宴上表演，缺乏活力。自唐高宗以来，宫廷乐舞以中原乐舞为基础，进一步吸收融合各民族和各国乐舞的精华，又创造出了新的乐舞，逐渐正式形成了精彩纷呈的坐部伎与立部伎。所谓坐部伎与立部伎，就是根据表演需要，在殿上坐着演奏的叫坐部伎，在殿下站着演奏的叫立部伎。这种分工实际上是根据表演者的水平高低划分的，所谓“太常阅坐部，不可教者隶立部，又不可教者，乃习雅乐”[②]。坐部伎与立部伎的初具规模和形成体系是在唐高宗时期，至唐玄宗时期趋于完备。

① 《新唐书》卷一七七《封敖传》，第5287页。

② 《新唐书》卷二二《礼乐志一二》，第475页。

坐部伎共有六部乐舞，即《燕乐》《长寿乐》《天授乐》《鸟歌万岁乐》《龙池乐》《小破阵乐》。由于坐部伎是在殿堂之上表演，所以规模小、人数少，舞蹈者最少时只有三人，最多时有十二人。其中《长寿乐》舞者十二人，《天授乐》舞者四人，《鸟歌万岁乐》舞者三人，《龙池乐》舞者十二人，《小破阵乐》舞者四人。至于《燕乐》包括四部乐舞，其中《景云乐》舞者八人，《庆善乐》舞者四人，《破阵乐》舞者四人，《承天乐》舞者四人。坐部伎的舞蹈比较精致，对艺人的技艺水平要求较高，所以艺术性也较高。

立部伎共由八部乐舞组成，即《安乐》《太平乐》《破阵乐》《庆善乐》《大定乐》《上元乐》《圣寿乐》《光圣乐》。由于是在室外广场庭院中演出，规模大，表演者人数多，最多的达一百八十人，最少的也有六十四人。其中《安乐》八十人，《破阵乐》一百二十人，《庆善乐》六十四人，《大定乐》一百四十人，《上元乐》一百八十人，《圣寿乐》一百四十人，《光圣乐》八十人，《太平乐》又称《五方狮子舞》，共五狮，每狮二人，每狮有狮子郎十二人，共七十人。立部伎舞蹈讲究排场，气势雄伟，有比较鲜明的政治性，主要歌颂唐朝皇帝的文治武功。

西安出土的唐李寿墓奏乐宫女壁画

坐部伎与立部伎的所有乐舞节目，除了《太平乐》之外，都是为了歌颂某一个帝王而创作的。除了《安乐》是歌颂北周武帝灭亡北齐的武功外，其余多是歌颂唐朝皇帝的。需要说明的是，在坐部伎与立部伎中均有《破阵乐》《庆善乐》，只是规模大小不同而已，也可以说前者是后者的改编而已。

坐部伎与立部伎的节目虽然多为唐代新创作的，但却是在吸收各民族各国乐舞精华的基础上形成的。比如《太平乐》《大定乐》《破阵乐》所用的音乐就具有龟兹乐的风格。《庆善乐》具有西凉乐风格，而西凉乐却是在吸收了西域音乐的因素后形成的。与此同时，坐部伎与立部伎吸收了许多民间乐舞因素，如《鸟歌万岁乐》就包括了《鸲鹆舞》《孔雀舞》《鹤舞》等我国传统的舞蹈；《龙池乐》吸收了雅乐的音乐因素，但去掉了钟磬等雅乐乐器，曲调优美，舞步轻盈。所以坐部伎、立部伎与十部乐有很大的不同，已不再像后者那样照搬诸族及各国乐舞，而是在继承传统、吸取各种音乐精华的基础上，新编制创作的唐代乐舞。这个过程反映了盛唐文化发展的总趋势，即从原样照搬到吸收融合再到重新建构的发展历程。

（三）健舞与软舞

除了以上乐舞外，在唐代的宫廷中还有一些小型乐舞，即由教坊表演的健舞和软舞，它们是按照舞蹈风格特点而划分的。健舞节奏明快，矫捷雄健，富有阳刚之美；软舞优美柔婉，节奏舒缓，抒情性较强。健舞与软舞只是对一些乐舞的泛称，其中的舞蹈节目并不固定，而是随着时代的发展而不断变化、创新。

关于健舞和软舞所包括的舞蹈，唐人崔令钦的《教坊记》和段安节的《乐府杂录》的记载有很大的不同，这是不同时代划分的结果。现依据《教坊记》的记载，将它们分别记录如下：

健舞：《阿辽》《拂菻》《柘枝》《大渭州》《黄獐》《达摩支》等。

软舞：《垂手罗》《春莺啭》《乌夜啼》《回波乐》《半社》《渠借席》《兰陵王》等。

《乐府杂录》中记载的健舞与软舞名目如下：

> 健舞：《棱大》《剑器》《阿连》《胡旋》《柘枝》《胡腾》等。
>
> 软舞：《凉州》《屈柘（枝）》《团圆旋》《绿腰（六么）》《苏合香》《甘州》等。

健舞和软舞的规模都不大，大部分都属于独舞或双人舞，因此艺术技巧和表演水平要求都非常高。这些舞蹈一部分是内地固有的，如《兰陵王》《乌夜啼》《回波乐》等；一部分则来自于域外，如《柘枝》《胡旋》《胡腾》《拂菻》《达摩支》等；还有一部分则是唐代新创的，如《剑器》《绿腰》《春莺啭》《黄獐》《屈柘》等。不论是外来的还是固有的，所有这些舞蹈经过艺人们的加工提高后，都成为流行颇广、社会影响较大，无论是在宫廷或是在社会上都颇受人们欢迎的舞蹈艺术精品。

（四）散乐与其他乐舞

散乐，又称百戏，实际上是一种包括杂技、魔术、马戏在内的艺术形式。这种艺术形式本来在民间颇为流行，其中有些节目是中国固有的，有些节目则来自域外，在民间颇受欢迎。正由于这些节目观赏性很强，因此宫廷中也不时进行此类表演，遂成为宫廷娱乐的一个组成部分。

唐代的散乐内容非常丰富，规模宏大。从内容上看，包括蹬技、手技、口技、顶技、踩技、走索、爬竿、车技、踩球、魔术、马戏、驯兽、旱船、角抵及各种民间杂耍等；从规模上看，一次出动数百上千人进行表演的情况，并不罕见。每逢重要节日或者皇帝的生日，往往会举办规模宏大的散乐表演，早在唐高祖武德时期，李唐建国不久，唐高祖便下令借民间裙襦五百余套，于端午节在玄武门前举行百戏表演。唐高宗为了庆祝册立燕王为皇太子，在麟德殿前也举行过规模甚大的散乐表演。唐玄宗时，喜好散乐百戏，经常举行表演，史载“上皇每酺宴，先设太常雅乐坐部、立部，继以鼓吹、胡乐、教坊、府县散乐、杂戏；又以山车、陆船载乐往来；又出宫人舞霓裳羽衣；又教舞马百匹，衔杯上寿；又引犀象入场，或拜，或舞”[①]。唐后期尽管国步艰难，但散乐百戏的表演从未间断。

散乐在唐初本隶属于太常寺，乐户分番当值。唐玄宗即位以后，“以其非正声。置教坊于禁（中）以处之”[②]。这些仅是隶属于官府的散乐艺人，民间艺人的人数则更多，其中还包括不少外来的艺人。“睿宗时，婆罗门献乐，舞人倒行，而以足舞于极铦刀锋，倒植于地，低目就刃，以历脸中，又植于背下，吹筚篥者立其腹上，终曲而亦无伤”。这描写的就是天竺艺人在中国表演杂技的情况。此书还说：“大抵散乐杂戏多幻术，幻术皆出西域。”[③]

唐代散乐还有不少类似于今天的马戏一类的表演。著名的有所谓的舞马表演，每次出动舞马百余匹，随着乐声，舞马“奋首鼓尾，纵横应节”，“又施三层板床，乘马而上，旋转如飞。或命壮士举一榻，马舞于榻上，乐工数人立左右前后，皆衣淡黄衫，文玉带，必求少年而姿貌美秀者”[④]。此外，还有驯犀和驯象表演。在唐朝前期还没有见到此类表演，唐玄宗以来，此类表演才逐渐多了起来，直到唐僖宗时，占城国还向唐朝进贡了驯象三头，亦能拜舞。还有一些小动物的表演，如驯猴、驯鹦鹉、驯赤嘴鸟、驯昆虫等表演。

在唐代宫廷中表演的乐舞，除了前面所述的以外，还有一些没有被列入十部乐、坐部伎、立部伎之中的少数民族或外国乐舞。见于记载的这类乐舞主要有《百济乐》《骠国乐》《南诏奉圣乐》等，其中以《骠国乐》的影响尤大。骠国，即今缅甸，贞元十八年（802），骠国国王派遣其弟悉利舒城主舒难陀，经南诏，行至成都，向唐朝进献了一

① 《资治通鉴》卷二一八，唐肃宗至德元载八月，第6993—6994页。

② 《唐会要》卷三三《散乐》，第714页。

③ 《旧唐书》卷二九《音乐志二》，第1073页。

④ 《明皇杂录》，第34—35页。

套乐舞，其中乐器二十种，乐工三十五人，乐曲十二首。这十二首乐曲名是：《佛印》《赞沙罗花》《白鸽》《白鹤游》《斗羊胜》《龙首独琴》《禅定》《甘蔗王》《孔雀王》《野鹅》《宴乐》《涤烦》等。据研究，这些骠国艺人表演时的服饰与今天缅甸古典歌舞的装束十分相似，其舞蹈在《唐会要》卷三三《四夷乐》中有详细记载："每为曲皆齐声唱，各以两手十指，齐开齐敛，为赴节之状，一低一昂，未尝不相对，有类中国柘枝舞。"这种载歌载舞或以歌伴舞的表演形式，以及两手十指随着音乐时而合拢、时而张开的姿态，与今天印度古典舞蹈中的手姿颇为相似。唐代诗人如胡直钧、元稹、白居易等人，都有在观赏《骠国乐》后创作的诗作，从而使《骠国乐》名声大振。

这些乐舞大都侧重于表演性，故具有很强的观赏性，同时由于其大都在宫廷的重要宴会或活动中表演，所以不可避免地又带有一定的礼仪性，这是此类乐舞的一个特点。这类乐舞只在宫廷中表演，在民间很难欣赏到，因此就使其大都能保持着原乐舞纯正的民族风格，从而又构成了一个特点。总之，这类乐舞的输入，对丰富唐代乐舞艺术的内容、促进各民族各国文化的交流，都有着一定的积极意义；这类乐舞大都是由各民族或各国主动进献给唐朝的，因此它们也是民族团结、国际交流的有力见证。

十、鸡坊与斗鸡风气

中国很早就有斗鸡的风气，据《史记》记载，早在春秋时期，贵族中已流行斗鸡了。经过了长期的发展，至唐代时，斗鸡已经非常流行了，不仅在宫廷中，就是在民间也是非常普遍的一种搏艺活动。所谓"初唐四杰"之一的王勃，曾经撰写了一篇《檄英王鸡》，惹怒了唐高宗，将他免去了官职。事情的经过是这样的：王勃任沛王府修撰时，见诸王喜爱斗鸡，遂代沛王李贤戏撰了这篇檄文，高宗得知此事后，便将他逐出了王府。凑巧的是，在章怀太子李贤墓的壁画中，恰好有一名怀抱斗鸡的宫女，从而证实了李贤喜好斗鸡的事实。在武则天统治时期，韦承庆写了一首《寒食应制》诗，诗中写道：“莺啼正隐叶，鸡斗始开笼。”[①]证明斗鸡是寒食节期间的一项传统娱乐活动。

在唐朝前期，虽然斗鸡已经在贵族和宫廷中广泛开展了，但由于这一时期社会经济尚处于恢复阶段，斗鸡风气还没有在全社会普及开来。到了唐玄宗统治的开元、天宝时期，随着唐代社会经济的高度发展，使得斗鸡之风普遍流行起来，标志有两个：一是普通百姓也颇好此道；二是连妇女也卷入其中，而且乐此不疲。唐人张籍的《少年行》一诗中的“日日斗鸡都市里”[②]一句，可知好此道者多为青年人。至于在贵族和宫廷中，更是大行此道。李白的《古风》第二十四首写道：

大车扬飞尘，亭午暗阡陌。
中贵多黄金，连云开甲宅。
路逢斗鸡者，冠盖何辉赫。
鼻息干虹蜺，行人皆怵惕。
世无洗耳翁，谁知尧与跖。[③]

这首诗描写了贵族中斗鸡风气盛行的情况，表达了作者对此的忧虑。不过李白并非不喜欢斗鸡活动，他曾经写道：“我昔斗鸡徒，连延五陵豪。”[④]唐代画家周昉画过一幅名为《明皇斗鸡射鸟图》的作品，说明皇帝也喜好此道。关于这个问题，还有资料可以证实。陈鸿祖的《东城老父传》描写了一个名叫贾昌的少年，由于精通斗鸡之术，从而得到玄宗的赏识，飞黄腾达，享尽了荣华富贵。当时还流行着一首童谣，描写了贾昌的荣耀情况，录之如下：

---

① 《全唐诗》卷四六，第557页。

② 〔宋〕郭茂倩：《乐府诗集》卷六六《少年行》，中华书局1979年版，第955页。

③ 〔唐〕李白撰，〔清〕王琦注：《李太白全集》卷二，中华书局1977年版，第120页。

④ 《李太白全集》卷一〇《叙旧赠江阳宰陆调》，第530页。

> 生儿不用识文字，斗鸡走马胜读书。
> 贾家小儿年十三，富贵荣华代不如。
> 能令金钜期胜负，白罗绣衫随软舆。
> 父死长安千里外，差夫治道挽丧车。[①]

诗歌的描写毕竟比较抽象，关于玄宗热衷于斗鸡的描写远不如《东城老父传》更加直观，现将其中部分文字录之如下：

> 玄宗在藩邸时，乐民间清明节斗鸡戏。及即位，治鸡坊于两宫间。索长安雄鸡，金毫铁距，高冠昂尾千数，养于鸡坊。选六军小儿五百人，使驯扰教饲。上之好之，民风尤甚。诸王世家、外戚家、贵主家、侯家，倾帑破产市鸡，以偿鸡直。都中男女，以弄鸡为事；贫者弄假鸡。帝出游，见昌弄木鸡于云龙门道旁，召入，为鸡坊小儿，衣食右龙武军。三尺童子，入鸡群，如狎群小，壮者、弱者、勇者、怯者，水谷之时，疾病之候，悉能知之。举二鸡，鸡畏而驯，使令如人。护鸡坊中谒者王承恩言于玄宗，召试殿庭，皆中玄宗意。即日为五百小儿长。加之以忠厚谨密，天子甚爱幸之。金帛之赐，日至其家。开元十三年，笼鸡三百，从封东岳。父忠死太山下，得子礼奉尸归葬雍州。县官为葬器、丧车，乘传洛阳道。十四年三月，衣斗鸡服，会玄宗于温泉。当时天下号为“神鸡童”。[②]

此文还详尽地描写了玄宗举行斗鸡比赛的宏大场面以及贾昌一生荣辱巨变的相关情况，其中最值得注意的是关于鸡坊的设置。

唐代宫廷中设置鸡坊的最早记载，当见于此篇传记。鸡坊设置之初，即以宦官王承恩掌管，称之为护鸡坊中谒者，尚未设置专使。时隔

---

① 李时人编校，何满子审订，詹绪左覆校：《全唐五代小说》卷二四陈鸿祖《东城老父传》，中华书局2014年版，第836—837页。

② 《全唐五代小说》卷二四陈鸿祖《东城老父传》，第836页。

不久，便为其设置了专使，据《常无逸神道碑》记载，其在玄宗初期，任检校鸡坊使。[①]这个常无逸也是一个宦官。任鸡坊使的宦官还有一个名叫王文干的人，他是在唐宪宗时任此职的。其墓志中说他："翦拂珍禽，在斗自我，羽翼奇特，利用绝群，每蕴能名，谁之能匹？"[②]可见任此职者，大都精通训练斗鸡的技能。

唐朝后期，斗鸡之风仍然非常兴盛，不少唐朝著名诗人都曾撰诗描写过斗鸡的场面，如韩愈、孟郊、李商隐、韩偓、韦庄等。白居易还写了一篇名为《鸡距笔赋》的文章，对毛笔与斗鸡的关系做了生动的描写。《酉阳杂俎》一书中记载了唐穆宗时一件与斗鸡风气有关的事情，其中写道：

> 威远军子将臧平者，好斗鸡，高于常鸡数寸，无敢敌者。威远监军与物十匹强买之，因寒食乃进。十宅诸王皆好斗鸡，此鸡凡敌十数，犹擅场怙气。穆宗大悦，因赐威远监军帛百匹。主鸡者想其跖距，奏曰："此鸡实有弟，长趾善鸣，前岁卖之河北军将，获钱二百万。"[③]

这段文字描写了唐穆宗及十王宅诸王喜好斗鸡的真实情况，对我们了解唐后期斗鸡风气的盛行很有价值。此外，唐敬宗、唐文宗、唐懿宗、唐僖宗等，也都喜好斗鸡。其中尤以僖宗为甚，《资治通鉴》卷二五三载："上好骑射、剑槊、法算，至于音律、蒱博，无不精妙；好蹴鞠、斗鸡，与诸王赌鹅，鹅一头至五十缗。"根据这些情况推断，鸡坊的设置应一直延续到唐末。

---

① 《全唐文补遗》第三辑《唐故朝请大夫内侍省内给事上柱国常府君神道碑并序》，第14页。

② 〔清〕王昶：《金石萃编》卷一一三《王文干墓志》，1921年扫叶山房本。

③ 《酉阳杂俎校笺》续集卷八，第2022页。

十一、五坊与五坊使

唐朝诸帝大都有狩猎之好，因此宫中置有饲养雕、鹘、鹞、鹰、狗的机构，《新唐书·百官志二》载："闲厩使押五坊，以供时狩：一曰雕坊，二曰鹘坊，三曰鹞坊，四曰鹰坊，五曰狗坊。"五坊置有专使一人掌之，谓之五坊使。

关于五坊及五坊使的设置，论者多以为置于唐玄宗开元时，其实是不对的。据《册府元龟》卷四二《帝王部·仁慈》条载："太宗以武德九年八月甲子即位，是月癸酉诏曰：'……顾省宫掖，其数实多，恐兹幽闭，久离亲族，一时减省，各从罢散，归其戚属，任从婚娶。'自是后中宫及掖庭前后所出三千余人。又在内鹰狗貀等，并委五坊使量留，余并解放。"说明早在太宗即位之初，就已经有了五坊及五坊使的设置，很可能在高祖武德时就已设置了。

五坊使设置后，长期以来均以士人充任，《唐会要》卷七八《五坊宫苑使》条载："开元十九年，金吾将军杨崇庆除五坊宫苑使，其后，来擢（曜）、牛仙客、李元祐、韦衢、章仇兼琼、王铁、吕崇贲、李辅国、彭体盈、药子昂等为之。"此外，安禄山也兼任过闲厩、五坊、宫苑、陇右群牧都使，而上引《唐会要》漏载。上述诸人，除李辅国外，均不是宦官。李辅国充任五坊使是在唐肃宗统治时期，《旧唐书·李辅国传》曰："肃宗还京，拜殿中监，闲厩、五坊、宫苑、营田、栽接、总监等使。"唐肃宗自灵武返回长安，时在至德二载十月，李辅国任此职当在这之后。左、右武卫大将军彭体盈、药子昂分别充任过闲厩、群牧、宫苑、营田、五坊等使，说明此时这一职务并非宦官专任。五坊何时成为宦官专任？史书缺载，从现有的史料看，最早可能在德宗时期，最迟应在宪宗元和初期。自此之后，五坊使便为宦官所专任，并逐渐成为内诸司使之一。

需要指出的是，自开元、天宝以来，五坊使均由闲厩使兼任，安史之乱后，闲厩使失其职，自唐代宗宝应二年（763）起，又由宫苑使兼领。其后，五坊使遂单独置使，不再由宫苑使兼领，并出现了内外五坊使的名号，大宦官仇士良曾在元和三年（808）担任此职。

为了保证五坊所饲猛禽及猎犬的及时供给，唐朝置有五坊色役户，专门为五坊捕捉此类动物，这些户口分散在各州府，每岁皆有上贡数量的规定，负担还是很重的。李绛任华州刺史时，“州有捕鹞户，岁责贡限，绛以为言，并劝止畋猎。有诏泽潞、太原、天威府并罢之”[①]。这些五坊色役户直接归五坊使管辖，直到唐宪宗元和二年六月，才下诏放归所在州府管理。除此之外，各地官员甚至神策禁军等，也都有过向皇帝进贡鹰、鹞、狗、马之类动物的记录。

五坊使除了负责饲养这些动物，以备皇帝狩猎之需外，还有一些其他方面的职能。据《新唐书》卷二二《礼乐志一二》载：每逢千秋节，玄宗都要在兴庆宫勤政楼下举行盛大的庆典活动，届时“五坊使引象、犀，入场拜舞”。五坊所饲养的并不包括象、犀在内，为何五坊使却负责此事呢？前面说过此时的五坊使通常由闲厩使兼领，而象、犀这些动物大概由闲厩使负责饲养，所以才出现了以上所记载的情况。

又据《新唐书》卷四八《百官志三》记载：“渭河三百里内渔钓者，五坊捕治之。”按照唐制，渔钓之事，本归河渠令掌管，为何又令五坊掌其事？唐朝的禁苑位于长安城北到渭水南岸的范围内，这也是宫苑使掌管的地域，五坊就设在禁苑之内，其使由宫苑使兼领，又有临近渭水之便，于是便有了这样的规定。

在唐朝前期，五坊使及五坊小儿作恶之事尚不多见，自唐德宗以来，由于皇帝的纵容，其为非作歹的记载便不绝于史籍。关于此事，韩愈所撰的《顺宗实录》卷二记载说：

> 贞元末，五坊小儿张捕鸟雀于闾里，皆为暴横，以取钱物。至有张罗网于门，不许人出入者。或有张井上者，使不得汲水，近之，辄曰：“汝惊供奉鸟雀”，痛殴之。出钱物求谢，乃去。或相聚饮食饼肆，醉饱而去，卖者或不知，就索其

① 《新唐书》卷一五二《李绛传》，第4843页。

直，多被殴骂。或时留蛇一囊为质，曰："此蛇所以致鸟雀而捕之者，今留付汝，幸善饲之，勿令饥渴。"卖者愧谢求哀，乃携而去。上在春宫时，则知其弊，常欲奏禁之。至即位，遂推而行之，人情大悦。[①]

但是自宪宗即位以来，五坊又复故态，不仅欺凌百姓，而且连京畿地区的官员也不能幸免。据《旧唐书》卷一七〇《裴度传》载："宣徽院五坊小使，每岁秋按鹰犬于畿甸，所至官吏必厚邀供饷，小不如意，即恣其须索，百姓畏之如寇盗。"自宣徽院设置以来，内诸司使皆统属于这一系统，故称之。至于小使、小儿，胡三省解释说："小儿者，给役五坊者也。唐时给役者多呼为小儿，如苑监小儿、飞龙小儿、五坊小儿是也。"[②]五坊小使，则是指五坊使下属的小宦官。五坊小使曾至下邽县，县令裴寰在"公馆之外，一无曲奉"，引起其极大的不满，返京后向宪宗进谗言，宪宗大怒，将裴寰逮捕下狱，"欲以大不敬论"。经宰相武元衡、御史中丞裴度再三进谏，才免罪释放。[③]

唐敬宗宝历元年（825），五坊小使在鄠县殴击百姓，县令崔发闻知，大怒，下令抓捕。当时天色已晚，不辨容貌，后来才知抓获的乃是一宦官。敬宗闻知后，下诏将崔发关押到御史台。次日，改元大赦，唯崔发不赦，还被宦官五十余人群殴捶打，幸赖御史台官吏以席蔽之，才未被打死。给事中李渤上疏营救，反被贬为桂州刺史。后来在宰相李逢吉的再三劝说下，才将其免官释放，重杖四十。

唐代在京诸司多放钱生息，五坊使亦不例外。宪宗时五坊使杨朝汶，"妄捕系人，迫以考捶，责其息钱，遂转相诬引，所系近千人"[④]。按照唐朝制度，在京师地区只有司法部门、京兆府、长安和万年两县才有权力抓捕人犯，杨朝汶擅自捕人，而且人数多达千人，是严重的违法

① 《全唐文》卷五六〇韩愈《顺宗实录》二，第5663页。

② 《资治通鉴》卷二三六，唐顺宗永贞元年正月胡三省注，第7610页。

③ 《旧唐书》卷一七〇《裴度传》，第4414页。

④ 《资治通鉴》卷二四〇，唐宪宗元和十三年九月，第7753—7754页。

行为，何况还是“妄捕”，严刑拷掠，情节更加严重。杨朝汶骄横不法，就连官僚家庭也不能幸免。长安商人张陟欠杨朝汶利息钱，潜逃躲避，杨朝汶在搜查其家时，发现其家账簿上有一名叫卢载初的人欠其钱，说是像故西川节度使卢坦的笔迹，于是将卢坦的儿子捕来，责令还钱。卢坦子不敢申辩，只好用自己的钱予以偿还。后来查明是已故郑滑节度使卢群的笔迹，卢坦子要求还钱，杨朝汶却说：“钱已进过，不可复得。”[①]拒不归还。杨朝汶的这些行为，引起了众怒，御史中丞萧俛及谏官们纷纷上疏要求严惩，宪宗却认为此是小事，不必兴师动众。后在宰相裴度的再三督促下，才勉强同意将杨朝汶处死，并当面斥责说：“以汝故，令吾羞见宰相！”[②]可见宪宗自始至终对此事都没有一个正确的认识，只是因为伤了自己的面子，才下令赐死杨朝汶。此后，唐宪宗还惩罚过几个违法的宦官，均是在朝官们的理论督促下的不得已行为，所以宦官横暴之事并不能杜绝。

此后诸帝，大都对此持纵容的态度，致使这一问题始终得不到遏制。《新唐书》卷二〇七《宦者传》说：仇士良，“元和、大和间，数任内外五坊使，秋按鹰内畿，所至邀吏供饷，暴甚寇盗”便是这种情况的真实写照。翻检两《唐书》，发现唐后期诸帝每逢即位、改元大赦、遇水旱灾害、皇帝患病或者颁布遗诏，都会全部或部分纵放五坊鹰犬，说明这些皇帝也知道此为害民弊政，所以才每每下诏予以纵放，以收买人心。但是这些行为均非出自内心，所以才有屡纵屡贡的现象出现。

第三节　典礼活动

一、外朝制度

唐朝有所谓“三朝”制度，即所谓外朝、中朝和内朝之制，其宫殿

① 《旧唐书》卷一七〇《裴度传》，第4420页。

② 《资治通鉴》卷二四〇，唐宪宗元和十三年九月，第7754页。

唐代仪仗图

建筑也体现了这一制度。唐朝前期分别在太极宫的承天门、太极殿、两仪殿举行外朝、中朝和内朝朝会。大明宫建成后，皇帝移居于此，遂在含元殿举行外朝、宣政殿举行中朝、紫宸殿举行内朝。从唐朝礼制的角度看，外朝礼仪最为隆重，其次为中朝，便殿紫宸殿举行的内朝其礼最轻。但从国家政务的角度看，内朝反倒更加重要。

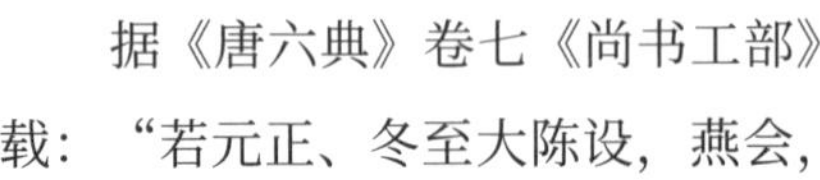

据《唐六典》卷七《尚书工部》载："若元正、冬至大陈设，燕会，赦过宥罪，除旧布新，受万国之朝贡、四夷之宾客，则御承天门以听政，盖古之外朝也。"故这一制度也被称为外朝听政。上面的引文中涉及举行外朝的时间和内容。此外，册立太子、皇后的典礼，有时也是在承天门楼或含元殿举行的。有一点需要指出，接见少数民族及外国使者，册立太子、皇后等典礼，并非一定要在元正、冬至进行，没有固定的时间。

外朝听政更多是一种礼仪性的典礼活动，并不涉及具体军国大事的商议与处置，因此其规模宏大，仪式隆重。唐人王维在《和贾舍人早朝大明宫之作》一诗中对唐朝皇帝在外朝听政中接见周边少数民族政权和外国使者朝贡的盛况有过生动描述，其诗曰：

绛帻鸡人报晓筹，尚衣方进翠云裘。
九天阊阖开宫殿，万国衣冠拜冕旒。①

从唐朝举行外朝典礼的实际情况看，元日、冬至的典礼也可在太极殿举行，据《唐六典》卷四《尚书礼部》条载：

① 〔唐〕王维撰，陈铁民校注：《王维集校注》卷六，中华书局1997年版，第488页。

> 凡元日大陈设于太极殿，皇帝衮冕临轩，展宫县之乐，陈历代宝玉、舆辂，备黄麾仗。二王后及百官、朝集使、皇亲、诸亲并朝服陪位。皇太子献寿，次上公献寿，次中书令奏诸州表，黄门侍郎奏祥瑞，户部尚书奏诸州贡献，礼部尚书奏诸蕃贡献，太史令奏云物，侍中奏礼毕。然后，中书令又与供奉官献寿。时，殿上皆呼“万岁！”……凡冬至大陈设如元正之仪，其异者，皇帝服通天冠，无诸州表奏、祥瑞、贡献。

承天门举行活动有诸多不便之处，皇帝坐在门楼之上，皇族、百官虽可排列于门楼之下，但各种宝器、仪物则无法在御前陈列，皇族、百官献寿时也颇不方便，需要一一登上承天门楼，因此改在了太极殿举行。在皇帝移居大明宫后，外朝便在含元殿举行了，即“今元正、冬至于此听朝也”[①]。不过皇帝宣布大赦、改元，观看俳优表演时，则在大明宫丹凤门举行，有时也在丹凤门楼宴请外国使者。正因为如此，唐朝举行外朝的场所，也应包括丹凤门在内。元代史学家胡三省也说：“以唐大明宫丹凤门、太极宫承天门皆为唐之外朝。”[②]

唐代彩绘贴金铠甲骑士俑

① 《唐六典》卷七《尚书工部》，第218页。

② 《资治通鉴》卷一七三，陈宣帝太建十一年正月，第5391页。

正因为外朝更多地具有礼仪性质，所以在一些特殊情况下也可以不举行，如遇有灾害、战争、恶劣天气等情况，往往罢外朝典礼。实际情况是，即使在唐朝前期，外朝也不经常举行，安史之乱后，更是鲜少举行。

二、中朝制度

太极宫的太极殿或大明宫的宣政殿举行的中朝，实际上就是朔望朝及常朝。每月朔望日，即初一和十五举行的朝会，称大朝会，届时在京文武九品以上的官员皆可参加，包括在京的地方官员、三品以上散官，甚至还有部分致仕官，皇太子亦不例外。我国古代非常重视对天文的观察，允许负责此事的太史局官员有事可以不参加朝会，但朔望朝必须参加。可见唐朝对朔望朝的重视程度。对于无故不参加朔望朝的官员，规定最低要给予罚俸一月的处分。

朝谒仪式开始以后，要在太极殿和宣政殿前排“先列仗卫，及文武四品以下于庭，侍中进外办，上乃步自序西门出，升御座。朝罢，又自御座起，步入东序门，然后放仗散”。开元年间，中书令萧嵩奏言“臣以为宸仪肃穆，升降俯仰，众人不合得而见之”，于是“乃请备羽扇于殿两厢，上将出，所司承旨索扇，扇合，上座定，乃去扇。给事中奏无事，将退，又索扇如初。令以常式”[①]。从此，皇帝接受大臣朝谒，都要先用伞扇遮蔽身体，以防大臣窥视，这也为以后历代王朝所沿袭。

皇帝坐定御座以后，所有朝参官员都要按官品高下，依次拜谒皇帝。《唐会要》卷二五《文武百官朝谒班序》中对唐代参加朝谒皇帝仪式的百官班序有详细记载，不再详述。“唐制，朔望天子御宣政殿，受百官起居，诸司奏事”[②]。由于朔望朝的参加人数众多，真正能够进入宣政殿奏事者，只能是少数高级官员，唐后期高级宦官亦可进入殿内。一般来说，在朔望朝时诸司所奏之事，多为寻常公事，有关军国大事的议

① 《唐会要》卷二四《朔望朝参》，第541页。

② 〔宋〕李攸：《宋朝事实》卷一二《仪注二》，丛书集成初编本，商务印书馆1935年版，第196页。

决，不在此时商讨。如贞观十六年十二月壬午朔，唐太宗在朔望朝时，与五品以上官员商讨了对广州都督党仁弘贪赃之罪的处罚决定。根据有关文献记载，唐前期的朔望朝有时还要进行一些诸如发布新的政令、典籍，更换年号和诵读时令等政治活动。如唐高祖武德七年“夏四月庚子朔，赦天下。是日，颁新律令，比开皇旧制增新格五十三条”[①]。唐高宗永徽四年“三月壬子朔，颁孔颖达《五经正义》于天下，每年明经令依此考试”；龙朔元年（661）“三月丙申朔，改元”[②]；总章三年（670）“三月甲戌朔，大赦天下，改元为咸亨元年”[③]。唐玄宗开元二十五年（737）“九月壬申朔，颁新定令、式、格及《事类》一百三十卷于天下”，又“以十二月朔日于正殿受朝，读时令”；开元二十六年“夏四月己亥朔，始令太常卿韦縚读时令于宣政殿，百僚于殿上列坐而听之”[④]。从以上这些事例中可以看出唐朝朔望朝会的基本内容及其特点。

由于参加朝会的人数很多，规模宏大，仪式繁多，所以耗时较长。为了使参加朝会的官员不至于受饥饿之苦，唐朝规定朔望朝要给官员们提供饮食，称之为廊下食。廊下食由光禄寺负责供给，由殿中侍御史二人临视监察，如有“廊下食行坐失仪语闹”[⑤]者，则要提出纠弹。

天宝时期唐玄宗认为朔望日是陵寝荐食之日，在前殿（宣政殿）举行大朝会有失思敬之心，于是改在便殿（即紫宸殿）举行。由于紫宸殿位于宣政殿之后，须从阁门而入方能到达，故称之入阁。所谓：“朔望荐食诸陵寝，有思慕之心，不能临前殿，则御便殿见群臣，曰入阁。”[⑥]实际上，朔望日能够入阁的只有高级官员和宦官，其余百官只能俟于朝堂前或紫宸门前。这样，遂使朔望朝与唐太宗在贞观年间创行的常朝

① 《资治通鉴》卷一九〇，唐高祖武德七年四月，第5982页。

② 《旧唐书》卷四《高宗本纪上》，第81页。

③ 《旧唐书》卷五《高宗本纪下》，第94页。

④ 《旧唐书》卷九《玄宗本纪下》，第208—209页。

⑤ 《唐会要》卷二四《朔望朝参》，第545页。

⑥ 《新五代史》卷五四《李琪传》，第618页。

"入阁"廷议之制，合二为一。关于"入阁"之制，后面还要详述，这里就不多说了。

另外，安史乱后，由于唐代诸帝大多懒于政事，耽于享乐，故朔望朝大多变成了皇帝和少数大臣进行游宴玩乐及单纯性的庆典活动，不再于宣政殿接受百官朝谒，在紫宸殿"入阁"议事的情况亦有所减少。遂使朔望朝形同虚设，名存实亡。

唐朝还有所谓的常朝制度，指每日都要照常进行的朝参活动，亦称"常参"，这是唐代君臣朝参制度中比较重要的朝会形式。参加常朝的官员亦有明确的规定，所谓："五品以上及供奉官、员外郎、监察御史、太常博士，每日朝参。"[①]这里所说的五品以上官包括五品以上的文武职事官，文武官"三品以上，九日、十九日、二十九日又参"[②]。这就是说三品以上官朝参的次数比较多一些。当然这里所说的每月几次朝参，是指朔望朝之外的朝参。

那么，上面引文中所说的"供奉官"，又是指哪些官员呢？据《唐六典》卷二《尚书吏部》条载："谓侍中、中书令、左右散骑常侍、黄门（侍郎）、中书侍郎、谏议大夫、给事中、中书舍人、起居郎、起居舍人、通事舍人、左右补阙、（左右）拾遗、御史大夫、御史中丞、侍御史、殿中侍御史。"从这个名单可以看出，所谓供奉官是指中书、门下两省及御史台的重要官职。这些官员加上前述的那些官员，共同构成了唐朝的所谓"常参官"的群体。可以看出参加常朝的官员较之朔望朝的参加者，人数要少得多，遂使一些比较重要的政事得以在这种场合下商议决策。

关于举行常朝的地点，唐前期在太极宫两仪殿，后来改在大明宫宣政殿。唐代君臣常朝的内容包括朝谒君主、百官奏事、上封事以及殿廷议事等。

"朝谒君主"是唐代朝参制度中必先履行的一个不可或缺的重要

---

① 《唐六典》卷四《尚书礼部》，第114页。

② 《唐会要》卷二五《文武官朝谒班序》，第565页。

仪式。由于该仪式要在每天黎明时分宫门开启以后举行，故参加常朝的官员就必须在黎明前，乘马赶至太极宫承天门两侧的长乐门和广运门，或大明宫丹凤门西面的建福门外等待，时称“待漏”。参加常朝的普通官员在建福门外待漏之时，宰相们则可在大明宫南光宅坊内太仆寺车坊“以避风雨”，故地位较低的官员则不免要受风霜之苦。直到唐宪宗元和初年，才在建福门外为朝参官员修建了“待漏院”，作为朝参官员在朝谒君主之前的短暂休憩之所。又因有些官员的住宅距宫城较远，所以就要提前启程，有的甚至要在夜半出发，所受风霜之苦，可以想见。正如诗人王建在《春词》一诗中所云：“良人朝早半夜起，樱桃如珠露如水。下堂把火送郎回，移枕重眠晓窗里。”①白居易家住新昌里，北距宫城有十里之遥，所以他的诗里就有“十里向北行，寒风吹破耳”②“远坊早起常侵鼓，瘦马行迟苦费鞭”③等诗句。唐人韦绚在《刘宾客嘉话录》中还记载了刘晏任尚书左仆射时上朝路上的一段趣闻：“刘仆射晏五鼓入朝，时寒，中路见卖蒸胡饼之处，热气腾辉。使人买之，以袍袖包裙帽底啖之，且谓同列曰：‘美不可言，美不可言。’”④这些诗文都反映了参加朝参的官员在上朝途中所经历的甘苦。

朝谒仪式结束以后，常参官员就要奏报国事了，史称“百官奏事”或“正牙（衙）奏事”。宋人邵博所撰《邵氏闻见后录》云：“自唐以来，大臣见君，则列坐殿上，然后议所进呈事，盖坐而论道之义。”⑤唐制规定六品以下官员奏事时，“皆自称官号臣姓名，然后陈事，通事舍人、侍御史、殿中侍御史则不称官号”⑥。其实通事舍人、侍御史、殿中侍御史等官员，也都是六品以下官员，他们奏事时之所以不称官号、姓名，是因为其为皇帝近臣，为皇帝所熟知，其他六品以下官员则不一定

① 《全唐诗》卷三〇一《春词》，第3428页。

② 《白居易诗集校注》卷九《早朝贺雪寄陈山人》，第747页。

③ 《白居易诗集校注》卷一五《初授赞善大夫早朝寄李二十助教》，第1171页。

④ 上海古籍出版社编：《唐五代笔记小说大观》载韦绚《刘宾客嘉话录》，上海古籍出版社2000年版，第803页。

⑤ 〔宋〕邵博：《邵氏闻见后录》卷一，中华书局1983年版，第1页。

⑥ 《唐会要》卷二五《百官奏事》，第556页。

为皇帝所知，故先要通报官号、姓名等。

上封事就是常参官们将自己对政事的看法写成奏章，呈递皇帝，可以“极言得失”，通常要加以密封，故称封事。皇帝对这些奏书，一般都要亲自阅览，有时还要做出回答。这可能因为每日常朝时的正衙奏事时间短促，能够当面向皇帝陈述政事的官员人数有限，多数常参官不可能在百官奏事时一一表述政见。为了弥补常参的这一缺陷，遂有此制。当然上封事者，并不限于常参官，凡九品以上官员皆可上之。上封事的时机也不一定都选在举行常朝之时，平时也可以上之。有时皇帝还主动下诏书，要求百官上封事，指陈政事得失，甚至可以批评皇帝的过失，无所隐晦。

殿廷议事亦称“廷议”，这是唐代君臣常朝制度中议决政事重要的形式之一，也是皇帝征求群臣对政事意见的一种形式。廷议时如群臣之间有不同意见，可以进行辩论、商讨；也可以与皇帝进行面对面的对话，甚至对皇帝进行批评。

不过每日常朝这种形式并未一直坚持下来，后来有所谓单日朝、双日不朝的变化，如遇雨雪寒暑，往往也会罢去朝参。在一些昏庸荒淫的皇帝统治时期，这种制度往往会遭到极大的破坏，如唐穆宗时，“荒于禽酒，坐朝常晚”[①]；唐敬宗时，“坐朝月不二三度，大臣罕得进言”[②]；唐懿宗、唐僖宗也是这样的皇帝，甚至比穆宗、敬宗有过之而无不及。

三、内朝制度

内朝制度，指在太极宫两仪殿或大明宫紫宸殿举行的朝会，又称为“入阁”之制，因为紫宸殿在宣政殿之后，从阁门而入，故谓之。史载：“紫宸坐朝，众僚既退，宰臣复进奏事。”[③]这是指唐朝前期的情况，唐朝后期，宦官势力大盛，参加内朝议政者便包括一些高级宦官在

① 《旧唐书》卷一五五《崔邠传附崔郾传》，第4118页。

② 《旧唐书》卷一七四《李德裕传》，第4514页。

③ 《唐会要》卷五三《杂录》，第1084页。

内。所谓“紫宸所见惟大臣及内诸司”[①]，这里的内诸司便是指宦官所担任的内诸司使诸职。其余诸臣只能立于紫宸门之外，如唐穆宗“视朝每晏，……日绝高尚未坐，百官班于紫宸门外，老病者几至僵踣”[②]。便是明证。在唐朝前期，能够“入阁”参加内朝者，主要指中书、门下两省及三品以上的高官，后期扩大进来的所谓内诸司使，也并非凡任内诸司使的宦官皆能参与，而是指左右神策护军中尉、两枢密使等宦官首领。所以说入阁议政者，仅限于少数朝廷高官和高级宦官。

之所以将入阁人数限制得如此严格，是因为其所议决之事，均为重要的军国大事，出于保密的需要，自然要将其限制在一个极小的范围内。这一制度早在太宗时就已确立，而且还允许谏官和史官一起进入两仪殿，参与进谏，记录言论。据《资治通鉴》卷一九二载，唐太宗于贞观元年正月己寅颁布的制令中说：“自今中书、门下及三品以上入阁议事，皆命谏官随入，有失辄谏。”《唐会要》卷五六《起居郎起居舍人》条亦云：“贞观中，每日仗退后，太宗与宰臣参议政事，即令起居郎一人，执简记录。由是贞观注记政事，称为毕备。”但是自高宗永徽中立武则天为皇后以来，一批新贵如许敬宗、李义府得宠，“奏事官多俟仗下，于御前屏左右密奏”，“谏官、御史皆随仗出，仗下后事，不复预闻”[③]。直到开元五年，在宰相宋璟的主张下，才恢复了贞观旧制。

安史之乱后，原来的每日紫宸坐朝之制也发生了变化，宋代史学家司马光在其所撰的在《涑水纪闻》一书中说：“次北紫宸殿，谓之上阁，亦曰内衙，奇日视朝则御之。唐制，天子日视朝，则必立仗于正衙，或乘舆止于紫宸，则唤仗自东西阁门入。故唐世谓奇日视朝为入阁。”[④]这里所说的奇日入阁便是唐后期的情况。还有一些变化，主要是指谏官和史官不得参与其间，也就是说恢复到了唐高宗永徽时的旧例。

① 〔宋〕叶梦得撰，宇文绍奕考异，侯忠义点校：《石林燕语》卷二，中华书局1984年版，第20页。

② 《资治通鉴》卷二四三，唐穆宗长庆四年三月，第7834页。

③ 《资治通鉴》卷二一一，唐玄宗开元五年九月，第6728页。

④ 〔宋〕司马光：《涑水纪闻》卷八，中华书局1989年版，第152页。

内朝之制也不可避免地存在一些弊端，即单日议事、双日休沐，有时还会因雨雪寒暑放罢朝参，如遇军国急务则往往会贻误国事。因此，后来便出现了“延英召对”之制，具有弥补这种缺陷的作用。

需要指出的是，唐朝在紫宸殿还举行其他各种活动或典礼，如唐代宗大历二年（767）十月，“上御紫宸殿，策试茂才异行、安贫乐道、孝悌力田、高蹈不仕等四科举人”①。懿宗咸通元年（860）春正月，“上御紫宸殿受朝，对室韦使”②。唐后期，本来应在外朝宣布的敕令有时也在紫宸殿颁布，有时也在这里举行宴会，以款待外来使者。如唐肃宗乾元元年（758），六月戊戌“宴回纥使于紫宸殿前”；“九月甲申，回纥使大首领盖将等谢公主下降，兼奏破坚昆五万人，宴于紫宸殿，赐物有差。十二月甲午，回纥使三妇人，谢宁国公主之聘也，赐宴紫宸殿”。次年“三月壬子，回纥王子骨啜特勤及宰相帝德等十五人自相州奔于西京，肃宗宴之于紫宸殿，赏物有差。其月庚寅，回纥特勤辞还行营，上宴之于紫宸殿，赐物有差”③。除此之外，唐朝还在紫宸殿举行一些其他典礼，如穆宗“长庆二年十二月，上御紫宸殿，册皇太子”④。唐朝前期册太子的典礼多在承天门或含元殿举行，后来又改在宣政殿举行，在紫宸殿举行这种礼仪当属特例，故《唐会要》卷四《杂录》说：“故事，册太子御宣政殿。时以圣体未康，虑劳登御，故从便也。”

四、延英召对

延英殿位于大明宫内，具体位置在紫宸殿西侧。所谓“延英召对”制度，即皇帝面见宰相等执政大臣，议决军国大事的一种制度。此制的正式形成应始于肃宗时期。据载：“上元中，长安东内始置延英殿，每

---

① 《旧唐书》卷一一《代宗纪》，第287—288页。

② 《旧唐书》卷一九上《懿宗纪》，第650页。

③ 以上见《旧唐书》卷一九五《回纥传》，第5200—5201页。

④ 《唐会要》卷四《杂录》，第53页。

侍臣赐对，则左右悉去，故直言谠议，尽得上达。”[①]另据《资治通鉴》卷二二五唐代宗大历九年（774）七月条胡三省注引卢文纪曰：“上元以来，置延英殿，或宰相欲有奏对，或天子欲有咨度，皆非时召见。”胡三省的这一注释比较简略，另据《资治通鉴》卷二七九后唐末帝清泰二年（935）七月丁巳，卢文纪等上言：“……窃见前朝自上元以来，置延英殿，或宰相欲有奏论，天子欲有咨度，旁无侍卫，故人得尽言。望复此故事，惟听机要之臣侍侧。”据此来看，《资治通鉴》的撰者与胡三省均认为此制应起于上元（760—761）年间。然而从现有史料看，在上元以前，已经有皇帝在延英殿召见大臣议事的记载，而且并非个例。故这并不能说明延英召对之制就始于此时，因为唐朝皇帝在大明宫中的其他殿阁中也召见过大臣，这些都是偶尔为之，与一种制度的形成并无必然关系。不能因为皇帝于上元中在延英殿召见大臣商议过政事，后来又确实有了延英召对之制，就硬说这一制度始于此时。确定某一制度始于何时，必须要有明确无误的记载，决不可牵强附会。还有一种说法，即认为延英召对始于唐代宗时。这种说法来自李绰的《尚书故实》一书，由于此书为笔记小说，所记并不一定可靠，故应以前说为是。

从上述记载看，似乎延英殿建于肃宗上元中，这其实是不对的。关于延英殿的兴建时期还有两种记载，一种说它建于唐高宗龙朔三年[②]，另一种记载说它建于玄宗开元十年至开元二十六年[③]。这两种记载的时间均早于上元中。在这两种记载中，王应麟的说法出自推测，并无史料依据，故应以程大昌的记载为是。并且，上元时唐朝与安史叛军的战争正打得难解难分，唐朝军费开支十分紧张，何来余财营建此不急之工程？这种记载极不可靠。

关于延英召对的具体形式，《资治通鉴》卷二三三唐德宗贞元三年

① 〔宋〕钱易撰，黄寿成点校：《南部新书·甲》，中华书局2002年版，第2页。

② 〔宋〕程大昌撰，黄永年点校：《雍录》卷四《延英殿》，中华书局2002年版，第66页。

③ 〔宋〕王应麟：《玉海》卷一六〇《唐延英殿》，江苏古籍出版社、中国书店1988年版，第2933页。

（787）八月条胡三省注引宋白曰：“唐制：内中有公事商量，即降宣头付閤门开延英，閤门翻宣申中书，并榜正衙门。如中书有公事敷奏，即宰臣入榜子，奏请开延英，只是宰臣赴对。”文中所说的閤门，指閤门使；中书，指中书门下，即政事堂；正衙门，即大明宫中的宣政门。延英召对并没有皇帝坐朝的时间限制，如有重要政事，不论是皇帝还是宰相，都可随时面见商议政事，从而避免了前面所述的各种朝会所存在的弊病。由于这一决策形式具有一定的灵活性和保密性，遂逐渐超越了单日入閤廷议的制度，成为唐后期御前议政的最主要形式。

与内朝入閤之制一样，在唐后期宦官专权的情况下，参加延英召对，遂成为宦官阶层争取的又一目标。据《五代会要》卷六《开延英仪》载：“两枢密使在御榻两面祇候。”其中还提到了宣徽使、閤门使等内诸司使，这一切都是唐后期宦官们参与延英召对的真实反映，而五代的这种现象却是沿袭唐制而来的。

需要说明的是，由于唐后期延英召对越来越重要，所以不仅宰相与高级宦官可以参加召对，其实不少中央诸司的长官也争取到了在延英殿奏事的权利，甚至尚书省六品以上职事官、东宫师傅、王傅等官也都可以候于延英殿门外，等待皇帝随时召对，皇帝要召见的地方官员，往往也在延英召对之时召见。当然这些官员是没有议决军国大事的决策权的，重要的机密政事也都不会当其面议决。从《五代会要》记载的开延英仪式的内容看，这些官员奏事或接见完毕后，要及时邦舞退出，并不等到延英召对结束，这样就保证了皇帝与宰相们讨论军国大事的机密性。

唐朝末年，一度改为每月一、五、九日开延英，即皇帝每月开延英面见宰相九次。这是指正常的情况，“如有大段公事，中书门下具榜子奏请开延英，不拘日数”[①]。之所以这样规定，是因为这一时期其他形式的朝会已经极少举行，每月开延英九次顶替了其他形式的朝会，但同时又规定宰相如有大事可随时奏开延英，从而使此制的灵活性得以继续保持。

---

① 《唐会要》卷二四《朔望朝参》，第547页。

五、行幸与蒐狩

（一）唐朝皇帝的行幸

皇帝出京外出巡视、祭祀、居住、避难等行动，皆称之为行幸。在唐朝，皇帝外出巡视以观察民情、了解吏治为目的的，并不很多，大都具有某种针对性。中国古制有帝王五年巡狩一次的说法，但是在唐代却始终没有坚持此制。唐高宗曾在总章二年（669）以此为理由，提出前往凉州巡狩，却遭到了群臣的反对。有唐一代，皇帝外出巡视而不遭反对的情况，还真是比较少见。从现有史料看，比较常见的行幸主要有如下几类：

行幸东都。唐朝以洛阳为陪都，称为东都。隋唐两朝之所以重视营建东都，主要原因是长安虽然地形险要，但地理位置偏西，不利于对中原乃至南方的控制，洛阳居天下之中，作为陪都可供皇帝不时行幸，有利于对这些地区镇抚及管理。自隋炀帝大规模地营建洛阳以来，唐高宗时也曾较大规模地整修过洛阳宫苑，此后有不少皇帝都到过东都，有的还长期居住在这里。在唐朝前期，除了唐高祖外，太宗、高宗、武则天、中宗、睿宗、玄宗等，无不驾临过洛阳。安史之乱时，东都遭到了极大的破坏，宫阙被焚，后来虽然有所修葺，但都没有恢复到原来的规模，因此唐后期便很少有皇帝行幸东都。宝历二年二月，唐敬宗将幸东都，也是因为“今东都宫阙、营垒廨宇，悉已荒废”[①]，而不得不放弃行幸。

行幸旧宅及诸夏宫。在关中的高陵县境内有高祖之父李昞的外宅，唐朝建立后改为奉义宫，武德六年又改为龙跃宫。武德元年，高祖行幸周氏陂时，路过此处，但未居住。武德七年十一月，高祖专门驾幸龙跃宫，在这里住了三天。在长安通义坊有高祖的旧宅，武德六年高祖改为通义宫，并驾临这里，设置酒宴，大会宾客。高祖李渊在关中武功县也有旧宅，武德元年改为武功宫，武德六年改为庆善宫，次年驾幸此宫。

① 《唐会要》卷二七《行幸》，第609页。

由于唐太宗李世民就出生在庆善宫，所以太宗对其自有特殊的感情，曾多次驾临这里，召集当地父老，置酒作乐，大行赏赐，仿汉高祖荣归故里故事。此后诸帝对其家族的这些旧宅没有多少感情，因而也没有到过这些地方。

唐朝在长安、洛阳周围还兴建了不少离宫，作为皇帝避暑的夏宫，此外在长安至洛阳沿途也兴修了一些行宫，以便行幸东都时居住。长安周围的离宫主要有九成宫、玉华宫、翠微宫、华清宫等，其中华清宫为皇帝过冬时居住的离宫；洛阳周围的离宫主要有奉天宫、三阳宫、兴泰宫、襄城宫等。这些离宫的详情及长安至洛阳途中兴建的行宫，在第一章中已有详细介绍，这里就不多说了。

行幸北都太原。太原为李渊起兵反隋之地，因此其地位自然非普通州府可比。长寿元年，升其为北都；神龙元年，罢为大都督府；开元十一年（723），复置为北都；天宝元年（742），改为北京；上元二年（761），停北京之号；不久又复称北都。正因为太原具有这样高的政治地位，所以太宗在贞观二十年（646），曾巡幸过这里；玄宗曾分别于开元十一年、开元二十年（732）巡视过太原。太原早在隋代就兴建有晋阳宫，玄宗早年曾任过潞州别驾之职，对河东地区有着特殊的感情，遂将晋阳宫修葺一新，以供其巡幸时居住。隋炀帝在楼烦郡建有汾阳宫，作为避暑的离宫。高宗于调露元年（679）也曾到这里避过暑。安史之乱后，河东一带社会秩序不稳，便再没有皇帝行幸过这里。

唐后期由于战乱，一些皇帝也被迫离开长安，行幸于外地。如代宗幸陕州，德宗幸梁州，昭宗幸华州，都属于这种情况。由于这一切都是非唐朝制度的不得已行为，所以就不再一一介绍了。唐朝皇帝封禅于泰山，也是一种行幸行为，前面已做过论述，也不再复述了。

（四）行幸之礼仪。唐制，天子外出巡幸，通常留太子监国，或者命重臣在京城留守。关于其礼仪情况，《大唐开元礼》载：

将巡狩所司承制，先颁告于东方诸州，曰：“皇帝二月

> 东巡狩，各修平乃守考、乃职事，敢不敬戒，国有大刑。”驾将发，告圜丘、宗庙、社稷，皆如别仪。皇帝出宫，备大驾卤簿，皆如常仪，軷于国门。祭所过山川，如亲征之礼。所经州县刺史、县令，先待于境。通事舍人承制问百年、古先帝王、名臣烈士，皆州县致祭。[①]

另据《新唐书》卷四六《百官志》“祠部郎中”条载：“凡巡幸，路次名山、大川、圣帝明王名臣墓，州县以官告祭。”可见皇帝巡幸路过时，对以上这些方面并不亲祭，而是命当地州县官员致祭，皇帝只是差通事舍人参与这些祭祀活动，并代表皇帝致问。其实这仅是《大唐开元礼》的规定，唐初的情况并非如此。如贞观六年冬，太宗幸洛阳，至灞上，命祭汉文帝；至华阴，祭东汉太尉杨震，“上自为文”。也就是说，唐太宗亲自撰写了祭文。贞观二十年正月，太宗又亲幸晋祠，“树碑制文”[②]。其实玄宗本人也曾亲自撰写祭文，如开元十二年十一月幸东都，路经华山，“勒石于华岳祠南之通衢，上亲制文及诗”[③]。

皇帝途经的名山大川、古之圣君名臣陵墓往往很多，到底哪些需要祭祀？关于这一点唐朝也是有详细规定的，即“名山大川三十里内，圣帝明王二十里内，名臣将相十里内，并令本州祭之”[④]。在此范围内的必须进行祭祀，在这个范围之外的沿途名山大川、圣帝名臣陵墓则不进行祭祀。

皇帝行幸时，往往命一名大臣为知顿使，打前站，安排行幸的一应事务，也包括整修道路在内。唐玄宗开元五年行幸东都，“及车驾至永宁县崤谷，驰道隘陋，车骑停拥，河南尹李朝隐，知顿使、户部侍郎王

---

① 〔唐〕萧嵩：《大唐开元礼》卷六二《吉礼·皇帝巡狩》，民族出版社2000年版，第321页。

② 《册府元龟》卷四〇《帝王部·文学》，第429页。

③ 《唐会要》卷二七《行幸》，第606页。

④ 《唐六典》卷四《尚书礼部》，第124页。

怡，并失其部署，上令黜之”[①]。经人劝谏后，才免罪不咎。皇帝行幸时，其饮食往往由沿途州县供给。有的皇帝担心沿途州县官员借此而骚扰盘剥百姓，也有自备饮食的情况存在。

除了祭祀名山大川、圣帝名臣外，皇帝巡幸时，往往还会下令复查所过州县的狱囚，如有冤情，及时释放；有时甚至会颁布诏令，要求访察贤良之士；还会赐给沿途各地的老人粟帛等物，免除供顿州县当年或数年的租税等。

唐朝还规定皇帝行幸时，行在三百里内刺史遣使奉表起居，后又改为刺史亲自朝见，三都留守（西都长安、东都洛阳、北都太原）每月定期奉表问起居。关于这个问题，后面还要详述。皇帝巡幸还京时，太子及百官皆要迎于城门之外，留守宫内的官员，则迎于宫门之外。

（二）四时蒐狩之制

蒐狩是自古以来就有的一种礼仪活动，其目的有三：以供宗庙；以供宾客庖厨；阅兵讲武，以诫不虞。据此可知，以供宗庙为蒐狩的目的之一，体现的是大享祖先的孝道；以供宾客亦为蒐狩的目的之一，体现的则是尊礼宾客的传统文明；至于阅兵讲武，则是通过调动军队参与这种大规模的狩猎活动，达到练兵讲武、不忘战备的目的。按照唐礼，这种活动的安排“须顺四时”，不得“非时妄动”。围猎时须网开一面，不得滥杀禽兽，亦不得毁坏稼穑、破坏生产。还有一点需要强调，就是在举行狩猎时，皇帝不得亲自格杀猛兽。

不过唐朝的历代皇帝大都热衷于狩猎，加之关陇集团所具有的尚武精神，遂使蒐狩之活动大盛于其他历史时期。既然皇帝热衷于此项活动，所以非时蒐狩的情况便不时出现，而且并不能完全遵守这种礼制的规定。如贞观十一年十月，特进魏徵上疏谏曰：

臣伏闻车驾近出，亲格猛兽，晨趋夜还，以为万乘之尊，暗行荒野，践深林，污丰草，甚非万全之计。愿陛下割私情之

① 《唐会要》卷二七《行幸》，第605页。

娱，罢格兽之乐，则天下幸甚。[①]

再如武宗会昌二年（842）十月，校猎于太白原，谏议大夫高少逸奏曰：

> 陛下校猎太频，出城稍远，万机废弛，星出夜归，方今用兵，且宜停止。[②]

类似史料还有很多，都是大臣或谏官对皇帝频频出猎的劝阻言论，说明唐朝的不少皇帝举行蒐狩活动，并不完全是遵守古礼，而是出于个人的喜好。皇帝如此，皇室其他成员亦有乐于此道者，如贞观时的太子李承乾，“颇以游畋废学”[③]。开元时，邠王李守礼出为滑州刺史，与家人频出猎，邠王府司马潘好礼遮马劝曰：“今正是农月，王何得非时将此恶少狗马践暴禾稼，纵乐以损于人！请先蹋杀司马，然后听王所为也。”[④]可见非时蒐狩是人们最为反对的。

其实唐代的蒐狩之制的目的并不仅限于以上所述，关于这个问题《旧唐书·虞世南传》有一段记载，颇能加以说明。由于太宗颇好狩猎，秘书监虞世南进谏曰：

> 臣闻秋狝冬狩，盖惟恒典；射隼从禽，备乎前诰。伏惟陛下因听览之余辰，顺天道以杀伐，将欲躬摧班掌，亲御皮轩，穷猛兽之窟穴，尽逸材于林薮。夷凶剪暴，以卫黎元，收革擢羽，用充军器，举旗效获，式遵前古。然黄屋之尊，金舆之贵，八方之所仰德，万国之所系心，清道而行，犹戒衔橛，斯盖重慎防微，为社稷也。……[⑤]

---

① 《唐会要》卷二八《蒐狩》，第613页。

② 《旧唐书》卷一八上《武宗纪》，第593页。

③ 《旧唐书》卷七五《张玄素传》，第2641页。

④ 《旧唐书》卷一八五下《潘好礼传》，第4818页。

⑤ 《旧唐书》卷七二《虞世南传》，第2570页。

文中所谓“秋狝冬狩，盖惟恒典”，是说这一制度乃是自古以来的旧制，因此太宗“举旗效获，式遵前古”是没有错的，也是李唐王朝对古礼的沿袭和继承。其中所说的：“夷凶剪暴，以卫黎元，收革擢羽，用充军器”，则是指举行这种礼仪的目的，在于铲除有害于人类的猛兽，以保卫人民的安全；同时还可以“收革擢羽”，也就是可以获得皮革羽毛，以满足军器制造之用，达到加强军备之目的。这种说法则将唐代蒐狩之制的功效和目的进一步扩大了。

根据杜佑《通典》卷一三二《礼典九二·皇帝田狩》条载，唐朝皇帝蒐狩之制的礼仪程序如下：

（1）行前十日，由有关部门划定田狩的地域范围。

（2）行前三日，由有关部门在狩猎地域周围插旗作为标识，或根据地形地貌竖立相应的标识。

（3）行前一日拂晓，诸将各率士卒集合于旗下，迟到者罚之；然后发布命令，将所标出的地域包围。其实这种规定是非常灵活的，可以根据田狩范围之广狭，决定布围的天数。

（4）皇帝车驾出发的当日，“其发引次舍如常”，也就是说按照平常皇帝外出巡幸时的诸军行进秩序列队，依次进发或驻扎。

（5）将到围猎之处时，“皇帝鼓行入围”，诸将皆鼓行赴围，然后命一百二十骑入围驱赶野兽。

（6）皇帝乘马南向，“有司敛大绥以从”；诸王公以下皆乘马带纯弓矢陈驾前后，“所司之属又敛小绥以从”。所谓“大绥”“小绥”，指旌旗，或以羽毛装饰，或以旄牛尾缀于幢上（即系于杆首）。按照古礼，“天子发，抗大绥；诸侯发，抗小绥。献禽于其下”。这些都是唐礼沿袭古礼的体现。

（7）第一批兽驱出，有关部门整饬弓矢；第二批兽驱出，有关部门奏进弓矢；第三批兽驱出，皇帝乃从兽群的左侧射之。这就是所谓三驱而射的古礼。

（8）皇帝射后，然后诸王公射，其余臣僚按照地位的高低，依次而射。射毕，驱赶兽群的骑兵停止驱赶，由百姓自行狩猎。

（9）田狩将要结束时，有关部门建旗于田内，击驾鼓及诸将之鼓，士卒欢呼。

（10）将所获猎物献于旗下。

（11）“大兽公之，小兽私之。”即所获大兽要献给公家；“小兽私之”并不是指小兽可以据为己有，按照古礼，是指可以割取其左耳作为计算获取猎物多少的依据，以便记功。其上者以供宗庙，次者以供宾客，下者以充庖厨。“乃命有司馌兽于四郊，以兽告至于庙社”。所谓“馌兽于四郊”，即以所获之兽，献祭于众神；所谓“告至于庙社”，则指向宗庙、社稷献祭。

除了这些礼仪程序外，唐礼还规定：“群兽相从，不尽杀，已被射者，不重射。不射其面，不翦其毛，其出表者不逐之。”[①]现在看来，唐朝的这种规定实际上是一种保持生态平衡的举措，使得野兽的种群能够保持一定的数量，以利于继续繁衍生息。

六、朝廷祭祀

唐朝由朝廷举行的祭祀活动主要分为三类，即所谓天神、地祇、人鬼。“人鬼”是指皇家宗庙之祭，即对皇帝祖先的祭祀。又按照祭祀等级划分为大祀、中祀、小祀，关于这个问题《旧唐书》卷二一《礼仪志一》有详细的说明，录之如下：

① 《大唐开元礼》卷八五《军礼·皇帝田狩》，第411页。

> 昊天上帝、五方帝、皇地祇、神州及宗庙为大祀，社稷、日月星辰、先代帝王、岳镇海渎、帝社、先蚕、释奠为中祀，司中、司命、风伯、雨师、诸星、山林川泽之属为小祀。

《唐六典》卷四《祠部郎中》条亦有类似的记载，与上引之书比较，略有不同，录之如下：

> 凡祭祀之名有四：一曰祀天神，二曰祭地祇，三曰享人鬼，四曰释奠于先圣先师。其差有三：若昊天上帝、五方帝、皇地祇、神州、宗庙为大祀，日、月、星、辰、社稷、先代帝王、岳、镇、海、渎、帝社、先蚕、孔宣父、齐太公、诸太子庙为中祀，司中、司命、风师、雨师、众星、山林、川泽、五龙祠等及州县社稷、释奠为小祀。

其实“释奠于先圣先师”，亦可归类于享人鬼一类。从此书的记载看，比《旧唐书》记载的中祀多出了“诸太子庙”，小祀多出了“五龙祠等及州县社稷、释奠”。又据《新唐书》卷一一《礼乐志一》的记载，大祀有“追尊之帝、后”，中祀有“七祀”，小祀有“司人、司禄、司寒、马祖、先牧、马社、马步”等，这些都是前两书所未记载的。另据王泾《大唐郊祀录》卷一《凡例上》的记载，又比前三书多出了“九宫贵神”“太清宫”两项，而无“州县社稷”“释奠”。此书成书于唐德宗贞元间，这一切都说明唐朝的祭祀对象是处在不断变化之中的。

下面将唐朝大、中、小祀所祭祀的对象，逐一简介如下：

昊天上帝与五方帝　东汉学者郑玄认为昊天上帝即北辰耀魄宝；魏晋时的学者王肃认为昊天上帝是天，不能与诸星辰混为一谈；隋朝宗郑玄之说；唐初沿袭隋制，高宗时改奉王肃之说，将昊天上帝与五方帝区别开来。所谓五方帝，郑玄认为是青帝灵威仰、赤帝赤熛怒、黄帝含枢纽、白帝白招拒、黑帝汁光纪，实即天上的五个星辰。王肃认为五帝是太昊、炎帝、少昊、颛顼、黄帝，即上古的五个部落首领，也就是所谓的五人帝，与天无涉。因为祭天的场所在南郊，即圜丘，而五人帝非天，故历代学者争论很大，莫衷一是。

地祇　地祇即地神，其祭祀由来已久，郑玄认为其礼有二，一曰大地昆仑，是为皇地祇；二曰帝王封圻（圻，地的边界）之内，谓之神州地祇。唐代仍沿袭郑说，有皇地祇与神州地祇，高宗时将其合而为一，不久又恢复旧制。

日月星辰与九宫贵神　古人认为日月为天上诸星辰之首，日月之下，诸星各有所司，故祭之。九宫贵神的祭祀，乃是出自术士的建议。天宝三载（744），在长安以东的朝日坛东，置九宫贵神坛，唐玄宗亲祭之。所谓九宫贵神，即招摇、轩辕、太阴、天一、天符、太一、摄提、咸池、青龙等九个星座之神。

风师、雨师与司寒　在古代社会，气候与农业有着密切的关系，故对风雨与寒暑的祭祀，历史悠久。古代在冬季凿冰藏于地窖，开启冰窖之日，献羔以祭司寒。唐人继承了这种祭祀。

五龙　祭五龙在唐以前的国家祭祀中并未出现。唐代通常在仲春祭五龙，开元时在兴庆池命有司祭之。唐人祭五龙是因为“龙者四灵之畜，亦百物也，能为云雨，亦曰神也”①。祭五龙实际上是祈雨之祭。其坛为五层，每层高五尺，五龙座分别为青、赤、黄、白、黑等五种颜色。

社稷与先农先蚕　郑玄认为社、稷皆是土祇，因其生育之功异，故有二名。勾龙（共工氏之子）、后稷（即周族之始祖弃，后世奉为谷神）皆为其官，能平能治，有大功德，故配食焉。所谓先农，即炎帝神农氏；先蚕指嫘祖，传说是黄帝的妃子，发明了养蚕。先农、先蚕都是历代祭祀的神明，于春季祭祀。先农由皇帝主祭，先蚕由皇后主祭。

岳镇海渎　均指山川之祭。在唐代岳分五岳，即岱山、衡山、嵩山、华山、恒山；镇分四镇，即东镇沂山、南镇会山、西镇吴山、北镇医无闾山；海分四海，即东海、西海、南海、北海；渎分四渎，即东渎

① 《唐会要》卷二二《龙池坛》，第504页。

大淮、西渎大河、南渎大江、北渎大济等。对以上这些山川的祭祀分别在不同的地区进行，据《旧唐书》卷二四《礼仪志四》载，祭祀的具体地点分别是："东岳岱山，祭于兖州；东镇沂山，祭于沂州；东海，于莱州；东渎大淮，于唐州。南岳衡山，于衡州；南镇会稽，于越州；南海，于广州；南渎大江，于益州。中岳嵩山，于洛州。西岳华山，于华州；西镇吴山，于陇州；西海、西渎大河，于同州。北岳恒山，于定州；北镇医无闾山，于营州；北海、北渎大济，于洛州。其牲皆用太牢，笾、豆各四。祀官以当界都督、刺史充。"

七祀与司人、司禄　户、灶、中霤、门、行、司中、司命，合称为七祀。门、户主出入，灶主饮食，中霤主堂屋居处，行主道路行作，司中与司命皆为星名，共主人之性命。此外，司人与司禄也是星名，主臣民之福禄，故自古以来都要加之祭祀。

马祖、先牧、马社、马步　指四种与马有关的神明，周代始定其礼，后世因之。唐祭马祖于仲春，先牧于仲夏，马社于仲秋，马步于仲冬。这些都是与马有关的活动，所谓马祖，天驷也，即天马；先牧，养马者也；马社，始乘马者也，即相士；马步，除其灾害之神也。

宗庙与太清宫　前者指皇室祖庙，是皇帝祭其祖先的场所，祭祖以显其功德，以示其亲亲之义。自夏商周三代以来，天子皆有七庙，唐代亦不例外。此外，在祭天地之时，也以其祖之牌位配享。太清宫指老子庙，唐朝皇室以老子李耳为其始祖，早在高宗时已追尊老子为太上玄元皇帝，但为其修庙则始于开元二十九年。天宝元年，又在两京建玄元皇帝庙。次年，改西京之庙为太清宫，东都之庙为太微宫，天下诸郡的老子庙改称紫极宫。对老子的祭祀在唐代也是祭祖活动之一。

先代帝王　祭先代帝王始于秦，历代不断地增加人数，至唐代包括了上自三皇五帝下至隋朝的著名帝王，以彰其功德。但到了唐后期，这种祭祀便不再举行了。

释奠　是指对孔子与姜尚的祭祀。在唐代孔子被封为文宣王，姜尚被封为武成王，皆立庙祭祀，他们两人都被视为先圣先师，是文、武之道的代表人物。

诸太子庙　唐朝已故的诸位太子，皆立庙祭祀，其庙隶属于宗正寺。所谓“诸太子庙：令各一人，从八品上；丞各一人，正九品下；录事各一人。令掌洒扫开阖之节，四时享祭焉”[①]。

唐朝的祭祀分为皇帝亲祭、皇后祭、有司祭等；祭祀的地点与场所也各不相同，分为圜丘、明堂、太庙、太学、诸坛、名山、江河等；祭祀的时间也不相同，分为正月、立春、春分、立夏、夏至、立秋、秋分、立冬、冬至、孟春、仲春、季春、孟夏、季夏、仲秋、孟冬、仲冬等不同节气和月份，每月祭祀的日期也有严格的规定。

关于祭祀的程序，《新唐书》卷一一《礼乐志一》亦有记载：“凡祭祀之节有六：一曰卜日，二曰斋戒，三曰陈设，四曰省牲器，五曰奠玉帛、宗庙之晨祼，六曰进熟、馈食。”此外，祭礼的规格与祭品的多寡，也因祭祀对象的地位和重要程度的不同而各不相同，史籍中都有详细的记载，就不一一介绍了。

七、谒陵典礼

唐朝诸帝陵绝大多数都在关中，有所谓“十八陵”之称，为了表示尊祖敬祖，拜谒先帝陵寝便成为唐朝礼仪制度的重要内容。

唐朝前期有皇帝亲自谒陵的规定。贞观十三年（639）正月一日，唐太宗亲至高祖的献陵谒拜，陪同他的还有唐宗室子孙、百官及蕃夷君长。太宗哭于阙门，然后进入寝宫，亲自献上祭品，宗室、百官以及蕃客皆陪列于司马门内。

永徽六年正月一日，高宗亲谒太宗的昭陵，文武百官与宗室子孙陪同前往。高宗与太宗在谒陵时一样，哭拜在地，然后易服进入寝宫。“哭踊，绝于地。进至东阶，西面再拜。号恸久之，乃进太牢之馔，加珍羞具品”。朝廷重臣长孙无忌、李勣、程知节以及越王李贞、赵王李福、

---

① 《新唐书》卷四八《百官志三》，第1252页。

曹王李明等，“并入执爵进俎”。“上至神座前，拜哭奠馔，阅先帝先后衣服，拜辞讫。行哭出寝北门，乃御小辇还宫”[①]。

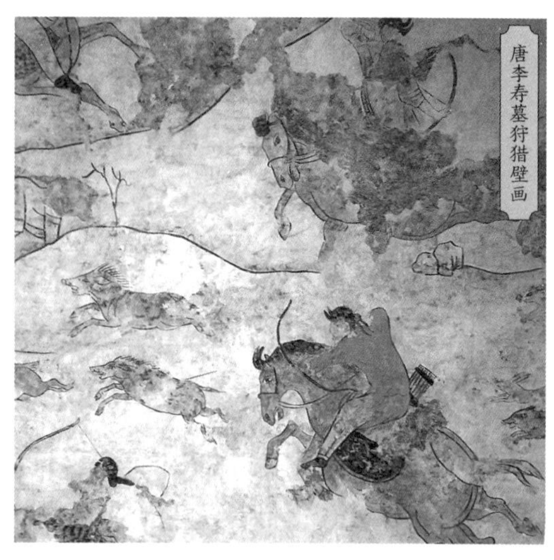
唐李寿墓狩猎壁画

从以上这些记载，大致可以看出唐朝皇帝谒陵时的礼仪情况。唐朝皇帝谒陵并不仅限于拜谒自己生父的陵寝，如开元十七年（729）十一月十日，唐玄宗赴桥陵拜谒祭奠；十二日，谒定陵；十三日，谒献陵；十六日，谒昭陵；十九日，谒乾陵。以上诸陵中除了桥陵为玄宗生父睿宗的陵墓外，其余的均为其历代祖先之陵墓。

除了皇帝亲自谒陵的制度外，唐朝还有公卿谒陵的制度，也称之为公卿巡陵。唐太宗时制定的《贞观礼》规定“岁以春、秋仲月巡陵”，即春、秋两季的第二个月遣使谒陵。唐高宗统治时仍然沿袭不变，并于显庆五年（660）下诏规定：“岁春、秋季一巡，宜以三公行陵，太常少卿贰之，太常给卤簿，仍著于令。”[②]如果说贞观时尚没有明确规定派何官谒陵的话，至此则明确了由三公为使，太常少卿为礼官和副使，并且有卤簿（仪仗）相随。

武则天天授（690—692）以后，“乃以四季月、生日、忌日遣使诣陵起居”[③]。这里所说的生日、忌日，是指已故皇帝的生日和忌日，除了这两天外，每年四季还都要谒陵一次。唐中宗景龙二年，太常博士唐绍以为此制不合古礼，遂上表曰：

① 《唐会要》卷二〇《亲谒陵》，第464页。

② 《新唐书》卷一四《礼乐志四》，第362页。

③ 《新唐书》卷一四《礼乐志四》，第362页。

起者以起动为称，居者以居止为名，参候动止何如，义非陵寝之法。生事以礼，必勤于定省；死葬以礼，当闷于安厝。岂可以事居之道，行送往之时？敢辞命使劳繁，但恐不安灵域。又降诞之日，穿针之辰，皆以续命为名，时人多有进奉。今圣灵日远，仙驾难攀，进止起居，恐乖先典。请停四季及降诞并节日起居陵使，但准式二时巡陵，庶义合礼经，陵寝安谧。[①]

即认为巡陵行香过于频繁，使得圣灵不得安宁，主张恢复到贞观旧制，每年春、秋二季的第二个月各起居一次。中宗部分地接受了唐绍的意见，规定其他诸帝陵皆按唐绍的意见，每年春、秋二季巡陵，但“乾陵每岁正旦、冬至、寒食遣外使去，二忌日遣内使去”[②]。所谓“内使”“外使”，前者指中官，后者指朝廷公卿。所谓“二忌日”，指唐高宗与武则天的忌日。这是由于唐高宗与武则天为中宗亲生父母，故礼仪稍重于其他诸帝陵。

唐德宗贞元四年二月，国子祭酒包佶认为每年春、秋仲月公卿巡陵行香，由陵台官吏导引至陵前，礼仪太简，“恐非尽敬”。于是令太常寺根据《大唐开元礼》中的公卿拜陵旧仪及敕文旧例重新修撰拜陵仪制，同年五月修成，“敕旨施行”[③]。新定仪制增加了辂车、卤簿等仪仗，对参加的官员及人数有了明确的规定，并且对拜陵的具体仪式做了规定。关于其礼仪的具体情况，《唐会要》卷二〇《公卿巡陵》条有详细的记载，录之如下：

所司先择吉日，公卿待辂车、卤簿，就太常寺发至陵，所司先于陵南北步道东，设次西向北上。公卿等到次，奉礼设公卿位于北门外之左，西向；陵官在公卿位东南；执事官又于其南，西向北上。设奉礼位于陵官西面；赞者二人在南少退。

① 《通典》卷五二《礼典十二》，第1451页。

② 《唐会要》卷二〇《亲谒陵》，第466页。

③ 《唐会要》卷二〇《公卿巡陵》，第467页。

谒者引公卿出次就位，赞引诸官就位立。奉礼曰："再拜。"赞者承传，在位者俱再拜。谒者引公卿，赞引引诸官，出次，以奉行毕，退复位。奉礼曰："再拜。"赞者承传，在位者皆拜，谒者引公卿，赞引引诸官，各就次以还。若须洒扫及芟薙修理，即随事处分。其奉礼郎、典谒等，应须权摄，请准天宝六载八月敕，所管县及陵官、博士、助教等充。又准开元皇帝行诸陵，即设太牢之馔。其公卿朝拜，备奉巡检之礼，并无牲牢。

可见经过此次重定礼仪后，其仪制已经大大地重于以往了，反映了唐朝礼仪逐渐完善的过程，同时也说明谒陵之制在整个唐朝礼制中的重要性大大地提高了。

穆宗长庆元年六月，吏部奏请："公卿拜陵，通取尚书省及四品以上清望官，中书省及诸司五品以上清望官及京兆少尹充。"[①]得到了皇帝的批准。从而使参加公卿巡陵之仪的官员范围更加明确。

"忌日行香，即诣陵起居之礼也。"自从景龙二年罢去了诸陵忌日巡陵行香后，不知何时又恢复了此制？"宋白曰：唐制：国忌行香，初只行于京城寺观。贞元五年，八月，敕天下诸上州并宜国忌日准式行香之礼。凡诸帝升遐，宫人无子者悉遣诣山陵供奉朝夕，具盥栉，治衾枕，事死如事生。"[②]忌日巡陵行香始于武则天时，据宋白所云，重新恢复后，只是施行于京师寺观，即派人诣僧寺行香，贞元五年时扩大到天下之上州，当然也包括陵寝行香在内。另据《资治通鉴》卷二四九宣宗大中十二年二月条载："甲子朔，罢公卿朝拜光陵及忌日行香。"此次罢去的这些仪制仅是针对光陵，其他诸陵并不包括在内。宣宗之所以有如此举动，原因与其怀疑其兄穆宗及其父宪宗皇帝的非正常死亡有关。

在公卿谒陵时规定："春则扫除枯朽，秋则芟薙繁芜。"前者是指铲除枯朽，欲使陵区草木茂盛；后者则是指"除去壅蔽，且虑火灾

① 《唐会要》卷二〇《公卿巡陵》，第468页。

② 《资治通鉴》卷二四九，唐宣宗大中十二年二月胡三省注，第8068页。

也”。当然此类事并不需谒陵公卿亲自动手，自有充当陵户的百姓负责，公卿们所要做的事仅是持斧击树三发，“谓之告神”[①]。

实行公卿谒陵这一制度，除了以上目的外，更重要的还是体现君臣之义，维护皇家威势。在唐前期还有所谓皇帝亲谒陵的礼制，太宗、高宗、玄宗等皇帝都有类似行动见之于记载。自从开元十七年以后，皇帝们便不再亲自谒陵，实际上等于废止了这一制度，只保留了公卿谒陵的制度。这一情况的出现，更清楚地说明了这一制度的实质，即所谓明君臣之大义。

八、起居制度

起居制度作为国家的一种典章制度，是指下对上的一种探视和问候制度。在先秦时期虽然也存在这种现象，但那时只是一种礼节性的探视和问候，或者是晚辈对长辈的一种孝道的表示，属于社会礼俗，并未形成制度。至秦汉时期初步形成了起居制度，但是其完善时期应该在唐代。唐时，其内容较之秦汉时期要复杂得多，不仅限于探视和问候，还包括了其他方面的一些内容，并且导致了朝会、议政、礼仪等制度相应地发生了不小的变化。其相关内容也只限于臣下对皇帝及皇室其他成员，如皇太后、皇后、太子等，汉代那种百僚向三公问起居的规定，在唐代是不存在的，这是皇权不断强化并反映在国家典章制度上的一种表现。虽然并不排除下级向上级或者晚辈向长辈问起居的现象，然而这种情况的存在，并非制度的强制性规定，而是一种个人行为或是传统礼俗的反映。

（一）日常起居

唐代的日常起居制度主要是指前殿起居，即每月朔望日在太极殿或宣政殿举行的大朝会。每月朔望日在京文武九品以上职事官皆赴朝参，由于人数众多，大朝会遂成为百官向皇帝问起居的一种礼仪性制度。所

① 《唐会要》卷二〇《公卿巡陵》，第468页。

谓“唐制，朔望天子御宣政殿，受百官起居，诸司奏事”[①]。天宝时期唐玄宗认为朔望日是陵寝荐食之日，在前殿举行大朝会有失思敬之心，于是改在便殿即紫宸殿举行。由于紫宸殿位于宣政殿之后，须从阁门而入，方能到达，故称之为入阁。关于此制前面已经论述过了，不再赘述。需要指出的是，在便殿举行的常朝听政，即内朝，与起居制度无涉，不能认为凡入阁皆属问起居。

有关唐朝前期前殿起居的详情，由于《贞观礼》《显庆礼》的亡佚，已不得而知，幸运的是《开元礼》得以完整保存，从而使我们能够了解这一仪制的基本情况。《唐六典》卷四《礼部郎中》对《开元礼》的仪目有详细的记载，其中说嘉礼“其仪有五十”，其“四十六曰群臣起居”。洪氏公善堂本《大唐开元礼》记这一仪目为“群臣奉参起居”，《通典》所载与此同，说明《唐六典》的记载有所简省。现将其全文录之如下：

> 其日，依时刻文武群官九品以上俱集朝堂次。奉礼设文武群官位于东朝堂之前，文左武右，重行北面，相对为首。又设奉礼位于文武官东北，赞者二人在南，少退，俱西向。又设通事舍人位于文官为首者之北，少东，西向，并如常，奉礼帅赞者先就位。舍人各引文武群官俱就位。立定，舍人引为首者少进，通起居讫，退，复位。奉礼唱“再拜。”赞者承传，群官在位者皆再拜。舍人入奏讫，舍人承旨出，复位，西面称：“敕旨。”群官在位者皆再拜。宣敕讫，又再拜。舍人及群官俱退。[②]

以上所载的便是唐朝的前殿起居制度的仪制情况。

据《唐会要》卷二四《朔望朝参》条记载：“（天宝）六载（747）

---

① 《宋朝事实》卷一二《仪注十二》，第196页。

② 《大唐开元礼》卷一二九《嘉礼·群臣奉参起居》，第609—610页。

九月二十一日敕：'自今以后，每朔望朝时，于常仪一刻，进外办。每座唤仗，令朝官从容至閤门，入至障外，不须趋走。'"文中的"障"字，颇疑为"仗"字之误。如果此说能通，则大部分朝官并未入阁，而是立于仗卫之外。同时也说明，早在天宝时期，于紫宸殿举行的朔望朝已经有仗，并非欧阳修所说的至乾符时方才有仗。可见，奉参起居与举行朔望朝时，群臣所在的位置并不完全相同。

唐朝末年，朔望朝制度又有所变化，唐哀帝天祐二年（905）七月，"太常礼院奏：'每月朔望，皇帝赴积善宫起居，文武百官于宫门进名起居。'从之"[①]。此时，唐朝已临近灭亡，都城也从长安迁到了洛阳，财力匮乏，甚至连百官俸料的发放都很困难，举行大规模的朔望朝需要花费一定的钱财，于是只好取消，改为朔望日皇帝赴积善宫向皇太后问起居，而百官仅需在宫门通名起居即可。

唐朝每月朔望举行的这种起居性质的大朝会，遇有特殊情况，或取消不办，或允许部分官员不赴朝参。如元和元年（806）三月，武元衡奏曰："兵部、吏部、礼部贡院官员，每举选限内，有十月至二月不奉朝参。"可知此前这些部门的官员，在这一段时间是可以不赴朝参的。武元衡认为"若称事繁，则中书门下、御史台、度支、京兆府公事至重，朝谒如常"，因此他提出准德宗贞元十二年四月二十七日敕，"永为常式"[②]。这个奏请得到了宪宗的批准。可惜的是，贞元十二年四月二十七日的敕文已不可见，但从武元衡上奏的意思来看，显然是反对兵部等部门的官员不参加朝参，贞元十二年的敕文很可能也是这个意思。但是在五代时期，如御史台、刑部、大理寺如有公事推勘详断，吏部南曹官员在锁曹与锁铨期间，均可以免除朝参起居。[③]唐朝还规定"凡凶服不入公门"，这里面还得视具体情况而定，所谓"遭丧被起在朝者，各依本品著浅色絁缦；周已下惨者，朝参起居亦依品色，无金玉之饰。起复者，

① 《旧唐书》卷二〇下《哀帝纪》，第798页。

② 《旧唐书》卷一四《宪宗纪上》，第416页。

③ 〔宋〕王溥：《五代会要》卷六《杂录》，上海古籍出版社1978年版，第98页。

朝会不预。周丧未练，大功未葬，则亦准此例”[①]。

唐朝还规定：皇帝坐朝日，“或遇阴霪、盛暑、大寒、泥泞，亦放百官起居”[②]。这是有关常朝的规定，以此类推，朔望日举行的大朝会，也应如此。有关这方面的记载也是有的，如高宗永淳元年正月乙未朔，“以年饥，罢朝会”[③]。中宗神龙三年（707）春正月庚子朔，“不受朝会，丧未再期也”[④]。玄宗开元五年春正月壬寅朔，“上以丧制不受朝贺”[⑤]。宪宗元和十二年春正月辛酉朔，“以用兵不受朝贺”[⑥]。穆宗长庆三年（823）正月丁巳朔，“上以疾不受朝贺”[⑦]。文宗大和六年（832）春正月乙未朔，“以久雪废元会”[⑧]。综上所述，可知唐朝的朝会在六种情况下可以不举办，即对百姓饥饿的怜悯、服制所限、皇室丧事、军事行动、皇帝身体不适、天气不宜等。

唐朝是否在以上特殊情况下，百官都可以不向皇帝问起居了呢？从文献记载来看，也不完全是这样，只是取消法定的常规朝会，而代之以其他的起居形式。如宝应二年（763），“玄宗、肃宗归祔山陵。自三月一日废朝，至于晦日，百僚素服诣延英门通名起居”[⑨]。但是这里没有说清楚从何时起至晦日起居，还是仅在这一天起居。另据《通典》卷八一《礼典四一·凶礼三》记载：“据礼及故事，今百官并合准遗诏二十七日释服。其小祥内，百官并无假日，每日平明，诣延英门，进名起居，不入正衙。”可见在小祥期间，官员每日仍要赴延英门问起居。至大祥除服日，“通事舍人引百僚序出至太极门外，进名奉慰讫，各服惨公服，便诣延英门起居”。

① 《唐六典》卷四《尚书礼部》，第118—119页。

② 〔元〕脱脱等：《宋史》卷二六七《张洎传》，中华书局1977年版，第9211页。

③ 《旧唐书》卷五《高宗纪下》，第109页。

④ 《旧唐书》卷七《中宗纪》，第143页。

⑤ 《旧唐书》卷八《玄宗纪上》，第177页。

⑥ 《旧唐书》卷一五《宪宗纪下》，第458页。

⑦ 《旧唐书》卷一六《穆宗纪》，第502页。

⑧ 《旧唐书》卷一七下《文宗纪下》，第544页。

⑨ 《旧唐书》卷一一《代宗纪》，第272页。

逢皇室其他成员丧事，在辍朝期间有时也要行起居之礼。如唐文宗开成三年（838），“其年十月，昭恪太子薨。中书门下奏：‘辍朝合至月末，旧无起居之礼，颇乖臣子之心。臣等商量，隔三日一赴延英，进问起居，应协情礼。’从之”[①]。哀帝天祐元年（904）八月，昭宗被弑，中书堂帖中的“今月二十四日释服后，三日一度进名起居”[②]也是沿袭了这一做法。这一类活动均属通名起居，皇帝无须坐朝，百官无须入宫。

皇帝患病，虽然不能坐朝，但百官仍需问起居，如文宗开成四年（839）十二月辛酉，“上不康，百僚赴延英起居”[③]。不仅百官如此，即使宦官在皇帝患病时，也只能通名起居，所谓“圣人不豫逾月，中尉止隔门起居”[④]。这里所说的“中尉”，即指宦官首领左、右神策军护军中尉。

每年仲冬之月，通常都要在京城外举行讲武之礼。“讲武罢，侍中跪奏称：‘侍中臣某言，讲武礼毕，请还。’”皇帝还宫后，“明日，群官奉参起居如别仪”[⑤]。

凡举行南郊祭祀、恭迎太庙神主等典礼时，皇帝都要出城，“乘舆入行宫”，“谒者、赞引各引祀官，通事舍人分引文武群官，集行宫朝堂，文左武右，舍人承旨敕群官等各还次”[⑥]，但是没有说群臣集于行宫朝堂干什么，另据《五代会要》卷三《缘庙裁制》载：皇帝“诣行宫，群臣起居毕，就次”。五代沿袭唐制，可见在唐代群臣“集行宫朝堂”，就是为了向皇帝问起居，然后各自返回其临时居所。

其实在许多重要的典礼活动中，如泰山封禅、谒陵、巡狩、亲征等，群臣都要向皇帝行起居之礼，并且在礼制中制定了详尽的礼节仪

① 《唐会要》卷二五《杂录》，第555页。

② 《旧唐书》卷二〇下《哀帝纪》，第786页。

③ 《旧唐书》卷一七下《文宗纪下》，第579页。

④ 〔唐〕裴庭裕：《东观奏记》卷下，中华书局1994年版，第135页。

⑤ 《通典》卷一三二《礼典九二》，第3398页。

⑥ 《大唐开元礼》卷四《吉礼·銮驾出宫》，第39页。

式，就不一一叙述了。

皇太子与诸皇子、皇孙也要经常向皇帝问起居，如神龙元年正月，张柬之、桓彦范、敬晖等密谋发动政变，“时太子于北门起居，彦范、晖谒见，密陈其策，太子许之”①。指时为皇太子的中宗李显经洛阳宫玄武门向武则天问起居。再如“先天之后，皇子幼则居内，东封年，以渐成长，乃于安国寺东附苑城同为大宅，分院居，为十王宅。令中官押之，于夹城中起居”②。这是皇子们向皇帝问起居的例子。玄宗“为太上皇时，代宗起居”③。代宗为肃宗之子，玄宗之孙，当时已被立为皇太子。

（二）巡幸起居与外官起居

唐制，皇帝外出巡幸，如留太子监国，太子则需上表问起居。据载：“贞观十九年正月，上征辽，发定州。皇太子奏请飞驿递表起居，又请递敕垂报。许之。飞表奏事，自此始也。”④除了皇太子外，唐朝还制定了皇帝巡幸时其他官员问起居的相关制度，据《大唐开元礼》卷三《序例下·杂制》载：“凡车驾巡幸，每月朔，两京文武官职事五品以上，表参起居。州界去行在三百里内者，刺史遣使起居。若车驾从比州及州境过，刺史朝见。巡幸还，去京三百里内，刺史遣使起居。”这一制度此后得到了很好的执行，如唐德宗兴元元年（784）二月，皇帝移幸梁州，山南东道节度使贾耽派行军司马樊泽“奉表起居”⑤。唐昭宗乾宁三年（896）七月，凤翔节度使李茂贞率大军逼近京师，昭宗打算往太原避难，行至渭北，华州节度使韩建遣子奉表起居，并“驻跸华州”⑥。可见直到唐末，这一制度仍然得到较好的执行。

唐朝的这一制度有一个逐步形成的过程，开元十一年七月五日敕：

---

① 《资治通鉴》卷二〇七，唐中宗神龙元年正月，第6579页。

② 《旧唐书》卷一〇七《玄宗诸子传》，第3271页。

③ 《酉阳杂俎校笺》前集卷一，第24页。

④ 《唐会要》卷二六《笺表例》，第587页。

⑤ 《旧唐书》卷一三八《贾耽传》，第3783页。

⑥ 《旧唐书》卷二〇上《昭宗纪》，第759页。

> 三都留守，两京每月一起居，北都每季一起居，并遣使。即行幸未至所幸处，其三都留守及京官五品已上，三日一起居。若暂出行幸，发处留守亦准此并递表。[①]

在这里根本没有提到诸州刺史如何在皇帝巡幸时问起居，只说皇帝未到达巡幸处时，三都留守及京官五品以上，每三日一问起居，可是在《开元礼》中却规定每月朔，文武职事官五品以上表参起居，这是一个变化。

另据《唐六典》卷四《礼部郎中》记载：

> 凡车驾巡幸及还京，……行从官每日起居，两京文武职事五品已上三日一奉表起居，三百里内刺史朝见。东都留司文武官每月于尚书省拜表，及留守官共遣使起居，皆以月朔日，使奉表以见，中书舍人一人受表以进。北都留守每季一起居。

众所周知，《唐六典》一书撰成于开元二十七年，成书晚于《大唐开元礼》。从上面的内容中可以看出，与《大唐开元礼》相比，《唐六典》的记载发生了如下几点变化：第一，行从官每日问起居，这是以前所没有明确的。第二，两京文武职事官五品以上又回到了三日表参起居的旧制去了。第三，三百里内刺史由遣使奉表起居改为亲自朝见。但是从上引山南节度使贾耽与华州节度使韩建遣使奉表起居的事例来看，此后还发生过变化，即近州官员不必朝见皇帝。取消在京五品以上官员每三日问起居，改为月朔奉表起居，又回到了先前的旧制上去了。正因为这样，宋朝史学家欧阳修总结说："皇帝巡幸，两京文武官职事五品以上，月朔以表参起居；近州刺史，遣使一参；留守，月遣使起居；北都，则四时遣使起居。"[②]

皇帝在京期间，地方官如何问起居？一般来说，有三种不同的形

---

① 《唐会要》卷二六《笺表例》，第589页。

② 《新唐书》卷四六《百官志一》，第1194页。

式，分为在京外官起居、外官遣使起居和外官上表起居等。在唐代，由于种种原因，总有一定数量的外官住在京师，他们因身份地位的不同，觐见皇帝问起居的形式也不相同。各地军政长官入朝觐见皇帝的方式大体上同于京官，关于这一点唐高宗显庆二年（657）十二月的敕文有明确的规定，所谓“诸都护、刺史入朝日，及新授未辞，因便在京朝会，一事以上，并同京官”[①]。所谓“因便在京朝会”，是指与京官一样按照正常的朝会时间觐见皇帝问起居，包括新任命的都护、刺史而未向皇帝辞行者在内。至于在京办事的地方小官吏，只要是九品以上，则可以在每月朔望日随百官参加朝会。

在唐朝，诸州府每年皆向京师派出朝集使，包括归属于唐朝的少数民族在内，也要分别以羁縻府州的名义各自派出朝集使。由于人数过多，“颇成劳扰”，遂在先天二年（713）十月颁敕规定：“每年一蕃令一人入朝，给左右不得过二人。”[②]改变了以往每个羁縻府州均要派出朝集使的旧例，变为每个部族各派一名朝集使，其左右随从限定为二人，这样就大大减少了入朝人数。

开元八年十月规定：“诸督刺史上佐，每年分蕃（应为番）朝集，限一月二十五日到京，十一月一日见。其年十一月十二日敕：‘诸州朝集使长官上佐，分蕃（番）入计，如次到有故，判司代行。’”[③]引文中的“一月二十五日”应为“十月二十五日”。[④]我们知道在唐代朝集使通常由各州府都督、刺史或上佐（长史、别驾、司马）充任，如果因故不能充使，则由判司（诸曹参军事）代行。朝集使的主要任务有两个：一是参与对本地官员的考课；二是参加朝廷典礼活动，向皇帝问起居。唐朝规定朝集使须由诸州府军政长官或上佐充任，而不派主管考课之事的司功参军充使，其根本原因就在于此。所以说朝集使最主要的功能还

---

① 《唐会要》卷二四《诸侯入朝》，第536页。

② 《唐会要》卷二四《诸侯入朝》，第536页。

③ 《唐会要》卷二四《诸侯入朝》，第536页。

④ 《唐六典》卷三《尚书户部》载“若边要州都督、刺史及诸州水旱成分，则佗官代焉。皆以十月二十五日至于京都”，第79页。

是体现在后一方面，也就是向皇帝问起居，以明君臣之大义。由于朝集使毕竟还负有考课之责，须到每年的考课工作全部结束后，才能返回当地，也就是说他们还要在京师居住一段时间，于是规定："诸朝集使十日一参，朔望依常式。"[1]也就是说，除了十日朝见一次皇帝外，还可以再随京官一起参加朔望朝。

其实，朝集使在京参加的活动，远不止以上所述。根据《大唐开元礼》的记载，朝集使还要参加元日、冬至、千秋节、谒陵等各类活动，其《嘉礼》中制定了"朝集使朝见并辞"的仪制。"其朝集使三品以上，引升殿赐食，四品以下于廊下赐食，并临时奏听进止"[2]。朝集使参加的所有这些活动，均为礼仪性即起居性质的活动，并无任何实质性的内容。

唐代壁画《客使图》

安史之乱的爆发，一度导致了朝集使制度的中断。大历十四年五月，唐德宗即位，次月即恢复了朝集使制度，并于次年十一月一日在宣政殿接受了他们的朝觐。建中二年（781）宣布暂停当年的朝集使。贞元

① 《唐会要》卷二四《诸侯入朝》，第537页。

② 《大唐开元礼》卷一〇九《嘉礼·朝集使引见》，第511页。

三年（787）三月，又一次停止了朝集使入京。从此以后朝集使制度便彻底废除了，取而代之的是所谓的进奏院制度。如果说在唐前期外官遣使起居主要是指朝集使的话，那么唐后期则主要指进奏院，其为诸道置于京师的办事机构，除了办理各种相关事务、沟通诸道与中央的联系外，还要代表各道向皇帝问起居，呈送起居表。这是另外一个问题，就不多说了。

关于外官上表起居的制度，贯穿于整个有唐一代。《唐六典》卷九《中书舍人》条载："中书舍人掌侍奉进奏，参议表章。……凡大朝会，诸方起居，则受其表状而奏之。"《全唐文》中收有多篇起居表，可证唐朝的这一制度的确是存在的。在唐前期除了诸府州都护、都督、刺史等四时上起居表外，充使于外者，也要不定期地向皇帝上起居表。《全唐文》卷六二六收有吕温所撰的《代张侍郎起居表》，就是充使者向皇帝上的起居表。吕温此表大致写于唐宪宗时期，这就说明直到唐后期这一制度仍然坚持未废。

敦煌文书P·4093号《甘棠集》中收有《贺元日御殿表》一篇，其中写道：

> 臣某言：得当道进奏官状报，伏承今月一日御含元殿者。伏以陛下天赞雄图，神开宝绪，纳祐而王猷兹始，发生而圣运惟新。……限以恪居廉镇，恭守诏条，不获趋拜明庭，仰观盛礼，无任感恩，惶恋屏营之至。[①]

这是一篇藩镇向皇帝上的恭贺元日朝会的表章，从"得当道进奏官状报"一语看，可知这个消息来自于进奏院，这便是唐后期进奏院所体现的职能之一。通观全文，并无什么实质性的内容，无非是说职守所在，不能亲赴觐见皇帝，表示恭贺起居之意。P·3931《灵武节度使表状集》中有一篇起居表，节录如下：

---

① 赵和平辑校：《敦煌表状笺启书仪辑校》，江苏古籍出版社1997年版，第3页。

> 圣躬：臣伏限守镇，不获亲赴阙庭，臣无任瞻天望日，屏营之至，谨奉表起居以阙（闻）。……[①]

P·4065号《表状集》中也有一段文字，显然是归义军节度使向皇帝上的起居表，其中写道：

> 臣某言：仲冬严寒，伏惟皇帝陛下圣躬万福。臣伏限远拘藩镇，不获身自蹈舞阙庭。臣无瞻天恋圣，激切屏营之至，谨奉表起居以闻。臣诚营诚惧，顿首谨言。[②]

前一篇是五代后唐时期灵武节度使向中原王朝皇帝上的起居表，后一篇是归义军节度使向五代后晋皇帝上的起居表，这两篇起居表虽然均为五代时期的文书，然而它们却是唐制不折不扣的延续。此类表章或由本道进奏院代上，或由驿路传送，或派专使进呈，反映了唐后期各地藩镇向皇帝上表问起居的历史事实。

此外，与唐朝友好的周边少数民族也向唐朝皇帝上起居表，如“上元元年九月己丑，回纥九姓可汗使大臣俱陆莫达干等入朝奉表起居”[③]。

（三）其他皇室成员的起居

向太上皇、皇太后、皇后、太子问起居，也是唐朝起居制度的重要组成部分。其中对太上皇、皇太后，除了群臣与内外命妇外，皇帝、皇后也要向其定期问起居，也可派人向其问起居。如“高祖在大安宫时，太宗晨夕使尚宫起居，送珍馔”[④]“上皇自蜀还京，居兴庆宫，肃宗自夹城中起居”[⑤]，上皇即唐玄宗。“则天移居上阳宫，中宗率百官就阁起

① 《敦煌表状笺启书仪辑校》，第228页。

② 《敦煌表状笺启书仪辑校》，第354页。

③ 《旧唐书》卷一九五《回纥传》，第5202页。

④ 《唐会要》卷五《杂录》，第65页。

⑤ 《旧唐书》卷一八四《李辅国传》，第4760页。

居”[①]。这是皇帝率群臣向皇太后问起居的事例。再如“文宗孝义天然，大和中，太皇太后居兴庆宫，宝历太后居义安殿，皇太后居大内，时号‘三宫太后’“上五日参拜，四节献贺，皆由复道幸南内，朝臣命妇诣宫门起居，上尤执礼，造次不失”[②]。唐武宗即位后，也时常向郭太后问起居，执礼甚勤。这些都是皇帝亲自或派人起居太上皇和皇太后的例子。此外，群臣也要起居太上皇，如玄宗自蜀返京之初，每月朔望群臣朝见肃宗毕，然后起居太上皇。冬至受朝贺礼毕，亦“朝圣皇于西宫，百官进名起居”[③]。所谓“圣皇”，即指玄宗。后来因宦官李辅国的挑唆，唐肃宗对其父玄宗产生了猜忌。时颜真卿任刑部尚书，“李辅国矫诏迁玄宗居西宫，真卿乃首率百僚上表请问起居，辅国恶之，奏贬蓬州长史”[④]。在重大节日时，朝臣们还要起居皇后，《大唐开元礼》卷九八《嘉礼》就有“皇后正至受群臣朝贺”的仪制。

下面谈谈内外命妇起居皇太后、皇后的问题。唐肃宗乾元元年礼仪使于休宁奏曰：“据《周礼》，有命夫朝人主，命妇朝女君。自永徽五年以来，则天为皇后，始行此礼。”由于朝官与命妇同时起居皇后，“并入杂处，殊为失礼”[⑤]，于是颁诏停止施行。但从此后的相关资料看，群臣、命妇起居皇后之制并未取消，只不过分别进行而已。唐中宗景龙四年六月敕文云：“宗族命妇，第一、第二、第三品，并每月二十六日参。”[⑥]除了这个时间外，每年元日、冬至、寒食、端午，内外命妇皆要起居皇后。元和十五年（820）二月，“太常礼院奏：‘准礼，及开元、乾元、上元、元和以来元日及冬至日皇帝御含元殿受朝贺，礼毕，百僚赴皇太后所居殿门外进名候起居，诸亲及内外命妇并有朝会参贺之礼。伏请准。’元和元年十月二十三日敕：‘外命妇有邑号者，每

---

① 《旧唐书》卷九六《姚崇传》，第3022页。

② 《旧唐书》卷五二《后妃传》，第2202页。

③ 《册府元龟》卷一〇七《帝王部·朝会》，第1167页。

④ 《旧唐书》卷一二八《颜真卿传》，第3592页。

⑤ 《唐会要》卷二六《命妇朝皇后》，第573页。

⑥ 《唐会要》卷二六《命妇朝皇后》，第573页。

年元日、冬至、立夏、立秋、立冬赴皇太后宫门进名奉参，如遇泥雨即停。'制曰：'可。'九月辛酉立冬，外命妇诣兴庆宫进名候皇太后起居，十一月丁未日，南至，群臣及命妇赴兴庆宫进名奉贺皇太后"[①]。从以上记载看，命妇起居皇太后的时间还有所变化。"长庆四年三月，礼仪使奏：'故事，命妇有邑号者，正至四立，并合行起居之礼。缘其日两宫起居，若依旧章，事涉烦亵。今请正至日，即诣兴庆宫起居讫，诣光顺门起居。'制可。"[②]即减少了命妇起居的次数。

为了保证此项制度的顺利施行，唐朝还制定了违反此制的处罚办法，严禁无故不到。元和二年（807）七月敕："每年元日、冬至、立夏、立秋、立冬日，外命妇朝谒皇太后，自有常仪，不合前却。自今已后，诸公主、郡县主，宜委宗正寺勾当。常参官母妻，御史台勾当。如有违越者，夫、子夺一月俸。无故频不到者，有司具状闻奏。"[③]命妇不领俸料，只好把处罚的对象对准其丈夫或儿子了。

皇太子是未来的皇帝，位居储君之尊，自然也是群臣起居的对象。《开元礼》规定每年元日、冬至皆受群臣贺，参与者为在京文武九品以上官员以及都督、刺史、朝集使、诸州使人、诸亲等各类人员。另据《大唐开元礼》卷一一三《嘉礼·皇太子受朝集使参辞》的记载，朝集使每年入京后，还要参拜皇太子，离京还要行告辞之礼。如果皇太子外出，出发前一日，"在京文武官职事五品以上，诣宫奉辞"；皇太子外出还京的第二日，群臣也要"诣宫奉参"；"凡京文武职事五品已上假使者，去皆奉辞，还皆奉见，六品以下奉敕差使，亦如之"[④]。

玄宗时规定诸王不出阁，附苑城另建十王宅，后又有百孙院。这些皇子皇孙虽然封王，开府置官属，却置于外坊，"自余王府官属，但岁时通名起居"[⑤]。也就是说，诸王虽不出阁，但王府官对诸王的通名起居

① 《册府元龟》卷一〇七《帝王部·朝会》，第1171—1172页。

② 《唐会要》卷二六《命妇朝皇后》，第576页。

③ 《唐会要》卷二六《命妇朝皇后》，第575页。

④ 《大唐开元礼》卷三《序例下·杂制》，第33页。

⑤ 《资治通鉴》卷二一三，唐玄宗开元十五年五月，第6778页。

之礼并没有废去。

唐朝的这种起居制度是建立在其礼制日益完善的基础之上的，它既是唐朝礼制的一个组成部分，又具有强烈的政治意蕴，体现的是高下尊卑的等级制度，目的在于维护皇室至高无上的地位和权威，具有维护上层社会秩序的重要意义，为巩固李唐王朝的统治服务。

九、从千秋节说起

千秋节又名千秋金鉴节，是为玄宗李隆基生日而创立的一种全国性节日。据《旧唐书》卷八《玄宗纪上》记载：开元十七年（729）八月五日，玄宗因这一天是自己的生日，遂在兴庆宫花萼楼下举行了盛大的宴会，召集朝中百僚欢饮。“百僚表请以每年八月五日为千秋节（后改为天长节），王公以下献镜及承露囊，天下诸州咸令燕乐，休假三日，仍编为令。”这一奏请得到了玄宗的批准。唐朝自建立以来，历代皇帝都未以自己的生日为全国性的节日，自玄宗开了这个头后，此后的皇帝纷纷仿效，皆规定自己的生日为全国性的节日。如肃宗规定每年九月三日为天平地成节，文宗规定每年十月十日为庆成节，武宗规定每年六月十一日（一说六月十二日）为庆阳节，宣宗以每年六月二十三日为寿昌节，昭宗以每年二月二十二日为嘉会节，哀帝以每年九月三日为乾和节。

其中唐代宗永泰元年（765），太常博士独孤及上表请求以每年十月十二日代宗诞日为天兴节，没有得到皇帝的批准。由于这个原因，此后的德宗、顺宗、宪宗、穆宗、敬宗等皇帝皆没有规定以自己的生日为节日，但都照旧例放假一天，并设宴欢庆。唐宪宗元和二年二月，御史大夫李元素、太常卿高郢等上言说，按照《礼经》以及历代典故，并无降诞日为节假之说，请求取消玄宗、肃宗、代宗、德宗、顺宗五位已故皇帝诞日放假的旧例，得到了宪宗的批准。不过从此后的情况看，每逢在位皇帝生日时，还是要放假的。

至于放假时间，不同皇帝规定的也各不相同，最多三日，也有二日、一日的。届时皆要举行盛大的庆典，不仅宫廷中要举办盛大的宴会，而且规定天下州府全部设宴一日。除此之外，诸道都要向皇帝进贡钱财、珍宝、杂采，周边政权或民族也要向唐朝进献财宝或土产，以表示向皇帝贺寿。届时，朝中公卿大臣、诸王公主皆有进奉，并且入宫奉觞上寿。外命妇则入宫向皇太后表示祝贺。有时皇帝还会在曲江池赐宴，群臣毕至，乘彩舫游乐，饮酒赋诗，欢歌狂舞。

在唐朝皇帝的诞节中，庆贺场面最大、持续时间最长的莫过于唐玄宗。届时，群臣除了献甘露醇酎、上万岁寿酒外，王公戚里还要进献金镜绶带。“士庶以丝结承露囊，更相遗问。村社作寿酒宴乐，名为赛白帝，报田神”①。连村社中的百姓都要为皇帝贺寿而设宴作乐。玄宗在接受百官献贺的同时，也要“赐四品以上金镜、珠囊、缣綵，赐五品以上束帛有差”②。开元天宝时期，天下富庶，社会安宁，故为皇帝贺寿的场面宏大是可以理解的。安史之乱后，唐朝国力受到较大的削弱，皇帝诞日的贺寿场面虽然有所缩小，但仍是非常喧闹和奢华的。并且在这一天会广度僧道、暂停屠宰、赦免罪犯，以示皇恩。

关于在皇帝诞日进献金镜，实际上是受道教的影响而形成的一种习俗。道士们以铜镜和宝剑为最有神力的法器，葛洪的《抱朴子》说：“又万物之老者，其精悉能假托人形，以眩惑人目而常试人，唯不能于镜中易其真形耳。是以古之入山道士，皆以明镜径九寸已上，悬于背后，则老魅不敢近人。”③唐代是道教发展的鼎盛时期，尤其是唐玄宗统治时期，道教的地位更是达到了一个空前的高度，玄宗甚至亲受道箓，并且接受过著名道士司马承祯进献的铜镜铜剑。玄宗接受道士的铜镜，其蕴含的宗教哲学的主要特征，在于表明铜镜能象征世界的全能支配者即天帝及禀其精气的地上君主的灵威。玄宗御制的《答司马承祯上剑镜

---

① 《全唐文》卷二二三张说《请八月五日为千秋节表》，第2253页。

② 《旧唐书》卷八《玄宗纪上》，第195页。

③ 〔晋〕葛洪撰，王明校释：《抱朴子内篇校释》卷一七《登涉》，中华书局1985年版，第300页。

诗》云："宝照含天地，神剑合阴阳。日月丽光景，星斗载文章。"[①]也将铜镜视为帝王权力的象征而加以神秘化。正因为铜镜具有这些象征意义，所以在皇帝诞日进献，便具有更为特殊的意义。此后，在肃宗诞日时，独孤及也进献过饰有龙纹的铜镜。唐以后的历代王朝，虽然没有在皇帝诞日进献铜镜的做法，但却有在镜上铸"千秋万岁""长命富贵""福禄寿喜""龟鹤齐寿""八仙寿老""百岁团圆"等各种铭文或图案的习惯，不能不说是受唐代千秋节献镜祝寿遗风的影响。

此外，受唐朝皇帝以诞日为节日的影响，五代、两宋时期也有不少皇帝仍然继续了这一做法，将自己的生日作为全国性的节日，举国欢庆，为其添寿。

第四节　残酷的宫廷斗争

一、从武惠妃得宠说起

（一）武惠妃家世

武惠妃，并州文水（今山西省文水县）人。旧史说她是武则天的堂侄恒安王武攸止的女儿。武氏家族人口众多，支系颇繁，武惠妃到底属于这个家族中的哪一支系，还是需要详细地考述清楚的。

武则天的父亲武士彟兄弟四人，依次是武士稜、武士让、武士逸、武士彟。武士让排行第二，武惠妃就是他的后裔。武士让，名冲，字士让，在唐朝担任过太庙令的小官，唐高宗永徽中（650—655）卒。但是《全唐文》卷六九一符载《贺州刺史武府君墓志铭》却说他的官职是左右仆射、司徒、太尉、尚书令，封楚僖王。这些官爵当是武则天主政期间追赠的，并非其生前所获。武士让有四子，其长子之名失载，其余诸子依次是武惟良、武怀道、武弘度。武弘度为武士让幼子，字怀运，任淄州刺史，封九江郡王。

① 《全唐诗》卷三《答司马承祯上剑镜》，第33页。

另据《旧唐书》卷一八三《武承嗣传》载：“士彟卒后，兄子惟良、怀运及元爽等遇杨氏失礼。及则天立为皇后，……乾封年，惟良与弟淄州刺史怀运，以岳牧例集于泰山之下。时韩国夫人女贺兰氏在宫中，颇承恩宠。则天意欲除之，讽高宗幸其母宅，因惟良等献食，则天密令人以毒药贮贺兰氏食中，贺兰氏食之，暴卒，归罪于惟良、怀运，乃诛之。仍讽百僚抗表请改其姓为蝮氏，绝其属籍。”可见武弘度早在武则天当皇后时就已被处死，并“绝其属籍”，因此也就不可能被封为九江郡王。武弘度的郡王爵位当是在武则天建立武周政权之后追封的。武弘度生三子，即武攸归、武攸止、武攸望。其中第二子武攸止即为武惠妃的生父。

武惠妃的母亲郑国夫人杨氏，为弘农杨氏中人，是自东汉以来著名的大士族，但是到了唐朝，这个家族已经衰落了。《张说集校注》卷二一《郑国夫人神道碑》载：“曾祖讳谌，以礼乐习文，为越州司马。祖衍，以折冲学武，为游击将军。父宏，以门才入仕，为雍县丞而早卒。”杨氏的曾祖父任过越州司马，祖父为游击将军，到她父亲时仅为县丞，而且早卒，可见其家族已经沦落到何种程度。杨氏能够嫁给武攸止完全是凭借其家族的旧声望，武则天建立武周政权后，为了抬高其家族的地位，在婚姻选择方面，为武氏子弟选择了一些老牌旧士族，这才使杨氏得以与武攸止结合。关于这一点，上引其神道碑文只是说：“初则天之代，夫人言归武氏，曰恒安郡王，生惠妃及家令忠、（太子）仆信。”杨氏出嫁时，仅为区区县丞之女，而武攸止已经被封为恒安郡王，如果不是依靠其家族门第，无论如何也是攀不上武氏这样的新权贵家庭的。

杨氏死于开元十年三月，其时武惠妃正深受玄宗恩宠。杨氏的郑国夫人之号也是因武惠妃之故得来的，其家还得到了皇帝大量的赏赐，所谓“白玉满堂”“黄金作穴”。其患病期间，“故寝疾则饮食天厨，汤药御府，匪日伊夕，上宫络绎于闺庭”。其死后，“送终则威仪倾都，车骑噎目，自宫徂野，中使相望于道路。哀荣之盛，书记罕闻”[①]。这一切实际上都是武惠妃深获恩宠的真实写照。

（二）武惠妃宠冠后宫

关于武惠妃是如何入宫的，《旧唐书》卷五一《贞顺皇后武氏传》说：“攸止卒后，后尚幼，随例入宫。上即位，渐承恩宠。”可见早在玄宗即位之前，武氏就已经入宫了。但是当时的皇后却是玄宗的原配王氏，同州下邽（今陕西省渭南市下邽镇）人，她是梁冀州（治今河北省衡水市冀州区）刺史王神念的裔孙，也算是大族出身。早在玄宗为临淄王时，就已聘为王妃。玄宗决定铲除韦氏集团时，王氏也参与了密谋，她与玄宗也算是患难夫妻了。因此，玄宗即位后，遂于先天元年（712）立其为皇后。

王氏虽然贵为皇后，但是却有一个明显的缺陷，即没有生子。武惠妃不仅能歌善舞，《新唐书》卷五九《艺文志三》就收有谈皎所绘的《武惠妃舞图》，可证其事；而且为玄宗生有数位子女，据载：武惠妃共生四子三女，即第九子夏悼王李一、第十五子怀哀王李敏、第十八子寿王李瑁、第二十一子盛王李琦，三女依次是上仙公主、咸宜公主、太华公主。其中李一、李敏与上仙公主，皆在襁褓之中时就已夭折，遂使武惠妃与玄宗伤悼不已，后来又生了寿王李瑁，便不敢养在宫中，而是送到玄宗兄宁王李宪府中。宁王知此子为玄宗所钟爱，自然不敢怠慢，由其元妃亲自乳之，并看作自己的儿子。李瑁在宁王府生活了十几年才回到了宫中，因此在玄宗诸子中，李瑁的封王是比较晚的。后来，武惠妃又生了盛王李琦及咸宜、太华二公主，都得到了玄宗的宠爱。

由于寿王李瑁在武惠妃所生诸子中最年长，所以最受宠爱，一度欲被立为太子，关于此事后面还要详述，这里就不多说了。盛王李琦在开元十五年（727）任扬州大都督，开元二十年加开府仪同三司。后来安禄山叛军攻陷长安，玄宗在逃往蜀中的途中，还任命他为广陵郡大都督，

① 〔唐〕张说著，熊飞校注：《张说集校注》卷二一《郑国夫人神道碑》，中华书局2013年版，第1035—1036页。

统江南东路和淮南、河南等路节度大使，给予他很大的权力，可见直到此时，盛王仍然受到玄宗的宠信。

至于咸宜公主，在开元二十三年（735）下嫁杨洄，玄宗将她的食封户数增加到千户。按照唐制，公主食封五百户，由于咸宜公主故，只好将其他公主的封户数也增加到千户。玄宗曾亲自到咸宜公主宅看望她，可见对其宠爱到何种程度。

太华公主成年后，下嫁侍御史杨锜，即杨贵妃之堂兄。史载：太华公主，“以母爱，礼遇过于诸公主，赐甲第，连于宫禁”。在天宝时期，太华公主与杨贵妃的姐妹韩国夫人、虢国夫人、秦国夫人等，成为当时最有权势之家，“每有请托，府县承迎，峻如诏敕，四方赂遗，其门如市”[①]。

此外，武惠妃的亲属也因其故，得以累迁高官，其弟武忠任国子祭酒，另一弟武信任秘书监，武惠妃的生母封郑国夫人。

玄宗的原配王皇后日渐受到冷落，究其原因，除了没有生育外，“色衰爱弛”[②]也是一个重要因素。由于武惠妃得宠，并且暗怀夺取皇后位之心，使得王皇后日夜不安，难免在玄宗面前流露出不满情绪。玄宗因此而更加不悦，遂与秘书监姜皎密议，打算以王皇后无子为由废去其皇后之位，姜皎不慎将玄宗的这个意思泄露了出去，为王皇后的妹夫嗣滕王李峤所知，李峤索性一不做二不休，当面质问玄宗是否有其事。玄宗大怒，遂将姜皎重杖六十，流放钦州，其弟吏部侍郎姜晦贬为春州司马，“亲党坐流，死者数人”[③]。后姜皎死于流放途中。

姜皎死后，王皇后忧惧不安，但由于其待下有恩，故没有人落井下石。玄宗虽然早存废立之心，但一时找不到借口，因而犹豫不决。正在此时，王皇后的兄长王守一，因其妹无子而皇后地位动摇，遂指使僧明悟为皇后祭南北斗，“剖霹雳木，书天地字及上名，合而佩之”。所谓霹雳木，即雷电击毁之木，佩之可以镇服鬼物。并且祝曰：“佩此有

① 《旧唐书》卷五一《后妃传》，第2179页。

② 《资治通鉴》卷二一二，唐玄宗开元十年八月，第6751页。

③ 《资治通鉴》卷二一二，唐玄宗开元十年八月，第6751页。

子，当如则天皇后。”[①]也就是说，佩带此木可以生子，本人将来也会像武则天一样临朝称制。王守一的这种愚蠢行为，非但于事无补，反而加快其家族败亡的步伐。果然此事不久就被玄宗知道了，于是他在开元十二年七月，将王皇后废为庶人。三个月后，王皇后便悲惨地死去了。与此同时，王守一被贬为潭州别驾，在赴任途中赐死。

（三）武惠妃与权臣

王皇后的死去，为武惠妃登上皇后宝座创造了前所未有的好时机。玄宗也极力主张立武惠妃为皇后，然而阻力之大却是他没有想到的。开元十三年，玄宗因忙于泰山封禅之事，还没有顾得上此事。次年，玄宗正式提出立武惠妃为皇后。有人上奏说：“武氏乃不戴天之仇，岂可以为国母！人间盛言张说欲取立后之功，更图入相之计。且太子非惠妃所生，惠妃复自有子，若登宸极，太子必危。”[②]武则天取代李唐统治建立武周政权，并且大肆屠杀李氏子孙，而武惠妃又恰恰是武氏家族中人，此事遂成为反对者的口实，使玄宗无法辩驳。此时的太子是玄宗的第二子李瑛，因其母出身微贱而失宠，朝野早有玄宗欲废太子而立武惠妃子的流言，反对者以此为理由而反对立武惠妃为皇后，由于太子并无过失，玄宗如果不顾一切地立武惠妃为皇后，将会使流言得到证实，这也是玄宗所不愿看到的。在此之前不久，张说刚刚被罢去相位，说他为恢复相位，主张立武氏为后，虽然没有多少根据，但如果玄宗一意孤行，不仅会陷张说于不义，而且对玄宗的威望也将带来极大的损害。在这种情况下，玄宗思虑再三，只好放弃了立武惠妃为皇后的打算，“然宫中礼秩，一如皇后”[③]。

那么，到底是谁站出来上表反对立武惠妃为皇后呢？据《唐会要》《新唐书》记载，乃是侍御史潘好礼所为。但是宋代著名史学家司马光认为潘好礼已经在开元十二年致仕，故不可能是其所为，“竟未知此表

① 《资治通鉴》卷二一二，唐玄宗开元十二年七月，第6761页。
② 《资治通鉴》卷二一三，唐玄宗开元十四年四月，第6772页。
③ 《资治通鉴》卷二一三，唐玄宗开元十四年四月，第6773页。

是谁献之”[①]。

武惠妃未能当上皇后，虽然心中不悦，然自古以来母以子贵，于是她便把全部心思用在了如何使自己的儿子当上太子之事上。在武惠妃现存的两个儿子中，寿王李瑁年长，“宠冠诸子”[②]。然而寿王李瑁在玄宗诸子中排行第十八，在其前还有许多兄弟，且太子李瑛无过，要想取而代之，也不是一件容易办到的事。武惠妃长期生活在宫廷之中，她清楚地知道，自己虽然深得皇帝的宠爱，但单凭一个人的力量是远远不够的，必须要借助于外廷的力量，内外结合，方能使事情成功。

在众朝臣中，驸马都尉杨洄娶了咸宜公主，是武惠妃的女婿，自然是可依靠的力量。除此之外，尚书右丞相张说虽被罢相，但“宠顾不衰”，他欲想恢复相位，武惠妃也是用得着的人，加之他曾为武惠妃的生母郑国夫人撰写过神道碑文，双方关系也比较亲近。因此，在拥立寿王的朝臣队伍中，张说应该也算是一位。除此之外，拥护寿王最为得力的一员大臣便是李林甫。

李林甫也是唐朝宗室，只是到了开元时期血缘关系已经非常疏远了。他是千牛直长出身，因为其舅姜皎的引荐，开元初，升任太子中允，累迁国子司业。开元十四年，宇文融为御史中丞，经其引荐，李林甫得以升任御史中丞。有了这个基础，此后，遂连任刑部、吏部侍郎。李林甫是一个颇具政治野心的人物，他深知如果没有人在宫中相助，想要攀上高位，是非常难的。他见武惠妃得宠，寿王、盛王因其母故也深为玄宗所爱，太子李瑛的地位岌岌可危，认为这是一个难得的投机机会。他平素与宫中的宦官们关系亲密，于是便通过他们对武惠妃表示“愿保护寿王”，“惠妃德之”。自从李林甫攀上了武惠妃的高枝，从此官运亨通，不久，便升任黄门侍郎，“玄宗眷遇益深”[③]。这时李林甫虽然还没有拜相，但是距宰相高位也是触手可及了。开元二十三年，李林甫被拜为礼部尚书、同中书门下三品，并加银青光禄大夫。李林甫拜相以

① 《资治通鉴》卷二一三，唐玄宗开元十四年四月条考异，第6773页。

② 《资治通鉴》卷二一四，唐玄宗开元十四年十一月，第6823页。

③ 《旧唐书》卷一〇六《李林甫传》，第3236页。

后，玩弄权柄，专断朝政，屡次中伤太子，力主改立寿王为太子，为武惠妃效尽犬马之劳。

二、太子李瑛被废

（一）李瑛为什么失宠

太子李瑛是唐玄宗的第二子，本名李嗣谦。其母赵丽妃，本是伎人，因为有才貌且善于歌舞，玄宗任潞州别驾时见而爱之，遂收入房中，非常宠爱。玄宗当了太子之后，赵丽妃的父亲赵元礼、兄长赵常奴皆擢任京官，开元初升为高官。其子李瑛在景云元年九月，封真定郡王。先天元年八月，进封郢王。开元三年（715），被立为皇太子。但是当武惠妃得宠后，赵丽妃便逐渐失宠，李瑛也随之失去了其父的宠爱。使李瑛失宠的另一个原因，便是其母的出身。在唐代这种婚姻崇尚门第的社会风气下，将伎人之子与皇太子联系在一起，总使人觉得有些不伦不类，显得格外刺眼，也使唐玄宗心里觉得非常别扭。

玄宗李隆基是一个生性风流的皇帝，在他的嫔妃中出身微贱者，并不仅仅赵丽妃一人，此外还有皇甫德仪和刘才人两人，她们都是李隆基为临淄王时，因为容色美丽而进入王府的。后来皇甫德仪生鄂王李瑶，刘才人生光王李琚。她们曾经也是非常得宠的，同样也是因为武惠妃而失宠，并且牵连到李瑶与李琚。如果说李瑛是因为身居太子之位而遭到武惠妃的打击和算计，那么李瑶与李琚并非太子，为什么也同样遭到排斥呢？根本原因就在于他们都有一个出身低贱的母亲。关于这个问题，旧史记载说："太子与瑶、琚会于内第，各以母失职有怨望语。"[①]《旧唐书》卷一〇六《李林甫传》也说："以太子瑛、鄂王瑶、光王琚皆以母失爱而有怨言。"可见这三人的失宠皆与母亲的出身有着直接的关系。

客观地看，造成这种情况的根本原因，还在于唐玄宗本人。他早年以色取人，而没有考虑到出身的高低，待到当了皇帝后，又觉得这些嫔

① 《资治通鉴》卷二一四，唐玄宗开元二十四年十一月，第6823页。

妃的出身太低，与皇家崇高的地位不相称，在冷落这些嫔妃的同时，又牵连到她们所生之子。当年，因为皇后没有生子，皇长子李琮的生母刘华妃又不甚得宠，李瑛在诸兄弟中除李琮外最年长，加之当时其母赵丽妃正在得宠之时，因而被立为皇太子。此时，玄宗却因为宠爱武惠妃之故，欲要改立太子。因此在这场风波中，李瑛等人完全是因出身受到牵连，是无辜的，始作俑者就是他们的亲生父亲——唐玄宗。

（二）围绕废黜太子的斗争

李林甫投靠武惠妃得以拜相，当然得投桃报李，于是他积极出谋划策，欲要废黜太子，拥立寿王李瑁为太子。太子李瑛与鄂王李瑶、光王李琚等三人，由于受到排挤，不免口出怨言。驸马都尉杨洄“常伺三子过失以告惠妃”，武惠妃遂向玄宗哭诉：“太子阴结党与，将害妾母子，亦指斥至尊。”玄宗大怒，与宰相商议，欲废黜太子。当时的宰相是张九龄，认为太子无过，不可轻易废黜。他列举了前代随意废黜储君所造成的种种严重后果，以劝说玄宗放弃罢废太子的想法，他说：

> 陛下践阼垂三十年，太子诸王不离深宫，日受圣训，天下之人皆庆陛下享国久长，子孙蕃昌。今三子皆已成人，不闻大过，陛下奈何一旦以无根之语，喜怒之际，尽废之乎！且太子天下本，不可轻摇。昔晋献公听骊姬之谗杀申生，三世大乱。汉武帝信江充之诬罪戾太子，京城流血。晋惠帝用贾后之谮废愍怀太子，中原涂炭。隋文帝纳独孤后之言黜太子勇，立炀帝，遂失天下。由此观之，不可不慎。陛下必欲为此，臣不敢奉诏。[①]

玄宗虽然不悦，但一时对张九龄也无可奈何。李林甫当时也在场，见此情景，便也就不敢再说什么，“惘然而退”。事后，李林甫对宫中的高级宦官说：“家事何须谋及于人。”[②]意思是说废不废太子乃是皇帝家

① 《资治通鉴》卷二一四，唐玄宗开元二十四年十一月，第6823—6824页。

② 《旧唐书》卷一〇六《李林甫传》，第3236页。

事，不必征询朝臣的意见。

李林甫对张九龄早就心存怨恨，当初玄宗欲拜李林甫为相，征询张九龄的意见，张九龄反对说："宰相系国安危，陛下相林甫，臣恐异日为庙社之忧。"虽然玄宗未听从他的建议，但李林甫知道后遂对张九龄非常不满。李林甫见张九龄方为玄宗所倚重，"林甫虽恨，犹曲意事之"[①]，并不公开与张九龄冲突。但是李林甫深深地懂得，如果不扳倒张九龄，不仅废立太子之事无法实现，自己专断朝政的梦想更是遥不可及。这时的唐玄宗由于在位日久而怠于政事，张九龄每事必争，李林甫则窥伺皇帝之意而曲意迎合，千方百计中伤张九龄，使得玄宗逐渐地疏远了张九龄。

武惠妃见张九龄阻止废黜太子，于是指使官奴牛贵儿对张九龄说："有废必有兴，公为之援，宰相可长处。"意思是说，只要他支持废立太子，就可以保证他长期任相而不变。不料张九龄将此事告知了唐玄宗，"上为之动色"[②]。也就是说玄宗听到后也非常震惊，变了脸色。尽管玄宗非常生气武惠妃的愚蠢行为，但改换太子也是他的想法，加之对武惠妃恩宠正盛，因此也没有斥责武惠妃。不过，经此一举，遂堵住了玄宗改换太子的口，使他不便再提出这个想法，故终张九龄被罢相，太子一直安全无事。

张九龄虽然为保护太子出了大力，但也因此而得罪了武惠妃、李林甫，同时也引起了唐玄宗的极大不满，故其被罢相便成了不可避免的事。

开元二十四年（736）十月，玄宗在东都洛阳居住，原定次年二月返回长安，因宫中有事，遂决定提前返还长安。张九龄认为此时秋稼收获未毕，不如十一月再动身不迟。李林甫却积极主张马上动身，得到了玄宗的赏识。朔方节度使牛仙客在河西任上时，政绩突出，玄宗欲任其为尚书，张九龄反对，李林甫却说："仙客，宰相才也，何有于尚书！"即说牛仙客大才，不要说任尚书，就是拜相又有何不可。张九龄仍然坚

① 《资治通鉴》卷二一四，唐玄宗开元二十四年十一月，第6823页。

② 《资治通鉴》卷二一四，唐玄宗开元二十四年十一月，第6824页。

持己见，玄宗怒曰：“事皆由卿邪？”[①]这些事情都进一步加深了玄宗对张九龄的不满。

李林甫推荐萧炅为户部侍郎，萧炅不学无术，曾当着中书侍郎严挺之的面，读“伏腊”为“伏猎”。严挺之遂对张九龄说：“省中岂容有‘伏猎侍郎’！”于是便将萧炅贬为岐州刺史，“故林甫怨挺之”[②]。张九龄与严挺之关系密切，欲推荐其为相，因为李林甫深得皇帝宠信，便建议其拜见李林甫。然而严挺之看不起李林甫的为人，不愿登门拜访。此事被李林甫知道后，对严挺之恨之愈深。严挺之的前妻嫁给了蔚州刺史王元琰，王元琰因贪赃而被下狱治罪，严挺之全力营救，李林甫遂指使人将此事向皇帝告发。张九龄认为严挺之的行为算不上有私心，因为他与王元琰之妻已经离异。玄宗却认为“虽离乃复有私”，“于是上积前事”，认定张九龄阿党，即搞政治小集团，罢去了其中书令之职，贬为尚书右丞相，与此同时，被罢相的还有侍中裴耀卿。随即任命李林甫兼任中书令，牛仙客为工部尚书、同中书门下三品，领朔方节度如故。[③]不久，又将张九龄贬到荆州任长史。随着张九龄等人罢相，太子李瑛的地位岌岌可危了。

开元二十五年（737）四月，武惠妃、李林甫等人加快了废黜太子李瑛的步伐。李林甫为了在太子被废后寿王李瑁能顺利地登上太子宝座，四处宣扬寿王之美德，说他的好话。同时他们又商定了废黜太子的计划，由驸马都尉杨洄出面，诬告太子李瑛、鄂王李瑶、光王李琚三人与太子妃的兄长驸马都尉薛锈勾结，谋图不轨。又指使人召三人入宫，说宫中有贼，令其披甲入宫护驾。三人入宫时，武惠妃却对玄宗说：太子、二王谋反，已顶盔披甲入宫。玄宗急命人察看，果然如此。玄宗不辨真伪，以为他们谋反属实，遂急召宰相入宫，商议如何处置三人。李林甫说：“此盖陛下家事，臣不合参知。”[④]婉转地表示了赞成玄宗严厉

① 《资治通鉴》卷二一四，唐玄宗开元二十四年十一月，第6823页。

② 《资治通鉴》卷二一四，唐玄宗开元二十四年十一月，第6824—6825页。

③ 《资治通鉴》卷二一四，唐玄宗开元二十四年十一月，第6825页。

④ 《旧唐书》卷一〇七《玄宗诸子传》，第3260页。

处置三人的意见。于是，玄宗意决，下诏将李瑛、李瑶、李琚三人废为庶人，将薛锈流放瀼州。随后又将李瑛、李瑶、李琚、薛锈四人处死，“瑛舅家赵氏、妃家薛氏、瑶舅家皇甫氏，坐流贬者数十人，惟瑶妃家韦氏以妃贤得免”①。此事的发生说明了宫廷生活的险恶，也是唐朝盛世时的一大冤案，由于三人无过而死，故“天下冤之，号‘三庶人’”②。

（三）李亨为什么被立为太子

太子李瑛被赐死后，立寿王李瑁为太子似乎已经不存在什么疑问了，不料天有不测风云，其母武惠妃却突然于开元二十五年十二月死去了，年仅四十余岁。关于武惠妃的死因，《旧唐书》卷一〇七《玄宗诸子传》说：“武惠妃数见三庶人为祟，怖而成疾，巫者祈请弥月，不痊而殒。”《新唐书》所载亦同。这些当然都是无稽之谈。武惠妃的死，使玄宗伤心不已，由于在生前没有立其为皇后，于是便追赠其为贞顺皇后，葬于敬陵。武惠妃的死也给立寿王为太子之事带来了变数，使其失去了一位强有力的保护神。

宰相李林甫曾受惠妃恩惠甚多，他从升任黄门侍郎，到任礼部尚书、同中书门下三品，再到任中书令，无一不是武惠妃内助的结果。武惠妃虽然死了，但是只要能将寿王扶上太子之位，将来他仍可长保富贵。于是，他对玄宗说：寿王年龄已经不小了，应该早定储位。催促玄宗尽快立寿王为太子，不料玄宗反倒犹豫不决起来了。

玄宗之所以如此，主要原因是“三庶人”的死，使他骤然失去了三个成年儿子，心情惨然。太子李瑛固不待言，李瑶、李琚也是非常优秀的人物，张九龄就曾称赞过“二王又贤”。其中李琚尤为突出，史载其“有才力，善骑射。初封甚善，玄宗爱之”③。三人死后，天下冤之，如果仍然立寿王为太子，社会舆论将对玄宗颇为不利。此外，废长立幼，古来大忌。寿王李瑁排行十八，在其之前，兄弟颇多，如果立其为太

① 《资治通鉴》卷二一四，唐玄宗开元二十五年四月，第6829页。

② 《新唐书》卷八二《十一宗诸子传》，第3608页。

③ 《旧唐书》卷一〇七《玄宗诸子传》，第3262页。

子，将来说不定又会闹出争夺储位的纷争。出于这些原因，玄宗一直不能痛下决心，确定立谁为太子。

在立谁为储的问题上，大宦官高力士发挥了关键性的作用。史载："太子瑛既死，李林甫数劝上立寿王瑁。上以忠王玙年长，且仁孝恭谨，又好学，意欲立之，犹豫岁余不决。自念春秋浸高，三子同日诛死，继嗣未定，常忽忽不乐，寝膳为之减。"高力士见皇帝这一段时期寝食不安，遂问其故。玄宗反问道："汝，我家老奴，岂不能揣我意！"意思是你是我家老奴，难道还猜不出我到底为了什么吗？高力士遂道："得非以郎君未定邪？""上曰：'然。'对曰：'大家何必如此虚劳圣心，但推长而立，谁敢复争！'"[①]于是，遂立忠王李玙（后改名亨）为太子。

高力士说"推长而立"，可是李玙并非长子，为什么不立皇长子李琮呢？原因就在于李琮早在开元初就失去了其父的喜爱，后来打猎时又被野兽抓伤了面部，十分难看，这样的人将来当皇帝实在不雅。李玙为玄宗第三子，除李琮外，在现存的玄宗诸子中年纪最长，加之其母杨妃出身于弘农杨氏家族，门第也高，这些都是李琮难以相比的优势条件。

开元二十六年六月，正式宣布立李玙为皇太子。次月，唐玄宗在大明宫宣政殿举行了隆重的册立太子的典礼。又过了十天，册忠王妃韦氏为太子妃。次年，改名李绍。天宝三载，又改名为李亨。

李亨被立为太子后，并不等于他的前途充满阳光，相反，却是一路荆棘。原因就在于李林甫见自己一直拥立的李瑁落选，而李亨意外地当上了太子，担心李亨将来一旦即皇帝位，会对自己不利，因而心中畏惧，"巧求阴事以倾太子"[②]。

三、太子李亨艰难的生活

开元、天宝时期的太子东宫系统与唐前期相比，已经发生了较大

① 《资治通鉴》卷二一四，唐玄宗开元二十六年五月，第6832—6833页。

② 《旧唐书》卷一〇六《李林甫传》，第3238页。

的变化，东宫的职官体制已经被破坏殆尽，连太子本人也不能居住在东宫，从而使太子的政治生活空间被大大地压缩了。太子地位的这种变化，说到底还是皇帝对太子的防范心理所导致的结果，如果再有权臣从中与太子作对，那么太子的处境便更加艰难了。李亨的情况就是如此。在天宝时期接连发生的几次狱案，主要都是针对政治基础薄弱的太子李亨的，从而使李亨的地位几乎崩溃，李林甫的阴谋险些得逞。

（一）韦坚、皇甫惟明之狱

韦坚，京兆万年（今陕西省西安市）人。其家族与皇家关系颇为亲密，韦坚之姐为玄宗的兄弟薛王、赠惠宣太子李业妃，李业参与过诛杀太平公主的行动，与玄宗关系非常亲密。韦坚之妹为皇太子李亨妃，其妻为楚国公姜皎之女。韦坚任水陆转运使时，负责江淮财赋的转输，做出了很大的成绩，深得玄宗的赏识。

皇甫惟明，早年曾任忠王友，是李亨为忠王时的府僚，故两人关系比较密切。皇甫惟明后来升任陇右、河西节度使，多次击败吐蕃军，立有军功。天宝五载（746）正月，皇甫惟明大破吐蕃，入朝献捷，“见林甫专权，意颇不平，时因见上，乘间微劝上去林甫”[①]。这件事便成为此次大狱的一个导火索。

这一时期的李林甫权势正盛，他在宫中结交宦官，因此宫中的一举一动无不知之。皇甫惟明的行为很快就被李林甫知晓了，为了巩固自己的权势，同时借机打击太子的势力，李林甫很快就决定进行反击。

其实李林甫的防范早在李亨被立为太子之时就已经开始了。韦坚被重用使得李林甫非常不满，加之韦坚与左相李适之关系亲密，使李林甫如坐针毡。他采取了明升暗降的办法，任命其为刑部尚书，罢去了其原任的各种使职，“坚失职，稍怨望”[②]。然后李林甫命御史中丞杨慎矜秘密侦查太子、韦坚、皇甫惟明等人的行踪，很快就发现这年正月的一天深夜，太子出游，与韦坚相见，韦坚又与皇甫惟明相会于景龙观道士之

---

① 《资治通鉴》卷二一五，唐玄宗天宝五载正月，第6870页。

② 《新唐书》卷一三四《韦坚传》，第4561页。

室。景龙观位于长安城中的崇仁坊。于是杨慎矜向皇帝报告：“以为坚戚里，不应与边将狎昵。”鉴于韦坚与皇甫惟明相会之前，与太子见过面，于是“（李）林甫因奏坚与惟明结谋，欲共立太子”[①]。李林甫的进奏明显要比杨慎矜的毒辣得多，杨慎矜的报告并没有牵连到太子，而李林甫的上奏不仅牵连到太子，而且还指出韦、皇甫二人结谋的目的在于拥立太子为帝，这样就牵扯到玄宗的利益，企图激怒玄宗。不过唐玄宗并非昏庸之辈，他并不完全跟随李林甫的意向走，他下诏将韦坚、皇甫惟明下狱审讯。玄宗自从原太子瑛事件发生后，不愿意又牵连太子李亨，只是以“干进不已”的罪名处理了韦坚，以“离间君臣”的罪名处理了皇甫惟明，根本没有涉及废立太子之事，将韦坚贬为缙云（今浙江省缙云县）太守，皇甫惟明贬为播川太守，籍其家。

事情本来到此就结束了，可是韦坚的弟弟不服判决，大诉其冤。尤为愚蠢的是，他们竟然抬出太子来做证，从而极大地激怒了玄宗，将韦坚进一步贬为江夏别驾，不久又流放到临封郡（今广东省封开县东南封川镇），其两个弟弟及儿子皆被贬往岭南。事态的恶化使太子李亨措手不及，为求自保，他上表以情义不睦为由，请求与太子妃韦氏离婚，玄宗对他抚慰后，同意了他的请求。

李亨的及时反应使案件没有对其太子地位造成进一步的威胁。但是玄宗对李林甫借机扩大打击面的行为，却没有制止。后来李林甫派人赴岭南将韦坚及其弟杀死，又杀皇甫惟明于黔中（即黔州，治今重庆市彭水自治县东北）。与韦坚关系密切的朝臣受牵连者达数十人，如仓部员外郎郑章被贬为南丰丞，殿中侍御史郑钦说被贬为夜郎尉，监察御史豆卢友被贬为富水尉，监察御史杨惠被贬为巴东尉，嗣薛王李琄被贬为夷陵郡（治今湖北省宜昌市西北）员外别驾长任，其母随之赴任。李林甫还派人赴江淮一带调查韦坚的罪证，甚至纲典、船夫都不放过，致使所在监狱人满为患，死人无数，直到天宝十一载（752），李林甫死，才停止对此案的追索。

① 《资治通鉴》卷二一五，唐玄宗天宝五载正月，第6870页。

（二）杜有邻、柳勣之狱

这是天宝时期牵连到太子李亨的又一大案。

赞善大夫杜有邻，是正五品上的东宫属官，此职其实只是一种闲散之职。他的女儿为太子良娣，即太子的姬妾之一，正三品。因此，杜有邻与太子既是僚属关系又是姻亲关系。柳勣官居左骁卫兵曹参军之职，只是一个正八品下的小官，但他的妻子却是杜有邻的另一女儿、杜良娣之姐，从这个角度看，他与太子李亨也有一定的姻亲关系。

事情的起因与柳勣有着直接的关系。史载，“（柳）勣性狂疏，好功名，喜交结豪俊。淄川太守裴敦复荐于北海太守李邕，邕与之定交。勣至京师，与著作郎王曾等为友，皆当时名士也”，但是却与其妻的娘家关系不睦，于是他便诬陷杜有邻，“告有邻妄称图谶，交构东宫，指斥乘舆”①。时在开元二十五年十月，这时韦坚、皇甫惟明案还没有结束。李林甫遂命京兆府士曹参军吉温与御史台御史共同负责审理此案。此案的案情并不复杂，但是由于此案再次牵连到太子，李林甫认为有文章可做，遂令吉温指使柳勣供出王曾，并引李邕为证。这样就使案情扩大化了，从中央职官牵连到了地方官员。柳勣在供出王曾、李邕的同时，还承认他与李邕“议及休咎，厚相赂遗”②。于是，玄宗派人赶赴北海郡（今山东省青州市），将李邕处死。

在这件事情上，李林甫的党徒御史中丞王鉷与杨国忠都参与了审讯，他们遵照李林甫的指使，将矛头直指太子李亨。但是玄宗却非常谨慎，除对涉案的其他人员严厉惩办外，对太子却留有充分的余地。当时，玄宗决定将杜、柳二人决杖一顿，流放岭南。实际情况是，在决杖的过程中，将两人重杖打死，积尸于大理寺。杜有邻是东宫僚属，与太子交往本就属于正常情况，何来“交构东宫”之说？故说明此时的玄宗已不允许太子与朝臣往来，包括东宫僚属也在禁止之列，可见玄宗对太子的防范已经到了草木皆兵的程度。此案的关键是“指斥乘舆”，即对

① 《资治通鉴》卷二一五，唐玄宗天宝五载十月，第6874页。

② 《旧唐书》卷一九〇中《李邕传》，第5043页。

皇帝说三道四，挑战了皇帝的权威，这种情况虽然不如韦、皇甫案的情节严重，但也足以动摇太子的地位。

为了自保，太子李亨只好故技重演，将杜良娣废为庶人，并再次提出离异。这种情况的一再出现，只能说明李亨已经没有了其他防范的手段，其政治力量薄弱，不足以与李林甫的势力相抗衡。这个案子也可以说是前一案子的继续，只是在时间上有先后之别，在内容与实质上并无根本的区别。尽管玄宗并不想再次废黜太子，但通过这两件案子也可以看出，太子哪怕是出现一点点培植个人势力的苗头，都为玄宗所不允许。太子李亨与其说败于李林甫之手，还不如说败于其亲生父亲之手，在强大的皇权面前，李亨除了低头认错外，已经没有别的选项。

（三）王忠嗣之狱

王忠嗣，原名王训，祖籍太原祁县（今山西省祁县），长期居住在华州之郑县。其父王海宾在与吐蕃的战争中战死，因其父之功，他九岁时，便被任命为朝散大夫、尚辇奉御，赐名忠嗣。其年幼时长期被养于宫中，与李亨多有往来，一起游乐，关系甚笃。长大成人后，“雄毅寡言”，颇有武略。玄宗因其为兵家之子，曾与他谈论过用兵之道。王忠嗣应对自如，深得玄宗的赏识，认为他日后必为良将。

王忠嗣此后长期在西北边疆服役，多次立有战功，逐渐升任为左羽林军上将军、河东节度副使，兼大同军使。开元二十八年（740），官至河东节度使。次年，任朔方节度使，权知河东节度使，成为当时重要的军事将领。天宝五载，王忠嗣一人身兼河西、陇右、朔方、河东四镇节度使，兵力之众、权力之大，在这一时期诸将中无人可匹。史称：“忠嗣佩四将印，控制万里，劲兵重镇，皆归掌握，自国初已来，未之有也。”①

王忠嗣权力如此之大，又与太子有着特殊的渊源，自然会引起李林甫的嫉恨。史载：“李林甫尤忌忠嗣，日求其过。”②还有记载说：“李

① 《旧唐书》卷一〇三《王忠嗣传》，第3199页。

② 《旧唐书》卷一〇三《王忠嗣传》，第3200页。

林甫以王忠嗣功名日盛，恐其入相，忌之。”[①]可见李林甫忌恨王忠嗣，既与和太子李亨的斗争有关，也与巩固个人权位有关。王忠嗣本人也感觉到自己树大招风，为了避嫌，他主动请求辞去朔方、河东节度使，仅保留了河西、陇右二节度使的职务。值得关注的是，王忠嗣长期在朔方、河东任职，“备谙边事，得士卒心”，对于河西、陇右，“颇不习其物情”[②]。既如此，为什么王忠嗣反倒辞去了自己经营多年的朔方、河东二镇职务，保留了自己并不十分熟悉情况的河西、陇右二镇职务呢？只能有一个解释，那就是为了避免拥兵自重的嫌疑。

从开元末年至天宝中期唐朝的政治格局看，太子李亨很难组织起一个属于自己的政治集团，或者说拉拢一批属于自己的政治势力。韦坚、皇甫惟明、杜有邻、王忠嗣等人，是否属于太子政治集团中人呢？应该说无法确定，因为并没有见到任何有关这个集团活动的记载，他们之间也并未紧密结合，没有在政治上相互提携、相互配合。他们只有一个共同的特点，就是都与太子李亨存在着这样那样的关系，容易被人视为太子的人，从而用来发难，谋图以此为突破口，达到废黜太子的目的。

王忠嗣在这一批人中，权势最大，又有武略，与太子是儿时的伙伴，元载所撰的《王忠嗣神道碑》说：“每随诸王问安否，独与肃宗同卧起；至尊以子育，储后以兄事。”[③]说明王忠嗣与李亨朝夕相处，关系的确亲密。从“至尊以子育”一句看，说明玄宗与他也有着不同于一般领导者与烈士遗孤的特殊关系，正因为这样，玄宗才对他与太子的往来保持一种平和的心态。但是这种关系，在李林甫看来，却是可以用来对太子进行抨击的。

还有一个情况，使李林甫对王忠嗣产生了更大的嫉恨。王忠嗣辞去朔方、河东两节度后，河东节度使由安禄山接任，朔方节度使先由李林甫接任，后由安禄山的弟弟安思顺接任，而安禄山是李林甫所控制和倚重的地方势力。王忠嗣曾屡次上奏说安禄山有反叛之心，引起了李林甫

① 《资治通鉴》卷二一五，唐玄宗天宝六载正月，第6877页。

② 《旧唐书》卷一〇三《王忠嗣传》，第3199页。

③ 《金石萃编》卷一〇〇《王忠嗣神道碑》。

对他的更大不满。而安禄山入朝不拜太子李亨，也反映了他们对太子及王忠嗣的抵触情绪。更重要的是，王忠嗣此后在军事战略方面与玄宗产生了分歧，引起了皇帝的不满，从而给李林甫集团以可乘之机。

事情的经过是这样的：天宝六载（747）十月，唐玄宗指使王忠嗣攻取吐蕃占据的原唐朝重要军事据点石堡城（今青海省西宁市西南）。此城地处唐蕃交通的要冲，是双方攻守的前沿。但是王忠嗣认为石堡城异常坚固，吐蕃防守严密，如果勉强进攻，将会付出极大的代价，得不偿失，主张谨慎从事，等待时机成熟。正在这时将军董延光主动请缨，玄宗遂命王忠嗣分兵给他，让他率军前去攻打石堡城。董延光攻城不下，反倒诬陷说王忠嗣阻挠军计。一直在观察事态变化的李林甫见有机可乘，指使济阳别驾魏林告发王忠嗣，说王忠嗣任河东节度使时，他任朔州（今山西省朔州市）刺史，王忠嗣曾说过“早与忠王同养宫中，我欲尊奉太子”[①]的话。玄宗听后大怒，将王忠嗣交给法司审讯。李林甫此举一箭双雕，既诬陷了王忠嗣，又将太子再次牵连入大案。经过审判，王忠嗣被判死刑。这时已接任陇右节度使的哥舒翰，原是王忠嗣的部将，入朝力保王忠嗣不反，使其得以免死，被贬为汉阳郡（治今甘肃省礼县西南）太守。天宝八载（749），王忠嗣突然患重病而死。李林甫的本意在于通过王忠嗣事件中伤太子，但是由于王忠嗣拥戴太子的证据不足，唐玄宗仅仅处理了王忠嗣，而没有牵连太子。

就在王忠嗣突然病死的这一年，玄宗命哥舒翰率兵六万三千进攻石堡城，唐军战死数万才攻下此城，而俘获的战俘仅为四百余人，不出王忠嗣所料，损失甚重，但收获却极小。唐玄宗无视士兵生命、不顾国家重大损失的行为，与王忠嗣爱惜士卒、不惜违背皇帝旨意，甚至甘愿牺牲自己的政治前途的高尚行为相比，人格高下分明。后来，安史之乱爆发，唐朝在军事上仅能依靠郭子仪与李光弼，朝廷缺乏统率各镇军队的大将，王忠嗣的早死无疑是唐朝的一大损失。

---

① 《旧唐书》卷一〇三《王忠嗣传》，第3200页。

（四）杨慎矜之狱

李林甫中伤太子的谋图没有得逞，于是他又制造了另一起政治大狱，即杨慎矜案。

杨慎矜，乃隋炀帝的玄孙，其父杨隆礼在武则天时历任诸州刺史。玄宗被立为太子后，避其讳，改名崇礼。开元初，任太府卿，封弘农郡公。杨慎矜初入仕，任汝阳（治今河南省汝南县）令，以后逐渐升任至户部侍郎，兼御史中丞。在审理韦坚案时，时任侍御史的王铁与杨慎矜共同推问，而杨慎矜身为御史中丞，却极力保持中立，引起了李林甫的不满。杨慎矜之所以采取这样的态度，是因为他发现皇帝并不想把太子牵涉进来，不得已只好采取了避事防患的态度。后来王铁升任御史中丞，与杨慎矜同列，但杨慎矜仍然直呼其名，引起了王铁的不满。于是李林甫决定利用两人的不和打击杨慎矜，以警示其他办案人员，促使他们按照自己的思路办案。

杨慎矜曾经对王铁讲过有关谶书之事，又与还俗僧人史敬忠关系密切。天宝六载十一月，李林甫指使王铁诬告杨慎矜“是隋家子孙，心规克复隋室，故蓄异书，与凶人来往，而说国家休咎”[①]。玄宗大怒，经过审理，将杨慎矜及其兄弟杨慎余、杨慎名处死，同时还有一批官员或被贬，或被流放，共有十几家受到牵连。

李林甫指使人诬陷杨慎矜兴起又一大案时，王忠嗣案尚未结案，他欲想通过此案警示那些办案官员，在办理王忠嗣案时坚持贯彻他的意图，以便把太子李亨牵连进去。不出李林甫所料，杨慎矜案使得一大批朝臣噤若寒蝉、人人自危，朝廷中的政治空气变得紧张起来。李林甫除了动员他的追随者外，甚至亲自上奏说：太子应该知道这些阴谋。《王忠嗣神道碑》也说“借公为资，动摇国本”。所谓国本，就是指太子李亨。唐玄宗在这个问题上头脑还是很清楚的，他说：“吾儿在内，安得与外人相闻，此妄耳！”[②]李林甫费尽了心机，虽然巩固了权势，但是

① 《旧唐书》卷一〇五《杨慎矜传》，第3227页。

② 《新唐书》卷二二三上《李林甫传》，第6345页。

皇帝的态度不变，使其一切努力化为乌有，改换太子的主要目的没有达到。

（五）李亨艰难的生活状况

李亨自被立为皇太子以来，由于接连不断的大狱威胁，使他基本上没有过一天舒心的日子，每天提心吊胆，不知何时大祸临头。关于他的这种生活状况，《唐语林》有比较详细的记载，录之如下：

> 肃宗在东宫，为林甫所构，势几危者数矣。鬓发班白。入朝，上见之恻然，曰："汝归院，吾当幸。"及上到宫中，庭宇不洒扫，而乐器屏弃，尘埃积其上，左右使令亦无妓女。上为之动色，顾谓力士曰："太子居处如此，将军盍使我知乎？"力士奏曰："臣尝欲言，太子不许，云：'无勤上念。'"乃诏力士，令京兆尹亟选人间女子颀长洁白者五人，将以赐太子。力士趋出庭下，复奏曰："臣宣旨京兆尹阅女子，人间嚣然，而朝廷好言事者得以为口实。臣伏见掖庭中，故衣冠以事没入其家者，宜可备选。"上大悦，使力士诏掖庭令，按籍阅视，得五人，以赐太子。①

此时的李亨居住在少阳院，并非东宫，"肃宗在东宫"一句，实际上是说肃宗为太子时。这一段记载原出于唐朝宰相李德裕所撰的《次柳氏旧闻》一书，其资料是李德裕之父从唐代史官柳芳之子柳冕口中获知的，而柳芳是从高力士本人口中访问得知的，因此这种记载应该是真实可信的。据李德裕的记载，唐代宗之母章敬皇后便是在这时被选入宫中的。

即使在日常生活中，李亨也时时处处小心谨慎，唯恐惹恼了玄宗。据《次柳氏旧闻》载：有一次李亨在宫中侍膳，"尚食置熟俎。有羊臂臑，上顾使太子割。肃宗既割，余污漫在刃，以饼洁之"。即以饼擦净了刚刚割过羊腿的刀刃。玄宗看到后非常不高兴，李亨见状，不慌不忙

---

① 《唐语林校证》卷一《德行》，第4页。

地将这块饼吃了下去。对于李亨此举，玄宗非常满意，遂对他说：“福当如是爱惜。”通过这种有关李隆基李亨父子之间生活细节的记载，隐隐地透出了一种父子关系并不和谐的气氛。同时也说明李亨在这一时期是如何小心翼翼、察言观色的，唯恐招来祸患。

天宝中，安禄山入朝，假装不知太子为何官，而不愿行跪拜之礼。此事被作为安禄山装愚以获取玄宗的信任而记载，其实也说明了太子李亨在当时的尴尬处境。玄宗对太子的猜忌，对许多外人来说，已经不再是秘密了。据《唐语林》载：“玄宗问黄幡绰：‘是物儿得人怜？’‘是物儿’者，犹‘何人儿’也。对曰：‘自家儿得人怜。’时杨妃号安禄山为子，肃宗在东宫，常危惧。上俯首久之。”[①]玄宗为什么听到此话后，竟然俯首久久沉思呢？可见这句话触到了他的痛处，说明他自知自己的所作所为对太子造成了极大的伤害。

这件事发生在李林甫死后，杨国忠当政期间。正因为玄宗始终没有放弃对太子的猜忌，才使杨国忠有机可乘，使得对太子地位的威胁一直持续下来。正是因为如此，肃宗即位以后，一直也没有放松对已经成为太上皇的玄宗的警惕。唐玄宗晚景凄惨，在一定程度上也是他自己造成的，这些都是后话了。

四、盛世末日

（一）杨玉环其人其事

杨玉环，蒲州永乐（今山西省芮城县西南永乐镇）人。她是弘农杨氏的后裔，其高祖是隋朝名臣杨汪，在杨汪的曾祖父杨顺时，这个家族就已迁居河东永乐了，所以史书均称其家为河东人。其父杨玄琰，曾任过蜀州司户参军（从七品下）的小官，早亡。因此杨玉环从小由其叔父河南府士曹参军杨玄璬养大，士曹参军也是从七品下的小官，说明这个家族在开元初期已经衰落了。

① 《唐语林校证》卷五，第470页。

杨玉环的出生时间，根据其死时三十八岁推算，应生于开元七年。至于其出生地，史书明确记载："杨贵妃生于蜀，好食荔枝。"当是其父在蜀州司户任上时出生的。关于其生日，《明皇杂录》逸文说："六月一日，上幸华清宫，是贵妃生日。"但是也有人怀疑这个记载的真实性，理由是唐玄宗通常都是每年十月以后才赴华清宫的，没有在六月盛暑幸华清宫的史实。这种理由虽有一定的道理，但未必充分，姑留之待考。

杨玉环是何时失去父母而成为孤儿的？史无记载。她的家庭除了杨玉环自己外，见之于记载的还有三个姐姐，即后来的韩国夫人、虢国夫人、秦国夫人，史书记之为大姨、三姨、八姨，这显然是按照其堂姐妹的排行而排列的。此外，杨玉环还有一个兄长，即杨铦，史籍记载说："铦为玄琰之子。"[①]也有书记载说杨铦为杨玉环从兄，即堂兄。这是因为杨玉环从小被其叔父收养，从这个角度看，杨铦有可能是其从兄。此外，她还有两个从兄杨锜、杨钊，其中杨钊（杨国忠）是从祖兄，血缘关系稍微远一些。杨玉环还有一个堂弟，即杨鉴，是其叔父杨玄璬的儿子。

杨玉环大约是在开元二十三年十七岁时，嫁给了玄宗的儿子寿王李瑁。根据史书记载，开元二十一年（733）秋，因关中粮食减产，谷价上涨，漕运紧张，玄宗遂驾幸洛阳就食。其此次赴洛，共居住了两年十一个月，直到开元二十四年十月才返回长安。开元二十三年时，唐玄宗在洛阳亲自操办了寿王以及咸宜公主的婚事。其中寿王的婚礼是在这年十二月二十四日举行的，《唐大诏令集》卷四〇《册寿王妃杨氏文》是这样写的：

> 维开元二十三年，岁次乙亥，十二月壬子朔、二十四日乙亥，皇帝若曰：于戏！树屏崇化，必正阃闱，配德协规，允资懿哲。尔河南府士曹参军杨元璬长女，公辅之门，清白流庆，

① 《资治通鉴》卷二一五，唐玄宗天宝四载八月考异，第6866页。

> 诞钟粹美，含章秀出。固能徽范夙成，柔明自远，修明内湛，淑问外昭。是以选极名家，俪兹藩国，式光典册，俾叶龟谋。今遣使户部尚书同中书门下李林甫、副使黄门侍郎陈希烈、持节册尔为寿王妃。尔其弘宣妇道，无忘姆训，率由孝敬，永固家邦，可不慎欤？

从这篇册文可以看出，杨玉环是以杨玄璬的长女身份出嫁的。称其家为“公辅之门”“名家”，是指其家族乃是弘农杨氏之后，如果没有这种显赫的门第，恐怕杨玉环是很难嫁入皇家的。从玄宗派宰相李林甫与陈希烈为正、副使的情况看，显然他对这次婚礼是非常重视的，这种情况的出现，与武惠妃得宠有着直接的关系。

杨玉环与寿王李瑁在一起仅仅生活了五年，从现存的史料来看，她似乎没有为寿王产过一男半女，尽管寿王有五个儿子，但都与杨玉环无关，因为当时的皇子们多有姬妾，这些孩子应为其他姬妾所生。

开元二十八年十月，杨玉环的命运又一次发生了变化。事情的起因与其婆母武惠妃的突然死亡有着直接的关系。武惠妃在开元二十五年逝世后，唐玄宗百般无聊，虽说宫中嫔妃甚多，却无一悦目佳丽，因而郁郁寡欢。玄宗的这一切都被宦官高力士看在眼里，他深知皇帝所思所想，于是便向玄宗推荐了寿王妃杨玉环。关于这个问题，唐人陈鸿所撰的《长恨歌传》说：“诏高力士潜搜外宫，得弘农杨玄琰女于寿邸。”而两《唐书》与《资治通鉴》均未点明是高力士所为，只记为有人奏或有人言。高力士之所以推荐杨玉环，是因为她“姿色冠代”[①]。即姿色风度，都堪称冠绝一代。此外，杨玉环还颇晓音律，能歌善舞，据《开天传信记》载：“太真妃最善于击磬拊搏之音，泠泠然新声。虽太常梨园之能人，莫能加也。”[②]可见其对音律、乐器之精通程度。关于杨玉环善

---

① 《旧唐书》卷五一《杨贵妃传》，第2178页。

② 《开元天宝遗事十种》载郑綮《开天传信记》，第58页。

舞，《杨太真外传》说：“妃醉中舞《霓裳羽衣》一曲，天颜大悦。”[①]杨玉环不仅善跳霓裳羽衣舞，还善跳胡旋舞，白居易的《胡旋女》一诗中说：“中有太真外禄山，二人最道能胡旋。”[②]可见在天宝年间，杨玉环与安禄山都以善舞胡旋而著称。正因为杨玉环色艺俱佳，高力士才敢于向玄宗推荐她。此外，武惠妃死后，寿王李瑁不再受宠，高力士没有后顾之忧，这也是他敢于向玄宗推荐杨玉环的一个重要原因。

杨玉环入宫的时间为开元二十八年十月，时年二十二岁，唐玄宗五十六岁。但是，杨玉环的身份毕竟特殊，与唐玄宗有翁媳关系。为了解决这一棘手问题，当时唐玄宗命杨玉环穿道士服，以女道士的身份觐见皇帝。唐玄宗见了杨玉环后，圣情大悦，但由于存在前面提到的问题，还不便直接让她住在宫中，于是又命其暂返寿王邸。经过了一段时间的思考后，才决定度她为女道士，然后再进宫相见，这样就拖到了次年正月二日。那么将一个亲王妃度为女道士必须有一个说得过去的理由，有人给玄宗出主意，即以为太后忌辰追福的名义，至于是谁给皇帝出的这个主意，则无法考知了。关于此事，在《度寿王妃为女道士敕》中有明确的记载，录之如下：

> 至人用心，方悟真宰；淑女勤道，自昔罕闻。寿王瑁妃杨氏，素以端懿，作嫔藩国，虽居荣贵，每在精修。属太后忌辰，永怀追福，以兹求度，雅志难违。用敦宏道之风，特遂由衷之请，宜度为女道士。[③]

从“特遂由衷之请”一句看，似乎是杨玉环自愿请求度为女道士的，当然这些都是遮人眼目的把戏，不必当真。唐玄宗的两个妹妹，即西城公主与隆昌公主，都在唐睿宗时被度为女道士，道号为“金仙”与“玉

---

① 〔宋〕乐史：《杨太真外传》卷上，见〔五代〕王仁裕等撰，丁如明辑校：《开元天宝遗事十种》，第135页。

② 《白居易诗集校注》卷三《胡旋女》，第305页。

③ 《唐大诏令集》卷四〇《度寿王妃为女道士敕》，第188页。

真”，其入道的原因就是为太后（即武则天）追福。睿宗死后不久，唐玄宗又把自己的女儿万安公主度为女道士，欲为死者追福。正因为皇家女性中被度为道士的不乏其人，因此将寿王妃度为女道士，也就不那么突兀了。

华清宫唐代贵妃汤遗址

既然杨玉环已不再是寿王妃，而是女道士了，于是便跟随唐玄宗去了骊山温泉宫（今为陕西省西安市临潼区华清宫景区），在那里住了数日后，玄宗返回兴庆宫，女道士杨玉环则又回到了大明宫内的道观。杨玉环既为女道士，必须有一个道号，遂由玄宗赐号“太真”。皇宫中虽有道观，但不适合安置杨玉环，于是玄宗在大明宫中别置道观，人称其为“太真宫”。从玄宗居住的兴庆宫到大明宫之间，有夹城相通，往来还是比较方便的。就这样两人往来到开元二十九年（741）冬，然后又一起去了温泉宫。从温泉宫返回长安后，杨玉环遂住进了兴庆宫，而且还脱去了道士服饰，穿上了嫔妃的服饰。

唐玄宗与杨玉环的关系发展很快，史载：“不期岁，礼遇如惠妃。太真姿质丰艳，善歌舞，通音律，智算过人。每倩盼承迎，动移上意。宫中呼为‘娘子’，礼数实同皇后。”[①]可见不到一年时间，杨玉环实际上已经取得了后妃的地位，成为唐玄宗的新宠。之所以呼其为“娘子”，是因为她尚未被正式册妃，却深得皇帝的宠爱，于是便移用民间对妻子的称呼，倒也符合此时的实际情况。

杨玉环被正式册封为贵妃，是在天宝四载八月六日。为了使此事顺利解决，必须先解决寿王李瑁无妃的问题。于是在这年七月二十六日，下诏册韦氏为寿王妃。韦氏出自京兆韦氏郧公房，此为当时数一数二的

① 《旧唐书》卷五一《杨贵妃传》，第2178页。

大士族。在解决了寿王妃的问题后，玄宗遂正式册杨玉环为贵妃，从此杨贵妃的称呼便代替了杨太真的旧称。前面已经介绍过，唐朝的后妃制度到玄宗时发生了变化，取消了贵妃之号，以惠妃、丽妃、华妃为三夫人，其中惠妃的地位仅次于皇后。此次册封杨玉环，如果授予惠妃的封号，显然不大合适，授予丽妃、华妃的名号，又有些委屈了杨玉环，于是只好恢复贵妃的名号。由于贵妃仅次于皇后，而当时又没有皇后，所以杨贵妃实际上处于皇后地位，为后宫之主。

自从杨贵妃入宫以来，杨氏家族中人上自先辈、下至同辈，无不得到皇恩的眷顾。杨贵妃的三个姐姐早就分别嫁给了崔家、裴家和柳家。天宝初年，她们来到了长安，皆赐第于京师，贵宠无比，并于天宝七载（748）十一月分别被封为韩国夫人、虢国夫人、秦国夫人。她们三人皆有国色，可以随意出入宫廷，玄宗呼之为“姨”。她们三人权势也很大，连皇子、公主都要对她们礼让三分。其中尤以虢国夫人宠遇最深，受贿行托，卖官鬻爵，干预政事，门庭如市。

杨氏兄弟也因杨贵妃的关系纷纷升官晋爵。其中杨铦任鸿胪卿；杨锜尚太华公主，任侍御史、驸马都尉；杨钊（杨国忠）历任监察御史、度支郎中、御史中丞、太府卿，后来竟继李林甫之后，任中书令，成为天宝时期最有权势的人物。杨贵妃的父母也都得到封赠，杨玄琰追赠太尉、齐国公，母追封凉国夫人。杨贵妃的叔父杨玄珪历任光禄卿、工部尚书。

唐玄宗对杨贵妃的专宠，逐渐使她养成了恃宠任性、悍妒异常的性格，以致玄宗忍无可忍，曾两次将杨贵妃驱逐出宫。具体情况如下：

第一次风波发生在天宝五载七月，史载：“贵妃以微谴送归。”[①]另据《新唐书》《资治通鉴》记载，杨贵妃是因“妒悍”而“不逊”，即出言顶撞了玄宗，致使玄宗一时难以忍受，遂将她送归杨铦第。杨铦事先没有得到一点风声，贵妃突然被谴送回来，引起了全家的惊恐不安，并在杨氏诸家中都引起了极大的震动。杨贵妃被送出宫后，玄宗整天郁

① 《旧唐书》卷五一《杨贵妃传》，第2179页。

郁寡欢，“比日中，犹未食，左右动不称旨，横被棰挞”[①]。可见晚年的玄宗对杨贵妃依恋到了何种程度，他们几乎形影不离，所谓“行同辇，居同室，宴专席，寝专房”[②]。玄宗因一时气愤将她逐出宫后，立即就感到寂寞难耐，但又不好出尔反尔马上把她接回来，于是只好把气全撒在了左右之人身上。

只有跟随玄宗多年的宦官高力士深知皇帝的心思，于是建议将贵妃的供帐、器玩、廪饩等悉数装车，送到杨铦家中，表示皇帝仍然关心着贵妃的起居生活，玄宗马上命令照办，这才使紧张的气氛缓和下来。当天下午这些东西就被送到了杨铦家中，杨氏家族中人见此情况，无不欢欣鼓舞，紧张的心情这才松弛了下来。接着高力士又建议把贵妃迎回宫中，玄宗早就等不及了，一听此言，马上同意，于当天夜里打开禁门，命人将贵妃迎回宫中，一场风波就这样平息了。有一种说法，杨贵妃的悍妒是因为梅妃的受宠。有一本书叫《梅妃传》，无名氏所撰，说梅妃姓江，名采苹，由于她多才而貌美，也深受玄宗宠爱。其实，历史上并无梅妃其人，这本书也是后人的附会之作，不足为信。

杨贵妃第二次被谴送出宫是在天宝九载（750）二月，据《开天传信记》一书记载：“太真妃常因妒媚，有语侵上，上怒甚，召高力士以辎軿送还其家。妃悔恨号泣，抽刀剪发授力士曰：‘珠玉珍异，皆上所赐，不足充献，唯发父母所生，可达妾意，望持此伸妾万一慕恋之诚。’上得发，挥涕悯然，遽命力士召归。”[③]事情的经过，上引此书已经基本说清楚了，只是其中玄宗命高力士将杨贵妃送回家的记载疑有误。另据《资治通鉴》卷二一六的记载，杨贵妃顶撞了玄宗后，玄宗遂命人将其送归家中，至于是谁送她的，却没有记载姓名。两《唐书》也是如此。后经户部郎中吉温劝告后，玄宗又后悔了，遂派中使赴其家探视，贵妃剪发请中使带回，玄宗遂命高力士将其接回，更加宠爱。

---

① 《资治通鉴》卷二一五，唐玄宗天宝五载七月，第6873页。

② 李剑国辑校：《唐五代传奇集》第二编卷一一陈鸿《长恨歌传》，中华书局2015年版，第756页。

③ 《开元天宝遗事十种》载郑綮《开天传信记》，第59页。

吉温的出面劝谏，是受杨钊的委托。当杨贵妃第二次被送回家中时，杨氏全族更加惊恐不安，他们的荣华富贵全仰仗杨贵妃一人，如果杨贵妃从此失宠，不复召回，那么杨氏家族就坠入万丈深渊了。在这种情况下，杨钊只好与吉温商议对策，这才有了上面的一幕。杨钊因为在这次风波中调节有功，加之其具有一定的办事能力，因而受到玄宗的赏识，遂赐名国忠。

杨贵妃因为妒悍而两次被送出宫，到底是谁引起了她如此之大的妒火呢？史书中没有明确记载，但是从种种迹象来看，这个人很可能就是虢国夫人。虢国夫人美貌绝伦，而且长期孀居，早年在西蜀时就与其堂兄杨钊勾搭在一起。到了长安后，在诸姨中她最受皇帝的恩宠，因而也最为骄侈淫逸。唐人张祜的《集灵台》诗中写道："虢国夫人承主恩，平明上马入宫门。却嫌脂粉污颜色，淡扫蛾眉朝至尊。"[①]透露出虢国夫人与唐玄宗之间存在的隐秘关系。唐玄宗与杨贵妃每年冬季前往华清宫时，杨氏姐妹也时常一同前往，其中虢国夫人没有一次落下过。杨贵妃第一次出宫风波过后，玄宗特地宴请诸杨，却回避了虢国夫人，显然是为了照顾杨贵妃的情绪。

唐张萱绘《虢国夫人游春图》

总的来看，唐玄宗对杨贵妃的恩宠程度已经超过了武惠妃，他们除

① 〔唐〕张祜撰，尹占华校注：《张祜诗集校注》卷五，巴蜀书社2007年版，第206页。

了过着奢侈豪华、醉生梦死的生活外，还经常四处游乐、歌舞助兴。在华清宫还专门为杨贵妃建筑了汤池，人称贵妃池，也叫海棠池。此池在20世纪80年代被发掘，呈椭圆形。杨贵妃喜食新鲜荔枝，玄宗下令从岭南快马传送，唐代诗人杜牧的《过华清宫绝句》三首中，有一首专门写到了这种情况："长安回望绣成堆，山顶千门次第开。一骑红尘妃子笑，无人知是荔枝来。"[①]讽刺了这种劳民伤财的举动。

不过，杨贵妃虽然备受恩宠，生活奢侈，但她却不是一个权力欲很强的女人，在史书中也极少见到有关她干预政事的记载。虽然杨氏家族中人，尤其是杨国忠专权擅政，做了不少祸国殃民的事，但这些却与杨贵妃并无直接的关系，更多的还是唐玄宗的责任。自唐代以来，历代都有不少人对女色误国之事进行批评，对杨贵妃也多有微词，这些都是没有道理的偏见。客观地看，根子还在唐玄宗身上，把责任推到一个女人身上，是一种陈腐的观念。

（二）杨贵妃与安禄山

安禄山，原名轧荦山，营州柳城（今辽宁省朝阳市）胡人。其母是突厥巫师阿史德，其父为康姓胡人，后来，其母改嫁给突厥人安延偃，于是他便改姓安氏，名禄山。关于安禄山的种族问题，学术界做了大量的研究，基本上认为他是粟特人。由于《安禄山事迹》一书记其母为突厥巫，其父为九姓粟特中的康国人，故认为其为混血胡人。其实突厥汗国中的神职人员多由粟特人充当，而阿史德氏是突厥中高贵族姓，多与王族通婚，其地位要比九姓粟特高，故安禄山本人认定其母为突厥人，无非是想抬高自己的地位。至于安延偃也是九姓粟特中的安国人。轧荦山实即粟特语roxšan的音译，意为"光明、明亮"，是粟特人传入漠北的"光明之神"。因此，无论从血缘还是文化的角度看，安禄山都应是一个粟特人。

安禄山聪明多智，通多种蕃语，早年当过互市牙郎，即唐朝与各

① 〔唐〕杜牧著，陈允吉校点：《樊川文集》卷二，上海古籍出版社2007年版，第28页。

民族间边境贸易的中介人。由于他勇敢善战、机智多谋，得到了幽州节度使张守珪的赏识，任其为捉生将，并收其为养子。开元二十四年，安禄山已经升任为平卢讨击使。在讨伐奚、契丹的战斗中战败，按军法当斩。张守珪惜其勇，将其押送朝廷处置。宰相张九龄坚持原则，要求将其处死，却被唐玄宗轻判，仅免官了事。以后安禄山又从头干起，逐渐升任平卢兵马使、平卢军使，至天宝元年时，已经升任为平卢节度使。天宝三载，他兼任范阳节度使。天宝十载（751），又命他兼任河东节度使，故成为当时兵力和权势最大的将领了。

玄宗信任安禄山，主要有以下几个原因：一是安禄山善表忠心，除了自我表白外，还经常向皇帝进献宝物、珍玩、异兽等。安禄山身重腹大，据说体重达三百五十斤，有一次，玄宗指着他的腹部说："此胡腹中何所有？其大乃尔！"安禄山回答说："更无余物，正有赤心耳！"[①]二是大行贿赂，安禄山对朝中权贵是不惜财力的，因此以李林甫为首的一批人都帮他说好话，加以扶持。三是安禄山洞察了玄宗骄奢之志，多以边功邀宠，经常出兵讨伐奚、契丹、同罗等部族，引起了玄宗对他的好感。在这一时期的边将中，恩宠如安禄山者，还无一人。玄宗赐其铁券，给予免死特权，又封其为东平郡王，在长安和昭应都给安禄山修建了豪华的宅第。安禄山兼任的三镇节度使，天宝初，共有兵十八万三千九百人；到安禄山时，人数可能超过了二十万，占全国总兵力的百分之四十。安禄山地位之重要性由此可见一斑，而这也是玄宗倚重他的一个重要原因。

安禄山是一个很有智慧的人，他见杨贵妃备受恩宠，为了巩固自己的权势，自然不能不对其示好。史载：安禄山"应对敏给，杂以诙谐"，深得玄宗的欢心，遂"诏杨氏三夫人约为兄弟"[②]。天宝六载，安禄山入朝，自请为杨贵妃养子。这时杨贵妃年仅二十九岁，而安禄山已经四十五岁了。不仅如此，他既与杨氏姐妹为兄弟关系，却又是杨贵妃

① 《资治通鉴》卷二一五，唐玄宗天宝六载正月，第6877页。

② 〔唐〕姚汝能：《安禄山事迹》卷上，上海古籍出版社1983年版，第5页。

的养子，将人伦关系也完全搞乱了。这种看似荒唐的举动，其实隐藏着安禄山深刻的用心，他既是杨贵妃的养子，当然也是皇帝的养子了，此举一可以讨杨贵妃的欢心，二可以获得玄宗的信任，何乐而不为呢？关于这件事的详细情况，《安禄山事迹》记载说：

> 召禄山入内，贵妃以绣绷子绷禄山，令内人以采舆舁之，欢呼动地。玄宗使人问之，报云："贵妃与禄山作三日洗儿，洗了又绷禄山，是以欢笑。"玄宗就观之，大悦，因加赏赐贵妃洗儿金银钱物，极乐而罢。自是，宫中皆呼禄山为禄儿，不禁其出入。[①]

唐代民间有三日洗儿的风俗，宫廷之中亦有此习俗，这一点史书多有记载，因此贵妃为安禄山做洗儿之事，亦不足为奇。只是安禄山已是成人，仍举行此礼，显然是宫中以此为笑乐，故玄宗也参与进来助兴。

安禄山为了进一步讨贵妃欢心，每次见到玄宗与贵妃，总是先拜贵妃，再拜皇帝。玄宗感到非常奇怪，问其为何如此。安禄山回答说："臣是蕃人，蕃人先母而后父。"[②]玄宗以为其憨厚诚实，待之愈厚。其实安禄山长期为官，又数次入朝，如何能不知朝廷礼仪？他这样做，目的就在于求宠固位，迷惑玄宗，使其放松对自己的警惕。

玄宗为了笼络安禄山，其在长安期间，"禄山同列皆尚食供馔，其余颁赐品味，备极水陆。玄宗每食一味，稍珍美，必令赐与，中贵相望于道"[③]。所谓尚食，即尚食局，是负责给皇帝嫔妃供给饮食的机构。安禄山在长安亲仁坊的宅第建成后，其在新第举行宴会庆祝，并上表玄宗，欲请宰相赴宴。这一天玄宗正在打球，遂停止打球，命令宰相必须赴宴。安禄山曾患小病，宫中御医相望于道，煎和汤药皆在宫中。玄宗

---

① 《安禄山事迹》卷上，第11页。

② 《旧唐书》卷二〇〇上《安禄山传》，第5368页。

③ 《安禄山事迹》卷上，第10页。

驾幸华清宫，“必令扈从，赐马，赐衣，香囊珍宝，不知纪极”[①]。正月一日，是安禄山的生日，玄宗每次都赐予大量财物，贵妃也厚加赏赐。《安禄山事迹》记载有天宝十载正月一日安禄山生日时，唐玄宗与杨贵妃赏赐的物品详单，录之如下：

> 玄宗赐金花大银盆二，金花银双丝平二，金镀银盖椀二，金平脱酒海一并盖，金平脱杓一，小玛瑙盘二，金平脱大盏四，次盏四，金平脱大玛瑙盘一，玉腰带一，并金鱼袋一，及平脱匣一，紫细绫衣十副，内三副锦袄子并半臂，每副四事，熟锦细绫□□三十六具。
>
> 太真赐金平脱装一具，内漆半花镜一，玉合子二，玳瑁刮舌篦、耳篦各一，铜镊子各一，犀角梳篦刷子一，骨（髑）合子三，金镀银盒子二，金平脱盒子四，碧罗（帛）〔帕〕子一，红罗绣（帛）〔帕〕子二、紫罗枕一，毡一，金平脱铁面枕一，并平脱锁子一，红罗绣帛子二，银沙罗一，银鏂椀一，紫衣二副，内一副锦，每衣计四事件。[②]

其实这一天玄宗与贵妃赐给安禄山的物品并不止这些，该书继续写道：“其日，又赐陆海诸物，皆盛以金银器，并赐焉。”原注曰：“所赐禄山食物、香药，皆以金银器盛之，其器并赐，前后又不可胜计也。”[③]

不仅如此，玄宗还给安禄山的母亲、祖母，皆赐以“国夫人”之封号，其子安庆宗、安庆绪、安庆恩、安庆和、安庆余、安庆则、安庆光、安庆喜、安庆祐、安庆长、安庆□等十一人，皆由玄宗赐名，并授予各种官职，其中安庆宗还尚荣义郡主。可以说玄宗与贵妃对安禄山已经做到了仁至义尽的地步，但是这一切并不能激励安禄山对大唐帝国忠心耿耿，反倒使其产生了反叛之心，妄图取大唐而代之。

① 《安禄山事迹》卷上，第10页。
② 《安禄山事迹》卷上，第10—11页。
③ 《安禄山事迹》卷上，第11页。

（三）杨国忠与安禄山

杨国忠在杨贵妃的诸兄弟中最为突出，他与杨贵妃的血缘关系比较疏远，然在政治方面却最有权势，他的发家虽然与杨贵妃有一定的关系，但更多的却是靠自己的钻营与努力。

杨国忠的父亲杨珣任过宣州（治今安徽省宣城市）司士参军的小官，他的母亲是武则天的面首张易之的妹妹。因此，早年的杨国忠生活困苦，仅任过新都县尉这样的小官，任满后穷得竟然连回家的路费都没有。后来他在成都娶了一个名叫裴柔的妓女为妻，此女因为年老珠黄，门庭冷落，不得已才嫁给了杨国忠。他们生了好几个儿子，过着贫困的日子，直到其堂妹杨玉环被册封为贵妃，这才时来运转，逐渐告别了贫困的生活。

事情的经过是这样的：当玄宗册封杨玉环的消息传到蜀中后，剑南节度使章仇兼琼想巴结杨贵妃，于是便把杨国忠任命为节度推官。不久，便派他入京向皇帝进贡春绨（即丝织品）。杨国忠到了长安后，找到了当年与他私通的堂妹虢国夫人，通过她的引荐入宫见到了唐玄宗。也许是因为他与杨贵妃血缘关系比较疏远，唐玄宗仅任命他为金吾卫兵曹参军，一个主管兵械的小官。尽管如此，杨国忠毕竟因此而留在了京师，为日后的飞黄腾达建立了一个立足点。由于他毕竟是杨贵妃的远亲，所以也能参加宫廷内举行的宴会，从而使唐玄宗能够时常见到他，并在他入京的第二年，升任他为监察御史。

当时李林甫为宰相，权势很大，杨国忠虽然不学无术，但却善于钻营。于是他便投靠了李林甫，并且按照李林甫的意思，在韦坚、杨慎矜等案件中，极尽诬陷之能事，从而逐渐升任检校度支员外郎、侍御史、监水陆运使、司农使、出纳钱物使等职，后来又升任给事中、御史中丞。在这一时期，杨国忠搜刮民财甚是用力，得到了玄宗的赏识。天宝八载，玄宗率百官视察左藏库，看到仓库中钱物堆积如山，龙颜大悦，认为杨国忠精于算计，于国有功，遂任命他兼理太府卿事，并赐金紫。从此以后，杨国忠愈加受到皇帝的宠信，并且开始觊觎李林甫的宰相地位。他先后排挤李林甫的心腹御史大夫宋浑、京兆尹萧炅等，将他们贬官放逐，接着又将御史大夫王鉷处死，取代了他的地位。此时李林甫已死，但还未入葬，杨国忠与陈希烈、哥舒翰等联合起来，共同出面证明李林甫与王鉷兄弟勾结。玄宗下令削夺李林甫的官爵，子孙流放岭南，并改换小棺以庶人身份下葬，其他与李林甫有牵连的官员共五十多人均被贬官。杨国忠代替李林甫成为宰相，并身兼四十多职，成为朝廷中最有权势的人物。

杨国忠像当年的李林甫一样，专擅朝政，排挤正直官员，并在家中处理政务。云南太守张虔陀对南诏索取无度，激反了南诏王，西南三十多个羁縻府州被攻占，张虔陀本人也被杀死。杨国忠不知安抚，反而推荐鲜于仲通为统帅，率八万精兵攻打南诏，结果全军覆没。杨国忠隐瞒战败的消息，虚报战功，自请兼任剑南节度使，又举荐败将鲜于仲通任京兆尹。接着，杨国忠又派李宓率军七万攻打南诏。李宓中了诱兵之计，战士死于瘴疫者十之八九，南诏乘机反攻，唐军战败，李宓也死于阵前。杨国忠又一次隐瞒败状，反倒向玄宗送上捷报。唐军两次攻打南诏，死伤二十余万，耗费资财不计其数，给百姓造成了极大的苦难。可是，朝中大臣畏惧杨国忠的权势，竟无人敢于揭发。

与此同时，安禄山也备受玄宗的宠信，手握重兵，杨国忠知道安禄山不会甘居人下，于是便产生了除去安禄山的想法。史载："时禄山与国忠争宠，两相猜嫌。"[1]杨国忠没有李林甫那样的本事，控制不了安禄山，遂在玄宗面前多次说安禄山有不臣之心，迟早是要造反的。玄宗此时正宠信安禄山，自然不会轻易相信。天宝十二载（753）冬，杨国忠随玄宗到华清宫，屡次进言说安禄山必反，并说陛下如不相信，可召其入京，其必不敢来。玄宗遂命安禄山入京朝见。出乎杨国忠预料的是，次年正月，安禄山却奉命来到了华清宫，并向玄宗哭泣说："臣本胡人，陛下不次擢用，累居节制，恩出常人。杨国忠妒嫉，欲谋害臣，臣无死

① 《册府元龟》卷三三六《宰辅部·依违》，第3785页。

日矣。”[①]此举使玄宗更加相信安禄山不会造反。安禄山与玄宗回到长安后，一直住到三月，才辞归范阳（今北京市西南）。

安禄山在朝中也安排有眼线，这个人就是御史中丞吉温。吉温本为魏郡（今河南省安阳市）太守，被杨国忠任命为御史中丞。吉温归朝时，前去向安禄山辞行，安禄山对他特别关照，并派其子安庆绪一直把他送到境上，吉温由此对安禄山感恩戴德。安禄山任内外闲厩使时，就让吉温为留后，在京师负责具体事务。吉温在长安将朝中的一举一动随时通报给安禄山。因此，杨国忠对安禄山的诋毁，安禄山了如指掌，能够及时采取对策。

在安禄山此次入朝期间，玄宗为了拉拢他，欲加其为同平章事，即宰相。命张垍草制，杨国忠阻止说：“禄山虽有军功，目不知书，岂可为宰相！制书若下，恐四夷轻唐。”[②]玄宗遂加安禄山为尚书左仆射，赐一子为三品官、一子为四品官。安禄山离京时，玄宗命高力士在长乐坡设宴饯行，回宫后玄宗问高力士安禄山是否高兴，高力士回答说：安禄山郁郁寡欢，好像知道了欲拜相而后中止之事。玄宗大怒，认为这必是张垍泄露了机密，便将其贬为卢溪郡（今湖南省沅陵县沅陵镇）司马，其兄弟也同时被贬官。

杨国忠也嫉妒另一宰相陈希烈，陈希烈为了避祸，多次上表请求辞去相位。玄宗欲以吉温代替陈希烈，被杨国忠所阻止，另外推荐了韦见素代替陈希烈。河东太守兼本道采访使韦陟，“文雅有盛名”，杨国忠恐其入相，遂指使人告发韦陟贪赃，玄宗命御史台审问。韦陟贿赂吉温，请吉温求救于安禄山。此事被杨国忠知道，马上抓住不放，致使韦陟、吉温被贬。安禄山自然不甘示弱，上表为吉温诉冤，然“且言国忠谗疾。上两无所问”[③]。玄宗的这一态度，表面上看双方都不得罪，实际上是偏袒了杨国忠，这引起了安禄山的不满。

为了制约安禄山，杨国忠极力拉拢陇右节度使哥舒翰。哥舒翰原为

① 《安禄山事迹》卷中，第18页。

② 《资治通鉴》卷二一七，唐玄宗天宝十三载正月，第6923页。

③ 《资治通鉴》卷二一七，唐玄宗天宝十三载闰十一月，第6929页。

王忠嗣部将，在西北与吐蕃的战争中屡立战功，声名显赫。杨国忠为了拉拢他，奏荐其兼任河西节度使，封西平郡王。哥舒翰本来就与安禄山不和，“上常和解之，使为兄弟”[①]，但是无济于事。杨国忠有意拉拢，哥舒翰未必服于杨国忠，但由于有利于对付安禄山，也就乐于顺水推舟。这些情况的出现，进一步激化了安、杨双方的矛盾，也促使安禄山加快了反叛的步伐。

天宝十四载（755）四月，杨国忠在没有充分掌握安禄山反叛证据的情况下，指使京兆尹派兵包围了安禄山在长安的宅第。这次行动是十分愚蠢的。当时安禄山之子安庆宗任太仆卿，尚荣义郡主，住在京师。杨国忠抓住了安禄山的宾客李超等人，送到御史台的监狱中，偷偷地处死。安庆宗便将这种情况密报安禄山，安禄山更加恐惧。这年六月，玄宗以其子成婚命安禄山入京参加观礼，安禄山如何敢来，遂称疾不往。唐玄宗对安禄山的确有恩，安禄山也心知肚明，曾打算在玄宗死后再作乱，杨国忠为了证明安禄山必反，有意激其造反，“禄山由是决意遽反”[②]。从这个角度看，杨国忠实乃唐朝之国贼也。也正因为如此，安禄山起兵造反时，便打出了“诛杨国忠”以清君侧的旗号。

（四）李亨与杨国忠的矛盾

杨国忠与太子李亨的矛盾由来已久。早在李林甫屡兴大狱打击李亨时，依附李林甫的杨国忠就参与其中，引起了李亨对他的极大不满。李林甫死后，杨国忠成为权臣，继续坚持原先对待太子的态度。《旧唐书》卷一〇《肃宗纪》载：“后又杨国忠依倚妃家，恣为亵秽，惧上英武，潜谋不利，为患久之。”所谓“惧上英武”，当然是美化李亨的话，其实是因为杨国忠与李亨的关系长期不和，担心将来李亨继位后对其不利，所以才“潜谋不利”，欲及早消除政治隐患。

天宝十四载十一月，安禄山在范阳正式举兵反叛。叛军兵力强大，加之唐朝长期处在和平状态，军队百姓久不知兵事，缺乏战争准备，故

① 《资治通鉴》卷二一六，唐玄宗天宝十一载十二月，第6916页。

② 《资治通鉴》卷二一七，唐玄宗天宝十四载十月，第6934页。

叛军一路势如破竹，进军神速，很快就逼近了东都洛阳。大将封常清连战连败，洛阳失陷，与奉命出征的另一大将高仙芝退守潼关（今陕西省潼关县东北港口镇），以拱卫长安不受叛军威胁。十二月，“上议亲征，辛丑，制太子监国，谓宰相曰：‘朕在位垂五十载，倦于忧勤，去秋已欲传位太子；值水旱相仍，不欲以余灾遗子孙，淹留俟稍丰。不意逆胡横发，朕当亲征，且使之监国。事平之日，朕将高枕无为矣。’”[①]并且以“永王璘为山南节度使，江陵长史源洧为之副；颍王璬为剑南节度使，以蜀郡长史崔圆为之副。二王皆不出閤”[②]。从玄宗的这一切安排看，显然是给皇太子李亨在政治上谋求发展提供了一种可能性，也就是说，安禄山的叛乱给皇太子带来了政治上崛起的机会。

但是，事情并不如玄宗想象的那么顺利，他首先遇到的阻力便来自于宰相杨国忠。史载：“杨国忠大惧，退谓韩、虢、秦三夫人曰：‘太子素恶吾家专横久矣，若一旦得天下，吾与姊妹并命在旦暮矣！’相与聚哭。使三夫人说贵妃，衔土请命于上；事遂寝。”[③]另据《新唐书》卷二〇六《杨国忠传》载：“国忠揣帝且禅太子，归谓女弟等曰：‘太子监国，吾属诛矣。’因聚泣，入诉于贵妃，妃以死邀帝，遂寝。”可见此事没有由杨国忠亲自出面，而是通过杨贵妃出面阻止，杨贵妃以死相威胁，才迫使玄宗收回了成命。

其实，玄宗声称自己将率军亲征，只不过是一篇官样文章，试想一位年逾古稀的老皇帝御驾亲征究竟有多大的可信性？而且玄宗并没有取胜的把握，在这种情况下，他又如何敢于冒风险亲临前线呢？只是由于自己一直宠信安禄山，而且不顾许多人的劝说，坚持认为安禄山不会造反，结果事实摆在了大家面前，证明他完全做错了，为了挽回一点颜面，皇帝不得已才说了这样的大话，只要有人出面劝阻，他马上就会收回成命。果然杨贵妃出面劝阻后，玄宗遂放弃了亲征的打算，在这种情况下，太子监国的事自然也就不了了之了。此外，玄宗命太子监国的

① 《资治通鉴》卷二一七，唐玄宗天宝十四载十二月，第6940—6941页。

② 《资治通鉴》卷二一七，唐玄宗天宝十四载十二月，第6940页。

③ 《资治通鉴》卷二一七，唐玄宗天宝十四载十二月，第6941页。

事，到底有多大的诚意，也是值得怀疑的。

不过太子李亨可不这么想。他长期受到压制，自认为在政治上刚刚有一点露头的机会，却立马因为杨国忠及其兄弟姐妹们的强烈反对而落空，这种情况下他如何能不对杨国忠恨之入骨呢？杨贵妃在玄宗当政期间本来是很少过问政事的，但是这一次受其堂兄及诸姐妹的指使，干预了如此重要的朝廷政治，从而使她也卷入到复杂的政治斗争的旋涡中去了。后来，安禄山叛军打入长安，唐玄宗仓皇逃向西蜀，逃亡途中杨国忠及杨贵妃等在马嵬坡先后被杀，其祸胎其实早在长安时就已经形成了。

第五节　马嵬之变与太子登基

一、潼关失守

（一）潼关失守的原因

就在长安围绕着太子监国和玄宗亲征的事暗中较劲之时，前线的战事在不断地恶化。高仙芝与封常清退守潼关之举，从军事上看是正确的举措：不仅可以拱卫长安的安全，使叛军的进军步伐受到扼制，还可以使唐政府获得一个喘息的机会，乘机调动兵力、调整部署。然而直到此时，玄宗仍对当时的军事态势没有一个正确的判断，以为叛军不日就会被平定，反而接受了监军边令诚的挑唆，将高仙芝与封常清两人处死。封常清临死前草遗表曰：“臣死之后，望陛下不轻此贼，无忘臣言！”[①]封常清当日率军赴洛阳迎战时，也以为叛军内部人心不齐，以正伐邪，可以迅速获胜。经过与叛军数次战斗后，他才认识到叛军的情况并非如先前判断的那样，而且战斗力极强。这是一个将军亲身经历激烈的战斗后获得的宝贵经验，如果玄宗能够接受封常清临死前的劝谏，也许局面不会很快地发展到不可收拾的程度。

---

① 《资治通鉴》卷二一七，唐玄宗天宝十四载十二月，第6942页。

高、封二人死后，玄宗遂命因病在家休养的哥舒翰率军出征。哥舒翰虽然是战功卓著、经验丰富的大将，但此时病重，不能治事，甚至连生活也需要人照料，因此并不是很理想的统帅人选。哥舒翰本人也推辞不就，玄宗坚持不变，哥舒翰只好扶病出征了。史载：“翰病，不能治事，悉以军政委田良丘；良丘复不敢专决，使王思礼主骑，李承光主步，二人争长，无所统一。翰用法严而不恤，士卒皆懈弛，无斗志。”[①]这种情况的存在，对战事是非常不利的。

除了玄宗选用统帅不当的原因外，朝廷干预前线将领的指挥，也是颇犯兵家之忌的一件事。这件事说到底还是朝廷内部矛盾斗争的一种反映，事情的经过是这样的：户部尚书安思顺与安禄山虽是堂兄弟关系，但他知道造反是灭门大罪，不愿因此而为安禄山连累。当他知道安禄山将要起兵反叛时，便入朝奏明此事。后来安禄山举兵之时，玄宗因为安思顺早已上奏，遂不降罪于他。哥舒翰早就与安禄山不和，迁怒于安思顺，遂指使人伪造了一封安禄山给安思顺的书信，然后在安禄山入关之时，将所谓送信人擒获，向玄宗献上书信。接着又以此为据，上表请求诛杀安思顺。玄宗不察其中有诈，将安思顺及其弟安元贞处死，家属流放岭南。“杨国忠不能救，由是始畏翰”[②]。杨国忠为什么要救安思顺？史无明文，不得而知，但通过此事，杨国忠看到了哥舒翰的厉害，对其产生畏惧之心，却是真实的。同时，这也说明在此之前，杨国忠与哥舒翰之间并无政治上的隔阂，直到此时他才开始对哥舒翰有了警惕之心。

接着在潼关驻军中出现了一股要求诛杀杨国忠的势力，其带头人物便是大将王思礼。王思礼密劝哥舒翰利用手握重兵的有利时机，回军诛杀杨国忠，哥舒翰犹豫不决。这件事很快就被杨国忠知晓了，很可能是他安插在军中的亲信密报的。杨国忠得报大惧，马上向玄宗上奏说：“今潼关兵众虽盛，而无后殿，万一不利，京师得无恐乎！请选监牧小儿三千人训练于苑中。”[③]玄宗同意了他的奏请。杨国忠还不放心，又奏

① 《资治通鉴》卷二一七，唐玄宗天宝十四载十二月，第6944页。

② 《资治通鉴》卷二一七，唐肃宗至德元载三月，第6957页。

③ 《旧唐书》卷一〇四《哥舒翰传》，第3214页。

请召募一万人屯驻灞上，皆令其心腹将领杜乾运统率。杨国忠的这些举动，“名为御贼，实备翰也”[①]。对于杨国忠这些举动的目的，哥舒翰也是心知肚明的，于是他又上表皇帝请求将杜乾运军改隶潼关，然后以商议军情的名义召杜乾运到潼关，将其斩首。

此事引起了杨国忠极大的恐惧，同时也使哥舒翰内心感到不安，因为这样做毕竟是违背玄宗意愿的，有专擅弄权的嫌疑。杨国忠为了自保，必然要采取对策进行反击。敦促潼关守军出关作战，便是其所采取的主要对策。据《旧唐书》卷一〇六《杨国忠传》载：“国忠以翰持兵未决，虑反图己，欲其速战，自中督促之。”唐玄宗急于取得平叛战争的胜利，杨国忠的建议与其想法不谋而合，于是催促哥舒翰进兵的命令便接二连三送到了潼关前线。关于此事史籍是这样记载的：杨国忠“言于上，以贼方无备，而翰逗留，将失机会。上以为然，续遣中使趣之，项背相望。翰不得已，抚膺恸哭”[②]，引军出关。哥舒翰之所以临战“恸哭”，是因为他知道叛军战斗力强悍，而官军却是新召募的乌合之众，战必失败，故失声恸哭。

官军在灵宝西原（位于今河南省灵宝市西北）与崔乾祐率领的叛军会战，叛军设伏于险要，又派一军冲击官军后路，官军大败，死伤不计其数。哥舒翰仅率数百骑退入关中，二十余万大军退入关中的仅为八千余人，潼关天险遂被攻破。哥舒翰被叛将火拔归仁捆绑送入叛军营中，遂投降了安禄山，后被处死。潼关之战失败后，前往长安道路沿线的州县官兵溃散，长安城已经无兵可守。

在哥舒翰出关作战之前，平叛形势一片大好，郭子仪、李光弼率军在河东连战连胜，并且打开了东井陉关的通道，可以威胁河北，直捣范阳叛军老巢。河北诸郡纷纷反正，叛军后方不稳。李光弼军在常山郡（治今河北省正定县）大败史思明军，叛军损失惨重，人心不稳。叛军进攻江淮的军事计划也受到挫折，难以实现。安禄山虽然在洛阳称帝，

① 《资治通鉴》卷二一八，唐肃宗至德元载五月，第6966页。

② 《资治通鉴》卷二一八，唐肃宗至德元载六月，第6967页。

但大军受阻于潼关，不能前进一步，且后方极不稳定。因此，郭子仪、李光弼等皆上书朝廷，主张在潼关宜采取守势，不可轻易出战。但是杨国忠出于一己之私，强迫守关大军弃险而出。玄宗不懂军事，急于求成，干预前线统帅的指挥，结果导致了潼关失守，长安门户洞开，使得整个平叛战争的形势急转直下。因此，潼关之战的失败，不仅仅是一个军事问题，它实际也是朝廷内部政治斗争所导致的一个恶果，教训是非常深刻的。

（二）马嵬之变真相

天宝十五载（756）六月十三日黎明，一队人马保护着玄宗从禁苑延秋门而出，匆匆向西疾驰而去。这支队伍中除了玄宗之外，还有杨贵妃、杨国忠、杨氏的几个姐妹以及太子李亨和少数几位皇子，连玄宗的其他嫔妃、公主、皇孙以及百官，都抛弃不顾了。可见潼关的失陷对玄宗震动之大，他完全惊慌失措，只能不顾一切地抛弃长安向西蜀地区逃命去了。

当玄宗一行走到马嵬驿（今陕西省兴平市西）时，禁军却发生了哗变，他们杀死了宰相杨国忠，并迫使玄宗处死了杨贵妃。关于这一变故的详情，史籍中多有记载，其中以《资治通鉴》卷二一八的记载较详，录之如下：

> 至马嵬驿，将士饥疲，皆愤怒。陈玄礼以祸由杨国忠，欲诛之，因东宫宦者李辅国以告太子，太子未决。会吐蕃使者二十余人遮国忠马，诉以无食，国忠未及对，军士呼曰：“国忠与胡虏谋反！”或射之，中鞍。国忠走至西门内，军士追杀之，屠割支体，以枪揭其首于驿门外，并杀其子户部侍郎暄及韩国、秦国夫人。御史大夫魏方进曰：“汝曹何敢害宰相！”众又杀之。韦见素闻乱而出，为乱兵所挝，脑血流地。众曰：“勿伤韦相公。”救之，得免。军士围驿，上闻喧哗，问外何事，左右以国忠反对。上杖屦出驿门，慰劳军士，令收队，军

士不应。上使高力士问之，玄礼对曰："国忠谋反，贵妃不宜供奉，愿陛下割恩正法。"上曰："朕当自处之。"入门，倚杖倾首而立。久之，京兆司录韦谔前言曰："今众怒难犯，安危在晷刻，愿陛下速决！"因叩头流血。上曰："贵妃常居深宫，安知国忠反谋？"高力士曰："贵妃诚无罪，然将士已杀国忠，而贵妃在陛下左右，岂敢自安！愿陛下审思之，将士安则陛下安矣。"上乃命力士引贵妃于佛堂，缢杀之。舆尸置驿庭，召玄礼等入视之。玄礼等乃免胄释甲，顿首请罪，上慰劳之，令晓谕军士。玄礼等皆呼万岁，再拜而出，于是始整部伍为行计。谔，见素之子也。国忠妻裴柔与其幼子晞及虢国夫人、夫人子裴徽皆走，至陈仓，县令薛景仙帅吏士追捕，诛之。

关于这次事变是否是军士自发的哗变，学术界比较一致的意见认为是事先有所预谋、有所计划的，但是关于主谋为谁，却有着各种不同的解读。

从上面的引文看，有四个人比较引人注目，即太子李亨、陈玄礼、高力士、李辅国。其中陈玄礼的意向最为明显，史书记载他早在长安城中时就欲诛杀杨国忠，在此次禁军哗变中，他表现得最为活跃，而他本人又是禁军大将，所以最有可能是他主导的此次事变。但是陈玄礼为什么要诛杀杨国忠？史书中却没有明确的记载，于是有人认为大宦官高力士是主谋，因为高力士主导的内朝与杨国忠主导的外朝争权，所以导致高力士必欲铲除杨国忠，陈玄礼只不过受其指使而已。不过这些均为推测，并没有多少史料作为证据。[1]还有就是太子李亨，他与杨国忠矛盾最大，自然也愿意乘机铲除杨氏势力。上面的引文中记载，陈玄礼通过太

① 胡溉成认为这一事件背后的主谋是太子李亨，见其《马嵬驿事件的真象》，载《安徽师大学报》1980年第4期，第80—83页；任士英也持这一观点，见其《马嵬之变发微》，载《扬州师院学报》1995年第3期，第123—133页；黄永年先生认为背后的主谋是高力士，见其《说马嵬驿杨贵妃之死的真相》，原载《学林漫录》第五辑，1982年，后收入其著《文史存稿》，三秦出版社2004年版，第184—192页。

子身边的宦官李辅国向太子征询过诛杀杨国忠的意见，“太子未决”，似乎太子并未参与此事。但是从其他记载看，太子李亨的态度却不是这样的。如《旧唐书》卷五一《杨贵妃传》载：“从幸至马嵬，禁军大将军陈玄礼密启太子，诛国忠父子。”同书《韦见素传》载：“龙武将陈玄礼惧其乱，乃与飞龙马家李护国（即李辅国）谋于皇太子，请诛国忠，以慰士心。是日，玄礼等禁军围行宫，尽诛杨氏。”这些记载都明确说太子参与了密谋，并没有“未决”这样的态度，可见《资治通鉴》是为太子李亨避讳了。至于李辅国，只不过是往来传话的角色，并非此次事件的主角。

那么，高力士到底在此次事件中扮演了什么角色呢？从上引《资治通鉴》的记载看，他是主张处死杨贵妃的，而且是缢杀贵妃的直接执行者，其积极参与的姿态是非常明显的。而且从后面接着发生的事情来看，高力士支持太子的态度也是非常明显的。

杨贵妃墓

马嵬之变后，玄宗命令继续西行，“父老皆遮道请留”，玄宗于是命太子留下来抚慰百姓，“父老因曰：‘至尊既不肯留，某等愿帅子弟从殿下东破贼，取长安。若殿下与至尊皆入蜀，使中原百姓谁为之主？’须臾，众至数千人。太子不可”。于是太子之子建宁王李倓、广平王李俶以及李辅国等皆劝太子留下来，“父老共拥太子马，不得行”。在这种情况下，太子只好派人报告玄宗，玄宗“乃分后军二千人及飞龙厩马从太子”。[①]从此，太子李亨与玄宗在政治上分道扬镳，摆脱了玄宗对他的控制。其实这一切也是事先策划好的。据《旧唐书》卷一八四《李辅国传》载：“辅国献计太子，请分玄宗麾下兵。”《新唐书》卷二〇八《李辅国传》亦载：“陈玄礼等诛杨国忠，辅国豫谋，又劝太子分中军趋朔方。”从这些记载看，上面所说的“父老皆遮道请留”太子，完全都是事先预谋好的，也就是有人导演的一场戏。

那么太子李亨到底拥有何种力量能使他与玄宗的分道扬镳成功呢？这就是他所掌握的部分禁军部队。《旧唐书》卷一一六《肃宗诸子传》云：“禄山之乱，玄宗幸蜀，倓兄弟典亲兵扈从。”说明在此次玄宗幸蜀时，李亨的儿子建宁王李倓、广平王李俶等均掌典禁军，此二人所掌的这部分禁军自然是李亨所倚仗的基本军事力量。这部分军队有多少人呢？从上引的“乃分后军二千人及飞龙厩马从太子”一句可以知道，有两千人马。从“后军”二字可以知道，玄宗从长安逃走时太子一直处在殿后的位置，也就是说他本来就统率着后军。关于这一点还有史料可以证明，如《旧唐书》卷一〇《肃宗纪》记载：“车驾将发，留上（指李亨）在后宣谕百姓……（玄宗）乃令高力士与寿王瑁送太子内人及服御等物，留后军厩马从上。”从以上情况分析，这里所用的“留”字，要比前面所用的“分”字，更能准确地表达当时的实际情况。在这两千人马中有部分飞龙厩兵马，这是唐朝禁军中的精锐马军，在之前的论述中已经提到过这支军队，它一直由高力士统率，其任内飞龙厩大使。这支禁军甘愿跟随太子李亨，而与其老首长高力士分离，恐怕高力士本人在其中发挥了重要的作用。

① 《资治通鉴》卷二一八，唐肃宗至德元载六月，第6975—6976页。

通过以上分析，可以清楚地看出，马嵬之变实际上是太子李亨、高力士与陈玄礼等人联合发动的一次有计划有预谋的政治行动，除了要达到铲除杨氏兄妹的目的外，帮助太子摆脱玄宗羁绊、使其能担负起领导全国平叛的责任，才是这场事变的最终目的。这样就产生了一个新的问题，高力士与陈玄礼皆是玄宗的心腹之臣，与其有着数十年的深厚关系，为什么却在此次事变中转而支持太子呢？这就需要再做分析了。

杨国忠在朝廷专擅弄权，声望极其不佳，当时人皆认为："兵满天下，毒流四海，皆国忠之召祸也。"高力士、陈玄礼难免也有类似的看法，陈玄礼就说过："今天下崩离，万乘震荡，岂不由杨国忠割剥甿庶，朝野怨咨，以至此耶？若不诛之以谢天下，何以塞四海之怨愤！"[①]在这种情况下，当太子李亨出于政治需要对付杨国忠时，高、陈二人自然会予以支持。还有一个原因，就是老迈的玄宗在叛军进攻长安时，没有积极地担负起领导全国平叛的责任，反而远避于西蜀，而太子李亨却有意承担起这副重担。作为忠于李唐王朝的老臣，高力士、陈玄礼为了国家的长远之计，也不能不选择与太子合作；同时，他们作为与玄宗合作数十年的老臣，又甘愿保护玄宗西幸。高、陈二人于私于公都做到了尽心竭力，就此点而言，其行为的确难能可贵。不过他们两人与太子的此次合作，并不等于他们加入了太子集团，也不是为了个人捞取政治上的好处。

（三）玄宗幸蜀

马嵬之变后，到底向何处去？当时发生了争议。将士们认为杨国忠久兼剑南节度使，其势力仍然存在，不可前往西蜀。于是有的人建议皇帝到河、陇一带去，有的主张到灵武（治今宁夏回族自治区灵武市西南），有人建议到太原，也有人主张回到京师长安去。众说纷纭，莫衷一是。玄宗的本意是想去川蜀，但因众人反对，所以也不好表态，只好沉默不言。御史中丞韦谔认为，如果回京，应当具备防御的军事力量，今兵力寡少，不如暂且前往扶风（今陕西省扶风县），然后再决定去

① 以上见《旧唐书》卷一〇六《杨国忠传》，第3246—3247页。

唐李昭道绘《明皇幸蜀图》

向。到达扶风后，军中更加人心不稳，流言四起，玄宗非常担心。恰好成都进贡的春采十余万匹运到了扶风，玄宗下令将其全部拿出来，用于赏赐将士，才使得军心逐渐稳定。

为了能够顺利地到达成都，玄宗首先正式任命剑南节度留后崔圆为节度使，又命颍王李璬先行前往成都，做好迎驾准备。又将护驾军队分成六军，命寿王李瑁等人分别统率，依次进发。其实这时跟随玄宗的禁军不过一千三百余人，即使需要整顿，也未必一定要分成六军。玄宗之所以这么做，实际上是分散了禁军的统率权。在此之前，禁军由陈玄礼统率，此次分别由玄宗的亲儿子寿王李瑁等人统率，说明玄宗已经不再那么相信陈玄礼等外姓将领了。

唐玄宗是经陈仓（今陕西省宝鸡市东渭水北岸）、散关（陕西省宝鸡市西南大散岭上）、河池（今甘肃省徽县西北）等地，即通过陈仓道，直达成都的。途中崔圆来迎，并进奏说：“蜀土丰稔，甲兵全盛。”[1]这才使得玄宗久悬的心稍稍有所放松，遂任命崔圆为中书侍郎、

① 《资治通鉴》卷二一八，唐肃宗至德元载七月，第6978页。

同平章事，即拜为宰相。到达普安（今四川省剑阁县）时，宪部（刑部）侍郎房琯来谒见皇帝，玄宗遂又任命其为文部（吏部）侍郎、同平章事。到达巴西郡（今四川省绵阳市东）时，太守崔涣来谒，玄宗又任命其为门下侍郎、同平章事，同时又拜韦见素为左相。玄宗如此频繁地拜相，一方面是要补齐杨国忠被诛杀后留下的中枢机构的残缺不全，收拾已经涣散的官员队伍之人心；另一方面他要通过这些行动显示自己仍然牢牢控制着朝廷的大权。

尤其值得关注的是，玄宗在普安时还颁布了一道制书，时间在天宝十五载七月十六日。这道制书的主要内容有以下几点：一是罪己，唐朝在玄宗统治时期出了安禄山举兵叛乱这样的大事，致使百姓涂炭，他自己也不得不逃离京师，若不表示罪己责躬，显然是说不过去的。二是宣布以皇太子李亨为天下兵马大元帅，领朔方、河东、河北、平卢节度都使，负责收复长安、洛阳。三是以永王李璘为山南东道、岭南、黔中、江南西道节度使；以盛王李琦为广陵大都督，领江南东道、淮南、河南等路节度使；以丰王李珙为武威都督，仍领河西、陇右、安西、北庭等路节度使。四是使唐朝制度发生了重要的变化。所谓“应须兵马、甲仗、器械、粮赐等，并于当路自供”，也就是说将原来由中央统管的财权下放了，从而为后来的藩镇掌财权开了先河。同时，“其署官属及本路郡县官，并各任便自简择，五品以下任署置讫闻奏，六品以下任便授已后一时闻奏。”[①]即将地方官员的任命权也下放了，这就为以后的藩镇拥有辟署权开了先河。

唐明皇幸蜀闻铃处

通过玄宗颁布的这道制书，还

① 《全唐文》卷三六六《元宗幸普安郡制》，第3719—3720页。

可以看出一些问题，即玄宗虽然被迫同意太子与自己分道扬镳，但是他又不愿意太子的权力过大，所以分别任命诸子为各路节度使，使太子的势力不至于扩展到这些地区，同时也可以使其互相制约。当然玄宗下放财权与人事权，并不一定是为了防范太子，而是出于对当时局势的正确分析，因为唐政府已经不可能再像以前那样统一控制这些权力了，当然也是对付安禄山的需要。

这道制书的颁布，还说明了一个问题——玄宗并不想主动退出政治舞台，即不想让位于太子，他还要继续掌控全国的局势。但是，他没有想到的是，早在这道制书颁布的三天前，太子李亨已经在灵武正式即皇帝位了。在这道制书颁布前，全国各地都不知道玄宗的下落，制书的颁布，才使军民知道皇帝已经到了普安，并且正在向成都进发。

七月二十八日，玄宗一行终于到达成都。经过几天的休整，遂于八月二日颁布了《幸蜀郡大赦文》。在赦文中，除了再次检讨自己的过失外，重申了在普安时的战略部署，命令太子与诸王协同合力，平定叛乱。再就是对被安禄山胁从的官员，只要能改过自新、归顺朝廷，原其罪行，优与官赏，以瓦解敌人、争取人心。这是玄宗作为皇帝发布的最后一道诏令，标志着一个时代的结束，尽管此时他还不知道自己已被尊为太上皇。

二、太子赴灵武

（一）太子奔赴灵武

太子李亨与玄宗分手后，一时也不知去向何方。广平王李俶见天色已晚，认为此处不可久驻，建议征询众人意见。左右皆不知如何回答。建宁王李倓建议说：“殿下昔尝为朔方节度大使，将吏岁时致启，倓略识其姓名。今河西、陇右之众皆败降贼，父兄子弟多在贼中，或生异图。朔方道近，士马全盛，裴冕衣冠名族，必无贰心。贼入长安方虏掠，未暇徇地，乘此速往就之，徐图大举，此上策也。”[①]这个建议得到了大家的赞同。行进到渭水岸边时，与潼关败退下来的军队打了一仗，死伤甚众，后来才知道这是一场误会。后渡过渭水，到达奉天（今陕西省乾县）。因为这里距长安甚近，众人不敢停留，连夜北上，到达新平郡（治今陕西省彬州市），又经安定郡（治今甘肃省泾川县北），到达彭原郡（今甘肃省宁县）。彭原太守李遵献粮食与衣物，招募了数百兵卒。到达平凉郡（治今甘肃省平凉市西北）后，得到当地监牧之马数万匹，又召募了数百人，军势稍振，遂在当地暂时居住下来。

朔方留后杜鸿渐与六城水陆运使魏少游、节度判官崔漪、支度判官卢简金、盐池判官李涵等人商议，认为平凉不宜久驻，灵武兵精粮足，不如迎太子到灵武，然后“北收诸城兵，西发河、陇劲骑，南向以定中原，此万世一时也”[②]。众人皆赞成此议，于是派李涵到平凉见太子，并且献上士马、甲兵、谷帛、军需等数额的籍账，李亨大悦。正好河西司马裴冕调任御史中丞，到了平凉后，也劝太子早早前往灵武。于是，李亨终于下定了前往灵武的决心。杜鸿渐命人修葺房舍，做好迎接太子的准备，然后亲自到平凉北境迎接，再次劝李亨说：“朔方，天下劲兵处也。今吐蕃请和，回纥内附，四方郡县大抵坚守拒贼以俟兴复。殿下今理兵灵武，按辔长驱，移檄四方，收揽忠义，则逆贼不足屠也。”[③]应该说杜鸿渐的这种说法是符合实际情况的。灵武郡是朔方节度使的治所之所在，唐朝在这里屯驻有大量的军队，早在天宝初期，朔方的总兵力即达六万四千七百人，马一万四千三百余匹，衣赐二百万匹段，可谓财丰兵精。尤为重要的是，朔方之兵多为久战之军，战斗力极强，加之朔方地理位置非常重要，南下可直逼长安，向东经河东北部可进击河北，威胁叛军老巢，同时这里又是控扼河、陇的交通枢纽，具有非常重要的军事地位。

太子李亨从奉天北上时，一路狂奔，马不停蹄，有时昼夜奔驰三百

① 《资治通鉴》卷二一八，唐肃宗至德元载六月，第6977页。

② 《资治通鉴》卷二一八，唐肃宗至德元载六月，第6981页。

③ 《资治通鉴》卷二一八，唐肃宗至德元载六月，第6981页。

里，士卒器械亡失过半，其狼狈情况不亚于玄宗入蜀。到了平凉时才敢稍稍停歇，直到到达灵武后，才算安定下来。从此以后，灵武便成为唐朝平定安禄山叛乱的大本营，而唐玄宗避居川蜀，失去了领导全国军民抗击叛军的地位，被太子所取代遂成为必然的趋势。

（二）太子即位真相

太子李亨于天宝十五载七月九日到达灵武。仅仅过了三天，遂于七月十二日即位于灵武城南楼，史称唐肃宗。事情发展得如此之快，反映了李亨及其追随者迫不及待的心情。

事情的大体经过是这样的：裴冕、杜鸿渐等人请求太子即皇帝位，李亨假意不许。裴冕劝谏说："将士皆关中人，日夜思归，所以崎岖从殿下远涉沙塞者，冀尺寸之功。若一朝离散，不可复集。愿殿下勉徇众心，为社稷计！"[①]这一段话正好反映了太子的追随者的心声，他们之所以追随李亨远涉，无非就是想捞取政治上的好处，如果太子不能即皇帝位，自然使这批人感到失望，因而人心离散。不过李亨如果很痛快地答应他们的请求，似乎显得有些急于抢班夺权，按照古代的惯例，还是应该推辞一番。在这些人前后五次提出请求后，李亨才最终同意。次日，李亨在灵武城南楼接受百官的朝拜，并且改天宝十五载为至德元载，尊玄宗为太上皇。当时的情况非常寒酸，所谓"披草莱，立朝廷，制度草创，武人骄慢"，文武官员的总数不过三十人。虽然如此，肃宗的即位，对全国军民来说，依然是一个鼓舞，使人们看到了希望，以至出现了"旬日间，归附者渐众"[②]的良好局面。

按照惯例，新皇帝即位都要发布一个即位大赦文，李亨即位时也不例外，此文收录在《唐大诏令集》卷二中。这篇赦文与一般的皇帝即位赦不一样，有许多值得分析的东西在其中。

首先，肃宗表明自己继承大统是自己的父亲玄宗授意的，所谓"圣皇久厌大位，思传眇身，军兴之初，已有成命"。就这一点而言，显然

① 《资治通鉴》卷二一八，唐肃宗至德元载七月，第6982页。

② 《资治通鉴》卷二一八，唐肃宗至德元载七月，第6983页。

是不真实的，玄宗并没有传位的意思，如果玄宗想传位于太子，为什么在《幸普安郡制》中没有传位于太子呢？到达成都后，在颁布的《幸蜀郡大赦文》中也没有这意思。可见肃宗的这次行动完全是抢班夺权的行为，这也是玄宗父子长期矛盾的一种结局。

其次，肃宗在赦文中打出了平叛的旗号，所谓“朕所以治兵朔陲，将殄逆寇”，就是把平叛确定为新朝廷的目标，以争取民众的支持和拥戴。因为只有这样，才能给唐朝的中兴带来希望，使全国军民有一个主心骨，当然这样做也使自己在灵武的即位具有了合理性，是他在政治上求得发展的唯一的正当理由。从客观上看，肃宗的即位对于扭转长安失守后唐朝的平叛形势的确起到了积极的作用，振奋了人心。关于这一点史籍中有许多记载，如：“衣冠士庶归顺于灵武郡者，继于道路”“及闻肃宗治兵于灵武，人心益坚矣”[①]“诸道始知上即位于灵武，徇国之心益坚矣”[②]。从这个意义上看，李亨在灵武即位，的确有其正当性。但是，由于他毕竟未奉其父诏命而自行登基，其法统地位受到质疑，为了解决这一问题，就势必会分散他平叛的精力。

再次，肃宗在赦文中对自己父亲的地位也做了界定，尊其为太上皇，并且送给了一个很高的尊号，即所谓“上皇天帝”。本来新皇帝即位，只要老皇帝还健在，都会尊其为太上皇，这在历史上已是惯例。但是如肃宗这样给自己的父亲加上一个“上皇天帝”的特别称号的，则比较少见，反映了唐肃宗在抢班夺权时的不安心态。

最后，还有一点需要说明，即肃宗在即位的当天，就在这篇赦文中宣布改元至德了，这也是一个不正常的举动。通常新皇帝即位后，是会改元的，但都是在次年改元，很少有当年改元的，况且老皇帝还健在。通过这一现象，也透露出了其父子不和的一点信息。

由于肃宗即位时，玄宗尚在幸蜀的途中，所以并不知道已经发生的这一变故。到了成都以后，由于驿路不通，道路艰涩，因此仍无法获得

---

① 《安禄山事迹》卷下，第38页。

② 《资治通鉴》卷二一八，唐肃宗至德元载七月，第6990页。

外界的消息。直到八月十二日，肃宗派往成都的使者到达后，玄宗才知道了这个消息。面对这种局面，玄宗无话可说，在国家危难之时，他只能接受这个现实，并且还得装出一副高兴的样子。史书记载说：“上皇喜曰：‘吾儿应天顺人，吾复何忧！’”四天以后，他又颁布诏书曰：“自今改制敕为诰，表疏称太上皇。四海军国事，皆先取皇帝进止，仍奏朕知；俟克复上京，朕不复预事。”[①]可见玄宗并不愿意彻底退出政治舞台，军国大事仍要奏与他知。因为肃宗即皇帝位时毕竟没有经过老皇帝的允许，也没有传国玉玺之类的国宝玉册，于是玄宗又命韦见素、房琯、崔涣为使，奉国宝玉册赴灵武传位。除了这些东西外，还必须有正式文件为据，于是玄宗又先后颁布了《明皇令肃宗即位诏》和《肃宗即位册文》，这样总算完成了新皇帝即位的全部程序。

肃宗虽然得以顺利即位，但是若想要完成平叛大业，必须要拥有相当强大的军事力量和丰足的财力。不久，郭子仪率军五万从河北来到了灵武，这才使得灵武的军事力量有了根本的改观，加之诸道奉命前来勤王的军队，使得肃宗拥有了一支颇具战斗力的军队。尽管如此，肃宗还认为声势不够壮大，遂命大将仆固怀恩赴回纥借兵，许以厚利，令回纥派兵助唐平叛。至于所需财赋，则完全依靠江淮与山南地区的供给。由于河南地区已经沦陷，这一带的财赋均通过襄阳，经上津道（途经商州上津县，今为湖北省郧西县上津镇），运抵扶风屯积。

肃宗在拥有了一定兵力和财力后，便急于收复长安，树立自己的威望。他任命宰相房琯为兵马元帅，率大军收复长安。房琯并非将才，肃宗之所以同意由他率军出征，是想由宰相统兵击敌，以树立中央军事力量的形象。抱着这种侥幸的心理，肃宗命房琯于至德元载十月率军进发，先收复长安，再收复洛阳。两军在咸阳东面的陈涛斜相遇，唐军以牛车二千乘、马军、步卒配合，对叛军发动进攻。叛军顺风扬尘鼓噪，使唐军之牛受惊吓而四处乱窜，敌军乘势纵火焚烧，唐军溃不成军，死伤四万余人。隔日再战，唐军再败，从而使肃宗寄予厚望的收复长安的

① 《资治通鉴》卷二一八，唐肃宗至德元载八月，第6993页。

行动化为泡影。

至德二载二月，又爆发了肃宗之弟永王李璘之乱。永王是玄宗任命的山南东道、岭南、黔中、江南西道节度使，他在江陵（今湖北省荆州市西北江陵故城）召募军队，屯积租赋，拥有较强的军力和财力。永王的实力引起了肃宗的不安，遂命令他返回川蜀，回到玄宗身边。不料永王拒不奉命，反而率兵东巡，顺江而下，军容甚盛，谋图占据金陵，割据江淮。尽管此事最后以永王失败而告终，但对肃宗收复两京的计划也带来了一些影响，使他不得不一再推迟这一计划的实施。

为了收复长安，肃宗率朝廷百官南下抵达凤翔（今陕西省凤翔县），把这里作为自己收复长安的基地，改名西京凤翔府。至德二载九月十二日，唐军举行了隆重的誓师大会，并且会集了回纥军四千余人，官军总数十五万，号称二十万。由广平王李俶为天下兵马元帅，郭子仪为副元帅，浩浩荡荡向长安进发。九月十七日，大军进至长安城南的香积寺，并摆开了阵势，与敌军决战。经过一场血战，唐军大胜，斩杀敌军六万多人，敌军溃逃回城，当天夜里弃城逃跑，次日唐军开进长安城。休息数日，唐军继续东进，一路顺利地攻下了潼关、陕州，向洛阳逼近。唐军在新店击败叛军的抵抗，斩首十万余级。在此之前，安禄山已被其子安庆绪勾结阉宦李猪儿杀死，安庆绪继位。安庆绪见洛阳无兵可战，只好仓皇逃离洛阳，向河北退去。唐军于十月十八日开进洛阳，至此，收复两京的任务就算完成了。

三、太上皇凄惨的晚景

（一）返京初期的生活

就在唐军收复长安之时，肃宗派使者奉表入蜀请太上皇回京，但是玄宗并没有马上回京，其原因倒是颇有戏剧性。事情的经过是这样的：

当收复长安的消息传到凤翔时，肃宗遂派人将大臣李泌从长安召回凤翔，告知已派使迎接太上皇，并愿再退回东宫为太子。李泌问道：

此表可以追回吗？肃宗说：已经出发多日了，恐怕来不及了。李泌说：若如此，则太上皇必不归也。肃宗问：为何？李泌回答说：“理势自然。”意思是太上皇必然会心生疑虑，如何敢返回长安呢？肃宗又问：如何挽回？李泌告诉他重新起草一表，只写明长安收复，群臣表贺，希望太上皇返回京师，以便尽孝道之意即可。于是，肃宗命李泌重新起草，然后又派使入蜀奉迎太上皇。果然，不久之后，前一个使者回来说，太上皇请留给他剑南一道以自奉，不愿回京。后一使者返回后，报告说太上皇开始时忧虑不食，不打算归京，等收到后表及群臣贺表后，始转忧为喜，并且下诰确定归京之期。这种现象的产生，都是玄宗父子多年互相猜忌的结果，并非一朝一夕之因。

至德二载十月二十三日，太上皇自成都动身返京，至十二月三日到达咸阳，次日进入了长安城。

肃宗虽然在奉迎太上皇返京这件事上表现出了积极的态度，但并不表示他对其不存戒心。当太上皇一行到达凤翔时，跟随护卫的禁军六百余人被全部缴械，改由肃宗派来的三千精锐骑兵保护。至此，玄宗真正成了没有一兵一卒的孤家寡人，处于任人宰割的地位。关于此事，《资治通鉴》卷二二〇记载说：“上皇命悉以甲兵输郡库。”可是，《高力士外传》却记载说：“被贼臣李辅国诏取随驾甲仗。”太上皇无可奈何地说：“临至王城，何用此物？”[①]这个主意也许是李辅国出的，但是既称“诏”，可见是经过肃宗同意的，《资治通鉴》不过是为肃宗避讳而已。

太上皇到达咸阳时，肃宗亲自到咸阳迎接，并脱去皇帝穿的黄袍，穿上了紫袍，捧住太上皇足，痛哭不已。太上皇亲自取来黄袍为肃宗穿上，肃宗推辞，太上皇说：“天数、人心皆归于汝，使朕得保养余齿，汝之孝也！”[②]言下之意是你收复了长安，并且使我得以在长安安居晚年。肃宗这才换上了黄袍。当然肃宗的这种推辞并非出自真心，不过故

① 《开元天宝遗事十种》载郭湜《高力士外传》，第119页。

② 《资治通鉴》卷二二〇，唐肃宗至德二载十二月，第7044页。

作姿态而已。自咸阳向长安进发时，肃宗亲自为太上皇牵马，太上皇上马后，又亲自牵马行走数步，太上皇制止，这才乘马做前导。肃宗做戏，太上皇也会做戏，他对左右说：我当皇帝五十年，没有感到地位尊贵，今天做了皇帝的父亲，才真正感到尊贵了！左右皆呼万岁。太上皇入长安后，在人们热烈的欢迎声中，先来到大明宫含元殿抚慰百官，然后到长乐殿向祖先神位谢罪。结束了这一切仪式后，才回到了久违的兴庆宫，就在这里定居下来了。

为了缓和父子的关系，太上皇给肃宗加尊号为“光天文武大圣孝感皇帝”，肃宗固辞不受“大圣”之号。过了十几天，到了乾元元年正月戊寅，太上皇到宣政殿再次给肃宗加以尊号，肃宗这才接受了先前确定的这个尊号。不久，肃宗也给其父加了一个尊号，称之为“太上至道圣皇天帝”。太上皇也照样推辞一番，然后才欣然接受。对于这对父子的这种行为，元代史学家胡三省批评说：“寇逆未平，九庙未复，而父子之间迭加徽称，此何为者也！”[①]其实他们这样做除了对外表示父子之间关系和睦外，还有一个用意，就是为了使肃宗的即位更加具有合法性。经过这些活动后，肃宗再也不用担心有人质疑他即位的合法性了，堂堂正正当起了他的皇帝。

太上皇回到长安，重新住进兴庆宫，难免想起以往的生活情景，对杨贵妃思念不已。有一个乐工名叫贺怀智，对太上皇说：早年，您命我演奏琵琶，贵妃也在旁边。忽然一阵风吹来，把贵妃的领巾吹落到我的头巾上。因为贵妃的领巾上有“瑞龙香”的香气，我回去仍然觉得香气袭人，就把自己的头巾拿下来，藏于锦囊之中，至今仍存。于是，就把这条头巾拿来献给太上皇。太上皇见到此物，就闻到一股熟悉的香气，不由得掉下了眼泪，说：这是瑞龙香啊！他从此香想到了杨贵妃，香气犹存，而人已亡故，不禁泣下沾襟。

有一天夜里，太上皇登上勤政楼，凭栏观望，思绪绵绵，他想起了兴庆宫的往事旧人，尤其是那些梨园弟子，他们总还有人在吧。遂命

① 《资治通鉴》卷二二〇，唐肃宗乾元元年正月，第7052页。

高力士于次日寻找，果然找到了一个梨园旧人。于是太上皇、高力士及杨贵妃的原侍者红桃等人，在月夜登上勤政楼，命梨园旧人演唱了一首《凉州词》，太上皇亲自吹笛伴奏。曲罢，众人皆垂泪不止。

在返回长安的初期，太上皇除了在兴庆宫居住外，到了冬季仍如以前一样到华清宫避寒。只是以往去时乘马，如今改为乘步辇了。当地父老得知太上皇驾到，纷纷出来迎接，并问他为何不乘马，他回答说："吾已老矣，如何还能骑马！"父老们听了，无不悲泣伤感。此时他已七十四岁，加上历经动乱，显得苍老了许多。

在华清宫期间，太上皇还召见了女伶谢阿蛮。此人是新丰（今陕西省西安市临潼区东北）人，以善舞《凌波曲》而著称。以往她与杨贵妃关系密切，故常出入宫中。太上皇幸蜀，她也回到了新丰老家。此次太上皇重新来到华清宫，谢阿蛮也前来献舞，使年老的太上皇看后感慨不已。舞罢，谢阿蛮拿出了当年杨贵妃所赐的"金粟装臂环"，太上皇看后，不由得老泪纵横，左右也莫不呜咽。为了寄托哀思，太上皇命著名乐师张野狐演奏了玄宗为怀思杨贵妃而创作的《雨淋铃》曲。曲奏未半，太上皇已是垂泣不止，左右之人无不伤感悲叹。唐人崔道融后来创作了一首诗，记述了太上皇思念杨贵妃的情景，全诗如下：

华清宫里打撩声，供奉丝簧束手听。
寂寞銮舆斜谷里，是谁翻得雨淋铃？[①]

太上皇此次入住华清宫是他人生的最后一次，他于同年十一月回到长安兴庆宫后，就再也没有机会来到这里了。

在这一时期，太上皇与肃宗维持着比较和睦的气氛。乾元元年八月五日，是太上皇的生日，当时在金明门楼举行了盛大的宴会，百官皆来祝贺。太上皇在十月幸华清宫时，肃宗亲自送到了灞上。次月，返回长安时，肃宗又到灞上迎接。肃宗还向太上皇进献过烧炼石英的金灶，说

① 《全唐诗》卷七一四《羯鼓》，第8207页。

是用以烧炼药物，助其延年益寿。

好景不长，他们父子因对一件事情意见不同而渐生嫌隙，这件事便是如何改葬杨贵妃的问题。

太上皇对杨贵妃思念不已，便想到要用隆重的礼仪重新改葬，为她修筑一座宏大的坟墓。据《新唐书》卷七六《杨贵妃传》载：太上皇自蜀还京，“道过其所，使祭之，且诏改葬”。但是《旧唐书》卷五一《杨贵妃传》却载：“上皇自蜀还，令中使祭奠，诏令改葬。”不管两书怎么记载，有一点是相同的，即太上皇都曾下过改葬杨贵妃的命令。此事却遭到时任礼部侍郎李揆的反对，此人在乾元元年任礼部侍郎，乾元二年（759）三月升任为中书侍郎、同平章事，其既然是以礼部侍郎的身份反对改葬杨贵妃，说明太上皇提出改葬之事当在乾元元年，而不是在返京路过贵妃墓时。李揆反对的理由是：“龙武将士诛国忠，以其负国兆乱。今改葬故妃，恐将士疑惧，葬礼未可行。”[①]就是说，如果改葬贵妃，就等于否定了龙武将士诛杀杨氏兄妹的合理性，也就等于否定了肃宗参与的马嵬之变，这是肃宗无论如何也难以接受的。但是，此事肃宗又不便公开出面反对，于是才有李揆出面之事的发生。从李揆反对此事后不久就升任宰相，也可以看出肃宗在此事上的态度。

太上皇在无法公开地举行改葬礼仪的情况下，只好密派宦官到马嵬驿改葬贵妃。掘开坟墓后，只见紫褥包裹的遗体已经腐坏，然香囊犹存。遂用棺椁装好遗体，另行埋葬，将香囊带回，交给了太上皇。太上皇睹物思人，潸然泪下。于是命画工王文郁画了一张杨贵妃像，挂在别殿，朝夕与之相处。

改葬之事虽然过去了，但是在玄宗、肃宗父子心中却从此留下了阴影，使得两人刚刚缓和的关系又出现了裂痕。

（二）移居太极宫

从乾元二年以来，太上皇便很少公开露面了，这和他与肃宗的关系发生变化有着直接的关系。

---

① 《旧唐书》卷五一《杨贵妃传》，第2181页。

太上皇住在兴庆宫，肃宗住在大明宫，两宫之间有夹城相通，肃宗不时通过夹城往兴庆宫向太上皇问起居。当时在太上皇身边侍卫的有龙武大将军陈玄礼、内侍监高力士。肃宗又命玉真公主、如仙媛、内侍王承恩、魏悦及梨园弟子“常娱侍左右”。兴庆宫与大明宫的位置不同，其处在诸坊之间，太上皇经常登临长庆楼向外观望，长庆楼靠近大道，往来的百姓望见太上皇均拜舞呼万岁，太上皇也经常命人在楼下置酒食赐给过往父老。他的这些举动引起了肃宗的极大不满，认为有收买人心之嫌。不仅如此，太上皇还曾召将军郭英乂等人上楼赐宴。剑南道派到京师的奏事官也曾拜见过太上皇，太上皇命玉真公主、如仙媛作为主人，招待他们。这些情况肃宗及其亲信难以容忍，须知郭英乂乃羽林大将军，掌管禁军，太上皇与郭英乂走得太近，不能不引起肃宗的高度警惕。果然，次年郭英乂便被调离禁军，外任陕州刺史、陕西节度、潼关防御等使。

为了防止此类事件的再度发生，唯一的办法便是使太上皇搬离兴庆宫，与外人隔离，使他没有条件再接触外臣。关于这件事的起因，《资治通鉴》卷二二一上元元年六月条记载颇详：

> 李辅国素微贱，虽暴贵用事，上皇左右皆轻之。辅国意恨，且欲立奇功以固其宠，乃言于上曰：“上皇居兴庆宫，日与外人交通，陈玄礼、高力士谋不利于陛下。今六军将士尽灵武勋臣，皆反仄不安，臣晓谕不能解，不敢不以闻。”上泣曰：“圣皇慈仁，岂容有此！”对曰：“上皇固无此意，其如群小何！陛下为天下主，当为社稷大计，消乱于未萌，岂得徇匹夫之孝！且兴庆宫与阎闾相参，垣墉浅露，非至尊所宜居。大内深严，奉迎居之，与彼何殊，又得杜绝小人荧惑圣听。如此，上皇享万岁之安，陛下有三朝之乐，庸何伤乎！”上不听。兴庆宫先有马三百匹，辅国矫敕取之。才留十匹。上皇谓高力士曰：“吾儿为辅国所惑，不得终孝矣。”

其实太上皇此时已七十六岁，不可能有什么政治野心，至于陈玄礼与高力士等人，也没有条件组成新的政治集团，因此李辅国的这种忧虑完全是多余的。而肃宗却因为其在当太子时的种种事故，对其父仍然心存疑虑，在这种心理状态下，是很容易听进这些论调的。故肃宗其实是默许李辅国的行动的，这一点连太上皇也看得很清楚，所谓“吾儿为辅国所惑，不得终孝矣”一句，说明太上皇并没有把李辅国此举看成是矫敕行为，而认为是经过肃宗同意的，肃宗是被李辅国所迷惑了。

如果说李辅国调走了兴庆宫的马匹，只是幽禁太上皇的第一步的话，第二步便是强迫其移宫了。果然，在这年七月，李辅国矫称肃宗之旨，迎接太上皇游西内太极宫。行至睿武门，李辅国率领射生禁军五百骑，拔刀拦道，奏曰：“皇帝以兴庆宫湫隘，迎上皇迁居大内。”原本说游幸，却变成了迁居，显然是事先计划好的一个阴谋。太上皇见到这种场面，大惊，几乎从马上摔落下来。幸亏高力士出面，大喝道：“李辅国何得无礼！”并令其下马，两人共同牵太上皇马，送入太极宫甘露殿。[①]从此，太上皇便居住在这里了。

其实李辅国也没有胆量公然弑太上皇，他只是欲以军事力量胁迫太上皇迁居而已。太上皇移居太极宫后，便不能与外人接触，实际上等于被软禁起来了。太上皇是一个富有政治经验的人，他知道此时不是发牢骚的时候，反而自我安慰地说：“兴庆宫，吾之王地，吾数以让皇帝，皇帝不受。今日之徙，亦吾志也。”[②]这也是一种自我解嘲的说法。

有意思的是，在逼迫太上皇移居太极宫的当天，李辅国便率领禁军诸将到大明宫见肃宗，“素服”请罪。肃宗非但没有责怪，反而安慰说：“南宫（兴庆宫）、西内（太极宫），亦复何殊！卿等恐小人荧惑，防微杜渐，以安社稷，何所惧也！”[③]可见将太上皇迁到太极宫也是符合肃宗心意的，于是才有了这样一番话。对于肃宗的这种态度，清代学者王夫之批评说：“父几死于宦竖之手，犹曰功在社稷，晨昏之语，

① 《资治通鉴》卷二二一，唐肃宗上元元年七月，第7094页。
② 《资治通鉴》卷二二一，唐肃宗上元元年七月，第7095页。
③ 《资治通鉴》卷二二一，唐肃宗上元元年七月，第7095页。

将谁欺乎？”①

（三）凄惨的晚景

在太上皇移居太极宫的第九天，唐肃宗颁布制书，以高力士潜通逆党的罪名，将他流放到巫州。陈玄礼被强令致仕，也离开了太上皇的身边。侍奉太上皇的另外两个宦官王承恩和魏悦分别被流放到播州（治今贵州省遵义市，一说在今绥阳县附近）、溱州（今重庆市万盛区东南青羊镇）。原来侍奉太上皇的宫女全部被换，另选一百多名宫女顶替，负责打扫殿宇庭院。又派太上皇的两个女儿——万安公主与咸宜公主，服侍饮膳。

太上皇自迁入太极宫以来，再未走出宫门一步，过着与世隔绝般的高级囚徒生活。不要说与朝臣有何往来，即使至亲骨肉也很难见到。刑部尚书颜真卿率领百官上表请求向太上皇问起居，也遭到了排挤与打击，被贬到蓬州（今四川省仪陇县南）任长史。

肃宗不能善待自己的父亲，也引起了一些人对他的不满，甚至有人借机对他进行讥讽。上元二年五月五日，正逢端午节，肃宗接见山人李唐，当时肃宗正抱着自己的幼女，对李唐说：“朕念之，卿勿怪也。”李唐回答说：“太上皇思见陛下，计亦如陛下之念公主也。”②一句话说得肃宗泫然泣下，但却畏惧张皇后，不敢到太极宫看望太上皇。可见此时的太上皇是多么凄惨。直到这一年冬至，肃宗才赴太极宫见了自己的父亲一次。这是太上皇移居太极宫以来肃宗第一次见他，也是父子最后一次见面。至于他们见面时的情景，史书缺载，我们不得而知，但对于太上皇来说，一定是感慨万千的。

据陈鸿的《长恨歌传》载，太上皇自迁入太极宫后，思念杨贵妃不已，于是便发生了非常感人的一幕故事，现录之如下：

> 适有道士自蜀来，知上心念杨妃如是，自言有李少君之

---

① 〔清〕王夫之：《读通鉴论》卷二三《肃宗五》，中华书局1975年版，第683页。

② 《资治通鉴》卷二二三，唐肃宗上元二年五月，第7113页。

> 术。玄宗大喜，命致其神。方士乃竭其术以索之，不至。又能游神驭气，出天界，没地府，以求之，不见。又旁求四虚上下，东极绝天涯，跨蓬壶，见最高仙山。上多楼阁，西厢下有洞户，东向，窥其门，署曰“玉妃太真院”。方士抽簪扣扉，有双鬟童女，出应其门。方士造次未及言，而双鬟复入。俄有碧衣侍女至，诘其所从。方士因称唐天子使者，且致其命。碧衣云：“玉妃方寝，请少待之。”于时云海沉沉，洞天日晚，琼户重阖，悄然无声。方士屏息敛足，拱手门下。久之，而碧衣延入，且曰：“玉妃出。”见一人，冠金莲，披紫绡，珮红玉，曳凤舄，左右侍者七八人。揖方士，问皇帝安否？次问天宝十四载已还事，言讫悯然。指碧衣女，取金钗钿合，各拆其半，授使者曰：“为谢太上皇，谨献是物，寻旧好也。”方士受辞与信，将行，色有不足。玉妃因征其意，复前跪致词：“乞当时一事，不闻于他人者，验于太上皇。不然，恐钿合金钗，罹新垣平之诈也。”玉妃茫然退立，若有所思，徐而言曰：“昔天宝十载，侍辇避暑骊山宫，秋七月，牵牛织女相见之夕，秦人风俗，夜张锦绣，陈饮食，树瓜华，焚香于庭，号为乞巧，宫掖间尤尚之。时夜始半，休侍卫于东西厢，独侍上。上凭肩而立，因仰天感牛女事，密相誓心，愿世世为夫妇。言毕，执手各呜咽。此独君王知之耳。”因自悲曰：“由此一念，又不得居此。复堕下界，且结后缘。或为天，或为人，决再相见，好合如旧。”因言“太上皇亦不久人间，幸惟自安，无自苦耳。”使者还奏太上皇，皇心震悼，日日不豫。[①]

文中所提到的李少君，乃是指汉武帝时的方士，曾游海上蓬莱，见仙人。这种故事本是虚构，后来诗人白居易还把上述情节写入其名篇《长

① 《长恨歌传》，第757—758页。

恨歌》中，其中写道：

临邛道士鸿都客，能以精诚致魂魄。
为感君王辗转思，遂教方士殷勤觅。
排空驭气奔如电，升天入地求之遍。
上穷碧落下黄泉，两处茫茫皆不见。
忽闻海上有仙山，山在虚无缥缈间。
楼阁玲珑五云起，其中绰约多仙子。
中有一人字太真，雪肤花貌参差是。
…………[①]

这些诗句是千百年来脍炙人口的名句，流传甚广，中外皆知。不过，有人却把故事传说当作史实，引申出杨贵妃并未死亡，而是逃亡到海外，甚至明确说逃往日本，实在是荒唐。不过对于这种引申，如果能够正确地对待，将其看成是人们美好的愿望和对杨贵妃不幸遭遇的深深同情，也未尝不可；但如果将其视为信史，则大谬也。还有一点需要说明，即太上皇自迁居太极宫以来，与外人不得相见，因此其根本无法召方士为杨贵妃招魂。

太上皇李隆基对他晚年被幽禁的生活，大概是没有想到的，因此对其的打击之大也是可以想见的。加之对杨贵妃的日夜思念，遂使他很快就衰老了，身体也每况愈下，《资治通鉴》记载说：“上皇日以不怿，因不茹荤，辟谷，浸以成疾。”[②]所谓“辟谷”，乃是指道士们的一种修炼方法，即不食五谷。不过此时此地的太上皇哪还有什么心情修炼不老之术，不过是一种发泄不满的绝食行为，以求速死。此时的太上皇已是七十八岁的老人了，如何经得起这种折腾，他很快便病倒了，终于在宝应元年（762）四月死在了太极宫神龙殿。

① 《白居易诗集校注》卷一二《长恨歌》，第944页。
② 《资治通鉴》卷二二一，唐肃宗上元元年七月，第7096页。

有人怀疑太上皇死于李辅国的谋害，这种说法没有多少依据，李辅国也没有必要冒风险谋害一个病危的太上皇，因此他死于疾病应该是没有疑问的。只是他死时怀着思念与愤恨，恐怕不会非常安详，这对于一个开创了唐朝盛世的皇帝来说，应该是一种极大的悲哀。

大唐宫廷史

【下册】

杜文玉 著

陕西师范大学出版总社

第四章　安史之乱后的宫廷

第一节　唐肃宗、代宗时期

一、肃宗即位初期的举措

唐肃宗李亨在灵武即位时，由于朔方镇的精兵早已被调出参加平叛战争，故只留有少数老弱守边。同时，他身边的朝臣人数也很少，且最大的问题是这些人中并无特别突出的人才可以用来辅佐大政。再加上此时肃宗身边最亲近的有两个人，一个是宠姬张良娣，另一个则是宦官李辅国，这二人都是成事不足、败事有余之人。但是肃宗的即位，对于当时混乱的政治局势来说，总算使人们看到了一线希望，对人心的振奋、士气的鼓舞还是起到了很大的作用。正因为如此，衣冠士庶纷纷奔向灵武，道路相继不绝，其中有两个人对肃宗来说最为重要，即李泌与郭子仪，这一文一武的两个人成为唐肃宗的得力助手。

李泌，字长源，他是西魏八柱国之一李弼的六世孙，祖籍辽东襄平（今辽宁省辽阳市），却世代居住在长安。此人天资聪颖，在玄宗时期，为张说、张九龄等人所器重，称为奇童。天宝时，玄宗命他为待诏翰林、东宫供奉，成为太子李亨的师友。后来因为作诗讽刺杨国忠、安禄山，被杨国忠中伤，贬到蕲春郡（今湖北省蕲春县蕲州镇西北）安置。李泌是一个比较奇特的人物，他历肃宗、代宗、德宗三朝，屡遭奸佞妒忌陷害，却总能用智术躲过祸患，并能对朝廷政事提出补救和建议。李泌避祸的方法不外乎两条：一是不求做官，以皇帝的宾友身份自居，于是便进退自如了。二是大讲神仙之术，《新唐书》卷一三九《李泌传》说："及长，博学，善治《易》，常游嵩、华、终南间，慕神仙不死术。"李泌常以世外之人自居，淡泊名利，不与人争，一旦形势对己不利，他便会飘然离去，从而躲开是非中心。可以说李泌是一个非常独特的古代智士及忠臣。

郭子仪，华州郑县人。武则天统治时期，以武举高等入仕，任左卫长史。玄宗统治时期，历任诸军使、左卫大将军、九原太守、朔方节度右兵马使等职。天宝十四载，安禄山反叛，升任为灵武郡太守、朔方节度使，奉命率大军在河北一带与叛军作战，屡败叛军，立有战功。肃宗即位于灵武后，命其班师，遂率五万大军至灵武，壮大了灵武唐军的声势，并积极对长安采取进取之态势。

肃宗在局面初步稳定后，遂在政治上采取了一系列措施。李泌至灵武后，肃宗大喜过望，"出则联辔，寝则对榻，如为太子时，事无大小皆咨之，言无不从，至于进退将相亦与之议。上欲以泌为右相，泌固辞，曰：'陛下待以宾友，则贵于宰相矣，何必屈其志！'上乃止"[①]。于是肃宗特创了侍谋军国元帅府行军长史这一名号，以安置李泌，也就是使他以这一名号处理军国之务。同时，又用宦官李辅国为判元帅府行军司马，地位仅次于李泌，也参与军国大事的决策。肃宗听从李泌的建议，以长子广平王李俶为天下兵马元帅，诸将皆隶属于元帅府，以便统一指挥对叛军的军事行动。

李泌在仔细分析了天下形势后，向肃宗指出：安禄山反叛，支持者多为蕃将，汉人只有高尚等少数人，其余均是胁从。估计不出两年，当彻底剿灭叛军。他规划的用兵方略大体上是：令李光弼率军出井陉，郭子仪出河东，威胁叛军后方，使安禄山的大将史思明、张忠志等不敢离开范阳、常山等处，安守忠、田乾真不敢离开长安，这样就使安禄山在洛阳的大将只剩下阿史那承庆。郭子仪进入河东后，不要截断长安至洛

① 《资治通鉴》卷二一八，唐肃宗至德元载七月，第6985页。

阳之间的道路，官军进驻扶风，与李、郭诸军相互配合，分次出击，使敌军往来援救于千里之间，疲于奔命。而官军保持以逸待劳的优势，随时出击，但不与叛军打硬仗，只要达到疲惫敌军的目的即可。等到至德二载春，命建宁王李倓率兵进攻范阳的北面，李光弼攻范阳南面，两面夹击，攻取范阳，使叛军无路可退。然后集中兵力，诸路并进，围攻长安、洛阳，可以争取在较短的时间内平定叛乱。客观地看，李泌的这个策略是正确的，但是却很难实施，原因就在于它并不符合肃宗的想法。因为肃宗抢班夺权成功后，为了俘获人心，必须尽快取得能够振奋人心的战绩，而收复两京尤其是收复长安在他看来便是首先要做的大事，只有这样才能巩固自己的地位，在政治上取得主动。而李泌的建议虽好，却不能立竿见影，自然不被他看好。因此，平定安史之乱的战争之所以持续了八年之久，根本原因就在于它从一开始就是在一条错误的路线指导下进行的。

在朝廷政治方面，肃宗也做了一些改进。比如李林甫任宰相时，规定谏官言事时必须先要报告宰相，上奏皇帝后还要向宰相报告都说了什么话；御史台的御史们奏事时，必须要有御史大夫的署名，不允许单独进奏。李林甫这样做的目的就在于控制言路，巩固自己的权位。此时肃宗都予以改正，开放言路，以鼓励朝臣们大胆谏诤。李林甫、杨国忠任宰相时，长期在政事堂执政事笔，即为秉笔宰相，排斥了其他宰相以独掌大权。肃宗为了避免宰相专权局面的再度出现，规定宰相分别在政事堂当值，执政事笔，每十日更换一次，从制度上杜绝此类现象的产生。

同时，重用第五琦为山南等五道度支使，专掌五道财政。此前第五琦被任命为监察御史、江淮租庸使，而这次山南等五道度支使的任命，标志着肃宗把江淮地区的财政大权全部交给了第五琦，命他全面负责唐朝平定叛乱所需财赋的筹措。第五琦变革盐法，实行榷盐法，在天下产盐之处设置监院，派官专管；命旧盐户和自愿从业的游民为亭户，免除其徭役，专门生产食盐；所产之盐全部由官府收购，禁止私煮、私贩，违者严惩。他还规定普通百姓除了交纳租、庸之外，不得再有任何摊派。旧史称赞说："人不益税，而国用以饶。"[①]可见第五琦的改革是成功的，既解决了平叛战争所需的巨额财赋问题，又没有加重百姓负担、激化社会矛盾，要说有危害，也只是侵夺了盐商等少数人的利益。

肃宗本非励精图治之主，虽然在即位初期进行了一些改革，但由于重用李辅国，宠信张良娣，使得朝廷及宫廷内部的矛盾逐渐激化。尤其是他拒绝采纳李泌制定的正确平叛方略，急于攻取长安，虽然在花费了巨大的人力、财力后收复了两京，但叛军并没有完全被歼灭，其退到河北后又再度反扑，从而延长了平定叛乱的时间，不仅使广大人民长期陷于战火的煎熬之中，而且极大地削弱了大唐帝国的实力，使这个当时世界上数一数二的强大帝国从此走向了衰落。

二、李辅国专权

（一）李辅国其人

李辅国，原名李静忠，"身小貌陋"，自幼被阉成为小宦官，在高力士手下当差。高力士任飞龙大使时，他在飞龙厩为掌管养马的小给使，直到四十余岁时，由于其颇知书记，遂令其掌管飞龙厩簿籍。天宝年间，王鉷任闲厩使，由于李辅国掌管的账目清楚，故非常赏识他，遂命他掌管马料。其"能检擿耗欺，马以故肥"[②]，王鉷非常满意，便推荐其入东宫，成为太子李亨的心腹宦官。太子李亨在灵武即皇帝位后，遂任命其为太子家令、判元帅府行军司马，并赐名李护国。"四方奏事，御前符印军号，一以委之。辅国不茹荤血，常为僧行，视事之隙，手持念珠，人皆信以为善"[③]。肃宗驻跸凤翔，准备攻取长安时，授其为太子詹事，改名李辅国。

肃宗回到长安后，对李辅国更加信任，命其专掌禁兵，居住在宫中，使其权力进一步膨胀，史载："制敕必经辅国押署，然后施行，宰

①《旧唐书》卷四九《食货志下》，第2116页。

②《新唐书》卷二〇八《李辅国传》，第5879页。

③《旧唐书》卷一八四《李辅国传》，第4759页。

相百司非时奏事，皆因辅国关白、承旨。常于银台门决天下事，事无大小，辅国口为制敕，写付外施行，事毕闻奏。”[①]李辅国不仅专断朝政，而且还实行特务政治，置察事数十人，分散于民间，暗中探听和监视百姓的一举一动，一旦发现不轨之事，马上知会司法部门逮捕推案。李辅国还对司法部门横加干预，当时他常在银台门处理政事，有御史台、大理寺重囚审理未毕，李辅国下令送至银台门，一时纵放。三司（指御史台、大理寺、刑部）、京兆府、长安与万年两县推按刑狱，皆先禀告李辅国，轻重随意，皆以制敕的名义发号施令，无敢违抗者。李辅国排行第五，宦官们不敢直呼其官号，皆谓之五郎。宰相李揆，为山东大族，见李辅国执弟子礼，谓之五父。

其实李揆并非是谄媚无耻之徒，其拜相之初，长安城中多盗贼，甚至有在大街杀人而置尸于沟中者。当时李辅国掌典禁兵，遂奏请从羽林军中选骑兵五百人，负责京城巡检。李揆闻知此事，上奏说：“昔西汉以南北军相统摄，故周勃因南军入北军，遂安刘氏。皇朝置南北衙，文武区分，以相伺察。今以羽林代金吾警夜，忽有非常之变，将何以制之？”[②]李揆以汉代的南、北军与唐代的羽林军、金吾卫类比，未必得当，但李辅国打算以自己掌控的禁军取代金吾卫的职能，却包藏着祸心。李揆从国家长治久安角度出发，指出了李辅国此举的危害，从而挫败了李辅国的谋图，至于他称其为五父，乃是不得已的保护身家性命的委蛇之举，虽称不上丈夫所为，却也无可厚非。

李辅国羽翼既已丰满，遂不满足于已有的官爵。早在收复长安之初，大封功臣，李辅国封郕国公；代宗时，晋封博陆郡王，开了唐代宦官封王之先河。李辅国还身兼十数职，所谓“肃宗还京，拜殿中监，闲厩、五坊、宫苑、营田、栽接、总监等使，又兼陇右群牧、京畿铸钱、长春宫等使，勾当少府、殿中二监都使”[③]。其散官为开府仪同三司，是文散官中第一等，从一品。至德二载，拜兵部尚书，余官如故。其到尚

① 《资治通鉴》卷二二一，唐肃宗乾元二年四月，第7073页。

② 《旧唐书》卷一二六《李揆传》，第3560页。

③ 《旧唐书》卷一八四《李辅国传》，第4759—4760页。

书省当值时，诏命群臣皆送，赐御府酒馔及太常乐，武士戎装夹道，荣耀至极。李辅国还不满足，公然要求拜相，遭到了肃宗及宰相的抵制，没有得逞。唐代宗即位后，因其有拥戴之功，尊为尚父，政无巨细，皆令其参决。不久，加司空，拜中书令，又开了唐代宦官拜相之先河。

有唐一代，专权擅政的宦官甚多，但是名位如李辅国之崇，又封王又拜相者，却是仅见于此。

（二）祸乱国事

李辅国专断大政，招降纳叛，结党营私，排斥异己，祸乱国事。如宰相崔圆，随玄宗入蜀时拜相，直到肃宗移驻扶风时才来谒见，朝臣们皆认为其必会被罢相。崔圆遂厚结李辅国，赠以重金，于是便又受到肃宗的宠信，巩固了权位。除了崔圆外，另外两个宰相苗晋卿、裴冕，也畏惧李辅国的权势而依附于他。李辅国欲求拜相，指使裴冕向皇帝推荐，却遭到另一名宰相萧华的阻拦。李辅国大怒，遂借肃宗患病之机，假借皇帝的名义，罢去萧华的相位，贬其为礼部尚书，后来又指使元载将其贬为硖州（今湖北省宜昌市）员外司马，最终卒于贬所。代宗时，裴冕为右仆射，兼御史大夫，充肃宗山陵使，为了讨好李辅国，遂上表推荐李辅国的私党术士刘烜充山陵使判官。刘烜因事犯罪，裴冕受其牵连，被贬为施州（治今湖北省恩施市）刺史，仅仅数月，因李辅国之故，便又重新被召回京师任左仆射。

在李辅国当权时期，无论文武，如不投靠其便会遭到排斥。如太常少卿李勉刚正无私，肃宗将要重用，因为其不愿意投靠李辅国，不但不得重用，反而被赶出京城，外任州刺史。乾元三年（760），韦伦被任命为山南东道襄、邓（治今河南省邓州市）等十州节度使。当时节帅拜免皆出于李辅国之意，韦伦既为朝廷选用，不愿私谒李辅国，虽然有朝廷的正式任命，却不能赴任，很快便被改任为秦州刺史兼御史中丞、本州防御使。陕州刺史魏少游拒敌安史叛军有功，升任京兆尹，李辅国因为他不愿依附于己，遂改任其为卫尉卿。京兆尹为京师地区的行政长官，权任颇重，而卫尉卿虽为九卿之一，在此时却是闲散之职。

徐浩在肃宗即位后，自襄州刺史召授中书舍人，“四方诏令，多出浩手，遣辞赡速，而书法至精，帝喜之。又参太上皇诰册，宠绝一时”[①]。却因为请求恢复唐初旧制触及了李辅国的利益，为其所恨，不久便被贬为庐州（治今安徽省合肥市）长史。

著名诗人高适正直无私，任谏议大夫时，敢于对当时的弊政进行谏正批评，引起了权贵的极大不满。永王李璘之乱爆发后，肃宗召见他征询对付方略，高适极言永王不足惧，不久即败。肃宗大喜，任命他为淮南节度使，会合诸道兵进讨。未及进兵，而永王败亡。尽管如此，高适的见识才干已使李辅国极度不安，多次在皇帝面前诋毁高适，致使其被贬为太子少詹事。

李麟随玄宗入蜀，被玄宗任命为宰相，其他宰相如韦见素、房琯、崔涣、崔圆皆在肃宗身边，只有李麟留在蜀地辅佐玄宗。玄宗回到长安后，李麟继续担任宰相，并封褒国公。当时其他宰相如苗晋卿、崔圆等，畏惧李辅国的权势，纷纷依附以保平安，独李麟不肯向其低头。李辅国对李麟又气又恨，遂设法使其罢相，改任为太子少傅。

在肃、代统治时期，就连李泌这样的重要人物也难逃李辅国的陷害，被迫辞职以避祸。事情的经过是这样的：肃宗即位之初，玄宗见张良娣得宠，遂赐其七宝鞍。李泌对此举却不以为然，遂对肃宗说：“今四海分崩，当以俭约示人，良娣不宜乘此。请撤其珠玉付库吏，以俟有战功者赏之。”此话被张良娣听到，遂说：“乡里之旧，何至于是！”肃宗劝解道：“先生为社稷计也。”[②]遂命将此鞍收入库中。此事引起了张良娣对李泌的极大不满。后来张良娣被封为淑妃，接着又被册为皇后，随着其地位的不断攀升，对李泌的言行便更加不满。而李辅国见李泌甚得皇帝的宠信，甚为妒忌，遂与另一宰相崔圆联合起来，日夜对李泌进行毁谤。在宫内宫外的联合攻击下，李泌自知无法再在朝中立足，遂主动向肃宗请辞。肃宗不得已，下诏给李泌三品官的俸禄，并为其兴

① 《新唐书》卷一六〇《徐浩传》，第4965页。

② 《资治通鉴》卷二一八，唐肃宗至德元载九月，第6998—6999页。

建房舍，使其隐居于衡山之中。

李泌的离去对处于与叛军苦战之中的唐朝廷来说，是一个很大的损失。李辅国不仅对朝中文臣不附己者大肆排挤，对那些立有军功的武将同样也不放过，如郭子仪、仆固怀恩等著名大将，莫不遭受过诬陷。郭子仪心胸开阔，虽然屡遭猜忌，甚至被罢去兵权，但都能做到坦然自若，并没有造成非常严重的后果。而仆固怀恩就不同了，他作为蕃将，脾气暴躁，受不得一点委屈，他后来叛唐，其原因虽然比较复杂，然李辅国的诬陷，不能不说是其中一个重要的因素。他在给唐代宗的上书中明确写道："是时数以微功，已为李辅国谗间，几至毁家。"[①]可见李辅国在这件事情上起到了推波助澜的不良作用。

仆固怀恩一家为平定安史之乱立下了极大的功劳，一门之中为国而死者达四十六人之多，他的女儿为使回纥支援唐朝而远嫁和亲。其叛唐之后，三年之内，多次导引吐蕃、回纥大军进攻关中，威胁长安，给唐朝造成了极大的压力，为了抵御其侵扰，唐政府花费了大量的人力、物力。造成如此严重的后果，李辅国是要负一定的历史责任。

李辅国祸国的另一件事就是重用奸臣元载。在安禄山叛军最为猖獗之时，元载任职于江左一带，两京收复后，肃宗调其入京任户部侍郎、度支使并诸道转运使。元载见李辅国势大，遂投靠其门下，正好李辅国之妻元氏与元载为同宗，元载遂利用这种关系，与李辅国打得火热。京兆尹缺任，李辅国遂推荐元载为京兆尹。元载推辞不就，李辅国知其心意，遂又推荐其为同中书门下平章事，度支转运使如故，即一举拜相。代宗即位后，李辅国权势更盛，多次在代宗面前称赞元载之才，于是又升任其为中书侍郎、同中书门下平章事，加集贤殿大学士，撰修国史。后来，元载专权擅政，排挤正直之人，祸乱国事，使得唐朝的政治更加黑暗腐朽。

李辅国排挤正直之人、颠倒是非的事例，可以说比比皆是。如术士申泰芝以左道而深得李辅国的信任，遂提拔其为谏议大夫。唐朝在道

① 《新唐书》卷二二四上《仆固怀恩传》，第6370页。

州（治今湖南省道县）设置军一级屯防单位，派军队驻守，他遂令申泰芝为军校。申泰芝招诱当地少数民族，收其金帛，赏以官职，又放任兵士剽掠当地百姓，地方官吏不敢治其罪。潭州刺史庞承鼎对此早就愤愤不平，遂乘申泰芝到潭州办事时，将其逮捕，搜得赃物达百万之巨。在获得确凿证据后，遣使入京上奏皇帝。李辅国为了庇护申泰芝，上奏皇帝，请求召其回京当面责问。申泰芝因为李辅国的支持，无所忌惮，面见皇帝时，反倒告庞承鼎诬陷他。肃宗遂下诏追究庞承鼎诬罔之罪，命监察御史严郢负责审理此案。严郢经审理认为庞承鼎进奏属实，而申泰芝确有贪赃事实。肃宗大怒，反而将严郢流放建州（今福建省建瓯市），但庞承鼎却因此得以昭雪。

三、宫廷内部的斗争

（一）建宁王李倓之死

唐肃宗共生十四子，除了长子李豫外，依次是越王李系、建宁王李倓、卫王李佖、彭王李仅、兖王李僩、泾王李侹、郓王李荣、襄王李僙、杞王李倕、召王李偲、兴王李佋、定王李侗以及第十四子李僖。

李倓为肃宗第三子，其母是宫人张氏。据史书记载：李倓，“英毅有才略，善骑射”[①]，在肃宗诸子中是最为英武果敢的一个人。在肃宗与玄宗马嵬分道扬镳时，李倓就发挥了重要的作用，力劝肃宗不要跟随玄宗到西蜀去。当肃宗与玄宗分手后，在讨论去向时，众说纷纭，莫衷一是，独李倓力排众议，主张前往灵武。他说：“殿下昔尝为朔方节度大使，将吏岁时致启，倓略识其姓名。今河西、陇右之众皆败降贼，父兄子弟多在贼中，或生异图。朔方道近，士马全盛，裴冕衣冠名族，必无贰心。贼入长安方虏掠，未暇徇地，乘此速往就之，徐图大举，此上策也。”[②]在前往灵武的途中，李倓自选骁勇之士，亲自统领，与强寇散兵

① 《新唐书》卷八二《十一宗诸子传》，第3617页。

② 《资治通鉴》卷二一八，唐肃宗至德元载六月，第6977页。

屡次血战，一直护送肃宗到达灵武。正因为如此，在决定选哪一位皇子为兵马元帅时，肃宗首先考虑的人选就是建宁王李倓，只是由于李泌的反对才没有任命，而是改为其兄广平王李俶（李豫）。

那么李泌为什么要反对任命李倓为元帅呢？关于这个问题，《资治通鉴》卷二一八唐肃宗至德元载九月条有详细的记载，录之如下：

> 上欲以倓为天下兵马元帅，使统诸将东征，李泌曰："建宁诚元帅才；然广平，兄也。若建宁功成，岂可使广平为吴太伯乎！"上曰："广平，冢嗣也，何必以元帅为重！"泌曰："广平未正位东宫。今天下艰难，众心所属，在于元帅。若建宁大功既成，陛下虽欲不以为储副，同立功者其肯已乎！太宗、上皇，即其事也。"上乃以广平王俶为天下兵马元帅，诸将皆以属焉。倓闻之，谢泌曰："此固倓之心也！"

可见李泌考虑事情比较长远，他主要是从将来册立谁为太子的角度来考虑问题的，认为在太子尚未正式册立前，只能维护广平王长子的地位，使其能够顺利被册立为太子，以避免再次发生宫廷内斗。同时，从上面的记载也可以看出，李倓是一个心胸坦荡的人，丝毫没有夺取太子之位的野心。

李倓虽然没有夺取太子之位的野心，可是他的死却与争夺太子之位直接相关，因为只有在这个问题上对他进行中伤，才最有杀伤力。那么，又是谁对李倓进行中伤，极力置其于死地呢？自然离不开张皇后与李辅国两人。关于李倓得罪这二人的事，还得从肃宗刚刚抵达灵武不久说起。

前面已经提到玄宗赐张氏七宝鞍之事，当时劝阻的人除了李泌外，还有一个人也被牵连了进来，这个人就是建宁王李倓。事情的经过是这样的：肃宗听从了李泌的建议，将七宝鞍收入库中。忽听廊下有一人抽泣不止，于是便传唤入殿，原来是建宁王李倓。肃宗问其为何而泣，李倓回答说：“臣比忧祸乱未已，今陛下从谏如流，不日当见陛下迎上皇还长安，是以喜极而悲耳。”由此张氏深恨李泌与李倓。元代史学家胡三省指出：“为良娣谮杀倓，泌不自安张本。”[①]《新唐书》卷七七《后妃传下》却说：“倓助泌请，故后怨。”说明李倓曾正面支持过李泌的看法。不仅如此，李倓还多次在肃宗面前诉说张氏及李辅国之罪恶，引起了两人对他更大的愤恨。

李倓又是一个敢说敢做的人，他见张氏与李辅国专横擅权，并且对李泌极为不满，于是便对李泌说：“先生举倓于上，得展臣子之效，无以报德，请为先生除害。”言下之意是要除去张、李二人。李泌劝阻说：“此非人子所言，愿王姑置之，勿以为先。”[②]李倓不听，遂招致杀身之祸。

张氏与李辅国联合起来，多次在肃宗面前诬告建宁王说：“倓恨不得为元帅，谋害广平王。”[③]肃宗一时性急，没有详查，便下诏将李倓赐死。李倓之死，在宫廷内外引起了极大的震动，首先受到冲击的就是广平王李俶和李泌，为了保护自身的安全，李俶打算铲除张氏与李辅国，他向李泌征求意见，李泌劝阻说：“不可，王不见建宁之祸乎？”并且表示自己不久将归隐山林。李俶说：“先生去，则俶愈危矣。”于是李泌告诫他说：“王但尽人子之孝。良娣妇人，王委曲顺之，亦何能为！”[④]可见如果不是李泌从中斡旋，宫廷内部将会因此事再掀起一场风波，并将极大地影响唐朝平定安史叛军。

从此后的情况看，李俶还是按李泌所说的做了。《旧唐书》卷五二《后妃传下》载：“太子弟建宁王倓为后诬谮而死。自是太子忧惧，常恐后之构祸，乃以恭逊取容。”李俶的这种态度便是李泌所教。

后来，肃宗也认识到自己错杀了建宁王，当然这种认识是在李泌的开导下取得的。据载，至德二载九月，官军攻下长安，他们在一次召

① 《资治通鉴》卷二一八，唐肃宗至德元载九月，第6999页。

② 《资治通鉴》卷二一九，唐肃宗至德元载十二月，第7009页。

③ 《资治通鉴》卷二一九，唐肃宗至德二载正月，第7013页。

④ 《资治通鉴》卷二一九，唐肃宗至德二载正月，第7013页。

见中谈到了建宁王之死的话题。肃宗坚持认为："建宁，朕之爱子，性英果，艰难时有功，朕岂不知之！但因此为小人所教，欲害其兄，图继嗣，朕以社稷大计，不得已而除之，卿不细知其故邪？"经过李泌的分析解释后，肃宗也认识到错杀了李倓，哭泣着说："先生言是也。"[①]后来在德宗时，李泌与德宗也谈到过这一话题，德宗也说："建宁叔实冤，肃宗性急，谮之者深耳！"[②]建宁王李倓是德宗的叔父，故云建宁叔。

正因为建宁王之死乃是李唐皇室内部的自相残杀，是一宗冤案，所以后来代宗即位，于大历三年（768）正月，追赠李倓为齐王。同年五月，又追尊为承天皇帝。当时李泌请求追赠太子之号，而代宗认为建宁王首倡灵武之议，成中兴之业，竭诚忠孝，为谗人所害，只有追尊帝号，才可称其夙愿。可见代宗与建宁王兄弟感情之深。

（二）李豫是怎样当上太子的

李豫原名李俶，是肃宗的长子，初封广平郡王。李豫之母为章敬皇后吴氏，濮州濮阳人，其父因犯罪被处死，她自幼便被没入掖庭为官奴婢。肃宗为太子时，因李林甫构陷，日夜忧惧，玄宗命高力士从掖庭选女子数人赐予太子，吴氏便在其中，后来就生了李豫。因为李豫是玄宗的嫡皇孙，所以玄宗非常高兴。据载：李豫生下三日，玄宗亲自前往看视，保姆见其身体瘦弱，怕皇帝看了不高兴，遂另取宫中其他孩子抱来顶替。玄宗看了后，不乐，保姆急忙叩头认错，玄宗说："非尔所知，趣取儿来！"当他看到嫡孙后，心中大喜，对着太阳看了又看，说："福过其父。"[③]于是令大摆宴席，尽欢而归。

肃宗即位后，遂任命李豫为天下兵马大元帅，统领诸军先后收复了长安、洛阳。肃宗回到长安后，晋封其为楚王。在李豫任兵马大元帅时，郭子仪、李光弼为副元帅，具体指挥作战均靠这二人，李豫本人并

---

① 《资治通鉴》卷二二〇，唐肃宗至德二载九月，第7036—7037页。

② 《资治通鉴》卷二三三，唐德宗贞元三年八月，第7498页。

③ 《新唐书》卷七七《后妃传下》，第3499页。

没有多少战功，但他毕竟是最高统帅，因此两京的收复自然也就成了他的政治资本，对其最终被立为太子起到了重要的作用。

乾元元年三月，改封李豫为成王。由于肃宗即位以来忙于军事，故一直没有将册立太子之事排上日程。当两京收复后，便将此事提上了议事日程。当时张良娣已经被册立为皇后，有子数岁，也想将其子立为太子，遂使这个问题变得复杂化了。张皇后共生了两个儿子，即兴王李佋、定王李侗，史书中没有明确记载张氏到底想立哪个儿子为太子。但由于兴王李佋于上元元年（760）已死，故张皇后只能是为定王李侗争取太子之位。李豫之母吴氏，生前并没有被册立为太子妃，亦未被册为皇后，其章敬皇后的名号还是后来追赠的。而张皇后之子却是嫡子，册立其为太子亦无不可。

以上所论是和平时期册立太子的问题，当时正处在战争状态，因此就不可以常理论之。李豫既为长子，又在收复两京中立有大功，故朝野上下大都倾向于立其为太子。而且李豫在任天下兵马大元帅期间的作为，也使民心倾向于他。唐朝为了尽快收复京师，曾向回纥借兵，约定攻克城池后，土地、士庶归唐，金帛、子女归回纥。攻下长安时，回纥如约打算纵兵抢掠。李豫不顾皇子、大元帅之尊，拜于回纥叶护马前，请求说："今始得西京，若遽俘掠，则东京之人皆为贼固守，不可复取矣，愿至东京乃如约。"于是回纥从城南绕过，扎营于浐水之东，没有入城。百姓们对李豫此举感激涕泣，曰："广平王真华夷之主！"就连肃宗听到此消息后，也说："朕不及也！"[①]收复东都洛阳时，回纥遂入城抢掠府库，然后又大掠坊市三日，李豫制止不听，于是便献出锦罽宝贝，当地父老又拿出缯锦万匹给回纥，这才使其不再继续掳掠。李豫的这些作为赢得了广大人民的拥戴。

还有一事也为李豫增色不少。唐军攻下洛阳后，投降叛军并接受伪职的以陈希烈为首的原唐朝官员三百余人，素服请罪。李豫以肃宗的名义将他们全部释放，送归长安。此举对分化叛军起到了极大的作用，

① 《资治通鉴》卷二二〇，唐肃宗至德元载九月，第7034—7035页。

很多投降的原唐朝官员和将领纷纷打算归顺朝廷。后来肃宗处死了陈希烈等降官，使得打算归顺的人闻而止步，肃宗又后悔不已。从这一事件上，人们也看到了李豫的睿智与深谋远虑，因而人心更加倾向于他。

除了以上这些因素外，李泌、李揆等人也力主立李豫为太子。李泌在唐军攻取长安后，在被肃宗召见时，对肃宗说：

> 臣所以言之者，非咎既往，乃欲使陛下慎将来耳。昔天后有四子，长曰太子弘，天后方图称制，恶其聪明，酖杀之，立次子雍王贤。贤内忧惧，作《黄台瓜辞》，冀以感悟天后。天后不听，贤卒死于黔中。其辞曰："种瓜黄台下，瓜熟子离离：一摘使瓜好，再摘使瓜稀，三摘犹为可，四摘抱蔓归！"今陛下已一摘矣，慎无再摘！上愕然曰："安有是哉！卿录是辞，朕当书绅。"对曰："陛下但识之于心，何必形于外也！"①

在此之前，肃宗第三子建宁王李倓已被张皇后、李辅国陷害而死。"是时广平王有大功，良娣忌之，潜构流言，故泌言及之"②。李泌此言不仅保护了李豫免遭毒手，而且也隐含着劝肃宗立李豫为太子之意。

李揆时任中书舍人，深得肃宗赏识，称其门第、人物、文章为三绝。当时张皇后势力正盛，宗室中有人请求给其加"翊圣"之号。肃宗召问李揆，回答说："臣观往古后妃，终则有谥。生加尊号，未之前闻。景龙失政，韦氏专恣，加号翊圣，今若加皇后之号，与韦氏同。陛下明圣，动遵典礼，岂可踪景龙故事哉！"肃宗大惊曰："凡才几误我家事。"③遂不再提起此事。李豫改封成王后，张皇后加快了夺嫡的步伐。肃宗为了册立太子之事征求李揆的意见，李揆力主立成王为太子，并说："陛下言及于此，社稷之福，天下幸甚，臣不胜大庆。"肃宗的

---

① 《资治通鉴》卷二二〇，唐肃宗至德二载九月，第7037页。

② 《资治通鉴》卷二二〇，唐肃宗至德二载九月，第7037页。

③ 《旧唐书》卷一二六《李揆传》，第3560页。

本意也不想废长立幼，得到李揆的支持后，高兴地说：“朕计决矣。”[①]遂在乾元元年十月，册立李豫为皇太子。

（三）张皇后为什么被杀

张皇后，昭应（今陕西省西安市临潼区）人。其祖母窦氏是玄宗的生身母亲之妹，玄宗母被武则天杀害后，玄宗年幼无所依靠，由其窦姨赡养而大。因此睿宗与玄宗对她都非常感激，曾封为邓国夫人，“恩渥甚隆”。邓国夫人的几个儿子，都位至大官，张皇后为其第四子张去逸所生。天宝年间，玄宗将张氏选入宫中，为太子良娣，即太子的姬妾之一，又命其弟张清尚大宁郡主。所以说张皇后一家与李唐皇室的关系非常密切。

张氏入宫以后，太子妃韦氏因其兄韦坚之案的牵连，已被迫与肃宗离婚，因而张氏颇受肃宗恩宠。在马嵬分兵时，张氏也极力促成此事。前往灵武途中，由于道路不安宁，每次止宿张氏都住在最前边。肃宗说：“捍御非妇人之事，何以居前？”张氏回答说：“今大家跋履险难，兵卫非多，恐有仓卒，妾自当之，大家可由后而出，庶几无患。”[②]这些行为都使肃宗非常感动。到了灵武之后，张氏产子仅三日，就亲自动手为战士缝制征衣。肃宗劝说她产后注意身体、不要劳累，张氏回答说：国家大事要紧，此非妾调养之时。由于这些原因，使得肃宗对她更加怜惜，即皇帝位后，马上册其为淑妃，后又立其为皇后。

张氏如愿当上皇后之后，逐渐露出了骄横的本性，史载，“皇后宠遇专房，与中官李辅国持权禁中，干预政事，请谒过当，帝颇不悦，无如之何”[③]，这也充分说明了肃宗的昏庸无能。其姐封清河郡夫人，妹封郕国夫人，其弟驸马都尉张清加特进、太常卿同正并封范阳郡公。肃宗在灵武时期，由于局势尚不明朗，加之李辅国的势力尚未形成，所以李辅国对张氏百依百顺，非常恭顺，史载：“辅国外恭谨寡言而内狡险，

① 《旧唐书》卷一二六《李揆传》，第3560页。
② 《旧唐书》卷五二《后妃传下》，第2185页。
③ 《旧唐书》卷五二《后妃传下》，第2185—2186页。

见张良娣有宠，阴附会之，与相表里。”[①]两京收复后，局势渐趋稳定，两人之间便产生了矛盾。

张、李之间的矛盾说到底还是权力之争，张皇后是一个颇具权力欲的女人，仅仅在宫内弄权还不满足，常常干预朝政，而李辅国这一时期权倾朝野，两种势力的碰撞乃是不可避免的。旧史记载说：“初，张后与李辅国相表里，专权用事，晚年，更有隙。”[②]张皇后为了铲除李辅国，打算先与太子李豫联合，诛杀李辅国后再对付太子。

宝应元年四月，唐肃宗病危，命太子李豫监国。张皇后遂召太子入宫，对他说：“李辅国久典禁兵，制敕皆从之出，擅逼迁圣皇，其罪甚大，所忌者吾与太子。今主上弥留，辅国阴与程元振谋作乱，不可不诛。”这里提到的程元振也是一个宦官，时任内射生使，掌管殿前射生手的兵权，依附于李辅国，故张皇后欲将其与李辅国一同杀之。太子李豫向来与张皇后不和，今天见她突然与自己商议如此机密之事，自然感到非常突兀，同时他也对张皇后缺乏信任感，自然不能答应参与此事。还有一个原因使李豫不能参与此事，那就是此时的李辅国势力甚大，又握有禁军兵权，他如何敢于冒险行事？于是李豫对张皇后说：“陛下疾甚危，二人皆陛下勋旧之臣，一旦不告而诛之，必致震惊，恐不能堪也。”[③]

张皇后见太子不愿参与此事，遂又将越王李系召入宫中，跟他说：太子仁弱，不能成大事，你敢不敢诛杀李辅国？越王李系竟然同意参与此事。张皇后召诱越王的原因，在于越王为肃宗次子，除太子外他的年龄最长，排行最前，如果以利诱之，最有可能参与此事。那么张皇后对越王许了什么利益呢？《旧唐书》卷五二《后妃传下》说：“后与内官朱辉光、马英俊、啖廷瑶、陈仙甫等谋立越王系，矫诏召太子入侍疾。”《新唐书》卷七七《后妃传下》的记载与此相同。然而这种记载有些模糊不清，因为肃宗此时尚在，立越王为皇帝显然是不可能的；立

① 《资治通鉴》卷二一九，唐肃宗至德二载正月，第7013页。

② 《资治通鉴》卷二二二，唐肃宗宝应元年建巳月，第7123页。

③ 《资治通鉴》卷二二二，唐肃宗宝应元年建巳月，第7123页。

为太子也不可能，因为太子也健在。另据《旧唐书》卷一八四《程元振传》载：“引越王系入宫，欲令监国。”这才是张皇后许给越王的利益——令越王监国，然后在肃宗死后，再助他登上皇帝宝座。前景如此诱人，使越王李系不能不动心，从而惹上了杀身大祸。

于是越王与内谒者监段恒俊选宦官有勇力者二百余人，授甲仗埋伏于长生殿后，然后以肃宗的名义召太子入宫。张皇后欲诛杀李辅国等人，为什么不召其入宫而杀之，而是召太子入宫呢？这是因为她必须先兑现对越王的承诺，召太子入宫后，将其扣押或杀害，再以肃宗的名义立越王为监国，然后再以监国的名义对付李辅国等人，从而使己方在政治上处于一个有利的地位。

不料此事被程元振得知，马上报告给李辅国，于是他们率禁兵伏于大明宫凌霄门以等待太子李豫。李豫到达后，他们就将张皇后与越王的阴谋告诉了李豫，不料李豫根本不信，说：“必无是事，主上疾亟召我，我岂可畏死而不赴乎！”程元振说：“社稷事大，太子必不可入。”[①]遂命禁军护送太子到飞龙厩暂避。当天夜里，李辅国、程元振率兵入宫，收捕越王、段恒俊及知内侍省事朱光辉等百余人；又以太子的名义将张皇后囚禁于别殿。收捕张皇后时，她正在长生殿内，然肃宗也在此殿养病，当禁兵将张皇后及左右数十人押出时，宫女、宦官一时离散，肃宗目睹此景，惊惧不已，未及天明便一命呜呼了。

唐代宗像

肃宗死后，李辅国遂处死了张皇后、越王李系及参与此事的兖王李僩等多人。然后，颁布遗诏，拥立太子即皇帝位，史称唐代宗。

① 《资治通鉴》卷二二二，唐肃宗宝应元年建巳月，第7124页。

四、安史之乱的平定

自从官军收复两京以后，安庆绪退到了邺城（今河南省安阳市）苟延残喘，这时他仍然拥有七郡六十余城，有兵力六万余。为了彻底打垮叛军，至德二载，肃宗命郭子仪、李光弼等九个节度使，率步骑六十余万，全力进攻邺城，希望一举扫平叛军，夺取平叛战争的全面胜利。此次出兵唐军没有设置统帅，而是以大宦官鱼朝恩为观军容宣慰处置使，实际上就是想用鱼朝恩来当统帅。鱼朝恩作为一个根本不懂军事的宦官，凭什么来统率如此庞大的军队？难道唐军就真的推不出一位真正的统帅来吗？当然不是，如郭子仪、李光弼等都是颇负盛名的大将。那么肃宗出于什么因素而不愿任命他们为统帅呢？首先，根本原因还是皇帝对大将的猜忌心理在作怪，担心他们功高震主，一旦平叛成功，将来不好驾驭。其次，就是肃宗认为叛军已经是只死老虎了，只要数十万大军以排山倒海之势进行攻击，他们就会土崩瓦解，任命宦官作为观军容使，平叛的功劳自然就属于鱼朝恩了。当然肃宗不设统帅的公开理由是郭、李二人都是元勋，进攻安庆绪时，他们两人都是三公（正一品）了，难以互相统属。实际上这只不过是一种借口，因为郭、李虽然官职高下相当，但郭子仪的资望较李光弼为高，而且曾经当过李的上司，如果以郭子仪为统帅，李光弼为副统帅，李光弼不会不服从。

没有统帅的数十万官军，实际上就是一盘散沙，很难相互配合、协同作战。正因为官军存在这样的致命弱点，所以当官军围攻邺城时，叛军大将史思明才敢率仅有的十三万军队前来援救。双方大战的结果是，数十万官军溃散，纷纷逃回本镇。史思明进入邺城后，杀死安庆绪，自立为大燕皇帝，成为一股强大的反叛力量。

邺城之战后，史思明率军攻取汴、郑等州，接着又攻占洛阳，在进攻河阳（今河南省孟州市西）时，被李光弼击败。唐廷命令李光弼乘胜进攻叛军，希望能收复东都洛阳。李光弼认为敌军兵力尚强，收复洛阳的时机不成熟，朝廷不听。双方于邙山（位于河南省西部，东西走向）展开大战。大将仆固怀恩故意违背李光弼的命令，在邙山平原布阵，被史思明军冲击，唐军大败。而李光弼因战败被免去了副元帅之职，失去兵权，改任为河中节度使。史思明乘机攻取了河阳、怀州（今河南省沁阳市）等地，逼近陕州，威胁长安，朝廷大惧。正在这时，史思明却被自己的儿子史朝义杀死，史朝义自称皇帝，他大力铲除异己，致使叛军人心浮动、士气低落，从而使唐朝得以从危险的局势下解脱出来。

邙山之战的失败，主要原因有两个：一是肃宗不纳忠言，盲目浪战；二是仆固怀恩有意使李光弼战败，自己好取而代之，捞取更高的政治地位。此战之后，主战的鱼朝恩、仆固怀恩无事，李光弼却承担了战败的责任。

代宗即位后，同他的父亲一样，也不信任郭子仪、李光弼等功臣，为了收复东都洛阳，他任命自己的长子李适为天下兵马元帅，仆固怀恩为副元帅。又担心唐军不能单独战胜叛军，派宦官到回纥请求出兵助战。回纥为了掠夺更多的财宝，由其可汗亲自率军来到内地。回纥军看不起唐军，强迫李适对其可汗行拜舞礼，经随从唐臣力争，虽然免其行礼，却将随从唐臣各鞭打一百。这一事件对李适造成了很大的刺激，认为是对他个人的极大侮辱，后来他当了皇帝，始终不忘此次侮辱，从而又招致了唐朝更大的损失，这些都是后话了。

宝应元年，唐军在回纥军配合下，会合诸道大军攻打洛阳。双方在洛阳北郊大战，唐军奋勇冲击，叛军抵敌不住，溃散四逃。此战叛军被斩杀的达六万之众，被俘两万余人，史朝义仅率残部数百骑逃到了河北。回纥军进入洛阳后，四处烧杀抢掠，被杀的百姓数以万计，城中大火数十天不息。唐军认为洛阳及周围州县都是贼境，也纵兵掳掠，这种行动持续了三个月，给百姓造成极大危害，有的百姓连身上的衣服也被剥去，外出时只能穿纸糊的衣服。

官军收复洛阳后，朝廷命令仆固怀恩父子率军深入河北，继续追击史朝义残部。官军连战连胜，史朝义无法抵御，只好向北逃窜。史朝义部下的节度使们见大势已去，纷纷表示愿意归降朝廷。唐政府为了尽快平定叛乱，下令："东京及河南、北受伪官者，一切不问。"[1]这一政策的颁布，对分化瓦解敌军阵营起到了重要的作用，当然也产生了较大的副作用。

在其部下大将纷纷归降朝廷的情况下，史朝义如丧家之犬，一路狂奔，逃到贝州，凑齐了三万军队来战唐军。仆固怀恩之子仆固瑒设伏以待之，在回纥军的配合下，大败敌军。史朝义又逃到莫州（治今河北省任丘市北鄚州镇），唐军追来包围了莫州。大将田承嗣劝史朝义亲往幽州搬取救兵，然后开城归降了官军，并送出史朝义的母、妻、子。官军随后穷追，由于幽州已经归降了官军，史朝义无处可容身，遂东奔广阳（治今北京市西南），广阳守军亦不接纳，逃到温泉栅（今河北省滦县西北棒子镇东北）时，追兵赶到，史朝义走投无路，只好在附近的树林中自缢而死。时在代宗广德元年（763）正月，历时八年的安史之乱至此总算平定了。

唐军之所以如此轻易地平定史朝义，并非叛军军力消耗殆尽之故。上元二年，史思明在邙山大败李光弼军，并乘胜向长安进军，在此期间被其子史朝义所杀，朝义在洛阳称帝，其部下不服，内部分裂。而这期间唐廷也发生政变，宦官李辅国杀张皇后，肃宗受惊而死，代宗即位。这期间双方均未有大的军事行动，故叛军兵力丝毫未损，仍然保持着比较强大的军力。洛阳北郊之战叛军失败，虽然损失不少，但其在河北的兵力仍然保存着。而此次深入河北穷追史朝义的唐军由仆固怀恩之子仆固瑒统率，仅有数万之众，就敢于深入叛军老巢，完全是因为史朝义部下诸节度使归降朝廷之故。

安史之乱给唐朝造成了极大的影响，在安史盘踞的河北地区，唐政府设置了数个藩镇，以安史旧将薛嵩为相、卫、邢、洺、贝、磁六州节度使；田承嗣为魏（治今河北省大名县东北）、博、德（治今山东省德州市陵城区）、沧（治今河北省沧州市沧县东南）、瀛（治今河北省河间市）五州都防御使，后升为节度使，魏博镇至此成立；李怀仙为卢

① 《资治通鉴》卷二二二，唐肃宗宝应元年十一月，第7136页。

龙节度使，拥有幽、涿（治今河北省涿州市）、营（治今辽宁省朝阳市）、平（治今河北省卢龙县）、蓟（治今天津市蓟州区）、妫（治今河北省怀来县东南）、檀（治今北京市密云区）、莫八州之地；张忠志（赐名为李宝臣）为成德节度使，统恒（治今河北省正定县）、赵（治今河北省赵县）、深（治今河北省深州市西南）、定（治今河北省定州市）、易（治今河北省易县）五州。历史上所谓河朔三镇，就是指魏博、成德、卢龙三镇，它们名义上归顺朝廷，实则处于半独立的状态，藩镇割据的局面自此形成。造成这种状况的原因，旧史说："时河北诸州皆已降，（薛）嵩等迎仆固怀恩，拜于马首，乞行间自效；怀恩亦恐贼平宠衰，故奏留嵩等及李宝臣分帅河北，自为党援。朝廷亦厌苦兵革，苟冀无事，因而授之。"[①]实际情况是：首先，除了朝廷有姑息之意外，长期的战争破坏，使唐朝社会生产遭到了极大的破坏，广大北方地区残破不堪，在财力上已经无力继续承担大规模的战争；其次，史朝义虽然众叛亲离，但其部下诸将仍拥有比较强大的兵力，如果唐廷一味依靠军事力量，将会继续付出巨大的牺牲。在这些因素依然存在的情况下，唐政府只好选择这样一种政策，以求早日结束战争，以便恢复残破的社会经济。

安史之乱的另一个影响，就是为了平定叛乱，不得不抽调西北诸镇的兵力到内地参战，致使西北边地防御力量空虚，吐蕃乘虚而入，相继占据了广大西北地区，使得唐朝政府在西北的边防线大幅向东退缩，吐蕃的军事威胁直逼关中。广德元年九月，吐蕃大军攻入关中，直逼长安，代宗仓皇逃到陕州躲避，长安失陷。后来，虽然依靠郭子仪等人的努力，收复了长安，但吐蕃的军事威胁却长期不能消除。唐朝后期从全国调兵到京西北防秋（即防御吐蕃入侵），遂形成为一种制度，给唐朝造成了极大的军事与经济负担。

安史之乱标志着大唐帝国盛世的终结，同时也表明中国古代经济重心自此开始南移，最终形成了经济重心位于南方的局面，这种格局一直维持到现在，仍然没有大的改变。

---

① 《资治通鉴》卷二二二，唐代宗广德元年正月，第7141页。

五、铲除宦官与权臣元载

（一）宦官专权局面的形成

宦官阶层是中国古代寄生于皇权的一个特殊阶层，皇帝集权程度愈深，愈容易产生宦官专权。在中国历代都或多或少地有一些权力较大的宦官出现，为害较重的宦官专权主要出现在三个历史时期，即东汉、唐朝与明朝。其中唐朝宦官专权的危害及严重程度还要超过汉、明两朝，宋代史学家司马光指出："东汉之衰，宦官最名骄横，然皆假人主之权，依凭城社，以浊乱天下，未有能劫胁天子如制婴儿，废置在手，东西出其意，使天子畏之若乘虎狼而挟蛇虺，如唐世者也。所以然者非他，汉不握兵，唐握兵故也。"[①]清代著名学者赵翼进一步指出："东汉及前明宦官之祸烈矣，然犹窃主权以肆虐天下。至唐则宦官之权反在人主之上，立君、弑君、废君，有同儿戏，实古来未有之变也。推原祸始，总由于使之掌禁兵、管枢密，所谓倒持太阿，而授之以柄，及其势已成，虽有英君察相，亦无如之何矣！"[②]司马光认为唐代宦官专权程度之烈，在于其掌握禁军兵权，赵翼的观点则有所发展，指出除了其控制禁军兵权外，还有一个因素，即其掌管枢密之政。这些都是很有见解的观点，也是唐代宦官专权不同于汉、明两朝的一个显著特点。

唐代宦官专权局面的形成，通常都认为"始于明皇，盛于肃、代，成于德宗，极于昭宗"[③]。这一分析大体上是符合唐代宦官专权的发展脉络的。不过宦官长期专权的原因，则要复杂得多，除了以上原因外，内诸司使系统与假子制的形成，也是两个重要的原因[④]，后面还要详论，就不多说了。

在唐朝初期，鉴于东汉宦官专权的历史教训，太宗对宦官的权力

① 《资治通鉴》卷二六三，唐昭宗天复三年正月，第8596页。

② 《廿二史札记校证》卷二〇《唐代宦官之祸》，第424页。

③ 《资治通鉴》卷二六三，唐昭宗天复三年正月，第8598页。

④ ［日］矢野主税：《唐代宦官权势获得因由考》，载《史学杂志》1954年第63卷第10号，第34—48页。此文称为诸职制，我国学者称内诸司使制度。

进行严格的约束，规定内侍省不置三品官，内侍省的长官——内侍，也只是四品官，并且不许宦官外出充使，只许在宫内充役。经高宗、武则天，到中宗统治时期，宦官的势力已经有了进一步的发展，总人数达到了三千人，超授七品以上员外官者达千余人之多。玄宗即位以后，对宦官势力进行一定程度的压制。随着初期阶段励精图治的结束，“开元之治”的完成，玄宗逐渐骄奢淫逸起来，从而使宦官势力急剧膨胀，所谓“中官稍称旨者，即授三品左右监门将军，得门施棨戟”“品官黄衣已上三千人，衣朱紫者千余人”[①]。上面所说的授宦官三品将军，尚不算打破太宗定制，因为这些官职并非内侍省官员。到了天宝十四载，玄宗置内侍监二员，秩三品，以授高力士、袁思艺，因为这一官职设置在内侍省，遂打破了太宗内侍省不置三品官的旧制，标志着宦官势力发展到了一个新的阶段。

至肃宗、代宗时期，宦官势力较之玄宗时期又有了进一步的发展，先后出现了李辅国、程元振、鱼朝恩等权势很大的宦官，他们掌握了禁军兵权，又控制了朝政，专横跋扈，气焰熏天。在这一时期还有一个变化，就是出现了掌枢密或知枢密等职官，专典机密，由宦官专任，这时虽然尚未出现枢密使的职官名和枢密院的机构，但其雏形已形成。到了德宗时期，随着宦官掌典禁军兵权的制度化，唐代宦官专权的局面完全形成，其情况后面还要详述，这里就不赘述了。在此之前，唐朝皇帝的即位尚未与宦官有直接的关系，此后的情况便不同了，所谓“其后绛王及文、武、宣、懿、僖、昭六帝，皆为宦官所立，势益骄横”[②]，宪宗、敬宗等皇帝皆死于宦官之手。

宦官专权局面的形成，还导致了唐朝政治格局发生了较大的变化，南衙北司之争贯穿于整个唐朝后期，即使士大夫之间的所谓“牛李党争”，也摆脱不了宦官的影响。皇帝对宦官集团的控制与反控制持续了一百几十年之久，并导致了一幕幕宫廷政变的爆发。所有这一切都对唐

---

① 《旧唐书》卷一八四《宦官传》，第4754页。

② 《资治通鉴》卷二六三，唐昭宗天复三年正月，第8597页。

后期政治史产生了深远的影响。

（二）李、程、鱼等人被铲除

李辅国专制弄权引起了一些正直大臣的反对，宰相李岘便是其中一位。他曾力请肃宗颁制，要求诏敕从中书而出，而不应出自李辅国之口。肃宗对李辅国专权之事也早有耳闻，只是忌于其掌管禁兵，尚不便公然罢其官爵，既然有人公开提出此事，遂顺水推舟宣布罢去其所置察事。李辅国见状，上奏请求辞去元帅府行军司马之职，以试探肃宗的态度。肃宗自知除去李辅国的时机尚不成熟，下诏不许，但是却借机颁制规定：以后行事须凭正宣，口宣敕命不再施行。所谓正宣，即由中书提草，有底（副本）留档可查，而口宣无法核查，容易给奸人留下弄权的机会。同时还规定“中外诸务，各归有司”。英武军及北门六军诸使不得再随意抓人捕人，此类事务归由御史台、京兆府管辖。“如所由处断不平，听具状奏闻”[①]。这样就极大地限制了李辅国的权势，引起了他对李岘的不满。但是由于李辅国仍然掌握着禁军兵权，加之其本兼各职并无丝毫褫夺，其党羽依然势力强大，所以朝中诸臣仍对他十分忌惮。

代宗即位以后，李辅国自以为有拥戴之功，于是更加骄横，他公然对代宗说：“大家但居禁中，外事听老奴处分。”代宗虽然愤愤不平，但由于其掌握着禁军兵权，只好外事尊礼，内加防备。代宗尊其为尚父，而不称其名，“事无大小皆咨之，群臣出入皆先诣，辅国亦晏然处之”[②]。为了对付李辅国，代宗利用程元振急于取李辅国而代之的心理，拉拢他站在了自己一边。程元振为内射生使与飞龙使（一说副使），掌握着射生禁兵及飞龙厩马，是一位颇具实力的宦官，他的倒戈严重地削弱了李辅国的实力。代宗遂利用宦官内部的这种矛盾，果断地免去了李辅国所任的元帅府行军司马及兵部尚书等职，命程元振代判元帅府行军司马，专典禁兵。以前李辅国一直住在宫中，此时也命其迁往宫外居住。代宗的这一行动，引起了朝野的震动，人人称贺。至此，李辅国也

① 《资治通鉴》卷二二一，唐肃宗乾元二年四月，第7074页。

② 《资治通鉴》卷二二二，唐肃宗宝应元年建辰月，第7125页。

感到了恐惧，于是上表请求逊位。代宗一不作二不休，索性又免除了其中书令之职，但却将其爵位升为郡王。李辅国入宫，呜咽地对代宗说："老奴事郎君不了，请归地下事先帝！"[①]这里所说的"郎君"，即指代宗。

事情发展到了这种程度，李辅国已经成为死老虎了，但是代宗出于他曾诛杀张皇后之功，不愿意公开处决他。关于李辅国的死，诸书记载不一，《旧唐书》卷一一《代宗纪》载："盗杀李辅国于其第，窃首而去。"《新唐书》卷一四五《元载传》说："盗杀李辅国，（元）载阴与其谋。"也就是说，元载参与了杀李辅国之事。《资治通鉴》卷二二二宝应元年十月条《考异》引《统纪》曰："辅国悖于明皇，上在东宫，闻而颇怒。及践阼，辅国又立功，难于显戮，密令人刺之，断其首，弃之溷中，又断其右臂，驰祭泰陵，中外莫测。后杭州刺史杜济话于人曰：'尝识一武人为牙门将，曰：某即害尚父者。'"据此记载，李辅国被杀，乃是受代宗的指使。真相如何，现在已经难以考证清楚了。李辅国死后，代宗曾颁敕追捕凶手，但却没有下文。然后又遣中使到其家抚慰，刻木为首而葬之，并追赠为太傅。当然这一切都是为掩人耳目，如果真的是代宗指使人杀死李辅国的，的确是一件很不光明磊落的事情，有损于皇帝的威望，故做一些表面文章还是非常必要的。

李辅国死后，程元振独掌禁军兵权，他自以为功高权重，无人能制，专横跋扈，四处伸手。史载："是时，元振之权甚于辅国，军中呼为'中郎'。"[②]其不仅任元帅府行军司马，还加镇军大将军、右监门卫大将军，封保定县侯，充宝应军使。接着又被升为骠骑大将军，封邠国公。赠其父程元贞为司空，其母郄氏为赵国夫人。

程元振曾向襄阳节度使来瑱索贿，遭到拒绝，因而怀恨在心。广德元年，来瑱入朝，拜兵部尚书，被程元振诬陷，竟遭诛杀。宰相裴冕为肃宗山陵使，程元振因小事与其意见不合，遂找借口将其贬为施州刺

① 《资治通鉴》卷二二二，唐肃宗宝应元年建辰月，第7128页。

② 《册府元龟》卷六六九《内臣部·恣横》，第7706页。另据《旧唐书·程元振传》为"十郎"。

史。同华节度使李怀让为程元振所构陷，被迫自杀。名将来瑱、元勋裴冕无辜被杀被贬，再加上李怀让的自杀，遂使“天下方镇皆解体，元振犹以骄豪自处，不顾物议”[①]。

程元振不仅陷害了以上诸人，对郭子仪这样的元勋也不放过，他设法罢去了郭子仪的副元帅之职，置于闲散之地。李适为元帅率大军欲收复洛阳时，本来代宗要以郭子仪为副元帅，也因为鱼朝恩、程元振的反对而作罢。广德元年九月，吐蕃大军进犯京畿，告急边报频频而至，均被程元振扣押不奏。次月，吐蕃逼近渭水便桥，长安危急。代宗急诏天下诸镇出兵勤王，竟无一兵一卒前来救援，迫使代宗不得不逃往陕州，长安失陷。此事引起了朝野上下的愤怒，皆归咎于程元振，谏官纷纷对其提出弹劾，程元振这才感到恐惧。当郭子仪从吐蕃手中收复长安后，程元振忌其又立大功，竟不想让皇帝回京，劝代宗驾临洛阳。

程元振对名将李光弼也是百般陷害，两人关系极为紧张，当代宗蒙难诏天下诸镇勤王时，李光弼因程元振故，迁延不行。代宗避难陕州时，李光弼也不闻不顾。客观地看，李光弼在这一点上不如郭子仪识大体，因负气而置国事于不顾，实在是要不得的。然程元振屡加陷害，李光弼惧祸，才是其不应诏命的根本原因。

程元振如此祸国殃民，惹得天怒人怨、上下离心，对唐王朝统治构成了严重的威胁，关于当时局势的严重情况，正如太常博士柳伉在上疏中所指出的：

> 犬戎犯关度陇，不血刃而入京师，劫宫闱，焚陵寝，武士无一人力战者，此将帅叛陛下也；陛下疏元功，委近习，日引月长，以成大祸，群臣在廷，无一人犯颜回虑者，此公卿叛陛下也；陛下始出都，百姓填然，夺府库，相杀戮，此三辅叛陛下也；自十月朔召诸道兵，尽四十日，无只轮入关，此四方叛陛下也。内外离叛，陛下以今日之势为安邪，危邪？若以为危，岂得

① 《旧唐书》卷一八四《程元振传》，第4762页。

> 高枕，不为天下讨罪人乎！臣闻良医疗疾，当病饮药，药不当病，犹无益也。陛下视今日之病，何繇至此乎？必欲存宗庙社稷，独斩元振首，驰告天下……。[①]

面对如此局面，代宗不得不考虑对其加以处置。经过再三思虑，代宗认为程元振有护驾拥戴之功，只是将其免除官爵，放归田里了事。可见直到此时，代宗仍不醒悟，依然认为程元振是有功之臣，从这个意义看，造成唐朝出现如此混乱局面的始作俑者，应该是代宗本人。

程元振回到三原（今陕西省三原县西北）故里，仍不死心，他听到代宗返回长安的消息后，遂换上了妇人的衣服，潜回长安，谋图再次得到任用，结果被京兆尹捕获，并上奏皇帝。广德二年（764）正月，诏令将其流放溱州。代宗念程元振旧功，不久又安置其于江陵，后来程元振死在了当地。

鱼朝恩，泸州泸川（今四川省泸州市）人。天宝末入宫为宦官，为人狡黠，逐渐升迁，至唐军收复两京时，他已经升任为左监门卫将军、知内侍省事。九节度围攻邺城时，他被任命为观军容宣慰处置使，“观军容使自朝恩始”。唐军攻克洛阳后，鱼朝恩率神策等军屯驻陕州；代宗避难陕州时，鱼朝恩率军迎至华阴。因护驾有功，代宗加其天下观军容宣慰处置使，并给予了大量的赏赐。代宗返回长安后，他又率诸军护送天子返京，因此倍受皇帝的信任。

鱼朝恩是一个十足的小人，他见郭子仪劳苦功高，为人臣第一，遂心生妒忌，借口邺城九节度兵败，伙同程元振对他百般诋毁，把一切责任全都推到了郭子仪头上，致使郭子仪被罢去了副元帅之职。代宗即位后，他“与程元振一口加毁，帝未及寤，子仪忧甚”[②]。幸亏郭子仪在驱逐吐蕃、收复长安中建立了大功，才使鱼朝恩陷害其的阴谋没有得逞。

吐蕃军攻灵州（今宁夏回族自治区灵武市西南），郭子仪率军抵

① 《资治通鉴》卷二二三，唐代宗广德元年十月，第7155页。

② 《新唐书》卷二〇七《鱼朝恩传》，第5863页。

御，鱼朝恩却指使人挖其父之墓，妄图以此激怒郭子仪，然后寻机陷害。郭子仪自前线返回长安时，朝野上下皆一片恐惧气氛，唯恐郭子仪一怒之下举兵攻击，后果将不堪设想。幸亏郭子仪性宽厚，不计前嫌，回到京城后，反而向代宗哭诉说："臣久主兵，不能禁士残人之墓，人今发先臣墓，此天谴，非人患也。"[①]这才化解了一场风波。

鱼朝恩作恶多端，代宗不加惩处，反而更加信任，永泰（765—766）中，诏其判国子监，兼鸿胪、礼宾、内飞龙、闲厩等使，封郑国公，并掌领禁军。鱼朝恩粗通文墨，自谓有文武才，其任判国子监事时，中书舍人常衮上言："国子监长官，当用名儒，不宜以宦官充任。"代宗非但不听，鱼朝恩至国子监上任时，还命令宰相以下百官送之，"京兆设食，内教坊出音乐俳倡侑宴，大臣子弟二百人，朱紫杂然为附学生，列庑次。又赐钱千万，取子钱供秩饭。每视学，从神策兵数百，京兆尹黎干率钱劳从者，一费数十万，而朝恩色常不足"[②]。不仅如此，鱼朝恩还亲自升堂讲学，令百官坐听，并讥讽宰相不学无术。

鱼朝恩为了讨好皇帝，将自己宅第舍出，作为佛寺，为章敬太后荐福。为了扩大寺院，因材料不足，遂将曲江馆所、华清宫楼榭、百司行署、将相故第，拆毁无数，花费钱财以万亿计。因此，得以升任内侍监，改封韩国公，增加实封百户。他还纵容禁军将士擅自捕捉京师富人，严刑拷打，诬其犯法，然后将其财产收归禁军，人称这种做法为"入地牢"。

鱼朝恩专横跋扈，朝廷议事，鱼朝恩偶然没有参加，事后闻知，怒曰："天下事有不由我乎！"[③]代宗听到后，心中逐渐对鱼朝恩产生了反感情绪。鱼朝恩还擅自扩充神策禁军的地盘，勾结外地藩镇，壮大自己的势力。同华节度使周智光专横不法，擅自截留各地运往长安的贡赋，随意斩杀路过其境的朝廷官员，并且狂妄地说："吾有大功，上不与平章事，且同、华地狭，不足申脚，若加陕、虢、商、鄜、坊五州，

① 《新唐书》卷一三七《郭子仪传》，第4608页。

② 《新唐书》卷二〇七《鱼朝恩传》，第5864页。

③ 《新唐书》卷二〇七《鱼朝恩传》，第5865页。

差可。”又说：“挟天子令诸侯，非智光尚谁可？”[1]就是这样一个人，鱼朝恩却与其往来密切。郭子仪密奏皇帝，鱼、周二人有勾结，周为外应，而鱼领禁兵，如不早图，必生大祸。在这种情况下，代宗才产生了警觉。于是利用寒食节在宫中举行宴会的机会，待宴罢，百官退出，令鱼朝恩入内议事。代宗当面责其有异图，鱼朝恩不服，遂命左右将其擒获，然后缢杀之。为了掩人耳目，对外宣传其自缢而死，并赐钱六百万以安葬。

鱼朝恩死后，代宗吸取教训，不再命宦官掌握禁军兵权，但是到了其子德宗时，不但令宦官重新掌管禁军，而且还制度化了。这些都是后话。

（三）奸相元载之死

元载，字公辅，凤翔岐山（今陕西省岐山县）人。本姓景，其父景昇，掌管曹王李明妃元氏的庄田，因其辛勤劳苦，得到曹王妃的赏识，景昇自请改姓氏，获得曹王妃的允许，自此遂改姓元。

元载于天宝初科举考试中第，得以任新平县尉。肃宗至德初，经江东采访使李希言推荐，升任祠部员外郎、洪州刺史。不久，调入京师任度支郎中，因为机敏善奏对，得到肃宗的赏识，逐渐得到升迁，历任户部侍郎，充度支、江淮转运等使。因为大宦官李辅国妻元氏与元载同宗，经李辅国的推荐，得以升任同中书门下平章事，拜为宰相。代宗即位以后，李辅国权势更盛，提升元载为中书侍郎，仍为宰相。由于度支事务繁忙，元载遂推荐刘晏顶替他的判度支、江淮转运使等职务，自己任判元帅府行军司马。

元载非常善于见风使舵，李辅国权势正盛时，他投靠李辅国，当李辅国失势时，他又落井下石。李辅国的被杀，据说也有元载参与。李辅国死后，元载另找新主子，后来巴结上了大宦官董秀。董秀时任掌枢密，权势很大，又与皇帝关系亲密。他赠送给董秀大量金宝财物，获得董秀的好感，董秀获知皇帝动向，马上就告知元载，因此元载奏事，往往能符合皇帝的心意，于是代宗对元载更加深信不疑，也更加倚重。鱼

① 《新唐书》卷二二四上《周智光传》，第6373页。

朝恩与元载关系不睦，代宗亦日益讨厌鱼朝恩，遂在元载的参与下将鱼朝恩铲除。元载因此洋洋得意，从此更加骄横。

李辅国、鱼朝恩等权阉相继被铲除，使元载掌握了很大的权势，加上皇帝的信任，使其自以为才兼文武，遂更加肆无忌惮地扩张权势，培植个人势力，排挤正直之人。中书主书卓英倩、李待荣不过小吏而已，可是由于元载的信任，专横跋扈、玩弄权柄，各级官员办事如不谒见卓、李二人，则寸步难行。元载的妻子、子弟也都凭借其权势，干预公事，接受贿赂。元载还善于敛财，他在长安城中有两处豪宅，宽敞豪华，为当时之最。在长安近郊，元载还兴建有楼台观榭，也是极其精致豪华。《新唐书》卷一四五《元载传》说他："膏腴别墅，疆畛相望，且数十区。名姝异技，虽禁中不逮。"也就是说连皇宫也不如元载家豪华。

元载贪污受贿，家中积累的财富不计其数，后来抄其家时，竟从其家搜得钟乳五百两、胡椒八百石，其他财物不计其数。胡椒不产于中国，大都来自于域外，一两胡椒都价值不菲，何况八百石呢？史官之所以特意将钟乳、胡椒写进史书中，目的就在于通过对这些物品的记述来表明元载聚敛的财富之巨大。

元载还结党营私，其党徒主要有：吏部侍郎杨炎，谏议大夫韩洄、包佶，吏部侍郎徐皓、薛邕，侍中王绍，太常卿杜鸿渐，大理少卿裴冀，太常少卿王纪以及大臣王昂、王定、宋晦、徐缜等"凡数十百人"。凡敢于反对或纠弹元载的官员，元载均予以残酷的打击。如一个叫顾繇的言官向皇帝奏告元载的儿子元伯和欺压百姓，结果元载不仅没有被治罪，顾繇反倒受到严厉惩处。再如大历六年（771），另一个叫李少良的言官秘密向皇帝奏报元载的恶行，元载知道后，面奏代宗，竟将李少良等密告他的几个人全都乱棒打死。自此，再没有人敢公开议论元载的劣迹，就连路上的行人，为了不被怀疑私下议论朝政而受到迫害，即使遇到熟人也不敢打招呼，只能以目示意。

元载前后任宰相十多年，朝中党羽甚多，聚敛财富无数，搞得怨声载道。对于元载的恶行，代宗也略有所闻，遂召其入宫进行告诫，无奈元载不听。在这种情况下，代宗遂决定铲除元载。大历十二年（777）三月，代宗命左金吾大将军吴凑逮捕了元载和另一宰相王缙，关押在政事堂。命令吏部尚书刘晏审理此案。刘晏认为元载党羽甚多，同时逮捕的还有其亲信党羽以及几个儿子，遂奏请增派他官共同审理。代宗遂令御史大夫李涵、右散骑常侍萧昕、兵部侍郎袁傪、礼部侍郎常衮、谏议大夫杜亚共同审理。经过审理，元载等对其所犯罪行供认不讳，代宗遂下诏将其赐死，其妻及三个儿子也同时被处死，宦官董秀亦被处死，对元载党羽或杀或贬，比较彻底地铲除了这一祸国殃民的政治集团。

次年，代宗召李泌入朝，对他说："好容易才除去此贼，几乎不能与你见面。"李泌说："臣下有罪，应及时处置，何必容忍太过。"代宗反驳说："做事应该周全，不可轻发。"从代宗的这种言论可以看出，他是一个多么糊涂的君主，元载虽然势大，但毕竟与李辅国、程元振等宦官不可同日语，想铲除并不很难，何必要再三姑息呢?

六、代宗之死与太子即位

（一）代宗之死

代宗是在战乱中即位的一位皇帝，其即位以来，除了平定安史之乱一事尚可圈点外，在其他方面几乎一无是处，外有吐蕃攻陷长安、仆固怀恩叛乱；内有李辅国、程元振、鱼朝恩专权乱政，接着又出现奸相元载祸乱国事。本来唐朝历时八年，耗费了大量的人力物力，好不容易才平定了安史叛乱，正好可以借势励精图治，整顿国政，恢复残破的社会经济，可是代宗却猜忌功臣，重用佞人，姑息藩镇，致使内乱迭起，社会动荡，唐王朝的国势每况愈下。总括起来，代宗治国施政有如下几个方面的不足:

第一，姑息养奸。仆固怀恩父子深入河北，平定安史之乱，为了一己之私，擅自授予安史旧将薛嵩、李宝臣等人节度使之职，代宗不加裁正，反而予以认可；程元振陷害元勋，祸乱国事，代宗却以其有拥戴之功而每加姑息，不忍处以极刑；河北藩镇归顺朝廷后，从未入朝面见皇帝，亦不输纳贡赋，代宗也不闻不问；同华节度使周智光专横跋扈，截留朝廷税赋，代宗从未加以节制，最终到了万不得已时，才派郭子仪率军讨伐。类似事例颇多，就不一一列举了。

第二，猜忌功臣。郭子仪乃国之栋梁，却削其兵权，置之散地，又听信奸人谗言，使郭子仪忧虑不安。李光弼立有不世之功，也是备受猜忌，竟使其不敢入朝。仆固怀恩之反，固然有仆固怀恩自身的原因，但代宗对功臣的猜忌，也是促其反叛的一个重要因素。[①]

第三，委任近习。信任李辅国、程元振、鱼朝恩等人固不待言，对宦官刘忠翼、董秀等人一度也非常信任。所谓"天宪在口，势回日月，贪饕纳贿，货产巨万"[②]，他重用元载，致使"货贿公行，近年以来，未有其比"[③]，更是众所周知的事实。

第四，滥行封赏。唐初有不封异姓王的不成文规定，至武则天时打破了这一规定，中宗时张柬之等五人被同时封王，但是数量毕竟有限，尚不至于泛滥。肃宗封郭子仪、李光弼、仆固怀恩等人为郡王，因其功勋卓著，也不为过。可是到代宗时，便达到肆行滥封的程度，如他封李辅国为博陆郡王，就很没有道理。因仆固怀恩平定叛乱，封了其部下诸将孙守亮等九人为异姓王，又封李国臣等十三人为同姓王，共计二十二人之多。尤其是封安史降将四人为王，更是没有必要。事情到此并没有结束，后来他又封诛杀周智光的华州牙将姚怀为感义郡王、李延俊为承化郡王，遂使王爵达到了泛滥成灾的程度。郭、李、仆固等人位高权重，功勋卓著，封其为王有赏功和激励士气的作用；至于其他获得王爵者，无论是从资历、地位或是功勋，都无法与上述三人可比，也都轻易地获得封王，不仅显得赏赐不公，而且也使得国家名誉扫地，在政治上

① 参见曾超：《试论仆固怀恩之乱》，载《内蒙古民族大学学报》2004年第5期，第45—49页；徐志斌：《仆固怀恩叛乱与代宗治国》，载《敦煌学辑刊》2005年第2期，第364—375页。

② 《旧唐书》卷一一八《黎干传附刘忠翼传》，第3426页。

③ 《旧唐书》卷一一八《元载传》，第3411页。

有害而无利。

第五，尊崇佛教。代宗佞佛在唐朝诸帝中是比较突出的，史载：“代宗喜祠祀，未甚重佛，而元载、杜鸿渐与（王）缙喜饭僧徒。代宗尝问以福业报应事，载等因而启奏，代宗由是奉之过当，尝令僧百余人于宫中陈设佛像，经行念诵，谓之内道场。其饮膳之厚，穷极珍异，出入乘厩马，度支具廪给。每西蕃入寇，必令群僧讲诵《仁王经》，以攘虏寇。苟幸其退，则横加锡赐。胡僧不空，官至卿监，封国公，通籍禁中，势移公卿，争权擅威，日相凌夺。凡京畿之丰田美利，多归于寺观，吏不能制。僧之徒侣，虽有赃奸畜乱，败戮相继，而代宗信心不易，乃诏天下官吏不得棰曳僧尼。”又曰：“代宗七月望日于内道场造盂兰盆，饰以金翠，所费百万。又设高祖已下七圣神座，备幡节、龙伞、衣裳之制，各书尊号于幡上以识之，舁出内，陈于寺观。是日，排仪仗，百僚序立于光顺门以俟之，幡花鼓舞，迎呼道路，岁以为常。”[①]唐朝经过安史之乱，经济凋敝，民不聊生，而代宗不知节欲省费，反而大肆铺张浪费，加重了人民的负担，不仅给国家财政造成了沉重的负担，而且也严重地影响了社会经济的恢复。

综上所述，可以看出代宗的确是一个昏庸的皇帝，好在其寿命并不长，在位十七年，于大历十四年五月患病而亡，终年五十三岁。

（二）太子即位

代宗死后，其长子李适即皇帝位，即德宗。代宗共有二十子，除了德宗外，其余为：第二子郑王李邈，死后赠昭靖太子；第三子均王李遐，早夭，生前没有封王，德宗贞元八年（792）被追封为均王；第四子睦王李述；第五子丹王李逾；第六子恩王李连；第七子韩王李迥；第八子简王李遘；第九子益王李迺；第十子隋王李迅；第十一子荆王李选；第十二子蜀王李遡；第十三子忻王李造；第十四子韶王李暹；第十五子嘉王李运；第十六子端王李遇；第十七子循王李遹；第十八子恭王李通；第十九子原王李逵；第二十子雅王李逸。

① 《旧唐书》卷一一八《王缙传》，第3417—3418页。

代宗虽然生子较多，但除了德宗与郑王李邈年纪较长外，其余诸子皆年纪幼小，因此直到大历十年（775）时尚未封王。由于郑王李邈前一年突然病故，于是在这年二月，大封诸王，自第四子李述以下共十七子，不论年纪大小全部封王。正因为如此，德宗李适自广德二年被立为皇太子以来，地位一直非常稳固，没有哪一个弟弟出来与他争夺太子之位。代宗在大历十四年五月二十一日病逝，德宗遂于第三天，即当月二十三日在太极殿即位。

德宗李适也有美中不足的地方，就是他的亲生母亲沈氏一直下落不明。沈氏，吴兴（今浙江省湖州市）人。开元末，以良家子选入宫中，玄宗令赐给当时尚为广平郡王的代宗为妃，天宝元年生德宗。安禄山叛军攻入关中，玄宗仓皇逃往西蜀，沈氏来不及逃走，遂被叛军俘获，拘押在东都洛阳掖庭之中。代宗为元帅攻破洛阳时，见到了沈氏，遂安置在宫中。由于其当时正忙于筹划北征叛军，没有来得及将其送归长安。不料，史思明军再次攻破洛阳，沈氏又一次被敌军所获。等到唐军击败史朝义收复洛阳后，却再也得不到沈氏的下落了。

代宗曾经派遣使者到各地寻找，十余年间，毫无消息。德宗即位后，思念其母，曾任命其弟睦王李述为奉迎皇太后使、工部尚书乔琳为副使，分派使者到全国各地查访，但是始终没有确切的消息。在这一时期冒充皇太后沈氏者颇多，由于德宗急于寻找其母，对于这些冒充者皆不治罪，遂导致更多人冒充或传报假消息。最有意思的是，大宦官高力士的养女也曾冒充过沈氏，并被迎入宫中奉养。事情的经过是这样的：高力士女寡居在东都洛阳，颇能言长安宫中之事，女官李真一认为她很可能就是沈氏，遂将这个消息报告了寻访的使者。德宗得知这个消息后，大喜，急派一些年纪较老的宦官、宫女前往辨识，回来后都说很像皇太后，但高氏却极力否认。德宗遂派宫女百人携带了大批珍异物品，前去服侍太后，在左右之人再三诱导下，高氏也只好说自己就是皇太后。德宗大喜，接受百官的朝贺，并命有关部门拟定迎接皇太后回长安的礼仪，打算迎回长安奉养。这时，高力士的养子高承悦居住在长安，得知此事后，担心事情一旦败露，将会牵连到自己全家，于是主动向德宗说明了情况，德宗遂命高力士的养孙前往覆视，并用牛车将其姑接回其家中。德宗担心以后没有人敢再提供太后的消息，也就没有追究高氏之罪，然皇太后沈氏终究还是没有寻找到。

第二节 唐德宗统治时期

一、政治与经济举措

（一）整顿财政

唐德宗即位之初，和其他皇帝一样，少不了做一些释放宫女，纵放驯象、斗鸡、鹰犬等无关痛痒的表面文章。这些事虽然无关大局，但对百姓而言，多少也能减轻一点负担。

德宗即位之初，也颇想有一些作为，他首先在财政方面采取了一些整顿措施，总括起来，主要表现在如下方面：

其一，他纠正了历来存在的每年元日、冬至、端午、生日，各地官府在常赋之外另行贡献的弊政，凡四方贡献皆不受。有些藩镇为了讨好皇帝，在建中元年四月德宗生日时，仍然进贡了数额不等的财物，德宗命令全部送交度支，以代其每年应交纳的租赋。

其二，调换了掌管财政的大臣，改革国家财政管理体制。在其即位的当月，因户部侍郎、判度支韩滉掊克过甚，改任太常卿，罢去了其掌管财政的大权，另以户部尚书刘晏任判度支，命其独掌天下财赋大权。在代宗统治时期，第五琦任度支、盐铁使时，京师豪门权贵求取无节，第五琦力不能制，遂在奏请代宗同意后，将国家左藏库所藏的财赋全部移交皇家内库——大盈库，由宦官掌管。这样做虽然可以避免豪门的求取，但破坏了自唐初以来的国家财政体制，在一定程度上助长了皇家奢侈无度的风气，同时也使大批宦官得以中饱私囊。大历十四年十二月，在宰相杨炎的建议下，德宗同意将国家财赋重新移交左藏库，恢复了旧制，理顺了国家财政管理体制，将国家财赋与皇帝私藏区分开来。

其三，确立了两税法。唐朝自建立以来，实行均田制与租庸调法。随着土地兼并的加快，大批农民失去了土地，而按丁口之数征收租庸调的办法却照旧实行，逼得广大失地农民纷纷逃亡，从而使原有的赋税征收制度难以维持，国家财政收入因在籍丁数的日益减少而受到极大的影响。加之安史之乱期间，国家一度陷入无序状态，赋税征收混乱，史载："所在赋敛，迫趣取办，无复常准，赋敛之司增数而莫相统摄，各随意增科，自立色目，新故相仍，不知纪极。"[①]其中在代宗时期赋税征收多少，皆由各地官员自行确定，他们大都对劳动人民竭泽而渔，极大地加重了百姓的负担，社会矛盾异常激化。在这种状况下，租庸调制实际上已名存实亡，改革国家赋税征收制度势在必行。

在宰相杨炎的建议下，德宗力排众议，决定实施新的赋税制度。建中元年正月，正式下诏推行两税法。两税法的基本原则是：不论是本地的原住户，还是外来的客户，一律以现居住地为准，以土地和财产的多少交纳赋税。具体规定是：第一，将建中以前的正税、杂税及杂徭合并，以大历十四年的全国数字为准，计算出一个总额，称之为"两税元额"，其中包括原地税、户税在内。第二，由中央将元额分摊到各州县，并固定下来不准变动，再由州县根据耕地的多少和户等分摊到每户头上。第三，每年分夏、秋两季征收，夏税不过六月，秋税不过十一月。第四，游商由所在州县依照其收入的三十分之一征税。第五，租庸调及杂徭全部废除。两税法的最大意义在于彻底废除了以人丁为本的征税原则，而代之以土地财产的多少来征收赋税。这种税制从理论上看，

① 《资治通鉴》卷二二六，唐德宗建中元年正月，第7275页。

明显要比旧的税制进步和公平，财产和土地多者赋税自然就要多承担一些。但由于地主和官僚总是想方设法地用降低户等、隐瞒土地的方式逃避赋税，所以不公平的现象依然存在。

其四，禁止官吏经商。德宗在即位仅一个月后，就颁诏禁止百官设置邸店贩鬻。次月，又下令禁止王公百官及各地长官与民争利，已经在城市中设置邸肆从事贸易者，全部废除。当时各地节度使、观察使皆在繁华城市中，“多以军储货贩，列置邸肆，名托军用，实私其利息”[①]。这些措施的实施，对于维护正常的经济秩序，以及打击官吏军阀以权谋私、从事不正当的经营活动起到了一定的积极作用。

其五，整顿滞留在长安的人员。代宗时，由于办事效率低下，地方派到长安奏事或上计的使者，往往长期滞留不归，四夷使者，“或连岁不遣”，甚至有长达十年的现象。于是在大明宫右银台门修建了客省，以安置这些使者。此外，还有那些上书言事者、失职未叙者，也住在这里，常有数百人。“度支廪给，其费甚广。上悉命疏理，拘者出之，事竟者遣之，当叙者任之，岁省谷万九千二百斛。”[②]这些措施对整顿先前混乱的财政状况均有一定的积极意义。

（二）聚敛钱财

唐朝在平定安史之乱中已经耗尽了财力物力，加之在代宗统治时期内乱迭起，动荡不宁的社会局势使唐政府穷于应付，导致国库空虚，财力匮乏。德宗在即位之初，颇想有一番作为，以削除叛乱的藩镇，巩固唐朝统治。要达到这个目的，必须要有充足的军力与财力。唐朝中央政府经过安史之乱后，直接掌控的兵力并不充足，要想平定叛镇，则必须要利用其他藩镇的军事力量。按照唐朝在平定安史之乱中形成的惯例以及两税三分的分配原则（所谓“两税三分”，即各地所收的两税：一份上供，即上交中央财政；一份送度，即上交节度使；一份留州，即留作本地财政之用），中央政府欲想调动藩镇军队作战，军费则由中央承

① 《唐会要》卷八六《市》，第1874页。

② 《资治通鉴》卷二二五，唐代宗大历十四年七月，第7264页。

担，所谓“旧制，诸道军出境，皆仰给度支；上优恤士卒，每出境，加给酒肉，本道粮仍给其家，一人兼三人之给”①。致使军费开支浩大，国家财政不能承担，出现了“常赋不能供”的局面。为了解决这一紧迫问题，德宗出尔反尔，自毁刚刚确定的赋税制度。

建中二年（781）五月，将两税法规定的商税三十税一提高为十税一，从而严重影响了商业的正常发展。次年，又下令实行酒的专卖，禁止私酿酒，由官府置店专卖，以其利助军费。他还下诏减御膳及太子、诸王常膳，并且减百官月俸的三分之一以助军。这些措施对于庞大的军费开支来说，无疑是杯水车薪，仍然无法缓解紧张的财政压力。

建中三年（782）四月，国家财政只能维持数月的供给。在这种情况下，德宗遂采纳太常博士韦都宾等人的建议，下诏借商。规定凡资财超过一万贯的商人，留一万贯作为资本，其余部分全部暂借给政府，事后再行归还。商人们自然不愿主动献出钱物，于是便在长安城中展开了大规模的搜索行动，强制性搜刮商业资本。史书记载说：“京师嚣然，如被盗贼。”②即使如此，所得之钱，也不过八十余万贯，还不够一个月的军费开支。

在这种情况下，德宗索性一不做二不休，令京兆少尹韦禛僦质，即将京师所有的僦柜（当铺）查封，一律强借其资财的四分之一。这一行为很快就激起了广大市民的强烈反对，数万人将宰相卢杞拦截在道路上抗议，并且发动了罢市运动。德宗通过这一行动虽然获得了一百多万贯的钱财，但是并不能从根本上解决财政开支的紧张状况。

同年五月，德宗又下诏增加两税税额、盐榷钱，两税每贯增二百文，盐每斗增一百文，进一步破坏了两税法。九月，德宗又下令增加商税每贯二十文，并开征十分之一的竹木茶漆税。

建中四年（783）六月，又推行了税间架法和除陌钱法。前一税法规定：每屋两架为一间，分为三等。上等每间交税二千文，中等一千文，

① 《资治通鉴》卷二二八，唐德宗建中四年六月，第7346页。

② 《旧唐书》卷一二《德宗纪上》，第332页。

下等五百文。后一种税法规定：天下贸易，旧例每贯交纳钱二十文，现增加为五十文。如果是以物易物，则折合成现钱而税之。“市牙各给印纸，人有买卖，随自署记，翌日合算之。有自贸易不用市牙者，验其私簿，无私簿者，投状自集。其有隐钱百者没入，二千杖六十，告者赏十千，取其家资”①。这两种税法把征收的对象对准了范围更大的民众，甚至地主阶级也不能幸免，从而进一步加剧了社会矛盾，所谓“愁叹之声，遍于天下”②。

德宗这种横征暴敛的政策，并没有使其能够迅速地平定叛乱藩镇，反而激起了更大的变故，使整个社会陷入更加混乱的状态中。建中四年十月，发生泾师之变，唐朝的统治几乎崩溃。事平之后，由于各地陆续发生了罕见的自然灾害，蝗灾、旱灾接踵而至，很多地区都陷入饥荒之中，物价飞涨，饿殍遍野，国家财政状况进一步恶化。

面对这种状况，德宗一方面千方百计地节省开支；一方面改革税法，规定天下两税，每三年确定一次等级，以为常式。同时又任用刘晏、韩滉分掌国家财赋，强调各地官员要严格执行两税法，不许擅自增加税额。这样在一定程度上缓和了社会矛盾。

但是，备尝财力拮据之苦的德宗并没有因此而改变其聚敛的旧习，他采取向各地藩镇伸手的办法，千方百计地充实内库，接受藩镇以所谓“正税外方圆”“用度羡余”的名义进献的财物。有的藩镇以“日进”，有的藩镇以“月进”的方式向皇帝进贡钱物，受到了德宗的嘉奖。于是各地官员纷纷以各种名目向皇帝进献，以获取高官显爵，从而加重了百姓的负担。他还放纵宦官搞所谓“宫市”，名为买卖，实为豪夺。

在继续实行食盐专卖政策的同时，还实行矿业垄断政策，将各地的矿课全部收归中央管理，地方不许染指。他还下令禁止制造和买卖铜器，实行铜材垄断政策，并进而垄断钱币铸造。经过大肆掠夺，再加上前后任用了数位能干的理财专家，使得国家府库充盈，内库钱物堆积如

① 《旧唐书》卷四九《食货志下》，第2128页。

② 《旧唐书》卷一二《德宗纪上》，第336页。

山，在德宗统治后期中央的财力已经有了较大的改善。

（三）对藩镇的战争

德宗是唐朝首位主动向叛乱藩镇发动战争的皇帝，从而拉开了唐朝削藩战争的序幕。但是德宗发动的却是一场虎头蛇尾的战争，虽然也平定了数个跋扈藩镇，但由于激起的泾师之变导致了更大的混乱，从而使这场战争中途搁浅。

在发动削藩战争之前，德宗首先削去了勋臣郭子仪的兵权，尊其为尚父，加太尉、中书令衔，增加实封二千户，罢其副元帅及所任诸使的职务，并将朔方镇一分为三，彻底肢解了这一强大的藩镇。不久，他又利用西川节度使崔宁回朝觐见之机，罢去了其节度使之职，另以荆南节度使张延赏为西川节度使。接着又解决了以刘文喜为首的驻守泾州（今甘肃省泾川县北）的安西、北庭行营军发动的叛乱，稳定了京西北地区的局势。

在取得了以上一些小小的胜利后，德宗决心对势力更为强大的河北藩镇发动攻势。建中二年正月，成德节度使李宝臣死，其子李惟岳秘不发丧，以其父的名义上奏朝廷，请求继任节度使，被朝廷拒绝。于是李惟岳自称节度留后，并请魏博节度使田悦出面为其陈请。不料德宗态度坚决，一改其父代宗实行的姑息政策。在这种情况下，成德李惟岳、魏博田悦、淄青李正己以及山南东道节度使梁崇义等联合起来，共同抗击朝廷。在这种形势下，德宗也毫不示弱，调动昭义、河东、宋亳、河阳、幽州、永平、宣武、京西北诸军以及神策禁军，开赴前线，讨伐叛乱诸镇。

这场战争的结果是，李惟岳被杀，成德镇一分为三。此战虽胜，但却引起了新的矛盾，幽州节度使朱滔因为所得土地少而屯兵不前，成德原大将王武俊认为自己杀死李惟岳功劳甚大，却仅获得了观察使之职而不满，他们又联合起来举兵反抗朝廷。此战，实力大受削弱的魏博、淄青不但没有被削平，反而屡败官军，使河北的军事态势向着不利于朝廷的方向发展。对山南东道梁崇义的战争，官军取得了很大的胜利，梁崇义众叛亲离，兵败自杀。但奉命进攻梁崇义的淮西节度使李希烈却产生了不臣之心，他与河北诸叛镇联合起来，使得削藩战争呈骑虎之势，甚至连东都洛阳都受到了极大的威胁，局势进一步复杂化。正在双方僵持不下之时，奉命东调参加平叛的泾原镇军队，路经长安时发动兵变，德宗弃宗庙国库于不顾，仓皇逃出长安，唐朝的统治中心关中地区也陷入到混战之中。

这次兵变平定后，唐朝中央政府已经筋疲力尽，无力再将削平藩镇的战争进行下去了，只好对河北藩镇罢兵，双方各自休养生息，相安无事。唐朝对河北藩镇的政策也回到了过去的姑息与怀柔的旧制。李希烈部将陈仙奇将其毒死，并且诛杀了其兄弟、妻子，德宗遂命陈仙奇为淮西节度使。后来陈仙奇被其部将吴少诚所杀，吴少诚又呈跋扈之态。

唐德宗进行的这场削藩战争，并未使河北藩镇的割据状态发生丝毫改变，其他地区也不时有兵变或叛乱发生，藩镇跋扈的状态与代宗时期相比并未有多大的改变，中央政府的强势地位仍未确立。不仅如此，经过这一系列的变故后，德宗原先的雄心壮志早已消失殆尽，对跋扈的藩镇每加姑息，关于这一点，宪宗时的大臣杜黄裳指出：

> 德宗自经忧患，务为姑息，不生除节帅，有物故者，先遣中使察军情所与则授之。中使或私受大将赂，归而誉之，即降旄钺，未尝有出朝廷之意者。①

所谓“自经忧患”，指德宗进行的削藩战争的失败；而“不生除”，是说在节度使活着时不轻易改授。可见德宗已经从积极主动削除跋扈的藩镇变为被动消极地应付，不求有功，但求平安无事。

二、泾师之变

（一）泾师叛变的原因

建中四年正月，淮西节度使李希烈的军队攻陷汝州，进逼东都。德

① 《资治通鉴》卷二三七，唐宪宗元和元年正月，第7627页。

宗急命大将哥舒曜为东都畿汝节度使统军东讨。十月，又命泾原节度使姚令言率军五千增援哥舒曜。时值初冬，天气寒冷，天降细雨，泾原将士冒雨行进，饥寒交加，备尝艰劳。这支军队出发时，许多军士还携带了子弟同行，希望到达京师后能得到朝廷的赏赐，带回去养家糊口。可军队出发时没有得到任何赏赐，到达长安时，又不允许入城，继续东行到长安城东的浐水时，德宗派京兆尹王翃前来犒军。内库中财物山积，德宗却只命王翃以粝食菜啖犒赏军士。众人大怒，将饭菜倾倒于地，扬言曰："吾辈弃父母妻子，将死于难，而食不得饱，安能以草命捍白刃耶！国家琼林、大盈，宝货堆积，不取此以自活，何往耶？"[①]于是回兵向城中前进，姚令言劝阻说：等到了东都将会有大量的赏赐，你们这样做并非良图。众人不听，德宗闻知兵变，急忙从内库拿出缯彩二十车赏赐，将士们不予理睬。德宗又令普王与学士姜公辅前往抚慰，刚刚走出宫城内门，乱军已经攻到丹凤门楼前。

德宗见状，急命神策禁军前去抵御，由于其主力已经被派往前线作战，新招募的军士皆市井之徒，毫无战斗力，见叛军势力甚大，竟无一人前来勤王。德宗见状，知道局面已无法控制，遂率太子、唐安公主及少数嫔妃等，从宫城北门仓皇出逃，随从的仅有宦官百余人护驾，诸王、公主中的十之八九都来不及跟随。此时的长安城一片混乱，百姓纷纷出逃，乱军呼喊说：不要害怕，从此不再征收间架税了。可见这一税收是多么不得人心。

这一事件历史上称之为"泾师之变"（又称"泾原兵变"），由于其发生在唐朝的统治中心长安，故对当时正在进行的削藩战争造成了极为不利的影响，致使前线将士闻知皇帝出逃的消息后，纷纷退兵，而叛乱藩镇的气焰却由此而更加高涨。

泾原乱兵冲入宫城，占领了含元殿，发现皇帝已经逃走，于是大呼道："天子已出，宜人自求富！"[②]他们打开内库大门，抢掠金帛财物，

① 《旧唐书》卷一二七《姚令言传》，第3572页。

② 《资治通鉴》卷二二八，唐德宗建中四年十月，第7354页。

包括城中一些居民也乘乱入宫抢掠，通宵达旦而不止。有的人干脆在道路两旁等候，抢劫那些抢掠者所获的财物，城中秩序混乱不堪。

姚令言身为节度使无法阻止部下将士的叛乱行为，他被裹胁入宫，犯下了驱逐皇帝的大罪。在这种情况下，他自知罪恶甚大，索性参与其中。他作为一名懂军事的将军，深知区区五千之众根本成不了气候，同时他也知道自己政治威望不足，为了自保，与诸将商议后，决定寻找一位地位与影响较大的人物，拥立其为主，而朱泚便是他们心目中的理想人物。

（二）朱泚称帝

朱泚，幽州昌平（今北京市昌平区西南）人。他自幼从军，逐渐升任为将军。大历七年（772），幽州节度使朱希彩被部下所杀，众人拥立朱泚为节度留后。他遣使入朝上表，当时代宗姑息藩镇，遂正式任命其为节度使。

大历九年，朱泚主动上表，表示愿意觐见皇帝。自安史之乱后，河北诸镇从未有节帅入长安觐见过皇帝，朱泚此举自然受到唐廷的高度重视，代宗命人在京师为其修建了豪华的宅第，以待其入朝。这年十月，朱泚来到长安，代宗在内殿召见了他，赏赐了御马两匹、战马十匹及大量的金银锦帛。又拿出了器物十床、马四十匹、绢二万匹、衣一千七百袭赏赐其随行将士，“宴犒之盛，近时未有”[①]。不久，朱泚又上表，请求留在京师，代宗同意了他的请求，任命其弟朱滔为幽州节度留后。大历十一年（776）八月，又拜其同平章事。此后，他又先后镇守奉天行营，任陇右节度使，权知河西、泽潞行营兵马事。德宗即位后，又任命他为泾原节度使，加中书令、太尉。后来，其弟朱滔反叛，派人携蜡书与朱泚联系，被河东节度使马燧发现，送交德宗。朱泚惶恐，向皇帝请罪。德宗没有治其罪，但罢去了他的兵权，赐给金银、良田，并增加其实封户数，留在京师闲居。自此朱泚心中郁郁寡欢，对德宗非常不满。

德宗逃出长安时，朱泚并没有跟从德宗离去，而是仍然住在家中。姚令言等认为朱泚曾为泾原旧帅，为政宽简，现闲居在家，对唐朝不

---

① 《旧唐书》卷二〇〇《朱泚传》，第5386页。

满，正好可以拥其为主。姚令言等人的举动，正合朱泚的心意，双方一拍即合。当天夜里，朱泚在一群骑士的夹拥中，入居大明宫含元殿。次日，又移居白华殿，只称太尉。当时有不少朝官谒见朱泚，劝他奉迎德宗回京，由于不合朱泚心意，均怏怏而退。失意朝臣李忠臣、张光晟、源休、蒋镇、彭偃等见有机可乘，在谒见朱泚时，纷纷劝其称帝，密谋改朝换代。凤翔、泾原大将张廷芝、段诚谏跟随陇右兵马使戴兰东征李希烈，还未走出潼关，得知泾师兵变的消息，遂杀死戴兰，率三千余人返回长安，投靠了朱泚。朱泚自以为众望所归，决心背叛朝廷，于是移居宣政殿，自称大秦皇帝，改元应天。以其弟朱滔为皇太弟，姚令言为侍中、关内元帅，李忠臣为司空兼侍中，源休为中书侍郎、同平章事、判度支，蒋镇为吏部侍郎，樊系为礼部侍郎，彭偃为中书舍人，张光晟等人为节度使。

这时前泾原节度使段秀实也住在长安，他被德宗罢去兵权后，被任命为司农卿。朱泚认为段秀实威望颇高，正直无私，具有比较广泛的社会影响，如果能争取他拥戴自己，对争取人心有极大的益处。段秀实一面虚与应付，一面打算寻机刺杀朱泚。他与左骁卫将军刘海宾、泾原都虞候何明礼、孔目官岐灵岳等人密谋，要他们结纳军士，内外配合，铲除朱泚。就在朱泚召见段秀实等人时，段秀实突然奔上前去，夺下了源休的象笏，猛击朱泚。朱泚急忙用手格挡，还是被击中了额部，流血满面。刘海宾见状，不但没有上前帮助，反而乘乱逃走。幸亏李忠臣的协助，才使朱泚得以脱身。段秀实知道事情难以成功，遂对朱泚部下将士说：为什么还不赶紧杀死我？众人这才醒悟，一拥而前，将段秀实乱刀砍死。朱泚见状，急呼曰：“义士也！勿杀。”可是已经来不及了。事后唐廷赠其为太尉。

朱泚在称帝之时，还大杀唐朝宗室，共杀害郡王、王子、王孙七十七人。

德宗逃出长安时，司农卿郭曙正率数十人在禁苑中打猎，闻讯追随皇帝而去。右龙武军使令狐建当时率四百军士训练，闻讯也跟随德宗而去。有了这五百余人的护驾，德宗才稍感宽心，率众西行，傍晚行走到咸阳时，宰相卢杞、关播，神策军使白志贞，御史大夫于颀，御史中丞刘从一，户部侍郎赵赞，翰林学士陆贽等人，也陆续尾随而至。君臣会合，悲怆凄楚。由于咸阳离长安甚近，德宗一行不敢久留，急忙逃往奉天。

朱泚称帝后，得知德宗暂避奉天，为了尽快消灭唐朝君臣，他急命泾原兵马使韩旻率三千精兵奔赴奉天，声称迎德宗回宫，实则欲将唐朝君臣一举铲除。当时德宗一行并不知晓朱泚的阴谋。此阴谋一旦得逞，后果则不堪设想。这时段秀实还没有被害，他得知此事后，急中生智，伪造了姚令言兵符，盗用司农寺印加盖之，然后派人追赶韩旻所部，将其骗回长安，从而使缺乏警惕的奉天城免于大难。

为了抵御叛军的进攻，德宗命右龙武将军李观招募士卒，数日之间，募得五千余人，军势稍盛。接着，忠于唐朝的泾原留后冯河清又运来了兵甲、器械百余车，使奉天城具备了基本的防御条件，可以抵御叛军一定规模的进攻。朱泚为了尽快攻下奉天，亲自出马，率数万军队进攻奉天。在途中与前来增援奉天的邠宁（治今陕西省彬州市）留后韩游瑰、庆州刺史论惟明等所率的三千官军相遇。韩游瑰认为目前不宜与敌军硬拼，遂率军急速进入奉天城，从而使奉天又增加了一支训练有素的精锐军队。他与大将浑瑊一同指挥守城军队，与随后赶来的朱泚部队展开了殊死血战，保住了奉天城。

在此后一个多月的时间里，叛军团团包围了奉天城，并击败了前来援救的其他官军，使奉天成为一座孤城。城中粮食匮乏，最困难时，供给德宗的粮食仅为两斗粗米，不得不派人乘黑夜出城采芜菁根以充饥。奉天城朝不保夕，危若累卵，强弩距德宗帷幄仅三步之遥。正在这危急关头，自河北战场回师的朔方节度使李怀光率大军五万赶到了醴泉（今陕西省礼泉县），并且击溃了叛军的狙击部队。朱泚见此状况，知道战局已发生了逆转，如不急撤，将会遭到官军的两面夹击，于是撤奉天之围，返回了长安。

当时众人皆说，如援军再迟三天，奉天城定会陷落。因此李怀光此举对扭转危局、解德宗于倒悬，起到了极为重要的作用，建立了重大的功勋。然而，唐廷的危难并没有就此结束，由于德宗的愚蠢和对功臣的猜忌，反而导致了李怀光的叛乱，故加剧了局势的混乱，使李唐王朝再一次陷入危难之中。

（三）李怀光之乱

在唐朝的皇帝中，肃宗、代宗、德宗三代身处乱世，均对功臣非常猜忌，从而激出了一系列的事变。他们不知收敛，反而认为手握重兵的武人不可信任，从而采取了更加严格的控制措施。德宗依靠李怀光的兵力扭转了危急的局势，然而德宗并没有因此而增加对他的信任，反而在奸臣的挑唆下，草率从事，从而激起了李怀光的反叛。

事情的经过是这样的：李怀光身为蕃将，生性粗鲁，在回师赴难途中，他多次宣扬，认为造成皇帝蒙难的根本原因，是宰相卢杞、判度支赵赞、京兆尹王翃等奸臣专权乱政的结果。并说解奉天之围后，一定要在面见皇帝时请求诛杀这些奸臣，以谢天下。这些消息传到奉天后，引起了卢杞等人的恐慌，他们为了阻止李怀光面见皇帝，遂对德宗说："怀光勋业，社稷是赖，贼徒破胆，皆无守心，若使之乘胜取长安，则一举可以灭贼，此破竹之势矣。今听其入朝，必当赐宴，留连累日，使贼入京城，得从容成备，恐难图矣！"[①]德宗不察卢杞的祸心，又急于收复长安，遂令李怀光不必到奉天觐见，率其本部军队屯西渭桥，与渭北节度使李建徽、神策河北行营节度使李晟、神策兵马使杨惠元一同，克期收复长安。德宗的简单草率，被奸人利用，使得局势向着不利于唐朝的方向发展。

李怀光率大军跋涉千余里赶来勤王，破敌立功，却与皇帝咫尺不能相见，因而十分悲愤，曰："吾今已为奸臣所排，事可知矣！"[②]遂领兵退去，驻扎在鲁店（今陕西省乾县东南），拒命不进。他还多次上表，

---

① 《资治通鉴》卷二二九，唐德宗建中四年十一月，第7377页。

② 《资治通鉴》卷二二九，唐德宗建中四年十一月，第7377页。

揭露卢杞等人的罪行，于是舆论沸腾，指斥卢杞祸国。德宗迫于内外压力，不得已贬卢杞为新州司马、白志贞为恩州（今广东省恩平市北）司马、赵赞为播州司马。宦官翟文秀是德宗的亲信，李怀光又上表揭发其罪过，德宗只好把翟文秀处死。

这一时期由于泾师之变，削藩战争的态势发生了逆转，人心不稳，局势动荡。以前德宗很少能接受谏官的意见，此时局势艰难，其接受谏诤的态度也就发生了变化。奉天之围得解后，朝臣们纷纷向德宗道贺，将军贾隐林说：陛下性太急，不能容人，如果不改这种性格，虽然朱泚败亡，忧患并不能就此止息。德宗刚刚脱离险境，不便发怒，只好连连说对。德宗向翰林学士陆贽询问当前急切之务，陆贽认为上下之情不通，是导致事变频频的主要原因，于是上疏劝德宗虚心接受谏言并了解下情。德宗不愿接受，但也不便发怒，十日间无所表示。陆贽见此情况，情知皇帝不喜，但为了唐朝的长治久安，他还是再次上疏，要求德宗革新政治、善纳谏言。德宗遂派中使对陆贽说："今所致患害，朕思亦无他，其失反在推诚。"[①]可见直到此时，德宗仍没有认识到自己的错误，是一个不愿真心悔过的君主。

陆贽又劝德宗下罪己诏，自引其过以感人心。德宗不得已只好同意，令陆贽负责起草。史载："故奉天所下书诏，虽骄将悍卒闻之，无不感激挥涕。"[②]为了激励士气，分化叛军，恢复民生，德宗还颁诏：参与叛乱的将士除朱泚外皆赦免其罪，参加收复长安的诸军将士皆授"奉天定难功臣"的称号，同时还把垫陌钱、税间架、竹、木、茶、漆、榷铁之类，全部停罢。据载，此诏颁下后，四方人心大悦，士卒无不感泣。

就在政治形势一片大好的情况下，李怀光却如坐针毡。他自知卢杞、翟文秀等为皇帝亲信，他们被贬、被杀实乃皇帝迫不得已，并非情之所愿，因而感到十分惶恐，遂心生异志。当时屯驻咸阳的官军有李晟所部一万五千余人，战斗力很强。李怀光深恐李晟成功消灭朱泚而获得

① 《资治通鉴》卷二二九，唐德宗建中四年十一月，第7381页。

② 《资治通鉴》卷二二九，唐德宗建中四年十二月，第7389页。

大功，奏请与李晟合军一处，德宗许之。兴元元年二月，两军移驻于咸阳西陈涛斜。德宗以李怀光为都统，节制李晟、李建徽、杨惠元诸部。李怀光心怀异志，逗留不进，德宗屡次遣使催促，皆以兵力疲惫为由拒绝进兵。同时他却与长安城中的朱泚勾结，相约分别称帝，永为邻国。李晟知李怀光有异志，担心其军被吞并，上表请求移军于东渭桥。德宗派陆贽前往宣慰，设法取得李怀光的同意，使李晟军成功地移驻于东渭桥。这件事情的成功，对后来形势的发展起到了关键性的作用。

李怀光逗留不进，德宗无可奈何，欲以慰抚为名，亲率禁军到咸阳督战。有人对李怀光说，这是汉高祖伪游云梦擒韩信之计。李怀光大惧，反志愈坚。唐德宗为了争取李怀光，暂缓亲往咸阳，派人授李怀光太尉，增加其食封户数，又赐以铁券。李怀光当着使者之面，将铁券摔在地上，说："人臣反，赐铁券；怀光不反，今赐铁券，是使之反也！"[①]李怀光的部将张名振、石演芬皆其心腹，其中石演芬还是其养子，他们都抵制过李怀光，希望其不要反叛，反倒被其残酷地杀害。

由于李怀光造反的迹象越来越明显，德宗不得不加强了奉天的戒备，使者出行皆秘密潜行。李怀光派其部将赵升鸾潜入奉天城，约定当天夜晚遣人火烧乾陵，赵升鸾为内应，打算挟持德宗。赵升鸾不愿反叛，遂向浑瑊密报了此事。浑瑊向德宗报告，并劝其速离奉天，前往梁州避难。由于此时在关中的诸军中，以李怀光军兵力最为强大，距离奉天又近，如其与朱泚勾结，将无人能够抵挡。在这种情况下，德宗只好率群臣从奉天西门出逃，直奔梁州而去。

李怀光命其将孟保、惠静寿、孙福达率军追赶德宗，三将故意拖延时间，以追而不及复命。李怀光又欲进攻李晟军，三次颁下命令，而其部下将士皆不应命。大家私下议论说：如果命令我们进攻朱泚叛贼，当全力以赴；如果要我们造反，有死而已，不能从命。面对这种状况，李怀光也无可奈何。先前，朱泚对李怀光礼敬有加，以兄事之。至此见其无能为，便改变了态度，赐其诏书，以臣下待之。在这种情况下，李怀

① 《资治通鉴》卷二三〇，唐德宗兴元元年二月，第7406页。

光进退不得，内忧外患，在无可奈何的情况下，只好采用其都虞候阎晏的建议，东保河中（治今山西省永济市西南蒲州镇），徐图去就。李怀光纵兵大掠泾阳等十二县，鸡犬无遗，然后挥军东去，占据了河中。

（四）光复长安

李怀光离去后，收复长安的重担便落在了李晟的肩上。兴元元年四月，德宗加李晟为鄜坊、京畿、渭北、商华副元帅，统率关中诸军，全面负责讨伐朱泚、收复长安的战争。

当时的军事态势是：李晟军驻东渭桥，韩游瑰军驻邠宁，盐州刺史戴休颜军驻奉天，镇国节度使骆元光军驻昭应，商州节度使尚可孤军驻蓝田，已对盘踞长安的朱泚叛军形成了包围之势。形势对官军非常有利，朱泚军已成瓮中之鳖。

李晟忠心耿耿、肝胆照人，他的家属百余口皆在长安城中，朱泚为了拉拢他，善待其家，李晟慷慨地说：“天子何在，敢言家乎！”[①]朱泚指使其亲近以家书送李晟，并告诉他其家无恙。李晟大怒，认为这时离间军心，下令斩之。于是士卒感泣，人人有效死之心，虽然天气渐暖，战士们仍然身穿裘褐，却无丝毫怨言。

为了尽快剿灭叛军、收复长安，德宗又任命浑瑊为同平章事兼朔方节度使，朔方、邠宁、振武、永平、奉天行营兵马副元帅，与李晟军形成东西夹击之势，共逼长安。在扫清长安外围叛军之后，李晟举行了誓师大会，决定从北面进攻宫城，直取叛军腹心。他联络浑瑊、骆元光、尚可孤等军，克期齐集长安城下，共同攻城。

朱泚也不想坐以待毙，派其部将张庭芝、李希倩率军出城挑战。李晟对众将说：我担心贼军潜匿不出，今出城送死，此上天助我也，机不可失。遂派诸将纵兵出击，大败叛军，乘胜攻入光泰门，敌军再战，又败，因为天色已晚，李晟收兵归营。叛军退入白华门，当夜听到叛军一片哭声，说明其军心已乱，斗志尽失。

这年五月，李晟决定大举进攻。诸将皆劝其待诸军会齐后，再进

---

① 《资治通鉴》卷二三〇，唐德宗兴元元年三月，第7322页。

兵不迟。李晟却认为贼军军心涣散，人无斗志，不如乘机进攻，可一举破城。五月二十八日，李晟率军直赴光泰门外，命部将李演、王佖率骑兵，史万顷率步兵，直抵禁苑北墙。事先，李晟已派人连夜掘开苑墙二百余步，待李演等军到达时，敌军却以木栅堵塞了这个缺口，并且自栅中乱箭射官军，官军一时无法靠近。李晟大怒，叱诸将曰："纵贼如此，吾先斩公辈矣！"[①]于是诸将奋不顾身，率军猛冲，史万顷军首先毁栅而入，李演、王佖率骑兵继进，叛军大溃，其他诸军分道而入。姚令言仍督叛军力战，李晟命决胜军使唐良臣率步骑向前冲锋，双方力战十余合，叛军终于支持不住，向后溃去。

朱泚见大势已去，与姚令言等率残部出城西逃，李晟派军紧追不舍。初出长安城时，朱泚身边尚有万余人，当其逃到泾州时，仅剩一百余骑。朱泚任命的泾原节度使田希鉴见朱泚落魄如此，为了自保，拒绝朱泚入城。随同而来的泾原士卒杀死了姚令言，朱泚急忙向西北逃走，当行走到彭原（今甘肃省庆阳市西峰区北）的西城屯时，被其部将梁庭芬射坠于坑中，另一部将韩旻斩其首。

至此危害甚大的所谓"泾师之变"终于平定了。同年七月，德宗从梁州回到了长安，结束了其颠沛流离的流亡生活。但是由于李怀光之乱尚未平定，与东方藩镇的战争仍在继续，德宗仍不能高枕无忧。

李怀光反叛之时，德宗遂剥夺了他主要的官爵，尤其是兵权。德宗在回长安途中，考虑到他曾立有大功，遂授其太子太保官衔，并派给事中孔巢父前往河中送去任职制书，答应河中将士各任原职，一切不问。孔巢父到达河中后，李怀光素服待罪，孔巢父未加阻止。李怀光的部下亲信不懂国家制度，还以为剥夺了李怀光的全部官爵。加之孔巢父行事粗疏，激怒了李怀光的左右亲信，他们一拥而上，将孔巢父乱刀杀死。李怀光不加阻止，听之任之。

德宗见李怀光无可救药，遂在这年八月命浑瑊、骆元光、马燧等人各率本部人马讨伐李怀光。其中马燧部进展神速，连败敌军。而浑瑊等

① 《资治通鉴》卷二三一，唐德宗兴元元年五月，第7435页。

部却吃了败仗，幸亏德宗派韩游瑰增援，双方僵持在长春宫（位于今陕西省大荔县朝邑镇西北）一线。马燧连战连胜，夺取了绛州、闻喜、万泉、虞乡、永乐、猗氏、陶城等地，又大败李怀光军主力，使其大伤元气。此战持续了将近一年，又赶上罕见的旱灾和蝗灾，谷价飞涨，斗米千钱。许多朝臣都主张双方罢战，赦免李怀光。只有李晟、马燧等将领力主剿灭，不可姑息养奸，马燧还保证在一个月内彻底扫平叛军。在这种情况下，德宗同意了他们的请求，命马燧全力负责平叛的军事指挥。

贞元元年（785）八月，马燧自长安来到前线，与诸将商议进军方略。马燧认为长春宫墙高而坚固，易守难攻，决定独自前往劝降。他只身来到宫墙外，呼守将徐庭光等出面，晓以大义及福祸利害。徐庭光与诸位将士罗拜于城上，答应坚壁不战。马燧遂率官军绕过长春宫，直攻河中府，并攻破西城。李怀光见西城已破，自知难以坚守，又自感罪孽深重，只好自缢而死，部下将士斩其首出城投降。徐庭光后来也归降了朝廷。

李怀光背叛朝廷，其罪固不可赦，但德宗不能善待功臣，猜忌心重，给奸臣以可乘之机，致使战火连年不息，这种历史教训不可谓不深。①

三、宦官势力的消长

（一）压制宦官势力

唐德宗为太子时，目睹了代宗朝宦官专权的危害，所以即皇帝位后，对宦官势力采取了压制的态度。史载：德宗“疏斥宦官，亲任朝

① 关于此次兵变的研究成果甚多，重要的有彭铁翔：《唐代建中时期的“泾原兵变”性质考辨》，载《武汉师范学院学报》1982年第6期，第101—107页；陈衍德、杨际平：《试论唐代“泾原兵变”的性质——与彭铁翔同志商榷》，载《历史教学问题》1989年第3期，第23—28页；黄永年：《泾师之变发微》，载氏著《文史探微：黄永年自选集》，第390—424页。

士”[1]。努力营造君臣相互信任的和谐关系，并且诛杀或贬黜了一批宦官。德宗在大历十四年五月，即他即位的当月，借口宦官刘忠翼与兵部侍郎黎干曾经阴谋动摇过自己的太子地位，将两人处死。

代宗统治时期优宠宦官，每遣使四方，不禁其求取。有一次，代宗派宦官给一个妃子家赐物，回来后，代宗问对方赠物多少，得知所赠较少后，非常不高兴，认为是看不起自己的使者。妃子畏惧，遂以自己体己钱物给予补偿。由此，宦官出使四方，公然求取贿赂，无所忌惮，所历州县收取钱物，与收取赋税一样，皆满载而归。宰相甚至贮钱于政事堂，中使每赐一物、宣一旨，没有空手而还者。德宗深知这种弊端的危害，他曾遣宦官邵光超赐李希烈旌节，李希烈赠以奴仆、马及缣七百匹、黄茗二百斤。此事被德宗知晓后，大怒，重杖邵光超六十，并将其流放边地。于是出使在外而未归的宦官，纷纷将所获钱物弃于山谷，别人虽有赠送，也不敢接受。

前面已经说到，代宗时第五琦将国库钱物送交大盈内库收贮，经杨炎奏请，德宗同意，又重新转归左藏收贮，一举扭转了二十年来“宦官领其事者三百余员，皆蚕食其中，蟠结根据，牢不可动”[2]的局面。

但是，德宗对宦官势力的压制持续时间很短。建中元年十月，发生了一件事，使得德宗对自己压制宦官势力的做法产生了动摇。事情经过是这样的：张涉世为儒家，任国子博士，德宗为太子时，张涉曾为其师。即皇帝位后，对张涉恩宠异常，大小政事皆咨询张涉而后行之，很快提升其为翰林学士、散骑常侍。张涉举荐怀州刺史乔琳为相，朝野上下皆非常疑惑，唯德宗任之不疑。不数月，乔琳便因不称职而被罢相，德宗遂开始疏远张涉。不久，张涉接受前湖南都团练使辛京杲赃事发，德宗便将其放归田里。薛邕历任礼部侍郎、宣歙观察使、尚书左丞等职。薛邕任宣歙观察使时，德宗因其为文雅旧臣，召回京师，任尚书左丞。薛邕临离任时，贪污官物巨万计，被御史揭发，贬为连山县尉。

---

① 《资治通鉴》卷二二六，唐德宗建中元年十月，第7290页。

② 《资治通鉴》卷二二六，唐代宗大历十四年十二月，第7274页。

这些事情的发生，使得宦官有了反对朝官的口实，曰：“南牙文臣赃动至巨万，而谓我曹浊乱天下，岂非欺罔邪！”史载：“于是上心始疑，不知所倚仗矣。”[①]加之后来发生了李怀光之乱，使得德宗对朝官、武将更加怀疑，反过来对宦官产生倚重心理，从而导致了更加严重的宦官专权现象的出现。

（二）宦官专掌禁军兵权

自从代宗诛杀大宦官鱼朝恩后，虽然不再令宦官直接掌典禁军，但为了防止发生不测，仍然任用鱼朝恩的亲信将领刘希暹和王驾鹤执掌禁军兵权。后来刘希暹因为心存疑惧，言辞多有怨望，被王驾鹤告发，代宗遂赐死刘希暹，加王驾鹤右领军大将军衔，使其独掌神策禁军，权势很大，中外侧目。德宗即位后，与宰相崔祐甫合作，罢去了王驾鹤神策都知兵马使、右领军大将军之职，改任东都园苑使，另以德宗信任的白志贞任神策军使，接掌禁军兵权。

泾师之变时，德宗召神策军御敌，白志贞新招募的神策军士多为长安市井之徒、商贾小贩，他们参加神策军只想获得军籍，避免被人欺负，而白志贞则是为了获得他们的贿赂，并不召集训练，故这些人只是名在军籍而已。这样的状况自然无法御敌，致使德宗不得不逃出长安，以避祸乱。在德宗逃难时，最初只有窦文场、霍仙鸣等百余位宦官紧随在皇帝身边护驾，使德宗觉得还是家奴可靠，产生了“外臣之无功而不足倚，有明验也”[②]的认识。贞元元年正月，宰相萧复进谏说，不可让宦官参与兵机、政事，不可给其大权，而德宗却流露出了不悦之色，这说明德宗已经完全转变了对宦官的认识。

禁军是中央政府直接控制的军事力量，对其兵权加强控制是十分必要的，德宗认为如果将禁军“如复分割隶于节镇，则徒为藩镇益兵，而天子仍无一卒之可使”[③]。正是出于这种认识，德宗就必须要将禁军兵权

① 《资治通鉴》卷二二六，唐德宗建中元年十月，第7290页。

② 《读通鉴论》卷二五《宪宗一二》，第767页。

③ 《读通鉴论》卷二五《宪宗一二》，第767页。

牢牢地控制在自己手中，可是皇帝又不可能直接掌兵，也不愿交给那些自己并不信任的文臣、武将，剩下来的也就只有经过艰难考验的对自己忠心耿耿的宦官了。

唐德宗将白志贞贬为恩州司马后，便将禁军兵权交给了宦官窦文场。只是这一时期窦文场所率领的禁军人数极为有限。兴元元年七月，德宗从兴元府（梁州改名）回到长安后，李晟所率的神策行营及浑瑊所率的神策军部队重新回归建置，使得禁军兵力得到了加强。德宗遂将神策军分为左右厢，以宦官窦文场、王希迁分别统率，其中窦文场的职务是监神策军左厢兵马使，王希迁是监神策军右厢兵马使，实际上是以监军的身份控制禁军兵权。

贞元二年九月，又将神策左右厢扩编为左右军，每军分别置大将军二人（正三品）、将军二人（从三品）。并特置监勾当左、右神策军，以宠中官。“监勾当”一职，仍然是监军性质，由于神策军有大将军、将军等军职的存在，兵权并没有完全控制在宦官手中，他们也只是监军而已。既然德宗信任宦官，禁军兵权完全落入宦官之手只是时间问题而已。贞元八年十二月，左神策大将军柏良器为了加强神策军的战斗力，大量招募勇士以替代市井贩鬻之徒，引起了监勾当左神策军窦文场的不满，遂借口其妻族犯禁卫，将柏良器逐出神策军，改任右领军卫大将军的闲职。“自是军政皆中官专之”[①]，也就是从此宦官才算完全控制了神策军的兵权。

虽然宦官已掌控了禁军兵权，但在制度上还没有形成定制，于是在贞元十二年六月，德宗设置了左、右神策军护军中尉，以宦官窦文场、霍仙鸣分任之，又增置左、右神策军中护军，以宦官张尚进、焦希望分任之。护军中尉，正二品，地位在神策大将军之上，成为神策军的最高统帅。神策军护军中尉之职由皇帝任免，宰相无权过问，地位非常特殊。自此以后，直到唐末，神策军兵权始终控制在宦官手中，并成为定制，从而使宦官在唐代政坛上占据了举足轻重的地位，在南衙北司的斗

① 《新唐书》卷一三六《李光弼传附柏良器传》，第4596页。

争中处于优势地位。

左右神策军为唐朝中央政府直接掌控的唯一具有较强战斗力的军队，控制了其兵权就等于控制了整个禁军兵权，而宦官并非仅控制了左右神策军，他们还控制了其他各支禁军。前面已经论到唐朝有天子六军，即左右龙武、左右神武、左右羽林军，它们又分为左三军、右三军，以宦官为左、右三军辟仗使，“如方镇之监军，无印”。其权力是“监视刑赏、奏察违谬”[①]。权力虽重，但还没有完全控制六军兵权。元和十三年（818）四月，皇帝命六军修麟德殿，右龙武统军张奉国、大将军李文悦认为战事刚刚平息，不应营缮过多，遂报告宰相裴度，请其出面谏止。皇帝大怒，将两人调职，致使龙武军无帅。于是拿出印二纽，分赐左、右三军辟仗使，“得纠绳军政，事任专达矣”[②]。《唐会要》卷七二《京城诸军》条对此举评论说：“由是命辟仗使主军，印异于事。其军之佐吏，或抗言以论，或移疾请告，于是特赐辟仗使印，俾专事焉。”也就是说，自此以后辟仗使不再是传统意义上的监军性质，而成为掌典兵权的军事主官。神策军与六军兵权完全由宦官专掌，使得唐朝宦官专权之势遂不可解，成为绵延一百多年的政治痼疾。

（三）宦官监军

唐朝在出征的军队中设置监军由来已久，在唐朝前期通常都是以御史监军，自玄宗以来才出现以宦官监军的现象，但是尚未形成制度。自安史之乱爆发以来，以宦官监军的现象才多了起来，所谓“宦者自艰难已来，初为监军，自尔恩幸过重”[③]。这里所说的“艰难已来”，就是指安史之乱以来。自此以后，宦官不仅在出征的野战军队中任监军，而且在各个藩镇中普遍地设置了监军一职，一般来说，前者称监阵使或排阵使，后者称监军使。贞元十一年（795），为天下诸镇监军使铸印，以宦官为监军使遂成为一种定制。

---

① 《资治通鉴》卷二四〇，唐宪宗元和十三年二月条及胡三省注，第7749页。

② 《资治通鉴》卷二四〇，唐宪宗元和十三年二月，第7749页。

③ 《旧唐书》卷一二五《萧复传》，第3551页。

通常所说的宦官监军，主要是指其在各藩镇任监军使，其主要责任是：“监护统帅，镇静邦家”“布皇恩于阃外，推赤心于腹中”[①]。前一句指监军负有监视节帅、维护国家统一的作用，后一句指监军可以起到沟通中央与地方各藩镇联系的重要作用。从唐后期的情况看，藩镇内部发生叛乱，为监军所平定的事例也不少。如陈许节度使上官涚死，其婿田偁谋图夺位，监军范日用尽擒其党，平息了这场动乱。大历十一年，河阳军乱，乱兵逐监军使冉庭兰出城，大掠三日。冉庭兰调动其他军队，攻入城中平乱，诛杀数十人，终于平定了这次兵变。贞元十年（794），郑滑节度使李融患病不起，大将宋朝晏煽动三军作乱，被监军使与节度副使赵植镇压，诛杀宋朝晏及乱党殆尽。武宗时，河东节度使李石被乱兵所逐，推其都将杨弁为留后，监军吕义忠召集榆社本道兵，诛杨弁以闻。类似的事例还很多，这里就不再一一列举了。

当然也有一些监军使专横跋扈，欺凌节帅，甚至激起了兵变。如监军使薛盈珍屡次欺凌郑滑节度使姚南仲，并且多次向德宗诬告谗毁。贞元十六年（800），薛盈珍又一次派人入京诬告姚南仲，正好姚南仲的部将曹文洽也入京奏事。当他得知薛盈珍诬告的情况后，昼夜兼程，追赶薛盈珍的使者，在长安城东面的长乐驿赶上了此人。两人同住一室，曹文洽在半夜时杀死薛盈珍所派的使者，将其奏表沉于厕中，然后自杀。德宗得知此事后，也感到非常震惊。后来姚南仲回朝，德宗问道：薛盈珍干扰军政吗？姚南仲回答说：“盈珍不扰臣，但乱陛下法耳。且天下如盈珍辈，何可胜数！虽使羊、杜复生，亦不能行恺悌之政，成攻取之功也。”[②]再如泽潞监军使刘承偕恃宠凌辱节度使刘悟，“三军愤发大噪，擒承偕，欲杀之。已杀其二傔，（刘）悟救之获免，而囚承偕”[③]。山南东道监军使杨叔元贪财怙宠，怨节度使李绛不向其行贿，遂调动兵士作乱，杀害了李绛。岭南节度使杨於陵廉洁奉公，而监军使许遂振悍

① 《全唐文》卷七三〇苏遇《忠武军监军使宁远将军守内常侍员外置同正员赐紫金鱼袋上柱国赠云麾将军左监门卫将军朱公神道碑并序》，第7525—7526页。

② 《资治通鉴》卷二三五，唐德宗贞元十六年二月，第7587页。

③ 《旧唐书》卷一七〇《裴度传》，第4424页。

戾贪恣，干扰军政，见杨於陵不奉己，遂向皇帝进行诬陷，幸亏宰相裴垍从中斡旋，才避免了一场冤案。

正因为有后面这一类监军使的存在，因此当时及后世之人对唐朝的宦官监军制度多持批评态度，明清之际的著名学者王夫之说：“宦者监军政于外而封疆危，宦者统禁兵于内而天子危。”[①]完全否定了宦官监军的作用。当代一些学者也认为宦官监军制度是唐朝政治生活中的毒瘤。[②]其实这些观点并不完全正确，因为从本质上看，宦官势力与皇权是相互依赖的，宦官恃皇权保持自己的地位，而皇权则需要利用宦官来控制臣下。这也从另一个角度说明了宦官势力对皇权具有寄生性，他们不能也无法脱离皇权。他们也许不是皇帝个人的忠实代表，但却永远会是一个王朝皇统的忠实代表。正因为宦官权势具有这样的特点，所以皇帝宁愿相信宦官，也不愿相信朝臣武将。宦官中虽然有不少人也贪赃枉法、祸乱政事，但却不会取皇权而代之，从根本上他们还是会维护皇权皇统的。

在宦官监军制度下，宦官实际上成了中央与骄藩联系的桥梁，即使骄横如河朔藩镇，他们也不拒绝监军使。在这类藩镇中，每当老节度使死亡，军中拥立新的节度使，他们都会通过监军宦官上奏朝廷，希望能够获得朝廷的确认，得到旌节，因为只有这样他们的地位才是合法的，否则便是非法，不能长久维持。在其他藩镇中，监军不仅可以对节度使的军事行动进行干预，而且可以干预地方的行政权与财政权。因为监军宦官直接代表皇帝，对节度使有一种天然的震慑力，使其不至于贸然行事。可以说，宦官监军制度是唐朝皇权控制地方的一种工具，在时代已经永远无法恢复贞观、永徽时期中央强大控制力的背景下，这种工具无疑是最有效也是风险最小的。

① 《读通鉴论》卷二六《武宗六》，第805页。

② 冯辉：《论唐代的宦官政治》，载《求是学刊》1987年第4期，第79—84页；张学军、张生三：《略述唐代宦官监军之弊》，载《南都学坛》1989年第3期，第98—100页。

（四）宫市真相

所谓宫市，是指宫中在市场上采买物品的行为，并且有官吏专门主持此事。关于设置宫市的时间，很可能早在唐初就已有之。史载："先是，宫中市外间物，令官吏主之，随给其直。"[①]杨国忠在玄宗天宝前期也曾兼任过宫市使。另据《新唐书》卷四六《百官志一》载："金部郎中、员外郎，各一人，掌天下库藏出纳、权衡度量之数，两京市、互市、和市、宫市交易之事，百官、军镇、蕃客之赐，及给宫人、王妃、官奴婢衣服。"可见宫市交易之事也是金部所掌的职责之一。在这一时期由于宫市交易只是偶然为之，交易量极为有限，加之交易尚比较公平，故没有引起人们的重视，相关记载也比较少。

宫市的大规模举行是在德宗统治时期，由宦官主持此事，以贞元年间为害最烈。关于宫市的情况，以《旧唐书》卷一四〇《张建封传》的记载最为详细，现录之如下：

> 时宦者主宫中市买，谓之宫市，抑买人物，稍不如本估。末年不复行文书，置白望数十百人于两市及要闹坊曲，阅人所卖物，但称宫市，则敛手付与，真伪不复可辨，无敢问所从来及论价之高下者，率用直百钱物买人直数千物，仍索进奉门户及脚价银。人将物诣市，至有空手而归者，名为宫市，其实夺之。尝有农夫以驴驮柴，宦者市之，与绢数尺，又就索门户，仍邀驴送柴至内。农夫啼泣，以所得绢与之，不肯受，曰："须得尔驴。"农夫曰："我有父母妻子，待此而后食；今与汝柴，而不取直而归，汝尚不肯，我有死而已。"遂殴宦者。街使擒之以闻，乃黜宦者，赐农夫绢十匹。然宫市不为之改，谏官御史表疏论列，皆不听。

唐代大诗人白居易的著名诗篇《卖炭翁》描写的也是宫市祸害百姓的情

① 《资治通鉴》卷二三五，唐德宗贞元十三年十二月，第7578页。

况。从现有记载来看，在宫市中巧取豪夺、强取强拿虽然有之，但存在的主要弊病是交易不按市值进行，大体上是按商品的十分之一的价格给付，或者“以盐估敝衣、绢帛，尺寸分裂酬其直。又索进奉门户及脚价钱，有赍物入市而空归者”[①]。因而严重地破坏了商业交易的规律，给百姓造成了极大的危害，被视为洪水猛兽，以至于每有宦官外出，商贾皆藏其好货，甚至京中沽浆卖饼之家也关门撤市，唯恐躲之不及。

宫市由于弊病与危害较严重，当时就引起了许多正直官员的反对，他们纷纷向德宗提出劝谏，希望能够纠正这些弊端。如贞元十四年（798），关中大旱，谷价飞涨，百姓流亡。德宗不自省，反而诿过于京兆尹韩皋，将其罢官，以吴凑代其职。吴凑是代宗的舅父，德宗的舅公，为官正直，不扰百姓。他仗着皇亲国戚的地位，力劝德宗革除宫市之弊。吴凑主要提出了两条办法：一是彻底罢去宫市，宫中所需物品由京兆府采办供给；二是如果认为外官采买不便，可选宦官中年纪较大、老诚可靠者任宫市令（使），平价采买，以免骚扰百姓。德宗对吴凑的意见十分赞赏。徐州节度使张建封觐见皇帝时，也极言宫市之弊，德宗嘉纳之。宦官见此情况，遂指使户部侍郎、判度支苏弁入宫，由于苏弁是主管财政的官员，德宗在这件事情上自然会征求他的意见，苏弁说：“京师游手堕业者数千万家，无土著生业，仰宫市取给。”德宗听信了苏弁的谎言，此后，“凡言宫市者皆不听用”[②]。宦官们还对德宗说，吴凑的这些主张与言论都是右金吾府吏赵洽、田秀嵓的主意，致使两人被流放。

后来监察御史韩愈也上疏极言宫市之弊，德宗非但不听，反而将他贬为连州阳山（今广东省阳山县）县令。贞元十七年（801），浙江布衣崔善贞诣阙上章，言宫市及盐铁之弊，又反映诸道盐铁转运使李锜种种不法之事，德宗不悦，命人将崔善贞押回交给李锜，李锜遂将其活埋。因此终德宗朝，宫市之弊始终没有罢去。

① 《新唐书》卷五二《食货志二》，第1358页。

② 《旧唐书》卷一四〇《张建封传》，第3831页。

顺宗为太子时，深知宫市之弊，其即位后，遂于永贞元年（805）二月罢去宫市使及宫市行为。但是从唐后期的情况看，宫市不但依然存在，而且仍然有一定的弊端。如文宗大和五年（831）二月，“上命（王）守澄捕豆卢著所告十六宅宫市品官晏敬则及申锡亲事王师文等，于禁中鞫之”[①]。引文中所说的这位晏敬则便是专门负责为十六宅采买物品的宫市宦官。再如开成二年（837）五月，文宗驾临十六王宅，与诸王宴乐，并杖决十六宅宫市宦官范文喜等三人，“以供诸王食物不精故也”[②]。另据《唐会要》卷八六《市》载：“（会昌）六年七月敕：如闻十六王宅置宫市以来，稍苦于百姓，成弊既久，须有改移。自今以后，所出市一物以上，并依三宫直市，不得令损刻百姓。”可见十六王宅宫市仍然存在压低物价、少付钱财的现象。从“三宫直市”一句看，说明长安城中的皇宫仍然存在宫市现象，只是支付价钱时可能稍微公平一些而已。所谓“三宫”，是西内太极宫、东内大明宫、南内兴庆宫的合称。

四、激烈的朋党斗争

德宗时期朋党之争接连不断，其激烈程度不亚于任何历史时期，并且导致君臣关系发生了极大的变化。最早的朋党斗争发生在宰相常衮与崔祐甫之间。常衮早在代宗时期就已拜相，而崔祐甫当时只是一个中书舍人，两人本志趣相投、关系融洽。两人的关系交恶，起因于常衮想兼任中书侍郎一职，由于崔祐甫在这个问题上坚决反对，遂使两人的矛盾逐渐明朗化。后来常衮利用德宗刚刚即位，诸事对自己尚有借重的时机，将崔祐甫排挤出朝，贬为河南少尹。当时同为宰相的郭子仪、朱泚厌恶常衮专权，联合起来对付常衮，将常衮贬为潮州（治今广东省潮州市）刺史，另行任命崔祐甫为门下侍郎、同平章事，使他当上了宰相。

① 《资治通鉴》卷二四四，唐文宗太和五年二月，第7875页。

② 《旧唐书》卷一七下《文宗纪下》，第570页。

崔祐甫拜相后，由于政务繁重，难以应付，推荐时任道州司马的杨炎为宰相，德宗遂任命其为门下侍郎、同平章事，另以怀州刺史乔琳为御史大夫、同平章事。不久，崔祐甫患病不视事，乔琳因年迈耳聋被罢相，杨炎实际上独掌了相权。

杨炎是难得的理财专家，上任伊始，就将国家财赋由内库收归左藏库，使国家财赋制度回到了正常的轨道上。接着又主持制定了两税法，并颁行于天下，使安史之乱以来唐朝紧张的财政状况得到了较大程度的缓解。但是杨炎心胸狭窄，“专以复恩仇为事”[①]，对触犯自己的僚佐残酷打击，毫不宽容。尤其是他对刘晏的陷害打击，不仅使刘晏死于非命，而且也葬送了自己的政治生命。

刘晏也是唐朝有名的理财专家，在代宗时多建功勋，为朝廷重臣。他与杨炎的矛盾始于代宗时期，当时刘晏任吏部尚书，杨炎为吏部侍郎，两人不但不能相互配合，反而互相排挤，闹得不可开交。刘晏久掌国家财政大权，许多重要官员出于其门，具有一定政治势力；而杨炎投靠当时的宰相元载，也具有一定的实力。后来，随着元载被铲除，杨炎也被贬为道州司马，刘晏快意异常，使杨炎对刘晏更加恨之入骨。

刘晏在杨炎重新拜相时任东都、河南、江淮等道转运使及租庸、盐铁等使，仍然掌握着很大的权力。为了打击刘晏，杨炎倡言恢复旧制，在德宗的支持下，将财权收归尚书省金部、仓部，罢去了刘晏所任的各种使职，仅保留左仆射的闲职，取得了对刘晏斗争的初步胜利。德宗为太子时，传说宦官刘忠翼与兵部侍郎黎干阴谋以韩王李迥取代其地位，刘晏也赞同之。后来德宗即位后，便处死了刘、黎二人。建中元年二月，杨炎上奏说刘晏与刘、黎二人为同党，应该予以严处。德宗本来猜忌之心就颇重，于是便以刘晏奏事不实为借口，将其贬为忠州（治今重庆市忠县）刺史。

刘晏不死，杨炎终不觉解恨，于是他起用旧友庾准，任命其为荆南节度使，成为刘晏的顶头上司。然后，两人一唱一和，共同栽赃陷害刘

① 《资治通鉴》卷二二六，唐德宗建中元年二月，第7277页。

晏。庾准上奏说刘晏与朱泚有勾结，私自扩大本州之兵，欲拒朝命。德宗不辨真伪，于同年七月派中使到忠州，将刘晏赐死。但杨炎没有料到的是，刘晏之死引起了朝野震动，许多人都认为刘晏身为朝廷重臣，功劳甚大，又没有证据，杀之无理。面对这种局面，杨炎为了把自己开脱出来，遂派遣心腹分别前往诸道，公开的理由是进行抚慰，实则为自己开脱，把杀刘晏的责任全部推到德宗头上。说什么“晏之得罪，以昔年附会奸邪，谋立独孤妃为皇后，上自恶之，非他过也”[①]。独孤妃是韩王李迥之母，立其为皇后，就可动摇德宗的太子地位，因此德宗深恨刘晏。杨炎的这种行为很快就有人报告给了德宗，并指出他的这种行为就是诿过于皇帝。此事引起了德宗对杨炎的极大愤慨，从而种下了日后杀杨炎的根苗。

建中二年二月，德宗拜卢杞为相，以牵制杨炎。杨炎不知大祸将要临头，反而看不起卢杞，甚至不愿与其一同进食。凡卢杞提出的动议，杨炎必然反对，反之亦然。德宗遂在这年七月，以二相不和为借口，罢去了杨炎的相位，改任左仆射。卢杞为了打击杨炎，起用杨炎的政敌严郢为御史大夫，两人联合起来，先查杨炎同党河南尹赵惠伯之罪，然后诬陷杨炎与赵惠伯同谋，暗蓄异志，给德宗杀杨炎提供借口。这年十月，德宗贬杨炎为崖州司马，然后缢杀之。

杨炎死后，卢杞独掌大权，他结党营私、排挤正直之人，是一个非常阴险毒辣的人物。可是德宗却对卢杞非常赏识，信任始终如一。泾师之变后，李怀光利用德宗对其倚重之机，迫使他贬黜了卢杞。后来德宗还想起用卢杞，因为众臣坚决反对而作罢。有一次，德宗与李泌谈起了卢杞，德宗说：人们都说卢杞奸邪，可是朕并不觉得是这样的。李泌说：让陛下不觉得奸邪，这正是他的奸邪处。如果陛下早就觉得，何至于有奉天之难呢？其实卢杞正是利用德宗自以为是的弱点，利用皇帝的意图来实现自己的目的，这是奸臣得宠的一个秘诀。

在这之后，又先后有宰相韩滉、张延赏、窦参等人的专权擅政。其

① 《旧唐书》卷一一八《杨炎传》，第3423页。

中张延赏危害最大，他力主与吐蕃讲和，使唐朝吃了很大苦头。他还诬陷功臣李晟，说李晟与吐蕃勾结，谋图不轨。德宗信以为真，致使李晟日夜哭泣，请求出家为僧，德宗虽然不许，却罢去了李晟的兵权。另外两个功臣马燧、浑瑊，因为与吐蕃和议的失败，也失去了皇帝的信任。这三名功臣的相继失宠，使武臣们非常愤怒，人心离散，不愿为唐朝出力。在这种情况下，张延赏被迫辞去相位。德宗无奈，只好请李泌担任宰相。李泌拜相时，与德宗相约说：希望陛下勿害功臣。李晟、马燧有大功于国，如果加害他们，将会导致中外叛乱，立刻大祸临头。陛下能诚心对待功臣，功臣自然也就安心，国家有事他们就去征伐，无事就在朝中任职，这不是很好吗？只要陛下做到这一点，天下就无事了。德宗答应不害李、马二人，二人涕泣拜谢。

李泌死后，窦参拜相，窦参被贬后，德宗遂拜兵部侍郎陆贽、尚书左丞赵憬为宰相，当时的宰相还有董晋。德宗虽然拜他们为相，可是又担心他们弄权，于是又拜窦参的同党裴延龄为户部侍郎、判度支，授予大权，以牵制陆、赵等人。此项任命受到了陆贽等人的反对，但德宗的本意并不是任用贤才，而是出于对相臣的猜忌，怎么会接受他们的意见呢？这么一来，就使朝臣之间的关系更加紧张了。此后，双方进行了激烈的斗争，后来由于陆贽与赵憬不和，赵憬暗中支持裴延龄，导致了陆贽的罢相。得意扬扬的裴延龄做了许多排挤异己的事情。为了阻止裴延龄拜相，陆贽一派的许多人联合起来，并得到太子李诵的支持，他们广造舆论，极论其奸邪，导致裴延龄拜相之事成为泡影。

自陆贽罢相后，德宗对大臣不再相信，索性亲自掌握行政大权，官吏选用皆出帝意，中书只负责行文书，宰相徒具相名而无实权，造成了政体失衡、行政效率低下等许多弊病。尤其是贞元后期，政事混乱，矛盾丛生，社会动荡，唐朝政治的腐败与黑暗已经到了无以复加的程度了。

第三节　唐顺宗、宪宗时期

一、顺宗即位时的情况

（一）德宗诸子

德宗共十一子，即长子舒王李谊、第二子顺宗李诵、第三子通王李谌、第四子虔王李谅、第五子肃王李详、第六子文敬太子李謜、第七子资王李谦、第八子代王李諲、第九子昭王李诫、第十子钦王李谔、第十一子珍王李諴。

其中舒王李谊，原名李谟，本是德宗之弟郑王李邈之子。由于李邈早死，代宗怜惜，赠其为昭靖太子，德宗遂收养李谊为己子，并排行为第一。而德宗亲生之子，则以顺宗为长子。第六子文敬太子李謜也非德宗亲生，本是顺宗之子，德宗之孙，由于德宗对其特别钟爱，遂收为己子，排行第六，因此，德宗亲生的其实一共九子。

顺宗李诵，上元二年正月生于长安大明宫。大历十四年六月，封宣王。建中元年正月，被册立为皇太子。

（二）顺宗即位之争

李诵是名正言顺的皇太子，在其父死后继位当皇帝本不存在争议，可是由于李诵自身的缘故，却围绕其即位问题展开了一场不大不小的斗争。

事情的经过是这样的：李诵自贞元二十年（804）患中风病，口不能言，行动不便。贞元二十一年（805）正月，德宗病危，“诸王亲戚皆侍医药，独上卧病不能侍。德宗弥留，思见太子，涕咽久之”[①]。由于皇帝与太子均患重病，内外之情不通，朝野一片惶恐，人心不安。同月二十三日，德宗驾崩。于是围绕着拥立谁当皇帝的问题展开了一场争论。

按照制度皇帝死后皇太子是理所当然的继承人，这一点应该是没有疑问的，但是由于太子李诵患有重病，就为一些人提供了反对他继位

---

① 《旧唐书》卷一四《顺宗纪》，第405页。

的口实。那么，为什么会有人反对李诵呢？主要与此时李诵身边已经有了一个政治小集团有关。据《顺宗实录》记载：“上学书于王伾，颇有宠，王叔文以棋进，俱待诏翰林，数侍太子棋。”[①]同书又载：叔文“以棋入东宫。颇自言读书知理道，乘间尝言人间疾苦。上将大论宫市事，叔文说中上意，遂有宠。因为上言：‘某可为将，某可为相，幸异日用之。’密结韦执谊，并有当时名欲侥幸而速进者：陆质、吕温、李景俭、韩晔、韩泰、陈谏、刘禹锡、柳宗元等十数人，定为死交，而凌准、程异等又因其党而进。”[②]以王叔文、王伾为首的这一批人，他们志同道合，经常在一起议论国家大事，虽然尚未执掌政事，然一旦太子即位，必然重用自己身边的人，他们就会一步登天，执掌国家大政，从而对既得利益集团形成威胁。

那么，哪些人是既得利益集团呢？关于这一点，《旧唐书》卷一八四《俱文珍传》有详细记载：“俱文珍，贞元末宦官，后从义父姓，曰刘贞亮。……乃与中官刘光琦、薛文珍、尚衍、解玉等谋，奏请立广陵王为皇太子，勾当军国大事，顺宗可之。贞亮遂召学士卫次公、郑絪、李程、王涯入金銮殿，草立储君诏。及太子受内禅，尽逐叔文之党，政事悉委旧臣，时议嘉贞亮之忠荩。累迁至右卫大将军，知内侍省事。”广陵王，即顺宗长子李纯。可见这个既得利益集团就是以刘贞亮为首的宦官集团，他们在德宗时期已经攫取了相当大的权力，如果不设法加以保护，将会丧失殆尽。不过上引的这段史料所述的是顺宗已经即位以后的事情，实际上他们的首选计划是阻止顺宗即位，只是在计划失败以后，才采取上述拥立李纯的行动。

关于顺宗即位之争，《资治通鉴》卷二三六顺宗永贞元年正月条记载说：“（正月）癸巳，德宗崩；苍猝召翰林学士郑絪、卫次公等至金銮殿草遗诏。宦官或曰：‘禁中议所立尚未定。’众莫敢对。次公遽言曰：‘太子虽有疾，地居冢嫡，中外属心。必不得已，犹应立广陵王；

① 《全唐文》卷五六〇韩愈《顺宗实录一》，第5660页。

② 《全唐文》卷五六〇韩愈《顺宗实录五》，第5672页。

不然，必大乱。’絪等从而和之，议始定。次公，河东人也。太子知人情忧疑，紫衣麻鞋，力疾出九仙门，召见诸军使，人心粗安。”这里没有明确记载反对立顺宗的宦官姓名。当时的宦官大体上分为两大派，一派即以刘贞亮为首的宦官集团，另一派则是以李忠言为首的东宫系统的宦官集团，后一派绝不会反对立顺宗，因为他们是即将上台的利益集团，因此反对者只能是刘贞亮等宦官。他们当时并未决定拥立广陵王李纯，从“禁中议所立尚未定”一句可知，至于后来拥戴李纯，乃是时势使然，不得不采取的办法。

从“太子知人情忧疑”一句看，太子李诵也深知此乃关键时刻，尽管行动不便，还是勉强扶病而出，召见掌握禁军兵权的诸军军使。上引《资治通鉴》接着记载说：“甲午，宣遗诏于宣政殿，太子缞服见百官；丙申，即皇帝位于太极殿。卫士尚疑之，企足引领而望之，曰：‘真太子也！’乃喜而泣。”[1]甲午，指正月二十四日，也就是德宗死后的次日，就匆忙宣布了遗诏，从而确立了顺宗的皇帝地位。然后在丙申日，即二十六日，举行了登基大典，顺宗正式即位于太极宫太极殿。从“卫士尚疑之”，到当他们看到真是太子即位后，“乃喜而泣”的记载，可知当时情势是多么复杂，人心的向背是多么清晰，这也是当卫次公提出拥立太子即位时，宦官们不敢再提出疑议的根本原因。

二、所谓“永贞革新”

顺宗即位之后，以王叔文为首的政治小集团果然得到了重用，执掌了国之大政。不过其掌控大权的方式颇为奇特，关于这个问题，《资治通鉴》卷二三六永贞元年元月条记载说：

> 时顺宗失音，不能决事，常居宫中施帘帷，独宦者李忠言、昭容牛氏侍左右；百官奏事，自帷中可其奏。自德宗大

① 《资治通鉴》卷二三六，唐顺宗永贞元年元月，第7607页。

渐，王伾先入，称诏召王叔文，坐翰林中使决事。伾以叔文意入言于忠言，称诏行下，外初无知者。……辛亥，以吏部郎中韦执谊为尚书左丞、同平章事。王叔文欲掌国政，首引执谊为相，己用事于中，与相唱和。

《旧唐书》卷一三五《王叔文传》记载说：

时上寝疾久，不复关庶政，深居施帘帷，阉官李忠言、美人牛昭容侍左右，百官上议，自帷中可其奏。……其日，召自右银台门，居于翰林，为学士。叔文与吏部郎中韦执谊相善，请用为宰相。叔文因王伾，伾因李忠言，忠言因牛昭容，转相结构。事下翰林，叔文定可否，宣于中书，俾执谊承奏于外。与韩泰、柳宗元、刘禹锡、陈谏、凌准、韩晔唱和。

《顺宗实录》卷四记载说：

上自初即位，则疾患不能言。至四月益甚。时扶坐殿，群臣望拜而已，未尝有进见者。天下事皆专断于叔文，而李忠言、王伾为之内主，执谊行之于外。[①]

同书卷五又载：

而叔文颇任事，自许微知文义，好言事，上以故稍敬之，不得如伾出入无阻。叔文入至翰林，而伾入至柿林院，见李忠言、牛昭容等，故各有所主。伾主往来传授，刘禹锡、陈谏、韩华、韩泰、柳宗元、房启、凌准等主谋议唱和，采听外事。[②]

---

① 《全唐文》卷五六〇韩愈《顺宗实录四》，第5671页。

② 《全唐文》卷五六〇韩愈《顺宗实录五》，第5672页。

从以上这些记载可以看出这个政治小集团在执政过程中的运行模式。之所以如此，根本原因就在于其首领王叔文还没有拜相，仅是一名翰林学士，无法名正言顺地掌握决策权。

以王叔文为首的这个政治小集团在其掌控大政期间到底做了哪些事情？为什么学术界把他们在这个期间的所作所为称之为“永贞革新”？这些都是需要认真分析的。总括起来，他们主要做了以下几方面的事情：

第一，罢去德宗晚年的一切弊政，如宫市、五坊小儿等；下令蠲免民间对官府的一切旧欠，共计免除了五十二万六千多贯石匹束；停止地方官和盐铁使的月进钱；减江淮海盐价，每斗自三百七十文减为二百五十文，减北方池盐价为每斗三百文；释放宫女三百人、女乐六百人，招其亲人使领归之。

第二，召回久被贬黜的陆贽、阳城等人。将忠州别驾陆贽、郴州别驾郑余庆、杭州刺史韩皋、道州刺史阳城等人皆调入京师，这些人多为名臣、谏臣，德宗时被贬到地方任职。史载：“德宗之末，十年无赦，群臣以微过谴逐者皆不复叙用，至是始得量移。”[1]量移，是唐朝的一种制度，即被贬黜的官员任职达到一定年限后，可予以升迁或从偏远地区调至经济发达、文化繁荣的地区。

第三，贬黜了残暴的嗣道王李实。李实是唐朝宗室，在德宗时任京兆尹，为政残暴，刚愎自用。贞元二十年，关中大旱，他不但不设法减轻百姓赋税，反而对德宗说：天虽旱，但不影响秋稼。照旧督征租税，使百姓的生活雪上加霜，很多人甚至拆屋卖田以交纳赋税。皇帝颁诏减免赋税，可是李实照样征收，下属官吏因征收不力而被杀者达数十人。因此，百姓和官吏对其恨之入骨，他被贬为通州（治今四川省达州市）长史后，“市人争怀瓦石邀劫之，（李）实惧，夜遁去，长安中相贺”[2]。

---

① 《资治通鉴》卷二三六，唐顺宗永贞元年三月，第7611页。

② 《新唐书》卷一六七《李实传》，第5112页。

第四，夺取国家财政大权。任王叔文为度支、盐铁转运副使，杜佑为正使，实际权力却掌握在王叔文手中。之所以任命杜佑为正使，是因为杜佑乃是著名的理财专家，假借其名以服众心而已。

第五，谋夺宦官禁军兵权。任命宿将范希朝为左右神策京西诸城镇行营节度使，韩泰为行军司马，希望能够将宦官掌握的部分禁军兵权夺过来。当时，神策军分驻于禁苑及京西北诸镇，驻在京西北的这部分神策军的指挥部设在奉天。可是守边的神策诸将却不愿意交出兵权，他们纷纷上报神策中尉，宦官们起初也没有意识到问题的严重性，至此才醒悟，大怒曰："从其谋，吾属必死其手。"遂下令诸将曰："无以兵属人。"[①]范希朝等到达奉天后，诸将皆不来拜见，致使夺取宦官兵权的计划流产。

王叔文集团的以上作为，主要是针对德宗时期的弊政所采取的一系列措施，改革的力度虽然不算很大，却使唐朝的政治出现一些新气象，也颇得人民的拥戴。然学术界中的一些人把这一切称之为"永贞革新"，就有些不大确切了。至于说王叔文集团"代表庶族地主阶级的新兴力量"，与他们作对的是"宦官藩镇豪族地主阶级的旧势力"，则更是无稽之谈。有人说王叔文集团内抑宦官、外制藩镇，也是不确切的说法。也有人认为永贞时期不存在所谓革新派，更谈不上革新。更有人彻底否认二王的作用，认为其没有社会基础，故最终失败是不可避免的。[②]

首先，"永贞革新"这种提法就很不准确。因为顺宗于贞元二十一年正月二十六日即位，同年八月四日禅位于太子，退而为太上皇，第二天才以太上皇的名义改元永贞。而王叔文集团的上述活动都是在这之前进行的，其时年号为贞元而非永贞，就算是革新，也不应叫"永贞革新"，而应叫"贞元革新"。

---

① 《资治通鉴》卷二三六，唐顺宗永贞元年六月，第7617页。

② 王芸生：《论二王八司马政治革新的历史意义》，载《历史研究》1963年第3期，第105—130页；汤啸：《"永贞革新"与〈封建论〉》，载《历史研究》1975年第2期，第84—87页；柳思言：《评所谓"永贞革新"》，载《重庆师范学院学报》1981年第1期，第23—27页；黄永年：《所谓"永贞革新"》，载《青海社会科学》1986年第5期，第60—71页；王仲荦：《隋唐五代史》，上海人民出版社1988年版，第185—188页。

其次，众所周知，门阀政治在唐代早已不存在了，之所以还有人提什么士族、庶族，无非是指一些家族在历史上曾为士族，而另一些家族在历史上则为庶族，并不表示这些家族在唐朝实际地位的高低，因此讨论唐代的庶族与士族问题并无多少实际意义。至于豪族，在魏晋南北朝时期与现代新词“土豪”意思相近，指庶族地主。既然如此，再侈谈什么一方代表庶族地主新兴力量，另一方代表豪族地主旧势力，也就没有任何意义。

再次，说王叔文集团内抑宦官的话也不准确，因为这个集团中还有大宦官李忠言作为骨干。且后来王叔文因母亡将要去职时，王伾还去乞求宦官刘贞亮、刘光琦等，希望他们能够进一言，起用王叔文为相并总领北军。可见这个集团并不反对所有的宦官，只是反对那些危害自己利益的宦官集团。至于说这个集团抑制藩镇，更是没有什么史料依据。

尽管这个政治集团并没有在历史上做出过多大的贡献，但是也并非就如旧史官的批驳一样，无论是《资治通鉴》，还是新旧《唐书》，无不对其进行严词谴责。当然这些都是旧史官的一种偏见，已经受到了一些学者的批评，如宋人范仲淹就批评说：“《唐书》芜驳，因其成败而书之，无所裁正。”[①]明末清初大学者王夫之也说：“自其执政以后，罢进奉、宫市、五坊小儿，贬李实，召陆贽、阳城，以范希朝、韩泰夺宦官之兵柄，革德宗末年之乱政，以快人心、清国纪，亦云善矣。顺宗抱笃疾，以不定之国储嗣立，诸人以意扶持而冀求安定，亦人臣之可为者也。”[②]这些都是比较公正的看法。

三、顺宗之死

（一）二王八司马

王叔文集团对大权的把持引起了德宗所任用的旧臣的极大不满，这

① 曾枣庄、刘琳主编：《全宋文》卷三八五范仲淹《述梦诗序》，上海辞书出版社、安徽教育出版社2006年版，第392页。

② 《读通鉴论》卷二五《顺宗》，第751页。

些人中除了刘贞亮、刘光琦、薛文珍、尚衍、解玉等一批宦官外，还包括了数位宰相在内。顺宗即位后，宰相共有五位，除了韦执谊外，还有贾耽、杜佑、郑珣瑜和高郢等四位，这后四位都不是顺宗任命的宰相，而是德宗时拜的相。《顺宗实录》卷二记载了一事，详情如下：

> （贞元二十一年三月）丁酉，吏部尚书平章事郑珣瑜称疾去位。其日，珣瑜方与诸相会食于中书。故事：丞相方食，百寮无敢谒见者。叔文是日至中书，欲与执谊计事，令直省通执谊。直省以旧事告，叔文叱直省，直省惧，入白执谊。执谊逡巡惭赧，竟起迎叔文，就其阁语良久。宰相杜佑、高郢、珣瑜皆停箸以待。有报者云："叔文索饭，韦相已与之同餐阁中矣。"佑、郢等心知其不可，畏惧叔文、执谊，莫敢出言。珣瑜独叹曰："吾岂可复居此位。"顾左右取马径归，遂不起。前是，左仆射贾耽以疾归第，未起，珣瑜又继去。二相皆天下重望，相次归卧……。①

据此可知，五位宰相中除韦执谊外，其余四位均对王叔文集团不满，只是有的态度比较坚决，有的态度比较和缓而已。除此之外，还有一批大臣也都对王叔文集团不满，如太常卿杜黄裳、兵部尚书王绍、御史中丞武元衡、仓部员外郎孟简、荆南节度使裴均、河东节度使严绶、西川节度使韦皋，以及翰林学士卫次公、李程、郑细等。反对派势力如此之强，是王叔文集团不能长久执政的根本原因。还有一点应该引起重视，即顺宗长子广陵王李纯，此人即后来的宪宗，他也是坚决反对王叔文集团的一个人物，而且是一个关键人物。

王叔文集团垮台的经过是这样的：由于顺宗久病不愈，反对派便以此为借口，主张早立太子，以制约王叔文集团。史载："宦官俱文珍、刘光琦、薛盈珍皆先朝任使旧人，疾叔文、忠言等朋党专恣，乃启上召

① 《全唐文》卷五六〇韩愈《顺宗实录二》，第5664页。

翰林学士郑絪、卫次公、李程、王涯入金銮殿，草立太子制。时牛昭容辈以广陵王淳英睿，恶之；絪不复请，书纸为‘立嫡以长’字呈上；上颔之。癸巳，立淳为太子，更名纯。”[①]时在贞元二十一年三月。可见在立太子这件事上，两派的态度是截然不同的。广陵王被立为太子是反对派的第一个胜利，王叔文预感到前途不妙，又无力反制，只能吟杜甫诗曰：“出师未捷身先死，长使英雄泪满襟。”[②]这显示出其无可奈何的情绪。此后反对派便团结在太子旗下，与王叔文集团展开了斗争。

反对派的第二步行动便是对王叔文的权力进行限制。这年五月，刘贞亮等宦官以王叔文已任户部侍郎，兼度支、盐铁转运副使之名，设法免去了其所任的翰林学士一职。翰林学士属于内职，可以入宫参与机密大事的议决，正因为如此，“叔文见制书，大惊，谓人曰：‘叔文日时至此商量公事，若不得此院职事，则无因而至矣’”[③]。后来在王伾的再三请求下，才允许王叔文每三五日一入翰林院，但学士之职还是被罢去了。

反对派的第三步便是利用外臣制约王叔文集团。西川节度使韦皋求兼领三川之地，即剑南东川、剑南西川和山南西道，被王叔文拒绝。于是韦皋便上表请求皇太子监国，同时又上书皇太子，指斥王叔文、王伾、李忠言等专权误国，请求太子出面上奏皇帝，贬逐三人。接着荆南节度使裴均、河东节度使严绶又相继上表，内容与韦皋相同。韦皋的上表极大地鼓舞了反对派的士气，史载：“中外皆倚以为援，而邪党震惧。”[④]形势对王叔文集团更加不利。

反对派的第四步便是利用王叔文母丧彻底罢去其本兼职务。这年六月，王叔文之母突然死亡，按照唐制，王叔文必须丁忧去位。王伾等谋划为其起复重新任职，本打算任以威远军使、同平章事，三上其疏，都没有结果，于是王伾只好称病不出。其集团骨干陈谏被赶出朝廷，外任

① 《资治通鉴》卷二三六，唐顺宗永贞元年三月，第7613页。
② 《资治通鉴》卷二三六，唐顺宗永贞元年四月，第7614页。
③ 《资治通鉴》卷二三六，唐顺宗永贞元年五月，第7615页。
④ 《资治通鉴》卷二三六，唐顺宗永贞元年六月，第7617页。

河中少尹。至此，王叔文集团大势已去，失败的命运已不可避免了。

反对派的第五步是请太子监国，以便彻底铲除王叔文集团。反对派深知只有请皇太子监国，执掌军国政事，才能够彻底铲除王叔文集团。早在这年四月，杜黄裳曾劝其女婿宰相韦执谊率群臣奏请太子监国，遭到韦执谊的拒绝。六月，韦皋再一次奏请皇太子监国。王叔文丁忧罢职后，大宦官刘贞亮等又屡次请求皇太子监国，顺宗只好同意。与此同时，刘贞亮等还推荐杜黄裳、袁滋为宰相，进一步控制了大权。八月四日，顺宗退位，自称太上皇，太子即皇帝位，史称唐宪宗。

宪宗的即位，标志着王叔文集团的彻底失败。八月六日，贬王叔文为渝州（治今重庆市）司户、王伾为开州（今重庆市开州区）司马、次月，贬韩泰为抚州（治今江西省抚州市）刺史、司封郎中韩晔为池州（治今安徽省池州市西）刺史、礼部员外郎柳宗元为邵州（治今湖南省邵阳市）刺史、屯田员外郎刘禹锡为连州（治今广东省连州市）刺史。反对派认为对他们处罚还不够大，于是再贬韩泰为虔州（治今江西省赣州市）司马、韩晔为饶州（治今江西省鄱阳县）司马、柳宗元为永州（治今湖南省永州市）司马、刘禹锡为朗州司马、陈谏为台州司马、凌准为连州司马、程异为郴州司马、韦执谊为崖州司马，合称“二王八司马”。

王叔文集团执政前后七个月时间，由于其缺乏坚实的社会根基，所依靠的仅是一位身患重病的皇帝，面对势力强大的反对派，失败是不可避免的。

（二）顺宗驾崩之谜

顺宗退位以后，移居到兴庆宫。在这里仅仅居住了五个月零十四天，就于元和元年（806）正月十九日死于兴庆宫咸宁殿，终年四十六岁。

关于顺宗的死，史书仅记其“崩”或“晏驾”，并没有记载其因病而亡，因此便引起了后人的疑虑。

唐人李复言撰《续玄怪录》一书，其中有《辛公平上仙》一篇，著名史学大师陈寅恪先生曾撰《顺宗实录与续玄怪录》一文，认为篇中所说的“上仙”，即被杀的皇帝乃是宪宗；然黄永年先生却认为应是指顺宗，见其撰《〈辛公平上仙〉是讲宪宗抑顺宗》一文。[①]现将《辛公平上仙》故事的梗概简介如下：

洪州高安县尉辛公平与吉州庐陵县尉成士廉同居于泗州下邳县，于元和末一同入京参选，在途中遇一绿衣吏，名叫王臻，相见甚欢。行至阌乡，王臻告诉他们说，自己乃是一阴吏，前来迎天子上仙者，即迎接将要死去的皇帝，并说与自己随同而来的，还有甲马五百、将军一人。一路走来，行至灞上，王臻遂告诉辛公平，可以观看一个特别的场面，成士廉由于命薄，所以不可观也。

到了约定的那一天夜里，辛公平前往灞西古槐下，见王臻乘马随一队甲马而来，引辛公平见一大将军，身长丈余，壮貌甚伟，遂一同进入长安通化门。来至大明宫光范门，入门后直至宣政殿，各路人马从诸门而入。将军金甲仗钺，立于殿下，跟随而来的军卒五十人，皆手执兵器，环立于殿庭四周，以备非常。殿上正在举行宴会，歌舞正欢，灯烛辉煌。三更四点，有一人手执金匕首，长尺余，拱送于将军之前，说：“时间已到。”将军走到皇帝的御座后，跪献匕首。皇帝感到头眩，音乐骤停，扶皇帝入西阁，久之未出。将军催促道：“升云之期，难违顷刻，上即命驾，何不遂行！”里面回答说：“皇帝正在沐浴，事毕就可上路。”一会儿，只见皇帝乘碧玉舆，由身穿青衣之士六人，抬下殿来。将军上前迎接，宫内官员及门吏，莫不呜咽，与皇帝告别，不忍离去。过宣政殿，前有二百骑兵开道，后有三百骑士跟从，如风如雷，飒然东去，出望仙门。

将军命王臻送辛公平返回，来到成士廉所居之处，告别而去。

① 陈寅恪：《金明馆丛稿二编》，第74—81页。黄永年的文章初刊于《中华文史论丛》总49辑，1992年；后又收入其《唐史十二讲》，中华书局2007年版，第167—170页。

> 原书写道："（辛公平对此事），秘不敢泄。更数月，方有攀髯之泣。……元和初，李生畴昔宰彭城，而公平之子参徐州军事，得以详闻。故书其实，以警道途之傲者。"[1]

以上简要地叙述了《辛公平上仙》一文的故事梗概，可以看出这是一篇描写一位唐朝皇帝的死亡情况的小说。从小说中所述的情节看，这位皇帝显然是非正常死亡，从而引起了后世研究者的兴趣。

陈寅恪先生的文章认为此篇小说是"假道家'兵解'之词，以纪宪宗被弑之实"。从篇首"元和末"三字来看，陈先生的观点似乎是很有道理的。但黄永年先生的文章指出，在小说末尾有"元和初"的字样，说明其所叙的皇帝绝不会是宪宗，而只能是指顺宗。另外，从"更数月，方有攀髯之泣"一句看，也不似指宪宗，而应是指顺宗。攀髯，是一典故，是说有龙下迎黄帝，黄帝骑龙而去，余小臣不得上，乃持龙髯跟随而去，后用以指皇帝之死。何以既兵解上仙，却要"更数月"，即过了数个月后"方有攀髯之泣"呢？从顺宗晚年的情况看，他于贞元二十一年八月退位当了太上皇，元和元年正月十九日驾崩，正好相隔数月。这期间除了元和元年正月一日，百官赴兴庆宫朝贺并向太上皇上尊号外，再未见到顺宗活动的任何记载。很可能因此而产生顺宗早在退位不久即被杀害的传说，而在元和元年正月一日赴兴庆宫朝贺并上尊号，只不过是制造出来的烟幕而已，李复言根据此传说，遂写下了这篇《辛公平上仙》。因为顺宗早在退位当太上皇时已被杀死，所以"更数月"，即到元和元年正月十九日才公布死讯。

而宪宗临死时的情况与此情节完全不符，他死于元和十五年（820）正月二十八日。而在这月二十五日，宪宗还在麟德殿召见义成军节度使刘悟，与"更数月，方有攀髯之泣"的描述不符。

至于《辛公平上仙》篇首所云的"元和末"，黄先生认为只是"贞元末"之误。何以"贞元"会误为"元和"呢？则与宋人避讳有关，

---

① 〔唐〕李复言：《续玄怪录》卷一《辛公平》，中华书局2008年版，第144—147页。

“贞元”之“贞”，是宋仁宗赵祯的嫌名，照例可以改为“正”，“无如书棚本只是不甚谨严的坊刻，何况刻的又是无关紧要的前朝小说，于是转而采取了把‘贞元末’改成‘元和末’的办法，不曾想到会和篇末的‘元和初’发生冲突。这种改‘贞元’为‘元和’的例子在书棚本《续玄（幽）怪录》里并不止一处。”这些观点都是很有道理的。

持此观点的并不仅此一家，王汝涛所撰的《唐代小说与唐代政治》[①]一书中，收有一篇名为《宦官杀皇帝的秘录探微——读〈辛公平上仙〉》的文章，也持这种观点，并且进而认为是宦官杀害了顺宗。

四、元和中兴

（一）聚集财赋

唐宪宗在唐朝的皇帝中，算是一位有作为的皇帝。他在位期间经过努力，在削除跋扈藩镇方面取得了很大的胜利，使中央政府的威望空前提高，因为其年号为元和，史称“元和中兴”。

宪宗亲眼看见了其祖父德宗统治时期藩镇嚣张跋扈的情况，决心铲除这些跋扈藩镇，他深知如果没有充足的财力支持，想达到这一目的是根本不可能的。于是他首先整顿了财政体系，将德宗时期收入宫中贮于“别库”的资财，全部转归国家正库即左藏收管，统一调节支用，以备急需。接着他又加强了对江淮财赋的整顿，接受杜佑的推荐，任命李巽为盐铁转运使，掌管此项工作。李巽非常称职，史称“自刘晏之后，居财赋之职者，莫能继之。巽掌使一年，征课所入，类晏之多，明年

① 王汝涛：《唐代小说与唐代政治》，岳麓书社2005年版，第73—86页。

过之，又一年加一百八十万缗”[①]。另据《册府元龟》卷四九三《邦计部·山泽》载：元和元年，粜盐虚钱收入一千一百二十八万贯；元和二年（807），收入一千三百零五万七千三百贯；元和三年（808），收入达一千七百八十一万五千八百零七贯。可见李巽对财税的整顿还是颇有成效的。在元和初年，地方税收分为三部分，即上供、送使、留州。元和四年（809），宰相裴垍建议改革赋税制度，主张诸道节度、观察使府所需用，就地征取使府所在州的赋税，如仍不够支用，才可以征收管内其他州县的赋税。后又规定“天下留州、送使物，一切令依省估”[②]。这一政策实施后，使得诸道管内支郡的送使钱物全部上交给了中央财政，对加强中央财政实力、削弱诸道财力起到了积极的作用。

宪宗在即位之初，曾颁诏罢诸道进奉，但实际情况却是诸道进奉从未间断过。元和三年，原山南西道节度使柳晟、原浙东观察使阎济美入京述职，同时进奉财物。御史中丞卢坦弹劾说他们违诏进奉，应给予处罚。宪宗却认为自己已经赦其罪，不可失信。卢坦不同意宪宗的说法，坚持认为应该维护皇帝诏敕的大信，而不应拘泥口头小信，迫使宪宗将进奉的财物交出，转归度支库收藏。此后，凡有藩镇进奉，宪宗大都照收不误，如果有人反对，充其量将其转交国家库藏收管而已。关于宪宗接收诸道藩镇进奉钱财的次数及收取的数额，《册府元龟》卷一六九《帝王部·纳贡献》有较详的记载，就不一一列举了。需要指出的是，宪宗的这些行为虽然有增强中央政府财力的作用，但也在一定程度上加重了诸道对百姓的盘剥。

为了筹措充足的财力，宪宗除了广开财源外，节流省用也是其采取的措施之一。元和初期，他多次拒绝了四方藩镇进贡的歌舞伎乐，认为这类人过多，将会消费巨额的资财，“岂可剥肤搥髓，强娱耳目焉”[③]。他曾经与宰相李藩论及足用与节俭的关系，李藩认为：足用来自于节俭，皇帝如果不以珠玉为贵，专心号召百姓广植农桑、发展生产，那么

① 《资治通鉴》卷二三七，唐宪宗元和元年四月，第7630页。

② 《唐会要》卷八三《租税上》，第1825页。

③ 《唐五代笔记小说大观》载苏鹗《杜阳杂编》卷中，第1382页。

奇技淫巧也就没有市场了。百姓富足，陛下岂有不富足的道理？反之，百姓饥寒交迫，陛下要富足又怎么可能做到呢？宪宗非常赞同李藩的观点，说："俭约之事，是我诚心；贫富之由，如卿所说，唯当上下相勖，以保此道。"①

（二）武力平定叛镇

在中央政府拥有了充足的财力后，宪宗开始对跋扈藩镇发动了一系列的战争，并且接连获得胜利，与德宗时的情况形成了鲜明的对比。

首先平定的是西川刘辟之乱。刘辟本是西川节度使韦皋部下的支度副使，韦皋突然暴卒，刘辟不待朝廷之命便自称留后，进而怂恿部下联名上表，要求任命他为西川节度使。宪宗为了解决德宗姑息藩镇的问题，自然不能同意刘辟的请求，他于贞元二十一年十月，任命中书侍郎、同平章事袁滋为剑南西川节度使，召刘辟回京任给事中，刘辟拒不奉诏。在如何对付刘辟的问题上，朝廷内部的意见产生了分歧，为了解决分歧，争取尽快解决叛乱，宪宗于这年十二月，答应任刘辟为西川节度副使、知节度事，暂时将他稳住。然后任命右谏议大夫韦丹为剑南东川节度使（后由李康替代），筹备讨伐刘辟的战事。元和元年正月，刘辟得寸进尺，公然要求兼领三川，在遭到拒绝后，派兵攻打梓州（治今四川省三台县），囚禁东川节度使李康，公开叛乱。在这种情况下，宪宗力排众议，任命左神策行营节度使高崇文为统帅，宦官刘贞亮为监军使，率大军征讨刘辟。官军分路通过斜谷和骆谷道，克服了道路险阻，顺利入川。经过一系列的战役，终于击败刘辟的军队，攻占成都，刘辟仓皇逃窜，被追上俘获，押送长安，斩首示众。从元和元年正月二十三日下诏讨伐，至九月二十一日攻破成都，前后用时不满八个月，就取得了讨伐跋扈藩镇的第一场胜利。

永贞元年八月，夏绥节度使韩全义自请入京朝觐，以其外甥杨惠琳为夏绥留后。元和元年三月，宪宗另行任命神策军将李演为夏绥银节度使，并令韩全义致仕。杨惠琳闻讯，勒兵抗拒，在夏州（今陕西省靖边

① 《旧唐书》卷一四八《李藩传》，第3999页。

县东北白城子）自称节度使。河东节度使严绶上表请求出兵讨伐叛乱，宪宗遂命严绶为统帅，调发河东、天德的军队联合进攻。当月，杨惠琳被其部将张承金斩杀，传首京师，杨惠琳之乱很快就被平定了。

镇海军（治今江苏省镇江市）节度使李锜先前因为被解除其所兼任的盐铁转运使而郁郁寡欢，西川、夏绥被平定后，李锜迫于形势，上表请求入朝。宪宗同意了他的请求，任其为左仆射，并遣中使至京口（今属江苏省镇江市）慰抚将士。李锜表面上装出愿意归朝的样子，命其判官王澹为留后，主持军政，实则无归朝之意。王澹与监军多次催促，李锜大怒，唆使部下军卒数百人杀死王澹及牙将赵锜，并将监军囚禁起来。元和元年十月，李锜又命部将五人分赴管内五州，令他们杀死五州刺史。宪宗闻讯后，严令李锜归朝，李锜不听，于是便下诏削去其官爵和属籍。所谓属籍，是指将其从宗室籍中除名。又任命淮南节度使王锷为统帅，调发宣武、义宁、淮南、宣歙、江西、浙东等道军队，联合进剿。在官军的强大压力下，李锜部下将领人心思变，其部将张子良、李奉仙、田少卿率三千军队倒戈，与李锜外甥裴行立联合，包围了李锜的住所，抓获李锜，押送长安。十一月，李锜与其子被一同斩杀于长安，其家财充作当年浙西百姓的赋税，获得了人民的拥戴。

元和四年（809）十一月，淮西节度使吴少诚病死，申州（治今河南省信阳市）刺史吴少阳伪造吴少诚的遗书，自称节度副使、知军州事。宪宗此时正忙于讨伐成德节度使王承宗，遂任命吴少阳为节度留后，不久又正式任命其为节度使。元和九年（814）闰八月，吴少阳病死，其子吴元济隐瞒不报，自任为节度留后，并发兵攻掠周围州县，屠杀百姓、抢掠财物，发动了旨在对抗中央的军事叛乱。十月十八日，宪宗任命严绶为申、光、蔡招抚使，督率诸道军队讨伐淮西镇，并下诏削去了吴元济一切官爵。

讨伐淮西的战争进行得并不顺利，由于统帅严绶缺乏才略，指挥不力，战争打了五个多月，战绩平平，诸道军队数十万齐集淮西境上，互相观望，不愿出力，只有忠武节度使李光颜有所进展，斩敌数千，取得了小胜。正在宪宗调整部署、准备再战之时，京城中却发生了变故，致使宪宗不得不中断部署。事情的经过是这样的：

吴元济为了对抗官军，遂向淄青节度使李师道求援。李师道认为朝廷坚决削平藩镇全是出于宰相武元衡的主张，于是决定刺杀他以干扰朝廷平藩的决心。他伙同王承宗拟定了暗杀计划。

元和十年（815）六月三日，武元衡照常带仆人两名，骑马从靖安坊的家中出发赴早朝。当主仆三人走出坊东门不远，突然从街边水沟的树后蹿出一人，一箭射倒了一个仆人，另一刺客从树后闪出，用大棒猛击武元衡的左腿，并将另一马夫击倒。武元衡被击后，刺客赶马向东南行走了十余步后，把武元衡掀下马来，割下了头颅，然后从容逃走。当众人听到武元衡仆人的呼救后，纷纷赶来，发现武元衡倒在其宅东北角坊墙之外的血泊之中。此事极大地震动了长安城，宪宗闻讯下令免除当日早朝，并召其他宰相商议对策。正在这时，又传来消息，主战的御史中丞裴度于上朝途中，在通化坊门也遭到刺客的袭击，受了伤。武、裴二人的被刺，使京城人心惶恐不安，各城门戒备森严，宰相出入皆由金吾卫骑士护卫，朝廷其他官员也多带家仆兵仗自随，以备不虞。不过这种暗杀活动并不能阻止宪宗将平定藩镇的战争进行到底，不久，宪宗正式拜裴度为相，并命裴度赴前线督战。

元和十一年（816），淮西前线的战事仍然不能使人满意，作为诸道行营都统（即统帅）的宣武节度使韩弘，并不积极作战，史载：韩弘“常不欲诸军立功，阴为逗挠之计。每闻献捷，辄数日不怡”①。与此同时，对成德王承宗的作战也是令人忧心的，诸道军队互相观望，逗留不进。正因为如此，朝廷中言和罢兵的主张再度而起，也在一定程度上影响了对叛镇的作战。为了尽快讨平淮西，宪宗决定集中兵力，全力拿下吴元济，然后再对付王承宗。次年八月，裴度前往前线督战，宪宗亲自饯行。裴度除了调集粮饷以保证军需供应外，还调整了军事部署，北线作战主要由李光颜指挥，南线则主要归由李愬指挥。李光颜感裴度知

① 《旧唐书》卷一五六《韩弘传》，第4134—4135页。

遇之恩，对淮西军队发起了猛烈的进攻，迫使吴元济把军队主力调至北线，全力抵御官军进攻，这就为李愬雪夜袭取蔡州创造了条件。

李愬是唐朝名将李晟的儿子，经裴度推荐代替高霞寓出任唐邓节度使。他经过充分的准备后，于元和十二年（817）十月十五日夜，亲率精兵九千，以降将李祐为先锋，冒雪悄悄向蔡州进发。官军深夜急行七十里，到达蔡州城下，而敌军却丝毫没有觉察。李祐亲自攀缘登城，军士随后跟进，然后打开城门，迎接其余军队入城。黎明时，官军已经包围了吴元济的牙城，吴元济还以为是囚徒暴动骚扰。当他看到官军的旌旗后，知道大事不妙，急登城拒战，妄图坚守待援。官军急攻，并且烧毁了牙城南门，吴元济见南门失守，而援军却迟迟不至，只好束手就擒，投降了官军。十一月一日，吴元济被押送到长安，徇于两市，斩于长安城中独柳树下。

至此，历时三年多的平定淮西叛镇的战争终于结束了。此战的胜利极大地震动了全国，各地藩镇纷纷表示愿意效忠于朝廷，如成德王承宗献出德、棣（治今山东省惠民县）二州，请求向朝廷输纳赋税，由朝廷任命官吏，并且把两个儿子王知感、王知信作为人质送到了长安。数年后，宪宗又命诸道出兵讨伐淄青镇李师道，将其斩首，将其地分为三镇。所有这一切标志着元和中兴局面的出现。

（三）和平解决魏博镇

魏博镇在河北三镇中位于最南部，南临黄河，北邻成德镇，统魏、博、相、卫、贝、澶六州之地，治所在魏州。自安史之乱平定以来，魏博镇为田承嗣所占据，自擅赋税，委任官吏，不遵朝命。田承嗣之后，先后由田悦、田绪、田季安统治。元和七年（812）八月，田季安病死，诸将拥立其幼子田怀谏为节度留后。

在如何对待魏博镇的问题上，朝廷内部有不同的意见。宰相李吉甫主张乘田怀谏年幼无知之机，出兵讨伐；另一宰相李绛却主张不必用兵，待魏博内部发生变化，可不战而自归。宪宗综合了两位宰相的意见，权衡利弊，决定一面派义成节度使薛平集中兵力，训练士卒，严阵以待；一面静观其变，伺机而动。

就在此时，魏博内部的局势却发生了急剧的变化，由于田怀谏年幼，军政大权落到家僮蒋士则手中。蒋士则擅自调动守边将领，引起了其他将领的不满，而朝廷陈兵境上，任命田怀谏为节度使的诏命也迟迟不至，使人心更加惶恐。在这种情况下，各位将领把希望寄托在牙内兵马使田兴身上。田兴是田承嗣的侄子，幼读儒书，颇通兵法，处事稳重，在军中颇有威望。一天清晨，田兴赴军府议事，数千军士环绕跪拜，恳请他出任节度留后，噪呼之声震于军府。田兴认真考虑后，决定接受大家的请求，他和士卒约定，不得侵害田怀谏，遵守朝廷法令，奏请朝廷任命官吏。然后，他率军士诛杀了蒋士则等十余人，将田怀谏迁于别府，上奏朝廷，请求处置。

宪宗接到奏报后，迅速做出了反应。他一面派使赴魏州宣抚，一面任命田兴为御史大夫、魏博节度使，并赐名弘正。

在如何赏赐魏博将士的问题上，朝廷内部又有不同意见。李绛主张拿出一百五十万贯钱重赏魏博将士，以显示朝廷的恢宏大度和皇恩浩荡。但李吉甫与一些宦官却认为如此重赏，必然会严重削弱朝廷的财力，从而影响对其他叛乱藩镇的讨伐，主张适当赏一些就可以了。李绛坚决反对这种目光短浅的做法，他向宪宗指出：田兴自愿归顺朝廷，是朝廷多年来少遇的大事，如果朝廷过分看重一百五十万贯钱物，将会使六州百姓再生离变，实在是非常痛心的情况。此外，钱财乃身外之物，用去了还可以再设法取得，如果失去了机会，将后悔莫及。假如朝廷出兵十五万，花一年时间攻克，这已经是相当神速了，预计军费至少要三百余万贯。此后还要赏赐立功将士，这些尚未计算在内。朝廷赏赐魏博和用兵讨伐的费用孰多孰少，就非常清楚了。宪宗认真权衡以后，最终采纳了李绛的建议。

这年十一月，宪宗派当时尚为知制诰的裴度前往魏博宣慰，魏博百姓对朝廷威仪非常生疏，当使团到达魏州时，全城百姓空巷而观，场面空前热闹。裴度代表朝廷晓谕魏博将士严守国家法令，维护地方治安，然后将所带的一百五十万贯钱物分赐给全军将士，并宣布免除魏博所属六州赋税一年。史载："军士受赐，欢声如雷。"[①]裴度还给田弘正讲解了君臣上下礼仪，田弘正又请裴度遍至所辖州县，以宣示朝廷命令。为了取信于朝廷，田弘正奏请朝廷任命节度副使，宪宗遂任命户部郎中胡证为魏博节度副使。同时，田弘正又将下属各地所缺官员九十名上报朝廷，请求任命，并要求按照国家法令输纳赋税。宪宗一一准奏。自此，魏博镇完全归顺了朝廷。

与此同时，成德、淄青、卢龙等藩镇也纷纷派说客来到魏州，劝说田弘正继续奉行"河朔故事"，与朝廷对抗，田弘正不听。淄青李师道还派人游说宣武节度使韩弘，联合起来攻打魏博，遭到韩弘的拒绝。可见魏博的归附在当时影响之大，引起了方方面面的极大震动。

魏博归顺朝廷打破了河朔三镇的割据联盟，为唐中央进一步削除藩镇割据、统一全国，创造了良好的条件。同时，朝廷对魏博的优赏，也不同程度地加剧了那些跋扈藩镇内部的分化与矛盾。这些藩镇的将士看到魏博将士受到重赏，皆曰："倔强者果何益乎！"[②]魏博镇北控镇冀，东拒淄青，南扼宣武，具有非常重要的军事意义。且魏博镇兵力强大，战斗力强，即使在河北三镇中也是位居翘楚。因此，它的归顺，极大地增强了朝廷的军事力量，从而有利于朝廷削平其他跋扈藩镇的军事斗争。

五、对宦官的重用与防范

（一）有限的防范

宪宗的太子地位的获得，以及后来取代顺宗登上皇帝宝座，都与宦官不无关系，因此，在即位之初，他不得不对这些先朝宦官采取宽容的态度。这些人也借拥立之功，竭力扩大权势，他们的爪牙分布在朝廷各机构及地方各级政府中，宪宗对这一切都听之任之，隐忍不发。如刘

① 《资治通鉴》卷二三九，唐宪宗元和七年十一月，第7696页。

② 《资治通鉴》卷二三九，唐宪宗元和七年十一月，第7697页。

贞亮在任高崇文监军时，当时刘辟放回了被俘的东川节度使李康，刘贞亮没有奏请皇帝同意，就将其斩首。李康乃是封疆大吏，即使有失地丧师之罪，也应由朝廷处置，对于刘贞亮的这种行为，史称“故以专悍见訾”[①]。宪宗不仅没有谴责刘贞亮，反而累迁其为右卫大将军、知内侍省事，死后赠开府仪同三司。待平定西川、夏绥、浙西等镇的叛乱后，宪宗自感地位已经稳固，遂对宦官采取了一些分化、打击的措施，使得宦官势力处在自己能够控制的范围之内。

吕如全也是拥戴宪宗为太子的宦官之一，宪宗即位后，他历任内侍省内常侍、翰林使，后来因为擅自取用樟木修建自家宅第，被宪宗剥夺了官职，押送东都狱，行至阌乡县（今已并入河南省灵宝市）自杀。又一宦官郭旻因饮酒大醉，触犯夜间禁令，被宪宗下令杖杀。五坊宦官朱超晏、王志忠放纵鹰人入民家勒索，被重杖二百，夺职。由是宦官们莫不畏惧，不敢轻易犯禁。

对一些敢于对抗宦官势力的朝官，宪宗有时也能予以支持，不使宦官势力过分坐大。如元和四年，左神策军吏李昱曾向长安富人借钱八千贯，时已三年却抵赖不还。富人无奈，便将其告到京兆尹许孟容那里。许孟容核实情况后，下令将李昱拘捕囚禁，限期还钱，并说如果逾期不还，依律处死。此事震动了宦官高层，左神策护军中尉吐突承璀将此事报告了宪宗。宪宗派中使宣旨，命令许孟容将李昱移交神策军处置。许孟容抗旨不交，并且态度坚决地说：“臣诚知不奉诏当诛，然臣职司辇毂，合为陛下弹抑豪强。钱未尽输，昱不可得。”[②]宪宗也自知理亏，只好同意了许孟容的意见。此事极大地打击了宦官及京中豪强的气焰，使许孟容的威望大增。

再如岭南监军使许遂振贪暴横行，经常干扰节度使杨於陵正常行使权力，并提出一些不合理的要求。杨於陵洁身自好，廉洁奉公，抵制了许遂振的要求。许遂振大怒，遂于元和五年（810）向宪宗诬告杨於陵。

① 《旧唐书》卷二〇七《刘贞亮传》，第5868页。

② 《旧唐书》卷一五四《许孟容传》，第4102页。

宪宗信以为真，决定召杨於陵回京，置于闲散之地。宰相裴垍却坚决反对这么做，他面见宪宗说：只凭许遂振一面之词就贬黜封疆大吏，恐难以服众。后来宪宗查明事实，任命杨於陵为吏部尚书，将许遂振处死。

羽林大将军孙璹向大宦官弓箭库使刘希光行贿二十万贯（一说二万贯），希望能够获得节度使之职。此外，刘希光还每年接受朔方节度使管辖下的灵武库衣粮六十万。事情败露后，宪宗遂将刘希光处死，并籍没了其全部家产。

宪宗对宦官的打击实际上是非常有限度的，更多的还是纵容和重用。他打击宦官是为了控制其势力不至于过分扩大，以至于危害到皇权；他纵容和重用宦官，是因为他从心底里认为宦官还是比朝官可靠。有一次宪宗与李绛谈起了宦官问题，李绛认为他们昼夜随侍在皇帝身边，花言巧语，迷惑皇帝，制造事端，并认为“自古宦官败国者，备载方册，陛下岂得不防其渐乎！”可是宪宗并不以为然，他说：“此属安敢为谗！就使为之，朕亦不听。”[①]后来宪宗的亲信宦官吐突承璀因受贿被贬到淮南任监军，事后宪宗得意扬扬地对李绛说：“此家奴耳，向以其驱使之久，故假以恩私，若有违犯，朕去之轻如一毛耳！”[②]正因为宦官与皇帝是家奴与主人的关系，所以才比皇帝与朝官的关系更加亲密，这就是皇帝愿意重用宦官的根本原因，也是宪宗虽然对宦官进行一些限制，但却比较有限的一个重要原因。宪宗自认为家奴去之甚易，是其敢于大胆使用宦官的思想根源，可是他没有想到的是，一旦家奴权力大到主人无法控制时，便会造成极大的危害，甚至会威胁到主人的生命安全。

（二）纵容阉宦

有关宪宗纵容宦官为恶的记载，可以说比比皆是。早在元和初年，宪宗就频频派宦官外出办事，由于一些地方官对宦官非常痛恨，多加以摧抑，使得宪宗十分恼火，认为这是对皇权的冒犯与挑衅，在处理此类案件时，往往对宦官百般庇护，而对朝官进行残酷打击。如元和五年正

① 《资治通鉴》卷二三八，唐宪宗元和四年十月，第7668页。

② 《资治通鉴》卷二三八，唐宪宗元和六年十一月，第7686页。

月，东都留台监察御史元稹因擅自令河南尹房式停职反省，被召回长安，途经华阴敷水驿（今陕西省渭南市华州区）时，元稹先到，遂被安排在上厅居住。宦官刘士元（一说仇士良）后至，见元稹已占上厅，大怒，将其赶了出来。元稹来不及穿鞋，只穿着袜子躲往厅后，刘士元还不罢休，追上前去，打伤了元稹的脸部。此事一直闹到长安，宪宗不问青红皂白，下令贬元稹为江陵府士曹参军，却未动刘士元毫发。这件事情在朝廷中引起了极大的震动，翰林学士李绛、崔群、白居易纷纷上奏，表示不满。其中白居易的言辞最为激切，他上表指出："况闻士元蹋破驿门，夺将鞍马，仍索弓箭，吓辱朝官，承前已来，未有此事。今中官有罪，未闻处置；御史无过，却先贬官。远近闻知，实损圣德。臣恐从今已后，中官出使，纵暴益甚，朝官受辱，必不敢言，纵有被凌辱殴打者，亦以元稹为戒，但吞声而已。陛下从此无由得闻。"[①]白居易把问题说得如此透彻，但宪宗仍然不闻不问，坚持将元稹赶出了朝廷。

元和九年冬，有一位五坊小使到华州下邽县放鹰，县令裴寰给其安排了馆舍，但没有迎送。这位小宦官认为裴寰有意怠慢，回京后遂向宪宗诬告裴寰，说他口出狂言，态度傲慢，有意亵渎皇帝权威。宪宗大怒，下令将裴寰捉拿下狱，欲以大不敬罪论处。宰相武元衡再三开导，宪宗依然不听。御史中丞裴度也极言裴寰无罪，宪宗怒曰："如卿言，裴寰无罪，则当决五坊小使；小使无罪，则当决裴寰。"裴度说："诚如圣旨，但以裴寰为令长，爱惜陛下百姓如此，岂可罪之！"[②]宪宗这才逐渐消除了怒气，将裴寰释放回县。

① 《旧唐书》卷一六六《白居易传》，第4342—4343页。

② 《册府元龟》卷五四六《谏诤部·直谏》，第6249页。

翰林学士李绛因此前多次向宪宗进谏，指斥宦官，引起了宦官们的不满。于是，他们设法任命他为户部侍郎，判本司事，即掌管户部的工作。此事在表面上看，似乎是给李绛升了官，但实际目的却在于将他从皇帝身边调走，以免干扰或阻挠他们的行动。后来，宪宗又拜李绛为同平章事，当上了宰相。李绛与大宦官吐突承璀矛盾甚大，神策中尉吐突承璀统兵征讨成德镇王承宗时，李绛反对，后来吐突承璀久征无功，返回京师时，又是在李绛的坚决主张下，将其贬为军器使，后又任淮南监军使。元和九年二月，宪宗罢去了李绛的相位，接着又把吐突承璀从淮南召回，重任左神策中尉。史载："初，上欲相绛，先出吐突承璀为淮南监军，至是，上召还承璀，先罢绛相。"宪宗对宦官与朝臣孰亲孰疏，一目了然。元代著名史学家胡三省对此评论说："李绛既罢，谁敢复以为言乎！"[①]也就是说，宪宗此举在于杀鸡儆猴，通过贬黜李绛来打击朝官，令其不敢与宦官作对。

吐突承璀任淮南监军时，李鄘为淮南节度使，吐突承璀回到京师后，遂于元和十二年推荐李鄘为宰相。由于是宦官的推荐，在将佐为李鄘举行的饯行宴会上，李鄘不觉泣下曰："吾老安外镇，宰相非吾任也！"[②]到了京师，他推托有病，不入见皇帝，也不赴中书门下视事，百官到其府上拜见，皆托辞不见。李鄘的这种态度引起了宪宗的极大不满，遂不顾时论对李鄘的赞誉，顺水推舟同意其辞去相位，任命其为户部尚书，另以御史大夫李夷简为门下侍郎、同平章事。

户部侍郎、判度支皇甫镈与卫尉卿、盐铁转运使程异，皆谄谀小人，多进奉羡余以讨好皇帝，其中皇甫镈又送重贿给吐突承璀，宪宗遂拜两人同时为宰相。"制下，朝野骇愕，至于市井负贩者亦嗤之。"[③]裴度、崔群等大臣上书反对，宪宗不听。裴度耻于同列，请求辞去相位，宪宗也不许，反而认为裴度大搞朋党，排斥宦官。正因为如此，所以在宪宗统治时期，宦官专权的程度不是越来越轻，反而有日渐加重的趋势。

---

① 《资治通鉴》卷二三九，唐宪宗元和九年二月及胡三省注，第7703页。

② 《资治通鉴》卷二四〇，唐宪宗元和十二年十二月，第7746页。

③ 《资治通鉴》卷二四〇，唐宪宗元和十三年八月，第7752页。

（三）重用宦官

从宦官制度发展的角度看，在宪宗统治时期出现了以下几个方面的变化：

首先，枢密制度进一步成熟。宦官掌枢密始于代宗永泰年间，但那时尚无使名出现，也不一定同时置两人。至宪宗时期出现了枢密使的使名，《册府元龟》卷六六五《内臣部·总序》载："宪宗元和中，始置枢密使二人。"原注曰："刘光琦、梁守谦皆为之。"但是并无相关史籍的记载加以证实，且刘光琦元和元年任知枢密，梁守谦元和四年才任枢密之职，可知两人并非同时任职。不过枢密之任两人同掌，应该出现于元和时期，从而开了后来两枢密使并置的先河。这种情况的出现，标志这一制度已基本成形，同时也标志着唐代宦官权势进一步强化，使唐朝的中枢决策体制由一元体制逐渐改变为二元体制。关于枢密使与枢密院制度的详细演变情况，在后面的章节中还要详述，这里就不多说了。

其次，使宦官控制了六军的兵权。唐朝有天子六军，虽然在这一时期兵力寡弱，没有多少战斗力，但总还是一种军事力量。六军各由统军、大将军、将军统率，设左右三军辟仗使以监其军。宪宗时为左右辟仗使各授一印，并且剥夺了六军统军、大将军的兵权，由辟仗使直接掌握其兵权。早在德宗时，神策中尉已经掌握了左右神策军的兵权，此时左右辟仗使又掌控了六军兵权，从而使全部禁军兵权皆归于宦官集团。此事的详情已见前述，就不多说了。

再次，以宦官为野战部队的统帅，率禁军外出征伐，开创了唐朝宦官统率禁军指挥作战的先例。早在唐朝前期，就有以宦官为统帅率军征战的例子，如玄宗时的杨思勗便是一例，但更多的宦官也只是作为监军随军出征。德宗时设立神策中尉，掌握禁军兵权，其虽为神策军的实际统帅，但也只是平时掌兵，并无率军作战的能力。宪宗即位不久，即在元和元年十一月，就任命吐突承璀为左神策护军中尉。吐突承璀是宪宗当太子时的东宫宦官，为人机警，善察言观色，甚得宪宗的宠爱，故即位不久就加以重用，并且还封他为蓟国公。

元和四年三月，成德节度使王士真死，其子王承宗不待朝命，便自立为节度留后。宪宗欲革除河北三镇的这种旧习，打算另行任命节度使，如不从则出兵讨伐。但是朝廷内部反对声音颇多，其中以李绛的观点最具代表性，他说：

> 河北不遵声教，谁不愤叹，然今日取之，或恐未能。成德自武俊以来，父子相承四十余年，人情贯习，不以为非。况承宗已总军务，一旦易之，恐未必奉诏。又范阳、魏博、易定、淄青以地相传，与成德同体，彼闻成德除人，必内不自安，阴相党助，虽茂昭有请，亦恐非诚。今国家除人代承宗，彼邻道劝成，进退有利。若所除之人得入，彼则自以为功；若诏令有所不行，彼因潜相交结；在于国体，岂可遽休！须兴师四面攻讨，彼将帅则加官爵，士卒则给衣粮，按兵玩寇，坐观胜负，而劳费之病尽归国家矣。今江、淮水，公私困竭，军旅之事，殆未可轻议也。[①]

客观地说，李绛的这种观点是有道理的，国家兴兵讨伐，必须要把握好时机，调整好各方面的关系，在江淮水灾、国家财政发生困难的状况下，贸然出兵当然是不可取的。宰相裴垍也主张暂缓兴兵，待国家实力形成绝对优势，客观条件成熟后再进兵不迟。所谓客观条件不成熟，是指当时的客观形势不利于朝廷兴师动众，除了水灾外，当时魏博田季安、淮西吴少诚皆重病在身，一旦亡故，朝廷既然不准王承宗继承父位，自然也不能允许这两镇出现这类情况，如朝廷任命的新节度使不被接受，势必兴兵讨伐，就会出现数面开战的不利局面。

自宪宗即位以来的几次平定叛乱的战争，都是在宰相的主导与谋划下取得成功的，皇帝不过总其事而已。宪宗自尊心极强，总想利用机会，在自己亲自主导下取得一次大的胜利，以树立天子的权威。吐突承

① 《资治通鉴》卷二三七，唐宪宗元和四年四月，第7659—7660页。

璀深知宪宗的这种心理，因而极力主张出兵讨伐。于是宪宗便任命吐突承璀为行营招讨宣慰使，统率神策军及诸道军队进讨王承宗。当时不少人都反对这项任命，如翰林学士白居易、度支使李元素、盐铁使李鄘、京兆尹许孟容、御史中丞李夷简、给事中吕元膺与穆质、右补阙独孤郁等，均极言其不可，宪宗不听。此战从元和四年十月开始，至次年九月吐突承璀返回京师，用兵将近一年，花费了七百万贯的军费，动用了二十万兵马，结果屡战屡败，劳师无功，是宪宗统治时期唯一的一次以失败而告终的平藩战争。

究其原因，除了上面所提到的客观原因外，吐突承璀无统帅之才，指挥不力，也是一个很大的原因。既然如此，宪宗为什么要一意孤行，决心发动这场战争呢？关于这一点，幽州牙将谭忠说得非常透彻，他说：此次用兵天子不用耆臣宿将而专用宦官，不调天下之兵而出动神策禁军，是什么人做的决策呢？“此乃天子自为之谋，欲将夸服于臣下也。”[①]皇帝争强好胜，不听谏言，失败自然是不能避免的。既然是皇帝自作主张发动的战争，失败后也就不便对吐突承璀给予什么处罚了，如果处罚，岂不等于皇帝承认自己的决策错了？因此，吐突承璀返朝后，仍任左卫上将军、左神策军中尉。宰相裴垍及给事中段平仲、吕元膺皆力请斩吐突承璀以谢天下。但宪宗只是将其降为军器使，仍宠信如故。后来因为刘希光受贿之事牵连到吐突承璀，不得已，才外任其为淮南监军。

六、法门寺迎奉佛骨

（一）法门寺与佛舍利

法门寺位于今陕西省扶风县城北十千米的法门镇，始建于东汉，从东汉到北魏均称阿育王寺。寺里有砖塔一座，“因塔置寺，寺因塔著”。隋开皇三年（583），改天下佛寺为道场，此寺便改名为“成实道场”。唐武德八年改为今名。原寺规模很大，寺内建筑面积在百亩以

① 《资治通鉴》卷二三八，唐宪宗元和四年十一月，第7669页。

上，唐时有僧尼五百余人，拥有二十四院。传说，佛祖释迦牟尼涅槃后，佛法笃信者天竺阿育王，将佛祖遗骨分成八万四千份，分葬世界各地，每份建塔一座，法门寺塔就是其中之一，法门寺因此而著名于天下。法门寺曾多次遭到焚毁，仁寿末年，右内史李敏曾进行过一次修葺。太宗贞观五年（631），由于岐州刺史张亮的奏请，法门寺又一次得到维修，并先后度僧八十多人。此后，唐代诸帝大多佞佛，对该寺的赏赐极多，遂使寺院不断扩大，僧众逐渐增加。唐代宗大历十三年（778）给法门寺立“大唐圣朝无忧王寺大圣真身宝塔碑”，为后世研究法门寺留下了珍贵的资料。

法门寺塔

法门寺出土的佛指影骨

此后法门寺多次被毁，又多次重修。唐末五代初，李茂贞重修寺宇、宝塔。随着唐朝的灭亡，长安失去佛教弘传中心的地位，法门寺也开始衰落，寺院规模逐渐缩小。至明代时，仅剩塔院一隅之地，唐代所建四级木塔亦于隆庆年间（1567—1572）崩毁，万历七年（1579）改修十三层八棱砖塔，高四十七米。第一层东南西北四面分别题额“真身宝塔”“美阳重镇”“舍利飞霞”和“浮屠耀日”，一至十二层共有八十九个佛龛，雕饰华丽。清光绪十年（1884），“复崇遗址”。抗日战争开始后，朱子桥等重修宝塔与寺宇。至中华人民共和国成立时，寺院已经残破不堪。

1981年因连阴雨原塔崩坍。1987年重修宝塔，清理塔基时，发现了地宫。法门寺地宫是中国迄今发现的最大的佛教地宫。地宫由砖砌踏步、隧道、前室、中室、后室组成，均用石头砌成，宏伟壮观，为唐代所建。地宫正室以收置释迦牟尼真身舍利的八重宝函为中心，构成密宗曼荼罗。发现的珍贵文物有四枚佛指舍利（其中一枚真身佛舍利，三枚影骨）、金银器皿一百二十一件、琉璃器十七件、瓷器十六件、石质器十二件、铁质器十六件、漆木及杂器十九件、珠玉宝石等约四百粒，还有大批纺织物品，其中包括武则天等唐朝帝后绣裙等服饰，均是稀世珍宝。这些奇珍异宝均为唐代宫廷御赐物，其数量之多、品类之繁、等级之高、保存之完好是极为罕见的。

法门寺出土的唐代鎏金银茶碾

法门寺出土的鎏金银茶笼子

法门寺出土的唐代鎏金银茶罗

从1987年9月至20世纪90年代末，法门寺重建、重修、扩建工程连续不断。现在的法门寺由两院组成，主院中轴线及两旁的主要建筑有山门、天王殿、真身宝塔、钟鼓楼、大雄宝殿、二层楼房式僧舍数十间、天王殿后及东、西两侧凹字形回廊等。殿堂的像设庄严，宝塔下地宫供奉佛祖真身指骨舍利。东院南北中轴线上及两旁的主要建筑有左右排列的玉佛殿与卧佛殿、放生池、千佛阁、左右排列的数幢楼阁式学舍上百间。寺院的旁边，建有法门寺博物馆，其主体为两层亭子式仿唐建筑，专门收藏、展出法门寺宝塔地宫出土的珍贵文物，故又称珍宝阁。

（二）宪宗奉迎佛骨

法门寺在唐代为皇家道场，不仅唐宪宗奉迎过佛骨，其实在他之前，已经有多位皇帝从法门寺奉迎佛骨到长安供奉。这是一种非常隆重的礼佛仪式，把佛骨从法门寺迎到长安城，先供奉于皇宫，再遍送诸寺，最后再奉还法门寺，耗资巨大，影响也极大。

早在太宗贞观五年，经岐州刺史张亮的奏请，开塔取出佛舍利，遍示于僧俗，以至于“京邑内外，奔赴塔所，日有数万。舍利高出，见者不同。或见如玉，白光映彻内外，或见绿色，或见佛形像，或见菩萨圣僧，或见赤光，或见五色杂光。或有全不见者”[①]，轰动一时。在贞观时期，由于当时社会经济尚在恢复之中，统治阶级并未过分佞佛，故花费并不很多，而且还有兆示岁丰人和的积极作用。高宗显庆四年，皇帝又一次下令开塔迎佛骨，把佛骨舍利一直送到东都洛阳，沿途令两都各名寺供奉，直到龙朔二年才送回法门寺。武则天长安四年，女皇命人迎佛骨入洛阳，敕令王公以下、佛教徒制作华美的幢盖，令太常寺奏乐奉迎，武则天本人则身心护净，请高僧法藏捧持，普为善祷。中宗景龙二年，也曾取出佛骨瞻仰礼拜，并改题寺名、塔名。但由于有每三十年才可开塔迎奉的说法，此时尚未满三十年，所以又很快将佛骨放入塔内。除此之外，在肃宗上元初年、德宗贞元六年（790），亦开塔奉迎佛骨。不过以上这些奉迎佛骨的活动，无论是规模、花费的钱财，还是造成的社会影响，都不足以与宪宗在元和十四年（819）这次奉迎佛骨的活动相提并论。

---

① 〔唐〕释道世著，周叔迦、苏晋仁校注：《法苑珠林校注》卷三八《故塔部》，中华书局2003年版，第1212页。

宪宗奉迎佛骨的行动是在他削平藩镇的一系列战争取得胜利之后举行的，在这些战争进行期间，尤其是平定淮西叛镇的战争中，由于战争残酷而进展缓慢，宪宗心急如焚，除了调兵遣将、调整部署外，为了缓解紧张的情绪，他只有每日礼佛，希望佛祖保佑，尽快取得战争的胜利。为了礼佛的方便，他在元和十二年四月，令右神策护军中尉第五守进率两千军士，从云韶门、芳林门西至修德坊修筑夹城，直通到兴福寺。夹城修成后，宪宗可以直接从大明宫经西内苑，然后通过夹城直达兴福寺拜佛求福。战争取得胜利后，宪宗认为这是佛祖保佑的结果，因此对佛教的尊崇更是达到了无以复加的程度。元和十四年的奉迎佛骨活动，就是在这样的社会背景下发生的。

元和十三年十一月，功德使进奏说：法门寺的所藏佛骨舍利，相传三十年一开，开则岁丰人和。明年就是开塔的时间，请陛下颁诏开塔迎奉。此奏正合宪宗的心意，遂于十二月初命中使筹办奉迎仪式，并诏告京师百姓。随着各种迎奉事项筹办的完备，次年正月，派往法门寺迎接佛骨的长安各寺院僧众迎到佛骨后，到达了长安以西的临皋驿。佛教自传入中国以来，至唐代已经发展到鼎盛时期，信众愈来愈多，尤其是京师地区几乎无人不信佛。为了表示对佛祖的虔诚，不少人倾其多年积蓄，一些人甚至变卖家产，准备用来供奉佛骨，以求得到佛祖的保佑。整个长安城处在一种狂热躁动的情绪之中。宪宗为迎奉佛骨，出动神策禁军护卫，命宦官杜英奇率宫人三十人，持香花，赴临皋驿迎佛骨。这一行人从临皋驿迎到佛骨后，经过西内苑，从光顺门进入大明宫。这时长安全城沸腾起来，王公贵族、士庶百姓纷纷出动，争先恐后地施舍钱物，希望能够得到佛祖的福佑，死后能转入乐土。更有甚者，觉得献出钱财还不足以表达对佛祖的虔诚，于是烧顶灼臂，割其肌肤，以求供奉。以致出现了爬滚街市、痛楚号叫的混乱场面。

佛骨舍利在宫中供奉了三日，宪宗奉献了大量的钱帛金银，每天虔诚地礼拜诵经。然后，又将佛骨送到各寺院供奉，这些寺院借此机会，广泛地接受京城士庶的施舍，获得了大量的钱物。此次迎奉佛骨的规模较大、参与的人数较多还有一个原因，即著名诗人、文学家韩愈的卷入，遂使其影响大大地超过了唐朝历次迎奉活动。

其实在宪宗之后，唐朝还有皇帝举行类似的迎佛骨活动，如懿宗咸通十四年（873）四月，皇帝将佛骨从法门寺迎到了长安。史载：“广造浮图、宝帐、香舁、幡花、幢盖以迎之，皆饰以金玉、锦绣、珠翠。自京城至寺三百里间，道路车马，昼夜不绝。”这是指迎奉时的情况。到了长安之后，皇帝下令“导以禁军兵仗、公私音乐，沸天烛地，绵亘数十里；仪卫之盛，过于郊祀，元和之时不及远矣。富室夹道为彩楼及无遮会，竞为侈靡。上御安福门，降楼膜拜，流涕沾臆，赐僧及京城耆老尝见元和事者金帛。迎佛骨入禁中，三日，出置安国崇化寺。宰相已下竞施金帛，不可胜纪”[①]。其规模之大已经超过了宪宗时，但是此时唐朝的经济状况已大不如宪宗时期，所以危害之大也超过了宪宗时期。之所以在历史上的影响没有宪宗那次大，根本原因还是韩愈的因素在起作用。

（三）韩愈谏佛骨始末

韩愈，字退之，祖籍昌黎（今辽宁省义县），故人称韩昌黎。实际上韩愈是颍川人，即今河南省许昌市人，因为昌黎韩氏是大族，故韩姓之人多称其出自昌黎韩氏。韩愈是进士出身，早年历任节度使府巡官、四门博士、监察御史等官。德宗时，因为上表论宫市之弊，被贬为连山县令，后又在江陵府任僚佐。元和初，调入京师任国子博士、都官员外郎、太子右庶子、刑部侍郎等职，其间也被贬到地方任职，但为时不久，又调回京师任职。他在刑部侍郎任上时，正值宪宗大搞奉迎佛骨的活动，于是便在佛骨被迎入宫中的当天，向宪宗上了一道《谏佛骨

韩愈像

① 《资治通鉴》卷二五二，唐懿宗咸通十四年三至四月，第8165页。

表》，对这种狂热的崇佛活动提出了措辞严厉的指责。

韩愈在《谏佛骨表》中主要提到以下几个方面的问题：

第一，他指出佛不过是一种来自“夷狄”的宗教，在东汉以前，中国并没有佛教，可是上古诸帝王寿命都很长，如黄帝、少昊、颛顼、帝喾、尧、舜、禹等，年皆百岁，“此时天下太平，百姓安乐寿考，然而中国未有佛也”。此后，殷汤、太戊、武丁等，史书没有记载其寿命，“推其年数，盖亦俱不减百岁”。至于周文王年九十七岁、武王年九十三岁、穆王在位百年，此时佛法尚未传入中国，因此他们的长寿肯定与佛教没有任何关系。然后，他笔锋一转，指出汉明帝引入了佛教，可是他在位仅仅十八年，其后东汉乱亡相继，国无宁日。魏晋以来，皆崇尚佛教，可是国祚短暂，社会混乱，没有一位皇帝能够长久在位。唯有梁武帝在位四十八年，曾三度舍身事佛，最后竟然饿死在台城，国家也随即灭亡了。“由此观之，佛不足信，亦可知矣。”韩愈想通过这种对比，来证明信奉佛教非但对延长帝王寿命和国家命运没有任何积极的作用，反倒有许多不良的影响。

第二，他指出了此次迎奉佛骨对社会生产以及社会秩序带来的危害。他列举了迎奉活动中士庶百姓的种种表现，所谓“百姓微贱，于佛岂合惜身命。所以灼顶燔指，百十为群，解衣散钱，自朝至暮，转相仿效，唯恐后时，老幼奔波，弃其生业”。如果不加以整饬，必然会对刚刚建成的中兴事业造成极大的危害，同时还会严重影响社会生产，败坏社会风俗，传笑四方，有损于大唐帝国的声誉和陛下的圣德。

第三，他认为佛骨乃“枯朽之骨，凶秽之余”，不足于迎奉于宫廷之中。建议将此骨付之水火，永绝根本，“断天下之疑，绝后代之惑”。为了使宪宗能够醒悟，韩愈表现出了大无畏的精神，他说：“佛如有灵，能作祸祟，凡有殃咎，宜加臣身。上天鉴临，臣不怨悔。”①

宪宗看到韩愈的上表后极为恼怒，他将韩愈的上表拿给宰相看，并声言要将韩愈处以极刑。宰相裴度、崔群多方劝解，认为韩愈言辞虽

① 以上见《旧唐书》卷一六〇《韩愈传》，第4198—4200页。

然激切，但内怀忠恳，不避黜责，如果赦宥，将会鼓励更多人积极进谏。宪宗说：韩愈说我奉佛太过，还可以宽容。谓东汉以后，凡奉佛的帝王皆因此而短命，言之太过！韩愈作为人臣，竟敢如此狂妄，其罪不可赦！此言一出，朝野震动，不少皇亲显贵均认为对韩愈处以极刑太重，纷纷进言，迫于压力，宪宗只好放宽对他的处罚，将他贬为潮州刺史。

韩愈到潮州任职之后，向宪宗上了一表，主要意思是说自己被放逐到潮州这蛮荒之地后，由于不适应当地水土，以至于不到五十，齿落发白，可能活不长久了。由于自己酷爱文章、诗书，自以为水平很高，所谓“虽使古人复生，臣未肯多让”。可见韩愈在这方面还是很自负的。正因为如此，韩愈不想死于这蛮荒之地，希望能继续发挥一己之所长，为国家服务。实际上是希望宪宗能够原谅自己，调自己到一个环境较好的地方任职。

宪宗收到韩愈的上表后，对宰相说：“昨得韩愈到潮州表，因思其所谏佛骨事，大是爱我，我岂不知？然愈为人臣，不当言人主事佛乃年促也。我以是恶其容易。”[①]可见宪宗还是能体谅韩愈谏佛骨的初衷的，只是对其所说的天子奉佛享寿短促的话耿耿于怀。说明宪宗已经打算原谅韩愈了。但是由于另一宰相皇甫镈反感韩愈，于是仅将他调至袁州（治今江西省宜春市）任刺史了事。

一年以后，正当韩愈在袁州改革风俗、兴利除弊之时，却传来了宪宗突然死亡的噩耗。难道被韩愈不幸言中了？实际情况当然不是这样，宪宗的死与他奉佛没有关系，他的死似乎是一个历史之谜，下面还要进行详细分析，就不在此多说了。

穆宗即位后，遂召韩愈回京，历任吏部侍郎、兵部侍郎、京兆尹，兼御史大夫等职，受到朝廷的重用。他任京兆尹时，“六军不敢犯法，私相谓曰：‘是尚欲烧佛骨，何可犯也！’”[②]可见此事影响之大，连跋

① 以上见《旧唐书》卷一六〇《韩愈传》，第4201—4202页。

② 《资治通鉴》卷二四三，唐穆宗长庆三年六月，第7827页。

扈不法的禁军也对他畏惧三分。[①]

七、皇太子嗣立之争

（一）宪宗诸子

宪宗共有二十个儿子，按照排行依次是：邓王李宁、澧王李恽、穆宗李恒、深王李悰、洋王李忻、绛王李悟、建王李恪、鄜王李憬、琼王李悦、沔王李恂、婺王李怿、茂王李愔、宣宗李忱、淄王李协、衡王李憺、澶王李怳、棣王李惴、彭王李惕、信王李憻、荣王李懔。

宪宗是一个颇好声色的人。德宗贞元九年（793），他十六岁时，其父顺宗李诵便为他聘驸马都尉郭暧之女为妃。当时顺宗为皇太子，宪宗为广陵王。郭氏出身于一个显赫的家族，其祖父郭子仪是平定安史之乱的勋臣，其父郭暧为驸马都尉，其母为代宗女昇平公主。顺宗之所以选郭氏为其妃，也是看中对方是勋臣之家。其实，在郭氏与宪宗成婚前，他已与宫人纪氏生了长子李宁。次年，另一宫人也为宪宗生了次子李恽。直到贞元十一年，即宪宗十八岁时，郭氏才为其生下一子，即第三子李宥，后改名李恒。

虽然郭氏之子出生较晚，但顺宗对他的出生却非常重视。史载："顺宗以其家有大功烈，而母素贵，故礼之异诸妇。"[②]加之，郭氏为广陵王正妃，地位非一般嫔妃可比，也使宪宗对她不敢漠然视之。随着顺宗的太子地位不断巩固，时为广陵王的宪宗出头之日也指日可待，终将成为皇朝的储君。在这种情况下，他终日为所欲为，与众多的宫人嬉戏厮闹，生下了一个又一个的子女。宪宗共有二十子、十八女，在唐朝诸帝中也是名列前茅的，而且这些子女大都是在其即皇帝位前出生的。宪

① 关于韩愈的《谏佛骨表》与佛教思想，学术界研究颇多，重要的有隗芾：《韩愈攘斥佛教的动机与效果》，载《汕头大学学报》1988年第1、2期，第75—78页；阎琦：《元和末年韩愈与佛教关系之探讨》，载《铁道学院学报》1997年第3期，第46—52页；文碧方：《韩愈与佛教》，载《海南大学学报》2013年第4期，第92—100页；等。

② 《新唐书》卷七七《后妃传下》，第3504页。

宗的子女虽然很多，除了长子李宁、次子李恽外，其他子女尚不能对郭氏之子的前途构成威胁。在这一时期，由于宪宗尚没有即位，因此大家基本上相安无事，矛盾并不突出。

（二）争立太子的风波

唐宪宗即皇帝位之后，由于他生子早而多，立太子的问题很快便被提上了议事日程。在元和初年，由于忙于平定叛乱藩镇之事，朝廷尚无暇顾及此事，元和四年三月，朝廷没有重大军政事件发生，正好是一个空档期，于是便把立太子的问题提了出来。

宪宗的长子李宁，这年十七岁，封邓王，据载：李宁“学师训谟，词尚经雅，动皆中礼，虑不违仁”①。所以宪宗对其十分喜爱。次子李恽，时年十五岁。三子李恒十四岁。这年三月，翰林学士李绛等上奏，请求早立太子，其理由是：“陛下嗣膺大宝，四年于兹，而储闱未立，典册不行，是开窥觎之端，乖重慎之义，非所以承宗庙、重社稷也。”②也就是说如果不早立太子，容易导致诸子争夺，开“窥觎之端”。在这几个年龄稍长的皇子中立谁为太子呢？按照古制，应该立嫡长子，也就是郭氏所生的第三子李恒，可是这并不符合宪宗的心愿，原因就在于宪宗与郭氏的感情不和。

宪宗早在为广陵王时就好色多内宠，这使得郭氏很不高兴，从而影响了两人的感情。宪宗即皇帝位后，照例应立一个嫔妃为皇后，郭氏是宪宗原配，照理应该册立为皇后，可是宪宗偏偏没有这样做，而是于元和元年八月，册其为贵妃，后来不知何故，又将郭氏改封为德妃。德妃与贵妃虽然同为正一品，然排序却在贵妃之后。由于皇后之位长期空缺，到元和八年（813）十月时，“群臣累表请立德妃郭氏为皇后。上以妃门宗强盛，恐正位之后，后宫莫得进，托以岁时禁忌，竟不许”③。这就是宪宗不册郭氏为皇后的主要原因。宪宗认为如果册郭氏为皇后，

① 《唐大诏令集》卷二七《立邓王为皇太子制》，第95页。

② 《资治通鉴》卷二三七，唐宪宗元和四年三月，第7658页。

③ 《资治通鉴》卷二三九，唐宪宗元和八年十月，第7702页。

其家族势力又很强，势必会干预他广纳嫔妃的行为，从而对自己多了一份束缚。但是，宪宗又找不出正当的理由以拒绝群臣的请求，遂托以岁时禁忌这种很勉强的理由来回绝群臣的请求。关于这个问题，除了上引《资治通鉴》外，《新唐书》卷七七《懿安皇后郭氏传》亦载："（元和）八年，群臣三请立为后，帝以岁子午忌，又是时后廷多嬖艳，恐后得尊位，钳掣不得肆，故章报闻罢。"可见群臣请立皇后的要求，并不是仅此一次，而是多次，但都不能动摇宪宗的意志，直到宪宗死去，皇后之位都一直空缺无人。

试想在这种情况下，宪宗如何肯立郭氏子李恒为太子呢？在群臣要求立太子的请求下，宪宗顺水推舟，索性立长子邓王李宁为太子。李宁母这时仅封为美人，地位低下，又没有强势的家族背景，自然不会对宪宗的个人生活问题有什么干扰。

册立太子在唐代是一件非常重要的事情，通常要举行隆重的典礼。最初册立礼仪定在元和四年孟夏，即夏季的第一个月举行，由于遇到连阴雨，遂又改在孟秋，又因为下雨，直到冬十月，才举办了册立大礼。举办一个册立太子的礼仪竟然拖了六七个月，显然是很不正常的，其间到底发生了哪些波折？郭氏家族又是如何阻止册立太子的？由于史书讳言不载，今天已不可考知了。

（三）李恒如愿以偿

事情的发展并非如宪宗所希望的那样美满，太子李宁不幸染病，于元和六年（811）十二月逝世，终年仅十九岁。太子李宁的死，使宪宗受到很大的打击，宣布废朝十三日，赠谥曰"惠昭"，并在怀贞坊为其建庙，设置官吏四时祭祀。

太子李宁死后，册立谁为太子，使宪宗重新陷入苦恼之中。刚刚平息了两年的争夺太子之位的斗争又一次激化，朝廷各派纷纷卷入到这个斗争中。

本来郭氏之子李恒最应该被立为太子，而且在朝中群臣也大都愿意拥立李恒为太子的时候，宪宗最宠爱的宦官吐突承璀却力排众议，提出了立宪宗第二子澧王李恽为太子，遂使立太子的问题又复杂化了。至于吐突承璀力主立澧王为太子的原因，旧史记载说："欲以威权自树。"[①]其实这并不是吐突承璀主张立澧王的主要原因，根本原因还是吐突承璀深知宪宗的心意，不想立李恒为太子，避免使郭氏集团的势力坐大。他既为宪宗的心腹，自知应为主分忧，宪宗不便公开表达的意思，自然应该由他提出来。

可是由于郭氏集团势力颇大，群臣又众口一辞，力主立李恒为太子。在这种情况下，宪宗只好妥协，同意立李恒为太子。关于李恽没有当上太子的原因，旧史说："而恽母贱不当立。"[②]其实这种理由也是站不住脚的，如果说李恽之母地位低下，难道李宁之母地位就高吗？从下面的史实看，很能说明这个问题。在已确定立李恒为太子后，宪宗命翰林学士崔群代替李恽写了一篇《让表》，崔群不愿为之，进谏说："凡事已合当而不为，则有退让。澧王非嫡，不当立，复何让焉？""宪宗深纳之。"[③]崔群的这种说法得到了宪宗的赞同。应该说宪宗的这一态度是不得已的，并非出自真心。因为不存在李恽应当被立为太子的情况，恰恰相反，应当被立为太子的是李恒，认为李恽当立的只有宪宗本人。可见立李恒为皇太子，宪宗是违心的。在崔群的心目中，并不认为李恽当立而李恒不当立，相反他是赞同立嫡子即李恒为太子的，所以才说出了这一番话以拒绝宪宗。宪宗无奈，也只好作罢，所以这个《让表》并没有提草。那么，宪宗命人代草《让表》还出于什么想法呢？这就是他想借此向拥立李恽的以吐突承璀为首的一派人有一个交代，给他们一个台阶下，使他们不至于太难堪了。

这场争夺太子之位的斗争虽然落下了帷幕，但并不表示一切都风平浪静了。上述元和八年十月群臣再三请求册立郭氏为皇后时，宪宗想尽一切办法，就是不予答应，可见他对郭氏及其子李恒是多么冷淡，这也是对元和六年这场争立太子斗争失意的一种发泄。宪宗在立太子问题上

---

① 《旧唐书》卷一七五《澧王恽传》，第4534页。

② 《新唐书》卷八《穆宗纪》，第221页。

③ 《册府元龟》卷五五二《词臣部·献替》，第6321页。

的这种固执，种下了非常严重的恶果，不仅他自己还包括卷入这场纷争的吐突承璀、澧王李恽等人，后来都死于非命。

八、宪宗之死

（一）服食仙丹

宪宗早在元和前期，就对神仙长生之术感兴趣。元和五年，宦官张惟则从新罗国出使返回，对宪宗说：东海有岛屿，其上仙境缥缈迷离，“金户银阙，其中有数公子，戴章甫冠，着紫霞衣，吟啸自若。惟则知其异，遂请谒见，公子曰：‘汝何所从来？’惟则具言其故。公子曰：‘唐皇帝乃吾友也。汝当旋去，为吾传语。’俄而命一青衣捧金龟印以授惟则，乃置之于宝函，复谓惟则曰：‘致意皇帝’”[①]。唐宪宗听到此言，不知真伪，遂问宰相道：“果真有神仙吗？”可见宪宗已经对神仙之类很有兴趣了。尤其太子李宁的死，对他打击颇大，生老病死的问题始终像一团难解难分的乱麻缠绕其心。于是他寄希望于佛、道二教，希望能够修得善果，从而获得健康长寿。

为达此目的，他在元和六年命谏议大夫孟简、给事中刘伯刍、工部侍郎归登、右补阙萧俛等，在醴泉寺翻译《大乘本生心地观经》，宪宗亲自为翻译好的佛经作序。元和十年三月，长安西明寺僧将本寺的毗沙门神像移往开元寺供奉，宪宗主动命金吾卫骑士前后护卫，浩浩荡荡的队伍招摇过市，引得无数善男信女燃香膜拜，数里不绝，长安城中的百姓会集于街道两旁观看，万人空巷，盛况空前。元和十四年的奉迎佛骨之举，就是在这种心理支配下举行的。

除了崇佛外，宪宗还迷信道教，其痴迷程度甚至超过了对佛教的信仰。元和八年七月，宪宗下令修建了兴唐观。赐予内库钱、绢、茶等巨额钱物，作为修建费用，并且修建了一条复道，作为皇帝行幸此观的专用线路。次年，又将《道教神仙图像经法》赐给了兴唐观。他还下诏

① 《全唐五代小说外编》卷二〇《金龟印》，第4319页。

广征天下术士，宗正卿李道古与宰相皇甫镈给他介绍了术士柳泌。此人原名杨仁昼，年轻时学习医术，自言能炼仙丹、制方药。宪宗得到此人后，非常欣喜，将其安置在兴唐观为自己炼制丹药。

关于服食丹药的风气，其实早在战国时期就已有之。到了西汉初期已经有了服食方法的各种记载。魏晋时期服食之风大盛，不少士大夫都喜服丹药，称之为服饵。这一时期服饵的人们大都服食一种叫寒石散的丹药，又称五石散，它是用丹砂、雄黄、云母、石英、钟乳石等矿物质混合炼制而成的丸状药物。不过服食此药死亡率很高，于是解除因服食此药而发病的药方也应运而生，如道洪的《寒食散对疗》《寒食散论》等书，都属此类。

在唐代也有不少人喜服丹药，以求长生，如太宗、代宗、颜真卿、元载等，太宗的死也与此直接相关。宪宗与其祖先一样，在晚年也迷恋上此物，他宠信的术士柳泌，就是一位愿意为他合制丹药的人。不过柳泌是一名骗子，他对宪宗说：浙东天台山自古以来多有神仙出没，那里灵药颇多，丹石累累，也是历代炼丹之士经常涉足的地方。只是由于路途遥远，臣只身难以前往，如果授臣以台州长吏之职，还有什么仙药丹石不能得到呢？宪宗急于获得丹药，竟然不顾群臣的反对，立即授予其台州刺史之职，专门负责采集丹药。柳泌上任后，马上驱使当地人民进山采集药物，烧炼丹石，搞了一年多，竟一事无成。在这种情况下，他害怕皇帝降罪，遂携妻带子潜逃于深山之中。浙东观察使见此情况，担心皇帝追究自己的责任，马上派兵追捕，将柳泌捕获，并押送京师。由于有皇甫镈与李道古的保护，再三为其开脱，宪宗便释放了柳泌，命他在兴唐观为自己继续炼制丹药，参与此事的还有一位术士韦山甫。

宪宗服食了柳泌等人炼制的丹药后，燥热焦渴，极感不适。元和十四年十月，起居舍人裴潾上疏谏曰："借令天下真有神仙，彼必深潜岩壑，惟畏人知。凡候伺权贵之门，以大言自炫奇技惊众者，皆不轨徇利之人，岂可信其说而饵其药邪！夫药以愈疾，非朝夕常饵之物；况金石酷烈有毒，又益以火气，殆非人五藏之所能胜也。”[①]他建议由炼制丹药者自服其药一年，如果安全且有效，再由皇帝服不迟。这样一个为皇帝身体着想的人，非但没有得到皇帝的褒奖，反而引起宪宗的大发雷霆，将裴潾贬为江陵县令。从此以后，再也没有人敢出面谏阻宪宗服食丹药了。

（二）暴崩之谜

元和十五年（820）正月，宪宗的身体每况愈下，上朝会见臣僚的次数越来越少，甚至连正月一日举行的大朝会，即所谓元会，也没有照例举行。一时间京师流言四起，人心不安。这月二十五日，新任义成军节度使刘悟来京，宪宗在麟德殿接见了刘悟，刘悟退出后对人谈起了他与宪宗的对话情况，人心始安。史书没有记载刘悟与宪宗的谈话内容，但是提到了宪宗的身体情况，所谓“上体平矣”[②]。也就是说刘悟认为皇帝的身体并无大碍，于是惶恐的人心才平静下来了。可是出人意料的是，三日之后，即二十八日，宫中突然传出了皇帝驾崩的消息，时年仅四十三岁。于是人们惶恐不安的心情又一次紧张起来了，皇帝前几天还好好的，怎么会突然驾崩呢？因此在臣民的心中不免产生了很大的疑团。

关于宪宗的突然死亡，史书中均有详略不等的记载，其中《旧唐书》卷一五《宪宗纪下》载：

> 时以暴崩，皆言内官陈弘志弑逆，史氏讳而不书。

《新唐书》卷七《宪宗纪》载：

> （元和）十五年正月，宦者陈弘志等反，庚子，皇帝崩，年四十三。

---

① 《资治通鉴》卷二四一，唐宪宗元和十四年十月，第7775页。

② 《新唐书》卷二〇八《王守澄传》，第5883页。

《资治通鉴》卷二四一唐宪宗元和十五年正月条载：

> 上服金丹，多躁怒，左右宦官往往获罪，有死者，人人自危；庚子，暴崩于中和殿。时人皆言内常侍陈弘志弑逆，其党类讳之，不敢讨贼，但云药发，外人莫能明也。

《旧唐书》卷一八四《王守澄传》载：

> 宪宗疾大渐，内官陈弘庆（志）等弑逆。宪宗英武，威德在人，内官秘之，不敢除讨，但云药发暴崩。

《新唐书》卷二〇八《王守澄传》载：

> 是夜，守澄与内常侍陈弘志弑帝于中和殿，缘所饵，以暴崩告天下。

根据以上记载，可以看得出诸书均把宦官陈弘志作为谋杀宪宗的凶手。那么陈弘志为什么要谋害宪宗？他区区一个内常侍竟然敢谋害皇帝，是谁给了他这样的胆量？换句话说，谁是幕后的主使者？他既然是谋害宪宗的凶手，为什么事后没有被诛杀，反而堂而皇之地到山南东道任监军去了？山南东道（治湖北省襄阳市）是唐朝后期江淮财赋的重要的中转地之一，唐中央所需的一部分财赋通过这里源源不断地输送到长安，同时它也是控制广大两湖地区的重镇。所以陈弘志到这里任职，一是可以避开长安之人的耳目，躲避风头；二是可以掌握山南地区的军政财大权。通过这种现象可以看出有人对陈弘志进行了十分妥善的安排，这些都是令人十分疑惑的问题。

为了拨开重重的历史迷雾，寻找出正确的答案，我们首先要看宪宗的死，谁是最大的实际受益者。史载：“内官陈弘庆（志）等弑逆，宪宗英武，威德在人，内官秘之，不敢除讨，但云药发暴崩。时（王）守澄与中尉马进潭、梁守谦、刘承偕、韦元素等定册立穆宗皇帝。长庆中，守澄知枢密事。”[①]可见宪宗死后，最大的受益者乃是穆宗，其次是以王守澄为首的一批宦官。众所周知，宪宗最宠信的宦官是吐突承璀，王守澄等宦官在元和时期并未受到宠信，所以他们也想推倒吐突承璀，以获得更大的政治利益。为了达到这一目的，只有改换皇帝才可能做到，否则他们便永远无法达到目的。谋害老皇帝、拥戴新皇帝，是唐代宦官获取权势的常用手法，这一次也不例外。因此，宪宗刚刚被害，吐突承璀便被杀死，这一情况的出现，便是宦官阶层内部钩心斗角的反映。正因为如此，王守澄才是谋害宪宗的主要凶手，很可能是主要策划者，陈弘志只不过是执行者而已，所以《新唐书》卷二〇八《王守澄传》说：“是夜，守澄与内常侍陈弘志弑帝于中和殿，缘所饵，以暴崩告天下，乃与梁守谦、韦元素等定册立穆宗。”关于王守澄是主要凶手的观点，文宗也是这样认为的，史载：“宪宗、敬宗弑逆之党犹有在左右者，中尉王守澄尤专横，招权纳贿，上不能制。”[②]可见文宗已把王守澄视为杀害宪宗的主要凶手。与吐突承璀相对立的宦官们，之所以急于害死宪宗，除了获取更大的政治利益外，还有一个直接的原因，就是宪宗有可能威胁到了他们的生命安全。在这一段时间内，“宪宗服（柳）泌药，日益烦躁，喜怒不常，内官惧非罪见戮，遂为弑逆”[③]。宪宗因喜怒无常而诛杀宦官，当然不会杀自己宠信的宦官，而只会杀那些自己并不喜欢的宦官，这些宦官为了自保，遂采取了先下手为强的办法。

除了陈弘志、王守澄外，其他宦官如梁守谦、马进潭、韦元素、刘承偕等人，在这个事件中发挥了什么作用呢？史书中没有明确记载，但是通过对一些史料的分析，仍然可以知道他们在其中发挥的作用。史书中在提到以上诸人时，说“（王）守澄与中尉马进潭、梁守谦、刘承

① 《旧唐书》卷一八四《王守澄传》，第4769页。

② 《资治通鉴》卷二四四，唐文宗太和四年六月，第7871—7872页。

③ 《旧唐书》卷一三五《皇甫镈传》，第3742—3743页。

偕、韦元素等，定策立穆宗”[①]。可见他们都是掌管禁军兵权的宦官。陈弘志与王守澄谋杀宪宗，即使得手，如果没有强大的军事力量做后盾，其生命仍然不能保全，只有和这些握有禁军兵权的宦官联手，才有可能做到万全。左、右神策军护军中尉只有两员，已知左神策中尉此时由吐突承璀担任，而王守澄此时尚没有任神策中尉，他是在穆宗即位后升任知枢密，文宗时任神策中尉的。因此以上所提到的马、梁、刘、韦诸人中，只能有一人为右神策中尉，这就是梁守谦，其余人等可能掌握着其他禁军的兵权，如六军、威远营等。这一点从宪宗刚刚死去、穆宗尚未正式即位时，禁军军士就已经获得了赏钱一事中知悉，所谓“中尉梁守谦与诸宦官马进潭、刘承偕、韦元素、王守澄等共立太子，杀吐突承璀及澧王恽，赐左、右神策军士钱人五十缗，六军、威远人三十缗，左、右金吾人十五缗”[②]。这些禁军之所以获得赏赐，是因为他们是这次事变坚强的军事后盾，同时他们也参与了诛杀吐突承璀、澧王李恽等行动。在这次事变中很可能爆发过小规模的战斗，须知吐突承璀也是掌握禁军兵权的宦官，他绝不会在对方杀来时引颈就戮，一定会进行武装反抗，只是由于猝不及防，被对方打了一个措手不及。至于左、右金吾卫的军士也获得赏赐，并非是他们一定参与了战斗，而是随例赏之，以免引发不稳定情绪，同时也有掩人耳目的作用。

通过以上论述，可以清楚地看出，宪宗实际上是死于一次宫廷政变，具体策划者和实施者就是这些宦官。那么，作为最大受益者的唐穆宗及其母郭氏，是否只是被动地被他人拥戴，事先没有参与这次政变的密谋，或者事先根本就不知道任何消息呢？这是需要进一步分析的。

（三）阴谋集团

穆宗以太子身份继承皇帝之位，本是顺理成章之事，无须对谁感恩戴德。如果有臣下做出不利于皇室的事时，也敢于惩处，这才符合正常情况。可是从穆宗即位之初的一些现象看，情况却不是这样的，这就使

① 《册府元龟》卷六六八《内臣部·翊佐》，第7697页。

② 《资治通鉴》卷二四一，唐宪宗元和十五年正月，第7777页。

人不能不怀疑他与这些害死宪宗的宦官之间保持着某种默契。

如宪宗被害后，对外宣示皇帝因服食丹药而暴崩。穆宗即位后，很快便将宰相皇甫镈贬逐，本来是要诛杀的，由于一些大臣出面营救，遂将其驱逐出京师。又“杖杀柳泌及僧大通，自余方士皆流岭表；贬左金吾将军李道古循州司马”[①]。以上这些人或是为宪宗炼制丹药的术士，或是推荐过术士的大臣。穆宗对这些人的惩处，等于对外宣示宪宗就是死于服食丹药，其掩盖宪宗真实死因的目的已经很明显了。

与此同时，穆宗还提拔重用了一批参与政变之人。关于对陈弘志、王守澄的重用，前面已经论到，至于梁守谦在宪宗末年已经爬到了右神策中尉的高位，他参加政变集团是为了与吐突承璀争宠，在争宠不利的情况下，只好另投新主，并亲自率军诛杀了吐突承璀与澧王李恽。梁守谦出了如此大的力，穆宗投桃报李，自然对此人十分倚重。试看，元和十五年十月，吐蕃进逼泾州，穆宗调整了左、右神策京西北行营，任命梁守谦为行营都监，统率驻京军神策军数千人及神策八镇的全部军队，前往援救。授予其如此之重的兵权，自然出于对其的信任。穆宗不仅对梁守谦十分信任，爱屋及乌，对其直接统率的右神策军也格外垂青，他除了在铲除吐突承璀之初，曾幸左神策军观看过一次手搏杂戏，以安反侧外，此后便没有再到过那里，对右神策军却格外垂青。不仅穆宗如此，就连其子敬宗也深受其父的影响，特别偏向于右神策军。史载：“先是右神策中尉梁守谦有宠于上，每两军角伎艺，上常佑右军。”[②]左神策军中尉自吐突承璀死后，由马存亮、魏从简相继接任，可是梁守谦的右神策中尉一职历宪宗、穆宗、敬宗、文宗初期，却始终不动，直至其致仕为止。

至于韦元素在穆宗即位后任何官职，史书中无明确的记载，《册府元龟》卷六六五《内臣部·恩宠》载：“文宗以宝历二年十二月即位，增右军中尉梁守谦食实封三百户，……飞龙使韦元素进弓箭库使。”说

① 《资治通鉴》卷二四一，唐宪宗元和十五年正月，第7778页。

② 《资治通鉴》卷二四三，唐穆宗长庆四年四月，第7836页。

明韦元素在穆宗时已任飞龙使，至此进位弓箭库使，后来又升任左神策军中尉，直到文宗大和九年（835）才被另一位大宦官仇士良取代，外放为淮南监军。在一段时间之前，韦元素默默无闻，不见于史书记载，自其参与谋杀宪宗的政变后，才频频见于记载，可见其显赫地位的取得与此次政变的关系是多么密切。

参与政变的另一宦官马进潭，《旧唐书》卷一八四《王守澄传》载："时守澄与中尉马进潭、梁守谦、刘承偕、韦元素等定册立穆宗皇帝。"似乎马进潭在政变前已经是神策中尉了，众所周知，在此之前左、右神策中尉是吐突承璀与梁守谦，因此马进潭绝不可能在这时已经担任了神策中尉。《资治通鉴》卷二四一元和十五年正月载："中尉梁守谦与诸宦官马进潭、刘承偕、韦元素、王守澄等共立太子，杀吐突承璀及澧王恽。"可知上引《旧唐书》的记载是错误的。政变之后，马进潭升任什么官职？史书上也有明确的记载，《旧唐书》卷一六《穆宗纪》载：元和十五年三月，"左、右军中尉马进潭、梁守谦、魏弘简等请立门戟，从之"。这是政变后马进潭在史书中首次出现，说明其已取代了吐突承璀担任了左神策军中尉。《册府元龟》卷六六七《内臣部·将兵》亦载："马进潭，元和末，为左神策军护军中尉。"

至于宦官刘承偕与穆宗及其母郭氏的关系更加密切，《册府元龟》卷三二三记其为太后郭氏的养子，新旧《唐书》的《裴度传》和《资治通鉴》卷二四二的记载与此同，故其支持穆宗与郭氏，参与政变就不难理解了。关于其在政变前后的任职情况，史书缺载，然从穆宗在一件事情的处理上，亦可见其受宠程度及双方之亲密关系。

长庆二年（822）二月，时任昭义镇监军的刘承偕被节度使刘悟囚禁，此事很快就引起了穆宗的极大关注。事情的经过是这样的：

刘承偕依仗自己的拥立之功，非常骄横，经常凌辱节度使刘悟，又放纵其部下违法乱纪。他与昭义镇下属的磁州刺史张汶关系密切，密谋将刘悟抓捕起来送到长安，然后以张汶取代其地位。有一天，朝廷派中使来到昭义镇，刘承偕设宴款待，又请刘悟赴宴。其实刘承偕的阴谋已为刘悟所侦知，于是便纵容其部下军士冲入监军使府，杀死了张汶及刘承偕的两名部下，还要诛杀刘承偕本人，被刘悟所制止。刘悟深知刘承偕与皇帝的关系，虽不敢杀他，但也不敢轻易释放，于是便将其囚禁起来，观察局势的变化再做进一步打算。

穆宗得知刘承偕被扣的消息后，下诏令马上释放，刘悟借口军心激愤，担心马上释放会生出变故，并不奉诏。于是穆宗便与裴度商量如何处理此事。裴度说刘承偕骄纵不法，臣早已知之，不如乘此机会公布其罪状，命刘悟招集三军，当众斩之，“则藩镇之臣，孰不思为陛下效死！非独（刘）悟也”。穆宗听后，俯首想了很久，说：“朕不惜承偕，然太后以为养子，今兹囚絷，太后尚未知之，况杀之乎！卿更思其次。”[①]他要裴度另外再想一个办法出来。裴度与宰相王播商议后，奏请穆宗颁诏给刘悟，严厉谴责刘承偕，并声称要将其贬到远州，令刘悟将此诏书宣示于三军。“悟得诏月余，始放承偕归。”[②]穆宗费尽心机，才使刘承偕得以回到长安，然此事的影响并不仅限于穆宗放纵与亲近宦官方面，而在于他为了刘承偕一再对刘悟的行为妥协，助长了藩镇的跋扈气焰，史载：“然（刘）悟自是颇专肆，上书言多不恭。天下负罪亡命者多归之。”[③]他效法河北三镇，表请其卒后由其子刘从谏为节度留后，刘从谏死，又以其侄刘稹为留后，造成了很不好的历史影响。

穆宗在即皇帝位的当天，在思政殿召见翰林学士段文昌、兵部郎中薛放、驾部员外郎丁公著等人，后两人均为太子侍读。“上未听政，放、公著常侍禁中，参预机密，上欲以为相，二人固辞。”[④]薛放、丁公著两人既然为太子侍读，必是太子亲信，太子即位后，又如受此重用，说明两人很可能也参与了政变密谋，否则穆宗怎么可能把他们从从五品上的郎中和从六品上的员外郎直接拜相呢？只是这两人是聪明人，知道如此一来，将会把他们参与谋害宪宗的阴谋暴露无遗，为了避嫌，故坚

① 《资治通鉴》卷二四二，唐穆宗长庆二年二月，第7814页。

② 《册府元龟》卷四〇五《将帅部·识略》，第4597页。

③ 《新唐书》卷二一四《刘悟传》，第6014页。

④ 《资治通鉴》卷二四一，唐宪宗元和十五年闰正月，第7777页。

决不愿接受宰相之位。至于时任翰林学士的段文昌很可能是参与了宪宗“遗诏”的提草，也算是有功之臣，当薛、丁二人不愿拜相时，穆宗遂改拜段文昌为宰相，提拔之快，也是很少见的。

为什么选在元和十五年初发动政变呢？原因就在于穆宗的太子地位在此时又一次发生了动摇。前面已经论到，当年太子李宁死后，吐突承璀力主立澧王李恽为太子，虽然没有得逞，但并不等于他放弃了这件事。这年正月初，吐突承璀见宪宗病危，遂又一次提出改立澧王为太子之事，使得时为太子的李恒更加忧心忡忡。他遂向其舅父司农卿郭钊问计，郭钊隐而不露，只是告诉他慎重地对待其父宪宗，“勿恤其他”[①]，也就是让他不要担心，事情很快就会发生变化。

在当时“吐突承璀恩宠莫二”[②]，欲正面争取宪宗的支持，他们这一派人肯定不如吐突承璀，想要改变这种不利的形势，唯一的办法便是使宪宗突然死去。在没有别的更好的选择的情况下，政变集团只好铤而走险，一举置宪宗于死地。关于穆宗、郭氏是此次宫廷政变的后台和主要策划者的观点，唐人裴庭裕的《东观奏记》卷上《郭太后暴卒》条记载说：“宪宗皇帝晏驾之夕，上虽幼，颇记其事，追恨光陵商臣之酷。”所谓“上”，指宣宗，他是宪宗的第十三子；“光陵”指穆宗；“商臣”指楚穆王，他杀死了自己的父亲楚成王。可知穆宗的弟弟宣宗认为其兄是这次政变的后台。明末清初著名学者王夫之在仔细考察了这段历史后，指出：“则弘志特推刃之贼”“宪宗之贼非郭氏、穆宗而谁哉！”[③]也认为陈弘志是杀害宪宗的具体凶手，穆宗母子则为后台指使者。

需要指出的是：宪宗在立太子与皇后的问题上，肆意而为，在一定程度上激化了宫廷内部的矛盾。加之晚年又服食丹药，脾气暴躁，无故滥杀宦官，加速了宫廷政变的到来。

---

① 《资治通鉴》卷二四一，唐宪宗元和十五年正月，第7776页。

② 《旧唐书》卷一六四《李绛传》，第4287页。

③ 《读通鉴论》卷二五《宪宗十八》，第774—775页。

第五章　唐朝后期的宫廷

第一节　宫廷生活与制度的变化

一、辇舆制度

（一）皇帝辇舆

唐代是一个等级严格的社会，在宫廷里使用的交通工具也深刻地体现了这种鲜明的等级特点，皇帝、皇太子、后妃所使用的交通工具存在很大的区别，主要表现在数量的多寡和规格的高低不同上，所有这一切构成了所谓的乘舆制度。

在唐朝建立之初，乘舆制度完全沿袭隋制，直到武德四年才正式颁行了车舆之令，从而确立了在交通工具方面的等级制度，规定："上得兼下，下不得拟上。"[①]违反者要受到严厉的惩处。由于统治阶级把这种制度也视为礼仪制度的一个组成部分，所以属于皇帝的车舆大体上可分为两部分：一部分是实用的交通工具，用于不同场合的出行；另一部分则属于皇帝出行时仪仗的组成部分，实际并不乘坐。

唐制，皇帝车舆分为玉辂、金辂、象辂、革辂、木辂，总称为五辂，此外，还有耕根车、安车、四望车等，这些都是皇帝乘用的车舆，分别用于不同的场合，共计八等。

玉辂　青色的车辆，用玉装饰于车的各个部分的末端，并绘有青龙、白虎、金凤、鸟兽等图案，参加祭祀、纳皇后等场合则乘之。

金辂　红色的车辆，用黄金装饰车的各个部分的末端，参加乡射、祀还、饮至等礼仪时则乘坐之。

象辂　黄色的车辆，用象牙装饰于车的各部分的末端，皇帝平时出行时多乘坐之。

革辂　白色的车辆，车身的各个部分蒙之以皮革，皇帝巡狩、检阅

① 《新唐书》卷二四《车服志》，第511页。

军队时乘坐之。

木辂　黑色的车辆，以漆漆于车身，皇帝畋猎时则乘坐之。

唐朝还规定五辂的车盖颜色皆与车身颜色相同，所用旌旗及鞶缨的色彩也与车身一致，但是盖里皆用黄色，这五种车辂车箱上所绘的图案也完全一致。还有一点需要说明，即天子五辂均用六匹马驾驭，这是自先秦以来就已形成的一种仪制。

耕根车　青色的车辆，盖分三重，其他形制与玉辂同，驾六马，用于皇帝参加籍田之礼时乘坐。

安车　用黄金装饰，车的档板是弯曲的，有朱丝络网，用四匹赤色马驾御，“临幸则供之”[①]。

四望车　形制同安车，朱丝络网，浅绛色的车幔，用一匹马驾御，皇帝拜陵、临吊时则乘用之。

除此之外，还有指南车、记里鼓车、白鹭车、鸾旗车、辟恶车、皮轩车、豹尾车、羊车、黄钺车，其中豹尾车、黄钺车在武德时无，是贞观时增加的，天宝初改黄钺车为金钺车。这九种车，再加上耕根车、安车、四望车，合称十二乘，均为天子属车。皇帝外出行幸时，将其列入卤簿（仪仗）队伍中；举行大朝会时，则分列于左右两旁，是皇帝仪仗的组成部分。

以上这些制度并不能得到一以贯之的执行，如高宗就不喜欢乘坐辂车，每举行大的礼仪活动，往往乘坐人抬的辇往来。自武则天以来的各位皇帝均沿袭了高宗的做法，人不以为怪，并且逐渐发展成为一种常制。玄宗时，认为皇帝乘辇而不乘辂，不符合礼仪制度的规定，于是又废去了皇帝出入乘辇的做法，改乘辂车。开元十一年冬，举行南郊大典，玄宗乘辂前往，返回时却骑马而归。从此以后，无论行幸还是举行郊祀大典，也不分路程远近，皇帝皆骑马往来，遂使十二乘全都排入仪仗之列，成为天子卤簿的一部分，而失去了实际的乘用价值。

唐朝皇帝的交通工具除了辂车、马外，还有辇，“旧制，辇有七：

① 《旧唐书》卷四五《舆服志》，第1933页。

一曰大凤辇，二曰大芳辇，三曰仙游辇，四曰小轻辇，五曰芳亭辇，六曰大玉辇，七曰小玉辇。舆有三：一曰五色舆，二曰常平舆，其用如七辇之仪；三曰腰舆，则常御焉”①。辇，是一种人扛肩抬的交通工具，所谓“七辇”，表现的也是皇帝排场，在实际使用中并没有严格的区别，到了后来也成为仪仗的一部分。至于“舆”，本意是指驾马的大车。在古代车多以牛驾，驾马者则谓“舆”。到了后世，将人力所抬的“舆”称为“舆床”。据《周礼》，所谓舆之制，四方如车之舆，故曰舆，或驾马，或人举。可见“舆”，在上古时期可以人抬，也可以驾马。唐代的所谓三舆，均指人力所抬的交通工具，只是形制与辇稍有差别，四面有车一样的档板，上有盖。

以上的这些交通工具都是制度上的正式称呼，其实在平常没有这么严格的区别，比如叫肩舆、步舆、步辇、担子、腰舆等。从舁抬的方式来划分，可以分为肩舆、腰舆和襻舆三种。所谓肩舆，是指行走时扛在肩上的一种辇，也称平肩舆；腰舆，则是指手抬的辇；襻舆，是指在辇杠上系有襻带，然后再以肩承重。唐代著名画家阎立本所绘的《步辇图》，描绘的就是襻舆。

如果以制造材料来划分，可以分为竹舆、藤舆和木舆，《步辇图》中所绘的辇就是木制的。舆这种交通工具不仅皇帝使用，在贵族官僚中也普遍使用，只是帝王、后妃所乘的舆才可以称为辇，其他人等即使是贵族也不能称辇，只能称舆或担子。需要说明的是，在上古时期辇也可指人力推挽的车，在称呼上也没有如此严格的等级区别，大约在秦汉以来，才作为帝王、后妃所乘的这种工具的专称了。

（二）后妃车舆

唐制，皇后车辂共有六种，即重翟、厌翟、翟车、安车、四望车、金根车等。

重翟　青色车身，以黄金装饰，轮框为朱色，有青色车帷，朱红色的里子，朱丝络网，绣紫络带，插翟尾，六匹马驾之，用于册后大典、

① 《唐会要》卷三二《舆服》，第682页。

郊祀典礼、祭祀宗庙时乘坐。

厌翟 红色车身，黄金装饰，朱色轮框，红锦帷，朱丝络网，红锦络带，六匹马驾之，皇后参加采桑典礼时乘坐。

翟车 黄色车身，黄金装饰，轮画朱牙，车侧插有翟羽，白红锦帷，朱丝络网，白红锦络带，六匹马驾之，皇后回家省亲时乘坐。

安车 赤色车身，黄金装饰，四匹马驾之，供临幸或吊问时乘用。

四望车 朱红色的车身，紫色车帷，四匹马驾之，供皇后拜陵和临吊时乘用。

金根车 朱红色车身，紫色车帷，朱丝络网，供皇后平时乘坐。

由于皇帝的嫔妃的等级高下差别颇大，因此其所乘的车辂也各不相同。唐制：贵妃、淑妃、德妃、贤妃合称四夫人，正一品，乘厌翟车；昭仪、昭容、昭媛、修仪、修容、修媛、充仪、充容、充媛合称九嫔，正二品，乘翟车；婕妤，正三品，包括其以下嫔姬，指美人、才人、宝林、御女、采女等，皆乘安车。

唐朝还有所谓外命妇，包括公主、王妃、国夫人、郡夫人、县夫人以及郡君、县君等不同等级，由于其品阶高下不同，所乘车辂的规格也不相同。如公主、王妃乘翟车，以两匹马驾御；国夫人则乘犊车，以白铜装饰，以牛驾御；其余外命妇也只乘犊车，其装饰及色彩的规格比国夫人所乘的犊车更加等而下之。但实际情况往往与制度的规定不相符，如玄宗时，杨贵妃的姐妹生活奢侈，其跟随皇帝前往华清宫时，“为一犊车，饰以金翠，间以珠玉，一车之费，不下数十万贯。既而重甚，牛不能引，因复上闻，请各乘马”[1]。杨氏姐妹为外命妇，按制只能乘犊车，就此来看，似乎没有违制，但其饰以金银、珠玉，就违反了犊车饰以白铜的规定了。

其实在唐代无论是内命妇还是外命妇，除了参加一些正规的典礼外，平时骑马或乘舆是非常普遍的现象，尤其是在唐后期，舆服制度的约束力已经非常弱了。

---

① 《开元天宝遗事十种》载郑处诲《明皇杂录》卷下，第25页。

（三）太子与亲王车舆

太子是未来的皇帝，所以他的车辂规格也是比较高的，有金辂、轺车和四望车之分。

金辂　红色车身，与皇帝的金辂相同的是，也以玉装饰车的各个部分的末端，不同的是车箱上画的图案与皇帝的金辂有很大的差别。太子金辂没有青龙、白虎之类的图案，仅有鸟兽之类的图案。车盖为朱色而里为黄色，车轮画有朱牙，以四匹马驾驭，用于跟随皇帝参加大祭祀、元日与冬至大朝会，以及纳太子妃时乘坐。

轺车　以黄金装饰各部分的末端，以一匹马驾驭。用于五日常服、接见东宫宫臣、宴享宫臣以及平时出入行道乘坐。

四望车　也是黄金装饰各部分的末端，车帷的表面为浅绛色，里子为朱红色，以一匹马驾御，供太子临吊时乘坐。

亲王只有象辂，车身、车盖、车轮均为朱红色，车帷的表面为青色，里子亦为朱红色。唐朝规定亲王的车辂平时由太仆寺保管，只有参加重大典礼时方可乘坐，如接受皇帝宣制，参加册命典礼以及巡陵、结婚、丧葬时，则供乘用，平时出行皆以骑马代替乘车。

但在实际生活中，太子、亲王出行更多的还是骑马或者乘舆，如太宗宠爱魏王李泰，因其身形胖大，特准其乘小舆出入宫廷，便是一例。因为骑马或乘舆要比乘车快捷方便，所以很为当时人所喜爱。不仅太子、亲王如此，就连朝臣们也都喜欢乘坐。如李纲任太子少师时，“时纲有脚疾，不堪践履，太宗特赐步舆，令纲乘至閤下，数引入禁中，问以政道。又令舆入东宫，皇太子引上殿，亲拜之”[①]。再如玄宗命马怀素与褚无量为侍读，“每次閤门，则令乘肩舆以进。上居别馆，以路远，则命宫中乘马，或亲自送迎，以申师资之礼”[②]。其实，在唐代不仅皇帝、太子、后妃、官员喜欢乘舆，即使白衣之士，只要经济条件允许，也可乘肩舆出行，这种事例在唐代笔记小说中并不鲜见。

---

① 《旧唐书》卷六二《李纲传》，第2377页。

② 《旧唐书》卷一〇二《马怀素传》，第3164页。

二、冠冕服饰

（一）皇帝服饰

唐朝皇帝的服饰共有大裘之冕、衮冕、鷩冕、毳冕、绣冕、玄冕、通天冠、武弁、黑介帻（帻即包头发的巾）、白纱帽、平巾帻、白帢十二等。这些服饰分别用于不同的场合。

大裘冕　冕无旒，广八寸，长一尺六寸。裘（外套）以黑羔皮制成，领口为红色，裳（下衣）为红色，朱红色的袜子、红色的靴子。祭祀天神地祇时穿之。

衮冕　冕垂白珠十二旒，红色上衣，绛色的下衣，革带、佩剑。这种服饰用途比较广泛，凡宗庙祭祀、遣将出征、军队班师、即位大典、纳皇后以及元日坐朝等场合，皆穿之。

冕鷩　这种服饰最大的特点就是共有七种图案。其中上衣用三种，即华虫（雉形）、火、宗彝（虎、蜼二兽图形）；下裳用四种，即藻（水草）、粉米（画米颗成团状）、黼（斧形）、黻（两己相背形）。其余同于衮冕。在国家有事于远方时则穿之。

毳冕　全服共有五种图案。上衣用三种，即宗彝、藻、粉米。下裳用两种图案，即黼、黻。其余部分则同鷩冕。这种服饰用于祭祀大海山岳之神时穿着。

绣冕　有三种图案。上衣用一种，即粉米；下裳用两种，即黼、黻。其余同于毳冕。这一种服饰用于祭祀社稷时穿着。

玄冕　这种服饰的特点是，上衣无图案，下裳只有一种图案，即刺绣黼，其余同于绣冕。用于皇帝祭百神、拜日月时穿着。

通天冠　冠加金博山，有蝉十二，上施珠翠，黑色上衣，白裙，革带，佩剑。用于各种祭祀、冬至至朔日受朝、拜王公、元会、冬会等场合。

武弁　冠上附有金蝉，戴平巾帻。这是皇帝在讲武、阅兵、狩猎、大射等场合穿着的服饰，表示不忘武备，提倡尚武精神。

黑介帻　戴黑色帻巾，白纱单衣，白裙襦，革带，素袜，乌皮靴。

拜陵时穿着。

白纱帽 白裙襦，白袜，乌皮靴，用于听朝及宴会宾客时穿着。

平巾帻 帻用金宝装饰，玉簪，紫褶（夹衣），白裤，珍珠宝钿带，这是皇帝乘马所穿的服饰。

白帢 是皇帝前去吊唁重要大臣时的服饰。

除了以上这些各种场合穿用的服饰外，皇帝平时所穿着的便服，也叫常服，是赤黄袍衫，戴幞头，穿六合靴。自从皇帝服色用赤黄以后，遂下令士庶不得再用此色调。故宫博物院藏唐代画家阎立本绘的《步辇图》（摹本），表现了太宗接见吐蕃使者时的场景，其中太宗头戴黑纱幞头，穿柘黄绫袍，腰系红鞓带，脚穿乌皮六合靴。将这种形象与文献记载相对照，两者完全相合。

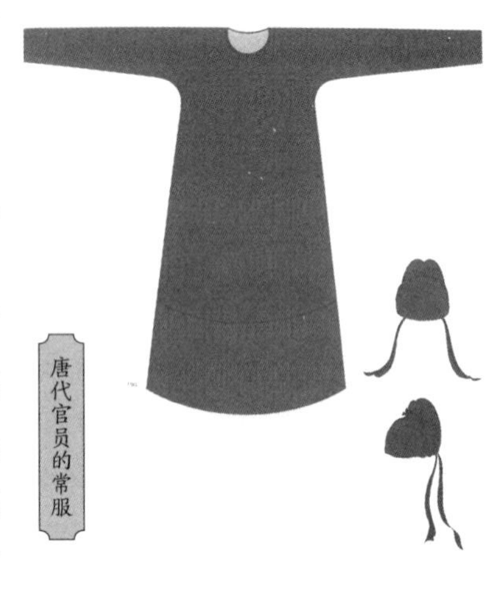
唐代官员的常服

所谓幞头，是唐代男子头饰的一种，实际上就是将一块整幅的皂绢裁出四角，其中两角系在脑后，另两角反系于头顶。最初幞头是直接裹在发髻上的，看起来比较低平。后来出现了垫在幞头里面的巾子，将巾子罩在发髻上，然后再裹以幞头。这样就使得幞头外形变化多了起来，从而可以裹出不同的式样来。幞头不仅在宫廷、官员中广泛流行，社会的各个阶层也都非常喜欢幞头。上述《步辇图》中的太宗穿的这种袍又称缺胯袍、缺胯衫，是一种在衣侧开衩的圆领长袍。这种长衫的衩口最初较低，后来越变越高，直抵胯部，故称缺胯袍。太宗穿的六合靴，是用六块皮革缝成的，看上去有六条缝，所以称“六合靴”或“六缝靴”。

唐朝皇帝所穿的常服与普通官员及平民所穿的服饰在款式上并无很大的差别，要说有差别，主要就是颜色上的差别，此外在服装材料的质量上肯定也有很大的不同。

（二）后妃服饰

唐朝皇后的服饰分为袆衣、鞠衣、钿钗礼衣三等。这些服饰都是皇后在正式场合穿用的服饰，并非日常服饰。

袆衣　头上饰花十二树，衣为深青色，上有两行翚翟（雉）图案，分为五种颜色，素纱中单（内衣），系蔽膝、大带，腰悬白玉佩，穿青色的袜和舄（复底鞋），舄上有黄金装饰。主要用于重大场合，如册封皇后、助祭、朝会或其他大事。

鞠衣　头上饰花十二树，衣为黄色，无翚翟纹。用于皇后举行亲蚕之礼时穿着。

钿钗礼衣　头上饰十二钿，服色不定，无翚翟，无佩，穿履。为皇后宴见宾客时穿着。

唐朝皇后平时所穿的便服（常服），没有统一的规定，所谓“绮罗锦绣，随所好尚”[①]。唐朝皇后的常服大体上由襦和衫、裙、帔组成，襦和衫是短上衣，衫一般较薄，襦一般较厚，为夹衣或绵（棉）衣。唐朝的裙都比较长，样式颜色多样，有绸裙、纱裙、罗裙、金泥簇蝶裙等；颜色以红、黄、绿为多，红裙即石榴裙。帔是搭在肩上的长帛巾，当时人称“帔子”，也叫“帔帛”“披帛”“领巾”等，材料有绫、帛、丝、罗等，颜色以红、绿、黄为多。

唐朝宫廷之中除了皇后之外，还有所谓内外命妇，各有其品阶。内命妇指皇后之外的其他嫔妃；外命妇指其他贵族及官员的母妻中有邑号者，包括公主、郡主、县主在内。其礼服大体可以分为翟衣、钿钗礼衣、公服、宴服四类，用于不同场合的穿戴，具体情况如下。

① 《旧唐书》卷四五《舆服志》，第1957页。

翟衣 青色，用罗制成，上绣有雉的图案。其头上的花钿数量因命妇的品阶不同而不同，一品花钿九树，二品八树，三品七树，四品六树，五品五树。革带、青袜，穿舄，有珮、绶等。用于内命妇受册、随皇后亲蚕、朝会等场合穿着。

钿钗礼衣 颜色没有统一的规定，其他方面与翟衣同，唯无雉及珮、绶，穿履。不同品阶内外命妇，其头上花钿数量规定同于翟衣。内命妇平时参见皇帝、皇后时穿着。

公服 没有中单、蔽膝、大带，也没有复杂的头饰。这是一种平常穿着的服饰。

宴服 没有统一的颜色规定，各依其夫、子品阶定其服装的颜色，上品命妇可以使用下品命妇宴服的颜色，但下品命妇不许使用上品命妇的服色。

至于内外命妇的常服样式、色彩、质地，并没有统一的规定，可以随意穿着，与社会上的其他妇女并没有大的区别，大体上包括如下几类：

衫、襦 衫、襦都是短上衣，为唐代妇女最常见的服装。衫一般较薄，襦则较厚，多是夹或绵（棉）的。就形制而言，唐初衫襦比较短小，窄袖，掖在裙腰内。直到玄宗天宝初年，仍然流行着“小头鞋履窄衣裳”。后来衫襦变得逐渐宽大，以至于文宗不得不颁诏，限制襦袖不得超过一尺五寸，而此前很多地方的妇女衣袖都阔达四尺。当然这只是衫、襦的大致趋势，实际上在唐前期就有大袖衫、襦，后期也有穿窄袖罗衫的。衫和襦的颜色大致有白、青、绿、黄、红等多种色调，尤以红衫为多。一般的衫用布制作，好的则用罗，上有金银线；襦则多绣有各式花样，所以当时的诗歌中常有

襦裙、半臂

“薄罗衫子金泥缝”[①]“连枝花样绣罗襦”[②]的说法。

裙类　唐代妇女的裙子总的说来是比较长的，当时又时兴将裙腰系在胸上，这就使得裙子显得更加修长。唐初的裙子比较瘦，上面有许多褶，有单色裙也有间色裙。由于褶多了比较浪费，高宗、玄宗都曾下诏禁止多褶的裙子。到唐中后期，这种带褶的间色裙不再流行，而代之以比较宽肥的裙子，束胸仍然很高。从颜色方面看，色彩浓艳的裙子取代了较为单一的裙子，其颜色以红、黄、绿为多。裙的材料多种多样，如绸裙、纱裙、罗裙、金泥簇蝶裙、百鸟毛裙等。其中百鸟毛裙只有贵族妇女才穿得起，中宗的女儿安乐公主就有这样一条裙子，色彩非常艳丽，正面看是一种颜色，侧面看又是另一种颜色，阳光下是一种色调，阴影下又是另一种色调。当时人都非常羡慕，贵族富家妇女纷纷仿效，致使长安周围山岭的鸟禽几乎被网罗殆尽了。

帔子　帔是搭在肩背上的长帛巾，当时多称为“帔子”，也叫“帔帛”“披帛”“领巾”，大约是由中亚传入内地的，在唐代普遍流行。从形制上看，有的帔较长，有的则较短，并似有不同的样式。《事物纪原》说：“唐制，士庶女子在室搭帔帛，出适披帔子。”[③]《太平广记》卷三一《许老翁》条记益州士曹参军柳某的妻子不披帔帛而披帔子，说明这两者并不是同一种东西。帔的材料有绫、帛、丝、罗等，颜色以红、绿、黄为多，其中如单丝罗红地银泥帔子，就是一种红色的比较高级的帔子。不同颜色的帔与衫、裙相搭配，构成了当时妇女五彩缤纷的服装，更突出了这一时期妇女服装丰润飘逸的特色。

半袖　半袖是隋及唐前期妇女常穿的服装，半袖的领口较低，且多为对襟，套在窄袖衫外。后期由于衫袖变宽，半袖便套不进去，因此穿的人也就少了。半袖也是域外传入的服装，史籍记载不多。据《旧唐书》卷四五《舆服志》载，当时的女官们平时供奉要穿“半袖裙襦”，其样式从陕西出土的唐代永泰公主墓壁画中可以看到。

---

① 《全唐诗》卷八八九李存勗《阳台梦》，第10041页。

② 《全唐诗》卷四四八白居易《绣妇叹》，第5051页。

③ 《事物纪原》卷三《帔》，第150页。

帽类　妇女戴帽早在唐前期就已经成为时尚。帽的种类有多种，其中有特色的是幂篱与帏帽。幂篱是北朝时从北方和西域传入的一种女帽，样子像笠状帽，帽檐周围下垂有网帷，称之为“裙”，长可过膝，可以将骑在马上的妇女全身遮蔽。这种帽子在唐初并没有流行多久，到高宗永徽（650—655）以后，戴幂篱的人少了，而帏帽却开始流行了。帏帽也是斗笠状帽子，四周垂布帛或网，比较短，只垂到脖子，也许是由幂篱发展而来。到中宗朝（705—710）时，幂篱彻底消失，帏帽大行于世。再往后到玄宗开元年间（713—741），戴帏帽的也不多了，很多妇女又喜戴胡帽了。这种胡帽原是西域或吐蕃人所戴的帽子，种类有许多，一般说来都是顶比较尖，有帽耳但向上翻，有的缀有毛皮或毡，多数都有绣花。大约是在玄宗以后，妇女们又喜欢什么帽子都不戴，“露髻”出行了。但根据文献记载，唐后期仍有戴帽、戴笠或戴柘枝花帽子的妇女，不过终究比较少了。

新疆阿斯塔那墓出土的唐代女骑俑（头戴幂篱、面纱）

唐郑仁泰墓出土的戴帏帽的女俑

鞋类　鞋类在唐代有履、鞋、靴、屐等。从史籍记载看，大多数情况下称鞋为履。履有高头、小头和平头之分，此外还有笏头履、重台履、雀头履、百合履、五杂履、半月履、五色履等。从制作材料看，则有丝履、麻履、革履、珠履、草履、锦履、帛履等。除了履之外，唐代多称“线鞋”为鞋，男女皆穿，唐初妇女穿得更多，主要是因其轻巧方便。履、鞋之外，靴则有红锦靴，屐则有木屐、皮屐。大致来说，唐朝前期穿靴履的多，后期穿鞋的多，而穿屐的则无论前后期都比较少，有时只在特定的场合穿着。

（三）太子与太子妃服饰

唐朝在唐高祖武德时期规定：太子的服饰分为五等，即衮冕、具服远游三梁冠、公服远游冠、乌纱帽、平巾帻等。太宗贞观以后，又增加了弁服、进德冠二等，这样太子的服饰总共达到了七等。

衮冕 白珠九旒，犀簪导（犀牛角制成固定冠的簪子），玄衣（黑色的上衣），纁裳（红色的下衣）。共有九种图案，其中上衣五种，即龙、山、雉、火、宗彝；下衣四种，即藻、粉米、黼、黻等。穿朱袜、赤靴。侍从皇帝祭祀及谒宗庙，加元服，纳妃时则穿之。

具服远游三梁冠 施珠翠，黑介帻，犀簪导，绛纱袍，白纱中单，白裙襦，白袜，黑色的靴。用于谒庙还宫、元日、冬至朝会、祭祀先师先圣时穿戴。

公服远游冠 绛纱单衣、白裙襦、白袜、乌皮履，其他同于具服远游三梁冠。用于五日常服，元日、冬至接受宫官朝拜之时。

乌纱帽 白裙襦、白袜、乌皮履。用于平日处理公务及举办宴会、会见宾客之时。

平巾帻 紫褶，白裤，乘马时则穿戴之。

弁服 弁以鹿皮制作，犀簪导，绛纱衣，素裳，革带，白袜，乌皮履。参加每月初一、十五举行的朔望朝会时穿戴，平时处理公务时也可以穿这种服装。

进德冠 冠以黄金装饰，加九串玉饰，穿常服及白练裙襦时戴之；如穿裤褶（一种胡服）时，则与平巾帻配合穿戴。

在唐朝前期还能坚持以上这些规定，高宗永徽以后，太子只穿衮冕、具服（上朝时的服饰，即上面所说的远游三梁冠）、公服（等级比具服低，即上面所说的远游冠），如果乘马穿裤褶，则戴进德冠，其余服饰并废。玄宗开元二十六年时，册立肃宗为太子时，主持礼仪的部门拟定太子要穿绛纱袍，而与皇帝在这种场合的穿戴略有相同之处，太子上表推辞表示不敢当。经过大臣们的讨论后，玄宗决定将太子的具服改名为朱明服，以示区别。

太子妃的服饰分为三等，即褕翟、鞠衣、钿钗礼衣，下面简要介绍一下：

褕翟 基本色调为青色，素纱中单，革带，青袜，舄加金饰。是接受册命、参加祭祀、朝会等大事时所穿的服饰。

鞠衣 基本色调为黄色，以罗制成，形制与褕翟相同，所不同的只是色调以及图案种类有所减少而已，是太子妃跟随皇后参加祭先蚕之礼时穿的一种服饰。

钿钗礼衣 色调为杂色，腰带双佩，形制与皇后鞠衣相同，与之不同的是，皇后头戴十二钿，而太子妃只许戴九钿。是太子妃设宴、会见宾客时的服饰。

至于太子妃的便服，与其他内外命妇一样，并没有统一规定，其详细情况见前述。

三、卤簿与朝仪

皇帝坐朝称之为衙，在宫中正殿坐朝称为正衙，如果出行则称之为驾，采用全套仪仗称之为大驾，其次有法驾、小驾等。皇帝不论坐朝或是出行，其所用的仪仗都可称为卤簿，这种制度叫卤簿之制。下面分别对正衙坐朝及出行的仪仗做一简要介绍。

唐朝皇帝举行正衙朝会时，其仪仗由三卫卫士承担，分称为供奉仗、亲仗、勋仗、翊仗、散手仗，统称为“衙内五仗”。卫士们头戴鹖冠，身穿衫夹，或穿绯绝背心，绣野马图案，带刀仗列于东西两廊之下。每月以四十六人立于内廊閤门外，由金吾将军、中郎将以下军官押领，称之为内仗。在朝堂之上则置左右引驾、三卫六十人，分为五番。此外还有引驾佽飞六十六人，分为六番，每一番都有军官一人押领。皇帝坐朝之时，引驾升殿，由左右金吾卫大将军分别押领，称之为押引驾官；其下有中郎将、郎将各一人，称之为检校引驾事；再下面有千牛仗，由千牛备身、备身左右充当。所有军官、卫士都要持御刀带弓箭，分列于御座的两边。

每到元日、冬至等大朝会、接见或宴请外国国王、诸族首领，除了以上这些仪仗外，还在殿陛广庭之中列有黄麾仗、乐县、五辂、五副辂、属车、舆辇、伞扇等仪物。此时仪仗的规模都很大，如黄麾仗的卫士就达二千八百八十人，分左右两厢执仗而立。其他各队卫士的服饰、羽仪、旗幡及手中所持的兵仗，均按五方颜色配置，五彩缤纷，极其华丽壮观，卫士穿鍪、甲，持弓、矢、刀、盾等，也随旗仗的颜色而各不相同。各队的旗帜图案也不相同，作为不同队的标识，旗帜上有麒麟、赤熊、凤凰、五牛、白狼、玉马、金牛、犀牛等图案。各色旗队五彩交杂，排列整齐，各队盔甲服饰鲜明艳丽，光耀天日，旌旗招展，非常壮观华丽。根据文献记载，唐朝的马步仪仗总人数达到一万一千二百二十三人，充分地展示了帝王仪卫的威武与壮丽场面。元日、冬至大朝会通常在含元殿举行。

每到举办以上这些大规模的朝会时，正殿上都陈设黼扆、蹑席、熏炉、香案。由御史大夫领其下属官员先到殿的西庑，传呼百官入殿各就班位。监察御史二人分立于东西朝堂砖道上，监督百官就位。天色放明时，清点百官人数完毕后，宫中内门大开，监察御史领百官入宫，夹阶站立，监门校尉二人手持门籍点名，称之为“唱籍”。其他诸门都要照此办理。通常在通乾、观象门南排好队伍，文官队伍从宣政东门而入，武官队伍从西门入，便可进入正殿宣政殿。如皇帝在紫宸殿坐朝，就要进入东、西上閤门，然后就可到达紫宸殿了。宰相以及中书、门下两省官员分班站立香案前，百官分立于殿廷左右，左右巡使分立于钟楼之下，监察殿廷礼仪。侍中上奏“外办”，皇帝从西序门步行而出，伞扇相合，皇帝在御座就座后，伞扇才打开。左右金吾将军一人奏“左右厢内外平安”，通事舍人协同宰相及百官再拜。议事或接见完毕后，皇帝自东序门进入后宫。在不同的朝会上，仪仗的规模也不相同，如宴见外国或少数民族首领，只立一半仗于两廊。如果是朔望朝，即每月的初一和十五日举行的大朝会或外国少数民族首领辞见，仪仗也减半，但增加纛、矟队。坐朝时如果遇到日食、大雾、沙尘，则内外诸门及全部仪仗都要出动。

皇帝出行之时，由侍中版奏“请中严”，有关部门陈设卤簿，诸卫分率卫士列队执仗于殿廷。通事舍人引百官立于朝堂，侍中、中书令以下奉迎皇帝于西阶，侍中负玺宝，乘黄令进车舆于太极殿西阶（在大明宫则指宣政殿）。奏毕“外办”后，太仆卿执辔，皇帝乘辇徐徐而出，升车，黄门侍郎上前奏“请发”，然后御车起动。这时卫士负责警跸，击鼓传音。大驾出承天门（在大明宫则出丹凤门），侍臣乘马，侍卫官分别督率其下属护驾。大队仪仗出动，由万年县令为先导，再次是京兆牧、太常卿、司徒、御史大夫、兵部尚书等乘辂车而行，其次是卤簿仪卫依次列队执仗而行。

仪仗的顺序是这样的，在辂车之后是清游队，由左右金吾卫大将军分别领队，卫士们带弓箭、横刀，顶盔披甲，乘马分成两排。再下来是朱雀队，后面有指南车、记里鼓车、白鹭车、鸾旗车、辟恶车、皮轩车，皆由四匹马驾车。这其后是鼓吹队、持戟前队、左青龙右白虎旗、左右卫将军、左右厢、玉辂、衙门旗、大伞二、后持戟队、黄麾、乘黄令、左右威卫折冲都尉、诸卫马队、玄武队等。这些队伍执有各色旗帜、兵器、伞扇、花盖、幢麾以及其他各种仪物，种类繁多。仅伞扇就有大伞、雉尾扇、小雉尾扇、朱画团扇等，旗有辟邪旗、应龙旗、玉马旗、角兽旗、黄龙负图旗、黄鹿旗、飞麟旗、鸾旗、凤旗、飞黄旗、赤熊旗、五兕旗、太平旗、犀牛旗、驺牙旗、苍乌旗、白狼旗、龙马旗、金牛旗等。卫士所持的兵器也非常精美，以刀为例，有金装仪刀、银装仪刀、金装长刀、银装长刀、横刀、御刀、仪刀等各种名目。各队的服色、图案各不一样，分为朱、黄、黑、青、白等色泽。由左右监门卫大将军、将军、中郎将等，骑马往来巡行，维持仪仗队伍的整齐严肃，另有左右金吾卫将军、果毅都尉等，专门纠察仗内不法之事。

所谓法驾与小驾，也是皇帝出行时卤簿的一种，只是规模比大驾小一些而已。如法驾，比大驾减少太常卿、司徒、兵部尚书、白鹭车、辟恶车、大辇、五副辂、安车、四望车，还要再减少四辆属车，清游队、持钑队、玄武队皆减四之一，鼓吹队减三之一。如是小驾，比大驾减少御史大夫、指南车、记里鼓车、鸾旗车、皮轩车、象革木三辂、耕根车、羊车、黄钺车、豹尾车、属车、小辇、小舆等，诸队及鼓吹减大驾的一半。

太皇太后、皇太后、皇后、嫔妃、皇太子、太子妃、亲王、公主等皇室中人出入之时，也皆有规模不等的仪仗队伍，这里就不再叙述了。

四、宫廷妇女的面妆发式

唐代宫廷妇女的面饰就是在脸上涂粉抹胭脂，一般都涂白粉，有时也涂红粉，但是也有不涂脂粉的，这种情况往往发生在那些长得非常漂亮的妇女身上，她们自炫美貌，所以不愿涂脂粉。还有一种情况，就是受吐蕃妆饰的影响，在宪宗元和时期，许多妇女皆不涂脂粉，谓之时世妆。除了涂脂粉外，妇女们面部还有以下妆饰：

唐代黛眉妆妇女

画眉　唐代流行的画眉名目很多，如横云眉、斜月眉、小山眉、垂珠眉、五岳眉、月棱眉等，如从形状来区分，主要有八字眉、柳叶眉、蛾眉等几种画眉样式。从画眉所用的颜色看，主要有黑色、绿色、翠色等。所谓八字眉，大约出现在8世纪中叶，受吐蕃风气的影响，一度流行八字眉，就是将眉毛画成“八”字形，与人哭泣时的眉形相似，所以这种妆饰又称“啼眉妆”。柳叶眉，是指将眉毛描成细而长的形状，所谓“纤纤初月上鸦黄”[①]中的“纤纤初月”四字就是指柳眉。蛾眉，是一种比较粗的眉，即阔眉。初唐时就有这种眉式存在，但眉形比较长，盛唐以后蛾眉开始变短，并向上翘。

额黄 指妇女在额头上涂黄粉的化妆方式。唐诗中的“半额微黄金缕衣”之句描写的就是妇女用黄粉涂额。至于其所用黄粉由何物制成，目前尚不清楚。

花钿 也叫花子、媚子，是一种将各种各样的花样贴在眉心的化妆方式。从出土资料看，花钿有十余种样式，如圆形、菱形、月形、牛角形等，颜色以红、绿、黄为主。制作花钿的材料有金箔、彩纸、鱼鳃骨、鲥鳞、茶油等。

面靥 就是用丹或墨在脸颊上点点儿的一种妆饰，点出的点儿很像一颗痣。这种化妆方法在内地及宫廷中都非常流行，甚至在西域一带也很流行。

唐代面靥妆妇女

点唇 这是面部化妆中非常重要的部分，可以起到画龙点睛的作用，所以很受重视。唐代点唇的名目繁多，有石榴娇、大红春、小红春、嫩吴香、半边娇、万金红、圣檀心、露珠儿、内家圆、天宫巧、淡红心、腥腥晕、小朱龙、格双唐、眉花奴等。通常都是涂成红色，但是在元和年间，由于受吐蕃风气的影响，一度出现点“乌唇”的习俗，即点成黑色。白居易《时世

① 《全唐诗》卷四一卢照邻《长安古意》，第519页。

妆》所云的“乌膏注唇唇似泥”，[①]就是指这种点唇习俗。

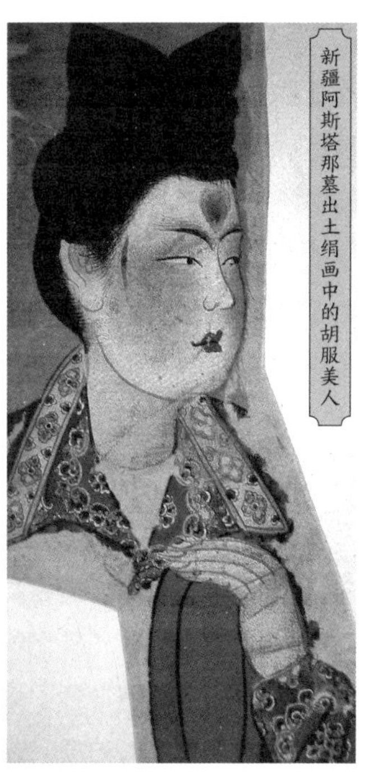
新疆阿斯塔那墓出土绢画中的胡服美人

唐代长安妇女的发型比较复杂，名目很多，如凌云髻、祥云髻、朝云近香髻、归秦髻、奉仙髻、归顺髻、愁来髻、飞髻、同心髻、反绾髻、九真髻、交心髻、百合髻等，这些髻今天已多不可考。唐代妇女的发型前后变化很大，唐初流行高髻，即将头发梳得很高。另有一种低髻叫倭堕髻，与高髻正好相反，分为两边，一边多一边少。盛唐时流行假髻，也称义髻，即假发。另外还有一种堕马髻，就是发髻侧向一边。此外，还有乌蛮髻、椎髻，这些都是受少数民族影响而流行的发型。鬟髻，是一种环形的发髻，即把头发梳成中空的环形，多为未婚女子所梳，有高、低、短、双、圆、垂等鬟式。

唐代粉彩莲花髻女立俑

唐代单刀半翻髻彩釉女立俑

① 《白居易诗集校注》卷四《时世妆》，第402页。

榆林窟唐五彩贵族妇女壁画

唐朝宫廷妇女的发饰主要是簪、钗、珠翠、花等。簪，又称搔头，用来束发，贵族妇女多用金、银、玉等贵重材料制成。钗是妇女插在发髻上的装饰品，用金、银、玉、角、牙、铜等制成，形状多为龙、凤、花、鸟等。簪通常只用一支，而钗则可以用多枚，通常为两枚，多者也有十数枚。有的钗上缀有珠翠，走动时不断地晃动，所以称为步摇。一般来说，钗的制作比较复杂，钗头上有各种图案和各种形状的垂饰物。钗往往一式两件，图案相同，但方向相反，便于左右对插。所谓珠翠是指镶缀在簪、钗上的装饰物。花则是唐代妇女最常见的发饰，这些花多为鲜花，也有用金、银、珠、玉制成的各种花形装饰物。金、银、玉质的首饰多为后妃所用，至于普通宫人则只能使用角、牙、铜质的首饰了。

五、宫廷宴会

唐代宫廷宴会的名目非常繁多，从类别上看，既有皇帝给臣下或外国使臣、少数民族首领的赐宴，也有节日、庆典、喜庆之时的节庆宴。具体情况如下：

赐宴　唐朝皇帝接见某些重要的臣僚，或者接待外国重要使者、少数民族首领，往往要举办大型宴会，并召集群臣入宴作陪，旧史一般称这类宴会为“赐宴”。这种宴会的规格非常之高，场面十分壮观，除了有丰盛的菜肴外，往往还有大型的乐舞助兴。

除夕之宴　每年除夕之时，唐人有守岁的习俗，人们围坐在一起，辞旧迎新，等待元旦的来临，整个除夕的大部分时间都是在宴会中度过的。届时宫中也会摆设守岁宴席，皇家子孙、后妃、亲族共同陪皇帝度此良宵。在举办这种宴会时，皇帝往往也会请亲近大臣入宫赴宴，并且让大家赋诗作乐，君臣同乐。

唐代鎏金胡人伎乐八棱银杯

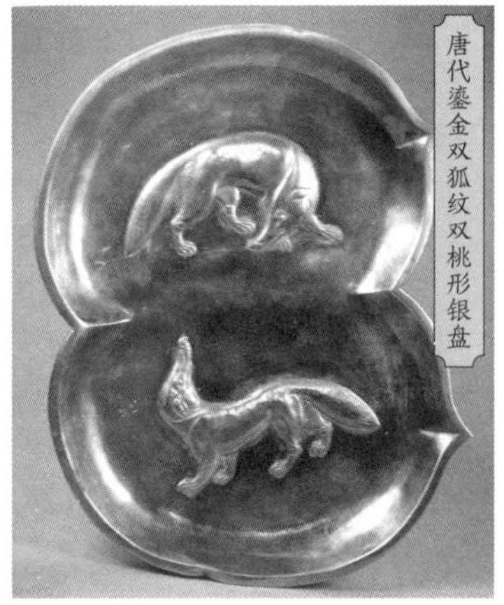

唐代鎏金双狐纹双桃形银盘

人日宴　正月七日为人日，唐人视此为佳节。此日皇帝均要在宫中举行盛大宴会，宴犒群臣。届时还有歌舞助兴，此时也是文人雅士显露才华的好时机，皇帝往往命文臣赋诗助兴，称之为应制诗。如中宗曾在清晖阁举办人日宴，时值天降瑞雪，中宗大喜，遂命所有的文臣都赋诗一首，而这些诗多以为皇帝歌功颂德为内容。

临光宴　唐朝在每年正月十五日举行临光宴。如玄宗时，曾于常春殿举行临光宴，史载每当此时宫中各种花灯争相斗妍，除奏乐欢饮外，宴中还撒闽江锦荔枝千万颗，令宫人争拾，拾得多者赏给红圈帔和绿晕衫。

寒食、清明宴　每年寒食、清明时节，唐人除了举行各种节令庆祝活动和娱乐活动外，按例还要举行宴会，由于这两个节令相近，所以往往被视为同一节日。届时皇宫要举办寒食内宴，按照民间习俗，此时不能动烟火，所以这种宴会只能吃冷食，观看百戏表演。官僚贵族及平民也都要在自己家中举行类似的宴会。

七夕宴　七月七日之夜，唐人称为七夕，相传此夜是牛郎与织女的相会之期，人们都要为他们的相会庆贺，于是便产生了“乞巧”的习俗。每到此时，妇女们都要在夜空之下摆瓜果酒宴，开展乞巧活动。妇女们以瓜果为宴肴，向天神祈祀，同时奏乐歌唱，以示娱乐。届时宫中以锦结成楼殿，高百尺，陈以瓜果酒炙，以祀牛、织二星。妃嫔们各以九孔针、五色线，向月穿之，能穿过者为得巧之征候。这种欢娱往往通宵达旦，士民之家也纷纷仿效。

中秋宴　八月十五日为中秋节，唐人在赏月之际，往往也略备酒宴，以增加欢娱的气氛，有时还邀请好友共同赏月。这种赏月的风气，不论在宫廷还是在民间，均是如此。

重阳宴　九月九日是重阳节，又叫重九节，唐人喜欢在这一天登高聚宴。宫廷中每到这个节日也要举办宴会，饮用菊花酒，并召集臣僚参加。在宴会中除了歌舞外，照例仍由文臣赋诗助兴。

上巳曲江游宴　曲江池是唐都长安的重要风景游览区，由秦汉时期的宜春苑扩建而成。唐代上自帝王将相，下至市民百姓，常在这里举行各种宴会，遂成长安一俗，其中上巳这一节日举行的曲江宴在唐代影响最大。上巳，指农历三月上旬的巳日，通常指三月三日。这一天，长安城中士女都要到曲江池踏春，杜甫的诗句“三月三日天气新，长安水边多丽人”[①]指的就是上巳日游春欢宴的场景。从史书记载的情况看，皇帝举行宴会的地点均在曲江亭，并且邀请百官参加，除非有特殊情况发生，这一宴会通常是不会无故停办的。

唐镶金兽首玛瑙杯

中和曲江宴　这是唐朝皇帝在曲江举办的宴会。德宗采用李泌的建议，于贞元五年宣布废正月晦日之节，改成二月一日为节，节名中和。

① 《全唐诗》卷二五杜甫《丽人行》，第336页。

到了这一天，全国官员放假一日，皇帝于曲江亭赐宴群臣。宴会举办时除了游乐之外，皇帝还要赐给群臣尺子、刀具，表示对官吏正确裁度政务的重视；官员则要进献农书，表示崇本勤政。有时皇帝还赐予官员御制诗，而大臣们也要赋诗唱和。

百官春宴　开元十八年二月，玄宗诏令百官于春月旬休，选寻胜地，游宴行乐。从宰相到员外郎，凡十二筵，各赐钱以为酒食之资。有时玄宗还在兴庆宫花萼楼邀请留守长安和春游归来的官员，与之共饮，并命大家起舞以尽欢，气氛十分热烈。

生辰宴　生辰日祝寿始于南朝梁，盛于唐。开元年间，玄宗定其生日为千秋节，不仅大宴百官，而且全国都要举行庆典，并放假三日。后来的唐朝皇帝多将其生日定为全国性的节日，并举行类似活动。上行下效，其他人等生日也常设宴庆贺，以长安尤盛。其宴多以汤饼为主食，民间称为长命面。此风俗一直传到后代，至今未衰。

烧尾宴　这种宴会始于中宗时期，大臣初拜官，按惯例要出资宴请皇帝，名曰“烧尾”，取“神龙烧尾，直上青云”之意。一说虎变成人时，其尾不变，须烧掉其尾才能成人。一说新羊初入群，受群羊抵触，须烧焦新羊之尾才能合群。一说鱼跃龙门，凡跃上龙门之鱼，必由天火烧掉鱼尾，方可变为真龙。

除了以上这些宴会外，在庆祝新帝即位、册太子、改元、郊庙等情况下，照例也要举行盛大的宴会。有时为了庆祝农业丰收，或者其他重大喜庆之事，如皇帝生子生孙，取得重大军事胜利等，也会举行宴会庆祝。如高宗刚当太子不久，其子李忠就出生了，便在东宫举行宴会庆贺。这时，太宗来到了，他高兴地对侍臣说：“朕始有孙，欲共为乐。”[1]宴会高潮时，太宗亲自起舞，群臣随之起舞，赏赐甚厚，尽欢而罢。再如唐朝平定李怀光之乱后，德宗一次赐二十万匹绢帛充作宴会之资。唐朝把重大庆典时举行的宴会称之为大酺或赐酺，这种宴会往往规模很大，有时甚至持续三至五日，在武则天时期更是达到七至九日。大

① 《新唐书》卷八一《燕王忠传》，第3586页。

酺之时，不仅宫中，城乡皆要举行盛大的活动，除了赐予酒食外，往往还举行百戏、舞马等表演活动。《开天传信记》记载了玄宗时一次大酺时的盛况，很有典型性，录之如下：

> 上御勤政楼大酺，纵士庶观看。百戏竞作，人物填咽。金吾卫士白棒雨下，不能制止。上患之，谓力士曰："吾以海内丰稔，四方无事，故盛为宴乐，与百姓同欢，不知下人喧乱如此，汝何方止之？"力士曰："臣不能也，陛下试召严安之处分打场，以臣所见，必有可观。"上从之。安之到，则周行广场，以手板画地，示众曰："逾此者死！"以是终五日酺宴，咸指其地画曰："严公界境。"无一人敢犯者。[①]

这是一段表现了严安之执法严明的记载，通过这一记载，也展现了大酺期间万众狂欢的盛大场面，以致负责维护京城治安的金吾卫将士用棍棒都难以弹压，可见人数之众多，场面之宏大。

宴会菜单与特色食品 唐代宫廷宴会的菜单由于年代久远，加之史料散佚等缘故，已经无法考知，现能知道的只有一些零星的菜肴名称，仅存的一份唐代宴会菜单，便是唐代大臣韦巨源任尚书令时举办的烧尾宴菜单。[②]这份菜单见《清异录》一书，一共记录了五十八种佳肴名点，名称如下：

> 单笼金乳酥、曼陀样夹饼、巨胜奴、婆罗门轻高面、贵妃红、七返膏、金铃炙、御黄王母饭、通花软牛肠、光明虾炙、生进二十四气馄饨、生进鸭花汤饼、同心生结脯、见风消、金银夹花平截、火焰盏口䭔、冷蟾儿羹、唐安餤、水晶龙凤糕、双拌方破饼、玉露团、汉宫棋、长生粥、天花饆饠、赐绯含香

① 《开元天宝遗事十种》载郑綮《开天传信记》，第52页。

② 韦巨源未担任过尚书令，充任过侍中、中书令，此处尚书令当为中书令之误。

> 粽子、甜雪、八方寒食饼、素蒸音声部、白龙臛、金粟平䭔、凤凰胎、羊皮花丝、逡巡酱、乳酿鱼、丁子香淋脍、葱醋鸡、吴兴连带鲊、西江料、红羊枝杖、升平炙、八仙盘、雪婴儿、仙人脔、小天酥、分装蒸腊熊、卯羹、清凉臛碎、箸头春、暖寒花酿驴蒸、水炼犊、五生盘、格食、过门香、缠花云梦肉、红罗饤、遍地锦装鳖、蕃体间缕宝相肝、汤浴绣丸。[1]

这个菜单并没有包含烧尾宴的全部菜点，只是《清异录》的撰者陶谷在韦氏家中存留下来的食账中择其奇异的菜点抄录了下来，也就是说唐代烧尾宴所上的菜点数量要远超于此。其实唐代的名菜并不仅于此，如“辋川小样”就是长安的一道名菜，由尼姑梵正根据王维《辋川图》创制。辋川位于蓝田竹篑山，风景优雅，唐初为宋之问别墅，后转手于王维。王维绘制了辋川二十景图，并请裴迪为辋川图赋诗二十首。梵正精于庖厨，用鲊、臛、脍、脯、醢、酱、瓜果、蔬菜等不同食品原料，用

① 《宋元笔记小说大观》载陶谷《清异录》卷下《馔羞类》，第124—125页。按：删去了每道菜后小字注释。

二十个盘饤，簇成山水形状，每道菜拼成辋川图中的一景，合起来即为“辋川小样”。这一大型花式拼盘极为精致雅观，时人多有观赏样品而不忍食之者。再如“五福饼”，实际上是五种小饼，饼的馅料各不相同，共有五种不同的味道，故称为“五福饼”。逍遥炙，这是睿宗赐给金仙公主、玉真公玉的一道菜。其余还有所谓“飞鸾脍”“龙须炙”“千金碎香饼子”“修羊宝卷”“花折鹅糕”“鱼羊仙料”“汤装浮萍面”等，都是唐代有名的菜点。

六、宫廷游艺

（一）博弈类

唐代宫廷内从事的游艺活动种类繁多，尤其是在节庆或春深时节最为活跃。其中博弈类的活动主要有围棋、象棋、双陆、弹棋、握槊、叶子戏、选格、龟背戏、钱戏、蹙融、藏钩等，下面择其要者介绍如下：

围棋　为中国非常古老的游艺项目，早在春秋时代就已经见于记载，六朝时已经十分盛行。到了隋唐时期，文人学士均好此道，人们往往以“琴棋书画”来描述士大夫高雅、闲适的生活，而围棋地位尤其重要。在宫廷中也颇流行弈棋，皇帝还特别在翰林院置“棋待诏”一职，选第一流的高手充任此职，他们除侍奉皇帝外，有时还教宫人弈棋。著名棋手王积薪、顾师言、王倚等都是棋待诏。著名政治家王叔文，最初就是以棋待诏的身份步入唐代政治舞台的。在这些围棋高手中，最著名的当属王积薪。王积薪是玄宗时人，他每次出游时，都要携带围棋棋具，画纸为局，道上

唐代琉璃围棋子

即使遇到普通民众，也愿意与之对局，如果获胜则要求对方供给酒饭，饱餐而去。据载，玄宗也酷好弈棋，王积薪一次与玄宗博弈，琵琶名手贺怀智在一旁弹奏，杨贵妃抱着从康国进贡的哈巴狗坐在旁边观看。玄宗将要输的时候，贵妃就示意小狗跳上棋枰，将棋局扰乱，玄宗大喜。

围绕着围棋还产生了许多流传千古的美谈。据说政治家李泌幼时以神童著称，在开元十六年七岁时，被玄宗召入宫中。正碰上玄宗与张说一起观看弈棋，张说出题，要李泌以“方圆动静”为题作诗。张说怕他年幼不解题义，自己先以围棋为比喻作了一首：“方如棋局，圆如棋子，动如棋生，静如棋死。”李泌听完，随口便吟道：“方如行义，圆如用智，动如逞才，静如遂意。”[①]这种对围棋的解释，已经与中华古老文明中对人生智慧的理解凝聚在一起了。唐人视下围棋如两军对阵，既有凌厉的攻势，也有不动声色的斗智；或以静制动，或长驱直入。布局行棋，千变万化。小小围棋，却蕴涵着很大的学问。故大诗人元稹有“运智讬围棋”[②]之说，杜荀鹤则有“对面不相见，用心同用兵”[③]的说法，这些都是唐人对围棋棋理深刻理解的反映。下围棋不仅有消遣的作用，一些唐人还将它作为会友，甚至是修心养性的方式。

此外，围棋还是这一时期对外文化交流的一个重要方面。棋待诏顾师言是唐朝围棋的国手。唐宣宗大中（847—859）初年，日本国王子入唐朝贡。这位王子善于弈棋，在本国号称第一，他还带来了楸玉棋局和自然生成的冷暖玉棋子，这种棋子具有冬暖夏凉的特性。宣宗令顾师言与王子对弈，王子战败。王子问鸿胪卿：“顾待诏是贵国第几国手？”鸿胪卿回答说：“第三国手。”王子请求与第一国手对弈，鸿胪卿说：“王子胜得第三，方得见第二；胜第二，方得见第一。没有胜得第三如何能见第一国手呢？”王子无奈，掩局感叹：“小国第一，不如大国第

① 《太平广记》卷三八《李泌》，第238页。

② 〔唐〕元稹：《元稹集》卷一〇《酬翰林白学士代书一百韵并序》，中华书局2010年版，第133页。

③ 《全唐诗》卷六九一《观棋》，第7947页。

三。”[1]在唐代还有一些外国人也是围棋高手，如新罗人朴球甚至因棋艺出众，曾担任过唐朝宫廷中的棋待诏。唐代诗人张乔在送别朴球归国的诗中称：“海东谁敌手，归去道应孤。阙下传新势，船中覆旧图。”[2]对他的棋艺称赏不已。

围棋也是唐代宫廷妇女乐于参与的一项活动，唐朝的宫廷中就有教授棋艺的教师，这就是宫教博士。

象棋　在唐代不如围棋普及广泛，不仅在民间，就是在宫廷中亦是如此。如太宗曾读周武帝所撰《三局象经》，“不晓其旨”，后来起居郎吕才花了一晚上的时间进行推演，然后画图为太宗解释。[3]可见在当时了解象棋的人还是非常少的。不过太子洗马蔡允恭却声称他在年少时曾玩过象棋，这说明在民间尤其青少年中流行过象棋。随着象棋活动的不断流行，至迟在武则天时期宫廷中已经开始流行此项活动了。据《狄梁公九谏》第六记载：“武则天梦与大罗天女对手着棋，局中有子，旋被打将，频输天女。”“打将”一词应是象棋术语，说明两人所下的正是象棋。这条资料所述虽是梦境，然必是现实生活中实际情况的反映。到了唐朝中期，象棋的流行更加广泛，诗人李端的诗云：“争路忽摧车，……围棋智不如。”[4]是说自己的围棋技艺不精，但却精于象棋。大诗人白居易诗句：“鼓应投壶马，兵冲象戏车”[5]吟咏的也是象棋。这些诗句都说明象棋已经在唐代逐渐普及开来了。

双陆　也是唐代颇为流行的一种博弈活动。这种活动在宫廷非常流行，皇帝、后妃、宫女等无不喜爱。双陆有许多不同的玩法，《唐国史补》卷下载：“子有黄黑各十五，掷采之骰有二。”对局时先掷骰子，以所掷之点数行棋。日本的《双陆锦囊抄》一书中说：“棋盘上下各十二道，棋子黑白各十五枚。黑棋自上左向右行，复由下右向左行；

---

① 《杜阳杂编》卷下，第1392—1393页。

② 《全唐诗》卷六三八张乔《送棋待诏朴球归新罗》，第7308页。

③ 《旧唐书》卷七九《吕才传》，第2720页。

④ 《全唐诗》卷二八六《哭张南史因寄南史侄叔宗》，第3277页。

⑤ 《白居易诗集校注》卷二六《和春深二十首（其十七）》，第2082页。

白棋由下左向右行，复由上右向左行。二人对坐，轮流掷骰子行棋。骰子二枚，每枚上下左右前后六面标上点子……。”六面共计二十一点，根据所掷点数的多少，决定棋走多少步。可是《资治通鉴》卷二〇八唐中宗神龙元年二月条胡三省注却说：“双陆者，投琼以行十二棋，各行六棋，故谓之双陆。”引文中所说的“琼”，即指骰子。据此可知，玩此博戏者双方各有六枚棋子，与上面所述颇有差异，这实际上是玩法的不同所导致的记载的差异。从考古资料看，双陆的棋盘为长方形，上面确实画有纵横线。

新疆出土的唐代螺钿木双陆棋盘

唐人王建的《宫词》曰：“分朋闲坐赌樱桃，收却投壶玉腕劳。各把沈香双陆子，局中斗累阿谁高。”[1]该诗句描写了宫女们闲来无事，分成几组赌樱桃，先是玩投壶，玩累了再玩双陆的场景。从史书记载来看，剑南道合州（治今重庆市合川区）每年都向朝廷进贡土产，其中就有双陆子。可见宫中是非常流行此种游戏的。

武则天当皇帝时也喜欢玩双陆，曾“数梦双陆不胜”，召问狄仁杰是何缘故。[2]唐人薛用弱《集异记》记载了一件与双陆有关的事情，很有趣味，录之如下：

> 则天时，南海郡献集翠裘，珍丽异常。张昌宗侍侧，则天因以赐之，遂命披裘，供奉双陆。宰相狄仁杰，时入奏事，则天令升座，因命仁杰与昌宗双陆。狄拜恩就局，则天曰：“卿二人赌何物？”狄对曰：“争三筹，赌昌宗所衣毛裘。”则天谓曰：“卿以何物为对？”狄指所衣紫絁袍曰：“臣以此

① 《全唐诗》卷三〇二《宫词》，第3444页。

② 《新唐书》卷一一五《狄仁杰传》，第4212页。

> 敌。”则天笑曰：“卿未知，此裘价逾千金，卿之所指，为不等矣。”狄起曰：“臣此袍乃大臣朝见奏对之衣，昌宗所衣乃嬖幸宠遇之服，对臣此袍，臣犹怏怏。”则天业已处分，遂依其说，而昌宗心赧神沮，气势索寞，累局连北。狄对御，就脱其裘，拜恩而出。至光范门，遂付家奴衣之，促马而去。[①]

从这一段记载可以看出，唐人在玩双陆时往往都以钱物作为赌注。中宗也是一位喜好玩双陆的皇帝，他不仅自己与皇后玩，有时还召臣下与皇后玩。据载：中宗曾召武三思入宫，升御床，与皇后韦氏玩双陆，“帝为点筹，以为欢笑”[②]。

弹棋　在唐代曾广泛流行，宫中亦不例外。王建《宫词》云：“弹棋玉指两参差，背局临虚斗著危。先打角头红子落，上三金字半边垂。”[③]可见弹棋在宫女中非常流行。关于其玩法，唐人柳宗元在《弹棋序》中曾言及，大意是：共有子二十四枚，一半为红子，即所谓“贵子”，谓之上；一半为黑子，即所谓“贱子”，谓之下。贱子二可敌贵子一，以贵击贵，以贱击贱，不得已才以贵子击贱子。在木制棋盘（局）中双方互击，要求玩者击得又准又快。[④]至于如何计算胜负，早在宋代时已不知其所以然了。

握槊　也叫长行，也是唐代非常流行的一种游戏。《唐国史补》卷下载：“今之博戏，有长行最盛。其具有局、有子，子有黄黑各十五，掷采之骰有二，其法生于握槊，变于双陆。……后人新意，长行出焉。又有小双陆、围透、大点、小点、游谈、凤翼之名，然无如长行也。”可以看出握槊子分为黄、黑两色，其与双陆的不同处是，握槊子比双陆子多，从而增加了游戏的复杂性。

唐太宗就非常喜欢玩握槊。史载：丹阳公主下嫁薛万彻，因薛万彻

---

① 《太平广记》卷四〇五《集翠裘》，第3267页。

② 《旧唐书》卷五一《后妃传上》，第2172页。

③ 《全唐诗》卷三〇二《宫词》，第3446页。

④ 〔唐〕柳宗元：《柳宗元集》卷二四《序棋》，中华书局1979年版，第648页。

“村气”，也就是不那么潇洒，因而公主不喜欢，不与其同席者数月。太宗知道这件事后，把他们召入宫中，置酒欢宴。并且还招来了其他驸马一同饮宴，在宴间太宗以其所佩御刀作赌注，与薛万彻玩握槊，佯装不胜，解刀赐之。公主见状大喜，与薛万彻同车而归。释皎然的《薛卿教长行歌》描写了一位长行高手，技艺冠绝于当时，也曾陪伴君主游戏，其中“名高艺绝何翩翩，几回决胜君王前”[①]一句，就是这一情况的真实描写。

唐代流行的叶子戏、选格、龟背戏、钱戏、蹙融和藏钩等游戏，由于记载零散，其玩法已不可考。从现有的这些零散记载看，在宫廷中也流行这些游戏，如太宗问高僧一行唐朝政权能够传多少世，“禅师制叶子格进之。叶子，言‘二十世李’也。当时士大夫宴集皆为之”[②]。孙光宪《北梦琐言》载：僖宗避难汉中时，“蜀先主建为禁军都头，与其侪于僧院掷骰子，六只次第相重，自么至六，人共骇之”[③]。可见选格是一种掷骰子押宝的游戏，由于其掷骰技艺高超，人们非常惊叹。钱戏是一种掷钱的游戏，《开元天宝遗事》一书说：“内庭嫔妃，每至春时，各于禁中结伴三人至五人掷金钱为戏，盖孤闷无所遣也。”此外，王建《宫词》云：“寒食内人长白打，库中先散与金钱。”[④]韦庄诗云：“内官初赐清明火，上相闲分白打钱。”[⑤]诗中描写的这种白打钱，大约也是钱戏的一种，从益州九陇尉封抱一“与同列戏白打赌钱，座下数百钱输已略尽”[⑥]一句的记载看，玩白打钱时也是要有赌注的。至于蹙融应是一种棋类游戏，藏钩则是一种猜测性的游戏，龟背戏也是一种有赌注的游

① 《全唐诗》卷八二一，第9261页。

② 〔宋〕王辟之：《渑水燕谈录》卷九《杂录》，中华书局1981年版，第110页。按：僧一行在太宗时期尚未出生，其主要活动于玄宗统治时期，故这里的“太宗”应为玄宗之误。

③ 〔五代〕孙光宪：《北梦琐言》逸文卷三《蜀先主掷骰子》，中华书局2002年版，第425页。

④ 《全唐诗》卷三〇二《宫词》，第3444页。

⑤ 《全唐诗》卷七〇〇《长安清明》，第8049页。

⑥ 〔隋〕侯白撰，董志翘笺注：《启颜录笺注》下编，中华书局2014年版，第139页。

戏，并且出自宫廷之内。唐人柳宗元的《龟背戏》一诗中的：“长安新技出宫掖，喧喧初遍王侯宅”[①]句也证实了这种游戏自宫中传出，最初流行于长安城中的贵族官僚阶层中，后来才传到民间。

（二）竞赛类

在唐代此类活动包括蹴鞠、斗花草、马球、拔河、投壶、角抵等，这些活动有一个共同特点，就是竞赛的双方或者数方都以战胜对方为目的，除了少数活动限于男子外，妇女参与的活动也很多。

蹴鞠　类似于足球运动，在唐代有了很大的发展，并由以往的实心球发展到充气球。唐之前不设球门，只要将球踢入鞠坑即可，而唐代却立两竹竿，络网于上为门，并分为两队，蹴球入门者为胜。这种活动无论是在宫中，还是在军队、民间，都非常盛行，以寒食节期间最为流行。蹴鞠仍然以男子为主，不过妇女中也有喜爱此项活动者，只是人数较少而已。在宫廷中非常流行蹴鞠，皇室宗亲中不乏酷爱此项运动者。如中宗的第三子李重俊为太子时，以杨璥、武崇训为太子宾客，他们均为青年贵族，不知如何辅佐太子，“唯以蹴鞠猥戏取狎于重俊”[②]。也就是经常与太子在一块玩蹴鞠。从史书记载来看，唐朝的皇帝中也不乏喜爱蹴鞠者，如文宗、武宗、僖宗等，有的人踢球的技艺还相当不错，僖宗就是这样的一个人。

斗花草　是在唐代妇女、儿童中颇为流行的一种活动。斗草很可能是比赛看谁采的草多的一种游戏，带有赌博性质。安乐公主就非常喜爱这项活动，说明此活动在宫廷之中也颇流行。斗花是斗花的鲜艳、美丽。为了弄到艳丽的花，富人不惜重金采买，植在院中，以备春季时斗花之用。据载：“长安王士安，春时斗花，戴插以奇花多者为胜，皆用千金市名花于庭苑中，以备春时之斗也。”[③]也有人斗花的时新，而不在于花的艳丽。有唐诗写到一名宫女为了斗花的胜利，先将一枝郁金芽藏

① 《柳宗元集》卷四三《龟背戏》，第1248页。

② 《旧唐书》卷八六《中宗诸子传》，第2837页。

③ 《开元天宝遗事》卷下，第97页。

在袖中，等别人都把好花亮出后，才突然从袖中拈出，出奇制胜。

马球　又叫波罗球，一说起源于波斯，一说起源于西藏，是一种骑在马上的以杖击球的运动。这种运动的规则缺乏记载，只能从金代人打马球的情况推知唐时的大体情况。比赛时分作两队，参加者各自乘马，手持球杖。杖长数尺，顶端略弯曲如偃月状。球略小于拳，两队共争一球。球场南竖两根木柱，两柱之间置一板，板开一孔为门，门上加网为球囊，以将球击入网囊中者为胜。也有一种说法，在球场两端相对各置一门，互相击打，击出门者为胜。唐代的球场是非常讲究的，根据唐人的描述，球场非常平实坚滑，扫除干净，没有丝毫尘土，以便于马匹往来驰骋，周围有短墙三面环绕，四周有红旗。高级的球场为了达到平实无尘的效果，竟洒油以筑球场面。

新疆出土的唐代打马球俑

唐代的马球运动对抗非常激烈，有时还隐藏着杀机，经常出现死伤，小者伤面，大者残废。如在玄宗年间的一次比赛中，荣王坠马闷绝。穆宗与内官击球于禁中，有一位内官突然坠马，使穆宗受到了极大的惊吓，罢赛归殿，足竟然不能履地，在床上躺了三天。武宗时，周宝因为善于击球，很得武宗的欢心，遂提升他为金吾将军，后来竟然因为击球瞎了一只眼睛。昭宗时，宣武节度使朱全忠子朱友伦得其令率军宿卫京师，竟在一次马球比赛中坠马而死。由于马球的这种特性，所以有人便利用这种时机来铲除敌手。如安史之乱时，常山太守王俌打算降敌，引起了其部下诸将的不满，遂利用打马球的机会使其坠马，然后纵马践踏而死。正因为马球运动具有这样的危险性，所以引起了许多人对这种运动的批评，尤其是一些大臣竭力劝说皇帝不要进行这项活动。

马球运动在唐代具有广泛性，参加的阶层比较多，上自皇帝、宗室、贵族，下至诸军将士乃至于富户及长安少年，无不喜爱这项运动。据说太宗就非常喜欢这项运动，曾亲自观看胡人打马球，以至于一些胡人知道太宗有此爱好，专门寻找机会为他表演，以讨好皇帝。睿宗时，吐蕃遣使迎娶金城公主，玄宗当时还是临淄王，他和嗣虢王李邕、驸马杨慎交、武延秀等四人，与吐蕃使团中善于打球者进行了比赛。他东西驰突，所向无前，战胜了吐蕃使团。玄宗即皇帝位后，仍然喜欢此项运动，经常观看打球。宣宗更是打球的高手，他能策马持杖，在空中运球，甚至能连击数百下，而马驰骋不止。这种高超的球艺，连神策军中善于打球的高手都赞叹不已。

长安城中的少年、军士也经常以打球为乐事，唐人李廓的《长安少年行》一诗写道："追逐轻薄伴，闲游不著绯。长拢出猎马，数换打球衣"[①]描写了长安少年打球作乐的情况。唐朝的禁军——左右神策军中都设有"打球军将"，以此技艺供奉御前。昭宗统治末期，被强藩朱全忠强迫迁都洛阳，与其同行的就有"打球供奉、内园小儿二百余人"[②]。有些军将甚至靠这种技艺而飞黄腾达。僖宗为了选择西川节度使，便命令诸将打球以赌这个职务，胜者获任，结果陈敬瑄夺得第一筹，遂被任命为西川节度使。唐时，宫中妇女中也有爱好此道者，有王建的《宫词》诗为证，诗句"殿前铺设两边楼，寒食宫人步打球。一半走来争跪拜，上棚先谢得头筹"[③]便描写了寒食节宫女们打球取乐的场景。直到五代时仍然有宫女打马球的相关记载。不过由于马的速度太快，风险较大，所以女子打球往往骑驴或步打，但也有骑马打球的情况出现。

拔河 古代又称牵钩，唐人封演的《封氏闻见记》详细地记载了拔河的规则：用粗麻绳（絙）作为主要用具，绳长四五十丈，在大绳的两头分系若干条小索，参加者将小索系在胸前，这样就更加容易用力。拔河者分为两队，相对而立，在大绳中央部位立大旗为界，然后击鼓噪

① 《全唐诗》卷二四《长安少年行》，第328页。

② 〔宋〕薛居正等：《旧五代史》卷二《梁太祖纪二》，中华书局1976年版，第35页。

③ 《全唐诗》卷三〇二《宫词》，第3444页。

叫，双方向自己本方的方向用劲牵引，“以却者为胜，就者为输”[①]。拔河除用粗麻绳外，也有用巨竹的；参与人数多时达数百人，双方的人数不一定相等，一方或多或少一点。

拔河这种活动上自宫廷，下至民间，均好此道。封演还记录了两次宫廷内部的拔河活动，一次是景龙三年二月，中宗幸玄武门，与近臣一起观看宫女拔河。另一次在景龙四年二月，中宗驾临梨园球场，命文武三品以上分为两队拔河。几个宰相与驸马为一队，另以宰相、将军为一队，结果是老臣“仆射韦巨源、少师唐休璟，年老，随絙而踣，久不能兴（起），上大笑，令左右扶起”[②]。玄宗也喜观拔河，曾在御楼前数次举办拔河比赛，参加拔河者多至千余人，“喧呼动地，蕃客庶士，观者莫不震骇”。当时的进士河东人薛胜曾经亲眼看到过这次比赛，事后撰《拔河赋》，“其辞甚美，时人竞传之”[③]。他还说此次比赛中，由于参加者人数太多，致使大绳几乎被拉断，场面极其壮观。唐人写拔河的诗赋颇多，各自从不同的角度描写了拔河时的热闹场面。

拔河不仅历史悠久，而且也是一项群众性的体育活动。传说拔河能祈丰年，早在隋代以前就有此说。玄宗也持这种说法，他在《观拔河俗戏并序》中写道：“俗传此戏，必致年丰，故命北军，以求岁稔。”[④]说明唐朝宫廷、民间举办此类活动，不仅仅是图热闹，还有祈求丰年的意义在内。唐人张说在其撰写的有关拔河题材的诗歌中也表达过同样的意思，他写道：“斗力频催鼓，争都更上筹。春来百种戏，天意在宜秋。”[⑤]秋天是收获的季节，“宜秋”二字就是说希望有一个好收成的季节到来。

投壶　是一种非常古老的游戏，早在春秋时期就已经流行了。其玩

① 〔唐〕封演撰，赵贞信校注：《封氏闻见记校注》卷六《拔河》，中华书局2005年版，第54页。

② 《封氏闻见记校注》卷六《拔河》，第55页。

③ 《封氏闻见记校注》卷六《拔河》，第55页。

④ 《全唐诗》卷三唐玄宗《观拔河俗戏并序》，第32页。

⑤ 《张说集校注》卷二《奉和观拔河（俗戏）应制》，第54页。

法是以壶象征箭靶，把短箭投入壶口内为胜。由于箭入壶中后往往反弹出来，所以旧法是在壶内装入小豆，以减缓反弹的力量。后来人们反其意而改之，创造了一种新的投法，即不在壶内装豆，使箭入壶口后反弹出来，投者以手接箭为胜，继而再投，连续不断，从而提高了游戏的难度，也增加了娱乐性。

在唐代这种游戏主要流行于士大夫中，经常在宴席间举行这种游戏以赌胜负，人们乐此不疲，经常大醉而归。有人投壶技艺很高，可以在跳跃中反手背对着壶投之，百发百中。妇女中也有人喜爱此道，唐人曹唐的《小游仙诗》就描写了这种情况，见《全唐诗》卷六四一。李白的《梁甫吟》诗句“帝旁投壶多玉女”[①]说的就是宫中妇女参加投壶的情况。后蜀花蕊夫人的《宫词》诗也写道：“摴蒱冷澹学投壶，箭倚腰身约画图。尽对君王称妙手，一人来射一人输。”[②]说明这种风气一直流传到五代十国时期的宫廷之中。不仅如此，投壶之戏还流传到高丽，《新唐书》卷二二〇《高丽传》说：“俗喜弈、投壶、蹴鞠。”即流行围棋、投壶、蹴鞠等活动。

相扑　又称角抵、较力、贯交、争交等，是一种以摔跤为主的角力运动。这种运动早在秦代就已有了，秦二世曾经在甘泉宫观赏过这种表演，汉武帝也非常喜欢观赏相扑表演。在唐代相扑因为是徒手相搏，所以又被称为“手搏”或“卞”。唐朝的皇帝如中宗、玄宗、宪宗、穆宗、敬宗、文宗、武宗、懿宗、僖宗、昭宗等，都非常喜欢观看相扑。其宫廷里专门养有角抵壮士，在内宫举行宴会时，与百戏一起表演。在特定的祭祀场合，也多有相扑表演。如文宗在举行南郊大典之前，安排仪程的官员进“相扑人”，请求文宗观看表演，文宗说自己正在清斋，此时观看此戏恐怕不大合适。左右侍臣却说：旧例早已有之，现在相扑之人已在门外等候。可见唐朝每在南郊大礼前都要观看相扑，并已成为定例。

每逢重大节庆，唐朝的皇帝除了安排表演百戏外，同时还安排有

① 《李太白全集》卷三《梁甫吟》，第171页。

② 《全唐诗》卷七九八花蕊夫人徐氏《宫词》，第8977页。

相扑表演。唐代的中央禁军中，主要指左右神策军中也有相扑之士，史籍记载了一些唐朝皇帝经常赴左右神策军观看相扑的情况。为了招募到更优秀的相扑人才，唐敬宗甚至出钱万贯，令内园使负责招募，不离其身，以便经常能够看到他们的表演。在懿宗、僖宗、昭宗等三朝，还专门设置了相扑棚，供相扑表演时使用。唐代文士周缄还专门写了一篇《角抵赋》描写表演时的情景。从其描写来看，唐朝的相扑除了摔跤外，还可以用拳击打。正因为许多皇帝都喜爱这项活动，有些官员为了讨取皇帝欢心，便大力搜罗相扑力士进献朝廷。《资治通鉴》就记载说：敬宗宝历年间，“禁军及诸道争献力士”①。

甚至有些皇帝还亲自参加这项活动，敬宗就是这样一位皇帝，而且已经到了痴迷的程度，史载：敬宗“尝阅角抵三殿，有碎首断臂，流血廷中。帝欢甚，厚赐之，夜分罢”②。中晚唐时，地方军镇中也流行相扑戏。神策军中有一位姓蒙的相扑力士，供奉懿宗、僖宗、昭宗三朝，因屡战屡胜，被称为“蒙万赢”。唐亡后，蒙万赢离开长安，在各地传授相扑技艺，五陵少年及河北一带的任侠之士，跟随他练习相扑者达到数百人。

相扑不仅具有观赏性，更重要的是它也是一种搏击技艺，同时又有助于军事训练，这也是唐代军中普遍流行相扑的原因。除了在禁军中流行外，各节度使的军队中也盛行相扑，诸军均招募了一批相扑力士，经常举行比赛，既活跃了军营气氛，又锻炼了军人体质，提高了格斗技能。此外，军中举行宴会时，除了有乐舞助兴外，往往也命表演相扑，甚至出现十几个人轮流上场与一个大力士比赛的场面。也有些大力士仗着自己的本领，横行不法，有的甚至借钱不还，还把债主打死。

唐代盛行的相扑之风，对日本也产生了很大的影响，他们从唐朝引进相扑后，一直流行到现在而长盛不衰，并依然保持着“相扑”这个名称，其装束也保留了唐代的遗风。

---

① 《资治通鉴》卷二四三，唐敬宗宝历二年十一月，第7851页。

② 《新唐书》卷二〇八《宦者传》，第5883—5884页。

（三）游乐类

在唐代宫廷中还有许多游赏一类的活动，主要指荡秋千、放风筝、斗鸡、斗鹅、赏花、抛彩球、行酒令等，在很大程度上丰富了宫廷沉闷的生活。

荡秋千 是唐代妇女儿童特别喜爱的活动之一，最佳的活动时间是寒食节。每当清明前后，妇女们就竞相在庭院、草地或树下竖起秋千架，缀上各种各样的彩色丝线制成的彩绳，有的秋千甚至高达百尺，即使宫中也不例外。玄宗时，每到寒食节，宫中都要竖起许多秋千，“令宫嫔辈戏笑，以为宴乐。帝呼为半仙之戏，都中士民因而呼之”①。由于民间、宫廷妇女都喜爱这项活动，遂使寒食荡秋千成为全国普遍流行的一种习俗，所谓“寒食秋千满地时”②描述的便是这种情况。农村妇女也乐于此道，郑谷的诗句“村落清明近，秋千稚女夸”③描写的就是农村妇女荡秋千的情景。

放风筝 也叫飞纸鸢，是我国古代传统的娱乐活动之一，历史非常悠久。放风筝不但有益于人们的身心健康，而且具有很强的观赏价值。在风和日丽、绿草如茵的春季，放风筝便成为人们争相参加的一项活动。在唐代，放风筝是妇女儿童最为喜爱的活动之一，在宫廷中则主要是宫人喜欢的活动。大诗人元稹的《连昌宫词》诗云：“尘埋粉壁旧花钿，乌啄风筝碎珠玉”④即描写了宫廷放风筝的情况。长安城的风景区曲江池一带，每到春天，便成为人们争放风筝的最佳场所，唐人刘得仁诗云：“落日明沙岸，微风上纸鸢”⑤描写的就是人们在曲江放风筝的场景。在皇帝到曲江游春之时，也不乏有宫人在这里放风筝。

关于唐代宫廷中盛行斗鸡、斗鹅的情况，在第三章中已经有所论及，这里就不再重复了。

---

① 《开元天宝遗事十种》载王仁裕《开元天宝遗事》卷下《半仙之戏》，第88页。

② 《全唐诗》卷三四六王涯《宫词三十首》，第3878页。

③ 《全唐诗》卷六七四《旅寓洛南村舍》，第7721页。

④ 《元稹集》卷二四《连昌宫词》，第312页。

⑤ 《全唐诗》卷五四四《访曲江胡处士》，第6296页。

赏花　唐人爱花、惜花、赏花，在众多的花中，唐人最为重视也最为喜爱的一种就是牡丹，可以说它是唐朝的国花。关于唐人爱牡丹、赏牡丹的记载很多，白居易的《牡丹芳》诗："遂使王公与卿士，游花冠盖日相望"描写的就是牡丹盛开之时，长安城中王公贵族与士大夫每日冠盖相望外出赏花的情景。又曰："花开花落二十日，一城之人皆若狂。"[①]徐凝诗云："三条九陌花时节，万户千车看牡丹。"[②]说明牡丹花盛开之时，不仅王公贵族喜欢观赏，长安城中百姓也非常喜爱观赏，可见喜欢赏牡丹是唐代社会的普遍现象。

长安城中牡丹种植极广，无论士庶之家还是寺庙之中，皆有种植，其中慈恩寺、永寿寺、崇敬寺等处牡丹的种植极广。宫中也广植牡丹，《全唐诗》卷一六四《清平调序》载："天宝中，白供奉翰林，禁中初重木芍药，得四本红、紫、浅红、通白者，移植于兴庆池东沉香亭。"木芍药，就是牡丹花。每当牡丹盛开时，玄宗与杨贵妃选梨园子弟若干，奏乐赏花，并唱新词。李白的《清平调》三首，便是为玄宗与贵妃在沉香亭赏花时所撰的新词，以供演唱之用。文宗也非常喜爱牡丹，大和年间，他在内殿赏牡丹，问身边的文士程修巳说："在京师所传的牡丹诗中，谁写得最好？"回答说：中书舍人李正封诗"天香夜染衣，国色朝酣酒。"[③]得到了文宗的肯定。因此人们将牡丹誉为国色天香。

正因为唐人热爱牡丹，所以唐代培育出了不少优良的牡丹品种，而且价钱极贵。白居易诗："一丛深色花，十户中人赋"[④]是说一丛深色的牡丹花，其价钱相当于十户中等人家所交的一年赋税。许浑诗云："近来无奈牡丹何，数十千钱买一颗。"[⑤]即数十贯钱才能买一丛花。据说大宦官鱼朝恩家有一丛牡丹可开花千朵，可谓相当珍贵了。在唐代每到牡丹盛开之时，即使不种花的人家也要外出买花，白居易《买花》诗

---

① 《白居易诗集校注》卷四《牡丹芳》，第379页。

② 《全唐诗》卷四七四《寄白司马》，第5378页。

③ 《南部新书》甲，第10页。

④ 《白居易诗集校注》卷二《买花》，第181页。

⑤ 《全唐诗》卷一九六《牡丹》，第2014页。

说："共道牡丹时，相随买花去。"[①]可见买花赏花已成为唐代的风尚，尤其是唐都长安的社会风尚。唐代的文人学士不仅爱写以牡丹为题材的诗歌，他们也都喜爱种植牡丹，司马扎的《卖花者》诗云："长安甲第多，处处花堪爱。"[②]说明长安城中的达官贵人家中都普遍栽种有名贵的牡丹花。每到花开季节，大家相约逐家欣赏牡丹，然后进行品评，认为各家之花虽各有千秋，但最好的还是侍中浑瑊家的牡丹。即"径尺千余朵，人间有此花。今朝见颜色，更不向诸家。"[③]有的官员爱赏牡丹，在自己家中种植还不够，又在官署中栽种，以便办公休息时观赏。《南部新书》丙记载说："岁三月望日，宰相过东省看牡丹。"为了适应人们爱花赏花的习俗，唐代的旅店中也广植牡丹，除了美化环境外，也是为了满足人们旅途赏花的需要。至于宫廷中，除了兴庆宫外，大明宫、太极宫及诸王、公主之家，也多种植有各色牡丹。

抛彩球　是妇女中最流行的一种球类活动。彩球又称花球、绣球，是用五彩线绣成的小圆球。抛彩球是寒食节宴会上助兴的一种节目。人们一面饮酒，一面抛球，并伴以歌舞。这种活动早在隋代的宫中就已十分流行，在唐五代时竟然成了一种诗歌体裁，不少文人以"抛球乐"等为题吟诗填词，可见这项活动受当时人青睐之程度。除了在宫廷、贵族妇女中流行这种活动外，民间妇女也非常喜爱这项活动，许多诗人为此写下了众多著名的诗篇。

行酒令　是宴会上经常进行的助兴游戏，通常是推一人为令官，其余人轮流按令表演，违令者罚酒，故古人有"酒令大如军令"的说法。唐人的酒令比较复杂，没有一定的文化水平是难以应付的，如果以类划分，可以分为律令、骰盘令、抛打令、子母去离令、瞻相令、曲水流觞、酒须尽令、酒胡子令、钓鳌令、射博令等。酒令有一定的程式，常以几个字为令开行，如果违反了程式也要罚酒。饮宴时行酒令在士大夫或贵族中非常流行，尤其是皇帝、后妃参加的宫廷宴会，多流行酒令

① 《白居易诗集校注》卷二《买花》，第181页。

② 《全唐诗》卷五九六《卖花者》，第6900页。

③ 《全唐诗》卷三六四刘禹锡《浑侍中宅牡丹》，第4104页。

歌辞，以六言为基本辞式。而且是歌舞并作，因舞作辞。如中宗举行宴会，崔日用起舞，自歌云：“东馆总是鹓鸾，南台自多杞梓。日用读书万卷，何忍不蒙学士？墨制帘下出来，微臣眼看喜死。”[①]诗人沈佺期参加内宴，群臣皆歌唱《回波乐》，并撰词起舞，以讨好皇帝，求得升迁。沈佺期歌曰：“回波乐时佺期，流向岭外生归。身名已蒙齿录，袍笏未复牙绯。”沈佺期刚刚从岭南流放归来，故唱出了这样的歌辞，于是中宗马上赐给绯袍银鱼袋（五品以上官员的服色）。[②]由于宫廷宴会不同于士大夫之间的饮宴，所以那种设令官、请歌伎、行酒令的方式不适应于此种场合，以上所述的这种形式，亦是一种特殊的酒令文化。至于宫廷内部的聚宴，形式则比较灵活，发令行酒，并不受旧规的约束。据花蕊夫人《宫词》：“管弦声急满龙池，宫女藏钩夜宴时。好是圣人亲捉得，便将浓墨扫双眉”可知，在酒令中行用了藏钩之戏，证明宫廷内宴时也是有酒令的。花蕊夫人《宫词》中的另一首诗云：“新翻酒令著词章，侍宴初闻忆欲忙。宣使近臣传赐本，书家院里遍抄将。”[③]描写了后蜀宫廷内宴依酒令设辞的情景，在一定程度上也反映了长安宫廷的情况。关于唐人所撰的酒宴著辞，在笔记小说及敦煌文书中保留了不少，已有学者做过专门研究，这里就不多说了。

唐代银筹筒

由于唐人酒令十分复杂，因此这种高雅的游艺只在社会上层中盛

① 〔宋〕计有功撰，王仲镛校笺：《唐诗纪事校笺》卷一〇，中华书局2007年版，第309页。

② 〔元〕辛文房著，傅璇琮主编：《唐才子传校笺》卷一《沈佺期》注引孟棨《本事诗》，中华书局1995年版，第82页。

③ 《全唐诗》卷七九八《宫词》，第8975、8979页。

行，作为社会下层的劳动人民饮酒行令时则十分简单，或者干脆以“敲扛”“豁拳”来代替行令，这一点倒和今天的饮酒习俗完全一致。

七、玺绶符契

（一）皇帝玺符

在唐代，天子之印称“宝”，这与前代是不同的。早在春秋战国时期，国君之印就已经称“玺”。秦朝规定唯天子之印称“玺”，以玉刻制，群臣莫敢用之。其实在此之前，普通民众的印章也可称玺，亦可用金或玉刻制，自从有了这种规定后，便不能再如此了，否则便是图谋不轨，要受到严厉的惩处。古代的印玺上有组绶，因而又称天子之玺为“玺绶”。

秦制，天子有六玺，又有传国之玺，唐改为宝，规定天子有八宝，颇不同于前代之制。唐代的天子八宝并不由皇帝亲自掌管，而是由符宝郎（从六品上）掌管，这只是名义上的规定，实际上符宝郎仅掌管其中六宝，符契名义上归其掌管，但实际上却由宫官尚服局保管。符宝郎隶属于门下省，这是由于门下省为审议机关，中书省起草的皇帝诏制要经过门下省的审议，审议通过后，才可加盖天子之宝，否则便退回重新草拟。天子之宝由门下省掌管，便具有这样的把关意义。符宝郎原称符玺郎，“延载元年（694）五月十一日，改为符宝郎。神龙元年正月二十二日，复改为符玺郎”。开元元年十一月十日，再次改为符宝郎。[1]唐代的天子八宝依次是：

一曰神宝，“所以承百王，镇万国”。此宝就是我们通常所说的传国玉玺，此玺始于秦始皇，经过历代相传，到了隋文帝时，亦作为传国玺，开皇二年（582），改为受命玺。开皇九年（589）平定陈朝，获得了其传国玺，于是便把以前所得之玺大者改为神玺。隋末，这些玺先后落到了宇文化及、窦建德之手。武德四年，太宗平定窦建德，其臣裴矩献出

① 《唐会要》卷五六《省号下》，第1143页。

了神玺、传国玺及其余六玺，唐朝的天子八宝实即来自于此。

二曰受命宝，“所以修封禅，礼神祇”。实即隋朝传国玺，详见上面所述。

以上两种玺所具有的更多的是象征意义，即皇权神授的象征，获得者遂象征获得了国家的统治权，不轻易示人，也不加盖于诏敕公文。

三曰皇帝行宝，“答疏于王公则用之”。

四曰皇帝之宝，“劳来勋贤则用之”。

五曰皇帝信宝，“征召臣下则用之”。

六曰天子行宝，“答四夷书则用之”。

七曰天子之宝，“慰抚蛮夷则用之”。

八曰天子信宝，“发蕃国兵则用之”。[①]

在处理军国大事方面，具有实际使用价值的是指后面所述这六种印玺。唐朝关于皇帝玺宝使用的这种规定，实际上是沿袭了前代之制，并非其新创。早在汉代皇帝之玺就分有不同的用途，关于汉代天子之玺的分工，《唐六典》卷八《门下省》引《汉仪》曰：

> 以皇帝行玺为凡杂，以皇帝之玺赐诸侯王书，以皇帝信玺发兵，其征大臣以天子行玺，外国事以天子之玺，鬼神事以天子信玺。皆以武都紫泥封，青布囊白素裹，两端缝，尺一版，中约署。有事及发外国兵用天子信玺，封拜外国及征召用天子行玺，赐匈奴单于、外国王书用天子之玺，诸下竹使符征召大事行州、郡、国者用皇帝信玺，诸下铜兽符发郡、国兵用皇帝之玺，封拜王公以下遣使就授皆用皇帝行玺。若车驾行幸，次直侍中佩信玺、行玺以从。

唐朝皇帝六宝的用法实际上就沿袭了这一旧制，不过在实际使用中，还要配合符节一同使用，才能有效，关于这个问题下面还要详述。唐制规

① 以上见《唐会要》卷五六《省号下》，第1143—1144页。

定，凡举行大朝会，则由符宝郎捧宝（玺）进于御座，以备使用；如果皇帝外出巡幸，则奉宝（玺）封装于函，跟从而行。

唐朝皇帝除了天子八宝外，还有各种符契。凡有国家大事则颁下符契以为凭证，规定左符由中央收藏，右符由各部门收藏。下达命令时颁下左符，与相关部门所收藏的右符相勘合后，则证明皇帝的命令有效，于是便予以执行，否则便可以拒绝执行。凡有关军国大事，在颁布制敕的同时，还要颁下符契，两者皆无误，才算有效。唐朝符契分为如下几种：

一曰铜鱼符，用于调发军队，改换地方长吏。唐朝在两京留守、诸州、诸军、诸折冲府、诸处守捉镇守之所、诸宫苑总监等处，皆给有铜鱼符。

二曰传符，用于提供邮驿，下达制命。唐朝在两京留守、诸州、各驻军之处，并给有传符。并且规定应给鱼符及传符之处，皆由其长官亲自掌管，如果长官被告谋反，则由次官掌管，如无次官，由负责接收制敕和上级命令的部门收管。

三曰随身鱼符，其用途是明贵贱、应征召。唐朝规定五品以上的官员皆发给随身鱼符，具体规定是：亲王及二品以上散官、京官文武职事五品以上、都督、刺史、大都督府长史和司马、各级都护和副都护等皆给之。这种鱼符配有鱼袋，可以把鱼符装在里面，三品以上官员为金鱼袋，五品以上为银鱼袋。任命官员的同时赐给相应的鱼符及鱼袋，故有赐紫金鱼袋、赐绯鱼袋的说法。这里所说的“紫”指三品以上官员的袍服颜色，所谓“绯”指五品以上官员的袍服颜色，在任命这类官员照例要授给袍服及鱼袋，所以才出现了这样的说法。授给官员的鱼袋要求随身佩带，因此只要看看官员的服色与鱼袋，就可以知道其官品的高低，这就是所谓“明贵贱”的意思。唐朝还规定任命高级官员时，除了颁发诏敕、告身外，还要颁发鱼符，三者皆相符，才算有效。征召高级官员时，也要颁发鱼符，与官员自身佩带的鱼符相勘合，才能应召。

四曰木契，“所以重镇守，慎出纳”。前一句指调发兵马，唐朝规定皇帝外出巡幸、皇太子监国，如果需要调动兵马时则用之。唐朝给王公以下、两京留守及诸州有兵马者，外出征战的军队人数达到五百人、马五百匹以上者，均配发有木契。在这种情况下，如果要调动兵马，必须颁下木契，勘核后方可调用。除此之外的正常情况下，则凭鱼符调动军队。后一句是指需要动用国家库藏的钱财、粮食时，除了颁下敕书外，还要颁下木契作为凭证。因此，木契的种类是很多的，各有专门的用途。其实，唐朝的各部门内部皆有的木契，与这里所述的木契有规格、等级上的差别，就不再多说了。

五曰旌节，“所以委良能，假赏罚”[①]。实际是皇帝派出使者所携带的证物，是国家与权威的象征，凡皇帝派官出使外国、外族，或派使者外出专门办理某种事务，往往也授予旌节，节度使统兵也必须要授给旌节。

唐朝规定铜鱼符之制，用于京师周围地区的左三右一，其他地区的左五右一。其中左符仍由尚服局收藏，右符由相关部门收藏，使用时颁下左符，用完后收回。如果是大事，要同时颁下敕书；如是小事，则仅颁符并加以函封，并在函套上加盖门下省印。收回鱼符时，也要函封并加盖相关部门之印。

传符之制，皇太子监国用双龙之符，左右各十；两京留守用麟符，左二十，右十九；其他各地之符，东方为青龙之符，西方为驺虞之符，南方为朱雀之符，北方为玄武之符，皆左四右三。规定以上这些右符付给在外的执符人，左符由尚服局保存；两京留守之符则全部由尚服局保管；皇帝外出巡幸，则把左符留给留守官员或留守的太子。

随身鱼符之制，左二右一，规定皇太子之符为玉质，亲王为金质，其他官员为铜质。唐朝还规定随身鱼符皆刻有官员姓名，如果这种官职只有一员时，则不刻姓名；如果官名与其所在机构的名称完全相同者，也要刻其姓名。同时还规定随身鱼符如刻姓名者，离职时要交回，未刻姓名者，则无须交回。

木契之制，皇太子监国时，在京师地区则左右各三，京师以外地区

① 以上皆见《唐六典》卷八《门下省》，第253页。

则左右各五；其他官员则左右各十。

旌节之制，任命将帅及派遣使者出使四方时，授给旌节，旌用来专赏，节用以专杀。这里所谓“专”，就是不必请示皇帝，持旌节者可以根据情况自行决定赏或杀（处死人）。离任时或者出使返回后，要交还所授旌节。

唐朝规定皇帝的神宝、受命宝及铜鱼符、木契、传符等皆由宫官尚服局保管，具体由司宝（正六品）二人掌管。规定司宝要按照它们各自的用途分别保管，立有文簿。外面的部门请求使用时，请示皇帝同意后才能颁给，并且要记录在簿。归还符契时，要求用朱笔记录在簿。之所以这样规定，是因为皇帝的神宝、受命宝并不加盖制敕公文，受命宝只在封禅时偶尔用之，它们在大多时候只具有皇权的象征意义，自然要由宫官掌管。至于其他各种符契因为具有非常重要的作用，可以调兵、任官、调发钱粮及用于其他重要事务，将其保管在宫内，只有经过皇帝同意后才能颁下使用，这样就可以起到内外相维、制约宰相权力的作用。

（二）皇后与太子印绶

自古以来皇（王）后皆有玺，自秦汉以来皇后玺只能在后宫范围内使用，而不能对外发号施令，除非有特殊情况发生。皇后玺是皇后身份与地位的象征，是皇帝册立皇后时颁发的，一旦废后，则必须收回其玺绶。在秦汉及魏晋南北朝时期，皇后玺用金或玉刻制，唐代则规定使用黄金，且不再称玺，改称皇后之宝。

为了防范和限制皇后干预朝政，唐代规定太皇太后、皇太后、皇后之宝，皆不能行用，如果需要封令书，太皇太后、皇太后用宫官印，皇后用内侍省印。因此在唐代皇后之宝也就只具有象征意义，而失去了任何实际意义。这一规定并非唐代新创，而是沿袭了自隋朝以来的制度。

在唐代，皇太子亦有印玺，也称为宝，以黄金铸成，方一寸，印文为“皇太子宝”四字。册立皇太子时，同时授给太子之宝。太子之宝具体由东宫内官之一的掌书（从八品）保管，除此之外，其还有保管符契的职责。太子之宝并不能行用于朝廷各部门，如果需要封令书，则使用左春坊之印。即使在其监国期间，发号施令时也不能使用它，其颁布的命令仍然需要加盖天子玺宝。

至于皇太子妃是否有印，不得而知，但是隋朝的太子妃是有印玺的，只是规定不能行用，如果需要封书，则使典内之印。典内乃是主管东宫宫人事务的宦官。除隋朝外，历史上其他各朝太子妃也大都有印玺，据此推断，唐朝的太子妃亦应有印玺。

八、谥法与谥号

所谓谥法，是指古人死后，朝廷根据其生前事迹，给予一个褒贬善恶的称号，这种给予称号的做法在长期的历史发展过程中，逐渐形成了一套完整的制度，或者说形成了一套给以谥号的标准，这就是所谓谥法。谥法有两个最明显的特点：一是别尊卑，维护等级制度，因此谥号本身是有等级区别的；二是惩恶劝善，即善有美谥、恶有恶谥，通过表彰善行，宣扬恶行，以起到对社会风气的引导作用，从而为巩固王朝统治服务。正因为如此，谥法才为历代统治阶级所重视。谥法针对的不仅是大臣，皇帝、后妃、太子死后也都要拟定谥号。在唐代专门负责拟定谥号的官员是太常博士，他们主要负责王公以下官员谥号的草拟，至于皇帝、后妃与太子的谥号或由太常寺草拟，或由重要大臣草拟，通常都要召集相关人员共同讨论，最后由在位的皇帝亲自确定。

至于用来做谥号的字，长期以来已经形成了固定的用意，并非仅唐代如此，下面列举一些常用的谥号用字，以见其一斑。

文：经纬天地曰文，道德博原曰文，勤学好问曰文，慈惠爱民曰文，愍民惠礼曰文，锡民爵位曰文。

武：克定祸乱曰武，威强睿德曰武，开土拓境曰武，帅众以顺曰武，折冲御侮曰武。

献：聪明睿哲曰献，惠无内德曰献，智质有圣曰献。

懿：温柔贤善曰懿，爱民质直曰懿，柔克有光曰懿，体和居中曰懿。

宣：圣善周闻曰宣，施而不秘曰宣，善闻周达曰宣。

昭：圣文周达曰昭，明德有功曰昭。

元：始建国都曰元，行义悦民曰元，能思辨众曰元，主义行德曰元，忠肃恭懿曰元，宣慈惠和曰元。

节：好廉自克曰节，巧而好度曰节。

景：耆意大虑曰景，布义行刚曰景，由义而济曰景。

成： 安民立政曰成，刑人克服曰成。

烈：秉德尊业曰烈，安民有功曰烈。

孝：秉德不回曰孝，慈惠爱亲曰孝，协时肇享曰孝，五宗安之曰孝，从命不忿曰孝，几谏不倦曰孝，善事父母曰孝，亲睦其党曰孝，慈爱忘劳曰孝，博于备物曰孝，尊仁安义曰孝。

康：温柔好乐曰康，安乐抚民曰康，令民安乐曰康。

定：大虑静民曰定，安民法古曰定，追补前过曰定，安民大虑曰定，纯行不爽曰定。

穆：布德执义曰穆，中情见貌曰穆。

贞：大虑克就曰贞，外内用情曰贞，清白守节曰贞，图国忘死曰贞，内外无怀曰贞，直道不挠曰贞。……①

这些文字在谥法上的含义，并非是唐代人确定的，其中不少早在先秦时期就已经具有这种含义了，有的内容则是在历史发展的过程中逐渐丰富起来的。

按照唐代谥法规定：谥号可以是单谥，也可以是复谥。帝后的谥号则多为复谥，也有单谥的。如高祖皇后窦氏，武德时追谥曰“穆”皇后，贞观时又改为“太穆”皇后，前者为单谥，后者则为复谥。再如太宗的皇后长孙氏，贞观时谥曰“文德”皇后，上元中谥曰“文德圣”皇后；睿宗皇后窦氏，开元中谥曰“昭成”皇后。上官婉儿生前曾为中宗

① 《唐会要》卷七九《谥法上》，第1721—1725页。

昭仪，其身份应是皇帝的嫔妃，死后追谥为“惠文”。之所以给其如此之美的谥号，是考虑到她在起草中宗遗制时，写上了引相王辅政的话，开元初，追思其功，故有此美谥。皇后谥号也有字数比较多的，如武则天死后，最初谥为“则天大圣”。至于皇太子的谥号采用复谥的也很多，如高宗之子李贤，谥曰“章怀”；中宗之子李重润，谥曰“懿德”；中宗另一子李重俊，谥曰“节愍”。当然也有单谥的情况出现，如高祖长子李建成，死后谥曰“隐”。亲王也多有采用复谥的，如薛王李业，谥曰“惠宣”；荣王李琬，谥曰“靖恭”。

关于隋唐皇帝的谥号，比较复杂，字数也比较多。在这一历史时期，最初皇帝的谥号字数也很少，如杨坚谥号为“文”，人称隋文帝；杨广谥号为“炀”，人称隋炀帝，只有一个字。唐高祖李渊的谥号最初字数也不多，贞观九年（635），群臣上谥号曰“大武”，仅两个字；高宗上元元年八月，改谥为“神尧”皇帝，仍为两个字；玄宗天宝八载，谥曰“神尧大圣”皇帝；天宝十三载（754），增谥曰“神尧大圣大光孝”皇帝，字数越来越多。太宗谥号的字数也是呈现出这样一个由少到多的过程，其死后，群臣上谥号为“文”皇帝，仅有一个字；上元元年八月，改谥号曰“文武圣”皇帝；天宝十三载，增谥号为“文武大圣大广孝”皇帝。高宗的谥号字数也不少，初谥为“天皇大帝”；天宝十三载，改谥号为“天皇大圣大弘孝”皇帝。唐朝皇帝谥号字数逐渐增多的这种趋势，到了后来愈来愈严重。如果说唐朝前期，皇帝的谥号初谥时字数还保留着一些古制的痕迹（通常为一至二字），到了后来就发生了很大的变化，初谥时的字数也越来越多。如玄宗的初谥是“至道大圣大明孝”皇帝，肃宗的初谥是“文明武德大圣大宣孝”皇帝，而被朱全忠派人杀死的唐昭宗的谥号是“圣穆景文孝”皇帝，字数也不算少。

在唐朝中后期有两位皇帝的谥号字数是很少的，如中宗少子李重茂，死后谥曰“殇”帝。唐朝的最后一位皇帝李柷，死后谥为“哀”帝。这种情况的出现，并不能否定皇帝谥号字数越来越多的趋势，因为李重茂被韦后立为皇帝后，很快就被废去，没有实际的执政过程。至于李柷则是一名傀儡皇帝，有名而无实，取代唐朝统治的人自然不会给他更多更美的谥号。因此，这实际是一种特例。后来到了五代时期，后唐明宗即位后，有司追谥李柷曰“昭宣光烈孝”皇帝，也是这种发展趋势的一个很好说明。皇帝谥号的这种变化趋势，到了后世竟然愈演愈烈，以后历朝皇帝的谥号字数比之唐朝又有进一步的增多，到了清朝有的皇帝的谥号竟达数十字之多。

唐朝皇帝的谥号还有一个特点，即只有美谥而无恶谥，与此不同的是，大臣的谥号则是有美有恶，两者形成了鲜明的对照。这种只有美谥而无恶谥的发展趋势，到了后世就变为连士大夫死后也不给恶谥了，于是谥法就失去了以前那种惩恶扬善的意义。

九、内诸司使

唐代宦官充任的内诸司使系统是一个庞大的行政系统，其权力已经不再局限于管理宫廷事务，而是把触角延伸到国家行政事务管理方面，并且逐渐发展成为一个既管理宫廷事务又参与国家行政事务的一个以宦官为主体的北司系统。之所以称其为北司，是相对于以宰相为首的政府机构而称的。唐代的中央政府机构位置在宫城的南面，即皇城之内，所以称为南衙；而内诸司使系统的办公机构却在宫城之内，相对南衙而言，它的位置在北面，所以称北司。以往的论著把内侍省机构称为北司，其实并不准确，只有当内诸司使系统形成后，北司才真正具有了与南衙相抗衡的力量。因此，在强调唐代宦官专权的时候，需要说明的是，其并不是通过内侍省进行的，而是通过内诸司使伸展权势的。所谓南衙北司之争，也是指内诸司使系统与以宰相为首的国家行政系统之间的斗争。

在唐代之所以产生南衙北司之争，根本原因就在于内诸司使系统对南衙系统权力的不断侵削，从而伤害了士大夫阶层的既得利益，激化了双方之间的矛盾。国家行政权力的多少是固定的，当内诸司使系统掌握更多权力的时候，就意味着南衙诸司丧失了同样多的权力，所以北司系统越是健全，南衙系统就越是遭到削弱。因此，南衙北司之间的矛盾是难以调和的，一直贯穿于整个唐朝后期，直到唐朝灭亡为止。

正因为内诸司使的权力更多地来自于南衙系统，所以它的形成与壮大是渐进式的。由于记载唐代制度的史籍均未记载内诸司使，因此有关其情况目前尚无法全部掌握，根据一些零星的记载，可以考知的属于内诸司使系统的使职只有数十个，以左右神策军护军中尉和两枢密使为首，时称“四贵”。神策中尉与枢密使之所以能凌驾于内诸司诸使之上，是由于其掌握禁军兵权和中枢决策权，地位尊贵。而从工作关系上看，实际居于内诸司使之首的是宣徽使，通管北衙诸司。由于宣徽使的地位十分尊贵，故著名史学家唐长孺认为其地位与枢密使相亚，其和神策中尉、枢密使都是北司首领。[①]下面分别对这些职官做一简单介绍：

神策中尉　唐朝以南衙宰相掌十六卫，以左右羽林军、左右龙武军、左右神武军为北衙六军，相当于汉代的南北军体制，以互相制约。府兵制被破坏后，十六卫基本无兵可掌，成为闲司。安史之乱以来，北衙六军兵力寡弱，只是作为天子六军而装点门面，充作仪卫，宿卫京师的重任主要依靠新起的神策军。神策军的统帅为左右军护军中尉，由宦官担任，其下还置有中尉副使、中护军、判官、都勾判官、勾覆官、表奏官、支计官、孔目官、驱使官及长史、诸曹参军事等官职。这样，左右神策军就形成了以护军中尉为首的一整套组织和指挥系统。从此直至唐末，神策军便一直在宦官的控制之下，成为其专权擅政的有力工具。由于神策军是唐朝后期中央政府掌握的唯一一支有战斗力的军队，除了宿卫京师之外，还分驻于京西北诸镇，承担着防御吐蕃的任务，实力最盛时达十八万人之多。左右军中尉手握重兵，不仅南衙诸司难以与其比肩，就连皇帝的废立亦在其掌握之中。从职能上看，其并无参与朝政之

① 唐长孺：《唐代的内诸司使及其演变》，见唐长孺：《山居存稿》，中华书局1989年版，第248页。

责，但其凭借实力也时常参与中枢决策，干预国政。[①]

枢密使 宦官掌机密，应始于高力士时，史载，“每四方进奏文表，必先呈力士，然后进御，小事便决之”[②]。从职能上看，其相当于后来的枢密使。关于枢密之名，王夫之说：“枢密之名，自宪宗以任宦官刘光琦始。”[③]赵翼说：“是枢密之职盖始于德宗之末、宪宗之初。”[④]这些说法均不准确，据《册府元龟》卷六六五《内臣部·总序》载：“永泰二年（766），始以中人掌枢密用事。”原注曰：“代宗用董秀专掌枢密。”《资治通鉴》卷二二四所载亦同。关于枢密使使名的出现，上引《元龟》所载“宪宗元和中，始置枢密使”与注“刘光琦、梁守谦皆为之”，其实是错误的。据《资治通鉴》卷二三七唐宪宗元和元年八月载，刘光琦任“知枢密”。梁守谦的墓志铭说他元和四年“总枢密之任”[⑤]。可见他们两人并非同时任枢密之职，也并未称使。根据《资治通鉴》等相关史书的记载看，枢密使名的出现应在长庆三年至宝历二年（826）之间，并同时设置了两人。约在宣宗时出现了枢密院，至唐末枢密院机构有所扩大，并分为东、西两院，“东院为上院，西院为下院”[⑥]。关于枢密使之职掌，据马端临说：执掌机密，承受表奏，传宣诏敕。[⑦]沟通皇帝与宰相之间的联系，并可在中书门下与宰相一起议决国事。还可以参与延英殿的召对，与皇帝、宰相共同商议军国大事。从有

---

① 关于神策中尉与神策军的研究，主要成果有齐勇锋：《说神策军》，载《陕西师大学报》1983年第2期，第94—102页；何永成：《唐代神策军研究——兼论神策军与中晚唐政局》，台湾商务印书馆1990年版；贾宪保：《神策中尉与神策军》，载《唐史论丛》第5辑，三秦出版社1990年版，第130—154页；黄修明：《唐代神策中尉考论》，载《天津师范大学学报》2002年第6期，第29—36页；何先成：《再论神策中尉制度》，载《重庆师范大学学报》2017年第2期，第50—56页等。

② 《旧唐书》卷一八四《高力士传》，第4757页。

③ 《读通鉴论》卷二五《宪宗五》，第758页。

④ 《廿二史札记校证》卷二〇《唐代宦官之祸》，第425页。

⑤ 周绍良等：《唐代墓志汇编》大和012，《大唐故开府邠国公梁公墓志铭》，上海古籍出版社1992年版，第2103页。

⑥ 《资治通鉴》卷二六三，唐昭宗天复三年正月条胡三省注，第8592页。

⑦ 《文献通考》卷五八《职官考十二》，第1713页。

关史料看，枢密使甚至有权参与决定宰相的任命。[①]至僖宗时，杨复恭、西门季元任枢密使时，则于“堂状帖黄决事”[②]，“行文书”，直接“指挥公事”[③]。其权力已开始凌驾于宰相之上了。

宣徽使　宣徽使约设置于大历末年，其后分为南、北两院，南院比北院地位稍高。其主要职掌是管理内诸司使所属的吏、兵、工匠名籍与休假、典礼、宴会等的供设，内外进奉名物，教坊伶人，四时祠祭，内廷诸给使的迁补、假故、鞫劾等。所管职事虽然繁杂，但涉及机构众多，因为通管北衙诸司，地位非常尊贵。唐后期多有自宣徽使而升任神策军护军中尉者。

飞龙使　约设置于玄宗时期，高力士曾任内飞龙厩大使，掌管内外闲厩之马，并统率有军队，史籍中所记载的飞龙兵便是其统率的军队。[④]唐以群牧使、闲厩使取代殿中省与太仆寺的部分职权，后又以飞龙使取代上述二使的权力，唐后期国家马政实际控制在宦官充任的飞龙使手中。

军器使　唐以军器监掌兵器制造，军器监废置不常，其不置时则以军器使取代。在开元以前不论是置监还是置使，都属南衙系统，肃宗乾元元年时以宦官充使，从此便转为北司系统。军器使在内诸司使中地位尊贵，地位与飞龙使相亚。

弓箭库使　这也是一个重要的使职，掌内库军器、装备的贮藏出纳。其地位与军器使、飞龙使相亚，在宦官中多有自弓箭库使而升任神策中尉者。

---

① 《资治通鉴》卷二四七，唐武宗会昌三年五月条（第7985页）载：“壬寅，以翰林学士承旨崔铉为中书侍郎、同平章事。铉，元略之子也。上夜召学士韦琮，以铉名授之，令草制，宰相、枢密皆不之知。时枢密使刘行深、杨钦义皆愿悫，不敢预事，老宦者尤之曰：‘此由刘、杨懦怯，堕败旧风故也。’”可知枢密使有参与选任宰相之权，而刘、杨软弱，故引起了老宦者的埋怨。

② 《新唐书》卷二〇七《宦者传》，第5872页。按：堂状为中书门下的公文。

③ 《文献通考》卷五八《职官考十二》，第1713、1715页。

④ 关于飞龙厩与飞龙兵，参见赵雨乐：《唐宋变革期之军政制度——官僚机构与等级之编成》，文史哲出版社1994年版，第32—38页。

小马坊使　唐后期设置，具体年代不详，它是与飞龙使相对应的另一掌管马政的内诸司使，主要掌小马坊之马。从现有史料看，其使名最早出现于唐懿宗咸通（860—874）时。后唐明宗长兴元年（930），改飞龙院为左飞龙院，小马坊为右飞龙院，统管全国马政。宋太宗雍熙二年（985）改为左、右骐骥院。

鸿胪礼宾使　唐鸿胪寺辖有礼宾院，“掌四夷之客”[①]。玄宗时是否置使不详，代宗时鱼朝恩曾任此职，从此成为宦官专职，也就是说成为内诸司使之一，主要掌管外国及少数民族使者、宾客的接待。

两街功德使　德宗贞元四年以后有设置，掌京师地区僧尼、道士之名籍及剃度、考核等事，为掌管宗教事务的使职，照例由左右神策军中尉分别兼任。宗教事务本由礼部的祠部司与鸿胪寺掌管，该使的设置侵削了以上两个部门的部分职权。

内庄宅使　管理皇家庄田及其他产业的使职，例由宦官充任。详见第三章。[②]

閤门使　胡三省说“唐中世置閤门使，以宦者为之，掌供奉朝会、赞引亲王、宰相、百官、蕃客朝见，辞。唐初，中书通事舍人之职也”[③]。故此职很可能置于肃、代时期，通常置二人，分别称东上閤门使，西上閤门使。其职能除了上述的赞引功能外，最主要是承接表章。[④]五代时以士人、武臣充任，宋代成为武臣阶官之一。

内坊使　内坊原为太子东宫所属的宦官机构，统管东宫内官、宫人和各种服务性事务，其长官称典内。置使不知始于何时，主要目的仍在于监护太子。开元二十七年，内坊改隶内侍省，其使遂废。

五坊使　唐有雕、鹘、鹰、鹞、狗五坊，“以供时狩”，由宫苑使

① 《资治通鉴》卷二三二，唐德宗贞元三年七月胡三省注，第7493页。

② 参见［日］加藤繁著，吴杰译：《内庄宅使考》，收入氏著《中国经济史考证》第1卷，商务印书馆1959年版，第209—225页。

③ 《资治通鉴》卷二五〇，唐懿宗咸通四年八月胡三省注，第8106页。

④ 参见杜文玉：《唐至五代时期閤门使的性质及其职能变化》，载《陕西师范大学学报》2018年第4期，第55—62页。

兼领，称五坊宫苑使，后又由闲厩使兼押。安史之乱后，五坊隶属于宣徽院，五坊遂单独置使。参见第三章相关内容。

内园、栽接总监等使　内园使置于武则天时期，栽接总监使出现于肃宗时，掌皇家苑园种植花木、水果、蔬菜及苑面管理、修葺等事务。其后两使合而为一，称内园栽接使，总监二字不再出现（总监有使名，始于李辅国时）。

御厨（食）使　胡三省云："御食使，掌御膳，亦唐末所置内诸司使之一也。"[①]文献中在同一时期又有御厨使，疑两使实为一使。这种使职的出现，实际上就侵削了殿中省尚食局的职权。五代后梁开平元年（907）改为司膳使。

内酒坊使　掌内廷酒坊之事，其所造酒以供内廷不时之需。在陕西出土的唐代金银器上有的刻有"宣徽酒坊"的字样，如西安市出土的银注壶、铜川市耀州区背阴村出土的银碗等，都刻有这样的字样。说明这些都是隶属于内酒坊使的器物。

大盈库使、琼林库使　两库始置于玄宗时期，为内廷府库之一。其中大盈库主要负责收纳钱帛丝布，琼林库负责收纳金银珠宝，设使掌管其事，为宦官所专任。

学士使　唐有翰林院，置学士若干员，掌起草内制；又置学士使，以宦官充任，职责是向下（即向学士）宣示皇帝旨意，向上转达学士们对政事的意见，起到了沟通皇帝与学士的作用。宦官们遂利用这一职务的便利，往往也参与军国政事的讨论，是一个比较重要的使职。

内作使　《新唐书》卷四八《百官志三》将作监条有"大明、兴庆、上阳宫，中书、门下、六军仗舍、闲厩，谓之内作"。胡三省又说："内作坊使，内诸司使之一，掌造内库军器。"[②]前者与营建有关，后者为手工业制造，就职能而言，完全是两回事。从五代时期的情况看，都是以将作监充内作坊使，包括南方诸国亦是如此，故胡三省的说

① 《资治通鉴》卷二六三，唐昭宗天复三年正月条胡三省注，第8591—8592页。

② 《资治通鉴》卷二五二，唐懿宗咸通十三年五月胡三省注，第8163页。

法有误。

染坊使 染坊原属少府监织染署，唐后期以宦官充使，专掌染坊，其也侵削了少府监的职权。

中尚使 中尚署亦属少府监，《新唐书》卷四八《百官志三》载："掌供郊祀圭璧及天子器玩、后妃服饰雕文错采之制。""开元已来，别置中尚使，以检校进奉杂作，多以少府监及诸司高品为之"[①]，遂成为内诸司使之一。

鸡坊使 据陈鸿祖《东城老父传》载，玄宗统治初期置鸡坊，以驯养斗鸡。当时虽以中人掌其事，但尚未称使。大约在宪宗前后才出现使名，宦官王文干就充过此使职。参见第三章相关内容。

文思院使 《唐会要》卷五〇《杂记》载："（大中）八年八月，敕改望仙台为文思院。始会昌中，武宗好神仙之事，于大明宫筑台，号曰望仙。及上（宣宗）即位，杀赵归真以惩其弊。是年，复命葺之，右补阙陈嘏抗论，立罢修营，遂改为文思院。"可知文思院乃是在武宗所建的望仙台的基础上改建而成的。关于其职掌，唐代的史籍中缺载，然考古出土的唐代金银器中有不少刻有"文思院造"的字样，如法门寺出土的银盐台，刻有"咸通九年，文思院造银涂金盐台一只并盖"；出土的银茶碾，刻有"咸通十年，文思院造银金花茶碾子一枚并盖"；出土的银炉，刻有"咸通十年，文思院造八寸银金花香炉一具，并盘及杂带环子"；出土的茶罗子，刻有"咸通十年，文思院造银金花茶罗子一副"[②]。说明文思院是一个负责制造金银器的内廷机构。北宋沿袭了唐朝的这一制度，也置有文思院，关于其职掌，《宋史》卷一六五《职官志五》载："文思院，掌造金银、犀玉工巧之物，金采、绘素装钿之饰，以供舆辇、册宝、法物凡器服之用。"法门寺出土的金银器上，在文思院造等字样之后，往往还刻有使、副使、判官高品、小供奉官等职官及姓名。其中"使"即指文思院使，充任这一官职的宦官有能顺、吴弘悫

① 《唐会要》卷六六《少府监》，第1366页。

② 陕西省考古研究院、法门寺博物馆、宝鸡市文物局等编著：《法门寺考古发掘报告》上，文物出版社2007年版，第120—133页。

等，任职时间在咸通九年（868）至十四年（873）之间。有的器物还刻有“使、左监门卫将军臣吴弘悫”的字样，说明文思院使的地位还不低。五代后梁开平元年五月，改文思院使为乾文院使。后唐复改为文思（院）使，并为北宋所沿袭。①

十王宅使　《新唐书》卷八二《玄宗诸子传》有“开元后，皇子幼，多居禁内。既长，诏附苑城为大宫，分院而处，号‘十王宅’……以十，举全数也。中人押之，就夹城参天子起居”的记载。十王宅使当置于此时，其使职责主要是监护诸王，唐后期改称十六宅使。

少阳院使　少阳院为太子所居之处。所谓“太子不居东宫，处乘舆所幸别院”②。这里所说的别院，即少阳院，位于长安大明宫内，玄宗时设置。少阳院使从始置时起，就以宦官主持院事以监护太子，置使时间当在玄宗时期。

如京使　其使名在宪宗时已出现，掌内廷仓廪之事。据《吴全缋墓志铭》载，其除了掌内廷仓廪外，还负有采买之责。③

内教坊使　唐自武德以来就置有内教坊，武后时以中人为使，掌按习雅乐。而左右教坊掌“俳优杂技”。雅乐本属太常寺太乐署掌管，由内教坊掌其事就侵削了太常寺的职权。

辟仗使　置二人，分为左右，分别统管左右龙武、神武、羽林等六军。

武德使　不见于唐代史籍记载，但出土的宦官墓志中却记有这一使职，故知其为唐后期设置的使职。关于其职掌，胡三省曰：“后唐武德使本掌宫中事。明宗时尝旱，已而雪，暴坐庭中，诏武德司宫中无扫雪，是其证也。”④不过胡三省所说的武德使职能并不完全。另据《册府元龟》卷五六《帝王部·节俭》载：后唐明宗天成四年（929）四月，“武德使上言重修嘉庆殿，请丹漆金碧以莹之。帝曰：‘此殿为火

① 参见王颜、杜文玉：《论唐宋时期的文思院与文思院使》，载《江汉论坛》2009年第4期，第89—96页。

② 《新唐书》卷八二《十一宗诸子传》，第3616页。

③ 吴钢：《全唐文补遗》第2辑，三秦出版社1995年版，第76—78页。

④ 《资治通鉴》卷二七四，后唐庄宗同光三年十一月胡三省注，第8949页。

所废，不可不修，但务宏壮，何烦华侈。’寻改为广寿殿。”可知宫中营建之事亦在其职权范围之内。同书卷五七《帝王部·明察》载，长兴“三年正月，武德使奏内宿殿直张继荣等三人，俱失银带。帝曰：‘内庭岂有盗耶！莫是失物人妄诉否？’宣徽使朱弘昭承旨鞫问，果如帝言。遂以其罪罪之。”内宿殿直乃是宫中侍卫，据此可知，武德使还掌管宫中警卫之事。又，唐后期诸帝的南郊赦文中往往提到“武德”“皇城将士”云云，可证明武德使也统领有军队。综上所述，可知武德使乃是掌管宫中营作、警卫、杂作等的一个使职。不同的是，除了唐朝和后唐庄宗时外，五代各朝的武德使均由士人、武臣充任，至宋代遂成为武臣阶官之一。这种变化趋势与唐五代时期其他内诸司使完全相同。

洛苑使　置于东都洛阳，唐后期置，掌东都诸宫苑内部事务。五代诸朝皆沿袭唐制，仍置洛苑使，不过自后唐明宗以来改以士人充任，宋代演变成为武臣阶官之一。

翰林医官使　殿中省尚药局掌御药、御医，此职的设置便侵削了殿中省的职权，只是不知此职始置于何时。

皇城使　胡三省云：“唐自开元以前，以城门郎掌皇城诸门开阖之节，中世以后，置皇城使。”①但是从德宗时期的情况看，皇城使初置时，并未以宦官充使，以后才逐渐演变为内诸司使。根据唐后期各帝的南郊赦文中“皇城将士”的字句看，皇城使统辖有军队，负有巡警、保卫皇城之责。

客省使　客省置于代宗永泰时期，主要接待四方上书言事之人及诸道入京办事者。其使名不知始于何时。至迟在唐后期已成为内诸司使之一，五代时仍有设置，并有内客省使与客省使之别，宋代作为武臣阶官之一。

毡坊使、毯坊使　孙逢吉《职官分纪》载：“唐有毡坊、毯坊使，五代合为一。”②《吴全缋墓志铭》载，咸通十一年（870），其曾任毡

---

① 《资治通鉴》卷二二八，唐德宗建中四年十月胡三省注，第7356页。

② 〔宋〕孙逢吉：《职官分纪》卷四四，中华书局1988年版，第819页。

坊使，知其仍为内诸司使。少府监右尚署掌皮毛、席荐、杂作之事，故二使的设置，侵削了少府监的职权。

牛羊使　宋人高承所撰的《事物纪原》卷六说此使是北宋初所置，是错误的。敦煌卷子（P.3723）中有唐人郁知言所撰的《纪室备要》一书，其中已记载有牛羊使一职，而此卷成书于懿宗咸通时期。[①]其实牛羊使的设置还要早于这个时期，据宦官《刘渶浰墓志铭》载：他在唐文宗大和九年（835）八月，“又迁牛羊使，兼赐紫金鱼袋”[②]。牛羊使是掌管牛羊杂畜，以供给京师百司及宫廷生活所需的一种使职，实际上它的设置侵削了太仆寺的职权。

仗内使　敦煌文书《纪室备要》卷中记有仗内使一职，这是一种在有关唐代史籍中从未记载的内诸司使职官。关于此职的职能，据《纪室备要》所记内容看，应是掌管对禁中与内诸司使系统的纠察工作，以监督不法，惩治奸恶。[③]

冰井使　我国历代宫廷中皆有冰井，用来储藏冰块，解决夏季宫廷用冰的问题。此事在唐朝前期由司农寺上林署负责，所谓“季冬，藏冰千段，先立春三日纳之冰井”[④]。长安和洛阳的宫中均有冰井，并且分为东、西二冰井。在唐朝的国家祭祀中有司寒之神，每年藏冰与取冰时，都要以黑牡、秬黍祭祀此神，然后才能打开冰井。从出土的唐代宦官墓志看，唐后期设置了冰井使一职，以宦官充任，这样就侵削了司农寺的职权。这一使职直到昭宗天祐元年（904）四月才被废去，“内园冰井公事委河南尹”[⑤]。之所以将此事委托河南尹掌管，是因为此时已迁都于洛阳。

口味库使　唐朝宫中置有口味库，《新唐书》卷四六《百官志一》载：“膳部郎中、员外郎，各一人，掌陵庙之牲豆酒膳。诸司供奉口

---

① 《敦煌表状笺启书仪辑校》，第99页。

② 《全唐文补遗》第3辑，第212—213页。

③ 《敦煌表状笺启书仪辑校》，第97页。

④ 《新唐书》卷四八《百官志三》，第1260页。

⑤ 《旧唐书》卷二〇上《昭宗纪》，第780页。

味，躬镭其舆乃遣，进胙亦如之。非大礼、大庆不献食，不进口味。”可知口味库归南衙管理。唐朝皇帝的赦文中往往也提到口味，如肃宗《乾元元年南郊赦》载：“其年支口味，宜减一半。”[①]文宗《改元开成赦》曰：“所在除药物、口味、茶果外，不得辄有进献。”[②]从现有史籍记载看，没有明确口味的具体指向，应是酒膳、药物、茶果、肉类之外的珍稀食品或调味品。另有“长安大内有口味库。乾符六年，回禄为灾，自后不置也”[③]。回禄，指火神，此句意为僖宗乾符六年（879）大火焚毁口味库后，遂不再设置。口味库本归礼部膳部司掌管，唐后期设使，以宦官充任，遂成为内诸司使之一。

以上所述的内诸司使并非是所有的，由于史料散佚严重，有些使名还有待于进一步发现，即使现有的这些使职研究也还需要进一步深入下去。如丰德库使，只知丰德库为内库之一，对于其职能和设置时间均不了解。以前我们已经强调了唐代宦官专权并非通过内侍省，而是通过内诸司使系统。把唐代宦官的这些机构与明代的宦官二十四衙门比较，可以看出，不仅机构更加庞大，而且职能也更为广泛，其中涉及国家的不少行政事务和军国大事。尤其是唐代宦官控制禁军兵权，通过监军使还控制了天下方镇的军政大权，使得其势力更加强大，不仅南衙势力无法与之抗衡，就是皇帝的废立亦在其掌握之中。这些都是明代宦官难以相比的，尽管明代宦官势力也不弱，但仍要仰皇帝鼻息行事，一旦皇帝翻脸，瞬息间便灰飞烟灭。

除了以上所述的使职外，宦官充任较多或专任的非内诸司使系统的使职还有不少。据《唐国史补》卷下载：“宦官内外悉属之使，旧为权臣所管，州县所理，今属中人者有之。”下面所介绍的这些就属此类使职。

内射生使　殿前射生手为肃宗时所置的一支禁军部队，在肃宗、代宗时期的政治生活中发挥了较重要的作用。这支部队建立之初就由宦官

① 《唐大诏令集》卷六九，第384页。

② 《唐大诏令集》卷五，第30页。

③ 《南部新书》癸，第166页。

充使并统率，故其使名前加一个“内”字。德宗贞元三年（787），这支军队并入左右神威军，其使名也就不存在了。

监军使　唐前期多以御史监军，玄宗时始以宦官监军。安史之乱后，宦官监军遂成为定制。监军使权势很大，往往专擅军政，节度使反受其制约。

排（监）阵使　史载，“穆宗长庆中，始命中人监阵。”“自后官军讨伐，率命中人参护其军，号为监阵（使）。”“僖宗乾符中，以中人为排阵使。”①后又称排阵使，大宦官杨复光就曾任过都排阵使，五代时遂成为领兵军官之职。

馆驿使　安史之乱前，以御史检校馆驿之务，号馆驿使。宪宗以来多以宦官充任，由于中人充使恃恩暴戾，粗暴对待四方使节，引起了朝士反对，故不能长期专任，而是与朝臣交替充任。

粮料使　唐后期凡出兵征伐，皆置粮料使掌军需粮草的供给，由宦官充任者颇多。

宣敕使　这一使职均由宦官专任，朝臣不得染指。这一使职虽然长期存在，但任使者却不固定，由皇帝临时指派，事罢即废。

市舶使　这是唐朝设在广州的掌管对外交易及征收关税的使职，唐前期由地方长吏兼任，后期多由岭南监军使兼领。

宴设使　据《金石萃编》卷一一三《王文干墓志》载，神策军中就设有这种使职，掌军中厨料、宴饮之事，例由宦官充任。

第二节　唐穆宗至武宗时期

一、“销兵”引起的祸乱

唐穆宗即位之后，贬宰相皇甫镈为崖州司户，拜御史中丞萧俛、翰林学士段文昌为宰相，同时又处死了柳泌、僧大通等人，象征性地对宪

① 《册府元龟》卷六六五《内臣部·总序》，第7665页。

宗之死有一个了结。接着，又册其母郭氏为皇太后，赠皇太后父郭暧为太傅，母虢国大长公主赠齐国大长公主。

穆宗性奢侈，好嬉游。即位的次月，就在大明宫丹凤门举行大规模的俳优百戏表演，纵百姓观看。他还经常幸神策军观看角抵及杂戏表演，喜欢击打马球，并因此而导致了严重的后果。长庆二年十一月，穆宗与宦官们一起击球，有一宦官坠马，穆宗受到惊吓，因而得了中风病，足不能履地。

在政治上，穆宗根本不关心朝政，重用宦官，压抑以裴度为首的一批朝官，凡宦官赏识的人均能得到提升。如诗人元稹，在宪宗时遭到贬黜，被赶到江陵任士曹参军。当时宦官崔潭峻任江陵监军，待元稹甚厚。后来崔潭峻入朝，将元稹所写的《连昌宫词》百余篇献给穆宗，穆宗大喜，即日将元稹从膳部员外郎提升为祠部郎中、知制诰。以元稹之才，任知制诰是完全胜任的，但由于他是由宦官推荐而得官，因而受到朝士们的鄙视，都将其视作异类。有一次，同僚在一起食瓜，武儒衡挥扇驱蝇，说：这东西是从哪里来的？讽刺元稹是苍蝇。可见朝官与宦官之间的矛盾是多么激化。

穆宗即位不久，由于执政无能，很快便葬送了宪宗时期所取得的削平藩镇的大好局面，导致河北三镇重新叛乱，走向了与朝廷对抗的道路。

史载：“上之初即位也，两河略定，萧俛、段文昌以为‘天下已太平，渐宜消兵，请密诏天下，军镇有兵处，每岁百人之中限八人逃、死。’上方荒宴，不以国事为意，遂可其奏。军士落籍者众，皆聚山泽为盗；及朱克融、王庭凑作乱，一呼而亡卒皆集。”[①]可知宰相萧、段二人

① 《资治通鉴》卷二四二，唐穆宗长庆二年正月，第7808页。

想通过削减藩镇军队人数，以达到减少财政开支压力、削弱藩镇势力、巩固宪宗时期所取得的和平局面的目的。这种想法本意是好的，但是由于萧、段二人乃书生治国，对当时复杂的社会情况估计不足，以为只要皇帝一纸命令就可以万事大吉了，这种过分乐观的态度，使他们对后来发生的变故措手不及，从而造成了严重的后果。

关于萧、段二人此举的错误，唐人杜牧分析说："雄健敢勇之士，百战千攻之劳，坐食租赋，其来已久，一旦黜去，使同编户，纷纷诸镇，停解至多，是以天下兵士闻之，无不忿恨。至长庆元年七月，幽镇乘此首唱为乱。"①杜牧可谓看到了一些问题的实质，因为这一时期的藩镇军队均为职业兵，以当兵领饷来养家糊口，一旦失去军籍，便无法生活。然而最根本的问题还不是这些士兵不愿归农，而是政府根本就没有想到如何妥善地安置这些士兵。从当时的情况看，最好的安置办法无非是给他们土地，使其能够有维持生存的基本条件，可是唐朝政府根本就没有想到这一层。也有学者认为当时的唐朝政府拿不出足够的土地来安置这些士兵。②但问题的关键不在这里，而是萧、段等人根本就没有安置这些人的打算。因为此次"销兵"主要针对的是藩镇军队，中央禁军是不在其内的，而且"销兵"的比例并不很大，仅为百分之八。这个时期全国军队的总人数为八十余万，除去禁军也就是六十多万，按百分之八计算，裁减的兵士最多不超过五万人。唐朝在各地有许多屯田、营田和官庄，如果拿出来安置裁减的兵士，问题并不很大，更何况当时还有大量荒地存在。但唐朝政府不能妥善安置裁减的士兵，这些人为了生存，只能聚于山林，合而为盗，从而严重地威胁了社会秩序的稳定。

更荒唐的是，唐廷为了彻底解决河北藩镇问题，调河东节度使张弘靖为卢龙节度使，又将魏博节度使田弘正调到成德任节度使。张弘靖擅自扣留朝廷赏军的一百万贯中的二十万贯充作军府杂用，引起了广大将士的不满。张还自作威福，出入乘坐肩舆，与以前河北诸镇节度使与将

---

① 《樊川文集》卷一一《上李司徒相公论用兵书》，第166页。

② 杨西云：《唐长庆销兵政策平议》，载《社会科学战线》1985年第3期，第150—154页。

士同甘共苦的作风形成了鲜明的对比。他将政事委于幕僚韦雍等人，而这些幕僚对士卒常以“反虏”视之，动辄呵斥如奴仆。所有这一切都使得卢龙将士非常愤怒，他们的情绪就如同一捆干柴，遇到一点火星，就会熊熊燃烧起来。卢龙都知兵马使朱克融便利用将士们的这种情绪，囚禁了张弘靖，举兵反叛。

田弘正自从归顺朝廷后，曾多次奉命进攻成德，与成德将士有很深的仇怨，朝廷却偏偏把他调任为成德节度使。田弘正自知不为成德将士所容，遂率魏博军两千人作为自己的卫队，但是朝廷却不愿给这支军队支拨军费，田弘正数次上表请求，均被拒绝，田弘正不得已只好将这支部队遣回魏州。就在这支部队回到魏州的当月，成德军乱，杀害了田弘正及其家属、参佐、将吏三百余人，并推举都知兵马使王庭凑为节度留后。卢龙、成德两镇相继兵变后，时任魏博节度使的李愬因病不能讨伐，朝廷遂命田弘正之子田布代替李愬为节度使，率军讨伐叛军。其部将先锋兵马使史宪诚不愿作战，煽动士卒，要求复行河朔故事，即与两镇联合对抗朝廷。田布无力制约，又不愿背叛朝廷，遂抽刀自刺而死。从此以后，河北三镇又恢复了故态，互相呼应，连为一气，实行割据。朝廷兴兵讨伐受挫，由是再失河朔，迄于唐亡也未能恢复，“销兵”之策自此以失败而告终。

本来“销兵”之策本身并无不当，唐朝自宪宗发动削藩战争以来，国库空虚，赋税繁重，而各地藩镇兵员甚多，给朝廷财政造成了极大的负担。加之，藩镇跋扈者多倚仗其强大的军事实力，故朝廷欲削藩必先从裁其兵员入手。问题在于既然认为“销兵”乃是太平之策，就应想好配套措施，如此简单行事，无疑视国事为儿戏。此事如此收场，说到底还是穆宗用人不当之故。

当卢龙、成德等镇兵乱爆发后，朝廷先后调动了诸镇兵十五万多人共同进讨，却屡战屡败。陈寅恪先生认为这是由于河朔军队战斗力强大，官军不是其对手，指出“其所以发生如是之大影响者，盖当时河朔为胡化区域，其兵卒皆善战之人，既被裁遣，‘合而为盗’，遂为朱克融、王庭凑所利用，而中央政府征募之人自然不能与河朔健儿为敌也”[①]。这种说法亦有一定的道理，但最主要的原因还不是叛军兵力强大，而是朝廷措置失当，史载：

> 诸节度既有监军，其领偏军者亦置中使监陈，主将不得专号令，战小胜则飞驿奏捷，自以为功，不胜则迫胁主将，以罪归之；悉择军中骁勇以自卫，遣羸懦者就战，故每战多败。又凡用兵，举动皆自禁中授以方略，朝令夕改，不知所从；不度可否，惟督令速战。中使道路如织，驿马不足，掠行人马以继之，人不敢由驿路行。[②]

当时官军由裴度、李光颜、乌重胤等重臣或名将统率，却也一事无成，连深州（治今河北省深州市西南）之围也不能解除，更不用说铲除叛乱藩镇了。裴度等人一事无成的原因，除了宦官干扰的因素外，还有一个重要原因，就是朝中有人掣肘，这个人就是元稹。史载：“翰林学士元稹与知枢密魏弘简深相结，求为宰相，由是有宠于上，每事咨访焉。稹无怨于裴度，但以度先达重望，恐其复有功大用，妨己进取，故度所奏画军事，多与弘简从中沮坏之。”[③]元稹出于一己之私，担心裴度再立大功，回朝拜相，从而影响到自己的前途，所以对其军事方略加以破坏，使其不能入朝。元稹虽在文学上颇有成就，但就其这种行径来看，无疑是卑鄙小人。裴度上表痛陈奸人误国，指出：“若朝中奸臣尽去，则河朔逆贼不讨自平；若朝中奸臣尚存，则逆贼纵平无益。”[④]穆宗不得已虽然罢去了元稹的翰林学士之职，却任命其为工部侍郎，“恩遇如故”。不久，便拜元稹为相。

元稹如愿拜相，马上向穆宗请求罢兵，赦免王庭凑、朱克融等，

---

① 《唐代政治史述论稿》，第107页。

② 《资治通鉴》卷二四二，唐穆宗长庆二年二月，第7808页。

③ 《资治通鉴》卷二四二，唐穆宗长庆元年十月，第7801页。

④ 《资治通鉴》卷二四二，唐穆宗长庆元年十月，第7802页。

“盖欲罢度兵柄故也”[①]。元稹之所以主张罢兵，是想自己另辟蹊径，平定叛乱，捞取政治资本。和王傅于方向元稹推荐王昭、王友明是奇士，曾客游河朔，熟悉贼党，可行反间计以救深州之围。于方提供家财，充当二人的活动经费，还贿赂兵部、吏部官员，从而获得二十份委任官吏的空白告身，以奖赏立功人士。元稹一一应允。实际上这只是元稹的一厢情愿，试想朝廷出动十几万大军都无法解决的问题，区区两个江湖之士怎能成功？元稹的无能于此可见一斑，其结果也就可想而知了。

二、穆宗是怎么死的

穆宗即位以来，朝中群臣之间钩心斗角，关系极为紧张。元稹排斥裴度，导致两人关系不睦，穆宗索性将裴度与元稹全都罢去相位，另以兵部尚书李逢吉为宰相，李逢吉又引牛僧孺为相。牛僧孺虽不算奸人，却是一个平庸之辈，李逢吉引其为相，目的在于阻止颇有威望的浙西观察使李德裕入朝为相。李、牛两人执掌朝政期间，朝廷政事并无起色，大权仍然在宦官手中。王守澄专制国事，“势倾中外”，接受贿赂，门庭若市。工部尚书郑权，家中多姬妾，以俸薄不能养，遂通过王守澄求取外任，竟然得以充任岭南节度使。李、牛两人无力抑制宦官势力，却对排挤朝中正直之士颇为用力，致使朝政的混乱一发不可收拾。

穆宗自从长庆二年十一月患风疾后，借口身体不适，不理朝政，宰相数次求见，竟不得一见。由于宫中情况不明，群臣不安，于是便有一些朝臣提出早立太子的问题。除了裴度以外，宰相李逢吉等也主张早立太子。穆宗正当壮年，尚不足三十岁，自然不愿早立太子，但是在群臣的再三请求下，不得已只好同意立长子李湛为太子。这年十二月，正式在大明宫宣政殿册立景王李湛为皇太子。

穆宗自患风疾后，经过一段时间的治疗，身体情况大好，这年十二月己未，因为皇帝病情痊愈，公主、嫔妃、宦官及皇室宗亲，还到长安

① 《旧唐书》卷一七〇《裴度传》，第4424页。

诸寺为之斋僧祈福。穆宗甚至颁敕将长安狱中的囚犯全部释放，以示庆贺。正因为穆宗身体大好，所以才亲自在宣政殿主持册立皇太子的礼仪。可是到了长庆三年正月初一，皇帝又因为患病拒绝了群臣的朝贺。那么，穆宗到底是旧疾复发还是又患新疾？史书中没有明确的记载。从一些情况判断，皇帝当是又患新疾，而且是因服食丹药引起的身体不适。有一条记载很值得关注，即在正月初一这一天，穆宗下令将嗣郢王李佐流放到崖州安置，原因是“坐妄传禁中语也”[①]。史书没有明确记载李佐泄露了宫中的什么事。由于这件事与穆宗元日未能坐朝接受朝贺发生在同一天，可见与穆宗患病之事有某种联系，很可能是李佐泄露了穆宗患病的情况。然而这件事在当时并不是什么秘密，穆宗因病不能坐朝，朝中大臣无不知晓，李佐说出此事应不至于触怒皇帝而获流放之罪。看来李佐一定是说了不该说的话，很可能是泄露了皇帝服食丹药之事。

关于穆宗服食丹药，早在其父死后，他即位不久就已经开始了。史载：“初，柳泌等既诛，方士稍复因左右以进，上饵其金石之药。”[②]只是因宪宗服食之事的影响，穆宗并不想让外人知道他服食丹药之事，故对李佐泄露此事非常震怒。自从穆宗服食丹药以后，身体状况一直很不好，其即位四年来，仅长庆四年（824）正月初一在大明宫含元殿举行了一次大朝会。事情发展到后来，他服食丹药之事再也隐瞒不住了，不仅在朝中成为公开的秘密，就连在野人士也无不知晓。就在长庆四年正月里，一个名叫张皋的布衣之士上书穆宗曰：

> ……然则药以攻疾，无疾不用药也。高宗时，处士孙思邈达于养生，其言曰：“人无故不应饵药。药有所偏助，则藏气为不平。”推此论之，可谓达见至理。夫寒暑为贼，节宣乖度，有资于医，尚当重慎。故礼称：“医不三世，不服其药。”庶士犹尔，况天子乎？先帝晚节喜方士，累致危疾，陛

① 《旧唐书》卷一六《穆宗纪》，第502页。

② 《资治通鉴》卷二四三，唐穆宗长庆四年正月，第7830页。

> 下所自知，不可蹈前覆、迎后悔也。今人人窃议，直畏忤旨，莫敢言。臣蓬蔽之生，非以邀宠，顾忠义可为者，闻而默，则不安，愿陛下无忽。[1]

张皋的这一番话引经据典，甚至引用唐代著名医学家孙思邈的话，反对穆宗服食丹药，话说得非常诚恳。穆宗感于张皋忠义可嘉，命人寻找张皋，张皋却避而不见。从穆宗寻找张皋的这一行动看，可能他已有所醒悟，但为时已晚。由于长期服药，病入膏肓，正月二十日，穆宗再次发病，此次病势非常凶猛，至二十二日已经奄奄一息了。

穆宗在弥留之际，命太子监国。宦官们见太子年幼，主张请郭太后临朝称制，并提草好了太后临朝称制的制书，遭到了郭太后的拒绝。她对宦官们说："昔武后称制，几危社稷。我家世守忠义，非武氏之比也。太子虽少，但得贤宰相辅之，卿辈勿预朝政，何患国家不安！自古岂有女子为天下主而能致唐、虞之理乎！"[2]郭氏不愿临朝称制，是她的明智之处，而且她还认为：只要太子得到贤宰相的辅佐，宦官们不要再干预国政，何愁国家不安？这些都是很有见地的。郭太后为了表示坚决不步武则天的后尘，还当着宦官们的面，撕碎了请她临朝称制的制书。

不仅郭太后是这种立场，其兄太常卿郭钊也是持这一立场，他知道宦官们有此动议后，遂秘密地给太后写了一封信，说：如果您答应了宦官们的请求，我将率全家辞去官爵，退隐山林。可见郭氏家族的确不愧为忠贞勋臣之后，始终保持着低调的政治姿态，这也是其家族长盛不衰的一个重要原因。

就在二十二日当晚，穆宗死于寝殿，年仅三十岁。二十六日，太子李湛正式即皇帝位。

---

① 《新唐书》卷一一八《裴潾传附张皋传》，第4289页。

② 《资治通鉴》卷二四三，唐穆宗长庆四年正月，第7830—7831页。

三、敬宗荒唐的生活

李湛即位时年仅十六岁，史称唐敬宗。他即位之初，尊其祖母郭氏为太皇太后，其母王氏为皇太后，将国事委于宰相李逢吉，整日只知玩耍嬉闹，而不问国事。

敬宗年幼无知，宦官们投其所好，百般逢迎，因此其对宦官的赏赐甚多，除了赏赐服色及锦彩金银之外，还随意授予官爵，所谓“或今日赐绿，明日赐绯”[①]，全无节制。由于赏赐无度，宫中财宝不足，于是他又从国库——左藏库中调出银十万两、金七千两，“悉贮内藏，以便赐与”[②]。

敬宗还非常喜欢营建，他嫌长安宫殿不广，筹集了大量的建筑材料，打算另建宫殿。后来由于吏部侍郎李程的力谏，才勉强同意将这些材料用于营建穆宗陵墓。波斯人李苏沙向皇帝进献沉香木材，用于建造亭子。左拾遗李汉上言说：“这与瑶台琼室何异！”敬宗听后，非常不高兴，虽然没有惩处李汉，却不愿改变初衷。他还打算巡幸东都洛阳，命度支员外郎卢贞负责修缮洛阳宫殿及沿途行宫，群臣劝谏不听。河北藩镇朱克融、王庭凑皆请以兵匠助修东都，敬宗遂下诏停止了修建。元代史学家胡三省指出：敬宗不是因为群臣劝谏而罢营建，而是畏惧幽、镇之兵才罢手的。

唐代有端阳节龙舟竞渡的习俗，长安地区亦是如此。敬宗命盐铁转运使王播造竞渡龙舟二十艘，但是由于长安一带缺乏可用的木材，于是便从外地运到长安，预计仅运费一项就要花去全国全年转运经费的一半。经谏议大夫张仲方等人力谏，敬宗不得已同意减半运来。即使如此，也要花费全国转运经费的四分之一，浪费之大是非常惊人的。

敬宗还非常喜欢击球，自即位之初，就经常与宦官们游宴、击球，赏赐宦官、乐人财物不计其数。除了喜欢击球外，他还喜欢角抵、杂戏，时常令左右神策军中的角抵手进行比赛，或者令教坊乐人表演各种杂戏。由于追求刺激，比赛非常紧张，以致“有断臂、碎首者”，常常

① 《资治通鉴》卷二四三，唐穆宗长庆四年正月，第7831页。

② 《资治通鉴》卷二四三，唐敬宗宝历二年六月，第7850页。

“夜漏数刻乃罢”[①]。

敬宗见其祖上多往华清宫，于是也产生了前往一游的想法。群臣见其终日游荡，如果尝得华清温汤的妙处而经常前往，将会造成很大的资财浪费，于是纷纷劝谏。拾遗张权舆叩头谏曰：“往昔周幽王幸骊山，为犬戎所杀；秦始皇葬骊山，国亡；玄宗皇帝幸华清而安史乱起；先帝幸骊山，享年不长。”敬宗竟说：“骊山若此之凶邪？我宜一往以验彼言。”[②]于是在宝历元年十一月，驾幸华清宫，当日返还。他对左右说：这些叩头劝谏者的话，哪有什么可信之处？

凡是有什么新鲜可玩之事，敬宗均不放过。在唐代，僧人们为了宣扬佛教，创立了一种宣传形式，谓之“俗讲”。就是将佛经故事用通俗易懂的语言讲授出来，宣讲时有说有唱，形式十分灵活。有关俗讲的内容本不可考，幸在敦煌发现了不少唐代变文，使我们能够得知俗讲到底是一种什么形式。变文就是俗讲的底本，通常是一段文字、一段诗。变文里有一种形式，叫讲缘起，相当于现在唱曲子的开篇，就是拿一首诗或几句话先把总的内容简要地唱出来，声调要特别有魅力。据记载，当时长安城中最有名气的俗讲僧是文溆，他进行俗讲时，“其声宛畅，感动里人”[③]，以至于听者“填咽寺舍，瞻礼尊奉”[④]。敬宗得知此事后，也按捺不住前往一观的冲动，遂于宝历二年（826）二月，前往位于长安城修德坊中的兴福寺听文溆表演俗讲。

敬宗还迷信神仙之说，同时又崇信佛教，当时道士赵归真与僧人惟贞、齐贤、正简等人皆出入宫禁，受到敬宗的热情款待。由于敬宗迷信神仙之说，所以有人马上投其所好。有一个叫杜景先的术士自称能找到“异人”，即不同凡响的仙人，敬宗遂派他到江淮、岭南一带寻访。有一个润州（治今江苏省镇江市）人周息元，自言其已经活了数百岁。敬

---

① 《资治通鉴》卷二四三，唐敬宗宝历二年六月，第7850页。

② 《资治通鉴》卷二四三，唐敬宗宝历元年十月，第7845页。

③ 〔唐〕段安节：《乐府杂录·文溆子》，中华书局2012年版，第146页。

④ 〔唐〕赵璘：《因话录》卷四，见上海古籍出版社编：《唐五代笔记小说大观》，第856页。

宗马上派使者把他迎到了长安，安置在宫中山亭，尊礼有加。其实这些都是江湖骗子。

敬宗既然热衷于游乐、神仙之事，自然不把国事放在心上。据载他每月上朝不超过三次，大臣很难与之相见。即使这有限的数次朝会，他还不按时上朝，史载："上视朝每晏，……日绝高尚未坐，百官班于紫宸门外，老病者几至僵踣。"[①]早在长庆四年三月，敬宗即位仅数月之久，左拾遗刘栖楚就针对敬宗的这种毛病进行苦口婆心的劝谏，大意说：宪宗与穆宗都是成年的君主，四方纷犹叛乱不轻。陛下年轻，正当宵衣求理，而嗜寝乐色，日晏方起。国丧期间，乐舞之声不息，政令不彰，是非不明，恶声传之于外，这些都是我们这些谏臣没有尽到责任的缘故。说罢连连叩首，以至于血流满地，声响传于閤门之外。他希望用这种方式使皇帝醒悟，然而对敬宗这种皇帝来说，刘栖楚的这种行为又能起到什么作用呢？为了安抚刘栖楚，敬宗升其为中书舍人，并赐绯鱼袋，却未有悔改之意。刘栖楚见状，辞而不受，愤而离京赴东都而去。

敬宗的荒唐很快就引来了祸乱。有一个占卜算卦之人，名叫苏玄明，他与染坊工人张韶关系非常密切。苏玄明对张韶说：我为你算了一卦，你命中注定要在皇宫金殿中坐。现在皇帝昼夜打球狩猎，经常不在宫中，如果乘机起事，大事可成。张韶信以为真，遂暗中联络了染坊工人中无赖者百余人，把兵器藏于紫草（一种染紫色的植物）车中，进入大明宫左银台门，准备在夜间作乱。把守银台门的军士见车辆甚重，产生了怀疑，遂上前盘问，张韶见事情将要败露，遂杀死了盘问的军士，与其同伙抽出兵器，大呼冲入宫中。

当时敬宗正在清思殿击球，宦官们见情况紧急，急忙关闭宫门，并报告了敬宗。以前敬宗与其父穆宗都对右神策军中尉梁守谦十分恩宠，两军角抵比赛时，总是倾向于右神策军。这时乱党已经破门而入，挥刀乱砍，敬宗狼狈逃窜，打算到内苑的右神策军驻地躲避。左右之人说："右军远，不如幸左军近。"左神策中尉马存亮得知皇帝来到，急忙迎

① 《资治通鉴》卷二四三，唐穆宗长庆四年三月，第7834页。

入军中，派大将康艺全率骑兵入宫镇压乱党。敬宗担心太皇太后郭氏与皇太后王氏的安危，马存亮又派了五百骑兵将两宫太后迎入军中。

与此同时，大明宫中乱成一团，宫人们纷纷躲避，张韶进入清思殿，坐上了皇帝宝座，邀苏玄明同食宫中美味，还说：果如你所言，我真的坐上皇帝御座。苏玄明毕竟比张韶这样的莽夫明白事理，他见皇帝已经逃走，知道禁军即刻就会赶到，遂与张韶急忙逃出。这时左军大将康艺全与闻讯赶来的右神策军将军尚国忠引兵包围了乱党，杀死了苏玄明、张韶及其党徒之大部，很快便平定了祸乱。小部乱党躲入禁苑，天明后也一一被擒获处死。

这一夜宫门皆紧闭，皇帝住在左神策军中，朝野上下不知皇帝之所在，人心惶惶。次日，敬宗回到宫中，宰相率百官到延英门朝贺，来者不过数十人，可见长安城已经乱到了何种程度。按照唐朝法律，凡是乱党进入过的宫门，把守者皆应处死，当时有宦官三十五人应当依法处以死刑。由于那些有权势的大宦官的庇护，结果只是从轻处以杖刑，而且供职照旧不变。敬宗如此纵容宦官，最终给自己带来了杀身之祸。

四、敬宗之死

敬宗游戏无度，除了喜欢击球和观看角抵外，还经常亲自下场与人手搏。上之所好，下必相投。于是禁军及诸道争先恐后地向皇帝进献力士。即使如此，敬宗还不满足，又拨钱万贯令内园使招募力士。他与这些力士形影不离，整日相随，游乐不止。敬宗还有一个嗜好，就是喜欢抓捕狐狸，常常夜里不睡，通宵捕捉狐狸，并乐此不疲。

敬宗又是一个喜怒无常的人，这些力士和宦官受到恩宠，不免有时骄纵无礼，力士稍有不逊，或配流，或籍没；宦官们常因小过而遭到责打，弄得人人惶恐，不知何时大祸临头。由此，其左右之人虽然得到了许多的赏赐，非但不感恩戴德，反而心怀怨恨，于是他们联合起来，密谋杀死皇帝，另立新帝。

宝历二年十二月八日，敬宗在夜里打猎回来，与宦官刘克明、田务澄、许文端及击球军将苏佐明、王嘉宪、石从宽、阎惟直等二十八人饮酒。酒宴高潮时，敬宗因饮酒较多，心中燥热，遂起身到内室更衣。忽然殿中灯烛齐灭，苏佐明等冲入室内，将敬宗杀死，其终年仅十八岁。

敬宗死后，宦官刘克明等假称皇帝之旨，命翰林学士路隋起草遗制，命绛王李悟“权勾当军国事”，即暂时掌管国政。李悟是宪宗第六子，穆宗之弟。次日，正式宣读遗制，绛王与宰相及百官相见于紫宸殿外廊。刘克明、田务澄、许文端等宦官在宦官阶层中地位并不很高，且没有掌握实权，于是他们便想乘机换掉宦官中掌权者，这样就引起了另一批宦官的反弹。枢密使王守澄、杨承和与神策中尉魏从简、梁守谦等定议，率兵接迎穆宗第三子江王李涵入宫，又调发左右神策军、飞龙兵入宫讨伐乱党，刘克明赴井而死，其余乱党全部被杀，绛王也被乱兵所杀。

由于事出仓促，王守澄等人对善后之事如何处理，一时没了主意，遂向翰林学士韦处厚请教。韦处厚认为讨伐乱党，名正言顺，何嫌之有？应当以江王之教（教是亲王的命令）宣告中外，内难已平。然后令群臣上表劝江王即位，再以太皇太后令册立其为皇帝。王守澄大喜。十日，江王素服涕泣，与百官见于紫宸殿外廊。次日，又在少阳院（太子居处）与诸军使相见，同时下令将道士赵归真等术士及敬宗所宠信者流放到岭南或者边地。同月十二日，江王正式即皇帝位，史称唐文宗，并改名李昂。

综上所述，可知唐文宗的即位，完全是两派宦官斗争的结果。绛王已经见过了宰相及百官，其实已经算是准备即位的皇帝了，王守澄等杀死绛王，另立文宗，宰相及百官却不敢有异议，可见此时的宦官势力已经膨胀到何种程度，同时也使文宗隐隐感到了宦官势力的威胁。

五、文宗打击宦官的努力

（一）从刘蕡对策说起

文宗即位后，尊其母萧氏为皇太后，以敬宗母王氏为宝历太后，仍尊郭氏为太皇太后，合称“三宫太后”。太皇太后郭氏居住在兴庆宫，王太后居义安殿，萧太后居大明宫。文宗性孝谨，待三宫太后如同一人，每获珍异之物，先奉太庙，次奉三宫太后，最后才是他自己。

唐文宗像

文宗未即位前，深知穆宗、敬宗两朝的弊端，即位之后，励精求治，去奢从俭。下诏释放宫女三千余人，又将一部分五坊鹰犬留作校猎之外，其余全部放归田野。同时，减少了相关部门供给宫廷的年支物，减省教坊、翰林、苑总监的富余人员一千二百多人，停止拨给内诸司的新加衣粮。又把御马坊场所占陂田及近年另行贮藏的钱谷，全部交给政府相关部门。除了这些节省惜费的措施外，他还将穆宗、敬宗时期对各地索要的锦绣、雕镂物品，全部罢去。敬宗在位时极少上朝，文宗下令恢复旧制，每月单日坐朝，双日罢朝，还经常召见宰相，询访政事，常常很久才退朝。于是朝廷上下翕然相贺，以为太平可致。但是文宗有一个明显的缺点，就是他虽然能够虚心纳谏，却不能果敢决断，所议定的事情，往往不能坚持，常常改变，使得群臣有时无所适从。

文宗自即位以来，虽然采取了一些措施，以革新朝政，但由于宦官权势甚大，使他总不能如意。同时他从宦官杀死绛王、拥戴自己即位这件事上，看到了宦官对皇权的威胁，皇帝的地位毫无保障，于是便产生了铲除宦官势力的想法。唐朝自代宗大历以来，节度使多出于禁军大将，禁军大将中凡资历高者，皆以高额的利息向长安富商大贾借取巨额钱款，然后用以贿赂宦官，以求节钺。一旦获得节度使的官职，上任后便加重剥削，以偿付借款，人们称这类人为“债帅”。节度使的任命，很少经过宰相决议，致使皇帝与宰相的大权旁落。同时债帅现象的存在，严重毒化了当时的政治空气，使官场风气更加败坏，也激化了社会矛盾。这些现象的存在，使得一些正直之士痛心疾首，无不反对宦官专权，刘蕡对策就是在这样的社会背景下发生的。

大和二年（828）三月，文宗举行了一次制举考试，昌平（今北京市昌平区）人刘蕡应贤良方正科，他在对策中极言宦官专权乱政之祸，文辞犀利，语气激愤，引起了极大的轰动，人们纷纷传抄其文，一时洛阳纸贵。刘蕡对策的基本内容大体有如下几点：

其一，指斥宦官专权乱政。他认为“亵近五六人总天下大政，外专陛下之命，内窃陛下之权，威慑朝廷，势倾海内，群臣莫敢指其状，天子不得制其心，祸稔萧墙，奸生帷幄”致使“阍寺专废立之权，陷先帝不得正其终，致陛下不得正其始”。

其二，指出朝廷法制不能统一。他指出：“法者，高祖、太宗之所制也。法宜画一，官宜正名。”现在的官员分外官（朝官）、中官（宦官），机构分为南司、北司。在南司犯罪，躲到北司就没事了；或外官定了罪，中官却认为无罪。“法出多门，人无所措，由兵农势异，而中外法殊也。”应该兵农一致，文武同心，保邦卫国。现在的情况却是兵部不管军政，将军只存空名，军政大权归于中官。头一戴武弁，便把文官视为仇敌；足一登军门，视农夫如草芥。“谋不足以剪除奸凶，而诈足以抑扬威福；勇不足以镇卫社稷，而暴足以侵害闾里。”应该摒除宦官，恢复祖宗旧制，使国家政治走上正常的轨道。

其三，批评了朝廷的任官使能路线。他指出：“居官非其能，左右非其贤。”执行了一条任人唯亲的路线，要求文宗改变这种现状。同时指出：“昔秦之亡也，失于强暴；汉之亡也，失于微弱。强暴则奸臣畏死而害上，微弱则强臣窃权而震主。”他认为敬宗失于强暴，而文宗过于软弱，这样都不能使社稷永固，希望文宗振作起来，防微杜渐，以绍祖宗宏业。

其四，揭露了当时剥削残酷、人民生活困苦的景况。他说：“今海内困穷，处处流散，饥者不得食，寒者不得衣，鳏寡孤独不得存，老幼疾病不得养。”百姓生活在水深火热之中，“冤痛之声，上达于九天，下入于九泉，鬼神为之怨怒”。这种情况如果不能引起重视，陈胜、吴广，赤眉、黄巾，恐怕不仅起于秦汉。

刘蕡的对策说出了当时存在的弊病，在朝野上下引起了强烈的共鸣，考官也对此文非常欣赏，认为超过了汉代晁错、董仲舒的对策，可是因为害怕得罪宦官，却不敢录取刘蕡。许多士人在读此文时，感动得热泪滚滚，谏官御史纷纷上表为刘蕡鸣不平。此科共录取了二十三人，其对策大都平淡无奇，其中河南府参军李郃认为刘蕡落第，而自己被录取是最大的不公，上疏文宗说："况臣所对，不及蕡远甚，内怀愧耻，自谓贤良，奈人言何！"[①]表示愿意将自己的名额让给刘蕡，以平天下之公愤。但是当时文宗因宦官势力正盛，没有接受李郃的意见。

刘蕡的对策虽然没有被采纳，但此论一出，天下人心感奋，对当时沉闷的政治空气是一种很大的冲击。这表明士大夫阶层与宦官集团的矛盾已经非常激化了，对文宗皇帝来说，触动也是很大的，使他看到了士大夫阶层中的确存在着一股可以利用的力量，促使他下定了铲除阉宦势力的决心。从此他开始在朝官中物色人物，准备对宦官采取行动，后来发生的一系列针对宦官的事件，与刘蕡的对策不无关系。

刘蕡下第后，令狐楚、牛僧孺任山南东西道节度使时，先后延请其入幕府，上表授秘书郎，并且以师礼待之。然而宦官却对刘蕡十分痛恨，诬之以罪，使其被贬为柳州司户参军，后来就死在了当地。

刘蕡虽然最终难逃宦官毒手，被贬而死，但他的行为却赢得了后人极大的敬仰。昭宗时，左拾遗罗衮上书皇帝，指出刘蕡"遂罹谴逐，身死异土，六十余年，正人义夫切齿饮泣"。并且指出如果早用刘蕡之谋，防微杜渐，国家何至于多难如此，请求昭宗表彰刘蕡。昭宗遂赠以左谏议大夫之职，并访其子孙，授以官职。[②]

唐代的许多士人或撰文或作诗，以寄托对刘蕡的怀念之情，如裴夷直、李商隐等。元明清时期更是有大量的诗文，或追忆刘蕡事迹，或表

① 以上均见《新唐书》卷一七八《刘蕡传》，第5294—5306页。

② 《新唐书》卷一七八《刘蕡传》，第5307页。

示敬仰之情。为了纪念刘蕡，后世还修建了许多刘蕡祠，分布于南北各地，刘蕡的衣冠冢也修了好几处。

（二）宋申锡之死

唐文宗既然决定铲除宦官势力，就必须先在朝臣中物色好可以信赖且志同道合的人，君臣共同努力，才有可能达到目的。他登基之初任命的宰相韦处厚早在大和二年就去世了。次年，浙西观察使李德裕被召入朝，任兵部侍郎，裴度推荐他任宰相，可是却被其政敌宰相李宗闵排挤出朝，任义成节度使去了。李宗闵又引牛僧孺为相。两人合力排斥拥护李德裕的朝官，连裴度都被排挤出朝去任节度使，而李德裕则被进一步赶到更加偏远的西川任节度使。李、牛二人如此热衷于朋党斗争，又与宦官有着千丝万缕的联系，这样的人自然不能成为文宗依靠的对象。

在这种情况下，文宗便把目光移到了翰林学士宋申锡的身上。史载："上患宦者强盛，宪宗、敬宗弑逆之党犹有在左右者；中尉王守澄尤专横，招权纳贿，上不能制。尝密与翰林学士宋申锡言之，申锡请渐除其逼。上以申锡沉厚忠谨，可倚以事。"[①]所谓"渐除其逼"，意思是逐渐铲除那些威逼皇帝的宦官。这个意见深得文宗的赞赏，于是他先提拔宋申锡为尚书右丞，大和四年（830）七月，正式拜其为相。

宋申锡，字庆臣。少年时丧父，他是经过自己的努力才考中进士的。入仕以后长期在节度幕府任职，入朝后历任起居舍人、礼部员外郎、中书舍人、翰林学士等职。因此，宋申锡是一个没有深刻政治背景的人，正因为如此，才会获得文宗的信任。宋申锡深知单靠自己一个人的力量是不可能完成皇帝重托的，必须要联络一批朝官，壮大自己的势力，这样才有可能与宦官势力抗衡。于是他首先联络了御史中丞宇文鼎，然后联络吏部侍郎王璠并任命其为京兆尹。与此同时，他把皇帝的密旨也告诉了王璠，不料王璠却是一个小人，为了一己之私，把此事向王守澄告了密。

王守澄得知此事后，一方面暗中做好应变的准备，另一方面密谋

---

① 《资治通鉴》卷二四四，唐文宗太和四年六月，第7871—7872页。

诬陷宋申锡以破坏文宗的计划。当时文宗的弟弟漳王李凑礼贤下士，在士大夫中很有声望。于是王守澄指使神策军都虞候豆卢著诬告宋申锡谋图拥立漳王为皇帝。文宗本来就对其弟漳王非常猜忌，得知此事后，非常震怒。王守澄见皇帝中计，打算索性一不做，二不休，派二百骑兵屠戮宋申锡全家。飞龙使马存亮坚决不同意，认为如此一来，京城必然大乱，不如召其他宰相共同商议对策。王守澄只好取消了出动军队的想法，向文宗报告了处置宋申锡的办法。

大和五年（831）二月的一天，文宗召宰相们入宫，行至中书省东门时，中使对宋申锡说：陛下没有召相公入朝。宋申锡知道大事不妙，遂望了望延英殿，以笏叩头而退。其他几位宰相进入延英殿后，文宗拿出了王守澄的奏章给大家看，众人看后都感到非常惊诧，又都不好再说什么。于是，文宗命王守澄逮捕漳王所居住的十六宅负责宫市的宦官晏敬则及宋申锡身边的亲信王师文等人，在宫中进行审问。这两人都是豆卢著诬告时所提到的同谋，还没有进行审问，文宗便迫不及待地罢去了宋申锡的相位，将其贬为太子右庶子。

其他宰相、大臣均不敢为宋申锡辩冤，只有新任京兆尹崔琯、大理卿王正雅连续上疏，要求将此案交给司法部门审理，文宗不理。在审问过程中，晏敬则主动承认说，是宋申锡派王师文面见漳王的，并且约定日后拥立其即帝位。至此，宋申锡的冤案便成立了。于是，文宗把朝中重要大臣召入宫中征询意见，左散骑常侍崔玄亮、给事中李固言、谏议大夫王质、补阙卢钧、舒元褒、蒋系、裴休、韦温等人，要求皇帝把此案交给司法部门复审，文宗认为案情已经清楚，没有必要再审。这些人坚持不退，一再请求，飞龙使马存亮叩头流涕地说：杀一匹夫也不能不慎重，何况宰相呢？文宗不得已又一次召宰相入宫，商议如何处理，这一次宰相牛僧孺出面表态说："人臣不过宰相，今申锡已为宰相，假使如所谋，复与何求！申锡殆不至此！"[①]王守澄担心如果复审，将会露出破绽，遂劝文宗从宽处理，将涉案人员早日贬黜。文宗遂仓促地将漳王

---

① 《资治通鉴》卷二四四，唐文宗太和五年三月，第7876页。

李湊贬为巢县公，宋申锡贬为开州司马，同时受牵连处死或者流放的人达百余人之多。后来，宋申锡死在了贬所。

唐文宗本意是想铲除宦官势力，结果反倒中了宦官的反间计，自剪羽翼，其愚蠢之态于此可见一斑。

（三）铲除权阉王守澄

王守澄自从将宋申锡贬死后，更加肆无忌惮，权势熏天，无人敢与之抗衡。面对这种状况，文宗一时也无可奈何，只好等待时机，再做打算。王守澄狂妄无忌，不仅与朝士交恶，即使在宦官阶层内部，与一些人的关系也非常紧张，只与郑注一人打得火热。

郑注，翼城（今山西省翼城县）人，为人机警，善揣测人意。其家境贫寒，以四方行医为生。曾经医治好过徐州牙将的病，此人便将他介绍给节度使李愬，李愬服了其药后，颇为灵验，遂署其节度衙推之职。郑注在此期间经常干预军政之事，引起了军中的不满。当时王守澄在徐州任监军使，把军中的这种不满告诉了李愬，并要求将他赶走。李愬说：郑注虽然有这样的缺点，但却是个奇才，您不妨与他谈一谈，如果不满意再驱逐也为时不晚。于是李愬就命郑注去拜见王守澄，交谈未久，王守澄大喜，将他请入后堂，屈膝密谈，大有相见恨晚之意。后来王守澄入朝任知枢密，遂把郑注也带到了长安，并为其建造宅第。

郑注在长安结交权贵，倚仗王守澄的势力，多为不法之事，引起了朝臣的不满。大和七年（833）九月，侍御史李款奏弹郑注内通宦官，外连朝士，两处往来，昼伏夜动，玩弄权柄，人不敢言，请求将他交付法司处理。旬日之间，连上数十奏章。王守澄见势不妙，遂将郑注藏匿于右神策军之中。左军中尉韦元素及枢密使杨承和、王践言皆厌恶郑注。左神策军将李弘楚对中尉韦元素说：郑注奸猾无比，久之必为国家害，不如假称有病，请郑注前来治病，然后乘机将其擒获，乱杖打杀。韦元素认为此议甚好，遂把郑注招来。郑注到后，巧舌如簧，谄佞之词如泉水涌出，韦元素听着听着，不觉握住了其手。李弘楚再三示意，韦元素就是不理，反而拿出了许多金帛赠给了郑注，礼送而归。李弘楚大怒说：中尉失去今日机会，以后必为其害！然后愤而辞职。宰相王涯拜相，郑注出了很大的力气，加之王涯畏惧王守澄的权势，于是多方为其开脱。王守澄也为其在文宗面前求情，此事遂不了了之。不久还任命郑注为侍御史、右神策军判官，朝野惊叹不已。

这年年底，文宗患中风病，口不能言。王守澄乘机把郑注推荐给皇帝治病，文宗服了郑注之药后，颇有效验，于是郑注又成了文宗的宠臣。

郑注是一个善于投机的小人，王守澄谋害宋申锡时，他为其出谋划策，为虎作伥。结识了皇帝后，善于察言观色的他，很快就发觉了皇帝的心事，于是他又想高攀皇帝这棵大树，帮助皇帝铲除王守澄。

当年宋申锡欲铲除王守澄、郑注时，时任京兆尹的王璠曾向王守澄告密，郑注因此而与王璠关系密切，而王璠又与李训关系密切，通过这种关系李训便与郑注建立了联系。李训是肃宗时的宰相李揆之族孙，原名李仲言，进士出身，有文辞，多智敏。他通过郑注结识了王守澄，王守澄对其才干也非常欣赏，遂与郑注一同将他推荐给文宗。文宗召见时，由于李训丧母，不便穿官服，遂着民服入见皇帝，自号王山人。李训气宇轩昂，风度潇洒，口若悬河，文宗对他非常赏识，“以为奇士，待遇日隆”[①]。不久，任命其为四门助教，迁国子周易博士，充翰林侍讲学士。李训颇通《易经》，任侍讲学士后，时常入宫为皇帝讲学，往来已久，也得以了解皇帝欲铲除宦官的心思。郑、李二人为了捞取更大的政治利益，极力鼓励皇帝早下决心，铲除阉宦。文宗见二人颇有辩才，以为可以与之谋大事，而且两人均是通过王守澄而受到重用，王守澄一定不会对他们有所怀疑，遂把自己的心事全盘相告。于是，郑、李便以铲除宦官为己任，朝夕谋划；文宗对他们也是言无不从，十分信任。郑注多居住在宫中，偶尔归家，则宾客盈门，所收贿赂不计其数。外人均知他们与宦官关系密切，而不知皇帝与他们的密谋。

郑注、李训深知宦官势力很大，欲要彻底铲除，谈何容易。必须对

① 《资治通鉴》卷二四五，唐文宗太和八年六月，第7896页。

他们采取分化瓦解、逐步铲除的策略，才有可能达到目的。

当年拥立文宗时，另一个宦官即右领军将军仇士良出力甚大，王守澄对他十分忌惮，经常进行压制，仇士良对此耿耿于怀。于是，郑、李二人设谋，让皇帝提拔仇士良以分王守澄之权。文宗遂将韦元素外任为淮南监军使，由仇士良取代他的左神策中尉的职务，与王守澄形成分庭抗礼之势。郑、李在策划此事时做得非常巧妙，不仅瞒过了王守澄，朝官中也没有人看破其谋图。当时在朝中专权用事的宦官，除了王守澄、韦元素外，还有两个枢密使杨承和、王践言，他们均“与王守澄争权不叶，李训、郑注因之出承和于西川，元素于淮南，践言于河东，皆为监军”①。一举将王守澄的三个主要对手赶出了朝廷，王守澄当然非常高兴，绝不会从中阻挠。这样朝中专权的大宦官就只剩下了王守澄，初步达到了削弱宦官势力的目的，唯一使王守澄不高兴的就是仇士良的提拔，但他也不好说什么。郑注、李训的下一步计划就是先联合仇士良铲除王守澄，然后再对付仇士良，在朝廷内部稳定后再进一步对付吐蕃和叛乱藩镇。关于这一点史书中记载得很清楚，所谓“李训、郑注为上画太平之策，以为当先除宦官，次复河、湟，次清河北，开陈方略，如指诸掌。上以为信然，宠任日隆”②。

客观地看，郑注、李训这个计划不可谓不宏大，也切中当时存在的主要问题，但是欲得以实现，又谈何容易？尤其是他们不能团结广大朝官，不能取得士大夫阶层的广泛支持，仅仅依靠阴谋诡计，虽然也能铲除几个宦官，但要想彻底消灭宦官势力，改变唐朝的政治格局，却是根本不可能的。

杨承和等既然已被赶出朝廷，失去了权势，文宗当然不会轻易放过他们。大和九年（835）七月，颁诏将杨承和流放到驩州（治今越南义安省荣市）安置，韦元素流放到象州，王践言流放到恩州。随后又派使者赐死三人。这时宦官崔潭峻已死，文宗遂下令开棺鞭尸。宪宗之死，当

① 《资治通鉴》卷二四五，唐文宗太和九年六月，第7904页。

② 《资治通鉴》卷二四五，唐文宗太和九年七月，第7905页。

时人皆说是宦官陈弘志亲手所为。这时陈弘志在山南东道任监军使，为了防止其狗急跳墙，李训为皇帝出谋划策，召其赴京，行至青泥驿（位于今陕西省蓝田县城侧）时，派人乱杖将其打死。至此，凡与宪宗之死有牵连的宦官基本被铲除殆尽，剩下的只有王守澄一人了。

尽管此时的王守澄势单力孤，但他毕竟还掌握着右神策军的兵权，因此李训、郑注仍然颇为小心。他们为文宗出主意，以王守澄为左、右神策军观军容使，兼十二卫统军，“以虚名尊守澄，实夺之权也”①。在此之前，王守澄的官职是右神策中尉、行右卫上将军、知内侍省事，掌管着右神策军与内侍省的实权，改任新职后，名义上王守澄可以过问左、右神策军之事，实际上却失去了兵权，也就是架空了王守澄。

在这种情况下，王守澄已经成了死老虎，剩下的只是选择处死他的方式而已了。王守澄是在大和九年九月二十六日被罢去的兵权，至十月九日便一命呜呼了，仅仅相隔了十几天时间。关于王守澄的死，史书记载得很清楚，郑、李二人密请文宗处死王守澄，文宗遂派另一宦官李好古赐以毒酒，将王守澄毒死于家中。由于王守澄是以这种不光明的方式被杀死的，而不是明正刑典，所以在其死后，仍赠其为扬州大都督，以掩人耳目。

王守澄之死，标志着元和逆党死亡殆尽。由于郑注、李训两人都是通过王守澄的举荐而得以重用的，所以朝臣们在欢庆权阉之死的同时，又都对郑、李之阴险狡诈感到不寒而栗。

六、“甘露之变”始末

郑注、李训铲除以宦官为主的元和逆党的成功，使得其权势大大地膨胀了。在此之前，人们都传说郑注要当宰相了，侍御史李甘在朝中扬言说：如果白麻颁下，我将当场撕毁于朝堂。所谓白麻在这里就是指任命宰相的制书。此话一出，马上招来祸患，李甘随即被贬为封州司马。

① 《资治通鉴》卷二四五，唐文宗太和九年八月，第7908页。

于是，人们更相信郑注就要拜相了。但是郑注最终还是没有拜相，原因就是李训对郑注也非常忌惮，他不愿意郑注的地位凌驾于自己之上，在他暗中阻挠下，此事便不了了之了。

郑注见谋求相位不成，遂退而求其次，要求担任凤翔节度使。凤翔镇（治今陕西省宝鸡市凤翔区）是长安以西的军事屏障，军事地位非常重要，且距离长安很近，军力较为强大。因此宰相李固言坚决反对，但李固言也很快被赶出了朝廷，外任山南西道节度使。不过李训倒是非常赞成郑注出任此职，原因就在于郑注在朝廷的话对他威胁太大，其出任凤翔节度使后还可以凭借当地强大的军力，内外合力，铲除宦官。还有一个好处，就是郑注不在长安，就无法控制朝政，将来一旦完成铲除宦官的大事，下一步就可以对付郑注了，从而使自己独掌朝纲。

郑注谋图拜相不成，李训倒是顺利地当上了宰相，主要原因就是文宗的全力支持。史载："（李）训或在中书，或在翰林，天下事皆决于训。王涯辈承顺其风指，惟恐不逮；自中尉、枢密、禁卫诸将，见训皆震慑，迎拜叩首。"[①]王涯是另一位宰相。可见此时李训的权势已经达到了何种程度，连那些担任神策中尉和枢密使的宦官也都十分畏惧他，这是自代宗以来很少见的一种政治现象。在权力高度集中的情况下，如果李训、郑注从制度的层面上不断地完善，从而逐渐削夺宦官掌握的兵权，削弱宦官已经掌握的行政权，那么杀不杀宦官就没有什么意义了。可惜的是，他们没有这么做，而是继续玩弄权术，欲通过再杀一批宦官，从肉体上彻底消灭宦官。在宦官仍然掌握很大权力的时候，尤其是掌握着朝官包括郑注、李训在内都没有掌握的禁军兵权的时候，他们的这种做法本身就存在很大的风险。

郑注、李训为什么没有采取逐渐剥夺宦官权力的办法，而是采取一种风险很大的方法呢？除了他们的政治见识有限外，还有一个重要的原因，就是他们太急功近利了，这一点在后面的叙述中还可以看到。

郑注与李训商定，郑注到凤翔后，选壮士数百作为亲兵，手持白

① 《资治通鉴》卷二四五，唐文宗太和九年九月，第7909页。

梃，怀揣刀斧。在举行王守澄葬礼时，一举将宦官铲除。当时决定将王守澄葬在长安城东浐水之旁的白鹿原西南，郑注主动要求由自己监护丧事，这样就可以带亲兵参加葬礼了。为了使事情办得天衣无缝，郑注和李训还奏请文宗，届时下令中尉以下宦官全部会集于浐水，为王守澄送葬，然后郑注派亲兵予以包围，全部砍杀，一个不留。两人商定之后，李训却与其同党商议说：如果照此计划施行，即使成功，也是郑注一人的功劳。当时已任命大理卿郭行余为邠宁节度使，户部尚书、判度支王璠为河东节度使，此时尚未动身赴任，因此李训就想命这两人以赴任为名，多募壮士，同时再出动金吾卫的吏卒，抢先动手，诛杀宦官，再寻机除去郑注。参与这一密谋的除了郭行余、王璠外，还有左金吾卫大将军韩约、御史中丞李孝本、京兆少尹罗立言和刑部侍郎舒元舆等，这些人均是李训的亲信。

一切商定后，大和九年十一月二十一日，文宗坐朝于大明宫紫宸殿。百官列班已定，按照唐制，金吾将军此时要向皇帝奏称“左右厢内外平安”。韩约却没有报平安，而是奏称：“左金吾听事后石榴夜有甘露，臣递门奏讫。”唐大明宫正门为丹凤门，其门内有左、右金吾卫仗院，再后是朝堂，朝堂之后便是正殿——含元殿。所谓“左金吾听事后”，是指左金吾卫仗院内长官办公之处的后院。韩约奏完后，“宰相亦帅百官称贺”[①]。古人认为天降甘露，乃是祥瑞之兆，所以李训、舒元舆等人遂劝文宗亲往观看，文宗同意。于是百官便从内殿紫宸殿退出，班于含元殿，皇帝也乘软舆来到了含元殿。文宗先命宰相率中书、门下两省官员到左金吾卫仗院观看，等了很久，这一行人才返回。李训奏称：臣与众人查验，恐怕不是真甘露，不可马上向天下公布。李训这样说的目的，就是要皇帝再派宦官们前去查验，以便伏兵诛杀之。文宗果然命左、右神策中尉仇士良、鱼志弘率宦官们再去查验。宦官们走后，李训急忙召郭行余、王璠来到殿前领受敕旨，王璠恐惧不敢前来，只有郭行余一人拜于殿下。当时郭、王二人的部卒数百人已经手持兵器等待

---

① 《资治通鉴》卷二四五，唐文宗太和九年十一月，第7911页。

在丹凤门外，李训派人召其入宫，只有河东镇的兵卒入宫，而邠宁镇的兵士竟然没有入宫。这种情况的出现，说明有人畏惧宦官势力，有临阵退缩之意。

当仇士良等人来到左金吾卫仗院时，韩约面对大群宦官，心中害怕，脸色突变，流汗不止，仇士良还奇怪地问：将军为何如此？这时突然一阵风起，吹开了幕帐，露出事先埋伏的兵士，又听到兵仗之声。仇士良等人大惊，急忙向外退走，有人欲关上大门，仇士良怒斥，把门的兵士便不敢再关大门，遂使宦官们得以逃出。此时仇士良等人还不知道文宗也参与了密谋，遂急忙赶到含元殿，向皇帝报告有兵变发生。李训见宦官向皇帝奔来，急呼金吾卫士说：赶紧上殿保卫皇帝，每人赏钱百缗！宦官们见状，急忙把皇帝扶上软舆，从殿后趋出，向后宫而去。李训上前拉住软舆大声说：臣奏事未毕，陛下不可入宫！这时金吾兵已经进入大殿，罗立言率京兆府兵卒三百人自东而来，李孝本率御史台之卒二百多人自西而来，双方入殿便大打出手，顿时宦官死伤了十余人。由于李训攀住皇帝软舆不松手，有一个名叫郗志荣的宦官赶上前去，奋拳猛击，将李训打倒在地，这才将皇帝抬入内宫，并且关上了大门。宦官们皆呼万岁，而百官惊恐，不知所措，慌忙出宫，四散而去。直到此时，仇士良等人方才醒悟，知道皇帝也参与了此事，怨愤之下，口出不逊之言，文宗又愧又怕，一言不发。

李训见此状况，知道事情已经不可挽回，急忙换上了从吏的衣服，也不回家，骑马而奔，出城逃命去了。李训与终南山僧人宗密关系素来密切，出城遂直奔终南山，宗密本打算将他剃发藏匿，但由于其徒坚决反对，李训只好出山，打算投奔凤翔郑注，中途为盩厔镇遏使宋楚所擒，押送京师。李训不愿回去受辱，遂对押送者说：得到我则可富贵，听说禁军四处搜捕我，碰到后必为所夺，不如送我的首级更为万全。押送者遂斩其首送到京师请功。

在这场斗争中，以李训为首的一批人与仇士良等宦官的力量对比悬殊，他们只能依靠突然袭击，在宦官们没有防备的情况下，以求侥幸成功，一旦突袭不成，失败便不可避免了。仇士良等脱离险境后，马上命令左、右神策军各出动五百人，全副武装，杀向南衙各部门。当时宰相王涯等人尚在政事堂会食，突然有人报告说有禁军杀来，王涯等狼狈逃窜，两省吏卒千余人争先恐后涌出门去，突然大门关上，没有逃出的六百多人全部被杀死。仇士良还命令关上诸门，派兵到各部门去搜索，又杀死了千余人，尸横遍地，流血成渠。朝廷各部门的印信、图籍、帷幕、器皿等，被毁被抢，无一存留。

仇士良等还派禁军出城追捕逃亡者，又在长安城中四处搜索，将李训同党一一捕获，同时捕获的还有宰相王涯等一批朝官，统统被处死，其家属不问亲疏多被杀死，妻女不死者则没为官奴婢。当时宦官们杀红了眼，将不少并未参与此事的官员也一并杀死，如李训的族弟户部员外郎李元皋、左散骑常侍罗让、詹事浑鐬、翰林学士黎埴、前岭南节度使胡证之子胡溵等。其中胡溵的被杀，完全是因为其家巨富，乱兵借口搜索李训同党，闯入其家将其杀死，抢夺钱财。在混乱之中，长安城中的流氓恶少也乘机报私仇乱杀人，甚至剽掠百货，抢劫市场，互相攻杀，尘埃蔽天，长安城中一片混乱。

就在长安城中乱成一片之际，郑注率亲兵五百人从凤翔出发，行至扶风时，得知李训诛杀宦官失败的消息，只好匆忙返回凤翔。仇士良派人秘密通知凤翔监军张仲清，令其借机铲除郑注。张仲清与押衙李叔和商议定策，由李叔和邀请郑注赴宴，于席间杀之。郑注仗着其手握兵权，欣然而来，李叔和将其亲兵安排在外院款待，将郑注等数人迎入内院，在斩杀郑注等人后，又关闭外门，诛杀其全部亲兵。接着拿出密敕宣示将士，又诛灭郑注全家及节度副使钱可复、节度判官卢简能、观察判官萧杰、掌书记卢弘茂等人，牵连被杀者达千余人之多。

当初，王守澄厌恶宦官田全操、刘行深、周元稹、薛士干、似先义逸、刘英诩等人，李训、郑注遂乘机将他们分别派遣到盐州（治今陕西省定边县）、灵武、泾原（治泾州）、夏州、振武（治今内蒙古自治区和林格尔县西北）、凤翔巡边，然后命翰林学士顾师邕撰写诏书，分赐六道，命令将这六人处死。正好遇到李训此举失败，六道官员便没有再执行此项命令。仇士良等在甘露之变后，召田全操等六人返京。六人深恨李、郑之谋，在途中扬言说：“我入城，凡儒服者，无贵贱当尽杀之。”[①]十二月初，田全操等人疾驰入长安金光门，京城讹言有寇入城，士民惊慌散走，尘埃四起。南衙诸司官员闻讯，四处奔散，甚至有来不及束带穿袜而乘马急奔的。由于这一段时间内，京城动辄杀人，两省官员入值当班时，皆与家人告别，不知能否再相见。可见当时的政治气氛已经紧张到何种程度了。

事后，仇士良等宦官皆加官晋爵，“自是天下事皆决于北司，宰相行文书而已。宦官气益盛，迫胁天子，下视宰相，陵暴朝士如草芥。每延英议事，士良等动引训、注折宰相”[②]。表明在这场南衙与北司的斗争中，以南衙朝官的彻底失败而告终，自此以后不仅大权尽归北司，连文宗皇帝也受到宦官的极大钳制，史载：“上自甘露之变，意忽忽不乐，两军球鞠之会什减六七，虽宴享音伎杂遝盈庭，未尝解颜，闲居或徘徊眺望，或独语叹息。”[③]文宗甚至自比为周赧王、汉献帝，终于忧郁而死。

尽管这次铲除的行动失败了，但郑注、李训也诛杀了不少宦官，尤其把谋害宪宗的凶党基本诛杀殆尽，这些都是应该肯定的。[④]故不能以一次失败而论英雄。

七、武宗崇道灭佛

（一）武宗是如何登上帝位的

文宗死于开成五年（840）正月，终年三十二岁。其弟颍王李瀍继位当了皇帝，史称唐武宗。根据史书记载，唐文宗有子，为什么死后却以

① 《资治通鉴》卷二四五，唐文宗太和九年十一月，第7920—7921页。
② 《资治通鉴》卷二四五，唐文宗太和九年十一月，第7919页。
③ 《资治通鉴》卷二四五，唐文宗开成元年十一月，第7927页。
④ 郭绍林：《甘露之变新论》，载《河南师范大学学报》2002年第2期，第86—89页。

其弟继承皇位，其中有何隐情？这是需要认真分析的。

据载，文宗共有两个皇子，长子鲁王李永，次子蒋王李宗俭。李永是王德妃所生，大和四年封为鲁王。文宗对此子的教育非常重视，因为鲁王傅和元亮不学少文，文宗责备宰相不能为鲁王选好师傅，于是另选户部侍郎庾敬休兼鲁王傅，太常卿郑肃兼鲁王府长史，户部郎中李践方兼鲁王府司马，可见文宗对李永还是寄予了很大期望的。但是李永却很不成器，整日游嬉不息，使文宗非常失望。敬宗之子晋王李普生性谨慎，深得文宗喜爱，于是打算将他过继为嗣，由于其早亡，事情只好暂时搁置起来。由于鲁王不成器，虽然是皇帝亲生，但文宗并不打算立他为太子。直到大和六年（832）在群臣的一再请求下，才勉强同意立李永为皇太子。

李永被立为太子后，文宗命兵部尚书王起、给事中韦温等兼太子侍读，后又以翰林侍讲学士高元裕兼太子宾客，以萧俛为太子少师，这些都是当时的优秀人选，希望能使太子有所改变。但是李永却很难改变旧习，如韦温曾劝谏道："殿下盛年，宜早起，学周文王为太子，鸡鸣时问安西宫。"[①]太子不听，韦温无奈，只好称疾辞官。文宗在失望之余，一怒之下，遂于开成三年（838）十月将太子李永处死。关于此事，史书均未明确记载其死因，只说其"暴薨"。但是从相关史料分析，他应是死于文宗之手。

史载：李永母王德妃失宠怨望，杨贤妃有宠，遂多次在文宗面前谮之，使得文宗对李永母子非常疏远，加之李永屡教不改，迫使文宗不得不采取断然措施。故《旧唐书》卷一八上《武宗纪》说："王妃死，太子废。"可见太子李永之死，与其母的失宠有着必然的关系。另据《新唐书》卷一七四《牛僧孺传》载："（开成）三年，召为尚书左仆射。僧孺入朝，会庄恪太子薨，既见，陈父子君臣人伦大经，以悟帝意，帝泫然流涕。"庄恪太子乃是李永的谥号。从这一段话可以看出，牛僧孺实际上是在婉转地批评文宗不应对自己的儿子采取绝对手段，故文宗痛

① 《旧唐书》卷一六八《韦温传》，第4379页。

哭流涕。《旧唐书》卷一七五《文宗二子传》在这个问题上写得更加清楚，录之如下：

> 上以太子稍长，不循法度，昵近小人，欲加废黜，迫于公卿之请乃止。太子终不悛改，至是暴薨。时传云：太子，德妃之出也，晚年宠衰。贤妃杨氏，恩渥方深，惧太子他日不利于己，故日加诬谮，太子终不能自辨明也。太子既薨，上意追悔。四年，因会宁殿宴，小儿缘橦，有一夫在下，忧其堕地，有若狂者。上问之，乃其父也。上因感泣，谓左右曰："朕富有天下，不能全一子。"遂召乐官刘楚材、宫人张十十等责之，曰："陷吾太子，皆尔曹也。今已有太子，更欲踵前耶？"立命杀之。

这就清楚地说明，太子李永之死确与文宗有着直接的关系，只是后来他又有所后悔，遂将乐官刘楚材、宫人张十十等人处死泄愤。

太子李永死后，他还有一弟蒋王李宗俭，关于此人的情况，史书仅记载开成二年（837）封王，早薨，虽然对其死亡时间缺载，当应死在其兄之前。这样文宗就没有亲生儿子存世了，杨贤妃遂请求立穆宗之子安王李溶为太子，文宗征求宰相李珏的意见，李珏坚决反对，遂改立敬宗第五子陈王李成美为太子。开成四年（839）十月，宣布了立李成美为太子的制书，但是尚未来得及举行册礼，文宗便于次年正月死去了，于是在以谁为皇帝继位人的问题上又发生了变故。

据《旧唐书》卷一七下《文宗纪下》记载：文宗在正月一日病重，未坐朝；二日，诏立"颍王瀍为皇太弟，权勾当军国事，皇太子成美复为陈王"；四日，文宗驾崩。实际情况是，颍王李瀍被立为皇太弟并非文宗的主意，而是以仇士良为首的宦官集团矫诏而立的。另据同书《武宗纪》载：文宗病重，密诏宰相李珏、知枢密刘弘逸以皇太子监国，即以李成美监国。两军中尉仇士良、鱼弘志却矫诏迎颍王于十六宅，并伪造遗诏立其为皇太弟，以李成美复为陈王，理由是其年尚冲幼，难掌国事。他们在当天夜里便命百官在东宫思贤殿谒见颍王。这时文宗尚且在世，只是无力制约宦官势力而已。四日，文宗驾崩，仇士良等遂拥立皇太弟于柩前即皇帝位。接着宦官又杀死了安王李溶、陈王李成美与杨贤妃。

（二）武宗其人其事

武宗即位之初，曾经大开杀戒，据日本僧人圆仁的《入唐求法巡礼行记》载：开成五年二月廿二日，“新天子（武宗）上位，城中杀却四千余人，先帝时承恩者也”[①]。这里的先帝指文宗。谏议大夫裴夷直上言：“陛下自藩维继统，是宜俨然在疚，以哀慕为心，速行丧礼，早议大政，以慰天下。而未及数日，屡诛戮先帝近臣，惊率土之视听，伤先帝之神灵，人情何瞻！”武宗不听。说明武宗的确诛杀了很多人，但是这些人的被杀似乎不全是出于武宗本意，而是仇士良等人所为，史载：“时仇士良等追怨文宗，凡乐工及内侍得幸于文宗者，诛贬相继。”[②]武宗只是因刚刚即位，不便于阻止仇士良等人的行为而已。然而，武宗也贬逐过几位大臣，他因其即位并非出于宰相之意，于是便把杨嗣复、李珏两人罢相，召淮南节度使李德裕入朝，拜为宰相。不过李德裕此次拜相，宦官杨钦义亦出力不少。当初杨钦义在淮南任监军使时，人们相传杨钦义要回朝任知枢密，节度使李德裕对其如同平时，丝毫未有优礼，杨钦义愤愤不平。过了几天，李德裕宴请杨钦义，赠送珍玩数床，杨钦义非常感激。杨钦义行至汴州（治今河南省开封市），奉旨仍回淮南。杨钦义遂奉还李德裕所赠礼物，李德裕不受。后来杨钦义任枢密使后，便举荐李德裕为宰相。李德裕此次拜相虽然与宦官有一定的关系，但却不是其刻意讨好宦官的结果，而是以平常心对待一起共事的同僚，使杨钦义感受到同僚的情谊。这种情况与那些依附于宦官，甘当其附庸的官员是不同的。

---

① ［日］圆仁撰，［日］小野胜年校注，白化文等修订校注：《入唐求法巡礼行记校注》卷二，花山文艺出版社2007年版，第210页。

② 《资治通鉴》卷二四六，唐文宗开成五年正月，第7944页。

李德裕入朝拜相，武宗在他的辅佐下，在朝廷政治方面展现了一些新气象。

在对藩镇的斗争方面，最大的成就便是削平了昭义镇的反叛。昭义镇领泽、潞、邢、洺、磁五州，治所在潞州，其中泽、潞二州在今山西境内，邢、洺、磁三州在今河北境内。武宗会昌三年（843）四月，昭义节度使刘从谏死，其侄刘稹秘不发丧，擅自称留后。当时朝廷中关于是否出兵讨伐的争议很大。李德裕力主出兵讨伐，可是其他宰相都坚决反对，还有许多大臣纷纷上表固争，认为刘从谏练兵十万，粮支十年，不易讨平，主张姑息苟安。武宗坚决支持李德裕的主张，毅然调动诸道军队进行讨伐。为了保证战争的胜利，武宗还采纳了李德裕的建议，改革了宦官监军制度，据《资治通鉴》载：

> 初，李德裕以“韩全义以来，将帅出征屡败，其弊有三：一者，诏令下军前，日有三四，宰相多不预闻。二者，监军各以意见指挥军事，将帅不得专进退。三者，每军各有宦者为监使，悉选军中骁勇数百为牙队，其在陈战斗者，皆怯弱之士；每战，监使自有信旗，乘高立马，以牙队自卫，视军势小却，辄引旗先走，陈从而溃。”德裕乃与枢密使杨钦义、刘行深议，约敕监军不得预军政，每兵千人听监使取十人自卫，有功随例沾赏。二枢密皆以为然，白上行之。自御回鹘至泽潞罢兵，皆守此制。自非中书进诏意，更无他诏自中出者。号令既简，将帅得以施其谋略，故所向有功。①

从李德裕的这个动议可以看出，唐中期以来之所以在讨伐叛镇的战争中屡屡失败，其根本原因就在于此。武宗信任李德裕，使其能够充分发挥自己的才干，最终取得了战争的胜利，削平了昭义镇的叛乱。这是唐朝自宪宗以来，在削藩战争中获得的最大胜利。最主要的是此战的胜利改

① 《资治通鉴》卷二四八，唐武宗会昌四年八月，第8009—8010页。

变了以往朝廷对藩镇的政策，一扫往昔姑息与迁就之弊，恢复了朝廷的威望与尊严。

此外，在武宗统治时期，宦官的势力也受到了较大的压制。按照唐中期以来的惯例，皇帝选择宰相，枢密使一定要参与。然而武宗拜崔铉为相时，便没有征求宦官们的意见。此事引起了一些老宦官的埋怨，他们皆怨枢密使杨钦义、刘行深不敢任事，破坏了老规矩。其实此事也不能怨杨、刘二人，他们何曾不想任事，只是形势有变，皇帝不再支持，不敢出面相争而已。大宦官仇士良是拥立武宗的最重要的人物，武宗即位之初，仇士良上表请求以其所任开府仪同三司荫一子为官，给事中李中敏批驳说："开府阶诚宜荫子，谒者监何由有儿？"[①]唐制，五品以上官员皆可荫子，开府仪同三司为一品，本来应当荫子，但谒者监乃宦官所任的内侍省职务，而宦官乃阉人，没有生育能力，故李中敏才说谒者监何由有儿。仇士良羞愧不堪，只好作罢。试想李中敏此举如果发生在其他时期，结局将是难以想象的。正因为武宗对宦官采取了敬而远之的态度，使仇士良感到非常失落，嚣张气焰也大为收敛，所以对李中敏才不敢于有所动作。

会昌二年（842）四月，群臣向武宗上尊号，武宗届时将登上丹凤楼宣布赦令。"或告士良，宰相与度支议草制减禁军衣粮及马刍粟，士良扬言于众曰：'如此，至日，军士必于楼前喧哗！'德裕闻之，乙酉，乞开延英自诉。上怒，遽遣中使宣谕两军：'赦书初无此事。且赦书皆出朕意，非由宰相，尔安得此言！'士良乃惶愧称谢。"[②]可见武宗对宦官的爱憎是何等分明。在这种情况下，仇士良自感无趣，遂称老病而要求致仕。武宗很快就批准了仇士良的请求，命其解职归家。仇士良死于会昌三年六月，他死后武宗遂于次年六月颁制削去了仇士良的所有官职及赠官，并且抄没其家财。此外，武宗还下令诛杀了一些宦官。大宦官知枢密刘弘逸、薛季棱有宠于文宗，仇士良与他们关系不睦，要求武宗

① 《资治通鉴》卷二四六，唐文宗开成五年十一月，第7948页。

② 《资治通鉴》卷二四六，唐武宗会昌二年四月，第7961页。

铲除二人，武宗遂顺水推舟，下诏赐死两人。

在武宗统治的会昌时期，为了提高行政效率、节省财政开支，在武宗的大力支持下，宰相李德裕大刀阔斧地裁减了大批冗余官员。李德裕明确指出：“省事不如省官，省官不如省吏，能简冗官，诚治本也。”[①] 此举触及了不少既得利益者的痛处，因此引起了不少人的反对，但是在武宗的坚持下，裁减官员的措施还是推行下去了。据会昌四年（844）六月吏部奏，减省官员一千二百一十四员，但是据这年十二月吏部奏，地方州县又增加了三百八十三名官员，这样会昌时期实际减省官员八百三十一员。减省官员的数量之所以不是很理想，根本原因是阻力太大。尽管如此，也不能不承认，武宗统治时期朝廷政治的确出现了一些新的气象。

武宗是一位年轻的皇帝，即位时年仅二十七岁，与其他皇家子弟一样，非常喜欢狩猎、鞠球、骑射、手搏等活动。由于这种喜好所致，他对五坊人员非常宠爱，赏赐无度，并且允许他们自由出入宫禁。不过武宗并不是一个固执的君主，有一次他去兴庆宫看望其祖母郭太后，询问如何才能当好皇帝，太后遂劝他要善于纳谏。返回后他把臣下的奏章拿出来看，见有不少谏其狩猎的奏章，此后便减少了外出打猎的次数，同时也不再随意赏赐五坊人员。有一次，他到泾阳狩猎，谏议大夫高少逸、郑朗进谏说：陛下近来出猎太频，出城太远，早出晚归，影响了国事的处理。武宗马上表示接受，为了鼓励群臣积极进谏，他还给高、郑二人升了官。

唐代举行宴会饮酒时风行酒令，武宗听说扬州的女伎善于此道，遂命令淮南监军使选十七名女伎献入宫中。监军使要求与节度使杜悰同选，想借机再选一些良家美女献入宫中，以讨好皇帝。杜悰拒不参与此事，监军再三请求，杜悰始终不从。监军大怒，遂上表向武宗告了杜悰一状。武宗身边的人都劝他命节度使同选，武宗却说：命藩臣选女伎入宫，岂是天子所为？杜悰不屈从监军之意，真宰相才也，与他相比，朕

① 《新唐书》卷一八〇《李德裕传》，第5341页。

甚惭愧。于是，下令淮南监军停止选人。不久，拜杜悰为宰相。

武宗为人颇通情达礼。穆宗长庆元年，宪宗之女太和公主远嫁回鹘。后来回鹘被黠戛斯击破，为了躲避黠戛斯的威胁，其中一支在乌介可汗率领下南下逼近了唐国土，并且不断地骚扰北部边地。唐朝遂派军击败回鹘，于会昌三年二月，迎回了和亲的太和公主。太和公主到达长安后，武宗按照唐朝制度，改封其为安定大长公主，诏宰相率百官迎谒于章敬寺前。公主到光顺门，脱去盛装，表示对和蕃无状的谢罪。武宗遣使再三抚慰，然后又接入宫中。阳安、宣城、真宁、义宁、临真、真源、义昌等七位公主没有前来看望和慰问太和公主，被武宗处以各罚若干俸物和封绢的惩罚。

武宗最大的缺点就是喜好神仙之术，他把敬宗所宠信的道士又请入宫中，修建了九天道场，亲授法箓。右拾遗王哲上疏切谏，武宗不但不听，反而将王哲贬为河南府士曹参军。武宗还封道士赵归真为右街道门教授先生，宠信无比。宰相李德裕也出面劝谏武宗，武宗表示：朕只是与赵归真谈道解烦而已，至于军国政事只与卿等商议，决不使此辈过问。李德裕说："小人见势利所在，则奔趣之，如夜蛾之投烛。闻旬日以来，归真之门，车马辐凑。愿陛下深戒之！"[①]武宗不听。武宗虽然在这个问题上拒绝接受谏言，然客观地看，赵归真虽然恃宠骄横，武宗却从未让其染指过政治，在这一点上他没有食言。

（三）会昌灭佛始末

唐武宗在会昌五年（845）发动的打击佛教的事件，佛教史上称为"会昌法难"，是中国历史上几次打击佛教行动中规模最大的一次，影响非常深远。

关于此次事件的起因，首先是佛道二教的斗争。《旧唐书》卷一八上《武宗纪》载："时帝志学神仙，师归真。归真乘宠，每对，排毁释氏，言非中国之教，蠹耗生灵，尽宜除去，帝颇信之。"《唐语林》亦载："武宗好神仙。道士赵归真者，出入禁中，自言数百岁，上颇敬之。与道

① 《资治通鉴》卷二四七，唐武宗会昌四年四月，第8000页。

士刘元靖力排释氏，上惑其说，遂有废寺之诏。”[①]可见道士们在这次发动打击佛教的行动中的确起到比较重要的作用。

其次是出于经济方面的原因。佛教自传入中国以来，至唐代发展到了鼎盛时期，佛寺遍于天下，僧尼人数众多，消耗了大量的社会财富，严重制约了社会经济的发展，这就是在此之前多次发生灭佛事件的重要原因。武宗会昌年间发生的打击佛教的事件，也有此原因。据杜牧《杭州新造南亭子记》载："文宗皇帝尝语宰相曰：'古者三人共食一农人，今加兵、佛，一农人乃为五人所食，其间吾民尤困于佛。'帝念其本牢根大，不能果去之。武宗皇帝始即位，独奋怒曰：'穷吾天下，佛也。'"[②]武宗颁布的《拆寺制》也说："洎于九有山原，两京城阙，僧徒日广，佛寺日崇。劳人力于土木之功，夺人利于金宝之饰……。且一夫不田，有罹其馁者；一妇不织，有罹其寒者。今天下僧尼，不可胜数，皆待农而食，待蚕而衣。寺宇招提，莫知纪极……"[③]可见促使武宗下定打击佛教发展的决心，经济问题是一个重要的原因。[④]

再次，打击与搜寻流亡的宣宗。日本僧人圆仁的《入唐求法巡礼行记》卷四有这样一段记述：

> 道士奏云："孔子说云：'李氏十八子昌运方尽，便有黑衣天子理国。'臣等窃惟黑衣者，是僧人也。"皇帝受其言，因此憎嫌僧尼，意云李氏十八子，为今上当第十八代，恐李家运尽，便有黑衣夺位欤！

十八子不仅与唐朝国姓"李"字相合，而且与武宗正好是唐朝第十八代君主相吻合，这条谶语等于明白地宣布武宗运祚将要终结，黑衣僧人

① 《唐语林校证》卷一《政事上》，第79页。

② 《樊川文集》卷一〇《杭州新造南亭子记》，第155页。

③ 《唐大诏令集》卷一一三《拆寺制》，第591页。

④ 齐倩楠：《唐武宗"会昌灭佛"的历史原因》，载《边疆经济与文化》2015年第4期，第64—65页。

将会取代其地位，而这位僧人则是指后来的宣宗。据尉迟偓《中朝故事》、赞宁《宋高僧传·齐安传》、孙光宪《北梦琐言》等书记载，宣宗未即位前，武宗不能善待，曾经当过僧人，或与僧人游处，因此谶语中才有黑衣僧人夺位的说法。有学者据此下结论说：唐武宗与佛教的矛盾，实质上主要是与宣宗的矛盾。武宗毁灭佛教的根本原因在于宣宗从宫中逃出之后，隐身于佛门。灭佛，就是为了查杀宣宗，毁灭他的栖身之所。这种说法虽有一定的道理，但推测的成分较多，录之于此，姑备一说。[①]

唐武宗在下诏打击佛教之前，先令主管宗教事务的祠部调查天下寺院及僧尼的数量情况，在摸清全部情况后，遂制定了打击佛教的具体方案。据载，会昌五年五月，祠部奏报说天下有寺院四千六百所、兰若四万所、僧尼二十六万五百人。在掌握了这一情况后，武宗于这年七月正式颁布制书，规定长安、洛阳两街各留寺两所，即各保留四所寺院、每寺留僧三十人；藩镇治所所在州及同、华、商（治今陕西省商洛市）、汝等州各保留寺院一所，分为三等，上等留僧二十人，中等留僧十人，下等留僧五人。其余僧尼全部勒令还俗，非保留的寺院、兰若全部拆毁，"财货田产并没官，寺材以葺公廨驿舍，铜像、钟磬以铸钱"[②]。

关于此次打击佛教时拆毁的寺院、兰若及还俗僧尼的数量，学界多引用《唐大诏令集》卷一一三《拆寺制》所载的数字，即拆毁寺院四千六百所、兰若四万多所，还俗僧尼二十六万五千人。杜牧在《杭州新造南亭子记》一文中，也是这样记载的，并且还说"始去其山台野邑，四方所冠其徒，几至十万人"，共解放奴婢十五万人，"良田数千万顷"[③]。如依此说，则此次还俗僧尼应为三十六万余人。如果这些记载是真实的话，则等于将全国的寺院全部拆毁、令僧尼全部还俗，因为

① 于辅仁：《唐武宗灭佛原因新探》，载《烟台师范学院学报》1991年第3期，第53—60页。

② 《资治通鉴》卷二四八，唐武宗会昌五年七月，第8016页。

③ 《樊川文集》卷一〇《杭州新造南亭子记》，第155页。

前述祠部调查的数字总共就这么多。

另据司马光《通鉴考异》引《武宗实录》载："镇州、魏博、淮南、西川、山南东道、荆南、岭南、汴宋、幽州、东川、鄂岳、浙西、浙东、宣歙、湖南、江西、河南府，望每道许留僧二十人；山南西道、河东、郑滑、陈许、潞磁、郓曹、徐泗、凤翔、兖海、淄青、沧齐、易定、福建、同华州，望令每道许留十人；夏桂、邕管、黔中、安南、汝、金、商州、容管，望每道许留五人；一道河中已敕下留十三人。"[①]即一等十七道，应保留寺十七所、僧尼三百四十人；二等十五道，应保留寺十五所、僧尼一百五十人；三等八道，应保留寺八所、僧尼四十人。加上河中道寺一所、僧尼十三人，长安、洛阳寺八所、僧尼二百四十人，全国总计保留寺四十九所、僧尼七百八十三人。扣除这些数字，全国拆毁的寺院应是四千五百五十所，还俗僧尼二十五万七百多人，加上解放的十五万奴婢，将他们全部充作两税户，的确可以为唐朝增加不少赋税收入。

需要指出的是，在打击佛教的同时，唐朝政府还禁止已经在中国流行多年的景教、摩尼教、火祆教等宗教继续发展，教堂拆毁，教士还俗，如是外国人发配边远处收管，仅景教教士就有两千人还俗。经过这次打击后，这些宗教便很难在内地立足了，有些宗教被迫转入地下，如祆教、摩尼教，在民间秘密流行。此外，这次行动对佛教发展一度有较大的影响，大量的经卷被焚毁，致使除禅宗之外的其他佛教宗派发展受到了影响，不过从佛教发展的总趋势看，影响并不大。[②]

八、武宗服食丹药

武宗既然迷信神仙之术，与之前的几位皇帝一样，也免不了服食丹

① 《资治通鉴》卷二四八，唐武宗会昌五年七月考异，第8016页。

② 严耀中：《会昌灭佛后的湖州唐陀罗尼经幢——兼论武宗灭法对佛教的影响》，载《佛学研究》2000年6月刊，第102—108页。

药，史载："上饵方士金丹，性加躁急，喜怒不常。"[①]由此，引起了内外臣僚不安的情绪。有一次，武宗向宰相李德裕问外间之事，李德裕乘机对他进行了劝谏，大意是说：陛下脾气喜怒无常，臣僚均惊惧不安。以往因平定藩镇叛乱，应以威权制之，今天下太平，希望陛下以宽政治理，使罪者无怨，善者不惊，则局势自然平稳。

武宗虽然因服食丹药而身体不适，却不知悔改，仍然对道士宠信不疑。他除了宠信赵归真外，还授给衡山道士刘玄静以银青光禄大夫、崇玄馆学士之职，赐号广成先生，并为其修建了崇玄馆，设置官吏并铸印。自会昌五年秋冬以来，武宗的身体越来越差，他自己也觉察到自己患有疾病，遂向道士咨询，而道士说这是换骨的征兆，武宗深信不疑。这年年末，武宗的身体状况已经非常差了，外人并不知此乃服食丹药所致，而武宗本人也对自己的状况进行保密，从不寻医诊治，人们只是对这位喜欢游猎的皇帝不再进行此类活动而感到奇怪，却不知皇帝已经病入膏肓了。宰相们奏事时，也不敢久留，完事后便匆匆离去。直到会昌六年元日即将来临时，由于武宗已经无力坐朝接受朝贺了，大家这才知道皇帝的身体出问题了。在这种情况下，武宗只好下诏免去此年元日朝会。

从会昌六年（846）正月到三月上旬，武宗已经衰弱到连在延英殿召见宰相商议国事的旧制也无法坚持下去了。宰相主动请见，也拒而不见，于是朝廷内外人心惶惶，忧惧不安。武宗临终前，口不能言，终于在三月二十三日死去，终年三十三岁。

武宗患病能够瞒得了外臣，却瞒不住宦官，他们见皇帝即将死去，遂秘密商议另立新君。三月二十日，他们假借武宗的名义，颁诏说因皇子年幼，须另选贤德之人，光王李怡可立为皇太叔，改名李忱，并主持国政。当天，皇太叔李忱便与百官见面，裁决政务。武宗死后，李忱遂于二十六日正式即皇帝位，史称唐宣宗。

① 《资治通鉴》卷二四八，唐武宗会昌五年九月，第8020页。

第三节　唐宣宗至懿宗时期

一、宣宗其人其事

（一）宣宗曲折的经历

宣宗是宪宗的第十三子，元和五年六月二十二日，生于大明宫。长庆元年三月，封光王。其母郑氏，润州人，本姓朱。李锜任浙西观察使时，有相面者告诉李锜说：“此女有奇相，当生天子。”李锜遂娶回家中做妾。李锜反叛被处死后，家产被籍没，家属没入掖庭为奴。郑氏入掖庭后，被贵妃郭氏选为侍女，“宪宗皇帝爱而幸之，生宣宗皇帝，为母天下十四年”[①]。宣宗即位后，遂尊其母为皇太后，安置在大明宫，以便朝夕侍奉。

据载：宣宗幼年不慧，就是有些傻头傻脑，在宫中常为人所戏弄。成年后，更加少言寡语，宫中聚会时从未见其说过话。文宗在位时，曾驾临十六宅与诸王饮宴，“好诱其言以为戏笑”。武宗性格豪爽，不拘小节，对这位叔父尤其无礼。从现存的各种记载看，宣宗在即位前，确实经历比较曲折，尤其是武宗统治时期更是如此。据尉迟偓《中朝故事》载：敬宗、文宗、武宗相继即位，他们虽然都是宣宗的侄子，但却对他不甚尊重，尤其是武宗，并且武宗还对宣宗非常忌惮。武宗即位初期，有一次在禁苑中打马球，武宗命宣宗参加，然后示意宦官仇士良借机除去宣宗。仇士良不愿伤害宣宗，遂跃马上前，告诉他皇帝有旨，要他下马。然后命其他宦官将其抬出，并奏报武宗说：“落马，已不救

① 《东观奏记》卷上，第85页。

矣！”宣宗得以侥幸活命，遂出家当了僧人，游于江表（长江以南地区）之间。会昌末年，武宗病重，宦官便把他召回京师，并立为皇帝。

韦昭度《续皇王宝运录》载：文宗崩，武宗担心宣宗另有他谋，遂密令四个宦官将宣宗擒下，幽禁数日，沉于宫厕。宦官仇公武怜悯之，向武宗奏曰：“前者王子，不宜久于宫厕。诛之。”在征得武宗同意后，仇公武接出了宣宗，载于车中，上覆粪土杂物，送回其家中，密养起来，然后报告武宗说已经处死了。武宗死后，才与百官奉迎其于宫中，立为皇帝，仇公武也得以升任军容使。

令狐澄的《贞陵遗事》载：宣宗在藩时，曾跟从武宗外出，返回误坠马，而众人没有觉察。夜里二更时，宣宗苏醒过来。当时天降大雪，四周无人声。宣宗感到非常寒冷，正好有巡警者过来，宣宗说：我乃光王，不幸落在此处，又冷又渴。巡警者取水以进，宣宗一饮而尽，身体微暖有力，便步行回到了十六宅。[①]

以上这些记载司马光认为皆“鄙妄无稽”，在撰写《资治通鉴》时不予采纳。其实有关宣宗曲折生活经历的记载，并不仅限于以上这些，还有一些史料也有种种不同的记载，现一一叙述如下：

《宋高僧传》卷一一《唐杭州盐官海昌院齐安传》载：释齐安，俗姓李氏，乃李唐皇室之后。宣宗当僧人时，齐安识得其真实身份，在举行法会之时，齐安预先告知知事僧曰：明日有异人到此，望你禁杂言，制止不当行为，不要带累了佛法。次日果有数位行脚僧前来参礼，齐安一眼就认出了宣宗，遂令其高坐，颇为礼遇。齐安与他交谈后，见其言谈不凡，更加礼敬。请其撰写一份供疏，宣宗操笔一挥而就，齐安览后非常惊异。“知供养僧赍去，所获丰厚殆与常度不同”。齐安还对宣宗说：“时至矣，无滞泥蟠。”言下之意是，您的时运已来，不要再在社会下层混迹了。齐安还希望宣宗一定要振兴佛法。与《续皇王宝运录》记载不同的是，此书说宣宗被宦官仇公武救出后，不是密养于家中，而是纵其周游天下，备尝艰险。后来还担任过江陵少尹。武宗崩，“左神

① 以上皆见《资治通鉴》卷二四八，唐武宗会昌六年三月考异，第8022—8023页。

策军中尉杨公讽宰臣百官，迎而立之”。引文中所提到的这位杨公，即宦官杨钦义，其于会昌三年六月接替仇士良任左神策军中尉。

孙光宪《北梦琐言》卷一载：“武宗嗣位，宣宗居皇叔之行，密游外方，或止江南名山。多识高道僧人。”该书卷六又载：“吴湘为江都尉……宣宗初在民间，备知其屈。”

《祖堂集》卷一五《盐官和尚》条载：“师讳齐安，……大中皇帝潜龙之日，曾礼为师。甚有对答，言论具彰别录。”此条资料提到宣宗曾拜齐安为师，与《宋高僧传》所载不同，显然不是抄于此书。

《古尊宿语录》卷三《黄檗（希运）断际禅师宛陵录》载：“师在盐官会里，大中帝为沙弥，师于佛殿上礼佛。沙弥云：‘不着佛求，不着法求，不着众求，长老礼拜，当何所求？’师云：‘不着佛求，不着法求，不着众求，常礼如是事。’”大中，乃宣宗年号，故引文所谓“大中帝”，则指宣宗。

以上这些记载，如果以历史资料细细考校，就会发现有不少不实之处。但是也有不少方面的内容与史实相合，尤其他反映了宣宗与文宗、武宗等人的关系非常紧张，曾一度被迫流落民间，备尝艰辛，这一点已为古今许多学者所认同。至于他是否真的出家为僧，不好论定，但有一点可以肯定，即他在民间时，曾多与僧人往来，因而与佛教有着不同于其他唐朝皇帝的密切关系，故其即位之始，马上着手恢复佛教，也就不难理解了。[①]当然也有人对以上这些记载深信不疑，但是却无法解答为什么武宗一定要置宣宗于死地。故其结论不能使人信服。

（二）复兴佛教

宣宗即位之初，马上下令杖杀赵归真等数名道士，又将一些术士流放岭南。与此同时，允许长安在两街各留两寺的基础上，各增加八寺，从而使长安的佛寺达到了二十所。武宗会昌二年曾规定僧尼归主客司掌管，然至此仍归两街功德使管理，所度僧尼由祠部发给度牒。这一切仅

---

① 于辅仁：《唐宣宗出家考》，载《山西大学师范学院学报》1990年第2期，第84—88页。

仅是宣宗复兴佛教的开始，大规模的行动还在后面。

宣宗曾对宰相说：“佛者虽异方之教，深助理本，所可存而勿论，不欲过毁，以伤令德。”[①]可见宣宗认为佛教在政治教化方面还是具有较大作用的。正是出于这种看法，于是在大中元年（847）闰三月开始全面恢复佛教的行动，他颁敕说：“会昌季年，并省寺宇。虽云异方之教，无损致理之源。中国之人，久行其道，厘革过当，事体未弘。其灵山胜境、天下州府，应会昌五年四月所废寺宇，有宿旧名僧，复能修创，一任住持，所司不得禁止。”[②]在皇帝的鼓励下，全国各地掀起了兴建佛寺的热潮，所到之处斤斧之声不绝，不仅使武宗限制佛教发展的成果毁于一旦，而且使全国的佛教寺院数量有了进一步地增长。

为了复兴佛教，宣宗还为已经去世的高僧宗密等恢复法号，邀请大德高僧到京师设法坛，宣讲佛法。他还把僧人从晦数次请入宫中，与其高谈阔论。从晦不仅精通佛法，而且善于写诗，其所写的应制诗多次得到宣宗的称赞。据说佛教禅宗的发展就与宣宗大有关系。从玄宗、肃宗朝起，佛教禅宗分为南北二宗，从南禅中发展出的五家七宗，其主要派别沩仰宗、临济宗以及曹洞宗大体上都是在大中后形成的。据《传灯录》记载，南宗沩仰宗，是由百丈怀海弟子灵祐以潭州沩山为据点开始创立的，遭会昌灭佛的澄汰，于大中初得以复兴。灵祐的弟子慧寂在袁州大仰山开拓，遂成此一家；怀海的另一位弟子黄蘖希运，居洪州高安黄蘖山，门下聚徒常千余人，会昌灭佛时得裴休保护，于大中二年（848）重新聚徒，由他的弟子义玄于大中八年（854）在镇州建临济禅院，形成了势力很大的临济宗。此外曹洞宗、云门宗、法眼宗开派的一些主要人物的成长，大都在大中年间，这一时期可以说是禅宗的鼎盛期。与宣宗有直接关系的禅宗人物主要有黄蘖、齐安等人，已见前述。齐安与怀海是同门师兄弟，齐安死后宣宗追谥其为悟空禅师。

宣宗复兴佛教的行为也招来了不少反对的声音，大中五年（851）六

① 《北梦琐言》卷一《再兴释教》，第19页。

② 《旧唐书》卷一八下《宣宗纪》，第617页。

月，进士孙樵上言：

> 百姓男耕女织，不自温饱，而群僧安坐华屋，美衣精馔，率以十户不能养一僧。武宗愤其然，发十七万僧，是天下一百七十万户始得苏息也。陛下即位以来，修复废寺，天下斧斤之声至今不绝，度僧几复其旧矣。陛下纵不能如武宗除积弊，奈何兴之于已废乎！日者陛下欲修国东门，谏官上言，遽为罢役。今所复之寺，岂若东门之急乎？所役之功，岂若东门之劳乎？愿早降明诏，僧未复者勿复，寺未修者勿修，庶几百姓犹得以息肩也。①

宰相们对大兴佛寺也颇有微词，他们认为大规模地兴修佛寺，耗费了大量的财力，为了筹措修寺经费，不免有滋事扰民的情况发生。度僧不精，应该加以选择，至于乡村佛舍，希望能在战争结束后（当时唐与吐蕃之间有战事）再兴修不迟。后来因为财力实在难以承受，改为大县距州城远者可以兴建一座寺院，乡村不再建寺。在这些压力下，宣宗也只好采取妥协的态度，同意了宰相们的主张。

（三）起用旧人

唐宣宗的用人一反武宗时的政策，大凡武宗重用的人物他都弃而不用，首先遭到抛弃的便是武宗时的名臣宰相李德裕。宣宗即位之日，李德裕的奉册，站在其身边。隆重的仪式结束后，宣宗对左右说：刚才站在旁边的是李太尉吗？他看我一次，都使我毛发悚然。可见宣宗对李德裕的厌恶之深。会昌六年四月二日，即宣宗即位的第六天，就将李德裕贬为荆南节度使，不久又改任东都留守，此后一路走低，先后贬为太子少保分司、潮州司马、崖州司户，最后死在了崖州贬所。与此同时，又把在武宗时得到重用的与李德裕关系密切的官员，不问贤愚，大都予以贬黜，如工部尚书、判盐铁转运使薛元赏及京兆少尹、权知府事薛元龟等。

---

①《资治通鉴》卷二四九，唐宣宗大中五年六月，第8047页。

几乎与此同时，宣宗又拜白居易的弟弟白敏中为宰相。白敏中进士出身，先在藩镇幕府任职，后又在洛阳任职，经李德裕的推荐被召入朝中任翰林学士。李德裕失势后，白敏中又落井下石，史载：“德裕失势，敏中乘上下之怒，竭力排之，使其党李咸讼德裕罪。”致使李德裕一贬再贬。不仅如此，“凡德裕所薄者”，白敏中“皆不次用之，以卢商为武昌节度使。以刑部尚书、判度支崔元式为门下侍郎，翰林学士、户部侍郎韦琮为中书侍郎，并同平章事”[①]。同时，开始起用武宗时被贬黜的五位宰相，以循州（治今广东省惠州市）司马牛僧孺为衡州（治今湖南省衡阳市）长史，封州流人李宗闵为郴州司马，恩州司马崔珙为安州长史，潮州刺史杨嗣复为江州刺史，昭州刺史李珏为郴州刺史，然后再逐步提升重用。

唐朝自宪宗以来，在朝廷中有所谓的牛李党争，牛党以牛僧孺、李宗闵为首，李党以李德裕为首。通常认为宣宗支持重用牛党，打击排斥李党，其实并非如此，宣宗并非刻意支持牛党，他打击排斥的只是武宗所重用的人物，对武宗所排斥人物由于逆反心理作怪，往往会予以重用。

宣宗在用人方面有一个特点，就是重用宪宗时的旧臣或者旧臣子弟。如他用令狐绹为宰相，就是出于这种心理。据载，有一次，宣宗对白敏中说：当年朕参加宪宗丧礼，途中遇到风雨，百官及宫人四散避雨，唯有长着长胡须的山陵使攀住灵驾不肯离开。但联不记得那人是谁。白敏中告诉他是令狐楚。宣宗问道：“有子乎？”回答说：“长子令狐绪今任随州刺史。”宣宗又问：“堪为相乎？”白敏中说：“绪少病风痹。次子绹，前湖州刺史，有才器。”[②]宣宗遂提升令狐绹为考功郎中、知制诰，后来竟拜为宰相。可见令狐绹的拜相并非因他是牛党中人，而因其父是宪宗的宰相。

再如刑部员外郎杜胜面见宣宗时，宣宗问其家世，回答说：“臣父杜黄裳，当年首请宪宗监国。”于是马上将其提拔为给事中。翰林学

① 《资治通鉴》卷二四八，唐宣宗大中元年二月，第8029页。

② 《资治通鉴》卷二四八，唐宣宗大中元年六月，第8030页。

士裴谂，乃宪宗时宰相裴度之子。宣宗到翰林院，见到裴谂后，遂提拔他为翰林承旨学士。故史书记载说："上见宪宗朝公卿子孙，多擢用之。"[①]宣宗读《宪宗实录》，见故江西观察使韦丹政事卓异，问宰相：谁是韦丹之子？宰相周墀告诉他河阳观察判官韦宙为其子。宣宗吩咐说："速与好官。"[②]于是升其为侍御史，后来其做到了岭南节度使。

宣宗用人还有一个特点，就是特别喜欢重用科举出身的人。李德裕当政时，不许进士在杏园宴集，不准在雁塔题名。宣宗在大中元年颁敕曰："自今进士放榜后，杏园任依旧宴集，有司不得禁制。"[③]同时，他还鼓励公卿子弟参加科举考试，与李德裕对科举的冷漠态度形成鲜明对比。《卢氏杂说》载："宣宗酷好进士及第，每对朝臣问及第，苟有科名对者，必大喜，便问所试诗赋题目，拜主司姓名；或有人物稍好者，偶不中第，叹惜移时。常于（宫）内自题乡贡进士李道龙。"[④]可见其对科举之制已经着迷到何种程度。[⑤]

二、人称"小太宗"

（一）整顿吏治

宣宗未即位前只是装傻，他其实是一个非常有主见的人。他自即位以来，大力排斥武宗所用的大臣，又起用了一批大臣，初步形成了自己能够放心的朝廷班子。为了表示新皇帝即位以来的新气象，大中元年，宣宗因天旱的缘故，宣布减膳撤乐，释放宫女五百人，又释放五坊鹰犬，停止营建殿阁，并且下诏疏理京师系囚。所有这一切，不过是新皇帝即位后的通常举动，不足为奇。

唐中央政府的文武官员人数，元和时为二千七百八十八员，大中

① 《资治通鉴》卷二四八，唐宣宗大中二年十二月，第8037页。

② 《东观奏记》卷上，第87页。

③ 《旧唐书》卷一八下《宣宗纪》，第617页。

④ 《太平广记》卷一八二《贡举五》引《卢氏杂说》，第1356页。

⑤ 参见刘吉同：《唐宣宗选官》，载《领导科学》1997年第11期，第15页。

时为二千七百九十六员。大中时人数微有增加，与元和基本持平。为了掌握官员人数，唐宣宗命宰相撰《具员御览》，常置于案头，以便随时浏览。此举一为熟悉了解百官情况，二为亲自控制百官人数，不使官员人数有所膨胀，以上所述大中时百官人数的数据，便是宣宗加强控制的结果。

宣宗非常重视汲取历史上兴衰成败的经验，他令人将《贞观政要》一书的主要内容抄在屏风上，在听政之暇伫立屏风前反复阅读。此书总结了太宗贞观时期治理天下的经验以及君臣之间的对话，对唐初统治政策的形成和贞观之治局面的出现发挥了重要作用。他还阅读了臣下所撰的《帝王政纂》《统史》等书，这些书都对他治理国家有着直接的借鉴作用。宣宗还加强了对地方官员的控制，他规定凡被任命为刺史的官员，赴任前必须入朝接受皇帝的当面考查，只有证明他确有行政能力，可以胜任刺史之职，才会正式任命。令狐绹当宰相时，曾任命了一个友人为刺史，并允许他就近直接上任。宣宗知道此事后，马上询问令狐绹是怎么回事。令狐绹回答说：因为其所居之地距任职之所甚近，这样做既可以节省时间，又可以免去迎来送往的费用。宣宗对他的回答很不满意，甚至说出了宰相权力太大令人可畏之类的话。当时把令狐绹吓得出了一身冷汗，连连叩头认错。从此之后，令狐绹做事更加谨慎，对皇帝的决策不敢稍有改变，总是百分之百地执行。令狐绹曾对其朋友说过：我当宰相至今已十年，应是皇帝最信任的人，可是每逢在延英殿与天子面对面商议国事时，心里总是非常紧张，不敢稍有松懈，每次都是汗湿衣衫。

宣宗对朝廷大臣要求很严，希望他们忠于职守，不要辜负皇帝的期望，否则君臣之间就很难相处了。在任命节度使、观察使、刺史等地方军政大员时，他都要反复考查，慎重对待，不轻易任命任何一名官员。对于新任的地方长官他也要召见面谈，要他们勤于职守，爱惜民力。他还要求地方长官把他们了解的任职地区的风俗、人情、物产、地理等情况，一一告诉自己，要求翰林学士也要注意收集这方面的资料，编成书籍，供自己浏览阅读。后来翰林学士韦澳撰成了一本名为《处分语》的书，面呈皇帝，内容包括全国十道的地理、风俗、物产等情况。

此外，宣宗还经常微服私访，骑一头毛驴，带少数随从，往往是清晨出宫，至黄昏回宫，以至于引起了谏官和左右近臣的劝阻。宣宗却认为要了解民间风俗，体察百姓疾苦，只有亲自出去巡访才可以查知真情，并且表示自己这么做也是学习明皇即位前的做法。从宣宗察访的实际效果看，他也的确发现了不少问题。如宣宗微行访察寺观时，发现有女道士盛服浓妆，大怒，回宫后立即命令两街功德使将这些女道士全部驱逐，另择男道士住持道观。其实在唐后期，士人与僧尼交往自由，甚至一起狎妓，京师僧尼宫观常常是藏污纳垢的场所，所以出现上述宣宗所看到的情况就不足为怪了。

宣宗非常重视官员的奏章，阅读十分仔细。即使对各地官员所上的谢表，他也认真地进行阅读。通常来说这些表章的内容都是无关大局的文字，所以宣宗的左右就劝他对这类表章不要太认真了，也不会有什么重要的事情。但宣宗却不这样认为，仍然不改这种习惯。宣宗还能虚心纳谏，凡谏官奏论或门下省封驳，只要言之成理，他都会诚心接受。他的这种作风，受到了历代史家的称赞。

宣宗对吏治也进行了整顿，希望能够造就一支忠于职守、勤政爱民的官吏队伍。他强调要加强对官员政绩的考核，规定：观察使、刺史在任期满后，如果能够增加一千户的，可以破格予以升迁；如果辖区内户口减少七百户，不但要罢官，而且在三年内不得授予新的官职。他还规定没有任过刺史、县令等地方官职的官员，不能升任谏议大夫、给事中、中书舍人等职务；地方长官离任时，不得收取资送钱物，也不可向百姓摊派，若有违反者，按贪赃论处。对于地方上的一些闲散之职，如州一级的别驾、长史、司马，县一级的丞、主簿等，以往都是只拿俸禄、不领公事的闲职，规定其今后必须要参与当地公事的处理，如有违反，致使政事失误者，不仅严惩本人，州县长官也要连坐。

唐后期对官员的考课制度大都流于形式，尤其对地方官员更是如此。宣宗强调必须加强对地方官员的考核，按其政绩分三等报告朝廷。第一等交中书门下及吏部优先任用，第二等按规定的正常程序任用，第三等则要给予降职处分。考核要逐级进行，如对县令的考核由刺史、录事参事主持，观察使复核，如发现考核不实，主持考核的各级官员就要受到相应的处罚。

宣宗还特别注重亲自考查官员，一旦发现优秀官员，马上予以提拔重用。如他在渭水之滨打猎时，路过一寺，见百姓祈祷，经询问知道他们在为醴泉县令李君奭祈祷。此人治理有方，百姓安康，即将任满离去，百姓不愿其离去，遂向佛祖祈祷。不久，醴泉县所在的州刺史出缺，宣宗当即任命李君奭为本州刺史。

宣宗在泾阳狩猎时，遇到了几位樵夫，遂驻马询问当地县令为官如何。樵夫回答说：县令李行言，为官公正，敢作敢为，有一次几个强盗藏匿于禁军士卒家里，李行言知道后，派人前往捉拿，该士卒阻拦，被杖死。宣宗回宫后，便把李行言的名字写在殿中的柱子上。后来便升任李行言为海州（治今江苏省连云港市海州区）刺史，并赐紫金鱼袋。

经过宣宗的大力整顿，唐朝官吏的作风发生了明显的改变，是唐朝后期吏风最好的一个时期。

（二）收复河湟

安史之乱时，唐朝为了平定叛乱，从西北地区抽调大批军队到内地参加战争，致使西北空虚，吐蕃乘虚而入，逐渐占据了陇右、河西及广大西域地区，迫使唐朝将防御线设在了陇山以西，都城长安也随时处在吐蕃的威胁之下。

德宗统治时期，回鹘势力强大，与吐蕃争夺北庭地区，南诏也不堪忍受吐蕃的压迫，转而与唐朝和好，从而使吐蕃陷入孤立的地位。为了摆脱这种地位，穆宗长庆元年，吐蕃主动向唐朝示好，于是双方签订了“长庆之盟”。此后，虽然吐蕃仍不免有骚扰唐朝边境的事件发生，但程度已远不如前。此后，吐蕃实力逐渐衰弱，已对唐朝构不成大的威胁了。

武宗会昌时期，吐蕃内讧迭起，使得其势力更加衰弱。达磨赞普死后，其妃綝氏立她兄长尚延力之子乞离胡为赞普。乞离胡年仅三岁，权力落到了綝氏及其同党手中。吐蕃洛门川讨击使论恐热自称国相，起兵讨伐綝氏，并且连战连胜，军事实力大增。为了夺取吐蕃王权，论恐热又向吐蕃的另一实力派人物尚婢婢发动攻击，欲在除去他后，再进一步夺取王权。双方经过多次较量，尚婢婢先胜后败，论恐热在胜利之后，骄傲轻敌，虐杀部下将领，致使部众纷纷叛离。由于吐蕃连年内战，实力大损，大中三年（849）二月，原州（治今甘肃省镇原县）、秦州（治今甘肃省天水市）、安乐（今宁夏回族自治区同心县下马关乡北红城水古城）三州及石门（陕西省旬邑县清原乡石门关村南）、驿藏（宁夏回族自治区境内，确址不详）、木峡（今宁夏回族自治区固原市西南）、制胜（今宁夏回族自治区泾源县城关镇西）、六盘（今宁夏回族自治区隆德县西北）、萧关（治今宁夏回族自治区同心县东南）、石关等七关将吏纷纷向唐朝投降，使唐朝不战而获得了这一广大地区。宣宗派宦官刘德训为京西、京北巡边宣谕点阅等使，代表唐朝政府接收了这一地区。[①]不久，唐军又收复了维州（今四川省理县东北），获得了自安史之乱以来的最大胜利，朝野上下一片欢腾景象。论恐热无奈，只好入唐请求支援，宣宗虽然接见了论恐热，并赏赐财物，却拒绝了授其为河渭节度使的请求，论恐热怏怏而返。自此，吐蕃各部的实力都走向衰落，对唐朝已无法构成大的威胁了。

大中二年，沙州（治今甘肃省敦煌市西）民张义潮利用民众不满吐蕃残暴统治的情绪，秘密起事，率领当地汉族民众突然起兵，将吐蕃沙州守将赶走，接管了沙州政权。此后，他领导沙州人民一边坚持生产，一边练兵，反击吐蕃的进攻，并相继攻下了甘（治今甘肃省张掖市）、肃（治今甘肃省酒泉市）等州。大中五年二月，张义潮派来的使者到达长安，带来了归顺朝廷的表章。宣宗下诏任命张义潮为沙州防御使。同年十月，张义潮又派其兄张义潭率领使团来到长安，进献了瓜（治今甘

① 杜文玉、赵水静：《从新出〈刘德训墓志〉看晚唐历史的几个问题》，载《山西大学学报》2019年第5期，第97—104页。

肃省瓜州县）、沙、伊（今新疆维吾尔自治区哈密市））、肃、甘、鄯（今青海省海东市乐都区）、河（治今甘肃省临夏市）、西（治今新疆维吾尔自治区吐鲁番市东南）、兰（治今甘肃省兰州市）、岷（治今甘肃省岷县）、廓（今青海省化隆县迤西黄河两岸地区）等十一州的版籍。宣宗遂改沙州为归义军，任命张义潮为节度使，使这里成为唐朝在河陇地区的政治、军事中心。

至此，被吐蕃占据了百年之久的河西、陇右大部分地区又重新归于唐朝，在这一地区广大汉族人民的支持下，唐朝的统治得到巩固，吐蕃的势力更加削弱，已经失去了发动大规模战争的能力。咸通二年（861），张义潮又收复了凉州（治今甘肃省武威市）。次年，唐朝在凉州设节度使府，下辖凉、洮（今甘肃省临潭县）、西、鄯、河、临（今甘肃省定西市临洮县）六州。到了咸通中期，吐蕃在河西、陇右地区的势力被全部肃清，唐朝已无西顾之忧。但是由于中原纷扰，唐朝衰弱，已经无暇治理河陇地区，只是保持着名义上的管辖权而已。这些都是后话，就不多说了。

（三）抑制宦官

宣宗虽然为宦官所拥立，但他对宦官势力的坐大并非视而不见，而是采取了一种抑制的态度，不使其过分强大，以至于闹到无法控制的程度。

宣宗对于其父宪宗被杀之事，长期以来一直不能释怀，在其即位前，他自然无能为力，但即位之后，他便马上着手铲除这些谋逆的宦官。参与谋逆的宦官经过文宗、武宗时期的惩处后，主要凶党已经被铲除殆尽了，然其党羽却没有彻底肃清。宣宗即位后，穷治了当年谋逆之党，除了宦官之外，还包括了穆宗当太子时的东宫僚属，死者甚多。

对于“甘露之变”，宣宗也有他自己的看法，他认为除了郑注、李训之外，其余诸人皆无罪，于是颁诏予以平反昭雪。这一行为实际上是对宦官乱杀朝官的行为颇为不满的一种表示。有一次，宣宗召见翰林学士韦澳等，为了躲避宦官的耳目，假托论诗，屏退左右向他咨询说：近日外间对内侍的权势有何议论？韦澳不知宣宗的本意，遂回答说：陛下威断，非前朝诸帝可比。宣宗闭目摇头说：不对，不对，朕也对其权势有所担心和畏惧。又说：卿对此有何良策？韦澳回答说：若与朝官讨论此事，恐怕又会导致事变（指甘露之变），不如从宦官中选择那些有才识者与之商议对策。宣宗说：此乃末策，朕已试过了，宦官中的无官职及担任中下级职务者，皆对朕感恩，可是高级宦官都是一丘之貉。可见宣宗对高层宦官是非常失望的。在与翰林学士商议未果的情况下，宣宗又与宰相令狐绹商议这件事情，令狐绹密奏曰："但有罪勿舍，有阙勿补，自然渐耗，至于尽矣。"[①]令狐绹提出的这个方略应是一个比较稳妥的办法，虽然需时较长，但却不致于引起大的动荡，如果持之以恒，宦官专权的问题是能够解决的，可惜的是，宣宗寿命不长，数年后就死去了。

由于宣宗对宦官权势非常担忧，所以对朝官与权阉的交往十分关注，一旦发现即予以坚决打击。左神策军护军中尉马元贽在宣宗即位问题上出了大力，宣宗对他也比较好，宠遇超过了其他宦官，宰相马植遂与其攀为本家。当初马元贽有功，宣宗赐他一条非常珍贵的宝带，马元贽便把此带转赠马植。有一天，马植上朝与皇帝商议政事，宣宗一眼就认出了这条宝带，遂问此带从何而来。马植不敢隐瞒，如实相告。宣宗听后，很是不悦。次日，便将马植贬为天平军节度使。当马植行走到华州时，又将其再贬为常州（治今江苏省常州市）刺史。原来在马植离开长安赴任时，宣宗就将马植的亲信之吏董侔逮捕下狱，经审问后，"尽闻（马）植交通之状"[②]，于是才有了再次贬官之举。马植事件在当时影响很大，从此朝官不敢再与宦官交往，对抑制宦官势力的发展起到了一定的作用。

对于那些跋扈宦官，宣宗也采取了适当的措施进行压制，使其不敢过分张扬。如大中八年九月，有一敕使（宦官）路过硖石驿（位于今河南省三门峡市东南），嫌驿中供给的饼黑，一怒之下，鞭打了驿吏，使其浑身是血。陕虢观察使高少逸气愤不平，便将这块饼封送到长安，呈

① 《资治通鉴》卷二四九，唐宣宗大中八年十月，第8055页。

② 《东观奏记》卷上，第93页。

给了皇帝。这位敕使回京后，宣宗斥责他说：山中艰苦，有此食岂是容易的？遂将此人贬到恭陵（孝敬皇帝李弘的陵墓）守陵去了。

内园使李敬实外出，途中遇到宰相郑朗而不回避，郑朗不平，遂奏报宣宗。宣宗把李敬实招来，当面诘问。李敬实回答说：供奉官照例不必回避。宣宗说：你奉命出使，自可通行无阻，岂能因私外出，遇宰相而不回避？遂命剥去其袍服，送到南衙充役。

宣宗对外戚的要求也较严格。即位之初，先后任其舅父郑光为平卢、河中节度使。后来郑光入朝奏事，语多鄙浅，宣宗不悦，遂把他留下来任右羽林统军。郑太后数次对宣宗说其舅家贫，希望到地方任职，宣宗遂厚赐金帛，而不再授其实职，尤其不授亲民之官。在鄠县（今陕西省西安市鄠邑区）及云阳县（今陕西省泾阳县西北）有郑光庄园各一所，均为宣宗所赐。郑光庄吏倚仗其主是皇帝的亲舅父，拒不交纳租税。京兆尹韦澳刚正不阿，遂将这些人抓了起来。宣宗问他如何处置，韦澳说要依法惩处。宣宗又问如果郑光干预，又该怎么办。韦澳说：陛下把臣从翰林学士提拔为京兆尹，就是要臣清理京师之弊，如果郑光之吏多年积欠不补，而宽贷不治，那就是说法律只针对贫户，而不治贵戚，臣不敢奉诏。宣宗又说：“本应该如此，只是郑光纠缠于我，不如痛杖一顿，不要处以死罪。”韦澳说：“臣将其关押起来，待其补足欠税，然后再释放不迟。”宣宗对自己为郑光求情表示歉意。后来，韦澳将郑光庄吏重杖一顿，责令其补足欠税，然后才交给郑光严加管束。

宣宗对子女的管束也颇为严格。其爱女万寿公主下嫁起居郎郑颢，郑颢之弟郑颛病危，宣宗遣使探问。使者返回后，宣宗问：公主何在？答曰：在慈恩寺戏场看戏。宣宗大怒，叹息说：怪不得士大夫之家不愿与我家联姻，原来是这个原因！他急召公主入宫，命其立于阶下，不理不睬。公主恐惧，涕泣谢罪。宣宗责备说：“岂有小叔子患病，不往探视，而去观戏的道理？”经过这一事件，终宣宗之世，贵戚之家皆谨守礼法，不敢有丝毫越轨的举动。

但是宣宗也不是全然不顾亲情，他的亲妹妹安平公主下嫁驸马都尉刘异，宣宗命宰相授刘异为节度使，初步拟定为淄青节度使。宣宗对宰相说："朕只有一妹，时欲相见，淄青去京敻远，卿别思之。"[①]宰相遂改授为邠宁节度使。不仅如此，宣宗还允许公主可以使用驿站的交通工具随时入京。

正是由于宣宗的这些作为，后世史家称其为"小太宗"，并称赞他"用法无私，从谏如流，重惜官赏，恭谨节俭，惠爱民物，故大中之政，讫于唐亡，人思咏之"[②]。

三、太皇太后郭氏死亡之谜

宣宗大中二年五月，太皇太后郭氏在兴庆宫突然死亡。

关于郭太后的死因，《资治通鉴》主要说了两个方面的原因：其一，宣宗怀疑郭太后参与了谋杀宪宗的阴谋。其二，宣宗的母亲郑太后本是郭太后的侍儿，两人素有仇怨，因此宣宗即位之后，待郭太后礼薄，郭氏因此而郁郁寡欢。有一天，郭氏登上了兴庆宫中的勤政楼，欲跳楼自尽，被左右之人急忙拉住。宣宗得知此事后，"大怒，是夕，崩，外人颇有异论"[③]。言下之意是说郭氏的死，与宣宗有直接关系。

关于这一事件，唐人裴庭裕所撰的《东观奏记》卷上亦有记载，录之如下：

> 宪宗皇帝晏驾之夕，上虽幼，颇记其事，追恨光陵商臣之酷。即位后，诛除恶党无漏网者。时郭太后无恙，以上英察考果，且怀惭惧。时居兴庆宫，一日，与二侍儿同升勤政楼，依衡而望，便欲殒于楼下，欲成上过。左右急持之，即闻于上，上大怒。其夕，太后暴崩，上志也。

① 《东观奏记》卷上，第88页。

② 《资治通鉴》卷二四九，唐宣宗大中十三年六月，第8076页。

③ 《资治通鉴》卷二四八，唐宣宗大中二年六月，第8034页。

这一段记载较之上引《资治通鉴》有两点不同，一是说郭氏跳楼的目的是“欲成上过”，即造成因宣宗所逼而不得不死的事实，使宣宗背上恶名；二是明确记载了郭太后之死，是宣宗指使的结果，即所谓“上志也”。可见这件事的发生，实际上是宪宗之死的继续发酵，正因为宣宗认定郭氏参与了谋杀宪宗的阴谋，但却没有直接证据，不便明正典刑，只好采取了这种隐秘的手段来结束郭氏的生命，为其父复仇。

关于郭氏的死因问题，还可以通过其死后在葬仪方面的争执见其一端。《新唐书》卷七七《后妃传》载：郭太后崩，“有司上尊谥，葬景陵外园。太常官王皞请后合葬景陵，以主祔宪宗室，帝不悦，令宰相白敏中让之”。景陵是唐宪宗的陵墓。宰相白敏中召王皞斥之，王皞不服，义正词严地指出：“郭太后是宪宗春宫时元妃，汾阳王孙，追事顺宗为新妇。宪宗厌代之夜，事出暗昧，母天下历五朝，不可以暗昧之事黜合配之礼！”[①]从王皞的这一段话可以看出，当时人均把郭氏不能与宪宗合葬的原因与宪宗之死联系了起来。所谓“厌代”，即死亡的委婉说法；所谓“母天下历五朝”，是指郭氏作为国母，历穆宗、敬宗、文宗、武宗、宣宗五朝。从古代礼法的角度看，郭氏是宪宗为广陵王时的王妃，也就是宪宗的原配，其死后自然应该与宪宗合葬，并且配享宪宗庙室。宣宗之所以宁愿违背礼法也不愿让郭氏与其父合葬，根本原因就在于他不愿让一个谋杀其父的女人享受这样的待遇。王皞此举为自己招来了祸患，很快他就被贬为润州句容县（今江苏省句容市华阳镇）县令。直到宣宗死后，唐懿宗即位，王皞才被召回朝中。他又旧事重提，于是才将郭氏神位移至宪宗庙内配享。

另据《刘德训墓志》载，其曾充任懿安太后山陵修筑使，其墓“谨慎永固，坚筑绝薪”[②]。说明宣宗虽然不许其与宪宗合葬，但在墓葬规格上还是不敢率意而为的。

① 《东观奏记》卷上，第86页。

② 杜文玉、赵水静：《从新出〈刘德训墓志〉看晚唐历史的几个问题》，载《山西大学学报》2019年第5期，第100页。

四、宣宗死因辨析

大中十三年（859）八月七日，宣宗驾崩，终年五十岁。关于宣宗的死因，两《唐书》的《宣宗纪》均未记载。另据《资治通鉴》卷二四九大中十三年八月条载：“上饵医官李玄伯、道士虞紫芝、山人王乐药，疽发于背。”即宣宗亦死于服食丹药。

然而从现存史籍所记载的种种情况看，宣宗似乎也是属于非正常死亡，而且谋害宣宗的凶手很可能就是宦官。据《新唐书》卷二〇七《宦者传》载：严遵美之父严季实，大中时任掖庭局博士。有一天夜里，严季实在咸宁门值宿，忽闻“有宫人谋弑宣宗”，严季实闻变，“入射杀之”。明日，宣宗召见严季实，劳之曰：“非尔，吾危不免。”当场提拔其为宣徽北院副使，后升任枢密使。这次未遂的谋杀行动只是宣宗最终被谋害的一次预演，这次行动的失败，并不等于阴谋者会就此罢手，只会促使他们采取更加隐秘的手段对付宣宗。

当时有一名叫轩辕集的人，他是广东罗浮山的道士，武宗时被召入长安。武宗死后，他被宣宗流放到岭南。宣宗晚年迷信长生之术，遂又将其召到长安。据《杜阳杂编》载：“（上）又问曰：‘朕得几年天子？’即把笔书曰四十年，但十字挑脚。上笑曰：‘安敢望四十年乎！’及晏驾，乃十四年也。”[①]关于此事，《旧唐书》卷一八下《宣宗纪》载：“季年风毒，召罗浮山人轩辕集，访以治国治身之要，其伎术诡异之道，未尝措言。集亦有道之士也。十三年春，坚求还山。上曰：‘先生少留一年，候于罗浮山别创一道馆。’集无留意，上曰：‘先生舍我亟去，国有灾乎？朕有天下，竟得几年？’集取笔写‘四十’字，而十字挑上，乃十四年也。”可见宣宗与轩辕集的往来是实有其事。众所周知，生死寿夭，非人所能预知，为什么轩辕集却能预知宣宗的死期呢？这本身就很值得怀疑。

轩辕集曾受宠于武宗，被宣宗所流放，应该说他与宣宗是有仇怨的。据《东观奏记》卷下载，他又是宦官吴德鄘推荐给宣宗的，这仅是

① 《杜阳杂编》卷下，第1394页。

一种巧合还是有意的安排，就很值得玩味了。宣宗既然酷好仙道，召轩辕集到长安，自然免不了要他为自己配治药石，会不会是轩辕集在药中做了手脚，这也是值得怀疑的。因为从轩辕集在大中十三年春坚决要求归山的举动看，他似乎已经预知到将会发生什么事情，其归后数月宣宗便一命呜呼了，说明他的预见是非常准确的。宣宗从会昌六年即位，到大中十三年死去，正好在位十四年时间，而轩辕集事先就预计他只能当十四年的皇帝。其坚决要求归山，显然是为避免因皇帝的突然死去而受到牵连，这一举动只能说明轩辕集很可能参与了对宣宗的谋杀，或者其已经洞察到有人将要对皇帝下手了。关于轩辕集坚决要求归去的原因，胡三省分析说："轩辕集之求还，惩会昌末年之事也。"[①]可见其确实是为了躲避杀身之祸。后来的事实也证明，宣宗死后，懿宗即位，给皇帝配治丹药的其他道士均未逃脱杀身之祸，而轩辕集却躲过了这一劫。

宦官们之所以要谋害宣宗，与他对宦官采取的政策有关，从而引起了部分宦官的恐慌。实际上宣宗在位的大中时期，距宪宗之死已经过去数十年，参与此事的宦官已经死亡殆尽，宣宗所铲除的对象大多为这些宦官的养子和穆宗的亲信，其中不乏对穆宗的清算。大中八年正月，宣宗颁诏说："长庆之初，乱臣贼子，顷搜擿余党，流窜已尽，其余族从疏远者，一切不问。"这里所谓的"乱臣贼子"指哪些人呢？关于这一点，司马光认为指宦官、外戚及穆宗当太子时的东宫属官。此文中所说的"族从"，胡三省解释说："从，一从、再从、三从兄之亲。族，袒免以外之亲也。"可见牵连之广。关于宣宗之所以颁此诏的原因，司马光说："虑人情不安。"[②]说明宣宗关于"乱党"的追查，已经危及政局与社会的稳定。然而实际情况是，宣宗并没有放弃对这些人的清算，直到大中十二年（858）时，他还下令罢去公卿朝拜穆宗光陵及忌日行香，又把为光陵守陵及负责洒扫的宫人全部转移到其他诸帝陵。说明宣宗并没有放弃对所谓"乱党"的追究，大中八年的那纸诏书不过是一纸空文

① 《资治通鉴》卷二四九，唐宣宗大中十二年正月条胡三省注，第8068页。

② 《资治通鉴》卷二四九，唐宣宗大中八年正月条及胡三省注，第8053页。

而已。

正因为宣宗自始至终都没有放弃对所谓元和“逆党”的追究和查处，使得宫廷内外为数不少的一些人惴惴不安，为了保全身家性命，不得不铤而走险。

五、懿宗的荒淫生活

（一）懿宗是如何即位的

唐宣宗生前迟迟不立太子，大中十二年二月，宰相崔慎由劝其早日册立太子，宣宗不悦，不满十日，就将其罢去了相位。那么，宣宗为什么不愿早日册立太子，并且对臣僚的劝谏如此敏感呢？史载：“初，上长子郓王温，无宠，居十六宅，余子皆居禁中。夔王滋，第三子也，上爱之，欲以为嗣，为其非次，故久不建东宫。”[①]崔慎由劝宣宗早立太子，无非是属意于皇长子李温，故引起了宣宗的极大不满。将其罢相，无非是为将来立夔王时，可以减少一些阻力，然而使他没有料到的是，还未等到这一天，自己就已经死去了。

宣宗不愿立长子郓王李温为太子，显然是他已经觉察到此子生性荒唐，不足以继承大位，故坚决不愿立其为太子。然而这样的人却正是宦官们所愿意拥立的对象，因为只有生活荒淫、不关心政事的人做皇帝，他们才有专擅权力的可能。

宣宗本来就打算立夔王李滋为太子，当他因服食丹药病重之时，便秘密召见枢密使王归长、马公儒，宣徽南院使王居方等人，吩咐他们一旦自己遭遇不测，便拥戴李滋为皇帝。大中十三年八月，宣宗因病重一个多月不见朝臣，连宰相也无法与其见面。王归长等三人与右神策军中尉王茂玄都是宣宗平时信任之人，只有左神策军中尉王宗实与他们素有矛盾，于是他们商定以宣宗的名义任命王宗实为淮南监军。王宗实不知宣宗是否已死，不敢轻举妄动，在宣化门接受敕命后，准备从银台门

① 《资治通鉴》卷二四九，唐宣宗大中十三年六月，第8075页。

而出。就在此时，遇到了左神策军副使亓元实，亓元实告诉他这道敕命有可能是假的，劝他入宫察看虚实。“（王）宗实感寤，复入，诸门已踵故事增人守捉矣。亓元实翼导宗实直至寝殿，上已崩，东首环泣矣。宗实叱归长等，责以矫诏；皆捧足乞命。”[①]对于这一记载，存在有很大的疑点，试想王归长、马公儒、王居方等既然受命于宣宗，并且已颁敕贬逐了王宗实，难道不事先做好应变准备？而且王宗实仅在亓元实导引下，便可顺利地进入戒备森严的宫门，也是很难想象的。尤其当他们见到赤手空拳的王宗实后，竟然“皆捧足乞命”，更是难以使人相信。可以断定王宗实一定是率领禁军强行闯入宫中的，在双方力量对比悬殊的情况下，王归长一方才会捧足乞命，承认失败。导致王归长等人失败的还有一个原因，即此时掌握着右神策军兵权的王茂玄并不在宫中，失去了军事力量的支持，王归长等人还有什么力量能与王宗实抗衡呢?

在以王宗实为首的一派宦官控制了以王归长为首的另一派宦官后，马上派遣宣徽北院使齐元简迎接郓王李温入宫。随后又颁布王宗实等炮制的遗诏，立郓王为皇太子，权勾当军国政事，并改名李漼，与此同时，将王归长、马公儒、王居方等人收捕下狱，随即处死。八月十三日，郓王正式即皇帝位，史称唐懿宗，时年二十七岁。

懿宗即位后，马上加王宗实为骠骑上将军，将为宣宗炼制丹药的医官李玄伯、道士虞紫芝、山人王乐全部处死。

懿宗借助王宗实等宦官的势力，登上了皇帝宝座，这完全是宦官内部矛盾斗争的结果，使得其侥幸得以即位。但是在旧史家的笔下却写成了天命所归，早有定数在先。如《旧唐书》卷一九上《懿宗

① 《资治通鉴》卷二四九，唐宣宗大中十三年八月，第8076页。

纪》就写道：懿宗气度不凡，姿貌雄杰，异于常人。有一次大病之中，其妃郭氏给他端茶送水，就看见有一条黄龙出入于他的卧室。后来病愈之后，郭氏告诉他所看到的一切，李温还一再告诫她不要向外人泄露，以免招来杀身之祸。并表示将来一旦大富大贵，一定会与郭氏共享富贵的。甚至还记载说，有一次天降大雪，四处雪深数尺，唯有李温所居之室无雪。还说李温所撰写的《泰边陲乐曲词》中有“海岳晏咸通”之句，正好与懿宗即位后改年号为“咸通”相合。又记载说在大中末年，在长安儿童中流行玩一种名叫“拔晕”的游戏，“晕”字与“郓”字谐音，预示着郓王将要当天子。所有这一切皆荒诞不经，不足以信。

（二）懿宗荒淫的生活

懿宗是唐朝晚期诸帝中一个比较荒淫的皇帝，与其父宣宗形成了鲜明的对比。他即位之后的一个时期内，虽然唐朝在政治上没有发生大的变故，但是却从宣宗时期的清明政治迅速地滑向了腐败。

与其父不同，懿宗是一个喜好乐舞和热闹的皇帝，甚至日以继夜地观赏乐舞和滑稽表演而他毫无困倦之意，在皇宫中专门为他服务的乐工经常保持在五百人左右。他出手大方，对乐工与优伶的赏赐从来都不吝惜钱财，动辄达千贯以上。乐工李可及为了讨懿宗的欢心，经常谱一些新曲献给皇帝，诱使懿宗醉心于享乐生活，而置国家政事于不顾，其遂成为皇帝最宠爱的近臣之一，除了赏赐给大量财宝外，甚至还任命他为左威卫将军。

乐工们不仅有正常的薪俸收入，还可以时常得到皇帝的赏赐，因而在生活上养尊处优。他们还依仗皇帝的恩宠，与朝臣、宦官们交结，横行不法，干预政事，从而加速了唐朝政治的腐败。宣宗皇帝十分珍惜官爵名位，从不轻易授人；而懿宗却恰恰相反，毫不珍惜官爵，尤其对优人的授官已经达到了泛滥成灾的地步，甚至连他自己都不清楚到底授了多少官职给乐工优人。

懿宗的另一个爱好，便是无节制地举办各类宴会。每月在宫中举办的大型宴会不下十余次，或与百官宴饮，或与诸王、嫔妃聚餐。食不厌精，水陆珍奇、山货海味无所不备，每次宴会的花费十分巨大。咸通前期全国许多地方水、旱、蝗灾不断，安南、西川、浙东战事不止，所需军费不计其数，百姓负担空前沉重，而懿宗的大肆挥霍对百姓来说，无疑是雪上加霜。

懿宗还有一个爱好，就是巡游。长安周围的风景名胜如曲江池、昆明池、兴庆宫、灞水与浐水，稍远一些的如昭应的华清宫、咸阳的望贤楼等，无不遍游，至于位于宫城以北的禁苑更是他经常光顾的地方。懿宗还是一个性急的人，他每次出游时，一旦决定，马上成行，不容丝毫耽搁，从而使得宫中侍应机构的官员手足无措。因为要随时保证皇帝出游的需要，官员们索性把乐工、优伶以及乐器、道具、饮食、帐幕等物事先准备好，以便随时支应皇帝所需，甚至从行的诸王也都随时处于待命状态，以备皇帝随时召唤。

懿宗的游幸活动可以分为两类：一类为小行从，指到大明宫、太极宫、兴庆宫以及禁苑内的游幸；另一类称大行从，指到华清宫、昆明池等稍远一些地方的游幸。每次游幸场面都很是宏大，随行的有大量的乐工、优伶、军队、车舆等，通常乐工、优人约有五百人，军士三千人，各类车舆一百辆，此外还有装满金帛的大车五辆，用于赏赐从行人员。每次大行从花费约十万钱，规模最大的游幸出动的各类人员竟达十万人之多，十万钱肯定是不够的了。

由于懿宗用于游幸的费用开支浩大，且漫无节制，引起朝廷内外许多人士的担忧。一些官员上疏劝谏，希望他能有所节制，但他都置若罔闻，依然我行我素，以致到了后来，人们也就不再为此多费口舌了。

懿宗还是一个佞佛的皇帝，他花费在这方面的钱财数量也是非常惊人的。最为典型的便是赴法门寺奉迎佛骨。咸通十四年三月，懿宗决定遣使赴法门寺迎取佛骨，群臣纷纷劝谏，懿宗不听，并表示："朕生得见之，死亦无恨！"[①]他下令广征民间工匠，赶造了许多浮屠、宝帐、香舆、幡花、幢盖等，皆以金玉、锦绣、珠翠装饰。最引人注目是各种

① 《资治通鉴》卷二五二，唐懿宗咸通十四年三月，第8165页。

佛塔，大者高数丈，小者丈余，顶部用金银制成，檐柱以名贵的檀木制成，周身涂以金泥，又用珠玉、孔雀羽毛装饰帐幕，每一佛塔由数百人举在头顶随香车前进。从凤翔法门寺到长安的三百里官道上，车马、人流络绎不绝，昼夜不息，浩浩荡荡。四月，到达长安后，懿宗出动了禁军兵仗以及公私音乐，绵亘数十里，前来迎接佛骨。长安各寺院的僧尼、诸司官员皆奉命夹道迎于城外，许多富室、大户纷纷出资在道路两旁搭盖彩楼，举行无遮大会。他们竞相攀比，或以水银为池，或以金银为树木，至于锦车绣舆更是不计其数。场面之宏大，花费之多，远远超过了宪宗时迎奉佛骨的活动。

懿宗亲自驾临安福门迎候，佛骨到达后，顶礼膜拜，泣涕不止。他还厚赐诸僧及元和时见到过宪宗迎佛骨场面的长安耆老，宰相以下官员为了取悦皇帝，也纷纷拿出金钱和绢帛向寺院施舍，以表示对佛祖的恭敬和尊崇。懿宗把佛骨迎入宫中，供奉三日后，出置于安国崇化寺，供人们膜拜。为了表示自己的诚心，他还特意下诏赦免全国囚犯。

懿宗的佞佛并不仅仅表现在奉迎佛骨这件事上，他即位不久，就继承了宣宗复兴佛教的政策，广造寺院、道场，普度僧尼。早在咸通三年（862）四月，懿宗就命长安城内的慈恩、荐福、西明、庄严四寺各置戒坛，度人为僧尼。又在宫内咸泰殿筑坛，为宫人出家者就地受戒剃度为尼。当时还把左右街的僧尼全部请入宫中，参加剃度宫人的仪式，一时间钟鼓齐鸣、香烟缭绕，把庄严肃穆的皇宫搞得乌烟瘴气。

懿宗还在宫中设置道场，请高僧诵念经文，有时皇帝本人也亲自登坛讲经说法，并亲手抄写经文。至于长安城中诸寺更是懿宗经常临幸的地方，所到之处，随手布施，所用财物不计其数。有一次，他到安国寺，赏赐给讲经僧重谦和澈沈檀香木制成的宝座各一把。宝座高二丈，雕刻有龙凤瑞兽和奇花异草，用黄金扣边，涂漆，座的四周各立有数尺高的瑞鸟神人，制造精细，价值不菲。懿宗还多次举行斋会，规模很大，最多时一次斋僧尼上万人，称之为万人斋。至于平时给寺院僧尼的施舍，所用财物更是难以计数。

唐懿宗的这种大肆挥霍民脂民膏的行径，不仅浪费了大量的资财，加剧了社会矛盾的激化，影响了社会生产的发展，而且也加速了唐朝政治的进一步腐败，严重动摇了李唐王朝的统治基础。

（三）奢华的公主婚礼

同昌公主是唐懿宗与郭淑妃所生的女儿。郭淑妃是唐懿宗最宠爱的妃子，此人自幼入宫，陪侍在时为郓王的唐懿宗身边。当时，郓王虽然贵为皇长子，但由于失去了宣宗的宠爱，其诸弟皆住在宫中，只有他一人居住在十六宅中，孤苦伶仃，身边只有郭氏相陪，两人相依为命，感情自然非同一般。懿宗即位后，郭氏进位美人，不久又被封为淑妃。本来郭氏是可以被立为皇后的，但由于其非名门贵族出身，懿宗担心立其为皇后会遭到群臣的反对，所以也就打消了这个念头。

郭妃与懿宗所生的这个女儿，长到数岁也不会说话。忽然有一天她开口说话了，第一句话就是："得活！"使其父母感到非常惊异，也正因为这个原因，他们对此女非常宠爱，懿宗即位后，遂封其为同昌公主。

同昌公主长到十几岁时，到了该嫁人的年龄了，懿宗遂在青年贵族中为其物色驸马，最后选定了京兆人韦保衡。韦保衡当时任右拾遗之职，虽然官职不高，但由于其是京兆韦氏的后裔，门第高贵，他本人又是进士及第出身，即所谓年青才俊之士，才有幸被懿宗选为乘龙快婿。懿宗马上升任他为起居郎、驸马都尉，并在咸通十年（869）正月，将公主嫁给了他。

懿宗是一个好排场的皇帝，加之同昌公主又是其最宠爱的女儿，自幼娇生惯养，养成了一掷千金的奢豪习气，为其举行婚礼自然不能简慢了。懿宗首先命令在长安广化里为其修建了一座豪华气派的府邸，从福建、云贵等地深山中运来了上好的木材，打造了精美的家具，"窗户皆饰以杂宝，井栏、药臼、槽匮亦以金银为之，编金缕以为箕筐"[①]。帐幕是珍珠穿成的，其中却寒帘据说是用一种却寒鸟的骨骼制成的，看起来类似玳瑁，表面有紫色的斑纹，是外国进贡给皇帝的宝物。其他许多器皿都以

① 《资治通鉴》卷二五一，唐懿宗咸通十年正月，第8139页。

五色玉石制成，显得十分豪华精美。公主卧室中有鹧鸪枕，用七种宝玉制成，其表面有鹧鸪羽毛的斑纹，故此得名。还有用飞禽羽毛装饰的翡翠匣，绣有三千只鸳鸯和缀有小珍珠的神丝绣被。此外，还有长百尺、宽三丈的碧绿色瑟瑟幕，据说这种幕帐轻薄无比，举之若无，即使大雨滂沱，幕帐上也不沾一滴水。其他珍异物品还有洁白如雪的纹布巾，据说其蓬松柔软，拭水不湿，使用一年也不会脏；火蚕绵，也是外国进贡的珍异物品，用它来制棉衣，最多只需要一两，如果用多了穿在身上则热不可耐。

据史书记载，懿宗倾宫中珍玩，赏赐给公主作为陪嫁。仅公主随身佩带的就有不少罕见的宝物，如蠲忿犀，是一种圆如弹丸的佩饰物，据说佩带此物可以使人解除愤怨，平心静气；九鸾钗，上面刻有九只鸾，各为一色，共九色，工艺精湛，巧夺天工，据说是南齐潘淑妃之遗物；如意玉，形如桃核，凿有七孔，象征聪明精思之意。懿宗还不满意，又赐给公主“金麦”“银米”数斛，现钱五百万贯。朝廷中的许多大臣也都向公主大献殷勤，纷纷拿出巨额钱财或珍异宝物，作为公主结婚的献礼送到了广化里府中。

韦保衡由于当上了懿宗的乘龙快婿，不仅使他一举成为当时的巨富，在物质上享尽了富贵荣华，而且也使其政治地位迅速提高，与同昌公主成婚仅一年多的时间，便被任命为宰相。婚后不久，由于公主患病，夫妻生活变得有名无实，这使他不免感到有些美中不足。在这一时期，郭淑妃虽然宠冠后宫，但皇帝毕竟嫔妃众多，对郭氏难免时有冷落，遂使她难以忍受。在这种情况下，不甘寂寞的郭淑妃与韦保衡在交往中萌生了奸情。他们两人一个为了满足自己的私欲，一个则是认定了郭淑妃在懿宗心目中的特殊地位，为了获取更大的政治利益，不惜以人格为代价，行乱伦之事。为了方便与韦保衡厮混，郭氏经常打着看望女儿的旗号来到广化里公主府中，流连欢娱，数日不归。有时也把韦保衡接入宫中，数日不返。两人之间的这种行径虽然是在极为秘密的状态下进行的，但是没有不透风的墙，不久长安城中便有风言风语在流传，只是瞒住了懿宗与同昌公主而已。

同昌公主虽然富贵已极，但却极为薄命，出嫁还不满两年，就于咸通十一年八月病故了。公主的病故使懿宗极为痛心，他把一腔愤怒全部发泄到为公主治病的医官身上，下令处死了医官二十余人，将其家属三百多人全部抓捕投入狱中。此事震动了朝野，宰相刘瞻动员谏官上表进谏，谏官们没有人敢出面，刘瞻只好亲自出面，劝懿宗释放被抓人员。懿宗正在气头之上，一怒之下，将刘瞻贬为荆南节度使。韦保衡先前因与刘瞻议事不合，为泄私愤，乘机与人编造了刘瞻与医官合谋投药毒死同昌公主的罪名，将刘瞻连续贬为康州（今广东省德庆县）刺史、驩州司户参军。受牵连被贬的还有朝官高湘、杨知至、魏筜、孙湟、郑畋、尹温璋等一批人，其中尹温璋被贬后自杀而亡。

咸通十二年正月，懿宗为同昌公主举行了隆重的葬礼，并亲自创作挽歌，令文武百官唱之。入葬当天，懿宗与郭淑妃亲自坐在延兴门楼上送行，陪葬的衣服、器皿、珍宝无数，殉葬的陶俑等物排列有三十里长，仅给抬灵柩的力夫准备的酒就达一百斛之多，准备的面饼等食品用了四十头骆驼驮运。更为可恶的是，懿宗竟然下令将同昌公主的奶妈殉葬，将中国历史上早就废除的人殉制度重新恢复，充分地暴露了懿宗草菅人命的残忍本性。

具有讽刺意味的是，韦保衡与郭淑妃两人也没有好下场。后来僖宗即位后，借口韦保衡犯有其他罪行，实际上是因为他与郭淑妃的奸情，将其贬死。至于郭淑妃，后来在黄巢义军攻入长安时，僖宗逃亡西川，跟从不及，实际上是被抛弃不顾，竟不知所终了。

第四节　唐朝末期的情况

一、僖宗的荒唐生活

（一）僖宗是如何即位的

懿宗统治末年，唐朝的社会矛盾已经非常激化了，大小官吏贪污成风，大批百姓失去了土地，纷纷转徙逃亡。官府不知安抚，反而把逃户的赋税转嫁到未逃之人的头上，从而引起了新的逃亡。加之咸通末年，各地连续发生水旱灾害，庄稼歉收，农民转死沟壑。在这种情况下，唐朝却发动了对南诏的战争，巨额的军费负担完全转嫁到百姓身上，致使百姓已经到了难以为生的地步。翰林学士刘允章在给皇帝的谏书中提出了“国有九破”“民有八苦”[①]的说法，比较深刻地揭露了当时的社会矛盾。

懿宗即使在这样的情况下，仍然对国事不管不问，整日沉迷于佛事之中，把朝廷政事交给了韦保衡一人。韦保衡排斥了其他宰相，打击异己，独掌权柄，专横跋扈，不可一世。咸通十四年六月，懿宗突然病倒，虽经御医百般医治，却不见起色。到了这年七月，病势更加严重，他自知不起，虽想安排后事，却被宦官切断他与外界的联系，使其无法见到宰相和群臣，从而使选择帝位继承人的权力再次落到了宦官手中。

就在懿宗弥留之际，左神策军中尉刘行深与右神策军中尉韩文约勾结起来，矫诏立懿宗第五子普王李俨为皇太子，时年十二岁。

唐懿宗共有八个儿子，长子魏王李佾、次子凉王李健、三子蜀王李佶、四子威王李侃、五子普王李俨、六子吉王李保、七子寿王李杰、八子睦王李倚。由于这些儿子均非郭淑妃所生，而唐懿宗却又深宠郭淑妃，遂一直没有册立太子，因此这些儿子也只有长幼之别，而无嫡庶之分。宦官们之所以选择立普王李俨为太子，就是因为其年幼贪玩，便于控制，以便专权擅政。两天后，懿宗病逝，皇太子李俨遂正式即皇帝位，后改名李儇，史称唐僖宗。

（二）僖宗的荒唐生活

僖宗即位时年纪甚小，根本不懂国家政事为何物，遂将政事交给臣下，自己每日玩耍、游乐不息。僖宗即位的次年，改元乾符，国家政事更加混乱，史载：

上年少，政在臣下，南牙、北司互相矛楯。自懿宗以来，

① 《全唐文》卷八〇四刘允章《直谏书》，第8449—8450页。

> 奢侈日甚，用兵不息，赋敛愈急。关东连年水旱，州县不以实闻，上下相蒙，百姓流殍，无所控诉，相聚为盗，所在蜂起。州县兵少，加以承平日久，人不习战，每与盗遇，官军多败。是岁，濮州人王仙芝始聚众数千，起于长垣。[1]

面对这种状况，僖宗亦游乐不息，或吃喝玩乐，或走马斗鹅，根本不把政事放在心上。僖宗年纪虽幼，却是一个极聪明的人，只是把心思全部用在了玩乐上而已。这位小皇帝玩什么精什么，可以说是一位样样精通的玩家。史书曾经罗列过一大串僖宗精通的玩乐技艺，如骑术、射箭、舞槊、击剑、音律、法算、蒲博、蹴鞠、斗鸡、斗鹅、弈棋等，无不精通。比如蹴鞠，就是僖宗最拿手的活动，他曾对身边的人说：如果设了击球进士，朕去应试，一定会获得状元。优人石野猪整日陪皇帝游乐，深获皇帝的恩宠，于是便说：陛下前去应试，要是碰到尧、舜当主考官，恐怕陛下就要落第了。石野猪的话明显带有讽刺之意，僖宗听了也不为意，只是一笑而已。

僖宗既然喜爱游乐，不免要花费大量的钱财，这位小皇帝根本就不懂得稼穑的艰难，花起钱来大手大脚。有一天，他到十六宅与诸王比赛斗鹅，一只鹅的赌注竟然高达五十万钱。至于其对伶人、艺伎的赏赐，更是出手大方，成千上万，毫不在意。他自以为贵为皇帝，钱财自然是用之不竭的，然时间一长，国家府库消耗一空。

为了满足小皇帝的挥霍和筹措镇压农民起义的军费，除了督促地方官员加大搜刮力度外，兵部侍郎、判度支杨严只能东挪西凑，有时甚至以政府的名义向商贾富豪借贷钱粮。借贷不足，遂又将空名告身（任官状）拿出来售卖。即使如此，杨严仍然无法筹足可供开支的经费，万般无奈，他只好上表请求辞职，连上三章，都不能获得批准。在这种情况下，宦官田令孜献策于皇帝，请其下诏，登记京城商人的货物，统统收缴，以充实宫廷内库。唐长安城中有东西两市，西市多胡商，东市则以

① 《资治通鉴》卷二五二，唐僖宗乾符元年十二月，第8174页。

华商为主，当时商业贸易非常繁荣，宝货山积。僖宗的这种做法无疑是一种强盗行径，全然不顾对社会经济的严重影响，引起了许多人的反对和不满。但只要有人敢于反抗，马上交京兆府乱杖打死。以宰相为首的朝官们，明知此举乃是饮鸩止渴，也不敢出面劝阻。

直到黄巢义军快要打到长安时，僖宗还在千方百计地设法敛钱。这一次他不再限于商贾，把搜刮的矛头又对准了富户大室，下令借其资产的一半，实际上却是有借无还，形同抢劫。后来，在前线与农民军作战的将领高骈上奏说：天下盗寇蜂起，全因饥寒交迫所致，只有富户、商贾未反。言下之意，难道还要把这些人都逼反吗？这才迫使僖宗放缓了搜刮的步伐，稍稍有所收敛。

二、田令孜专权

田令孜，西川人，本姓陈，因为早年被一位田姓宦官收为养子，遂改姓田氏。田令孜的早年情况，由于史书缺载，已无法搞清楚了。在懿宗统治末期，田令孜已经当上了颇有权势的小马坊使，并且与时为普王的僖宗建立了密切的关系。僖宗即皇帝位后，便提升他为枢密使，不久，又晋升为神策中尉，成为僖宗朝炙手可热的大宦官。

据史书记载，田令孜为人机警，多智谋，喜读书，颇有文采。他倚仗皇帝的宠信，施展手段，先将右神策军中尉韩文约逼迫致仕，接着又设法使权势更大的左神策中尉刘行深致仕。在这些斗争中，田令孜采取了联合当时两个大宦官家族——杨氏与西门氏的策略，在取得胜利后，他又与西门氏家族联合，将杨氏家族的势力压了下去，先将任右神策中尉的杨玄实赶下台，接着又把任枢密使的杨复恭降为飞龙使。西门家族虽然仍有较大的势力，然田令孜借助于皇帝的力量，牢牢地控制了朝中的大权。

由于僖宗自幼就得到田令孜的关照，僖宗一直叫他“阿父”，当了皇帝以后也没有改口。随着田令孜权势的不断膨胀，他对僖宗的态度也越来越放肆，甚至公然对僖宗说：圣人陛下年正富强，不宜为小事而多耗精神，把一切交给老奴办就行了。当年李辅国曾对代宗说过类似的话，引起了代宗极大的反感。不同的是，僖宗不但不反感，反而认为田令孜为自己分忧了，于是便更加放心大胆地游乐去了，不再为朝政的事烦心，无怪乎旧史家称其“童昏”，意思是说他年幼无知，昏庸而易受蛊惑。

田令孜每次与僖宗见面都要准备两盘精美的食品，两人相对而坐，一边吃食品，一边闲谈。谈话的内容无非是些逸闻趣事，从不涉及军国政事，僖宗也不主动过问此类大事，甘心当傀儡。这样田令孜就可以放心地出卖官爵、大发横财了。田令孜将各种官职公开售卖，明码标价，上自宰相、节度使，下至刺史、县令，只要有钱，田令孜就可以给予官职。至于赐给官员绯鱼袋、紫金鱼袋，更是田令孜一句话的事，也不必等例行公事的诏敕。

宰相韦昭度之所以拜相，据说就是走田令孜的门路。当时他通过一个叫僧澈的和尚送上了贿赂，顺利地当上了宰相。后来田令孜失势，到西川投靠当节度使的哥哥，唐昭宗命韦昭度率军讨伐。田令孜遂写了一篇檄文讽刺韦昭度，其中写道：“伏以太尉相国，顷因和尚，方始登庸。在中书则开铺卖官，居翰林则借人把笔。”[①]

普通人只要肯花钱，照样能够买到官职。江陵有一个叫郭七郎的商人，家富于财，当时风气轻视商人，故社会地位并不高，所以他就想通过买官来改换门庭。他利用到长安讨债的时机，得知田令孜公开卖官，遂花钱买了一个横州（今广西壮族自治区横县南）刺史的官职。等到他衣锦归乡时，王仙芝义军正与官军在江陵一带激战，郭家已完全毁于战火之中，片瓦不存。无奈之下，郭七郎只好去横州上任，指望到那里能够重建家业。哪知船行到永州时，泊在一棵大树下，夜里狂风突起，将大树吹倒，树又将船压沉入水，船上的钱财、告身全都没有了。郭七郎进退失据，为了维持生活，只好拿起了长梢，每天为往来船只撑船，当

① 《北梦琐言》卷六《田军容檄韦太尉》，第131页。

地人戏称其为“捉梢郭使君”。

《南楚新闻》还记载了一件事情，也颇为有趣。长安人李光与田令孜关系亲密，深受田令孜的宠信，遂任命他为朔方节度使。不料诏书下达的第二天，李光突然去世了。李光之子李德权年仅二十余岁，在田令孜的关照下，仍获得了一个美差。僖宗为躲避黄巢义军避于西川时，田令孜与李德权一同护驾到了成都。由于李德权与田令孜关系密切，文武百官多通过他来走田令孜的门路，数年之间，受贿达一千多万钱，他本人也官居金紫光禄大夫、检校右仆射。后来田令孜失势，李德权为了避祸，逃到了复州（今湖北省天门市），沿途乞讨，衣衫破旧。有一个喂马的老兵李安与其父相识，遂认其为侄，两人相依为命。未及半年，李安又死了，李德权无以为生，只好改名李彦思，请求继承李安的旧业，以喂马为生。知道他底细的人，都叫他“看马李仆射”。

以上这些都是唐末社会动荡中发生的故事，如果不是农民起义的爆发，郭七郎、李德权之流依旧会混迹于官场之中。

三、僖宗幸蜀

早在懿宗统治时期，唐朝的社会矛盾就已经很尖锐了，先后爆发过裘甫、庞勋起义，唐朝政府花了很大的气力才把这些起义镇压下去，但社会矛盾依然非常深刻。到了僖宗时期，由于统治更加腐败，百姓负担进一步加重，于是又爆发了王仙芝、黄巢领导的起义，对唐王朝的腐朽统治给予了沉重的打击。

广明元年（880），潼关以东的广大地区战火连绵，已无净土，老奸巨猾的田令孜已预见到局势不妙，为了事先准备好退路，以便在义军攻入关中时能够顺利地退到蜀中去，他向僖宗推荐其兄陈敬瑄以及心腹将领神策军的杨师立、牛勖、罗元杲镇守三川。所谓三川，指剑南东川、剑南西川与山南西道，其中剑南东川与山南西道都是入蜀的必经之地，而西川的成都则是幸蜀的目的地，故这三处必须由心腹控制田令孜才能放心。荒唐的小皇帝竟然命四人击球赌胜，结果陈敬瑄赢得第一筹，于是率先获得了西川节度使之职，杨师立、牛勖分别获得了东川、山南西道节度使。

这年十一月，黄巢义军攻下了东都洛阳，长安震动。次月三日，义军攻入潼关，接着又攻下华州，并迅速向长安进军。长安城中一片混乱，田令孜率神策兵五百人带着小皇帝自金光门逃出长安，向西急驰而去，只有福、穆、泽、寿四王及妃嫔数人从行，百官皆莫知之。当人们得知皇帝已经逃窜后，乱军及市民打开府库，争相盗取库中金帛钱财。就在僖宗逃出长安不久，黄巢义军的前锋就已经逼近了长安城，金吾大将军张直方率文武官员数十人到灞上迎接黄巢，关于黄巢入城的情景，《资治通鉴》有详细记载，录之如下：

> （黄）巢乘金装肩舆，其徒皆被发，约以红缯，衣锦绣，执兵以从，甲骑如流，辎重塞涂，千里络绎不绝。民夹道聚观，尚让历谕之曰："黄王起兵，本为百姓，非如李氏不爱汝曹，汝曹但安居无恐。"巢馆于田令孜第，其徒为盗久，不胜富，见贫者，往往施与之。[①]

僖宗与田令孜一行人经骆谷前往兴元（治今陕西省汉中市东），由于道路险阻，崎岖难行，加之马匹不足，行进速度非常缓慢。僖宗精于骑术，又骑着一匹良马，倒没有受多少罪。随行的数名嫔妃平时养尊处优，何曾受过如此的颠沛流离，一路上不知吃了多少苦，流了多少泪。最惨的还是那几个亲王，他们没有马骑，徒步行走，披头散发，狼狈不堪。田令孜见行进速度如此缓慢，担心义军追赶上来，前后催促众人急行，随行者稍有迟缓，上去便是几鞭子。当他看到寿王李杰坐在路边的一块石头上不停地喘着粗气，两个搀扶寿王的小宦官也在一旁喘息，气不打一处来，遂上前喝令他们赶快前行。寿王因为实在走不动了，便向

① 《资治通鉴》卷二五四，唐僖宗广明元年十二月，第8240页。

田令孜请求，脚痛不能行，能否寻一匹马来。田令孜大怒，手一挥，马鞭子便落在寿王背上，喝令道：深山老林哪来的马匹，还不快走？寿王虽然心里大恨，但也无可奈何，只好在小宦官的扶持下，跌跌撞撞地向前走去。此事使李杰久久不能忘怀，后来田令孜遭杀身之祸，与此事不无关系。

僖宗在前往兴元的途中，便命人通知牛勖、杨师立、陈敬瑄三人长安失守，让他们做好迎接皇帝到成都的一切准备。僖宗到达兴元后，文武百官得知消息纷纷前来从驾。他一面颁诏命令诸道军队围攻义军，收复长安，一面继续向成都进发。中和元年（881）正月二十八日，经过长途跋涉，僖宗终于到达了成都。

僖宗到达成都后，暂时摆脱了危险，四方贡献的财赋源源不断地运到了成都，使得他又有条件开始醉生梦死的生活。僖宗到成都后，就任命田令孜为行在都指挥处置使，具体负责僖宗在成都的一切事务。僖宗初到成都时还给蜀军每人赏钱三缗，后来四方贡献的金帛越来越多，田令孜遂经常给从驾诸军以赏赐，而不再给蜀军了，蜀军颇有怨言。有一天田令孜大宴诸军将领，用金杯饮酒，并将这些杯子分赏诸将。诸将皆拜而领受，唯西川黄头军使郭琪不接受，他对田令孜说：蜀军与诸军共同宿卫皇帝，而赏赐悬殊，军中颇有怨望，希望军容（指田令孜）公平对待，不然恐生变故。田令孜不悦，遂另外拿出一个杯子，斟满酒赐给了郭琪，郭琪明知有毒，但又不得不饮。回到家中后，马上设法解毒，吐黑汁数升，才得以不死。郭琪一怒之下，遂率领其部下军队作乱，并焚掠坊市。田令孜急忙与僖宗躲入成都东城，一面闭门登城防守，一面出动诸军围攻郭琪之军。郭琪军人数寡少，难以抵抗，只好逃出成都，投奔扬州高骈而去。

因田令孜之故，闹出了如此之大的乱子，僖宗非但没有谴责，反而更加亲近，史载：“上日夕专与宦者同处，议天下事，待外臣殊疏薄。”[①]这里所说的“宦官”，便是指以田令孜为首的一批人。这种状况

① 《资治通鉴》卷二五四，唐僖宗中和元年七月，第8255页。

引起了一些朝臣的极大不满，左拾遗孟昭图上疏说：

> 多难之时，中外尤当一体。去冬车驾西幸，不告南司，遂使宰相、仆射以下悉为贼所屠，独北司平善。况今朝臣至者，皆冒死崎岖，远奉君亲，所宜自兹同休等戚。伏见前夕黄头军作乱，陛下独与令孜、敬瑄及诸内臣闭城登楼，并不召王铎已下及收朝臣入城；翌日，又不对宰相，又不宣慰朝臣。臣备位谏官，至今未知圣躬安否，况疏冗乎！傥群臣不顾君上，罪固当诛；若陛下不恤群臣，于义安在！夫天下者，高祖、太宗之天下，非北司之天下；天子者，四海九州之天子，非北司之天子。北司未必尽可信，南司未必尽无用。岂天子与宰相了无关涉，朝臣皆若路人！①

这篇奏疏反映的不仅仅是孟昭图一人的意见，实际上也反映了广大朝官的心声，所以引起了田令孜极大的愤恨。他隐瞒了这篇奏疏不报，然后又矫诏贬孟昭图为嘉州司户参军，命人在途中将孟昭图沉入眉山（今四川省眉山市）以东的蟆颐津。朝官们得知这个消息后都非常气愤，但却无人敢于仗义执言。

这期间西川发生的动乱还不止这一起，中和二年（882），邛州（治今四川省邛崃市东南）牙官阡能因公事而耽误了归期，因害怕节度使陈敬瑄乱施杖刑，故亡命为盗。陈敬瑄所置的捕盗使杨迁为了建功，诱说阡能自首，并答应自首后可予以免罪。阡能本来打算自首，当他听到有人自首后被残杀的消息后，大怒，聚集了万余人，攻打城市，掳掠乡村。蜀中本来比较平安，少有盗贼，自阡能起事以来，各地民众纷纷起事，州县不能制。蜀人罗浑擎、句胡僧、罗夫子、韩求各聚众数千人以响应阡能，陈敬瑄派军队镇压，却被打得大败。为了掩饰败迹，前线将领遂将乡村良民抓来，伪称是俘获的盗贼。陈敬瑄不问青红皂白，全

① 《资治通鉴》卷二五四，唐僖宗中和元年七月，第8255页。

部处死，其中包括不少老弱与妇女。有的人被杀时说：我们正在耕作纺织，官军忽然进村，不知何罪，竟被处死？由于官军滥杀无辜，激起了民愤，使得阡能的势力更加壮大，影响所及达邛、雅（治今四川省雅安市西）、蜀等数州之境。陈敬瑄无奈，只好另换押牙高仁厚为都招讨指挥使，负责讨伐阡能。高仁厚改变了原先的方略，以安抚招诱为主，军事讨伐为辅，使阡能军内部发生了分化，最后才将其镇压下去。

僖宗经过长途跋涉，吃尽了苦头，好不容易来到了成都，虽然仍可享受奢侈的生活，但成都毕竟比不上长安的富丽堂皇。他每次登楼北望，不免都要流下几滴眼泪，田令孜百般安慰，才转忧为喜。田令孜为了使皇帝宽心，凡是打了胜仗的奏报，都拿给僖宗看；凡是打了败仗，则隐瞒不报。经过了流亡生活的磨炼，僖宗也开始关心政事了。诸道都统高骈与相邻的镇海节度使周宝发生了矛盾，直接影响了对义军的作战。僖宗为了排解两镇纠纷，促使他们早日出兵，亲自过问给高骈与周宝的诏书，翰林学士起草了数份诏书，僖宗都不满意，最后还是田令孜请人捉刀，这才交出了一份使皇帝满意的诏书。

这一时期黄巢义军虽然占据了长安及其周围数城，但是由于粮饷断绝，官军四面围攻，实际上已陷入合围之中。由于各镇官军大都采取了保存实力的态度，虽然四面合围了义军，一时却无法攻克长安。为了尽快收复长安，大宦官杨复光力主起用沙陀首领李克用，命其率军进攻黄巢。

李克用之父本名朱邪赤心，世为沙陀首领，他因镇压庞勋起义有功，皇帝赐名为李国昌，先后任命其为左金吾上将军、振武节度使等。其子李克用曾擅自攻占云州（治今山西省大同市），遭到官军的围攻，李克用父子战败，部众溃散，李氏父子只好逃到鞑靼境内避难。在杨复光的一再坚持下，唐朝政府下诏赦免了李克用之罪，任命其为雁门节度使，率本部人马入关中镇压黄巢义军。中和二年十二月，李克用率大军四万进抵河中（治今山西省永济市西南蒲州镇），渡过黄河，抵达同州。次年正月，李克用军在沙苑（今陕西省大荔县南洛、渭之间）大败黄巢军。李克用军战斗力极强，其军衣为黑色，义军畏之，谓之鸦军。次年二月，在渭南以西的梁田陂大败义军，俘斩数万，伏尸三十里。然后又向东攻占了华州，堵死了义军东退的道路。在这种情况下，唐朝各路大军云集于长安周围，长安的收复指日可待。唐军仍以李克用军打前锋，在渭南三战三捷，义军退回长安，李克用尾随而至，自光泰门攻入长安城。黄巢率败军自蓝田入商山，沿路抛弃了大量的珍宝，官军争相捡拾，无心追赶，才使得黄巢义军安然退往中原。各路官军见义军退走，争相进入长安，大肆烧杀抢掠，残暴程度超过了义军，使长安城遭到了极大的破坏。

就在官军屡战屡胜、长安收复指日可待之时，田令孜预知到义军的彻底失败已成定局，为了抬高自己的地位，他把建议僖宗幸蜀时带走的传国之宝、列祖列宗的真容，以及其散家财犒军等事都当成了自己的功劳，指使宰相、诸镇节帅上表，敦促皇帝给自己赏赐。给他赏什么官爵呢？可难坏了僖宗，因为能授给他的官爵都已授给了。由于神策禁军在黄巢义军进攻长安时，基本溃散殆尽，田令孜在蜀中时，招募了大批新军，共为五十四都，分为十军，号称神策新军。于是僖宗便加给田令孜十军兼十二卫观军容使的头衔，把禁军的兵权全部交给了田令孜。

黄巢退出长安后，错误地围攻陈州（治今河南省周口市淮阳区）近一年时间，耽误了宝贵的转移时间，最后被李克用、朱温、时溥等军击败，退往泰山狼虎谷，势穷自杀，时在中和四年（884）六月。

这年七月二十四日，僖宗在成都举行了盛大的献俘之礼，然后便准备返回京师了。由于长安宫室需要修葺，加上朝廷内部的矛盾斗争，一直到中和五年（885）正月，僖宗才从成都启程，取道凤翔回京。当年三月二十二日，终于回到了阔别四年之久的京师。两日后，僖宗宣布大赦天下，改元光启，希望唐朝从此能够社会稳定、重启太平。

四、出奔兴元与嗣襄王僭位

（一）僖宗出奔兴元

僖宗虽然重新回到了长安，但是并不等于唐朝从此走上了稳步恢复的道路，经过农民起义军的沉重打击，唐政府的统治基础已经严重动摇，财政非常困难，而且内部矛盾也非常尖锐，时隔不久，就又爆发了内乱，迫使僖宗又一次踏上了流亡的道路。

僖宗回到长安后，面临的最大问题便是财政开支异常困难。当时南衙北司的各类官员不下一万人，每月的俸料就是一笔很大的开支。田令孜招募的神策新军五十四都，每都千余人，也需要一笔数目不菲的军费开支。加之宫廷所需的庞大开支，使得唐王朝的财政入不敷出，陷入了非常困难的境地。为什么会造成这种紧张的状况呢？关于这个问题，史书中也有详细的记载，所谓“是时藩镇各专租税，河南北、江淮无复上供，三司转运无调发之所，度支惟收京畿、同、华、凤翔等数州租税，不能赡，赏赉不时，士卒有怨言”[①]。

面对这种状况，田令孜非常着急，如果禁军士卒哗变，后果将不堪设想。河东安邑、解县两大盐池，旧隶度支所管，德宗贞元（785—805）中设榷盐使专门管理，所得收益全部归中央财政。僖宗逃亡蜀中后，这两大盐池一时无人管理，河中节度使王重荣乘机据为己有，每年仅送三千车盐给朝廷，其余收益全部归于河中。为了解决经费紧缺问题，田令孜遂打算将这两大盐池重新收归中央，于是在光启元年（885）四月，宣布自兼两池榷盐使，将它们收归朝廷，以赡国用。王重荣得此消息后非常不满，他自认为在镇压黄巢义军中有功，朝廷非但没有奖赏，反倒来夺自己的利益，况且河中地区物产贫乏，赖此盐池收益，用度方才宽裕。他多次上表陈述，抗争不已，僖宗派中使劝谕，王重荣仍然不愿交割。田令孜为了加强自己在地方上的势力，派遣了大批义子到各地去拉拢藩帅，有不亲附田令孜者允许他们见机行事，加以铲除。他见王重荣抗命不遵，命其义子田匡祐出使河中。王重荣也知道田令孜在朝中权势甚大，不愿与其正面冲突，遂决定隆重地接待田匡祐，说明情况，劝其改变主意。

王重荣召集将佐，盛宴款待田匡祐。田匡祐却自恃有田令孜的撑

① 《资治通鉴》卷二五六，唐僖宗光启元年闰三月，第8321页。

腰，毫不识相，举止狂傲，言谈不逊，不把王重荣放在眼里。河中将士非常愤怒。王重荣见软的不行，一怒之下，当场发作，历数了田令孜的种种罪恶，差一点将田匡祐杀死，幸赖监军力劝，才使田匡祐全身而归。田匡祐返回长安后，力劝田令孜除去王重荣。五月，唐廷下诏改任王重荣为泰宁（今山东省济宁市兖州区）节度使，以泰宁节度使齐克让为义武（今河北省定州市）节度使，义武节度使王处存为河中节度使，并且命令河东节度使李克用出动军队保护王处存赴任。这显然是田令孜对付王重荣的一种策略，想换一个听命于唐廷的人当河中节度使，以便达到收回两大盐池的目的。

王处存是一个效忠于唐廷的人，当初黄巢攻入长安时，王处存不待朝命，主动率军勤王。他又与李克用关系密切，其侄王邺还娶了李克用的女儿为妻。齐克让也是一个听命于唐廷的人，调其任义武节度使不会不服从。在这种情况下，如果王重荣拒绝调动，以王处存与李克用的兵力，河中镇显然不是对手，更不用说还有齐克让的军队可以动用。田令孜自以为得计，岂知事情并不按他所设想的发展。

王重荣接到诏书后，果然不愿改任泰宁，累次上表辩驳，指斥田令孜专权乱政，离间君臣关系。王处存也不愿调动，但在田令孜的一再催促下，只好引军到达晋州。晋州归河中管辖，城中守将却不承认王处存这个新任节度使，闭门不纳。王处存正好顺水推舟，打道回府了，没有如田令孜设想的那样纵兵攻打、驱逐王重荣。王处存之所以如此，原因就在于他与王重荣同为神策军出身，交情甚好。李克用本来就对唐廷不满，他见王处存收军返回，自然也就用不着出兵帮助他赴任了。

田令孜权术用尽，却一无所获，无可奈何之下，只好诉诸武力，强行攻打王重荣。他命令禁军与邠宁节度使朱玫、凤翔节度使李昌符准备攻打王重荣。这时的僖宗已经比较成熟，他表示宁愿解散部分禁军，也不愿再开兵端，并且还质问田令孜：你说出兵必捷，不但可收回盐池，还能重振朝威，然而你到底有几分把握？王重荣屡挫黄巢，兵强马壮，如果再加上李克用，后果将不堪设想，朕可不想再到成都去了。一席话说得田令孜哑口无言。

事情果如僖宗所料，王重荣见朝廷将要出动禁军，而且还不知到底有多少藩镇军队参战，急忙向李克用求救。李克用这时正急着准备对宣武（治今河南省开封市）节度使朱全忠开战，见到求救信后，没有马上出动军队，却向朝廷上了一表，声称已召集蕃汉兵十五万，准备渡过黄河，讨伐邠宁、凤翔两镇，然后再挥师东下，找朱全忠算账。僖宗大惊，连续派出使者到太原向李克用解释，车马相望于道路。

为了鼓动皇帝用兵，朱玫数次派人潜入京城，放火杀人，声称是李克用派人干的，搞得京城人心惶惶，谣言四起。即使如此，僖宗也不愿轻动兵端，于是田令孜索性矫诏命朱玫、李昌符率军三万，攻打王重荣。王重荣一面率军抵御，一面向李克用告急。这年十一月，双方决战，朱玫、李昌符军大败，率残余军队退回本道去了。李克用等乘胜追击，进逼长安。这月二十五日，田令孜得知消息后，连夜奉僖宗出城逃跑，逃到了凤翔。长安城再一次遭到乱兵的焚烧，官署民舍十毁其六。

李克用、王重荣一看逼走了皇帝，也不敢造次，遂上表说明此次行动在于清君侧，绝无造反之意，并且请求诛杀田令孜等人，以谢天下。僖宗看到表章后，放下心来，终于不必再过那种颠沛流离的生活了。为了早日返回长安，他多次派人出使河中。但田令孜却不愿返回长安，反倒请皇帝移驾兴元，遭到了僖宗的拒绝。田令孜清楚地知道，皇帝两次迁播都是自己的缘故，天下之人纷纷指斥，如果再回长安自己必然会遭到政敌的清算，因此打算先到兴元，再把皇帝弄到成都，这样皇帝便会始终在他们兄弟的掌控之中。

一天夜里，田令孜突然命其义子王建等人率随驾禁军闯入行宫，声称有外兵犯驾，不容分说，把僖宗扶上马，簇拥而去。朝中大臣除了少数几个人随后追到宝鸡（今陕西省宝鸡市）外，大多数的朝臣都没有跟随而来。

这时的朝官均认为皇帝已是田令孜的傀儡，而百官不过是摆设，因而不愿意再追随其颠沛流离，不少人反而跑到了河中，投靠了王重荣。

没有百官便没有朝廷，于是僖宗命孔纬为御史大夫，去凤翔召百官见驾。大批朝官在前往凤翔途中遭到溃军的洗劫，随身钱物被抢掠一空，有的人连袍服也被剥去，遭受着严寒与饥饿的折磨，因而心灰意冷，大都不愿再冒险随驾了，便待在凤翔不走了。由于以宰相为首的朝官多数不愿前往，所以孔纬并没有完成皇帝交代的任务，甚至连御史台的御史们也不愿跟随他前往，孔纬只好只身返回宝鸡复命。

宰相萧遘也对田令孜的专权惹祸十分愤恨，遂与凤翔节度使李昌符商议，决定召朱玫兵一同迎接车驾。朱玫引步骑兵五千来到凤翔，与大家商量截回皇帝之策。孔纬虽然没有完成任务，但在凤翔觉察到了李昌符、朱玫的意图，回来后马上向僖宗汇报，并建议立即动身前往兴元。

僖宗虽然不愿，无奈在田令孜的胁持下，只好勉强动身，一路上前有险阻的山道，后有追兵，吃尽了苦头。朱玫等率军追到大散关（今陕西省宝鸡市西南大散岭上）时，由于关上防守甚严，而此关地势险要，易守难攻，才使僖宗及田令孜一行人勉强到达了兴元。

朱玫没有追上皇帝，却抓获了一个落难的王孙，这就是嗣襄王李煴。此人是唐肃宗之子襄王李僙的曾孙，这时正患病，行动艰难，才被追兵捕获，成了朱玫的阶下囚。由于李煴的被抓获，从而引起了更大的风波。

（二）嗣襄王僭位始末

光启二年（886）三月十七日，历经千难万险的僖宗终于到达了兴元，刚刚松了一口气，不料突然发生了一件令他更加震惊的事，差一点使自己的皇位不保。

朱玫见自己追赶不上僖宗，担心将来僖宗一旦回到长安，自己的政敌将会以率兵截夺车驾、谋图不轨的罪名把自己置于死地。于是他对宰相萧遘说："玫昨奉尊命来迎大驾，不蒙信察，反类胁君。吾辈报国之心极矣，战贼之力殚矣，安能垂头弭耳，受制于阉寺之手哉！李氏孙尚多，相公盍改图以利社稷乎？"劝说宰相另立新君。但是此议却遭到萧遘的反对，朱玫见此情况，自认为手中握有军队，百官皆在控制之中，遂对外宣称说：“我立李氏一王，敢异议者斩！”[①]

朱玫之所以敢于如此胆大妄为，还有一个原因。当年宣宗驾崩时，曾经遗命立第三子李滋为皇帝，但宦官们却拥立了郓王李温为皇帝，是为懿宗。然而，关于郓王李温是否是宣宗之子，外间却有不同的传说。因为宣宗之子均居住在宫内，郓王如真是宣宗长子，为什么却反倒居住在十六宅？另外，宣宗诸子久居宫中，极少公开露面，外间很少了解宫中之事，也不知道李温是否真的是宣宗长子。关于朝官们的这种疑虑，《新唐书》卷七七《后妃传下》有详细记载：宣宗宠爱的晁美人，大中年间死后，赠昭容，曾命时任翰林学士的萧寘为其撰写墓志铭，上面记载了晁氏生郓王及万寿公主之事。“后夔、昭等五王居内院，而郓独出阁。及即位，是为懿宗。外颇疑帝非长。寘出铭辞以示外廷，乃解。”萧寘拿出来的只是墓志铭的草稿，这篇草稿是否真是原稿，其实当时人还是有所怀疑的。萧寘此举是否受宦官指使，也是值得怀疑的。后来还发生过一件事，详情如下：

懿宗即位后不久，有一天，两位枢密使来到政事堂，接着宣徽使杨公庆也到了这里，独命宰相杜悰接受命令，其他三位宰相皆避往西轩。杨公庆交给了杜悰一件密封的文书，乃是宣宗病危时臣下奏请郓王监国的奏章。杨公庆还告诉杜悰说：“当时宰相无名者，当以反法处之。”也就是说在这个奏章上没有署名的宰相，皆要处以死罪。杜悰反复读后，把此件退回杨公庆，曰：“主上欲罪宰相，当于延英面示圣旨，明行诛谴。”在杨离去后，他又对两位枢密使说，宰相、枢密均为皇上的辅佐之臣，陛下即位未久，便要诛杀大臣，长此以往，杀得顺手了，我们大家岂不都有性命之危？从而说服了两位枢密使，然后共同劝解懿宗，使他放弃了这一想法。[②]

关于此事，胡三省认为是野史编造，不可相信，理由是宣宗驾崩时的四位宰相，到此时只有蒋伸一人仍在相位，其他三人皆已罢去。现

---

① 《资治通鉴》卷二五六，唐僖宗光启二年三月，第8334页。

② 以上见《资治通鉴》卷二五〇，唐懿宗咸通二年二月，第8092—8093页。

任的四位宰相中有三位都是懿宗即位后任命的，如何能以此奏章上没有署名之故就诛杀宰相呢？其实这种观点是站不住脚的，因为懿宗之意是要诛杀当时没有署名的宰相，并非全指现任的宰相，司马光撰《资治通鉴》时，对史料取舍极严，断不至于如此草率。关于此事，《新唐书》卷一六六《杜佑传附杜悰传》亦有记载，只是将杨公庆所任官职记为枢密使而已。

从上述之事可以看出，懿宗对宰相们没有拥戴自己这一点非常在意。宦官改变宣宗遗命另立皇子，事出突然，包括宰相在内的朝官一时不明就里，没有及时转向，在唐朝后期非常普遍，并非懿宗即位时如此，在他之前凡宦官拥立的诸帝，都出现过类似情况，为何独独懿宗对此事的反应如此强烈？可见懿宗在意的并非是宰相们没有拥戴自己，而是对他们怀疑自己非宣宗长子，甚至非宣宗之子这件事非常恼火，这才出现了上面所述的一幕。

关于懿宗出身这件事的议论朱玫不会不知道，既然懿宗出身不正，那么其子僖宗即位的合法性也就值得怀疑了。在广大朝官对僖宗失望之际，何不乘机另立李氏其他子孙，自己独掌大政呢？只有这样才能立于不败之地，既能保全身家性命，又可掌控朝廷大权，一举两得，这便是此刻朱玫的如意算盘。

这年四月三日，在朱玫的逼迫下，百官被迫表示愿意拥戴李煴为权监军国事，并开始为其正式称帝做准备。宰相萧遘虽然不赞成此事，但由于一时无法制约朱玫，只好采取了消极观望的态度。朱玫让他起草拥立李煴的册文，萧遘以年老文思枯竭为借口拒绝起草。朱玫遂又命兵部侍郎郑昌图起草册文，郑昌图没有拒绝。四月六日，李煴接受了册文，任命朱玫兼任左右神策十军使，朱玫等遂将李煴送回长安。在长安李煴拜郑昌图为宰相，兼判度支、盐铁、户部等三司，把财政大权全部交给了郑昌图。在河中的朝廷官员们，见已经拥立了新帝，遂在崔安潜的率领下，向李煴上笺，祝贺其受册。五月，朱玫自加侍中、诸道盐铁转运等使，以宰相萧遘为太子太保，命裴澈判度支，郑昌图判户部，以淮南节度使高骈兼中书令，充江淮盐铁转运等使、诸道行营兵马都统，同时还给各藩帅加官晋爵，以取悦于诸藩镇。又派遣吏部侍郎夏侯潭宣谕河北，户部侍郎杨陟宣谕江淮诸藩镇，接受李煴之命的藩镇已占十分之六七，高骈还奉笺劝进，希望李煴早日正式登基。

当这些消息传到兴元后，僖宗君臣顿时呆若木鸡，不知如何是好。田令孜见大势已去，而且深知自己已为天下人所唾弃，为了自保，遂推荐枢密使杨复恭为左神策中尉、观军容使，自任为西川监军，跑到成都投靠陈敬瑄去了。

这一时期各地贡赋多入于长安，兴元缺少钱粮，卫士人心动荡，僖宗除了哭泣外，竟也拿不出一点办法。宰相杜让能认为杨复恭家族与河中节度使王重荣关系密切，劝僖宗以杨复恭的名义派人出使河中，劝王重荣顾全君臣大义。王重荣果然听命，上表献出绢十万匹，并表示愿意带兵讨伐朱玫。李煴派人通告于河东节度使李克用，告知受册之意。李克用得知这一切都是出自于朱玫的主意，大怒，其大将盖寓说：皇帝迁播，天下人皆归咎于我，不如兴兵讨伐朱玫，迎回圣驾，以洗前咎。李克用也赞同此议，遂囚禁了李煴派来的使者，发布檄文，告知邻道，并发兵三万，讨伐凶逆。

当初，凤翔节度使李昌符与朱玫共同商议拥立李煴，后来朱玫自任侍中，专擅权柄，引起了李昌符的愤怒。于是，他一不做，二不休，干脆上表于兴元，表示臣服于僖宗，僖宗遂加其为检校司徒。这样一来，形势又发生了变化，从而使僖宗看到了复兴的曙光。

六月，僖宗任命杨复光的养子扈跸都将杨守亮为金商节度使、京畿制置使，率兵两万出金州（治今陕西省安康市），与王重荣、李克用共同讨伐朱玫。但实际上王、李二人并没有马上出兵，杨守亮又不敢孤军深入，这样就给了朱玫喘息的机会。这年十月，朱玫奉李煴在长安正式即皇帝位，遥尊僖宗为太上元皇圣帝。十二月，杨复恭传檄于关中，声称能得朱玫首级者，授节度使之职。朱玫部下大将王行瑜在前线战败，担心受到制裁，又见朱玫势力日渐衰落，知其终究难成大事，遂率部返回长安，擒杀了朱玫，同时杀死其同党数百人。长安城中大乱，士民被杀者不计其数。

李煴在裴澈、郑昌图等人的侍奉下，率百官二百余人，逃往河中，投奔王重荣而去。王重荣假装表示愿意迎奉，待其到达后，执而杀之，从官被杀者过半，裴澈、郑昌图等人被囚禁。然后又将李煴首级送到了兴元，向僖宗请功。这场动乱至此总算结束了，僖宗再一次转危为安。

光启三年（887）三月，僖宗下诏诛杀了萧遘、裴澈、郑昌图等一批朝臣，还要处死追随李煴的其他朝官，后经杜让能的一再劝说，才避免了大批官员人头落地。同时，又下诏免去了田令孜的一切官爵，发配到边远地区，但由于其依靠陈敬瑄，并不从命，朝廷也无可奈何。

不久，僖宗回到了凤翔，节度使李昌符担心皇帝回到长安后会再次追究他的罪责，遂以长安宫室被毁需要修葺为由，将僖宗留在了凤翔。僖宗在凤翔并没有得到丝毫的安宁。这年六月，杨复恭养子、护驾的天威都头杨守立与李昌符争道，双方部下互相殴击。当夜，李昌符率兵焚烧行宫，被杨守立击败，遂逃往陇州（治今陕西省陇县东南）。僖宗命武定节度使李茂贞率军讨伐李昌符，迫使陇州刺史薛知筹杀了李昌符全家。李茂贞遂被任命为凤翔节度使，从此他以此为基地，逐渐扩张势力范围，开始了唐末称霸的战争。

光启四年（888）初，就在长安宫室已经修葺得差不多，返回长安指日可待之时，僖宗却患上了重病。二月十四日，皇帝病危，于是只好匆匆动身急返京师。二十一日，僖宗终于回到了长安，并于次日宣布大赦，改元文德。三月六日，僖宗驾崩于灵符殿，终年二十七岁。

五、寿王即位与杨复恭专权

（一）昭宗是如何当上皇帝的

唐昭宗李杰是僖宗之弟，唐懿宗的第七子。他于咸通八年（867）二月二十二日出生于大明宫，其母王氏出身微贱，在他出生后不久就死

去了。李杰在五岁时，被封为寿王，长期住在十六宅内。少年时的李杰非常喜欢读书，在文学、音乐等方面都颇有造诣。那时，僖宗经常到十六宅来玩，他平易近人，一点皇帝的架子都没有，与兄弟相处甚欢，相互之间关系也比较融洽。

寿王的诗歌写得很好，关于他与臣下作赋吟诗的记载也较多。在音乐方面，他能够谱曲填词，史籍中有关这方面的记载也不少，有时甚至谱曲与臣下共乐。他在即位前，也曾饱受了颠沛流离之苦，与其兄僖宗一起逃亡西蜀，对乱世艰难有着比较深刻的认识。为此他对练习技击射箭也颇有兴趣，尤以射术最精，曾亲自操弓箭，一箭便射下了一只秃鹫。

其兄僖宗去世时，没有留下遗诏指定继承人。僖宗虽然也生有二子，但由于年纪尚幼，所以不为宦官、朝臣所看好，大家不约而同地倾向于拥立长君。在懿宗诸子中，僖宗排行第五，吉王李保排行第六，寿王李杰仅排行第七。当时，朝官普遍认为吉王最贤，年纪也较寿王为长，因而倾向于立其为帝。但是宦官们尤其是权势最大的杨复恭却反其道而行之，朝官倾向吉王，他就偏偏要立寿王。

文德元年（888）三月五日，僖宗处于弥留之际，杨复恭遂做主立寿王李杰为皇太弟、监军国事。右神策军中尉刘季述奉命把寿王从十六宅迎到了少阳院，在这里接受了以宰相为首的朝官的参拜。次日，僖宗死，寿王即位，史称唐昭宗，并更名李敏，后又改名李晔，当时他二十二岁。

杨复恭对于定策拥立昭宗之事一直耿耿于怀，后来与昭宗闹翻，大骂说："吾于荆榛中援立寿王，有如此负心门生天子，既得尊位，乃废定策国老。"[①]他自称"定策国老"，称昭宗是自己的"门生"，其狂傲

① 《旧唐书》卷一八四《宦官传》，第4775页。

如此可见一斑。

（二）杨复恭与昭宗的斗争

唐昭宗在藩邸时，根本没有参与政治的想法，只是在跟随僖宗逃亡避难期间，由于缺少人手，遂参与朝政，并掌管随侍禁卫。不过昭宗与其兄不同，并非碌碌无为之辈，他对僖宗朝的政治乱象洞若观火，深知宦官专权乱政之弊，加之他经常研读经史，吸取历史上的经验教训，认识到大唐的衰落与宦官专权有着密切的关系。

杨复恭自从拥立昭宗以来，自以为功大，洋洋自得，视昭宗为门生，以座主自居，专断朝政，毫无人臣之礼。他任枢密使时，就在宰相的堂状后贴黄，“指挥公事”。唐制，宰相处理百司公事，有堂帖、堂案两种公文。关于这两者的区别，《唐国史补》云：“宰相判四方之事有堂案，处分百司有堂帖。……黄敕既行，下有小异同曰帖黄，一作押黄。”[①]可见堂案是宰相处理地方事务的公文，堂帖是处理在京各部门事务的公文。所谓堂状，便是对这两种公文的统称。敕书已行下，如果有异同则可以帖黄，即将不同的意见写在上面。杨复恭直接在堂状上帖黄，指挥公事，说明其帖黄有最后裁决之意，即其权凌驾于宰相之上。

杨复恭不仅专断朝政，而且还以六军十二卫观军容使的身份控制了禁军兵权，他收养了大批假子，任命他们担任禁军将领、节度使，号“外宅郎君”。天下诸镇的监军使中，也多由其假子充任，据说共有六百余人，势力之大，空前绝后。杨氏家族还与当时最强大的藩镇之一——河东节度使李克用关系密切，所有这一切都是田令孜所不能达到的。

昭宗即皇帝位以来，志在恢复祖宗旧业。他厉行节约，注意纳谏，提倡儒学，重视对人才的选拔，故旧史称：“帝攻书好文，尤重儒术，神气雄俊，有会昌之遗风。以先朝威武不振，国命浸微，而尊礼大臣，详延道术，意在恢张旧业，号令天下。即位之始，中外称之。”[②]在处理

---

① 〔唐〕李肇：《唐国史补》卷下，上海古籍出版社1957年版，第49页。

② 《旧唐书》卷二〇《昭宗纪》，第735—736页。

国家大事时，他大都与宰相商议，而不大理会宦官的意见，这使得杨复恭非常气愤。

杨复恭妄自尊大，上朝时乘肩舆入宫，直至太极殿方才下舆，这种行为是唐朝制度所不能允许的。有一次昭宗与宰相谈到四方反叛者，孔纬说："陛下左右就有反叛者，何必言及四方呢？"昭宗急问是谁，孔纬指着杨复恭说："复恭陛下家奴，乃肩舆造前殿，多养壮士为假子，使典禁兵，或为方镇，非反而何！"杨复恭回答说："子壮士，欲以收士心，卫国家，岂反邪！"昭宗反驳说："卿欲卫国家，何不使姓李而姓杨乎？"[①]杨复恭哑口无言，无法对答。

国舅王瓌颇居中任事，引起了杨复恭的不满，他决定先对其下手，杀鸡儆猴，震慑其他朝臣。杨复恭奏请昭宗将王瓌任命为黔南节度使，当他行至吉柏江时，暗中派人将其所乘之船颠覆，致使王瓌死于非命。昭宗为此愤愤不平，痛恨杨复恭胆大妄为，但是由于杨的养子天威军使杨守立勇冠诸军，且统领禁军，人皆畏惧，昭宗担心对杨复恭采取行动会引起杨守立的作乱，只好暂时隐忍不发。为了分化杨复恭的势力，昭宗采取了收买的办法，他将杨守立召入宫中，厚加赏赐，并赐姓李，改名顺节。命他随侍皇帝左右，不久又授其为天武都头、镇海军节度使、同平章事，但暂不莅任，并且掌管六军管钥。李顺节得到皇帝的恩宠，得意非常，每与杨复恭争权，并且告发了杨复恭所做的种种坏事。昭宗的这一手获得了很大的成功，不仅加强了对禁军的控制，而且极大地削弱了杨复恭的势力。

大顺元年（890）四月，传来了一个使昭宗非常振奋的消息，即实力强大的河东节度使李克用被朱全忠、李匡威与赫连铎等联军打得大败，其大将安金俊战死，另一员大将石君和遭擒，申信被迫投降了敌方。此事使昭宗异常兴奋，他对李克用没有好感，而且对李克用与杨氏家族的关系非常反感。于是，在朱全忠、李匡威、赫连铎等人的一再请求下，昭宗决定派宰相张濬率禁军五万，与这些藩镇联合起来，共同进攻李

---

① 《资治通鉴》卷二五八，唐昭宗龙纪元年十一月，第8390—8391页。

克用。希望在击败李克用后，再回过头来收拾杨复恭等宦官势力。但是战争的进程并非如昭宗所愿，官军反倒被李克用打得大败，损失非常惨重。结果只好将主战的宰相孔纬、张浚贬官，以便向李克用有一个交代。杨复恭想借李克用之手迫使昭宗处死两人，另一强大藩镇朱全忠却上表为两人诉冤，昭宗有了朱全忠的出头，遂放过了两人，从而使杨复恭非常恼怒，与昭宗之间的仇恨更加不可调解。

（三）杨复恭集团的败亡

大顺二年（891）八月，昭宗下诏解除了杨复恭军容使、神策中尉的官职，命其到凤翔去任监军。杨复恭对昭宗此举十分气愤，不肯从命，声称自己有病，要求致仕归家。唐昭宗对这样的请求当然求之不得，马上同意，令其以上将军的身份致仕。为了防止杨复恭反悔，昭宗还于九月初派使者到其家中宣读诏书，赐以几杖，让其安心养老。但是在使者返回途中，杨复恭却派心腹将其杀害，稍稍出了一口恶气。

这年十月，杨复恭闲居在家，心中烦闷，其养子玉山军使杨守信便经常到其家中探望，以解其闷。杨复恭在长安的家位于昭化里，距玉山军营不远，杨守信经常往来杨复恭处，很快就被人发现了，并且报告昭宗说两人密谋造反。昭宗正要找借口铲除杨复恭，一听此言，马上命令天威都将李顺节、神策军使李守节统率所部禁军攻打杨宅。因为长安城中杨复恭党羽甚多，为了以防万一，昭宗升安喜楼，严兵守卫。杨复恭当然不愿束手就擒，率其家丁与李顺节等对抗，杨守信闻讯也率玉山营兵前来助战，双方一时相持不下。次日凌晨，战斗仍在继续，守卫含光门的禁军见城中大乱，欲趁乱抢掠两市财物。宰相刘崇望斥责说：天子在街东亲自督战，你们皆宿卫之士，应当杀贼立功，不要贪图小财，自取恶名。于是这些兵士也赶赴杨宅参战，杨守信部下见禁军兵力增加，自知不敌，溃散而逃。杨守信保护杨复恭杀出通化门，向兴元府逃去。兴元是山南西道的治所，节度使是杨复恭之兄杨复光的养子杨守亮。杨复恭到达兴元后，遂指使杨守亮与其养子武定军节度使杨守忠、龙剑节度使杨守贞、绵州（治今四川省绵阳市东）刺史杨守厚以及杨守信等杨氏假子联兵造反，与朝廷公开对抗。

大顺三年（892）正月，昭宗大赦天下，改元景福。凤翔节度使李茂贞联合邠宁王行瑜、华州韩建、同州王行约等共同上表，请求皇帝下诏讨伐山南西道，并任命李茂贞为招讨使，其真实目的是觊觎山南地区。对于李茂贞等人此举，昭宗及朝廷大臣早已洞察在心，认为李茂贞如得山南，将更加跋扈难制，于是下诏和解。李茂贞不从，擅自兴兵，昭宗无法约束，只好授予他招讨使的头衔，这样李茂贞便有了名正言顺的出兵理由。

乾宁元年（894）七月，在李茂贞、王行瑜强大兵力的攻击下，杨复恭及杨守亮等屡战屡败，无力据守山南，遂放弃了兴元，前往河东（今山西省太原市晋源区），想去投靠李克用，当这一行人路经华州时，被韩建擒获。韩建本为田令孜养子，田令孜失势后，被杨复恭贬到华州任刺史。当韩建擒获杨复恭后，仇人相见，分外眼红，遂将其一行人押送长安，昭宗下令处斩。杨复恭的另一养子杨彦博为其收尸安葬。

由于河东节度使李克用与杨氏家族关系密切，后来他上表为杨复恭申诉，要求昭雪平反，昭宗畏惧李克用的强大势力，无奈之下，又颁诏恢复了其官爵，等于又为其平了反。

六、昭宗出幸华州

（一）李茂贞进攻京师

李茂贞，本名宋文通，深州博野（今河北省博野县）人。早年为博野军军人，唐僖宗时，博野军奉命调到京师宿卫，屯于奉天，宋文通也随之到了关中，并且逐渐升任为队长。在与黄巢义军的战斗中有功，升任神策军指挥使。后来他又认田令孜为养父，改名田彦宾，在僖宗出幸兴元中，他护驾有功，被赐姓李，改名茂贞，并且任检校太保、同平章事及洋、蓬、壁等州节度使，后又改任凤翔节度使，封爵陇西郡王。

随着李茂贞地位的不断提高，其野心也不断膨胀，招兵买马，扩充军队。由于凤翔距京师长安颇近，使得他有条件凭借实力干预朝政。面对李茂贞咄咄逼人之势，昭宗非常气愤。李茂贞驱逐杨守亮、攻占了山南地区后，遂向昭宗请求兼领山南西道节度使。唐昭宗当然求之不得，希望他早日离京城远一点，立即下诏任命他为山南西道兼武定节度使，同时命中书侍郎、同平章事徐彦若代替他为凤翔节度使。昭宗还担心李茂贞不会轻易就范，也做好了武力解决的准备。

早在杨复恭被驱逐出京师后，昭宗就借故除去了李顺节，由于他对宦官、武臣都不相信，为了能够把禁军兵权牢牢地控制住，只好依靠皇家子弟。他先后将原禁军将领曹诚、李鋋、孙惟晟、陈佩等调到外地任节度使，然后再将宗室诸王安插到禁军中，由他们掌控禁军兵权。

李茂贞本来就没有放弃凤翔的打算，他要求兼领山南西道节度使的目的在于扩大自己的地盘。因此，在接到诏书后，勃然大怒，认为这些都是宰相杜让能的主意，遂写信大骂杜让能。昭宗见李茂贞如此跋扈，敢于公然辱骂宰相、蔑视朝廷，遂召集群臣商讨出兵讨伐李茂贞的对策。这个消息很快就被李茂贞知晓了，他又直接上书昭宗，对皇帝极尽讽刺挖苦之能事，使昭宗忍无可忍，决心讨伐之。杜让能认为目前朝廷军力薄弱，根本不具备讨伐李茂贞的实力，且凤翔距长安太近，万一出师不利，后悔就来不及了。他出面苦劝昭宗不可意气用事，昭宗不听。朝廷将要出兵的消息很快就在京城传开了，许多人为了躲避战乱，纷纷逃往山谷。面对此情此景，昭宗非但没有改变主意，反而任命嗣覃王李嗣周为京西招讨使，率禁军三万护送徐彦若往凤翔赴任，与李茂贞开战。

景福二年（893）九月，李嗣周率军驻扎在长安西八十里的兴平县，李茂贞与静难军（即邠宁，治今陕西省彬州市）节度使王行瑜率军六万在盩厔布防，兵力超过了禁军的一倍，而且多为久战之兵，禁军则为新招募的市井少年，未经训练和战阵的磨练，战争还没有开始，结果便可预知了。同月十七日，李茂贞军向禁军发动进攻，未经交手，禁军便望风而逃。李茂贞军乘势兵临长安城下，上书昭宗要求处死杜让能。杜让能见凤翔兵已临城下，形势危急，只好向昭宗请求把一切罪过都推到自己身上。昭宗明知杜让能冤屈，也只好委曲求全，先将杜让能贬为梧州（治今广西壮族自治区梧州市）刺史，后又贬为雷州司户，并处死了观军容使西门君遂、枢密使李周潼和段诩等人。但李茂贞仍不依不饶，非要将杜让能置于死地，声称不杀杜让能，决不退兵。在这种情况下，昭宗只好处死了杜让能，又赐其弟户部侍郎杜弘徽自尽。李茂贞兴兵的目的是扩大地盘、壮大势力，仅处死杜让能等人自然不能使其满意，昭宗只好又任命李茂贞为凤翔节度使兼山南西道节度使、守中书令，于是李茂贞尽有凤翔、山南、洋、陇、秦等十五州之地。

从此以后，李茂贞、王行瑜等频频干预朝政，朝廷之事无论巨细皆要秉承李、王二人之意，在朝官、宦官中也多有依附于二镇者，李、王二人俨然成为李唐王朝的太上皇。

（二）昭宗出幸华州

乾宁二年（895），河中节度使王重盈死，王氏家族子弟为了争夺节度使之位，发生了内讧，并且使当时两个最强大的藩镇李克用、朱全忠也卷入进来，从而引起了一场政治军事纷争。王重盈死后，三军拥立王重荣之子行军司马王珂为节度留后，王重盈之子保义节度使王珙、绛州刺史王瑶举兵攻打王珂，声称王珂不是王氏子弟。为了能够获得更大的支持，王珙还联合了宣武节度使朱全忠，取得了他的支持。王珂一边上表自辩，一边向其岳父河东节度使李克用求援。

面对这种局面，昭宗自知朝廷无力左右局势，只是派人调解，避免卷入其中。王珙上表请求朝廷任命他为河中节度使，昭宗不愿受制于人，也不愿开罪王珙及其背后的朱全忠，遂任命朝臣崔胤为河中节度使。当李克用为王珂求情的表章到达长安后，昭宗又改任王珂为河中节度使。王珙见求助于朱全忠无效，于是便转而求助于距京师更近的李茂贞、王行瑜、韩建等三镇。三镇联合上表说王珂非王家的后代，请求将王珂移镇于陕州，改由王珙镇守河中。昭宗因已答应李克用的请求，故拒绝了三镇的奏请，李茂贞、王行瑜等非常不满。

这三人对昭宗的怨气越来越大，遂各率数千精兵入京，谋图拥立吉王李保为帝。昭宗登上安福门接见了他们，并义正词严地责问说：你们事先不奏请，就突然率兵入朝，到底出于什么目的？如果不想扶助朕，朕即刻退位！三人没有料到昭宗会如此镇定，一时无言可答，只有韩建含含糊糊地说是为了清君侧云云。李茂贞等此行虽然没有达到迫使昭宗退位的目的，却诛杀了他们一贯反感的宰相韦昭度、李溪以及枢密使吴承泌、康尚弼等人。他们还迫使昭宗任命王珙为河中节度使，改任王珂到同州。后来听说李克用已经召集兵马，准备渡河来到京师为其女婿王珂主持公道，这才急忙返回本镇，王行瑜与李茂贞各留了两千人马在京师。

这年六月，李克用率蕃汉大军南下，声称讨伐李茂贞等三镇胁迫朝廷、杀害大臣之罪。李克用大军很快攻下同州，逼近京师。在这一时期宦官早已失去了往日的权势，他们纷纷各自投靠强大的藩镇，以保持既得的利益。宦官们见李克用已经逼近，遂纷纷提出让皇帝避难于他们各自投靠的藩镇去。七月五日，王行瑜与李茂贞留在京师的军队为了抢夺皇帝，攻打皇宫，长安城中一片混乱。虽然没有抢夺成功，但却四处流传着王行瑜、李茂贞要亲自来长安劫持皇帝的流言。为了不被王、李二人劫持而去，昭宗在禁军的护卫下出城向南山逃窜。几天后昭宗见王、李二人并未来到长安，这才稍稍安心，然后派人到李克用军中，要求他出兵讨伐王行瑜。李克用一面派军队保护皇帝，一面进军攻打王行瑜、李茂贞。李茂贞知道自己不是李克用的对手，便把责任全部推到王行瑜身上，并向李克用求和。昭宗见李茂贞屈服，且也不愿李克用势力过分壮大，遂赦免了李茂贞，命令李克用全力攻打王行瑜。

不久昭宗也回到了长安，但宫室残破，市场萧条，昭宗只好临时居住在尚书省。再说李克用大军势如破竹，王行瑜抵挡不住，逃入邠州城内，遣使向李克用求和。李克用不理，王行瑜无奈，只得弃城逃跑，逃到庆州时，被部下所杀，首级送到了京城。李克用获胜后，昭宗为了赏功，大封其诸子及部下众将。李克用要求乘机灭掉李茂贞、韩建，昭宗虽然痛恨两人，但担心两镇亡后，沙陀势力更加强大，不如留下来还能互相牵制，所以始终不同意对两镇用兵。不仅如此，昭宗还不许李克用入京觐见皇帝，李克用不愿留下胁迫皇帝的话柄，遂率军返回了河东。李克用走后，李茂贞、韩建又恢复了往日骄横之态。

昭宗回到长安后，在神策两军之外，另外组建了安圣、捧宸、保宁、宣化等军，共招募了数万人，此外嗣延王李戒丕、嗣覃王李嗣周又自行招募了数千人，置于麾下。对于朝廷加强军事力量的举动，李茂贞非常不安，认为这是为讨伐自己做准备，于是扬言要率军入京讼冤。昭宗遂命诸王分率诸军布防于长安以西，李茂贞认为这是讨伐自己的举动，扬言：臣无罪被讨，当率军入朝请罪。昭宗一面派人向李克用求救，一面加紧军事准备。

乾宁三年（896），李茂贞军逼近长安，禁军战败，李戒丕见情况危急，遂劝昭宗移驾河东，投靠李克用。当昭宗行至渭北时，华州节度使韩建遣其子韩从允面见皇帝，请求移驾华州。昭宗不允。韩建再三请求，昭宗只好答应，派人请韩建到富平当面商议移驾事宜。韩建见到昭宗后，态度非常诚恳，他说："方今藩臣跋扈者，非止茂贞。陛下若去宗庙园陵，远巡边鄙，臣恐车驾济河，无复还期。今华州兵力虽微，控带关辅，亦足自固。臣积聚训厉，十五年矣，西距长安不远，愿陛下临之，以图兴复。"[①]昭宗以为韩建出于真心，遂决定暂时移驻华州。其实这一时期的诸镇都有挟天子以令诸侯之意，不仅韩建如此，淮南节度使杨行密也请求移驾江淮，割据于西川的王建则请皇帝移驾成都。

由于昭宗寄人篱下，宰相不敢任事，皆视韩建的意志为意志。韩建控制了皇帝后，遂传檄于诸道，要求把贡赋钱粮皆输送到华州。李克用得到檄文后，叹息说："去岁从余言，岂有今日之患！"又说，"韩建天下痴物，为贼臣弱帝室，是不为李茂贞所擒，则为朱全忠所虏耳！"[②]由于这一时期李克用在河北、山东一带与朱全忠作战失利，一时无力勤王，只是

① 《资治通鉴》卷二六〇，唐昭宗乾宁三年七月，第8491页。
② 《资治通鉴》卷二六〇，唐昭宗乾宁三年八月，第8492页。

虚张声势，声言与邻道将发兵入援，其实心有余而力不足。

昭宗初到华州时，韩建还是比较恭敬的，时间一长，就露出了跋扈藩镇的真实面目，不把皇帝放在眼里，频频干预朝政。他不喜欢宰相崔胤，遂逼迫昭宗罢去了崔胤的相位。崔胤为了能够继续留在朝廷，便向宣武节度使朱全忠求救，并劝其营建洛阳宫室，把皇帝迁到洛阳去。朱全忠认为这是一个好主意，可以就近控制皇帝，于是一面上表请昭宗迁都洛阳，一面要求恢复崔胤的相位。朱全忠是强镇，韩建当然非常惧怕，他遂请昭宗恢复崔胤的宰相之位，给朱全忠一个面子，同时让昭宗抚谕朱全忠，表示不愿迁都洛阳。朱全忠此时正忙于东方的战争，无暇西顾，崔胤既然是自己所保，也就等于在朝中找到了一个代理人，遂不再提迁都的事了。

昭宗心里很明白，只要自己一日不回长安，天下各大藩镇就不会放弃对朝廷的控制，请求迁都的建议就会不断提出。于是他加紧了备战，希望能够击退李茂贞，收复长安。由于藩镇多不可靠，昭宗寄希望于能组建一支强大的禁军，并交给诸王统率。昭宗到华州时，禁军也随同来到华州，虽然军事力量并没有加强，但亲王典军的局面仍然如故。这就使得韩建感到不安，为了消除威胁，他加紧了密谋，打算解散禁军，铲除诸王，使皇帝完全处于自己的控制之中，使其想移驾别处也无法做到。

乾宁四年（897）正月，韩建上奏说：有人密告说睦王、济王、韶王、通王、彭王、韩王、仪王、陈王等密谋要杀害我，并将劫持陛下到河中去。昭宗阅罢奏章，非常惊慌，他知道是韩建要找杀害诸王的借口，于是派人召其入行宫，当面调解，韩建称病不来。他又命诸王到韩建府上说明情况，韩建也避而不见，却向昭宗又上了一个奏章，提出：为了避免嫌疑，应该令诸王回到十六宅，交出兵权，好好读书，陛下也应该解散禁军，一切安全事务由臣负责。与此同时，韩建还出动军队包围了行宫，逼迫昭宗同意自己的要求。昭宗无奈，只好下诏解散禁军，诸王返回十六宅，武器装备全部交给韩建收管。

罢去了诸王兵权，解散了禁军，韩建还不罢休，他还要解散皇帝身边的一切武装，遂又提出将安圣、捧宸、保宁、宣化等皇帝亲军全部解散。昭宗也只好按其意思，将这两万多人放归田里，并且将忠于昭宗的禁军将领李筠杀害。经过这样一番变动后，昭宗已经没有一兵一卒的保护，成为随时都可以宰割的俎上之肉、阶下之囚。即使到了这种程度，韩建仍不罢休，必欲把诸王诛杀殆尽，方才称心如愿。他上书昭宗要求对诸王严加管束，迫使皇帝囚禁了诸王。八月，韩建得知了李克用不能发兵到关中来的准确消息后，遂放心大胆地对诸王下手了。他与枢密使刘季述矫诏，发兵包围了十六宅。诸王闻讯披头散发，惊慌失措，有的爬上墙头，有的登上屋顶，大声呼喊皇帝救命，但此时昭宗已无能为力了。韩建将通王、沂王、济王等十一王全部赶到了华州城西的石堤谷，冠以谋反的罪名，全部杀死。又将皇帝身边的亲信之臣孙偓、朱朴等贬逐出朝，使昭宗成为了孤家寡人。

光化元年（898）正月，昭宗下罪己诏，赦免了李茂贞的罪过，恢复其官爵。李茂贞得知朱全忠正加紧修建洛阳宫室，准备入关中迎接圣驾，非常恐惧，于是上表表示愿意修复长安宫室，迎请皇帝回京。韩建的实力不如李茂贞，虽然不愿意让昭宗离开华州，但事出无奈，只好表示愿意送皇帝返京。为了对付朱全忠，李、韩二人又派人结好于李克用，得到了李克用的赞同。于是他们紧急派人赶修长安宫室，并要求诸道出钱出人，尽快修复被战火毁坏的宫室。修缮完毕后，韩建亲自前往验收。这年八月二十二日，昭宗终于结束了流亡的生活，自华州启程，于二十五日回到了长安。

七、刘季述幽废昭宗

昭宗回到长安后，意志消沉，每日沉湎于酒色之中，先前那种重振大唐雄风的壮志早已不复存在，他深深地知道政权的衰亡趋势已不可扭转了。

尽管朝廷的地位已经一落千丈，但朝廷内部的南衙北司之争却依然如故，就斗争的激烈程度而言，丝毫不减当年，只是由于形势的变化，使他们双方都不得不借助于藩镇的力量。以宰相崔胤为首的朝官集团以朱全忠为靠山，而以宋道弼、景务修、刘季述为首的宦官们却以李茂贞为后台，实际上他们都只是不同藩镇在朝廷中的代言人而已。

光化三年（900）二月，宦官们放风说宰相崔胤与朱全忠勾结，谋图铲除宦官，专擅朝政。昭宗虽然痛恨宦官乱政，但出于对跋扈藩镇的畏惧，更担心朝官与他们勾结，干预朝政，于是便把崔胤贬为清海节度使，赶出了长安。崔胤不愿出京，便写信给朱全忠，称自己受到另一宰相王抟与宦官的排挤。朱全忠马上上书昭宗，称崔胤不能离开辅弼之地，王抟与宦官勾结，将危及朝廷。昭宗不敢得罪朱全忠，只好又把行至中途的崔胤召回京师，重新任命为宰相，同时罢免了王抟的官职，将宋道弼、景务修流放边远之地，接着又下诏处死了三人。从此，崔胤专制朝政，权势熏天，无人敢与之相争。

昭宗外受制于强藩，内困于朋党之争，意志消沉，在无可奈何的情况下，每日沉湎酒色，只要一提到外事就心烦意乱，脾气也变得非常暴躁。右拾遗张道古上疏指陈时弊，昭宗一改往日鼓励进谏的作风，马上将张道古贬为施州司户。昭宗喜怒无常，借酒消愁，时常因小事而责罚甚至杀死身边的小宦官、宫女，弄得宫中人人自危。

昭宗草菅人命、胡乱杀人的作风，终于招来了祸患。宦官们见宋道弼、景务修被处死，又见皇帝信任朝官、疏远宦官，感到危机日益严重。于是左神策军中尉刘季述与右神策军中尉王仲先、枢密使王彦范、薛齐偓等密谋，打算趁皇帝消沉之机，拥立太子为皇帝，尊昭宗为太上皇，然后投靠李茂贞、韩建等藩镇，将可以立于不败之地。

这年十一月，昭宗与侍卫们在禁苑中狩猎，获得了许多猎物，昭宗在禁苑大摆宴席，君臣们一直狂饮到半夜，方才罢宴。昭宗饮得大醉，心情非但没有变好，反而更加烦躁，又一次挥剑杀掉了几个小宦官和宫女，然后才昏昏睡去。直到第二天日上三竿，昭宗尚未酒醒，宫门也紧闭未开。刘季述遂去找宰相崔胤，对他说：宫门此时尚未开，一定有变，我是内臣，可以先入宫看看。于是率禁军千人入宫，看到昭宗又一次酒醉杀人，遂对崔胤说：主上所为如此，如何能治理天下？应当废昏立明，为了社稷大计，也顾不得许多了。崔胤手中没有军队，无法与宦官抗衡，他知道如果硬行阻止，定遭杀身之祸，遂采取了默许的态度。然后刘季述以崔胤等人的名义写好了联名状，请太子监国，崔胤与百官不敢违抗，一一在上面署名。昭宗当时住在大明宫乞巧楼，对外面发生的事情全然不知。刘季述做好了一切准备后，率兵伏于宣化门外，然后率十余人入宫请求面见昭宗。刘季述等人刚刚入殿，在宣化门的将士便大声呼喊着冲进宫来，见人便杀，直至思政殿前。昭宗突见兵士杀来，不知发生了什么，大惊失色，跌落在床下，又赶紧爬起来，想要逃走。这时刘季述赶来，令其坐下。有宫人急忙跑入后宫，报告了皇后。皇后出来请刘季述不要伤害昭宗，一切事情由他做主。刘季述拿出百官的联名状，对昭宗说："陛下厌倦大宝，中外群情，愿太子监国，请陛下保颐东宫。"昭宗说："昨与卿曹乐饮，不觉太过，何至于是！"刘季述却把责任推给了朝官，说："此非臣等所为，皆南司众情，不可遏也。愿陛下且之东宫，待事小定，复迎归大内耳。"[①]刘季述命宦官将昭宗与皇后扶送到少阳院关押。刘季述面对昭宗，以银杖划地说，历数了昭宗数十条所谓罪名，昭宗无言以对。昭宗住在少阳院，身边仅有十余人服侍，院门紧锁，以铁汁将锁孔熔固，又命左军副使李师虔率兵把守少阳院，禁止一切人看望。

然后刘季述矫诏立太子为皇帝，尊昭宗为太上皇，皇后为太上皇后，改昭宗居住的少阳院为问安宫。为了获得更大范围的支持，刘季述为百官加官晋爵，同时又杀死昭宗之弟睦王李倚。凡昭宗宠信的宫人、随从、方士、僧人、道士，皆被杀害。每夜杀人，白昼以十车载尸而出，一车仅载一两尸，欲以立威。刘季述还想杀死宰相崔胤，因为畏惧朱全忠而作罢，仅罢免了其所兼任的度支盐铁转运使而已。

---

① 《资治通鉴》卷二六二，唐昭宗光化三年十一月，第8539页。

皇帝被囚禁的消息很快传遍了全国，这时朱全忠正在河北前线指挥作战，听到消息后返回汴州。这时刘季述派来的其养子刘希度也来到了汴州，表示愿意将唐朝社稷献给朱全忠，接着又派供奉官李奉本送来了伪造的太上皇（即昭宗）诰命。朱全忠犹豫不决，不知如何对待才好，于是便召集幕僚商议对策。其重要幕僚李振劝道：皇室有难，这正是建立霸业的最好时机。刘季述不过是一宦竖，竟敢囚废天子，如果公不能讨伐，何以令天下诸侯？且太子年幼，大权尽归宦官，后果不堪设想。朱全忠此时已经击败了李克用，在天下藩镇中势力最为强大，一时无人能与之抗衡，所以他的态度对此事的结果影响极大。朱全忠虽然有称帝的野心，但此时时机尚不成熟，为了争取人心，更重要的是为了把握好此次挟天子以令诸侯的机会，他听从了李振的建议，决定先囚禁刘希度和李奉本，然后派李振入长安探听消息。李振从长安回来后，向朱全忠报告说京师人心不稳，建议他匡复皇室，帮助昭宗复位。朱全忠遂派亲信蒋玄晖到长安，与崔胤商议准备恢复昭宗的帝位。

太子自即位以来，天下藩镇皆持观望态度，没有贺表送达，使得宦官们更加惶恐。加上右军中尉王仲先为了追查军中隐没的钱谷，每天吊打拷问嫌疑者，搞得军中将士人人自危。左神策指挥使孙德昭自从昭宗被囚禁以来，心中愤愤不平。崔胤得知这个情况后，派人与他秘密接头，并劝他铲除阉党，建功立业。孙德昭只是一个军人，对于国家大事本不敢干预，当他得到宰相崔胤的支持后，不觉胆气大增，于是又联合了右军将领董彦弼、周承诲一起行动。这年除夕之夜，他们率兵埋伏在安福门，准备在宦官们上朝之时下手。

光化四年（901）正月初一清晨，右军中尉王仲先首先来到安福门，被孙德昭杀死，然后又赶到少阳院迎接昭宗。昭宗自从被囚禁以来，每天都过着提心吊胆的日子，衣食不周，连写字用的笔纸都不供给，隆冬时节，一同被囚的公主冻得号哭不止。孙德昭一行来到少阳院时，大声呼喊昭宗出来面见将士，可是皇后并不相信，直到孙德昭把王仲先的人头掷到院中时，方才命宫人推倒门扇，与昭宗一同从少阳院中走了出来。这时崔胤已经率百官赶到，大家共同拥戴昭宗驾御长乐门楼，拜舞称贺。不久，周承诲擒获刘季述、王彦范后赶到，昭宗刚刚责问几句，他们就被军士们乱棍打死。参与囚禁昭宗的宦官有的闻讯自杀，有的被抓来处死，共杀死大宦官及其同党二十余人。

因为太子是被宦官胁迫的，所以昭宗免去了其罪，命其仍回少阳院居住，降为德王。授孙德昭同平章事，充静海节度使，赐姓名李继昭；周承诲为岭南西道节度使，赐姓名李继诲；董彦弼为宁远节度使，赐姓李，并同平章事。时人号三人为“三使相”。此三人所任的节度使，皆为遥领，并不莅任，因此仍留在京师统领禁军。崔胤因此功加授司徒，崔胤固辞不受。朱全忠见昭宗复位已经成功，遂将刘希度、李奉本等押送回京师，昭宗下诏处斩。

这一场风波总算平安地渡过了，但是更大的风波还在等待着残破的李唐皇室。

八、李茂贞劫持皇帝

崔胤此次铲除宦官，使昭宗再度复位，得到了皇帝的极大信任，却与宦官结下了深仇大恨。他原来设想铲除这些宦官后，由自己掌握禁军兵权，但受到了极大的阻力而未能如愿，为了防止再度出现类似情况，他便想借助藩镇的兵力挟制宦官。他与李茂贞商议，留下一部分凤翔军队在长安。李茂贞当然求之不得，于是便派其养子李继筠率兵三千进驻长安。有了这三千人的军队，崔胤自以为有了军事靠山，遂急于对宦官下手。

为了削弱宦官势力，他下令收回了被宦官控制的部分财权，主要是收回了酒曲专卖权，规定自天复元年（901）七月后，两军所造酒曲不得再卖，允许卖酒者自造曲，只要向朝廷缴纳榷酤钱即可。此举不仅剥夺了宦官掌控的财权，还侵害了一些藩镇的利益，凤翔镇也在禁止之列，从而引起了李茂贞的不满。李茂贞上疏论列不已，又入朝当面陈奏。宦官韩全诲乘机拉拢李茂贞，商议对策，崔胤见势不妙，遂加紧与朱全忠的勾结，互通信息，以对抗宦官与李茂贞。

崔胤与宦官们的这种对立情绪引起了不少人的担忧，翰林学士韩偓就多次劝告崔胤，希望他不要急于铲除宦官，急则生变，何况也不可能把宦官全部杀光，宫中日常还是需要由一些小宦官承担的。崔胤不听。他屡次催促昭宗尽诛宦官，以宫人代替宦官掌管宫中各类事务。此事很快就传到了宦官们的耳中，韩全诲马上面见昭宗，哭诉哀求。昭宗遂通知崔胤，以后有事应密封表章以奏，不要口头进奏。但是宦官们却找来了几个通晓文字的美女，送到宫中，安置在昭宗身边，于是崔胤之密谋尽为宦官所知，而昭宗却毫无察觉。

韩全诲等与其他宦官聚集在一起，痛哭流涕，相互诀别。为了自保，他们日夜思谋铲除崔胤之策。当时崔胤兼领度支、户部、盐铁转运等三使，主管财政，韩全诲遂唆使禁军向昭宗喧闹，诉崔胤擅自减少冬衣之赐。昭宗无奈，只好免去了崔胤所兼的盐铁使一职，以缓解压力。当时李茂贞与朱全忠各有挟天子以令诸侯之意，李茂贞想把皇帝迁到凤翔，而朱全忠想把天子移至洛阳。崔胤见此状况，知道自己诛杀宦官的密谋已泄，遂紧急向朱全忠写信，称受密诏，令其出兵以迎车驾，且说：如果来迟，则凤翔必先迎驾，必将挟天子之命，号令天下诸侯讨伐于您。朱全忠得信，决定发兵向长安进发。

以韩全诲为首的宦官得知朱全忠将要进军长安的消息，害怕被诛杀，欲与禁军诸将李继昭、李继诲、李彦弼、李继筠等联合，出动禁军挟制皇帝，唯李继昭不肯从。天复元年八月的一天，昭宗问翰林学士韩偓道：外面有何消息？回答说：听说宦者们忧惧被诛，已经与禁军将领交结，可能有所行动，但不知此事确实否。昭宗说：此话不虚，近日朕见李继诲、李彦弼等语渐不逊，使人难以忍耐。有人建议朕召见崔胤及韩全诲于内殿，置酒为之和解，你看如何？韩偓说：此辈如此狂悖，恐怕无益。昭宗又询问如何对待，韩偓建议把其中为首的数人速加贬逐，余者许其自新，也许可以平息事端。昭宗遂把宦官中的一些人或派其外出监军，或命其看守皇家诸陵，皆抗旨不遵，昭宗一时也奈何不得。

九月，昭宗得知朱全忠大军将要进入关中，担心与李茂贞发生战争必然会使长安再次遭到涂炭，急命韩偓转告崔胤，令其写信给两镇，进行调解。然此事如同箭在弦上，岂是一封书信所能阻止的。

十月二十日，朱全忠正式发兵向关中进发。韩全诲得知消息，急命李继筠、李彦弼率其部劫持昭宗逃往凤翔，宫中诸门都派禁军把守，严查人员出入。当初崔胤劝李茂贞留李继筠之军在长安，本来是想用来对付宦官的，没想到他们反而与宦官勾结，从而造成了很大的祸患。昭宗见此状况，偷偷地写了一封密札托人带给崔胤，请他催促朱全忠尽快进兵，营救自己脱离苦难。二十五日，韩全诲强迫昭宗恢复了枢密使与宰相同议政事的制度。二十九日，李继筠派兵把内库的宝货、帷帐、法物等抢掠一空。韩全诲派人将诸王与宫人秘密送往凤翔。次日，朱全忠的表章到了长安，请皇帝移驾洛阳。长安民众知道大乱将至，纷纷逃往山谷。诸军在城中四处抢掠，百姓甚至连衣裤都被剥去。但是崔胤所居的开化坊却没有遭到抢掠，原因就在于李继昭率部保护了他，于是城中官吏及避乱的百姓便纷纷逃到了开化坊，希望能够暂时保全性命。

韩全诲强迫昭宗迁往凤翔，昭宗不愿，韩全诲遂命人纵火焚烧后宫，昭宗不得不与皇后、妃嫔等离开宫中，当天夜里便到了距京城六十里的鄠县。次日，李茂贞亲自从凤翔赶来迎驾，与昭宗一行人返回了他的老巢凤翔。

朱全忠大军一路势如破竹，他迫使韩建投降后，把韩建另行任命为忠武节度使，将华州据为己有，然后继续向长安进军。由于昭宗西幸凤翔时，以崔胤为首的百官大都不愿前往，留在了长安。这时崔胤急忙派人与朱全忠联络，希望他尽快派军队前往凤翔，迎回皇帝。朱全忠入长安后的次日，便与崔胤商议决定当即向凤翔进军。

朱全忠大军在武功（今陕西省武功县西北）击败了李茂贞军，天复元年十一月二十日，到达凤翔，将凤翔城团团围住。李茂贞自知不是朱全忠的对手，登城自辩说：天子到此避灾，非我劫持而来。朱全忠劝他早日送出昭宗，免受宦官牵连。朱全忠向西进军时，已派出军队将李茂贞在关中下属诸州大部攻取。西川王建又乘李茂贞势穷之机，派军队进攻其山南西道诸州，将其据为己有。李茂贞虽然是强镇，但却不是最强大的藩镇，此次劫持皇帝本为获取更大的权益，岂知反倒招来祸患，使其势力遭到极大的削弱。韩全诲胁迫昭宗下诏命诸道出兵勤王，结果派出的使者二十余人全部在中途被驻守金州的昭信节度使冯行袭所杀。李茂贞请河东节度使李克用出兵援救，李克用出兵进攻晋州，欲想牵制朱全忠军，结果被打得大败。自此李茂贞的外援全部断绝，形势更加危急。

李茂贞为了解围，曾亲自率军与朱全忠的汴军在凤翔城南决战，结果战败，损失了一万多人。李茂贞的弟弟保大节度使李茂勋来救凤翔，也被打得大败而逃。天复二年（902）八月二十日，凤翔兵倾城出动，欲与汴军一决胜负。日暮时分，凤翔兵收兵返城，汴军乘势追击，几乎攻陷凤翔西门，从此李茂贞再也不敢轻易出城作战了。

九月，大雨绵绵，士卒多病，朱全忠召诸将商议退军。其部下亲从指挥使高季昌、左开道指挥使刘知俊劝阻，并向其献计诱使李茂贞出城。于是朱全忠派人潜入城中散布汴军多病，全军退走，只留伤病者万余人守营。李茂贞信以为真，利用夜暗，全军出动，偷袭汴军营寨，结果被汴军包围，伤亡殆尽。李茂贞从此闭城不战。汴军在城外挖掘战壕，切断了城中与外界的一切联系。

凤翔成为孤城后，粮食及其他物资越来越紧缺。城中居民因饥饿而死者不计其数，饥饿的人们甚至以人肉为食，市场上人肉每斤一百文，狗肉每斤五百文。有的人奄奄一息尚未断气，就被人割肉以食，甚至有父子相食的惨状出现。昭宗贵为皇帝，生活也极为艰难，李茂贞只能供给一点猪狗肉，皇子、公主及嫔妃只能一天吃粥、一天喝汤以度日。后来竟然连汤也供应不上了，昭宗只好拿出一些衣物换回一点豆、麦，在行宫中置小磨，命宫人自磨以供皇帝与皇子、嫔妃食用。每逢大雪天气，凤翔城中便是一具具因冻饿而死的尸体，状况非常悲惨。

凤翔城中的这种状况，使得城池很难再坚守下去了，人心惶惶，不断有兵士出城投降，甚至连李茂贞的养子李彦洵、李彦韬都先后率部下出城投降了。不久，李茂勋坚守的鄜州也被汴军攻破了，李茂勋本人投降了朱全忠。至此，李茂贞在关中的地盘除了凤翔孤城外，全部被朱全忠占据了。在这种情况下，李茂贞为了自保，不得不与朱全忠议和，表示愿意奉天子回京，并杀死宦官。凤翔城的兵士每次看见宦官必大骂，把全城生灵涂炭的罪过全部归于他们头上。

天复三年（903）正月二日，昭宗派朝臣与李茂贞的使者一同出城，来到朱全忠的营寨议和。此后，又连续派出两批人议和，以表示诚意。六日，李茂贞背着韩全诲等宦官面见昭宗，表示愿意诛杀宦官，奉车驾返京。昭宗大喜，当即授命收捕韩全诲等宦官及禁军将领李继筠、李继诲、李彦弼等人，全部处死，共计杀死了二十余人。然后命人把这些人的首级送出城去，拿给朱全忠看。昭宗命崔胤前来调解双方关系，崔胤就是不来，但当朱全忠命他来时，他不敢停留，急忙赶到了凤翔。经过谈判，正月二十二日，李茂贞打开城门，送出昭宗一行人来到汴军营寨。

朱全忠素服待罪，见昭宗后跪伏在地，泪流满面。昭宗令人将其扶起，好言抚慰，并赐给其玉带。二十七日，昭宗一行人在汴军的护送下，终于又一次回到了长安。

九、朱全忠强迫迁都

昭宗回到长安仅仅数日，崔胤与朱全忠便商议了彻底铲除宦官的问题。由崔胤出面奏请皇帝罢黜宦官所任的内诸司使，并且下令召回在诸道监军的宦官。昭宗不敢不从，遂按他们的意思颁布了诏书，将以第五可范为首的宦官七百多人全部集中到内侍省杀死，只留数十名小黄门洒扫庭院。在外地监军的宦官也命所在地将其全部处死，除了几个藩镇藏匿了少数宦官没有杀掉外，其余宦官几乎被诛杀殆尽。随着宦官的被诛杀，唐朝存在一百几十年的南衙北司之争也彻底结束了。自此以后，出宫传达皇帝诏命，就只好令宫人负责了，而崔胤也如愿地夺得了六军十二卫的兵权，尽管这时已没有多少军队可以统领了。

朱全忠在击败了一个个强大的藩镇后，自以为羽翼丰满，不再满足于挟天子以令诸侯，野心越来越膨胀，开始图谋称帝、夺取唐朝的江山了。为达这个目的，必须设法剪除皇帝羽翼，他铲除宦官也是为了这个目的。由此，他便开始把目光转向了朝中的大臣。他利用崔胤，在朝中随意贬逐大臣，安插亲信。他先后将跟随昭宗到凤翔的朝臣三十余人贬逐出京，又留步骑兵万余人于长安，命其子朱友伦为左军宿卫都指挥使，以统率这些军队，又任命张廷范为宫苑使、王殷为皇城使、蒋玄晖为巡街使，从而使其亲信遍布京城，掌控了不少重要的部门。做好这些安排后，朱全忠这才离京返回汴州。

崔胤与朱全忠虽然有所联合，但是两人的目的却不相同，朱全忠是为了篡夺政权，而崔胤却是为了专擅朝政，并不希望唐朝灭亡。正因为如此，当两人初步达到各自的目的后，其联合便开始解体了。

面对朱全忠的咄咄逼人之势，崔胤也非常担心，他开始寻求解决办法。崔胤认为如果朝廷拥有一定的军事力量，便不会轻易地受制于人，但是他又深知朱全忠绝不会允许朝廷扩大军队，于是他便想了一个办法。崔胤对朱全忠说：长安距凤翔太近，不能不做防御的准备。六军十二卫有名无实，我想招募一些士卒予以补充，使您无西顾之忧。朱全忠乃奸雄，他对崔胤的真实目的洞若观火，于是很痛快地表示赞同，暗中却派了麾下壮士数千人伪装成平民前去应募。崔胤对此毫无觉察，按照原定的招募标准，共招募了六千六百人，每日加紧训练，修缮兵器。

天复三年十月，朱友伦和幕客们打马球时不慎落马而死。朱全忠闻讯悲伤不已，怀疑是崔胤暗中做了手脚，下令把与朱友伦一同打球的几个人全部处死，以发泄愤恨之情绪。另派其侄朱友谅代替朱友伦的职务，并吩咐密切关注崔胤的动向。崔胤为了摆脱朱全忠的控制，曾密劝昭宗巡幸荆襄，投靠忠于朝廷的赵匡凝兄弟。不久，此事便被朱全忠知晓，他闻讯大怒，决心铲除崔胤。

天复四年（904）正月，朱全忠秘密上表，称崔胤专权乱国、离间君臣关系，请求诛杀崔胤及其同党。昭宗知道无法抗拒朱全忠的意志，为了自保，只好下诏罢去了崔胤的相位，贬为太子宾客。当时崔胤所居的开化坊由新募禁军保卫，朱友谅率军包围了开化坊，纵兵攻打，混在禁军中的汴军士卒自内杀出，里应外合，一举攻下了崔胤府第，将他本人擒杀。接着又斩杀了其朝中同党，并将新募禁军全部解散。

昭宗自即位以来，多次扩大禁军力量，组建新的禁军部队，试图重建大唐雄风，但是都遭到了挫折，组建的禁军部队不是被藩镇军队打垮，就是被迫解散。此次任用崔胤重建禁军，随着崔胤的被杀，又一次成为泡影，也使得唐王朝完全失去自我防卫的能力，成为藩镇随时都可以宰割的俎上之肉。

朱全忠杀了崔胤之后，担心李茂贞再次劫持皇帝，遂决定尽快将皇帝迁往洛阳。早在当年昭宗滞留华州时，朱全忠就已下令修建洛阳宫室了，此时他又令东都留守张全义加紧修缮，以便安置昭宗及百官。这年正月十三日，朱全忠移兵驻于河中，派部将寇彦卿奉表入京，督促昭宗迁都。二十一日，寇彦卿到达长安，面见昭宗，声称凤翔军队已经逼近京畿，请皇帝尽快迁往洛阳。与此同时，汴兵强迫京城百姓也迁往洛阳，百姓们不愿背井离乡，号哭之声不绝于耳，并大骂崔胤勾结朱全忠，倾覆家国。二十六日，昭宗被迫离开长安，在汴兵的保护下启程东行。朱全忠下令拆毁长安宫室、百官衙署及居民房屋，把拆下的木料顺渭河漂浮，运到洛阳以修建宫室，从而使世界闻名的大都市长安变成了一片废墟。

当昭宗一行人来到华州时，百姓夹道欢呼“万岁”，昭宗流着泪说：不要再喊万岁了，朕已不再是你们的天子了！当夜昭宗住在华州行宫，并吟出一首《思帝乡》的诗，以寄托自己的伤悲之情，其诗云：

纥干山头冻杀雀，何不飞去生处乐？
况我此行悠悠，未知落在何所？

吟罢他泪流不止，左右臣僚皆莫能仰视。在华州稍作修整后，昭宗一行人继续东行，当走到陕州时，昭宗便借口洛阳宫室尚未完工留于陕州不走了。昭宗滞留陕州还有一个目的，就是他曾秘密派人向河东李克用、西川王建、淮南杨行密告急，希望他们早日兴兵，匡扶社稷，因为他知道自己一入洛阳，便会完全置于朱全忠的控制之下，再想脱身便没有任何可能性了。

朱全忠见皇帝停在陕州不行，便亲自来到陕州朝见，昭宗邀其进入内室见何皇后，何皇后哭着对朱全忠说：从今以后，我们夫妻便全靠你了。这年三月，昭宗任命朱全忠为判左、右神策及六军诸卫事，这个官职虽然有名无实，但朱全忠却可以利用此职把自己军队安置在皇帝身边，从而保证了对皇帝的有效控制。朱全忠也深知皇帝滞留陕州之意，于是决定亲赴洛阳，督促修缮宫室的进度。临行时昭宗设宴款待，宴会散后，又留朱全忠、韩建继续饮酒。这时晋国夫人来到昭宗身边，附在耳边低声说了几句话。韩建见状，暗中踩了朱全忠的脚一下，朱全忠会意，担心昭宗会对自己下手，遂假称酒醉，辞别出宫。

四月十六日，朱全忠奏洛阳宫室修建完毕，请皇帝早日启驾。昭宗以皇后新近产皇子不便动身为由，要求到十月份再动身。朱全忠大怒，命寇彦卿速到陕州，督促皇帝动身。昭宗无奈，只好动身出发。朱全忠亲自到新安县（今属河南省洛阳市）接驾。为了更进一步地控制皇帝，朱全忠还将跟随昭宗东迁时尚存的击球供奉、内园小儿二百余人全部缢杀。又选择了年纪相仿的二百余人，换上了相同的服饰，代替他们侍候在皇帝身边。一开始昭宗还没有察觉，过了一段时间后，才发觉自己的左右已经全是朱全忠的人了。

闰四月十日，昭宗终于到达洛阳，坐朝于正殿，接受百官朝贺。五月二日，昭宗设宴于内殿，诏朱全忠饮宴，朱全忠心疑，拒不前往。昭宗又说：全忠不来，可令敬翔来。朱全忠也以其酒醉为由而代为拒绝。敬翔是朱全忠的第一谋士，深得其信任，故不欲其入宫。不久，朱全忠要离开洛阳前往汴州，遂任命亲信蒋玄晖为宣徽南院使兼枢密使、王殷为宣徽北院使兼皇城使、张廷范为金吾将军、韦震为河南尹兼六军诸卫副使、朱友恭为左龙武统军、氏叔琮为右龙武统军，将昭宗完全置于自己的严密监控之下。

十、唐王朝的灭亡

朱全忠强迫昭宗迁都，引起了天下藩镇的强烈反应，李茂贞、杨崇本、李克用、刘仁恭、王建、杨行密、赵匡凝等书信往来，皆以匡复唐室为辞。李茂贞、王建、李继徽等发布檄文，联合讨伐朱全忠，朱全忠派镇国节度使朱友裕为行营都统，率兵将其击败，但他们并不甘心失败，联合其他藩镇准备再次起兵讨伐。朱全忠打算亲自率兵西讨，又担心昭宗乘机在后方有所行动，于是决定杀害昭宗，另立幼主。他派判官李振至洛阳，与蒋玄晖及左龙武统军朱友恭、右龙武统军氏叔琮等设法弑君。朱全忠急于杀害昭宗还有一个原因，即他在凤翔迎昭宗归长安时，见到过德王李裕，见其眉目清秀，且年纪已长，显然不符合他废帝立幼的标准，心中非常厌恶。遂私下对崔胤说：德王曾擅自继承帝位，这样的人怎可留在世上！公何不对皇帝进谏？崔胤便把此事告诉了昭宗，昭宗质问朱全忠，朱全忠抵赖不认，把责任完全推到了崔胤身上。到达洛阳以后，昭宗又一次对蒋玄晖说起了此事，并说：德王乃朕之爱子，全忠为何一定要杀死他呢？他一边说，一边流泪，恨得把中指咬出了血。蒋玄晖把这件事报告了朱全忠，朱全忠更加不安，遂下定决心铲除昭宗。

天祐元年八月十一日夜，昭宗住在皇后宫中，蒋玄晖率兵急叩宫门，声称有紧急军情上奏，欲面见皇帝。夫人裴贞一打开宫门，看见全副武装的军士，大惊，问道：奏事为何带来兵士？汴军也不答话，一刀将其杀死。闯入宫中，蒋玄晖问道：皇帝何在？昭仪李渐荣大呼说：宁愿杀了我辈，也不可伤害皇帝！这时昭宗因为心情不佳，饮酒大醉，闻知有变，急忙起身，身穿单衣，绕柱而跑，被追上杀死。李昭仪以身蔽帝，也被杀害。本来还要杀死何皇后，在她苦苦哀求下，蒋玄晖才免其一死。

次日，蒋玄晖宣称昭仪李渐荣、夫人裴贞一起谋害了皇帝，然后矫诏立辉王李祚为皇太子，更名李柷，权监国事。接着又以皇后何氏的名义，立太子为皇帝，史称唐哀帝，时年十三岁。次年二月，葬昭宗于今河南省洛阳市偃师区缑氏镇和陵。

朱全忠得知昭宗已死的消息后，假装大惊，哭倒在地，说："奴辈负我，令我受恶名于万代！"[①]十月，朱全忠自关中前线赶回洛阳，先在昭宗灵位前痛哭流涕，然后又向哀帝辩驳，说此事绝非出于自己指使，并且请求严惩凶手。但是，朱全忠毕竟做贼心虚，他不敢对朱友恭、氏叔琮等人明正典刑，而是以其部下军纪不严、骚扰百姓的罪名将两人贬官，接着又赐自尽。朱友恭是朱全忠的养子，本名李彦威，他临刑时大呼曰："卖我以塞天下之谤，如鬼神何！行事如此，望有后乎！"[②]

至于蒋玄晖，由于与朱全忠关系亲密，所以此次没有被波及，朱全忠命他于天祐二年（905）二月葬昭宗之前，将昭宗其余诸子，即德王李裕、棣王李祤、虔王李禊、沂王李禋、遂王李祎、景王李祕、祁王李祺、雅王李禛、琼王李祥等，灌醉后全部缢死，投尸于池水之中。蒋玄晖为虎作伥，终究没有好下场，后来仍被朱全忠以其与何皇后有私情、欲延唐祚的罪名处死，何皇后亦被杀害，并废为庶人。

唐哀帝在位仅仅三年时间，这一时期唐朝已经名存实亡，只不过朱全忠因为称帝的时机尚不成熟，故使其得以苟延残喘而已。哀帝李柷之所以能被朱全忠选中，是因为在昭宗的十七个儿子中，只有长子德王与九子辉王是何皇后所生的嫡子，德王为朱全忠所厌恶，自然不能立为皇帝，剩下的就是年幼的辉王了。

朱全忠杀死昭宗诸子后，认为宗室已经不再是阻止其称帝的障碍了，于是便把毒手伸向了朝廷诸臣，以铲除他篡位的最后一块绊脚石。其实朱全忠对朝廷诸臣的清洗早在从凤翔返回长安的路上就已开始了，

① 《资治通鉴》卷二六五，唐昭宗天祐元年十月，第8637页。

② 《资治通鉴》卷二六五，唐昭宗天祐元年十月，第8637页。

只是由于那时尚不便公然大开杀戒，只能或罗织罪名杀人，或派人暗杀。自从昭宗死后，朱全忠认为自己已经不必遮遮掩掩地下手了，于是便在光天化日之下开始了大规模的清洗活动。

天祐二年五月七日，天有彗星出现，占卜者认为这种天象预示着将有大难临头，应该杀一批人以消灾。朱全忠身边的重要谋士李振，早年屡试不第，因而对朝廷公卿恨之入骨，他对朱全忠说：朝廷政事之所以不理，全是因为这些所谓衣冠浮薄之徒紊乱纲纪；大王欲图大事，此辈皆朝廷中难制者，不如尽行去之。于是，朱全忠在大肆贬逐一批朝臣的同时，将一批朝官共计三十余人集中在滑州白马县（今河南省滑县）的白马驿，全部予以杀害。行刑前，李振对朱全忠说：此辈自称是清流，应当投入黄河，使其成为浊流。朱全忠听后大笑，遂按李振的意见，将这批人杀死后全部投入到浊浪翻滚的黄河之中。这一事件在历史上被称为“白马之祸”，李振因此被视为文人士大夫中的败类，千年以来受到人们的鞭挞。

朱全忠在大批贬逐屠杀朝廷大臣的同时，甚至连有名望的县令也不放过，将他们或放逐或贬官。在朝堂一空的情况下，朱全忠又起用了一些在昭宗朝不得志的士人，如起用张文蔚、杨涉、薛贻矩、苏循等人为宰相，至于原来的宰相柳璨，因为投靠了朱全忠，故仍得留任，并且掌握了朝政。由于朝中官员数少，显得冷冷清清，朱全忠认为面子上很不好看，于是他又下令征集士大夫入朝，但是响应者寥寥无几。其实这一点也不奇怪，试想在这种情况下，谁还敢自投险地，拿自己的性命做赌注？于是朱全忠强令一些正直人士入朝为官，如晚唐著名诗人司空图，本来已经隐居，被强行征入朝中后，他因年纪已高，假装身体衰弱，坠笏失仪，不能胜任职务，迫使朱全忠只好同意他归隐山林。

朱全忠诛杀了宦官，又清洗了朝官，中原地区的藩镇皆被他击败，就连实力强大的李克用此时也不敢与他正面交锋，在这种情况下，朱全忠认为篡夺唐朝江山的时机已经成熟，便迫不及待地想要哀帝禅位于他了。他密令蒋玄晖、张廷范、柳璨等商议禅让的办法，他们认为自古以来禅让必须经过封大国、加九锡、享殊礼等程序，不能逾越古制，应该先封朱全忠为诸道元帅，再封亲王、加九锡，最后再行禅让之礼。但是这个方案非但没有赢得朱全忠的赞赏，反而使他非常震怒，认为他们这是有意拖延，办事不力。在王殷、赵殷衡等人的挑唆下，朱全忠对蒋、柳二人愈加怀疑。蒋玄晖、柳璨等人见朱全忠动怒，便在一日之内，加封朱全忠为相国、封魏王、加九锡，但朱全忠仍不领情，拒绝了这些加封，仅接受了天下兵马元帅的职务。在这种情况下，蒋、柳二人便难逃被诛的命运了。天祐二年十二月，朱全忠先诛杀了蒋玄晖，并且聚众焚尸。没过几天，贬柳璨为登州（治今山东省烟台市蓬莱区）刺史，接着又把他斩于洛阳东门外。柳璨临刑时大呼曰："负国贼柳璨，死其宜矣！"①

至此，唐哀帝本人已经对延续国祚彻底死了心，做好了随时禅位的准备，但是由于朱全忠此时正忙于与河东李克用、幽州刘仁恭的战争，一时顾不上篡夺帝位的事，这才使唐朝的寿命又延长了一年多时间。

天祐三年（906）十月，朱全忠进攻幽州刘仁恭，刘仁恭向李克用求救。李克用与刘仁恭本有宿怨，出于顾全大局的考虑，遂出兵进攻潞州，以牵制汴军对刘仁恭的进攻。潞州守将丁会本是朱全忠的爱将，因为不满其弑昭宗、篡帝位，遂开城投降了李克用，使得汴州所在的河南地区门户洞开。此时朱全忠正在进攻沧州，闻知潞州失守的消息，大惊，烧营而退。

朱全忠回到汴州后，因为此战的失利，威望大受影响，恐中外离心，于是更加急于篡位，以维系人心。天祐四年（907）正月，唐哀帝得知朱全忠回到汴州，遂派薛贻矩前往慰劳。薛贻矩返回洛阳后，奏知哀帝说朱全忠已有接受禅让的意思了。哀帝无奈，只好下诏表示将在二月把帝位让给朱全忠。到了二月，哀帝命百官到元帅府劝进，朱全忠假意推辞。三月，哀帝命薛贻矩再次到汴州，表达了逊位之意。这时一些依附于朱全忠的藩镇也上表劝进。

① 《资治通鉴》卷二六五，唐昭宗天祐二年十二月，第8655页。

其实朱全忠早就在汴州修建了宫殿，他见该演的戏已经演够了，于是，在四月五日，端坐在金殿上，接受百官的朝贺。十八日，正式举行禅位仪式。数日后，大赦天下，改元开平，国号大梁，历史上称之为后梁，以汴州为开封府，作为东都，另以洛阳为西都。封唐哀帝为济阴王，幽居于曹州（治今山东省曹县西北），次年二月杀之，时年十七岁，谥号哀帝。

唐朝自公元618年建立，至公元907年灭亡，共有二十二个皇帝，历时二百九十年。自此，历史进入了分裂割据、战火连绵的五代十国时期。

十一、唐长安城的兴衰

唐长安城由外郭城、皇城、宫城三大部分组成，从隋文帝开皇二年开始动工兴建，至唐高宗永徽五年筑完外郭城止，前后历时七十多年。

宫城包括太极宫、大明宫以及后来兴建的兴庆宫，它们是供皇帝及皇室居住和办公的地方，关于这些宫殿区前面已介绍过，这里就不多说了。皇城又叫子城，是中央政府各机关所在地，紧靠在太极宫之南。皇城北面无墙，与宫城相隔着一条宽阔的横街（宽三百步，合今441米），其他三面皆有城墙，其中南面有三门，东面有二门，西面有二门。皇城所有的大门都与长安城中的大街相通，交通非常便利。皇城南面最中间的门叫朱雀门，与太极宫的正门承天门以及外郭城的明德门，同处于一条南北直线上，这条直线上有承天门大街（亦叫天街）与朱雀大街，它将整个长安城分为东、西两部分，因此这条线也就是长安城的中轴线。

这条中轴线以东为万年县所管，以西为长安县所管。外郭城划分为若干个坊，普通民众及官员皆分别居住在坊内，佛寺、道观等也分布在诸坊之中。全城共有一百一十个坊，万年、长安两县各领五十五坊。由于外郭城的东南角被曲江池占据了一部分，故实际上只有一百零九个坊。坊的四周有高大的坊墙，四周各开有坊门，坊门定时启闭，管理十分严格。最初晨暮以传呼警众，后来击鼓以代之。每夜街鼓鸣后，坊门关闭，大街上顿时空空荡荡，所谓“六街鼓绝尘埃息”，说的就是这种情况。

城中的商业区集中在东、西两市，其中西市在朱雀大街以西，东市在朱雀大街以东，各占两坊之地。市内各有两条东西、南北向的大街，构成了“井”字形街道，将市分割成九个方形的区域。每个区域的四面都面临街道，店铺皆临街而开，交易非常方便。两市各有二百二十个行业，每个行业又包括了大量的店铺。比如会昌三年六月二十七日夜，东市失火，烧毁了曹门以西十二行四千余家店铺，可见其数量之多。在唐代，由于丝绸之路的畅通，中西贸易非常频繁，因此在长安聚集了大量的所谓“胡商”。西市的胡商数量更多一些，这是因为其位置偏西，自丝绸之路而来的胡商进入长安后便首先到达西市。除了胡商之外，长安城中还有许多本土富商，他们拥有庞大的资产，邸店田宅遍布海内。长安的手工业也非常发达，除了官办的手工业工场外，诸坊中还有大量的私营手工业作坊，并且形成了一定的经营特色。如常乐坊有酿酒业，崇仁坊有乐器制造业，延寿坊有玉器制造业，靖恭坊有制毡业等，所出产品皆名噪一时。

隋唐长安城总面积约八十四平方千米，周长约三十六点七千米，是当时世界上规模最大、人口最多的大都市。长安城自建成以来，多次遭到焚烧破坏，又多次重新进行修葺，其大体情况如下：

长安城在安史之乱、吐蕃攻占期间以及朱泚之乱时，都受到一定程度的破坏，但是这些破坏程度都非常有限，经过修葺很快就能恢复原貌，重现其繁荣昌盛的局面。对长安城破坏较大的是在僖宗广明元年（880）十二月黄巢义军攻占长安，到昭宗天复四年正月昭宗被迫迁都洛阳这一时期。在这二十多年间，长安城多次遭到焚毁破坏，不仅宫室损毁严重，而且坊市民居也都遭到了较大的破坏。

中和元年四月，黄巢义军击败官军，再次进入长安城内，“纵兵屠杀，流血成川，谓之洗城”[①]。同年十二月，官军围攻长安，纵火焚烧诸

① 《资治通鉴》卷二五四，唐僖宗中和元年四月，第8250页。

城门。中和三年（883）四月，李克用军击败义军，黄巢自蓝田道退出关中。据《旧唐书》卷一九下《僖宗纪》载：“初，黄巢据京师，九衢三内，宫室宛然。及诸道兵破贼，争货相攻，纵火焚剽，宫室居市闾里，十焚六七。贼平之后，令京兆尹王徽经年补葺，仅复安堵。”光启元年，当僖宗自成都返回京师时，看到的仍是“荆棘满城，狐兔纵横”[①]的残破状况。可见对长安城破坏的不仅仅是义军，官军亦是主要破坏者。晚唐诗人韦庄在《秦妇吟》中写道：“含元殿上狐兔行，花萼楼前荆棘满。昔时繁盛皆埋没，举目苍凉无故物。”[②]描写的就是黄巢起义后长安衰败的景象。

宦官田令孜处事不当，引发了与河东节度使李克用、河中节度使王重荣的战争，神策军溃败，进入长安，烧杀抢掠，焚毁坊市与宫室，“宫阙萧条，鞠为茂草矣”[③]。光启二年，僖宗躲到兴元避难，邠宁将王行瑜攻杀朱玫，“诸军大乱，焚掠京城，士民无衣冻死者蔽地”[④]。致使长安城再次遭到破坏。后来在僖宗返京前，又对焚烧过的宫室进行了修葺，以供皇帝居住。

乾宁二年，王行瑜、李茂贞进攻长安，昭宗出城躲避，李茂贞养子李继鹏纵火焚宫门，烟火蔽天，诸军剽掠不止。李克用率军进入关中，表请昭宗返京，因宫室焚毁，尚未修葺，昭宗只好暂时住在尚书省，百官往往无袍笏仆马。数月后，宫室修葺完毕，昭宗这才搬回宫中居住。

次年七月，李茂贞兵逼长安，昭宗再次出幸，被韩建迎至华州。李茂贞的军队进入长安后四处抢掠烧杀，其中对宫室和两市的破坏最为严重，史载：“自中和以来所葺宫室、市肆，燔烧俱尽。”[⑤]后来朱全忠奉表欲迎昭宗前往洛阳，李茂贞、韩建恐惧，表示愿意负责修复长安宫室，昭宗任命韩建为修宫阙使，全面负责工程维修，诸道均出钱出人，

① 《资治通鉴》卷二五六，唐僖宗光启元年二月，第8320页。

② 陈尚君辑校：《全唐诗补编》载韦庄《秦妇吟》，中华书局1992年版，第37页。

③ 《旧唐书》卷一九下《僖宗纪》，第722页。

④ 《资治通鉴》卷二五六，唐僖宗光启二年十二月，第8341页。

⑤ 《资治通鉴》卷二六〇，唐昭宗乾宁三年七月，第8491页。

帮助皇帝修复长安宫室。直到光化元年八月，昭宗才回到长安。

天复元年，宦官韩全诲将昭宗劫往凤翔，“李继筠等勒兵阙下，禁人出入，诸军大掠。士民衣纸及布襦者，满街极目”。昭宗临行之时，韩全诲又放火焚烧宫室，昭宗“回顾禁中，火已赫然”[1]。天复三年，昭宗自凤翔返回长安时，又陆续进行了一些维修工程，由于时日较短，加之财力的限制，长安的宫室、坊市已经无法恢复往日旧貌。

天祐元年，朱全忠强迫昭宗迁都洛阳，并强迫长安居民一同迁徙，紧接着又下令拆毁宫室、百司廨署及民间庐舍，取其材木，浮渭水而下，以营建洛阳，自此长安遂成丘墟。昭宗迁走之后，韩建任佑国军节度使兼京兆尹，遂在长安另筑新城，史称“韩建新城”。所谓新城，据元人李好文《长安志图》卷上的记载，实际上舍弃了原来的外郭城和宫城，在原来皇城的基础上改筑为外郭城，又在外郭城内新筑了子城，作为府署之所在，这样就形成了内外两重城墙。又在长安新城之外的东西各筑一小城，作为长安、咸宁两县的治所。原来的皇城考古实测东西长2820.2米，南北长1843.6米，面积约5.2平方千米，也就是说整个城只剩下这么小的一部分了，其面积仅相当于原来长安城的约十六分之一，已经沦为一个普通州郡的规模了。

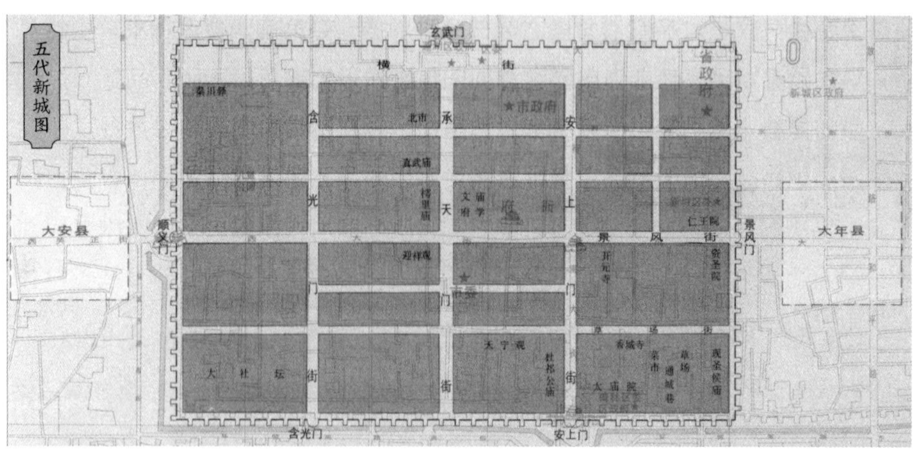

五代新城图

① 《资治通鉴》卷二六二，唐昭宗天复元年十一月，第8560页。

韩建所筑的长安城，在五代十国时期没有大的变化，元代的奉元路城也是在此基础上进行改筑的，明初又在元代的基础上进行了扩建，形成了西安府城。其西、南两面城墙仍沿元代之旧，东城墙向外扩大了500多丈，北城墙向外扩大了1100多丈。现在的西安城墙就是明初所修的城垣。在长安鼎盛繁荣时期，人口至少有百万之数（说法不一，此其一种），到了五代、宋金时期仅为10万。此外，五代时长安的经济地位也大幅下降，百业萧条，民不聊生，直到宋代才稍稍有所恢复。可见国都地位的丧失，对长安影响之大。

参考文献

[1] 葛洪.抱朴子内篇校释[M].王明，校释.北京：中华书局，1985.

[2] 侯白.启颜录笺注[M].董志翘，笺注.北京：中华书局，2014.

[3] 李延寿.北史[M].北京：中华书局，1974.

[4] 温大雅.大唐创业起居注[M].李季平，李锡厚，点校.上海：上海古籍出版社，1983.

[5] 魏徵，令狐德棻.隋书[M].北京：中华书局，1973.

[6] 徐坚.初学记[M].北京：中华书局，2004.

[7] 刘俊文.唐律疏议笺解[M].北京：中华书局，1996.

[8] 吴兢.贞观政要集校[M].谢保成，集校.北京：中华书局，2009.

[9] 张鷟.朝野佥载[M].北京：中华书局，1979.

[10] 刘餗.隋唐嘉话[M].北京：中华书局，1979.

[11] 武平一.景龙文馆记[M].陶敏，辑校.北京：中华书局，2015.

[12] 朱景玄.唐朝名画录[M].温肇桐，注.成都：四川美术出版社，1985.

[13] 张说.张说集校注[M].熊飞，校注.北京：中华书局，2013.

[14] 李白.李太白全集[M].王琦，注.北京：中华书局，1977.

[15] 萧嵩.大唐开元礼[M].北京：民族出版社，2000.

[16] 李林甫.唐六典[M].陈仲夫，点校.北京：中华书局，1992.

[17] 张彦远.法书要录[M].范祥雍，点校.北京：人民美术出版社，2016.

[18] 释道世.法苑珠林校注[M].周叔迦，苏晋仁，校注.北京：中华书局，2003.

[19] 姚汝能.安禄山事迹[M].曾贻芳，校点.上海：上海古籍出版社，1983.

[20] 王维.王维集校注[M].陈铁民，校注.北京：中华书局，1997.

[21] 张祜.张祜诗集校注[M].尹占华，校注.成都：巴蜀书社，2007.

[22] 杜佑.通典[M].王文锦，等，点校.北京：中华书局，1988.

[23] 柳宗元.柳宗元集[M].北京：中华书局，1979.

[24] 白居易.白居易诗集校注[M].谢思炜，校注.北京：中华书局，2006.

[25] 元稹.元稹集[M].冀勤，点校.北京：中华书局，2010.

[26] 段成式.酉阳杂俎校笺[M].许逸民，校笺.北京：中华书局，2015.

[27] 韦绚.刘宾客嘉话录[M].上海：上海古籍出版社，2000.

[28] 苏鹗.杜阳杂编[M].上海：上海古籍出版社，2000.

[29] 段安节.乐府杂录[M].吴企明，点校.北京：中华书局，2012.

[30] 封演.封氏闻见记校注[M].赵贞信，校注.北京：中华书局，2005.

[31] 赵璘.因话录[M].上海：上海古籍出版社，2000.

[32] 李肇.唐国史补[M].上海：上海古籍出版社，1979.

[33] 杜牧.樊川文集[M].上海：上海古籍出版社，2007.

[34] 裴庭裕.东观奏记[M].田廷柱，点校.北京：中华书局，1994.

[35] 圆仁.入唐求法巡礼行记校注[M].小野胜年，校注；白化文，李鼎霞，许德楠，修订校注.石家庄：花山文艺出版社，2007.

[36] 刘昫，等.旧唐书[M].北京：中华书局，1975.

[37] 孙光宪.北梦琐言[M].贾二强，点校.北京：中华书局，2002.

[38] 王仁裕，等.开元天宝遗事十种[M].丁如明，辑校.上海：上海古籍出版社，1985.

[39] 王溥.唐会要[M].上海：上海古籍出版社，2006.

[40] 王溥.五代会要[M].上海：上海古籍出版社，1978.

[41] 薛居正.旧五代史[M].北京：中华书局，1976.

[42] 李昉,等.太平广记[M].北京：中华书局，1961.

[43] 李昉,等.太平御览[M].北京：中华书局，1960.

[44] 王钦若,等.册府元龟[M].周勋初，等，校订.南京：凤凰出版社，2006.

[45] 李攸.宋朝事实[M].上海：商务印书馆，1935.

[46] 陶谷.清异录[M].孔一，校点.上海：上海古籍出版社，2007.

[47] 宋敏求.唐大诏令集[M].北京：中华书局，2008.

[48] 宋敏求.长安志[M].辛德勇，郎洁，点校.西安：三秦出版社，2013.

[49] 王谠.唐语林校证[M].周勋初，校证.北京：中华书局，2008.

[50] 欧阳修，宋祁.新唐书[M].北京：中华书局，1975.

[51] 欧阳修.新五代史[M].徐无党，注.北京：中华书局，1974.

[52] 司马光.资治通鉴[M].胡三省，音注.北京：中华书局，1956.

[53] 司马光.涑水记闻[M].邓广铭，张希清，点校.北京：中华书局，1989.

[54] 邵博.邵氏闻见后录[M].李剑雄，刘德叔，点校.北京：中华书局，1983.

[55] 范祖禹.唐鉴[M].吕祖谦，音注.北京：商务印书馆，1958.

[56] 程大昌.雍录[M].黄永年，点校.北京：中华书局，2002.

[57] 王存.元丰九域志[M].王文楚，魏嵩山，点校.北京：中华书局，1984.

[58] 钱易.南部新书[M].黄寿成，点校.北京：中华书局，2002.

[59] 徐度.却扫编[M].上海：上海古籍出版社，2007.

[60] 高承.事物纪原[M].李果，订；金圆，许沛藻，点校.北京：中华书局，1989.

[61] 叶梦得.石林燕语[M].宇文绍奕，考异；侯忠义，点校.北京：中华书局，1984.

[62] 王辟之.渑水燕谈录[M].吕友仁，点校.北京：中华书局，1981.

[63] 计有功.唐诗纪事校笺[M].王仲镛，校笺.北京：中华书局，2007.

[64] 佚名.宣和画谱[M].俞剑华，标点注译.北京：人民美术出版社，2016.

[65] 郭茂倩.乐府诗集[M].北京：中华书局，1979.

[66] 孙逢吉.职官分纪[M].北京：中华书局，1988.

[67] 王应麟.玉海[M].南京：江苏古籍出版社，1987.

[68] 曾慥.类说[M].北京：文学古籍刊行社，1955.

[69] 黎靖德.朱子语类[M].王星贤，点校.北京：中华书局，1986.

[70] 马端临.文献通考[M].北京：中华书局，2011.

[71] 辛文房.唐才子传校笺[M].傅璇琮，主编.北京：中华书局，1995.

[72] 脱脱，等.宋史[M].北京：中华书局，1977.

[73] 王夫之.读通鉴论[M].舒士彦，点校.北京：中华书局，1975.

[74] 赵翼.廿二史札记校证[M].王树民，校证.北京：中华书局，2013.

[75] 赵翼.簷曝杂记[M].李解民，点校.北京：中华书局，1982.

[76] 彭定求.全唐诗[M].北京：中华书局，1960.

[77] 董诰，等.全唐文[M].北京：中华书局，1983.

[78] 陈鸿墀.全唐文纪事[M].上海：上海古籍出版社，1987.

[79] 王昶.金石萃编[M]. 扫叶山房本，1921.

[80] 加藤繁.中国经济史考证：第1卷[M].吴杰，译.北京：商务印书馆，1959.

[81] 陈寅恪.金明馆丛稿二编[M].上海：上海古籍出版社，1980.

[82] 陈寅恪.唐代政治史述论稿[M]. 上海：上海古籍出版社，1982.

[83] 胡如雷.李世民传[M]. 北京：中华书局，1984.

[84] 王仲荦.隋唐五代史[M].上海：上海人民出版社，1988.

[85] 唐长孺.山居存稿[M]. 北京：中华书局，1989.

[86] 何永成.唐代神策军研究：兼论神策军与中晚唐政局[M].台北：台湾商务印书馆，1990.

[87] 史念海.唐史论丛：第五辑[M].西安：三秦出版社，1990.

[88] 周绍良，赵超.唐代墓志汇编[M].上海：上海古籍出版社，1992.

[89] 陈尚君.全唐诗补编[M].北京：中华书局，1992.

[90] 赵雨乐.唐宋变革期之军政制度：官僚机构与等级之编成[M].台北：文史哲出版社，1994.

[91] 吴钢.全唐文补遗：第1辑[M].西安：三秦出版社，1994.

[92] 吴钢.全唐文补遗：第2辑[M].西安：三秦出版社，1995.

[93] 吴钢.全唐文补遗：第3辑[M].西安：三秦出版社，1996.

[94] 吴钢.全唐文补遗：第7辑[M].西安：三秦出版社，2000.

[95] 赵和平.敦煌表状笺启书仪辑校[M].南京：江苏古籍出版社，1997.

[96] 黄永年.文史探微：黄永年自选集[M].北京：中华书局，2000.

[97] 黄永年.文史存稿[M].西安：三秦出版社，2004.

[98] 黄永年.唐史十二讲[M].北京：中华书局，2007.

[99] 王汝涛.唐代小说与唐代政治[M].长沙：岳麓书社，2005.

[100] 曾枣庄，刘琳.全宋文[M].上海：上海辞书出版社，2006.

[101] 陕西省考古研究院，法门寺博物馆，宝鸡市文物局等.法门寺考古发掘报告[M].北京：文物出版社，2007.

[102] 李时人.全唐五代小说[M].何满子，审定；詹绪左，覆校.北京：中华书局，2014.

[103] 矢野主税.唐代宦官权势获得因由考[J].史学杂志，1954（10）.

[104] 王芸生.论二王八司马政治革新的历史意义[J].历史研究，1963（3）.

[105] 汤啸."永贞革新"与《封建论》[J].历史研究，1975（2）.

[106] 胡溅咸.马嵬驿事件的真象[J].安徽师大学报，1980（4）.

[107] 柳思言.评所谓"永贞革新"[J].重庆师范学院学报，1981 （1）.

[108] 黄永年.说马嵬驿杨贵妃之死的真相[J].学林漫录，1982（5）.

[109] 彭铁翔.唐代建中时期的"泾原兵变"性质考辨[J].武汉师范学院学报，1982（6）.

[110] 齐勇锋.说神策军[J].陕西师大学报，1983（2）.

[111] 杨西云.唐长庆销兵政策平议[J].社会科学战线，1985（3）.

[112] 冯辉.论唐代的宦官政治[J].求是学刊，1987（4）.

[113] 隗芾.韩愈攘斥佛教的动机与效果[J].汕头大学学报，1988（21）.

[114] 陈衍德，杨际平.试论唐代"泾原兵变"的性质：与彭铁翔同志商榷[J].历史教学问题，1989（3）.

[115] 张学军，张生三.略述唐代宦官监军之弊[J].南都学坛，1989（3）.

[116] 贾宪保.神策中尉与神策军[J].唐史论丛：第5辑，西安：三秦出版社，1990.

[117] 于辅仁.唐宣宗出家考[J].山西大学师范学院学报，1990（2）.

[118] 于辅仁.唐武宗灭佛原因新探[J].烟台师范学院学报，1991（3）.

[119] 任士英.马嵬之变发微[J].扬州师院学报，1995（3）.

[120] 张金龙.李唐出于赵郡李氏说[J].历史研究，1993（5）.

[121] 阎琦.元和末年韩愈与佛教关系之探讨[J].铁道师院学报，1997（3）.

[122] 刘吉同.唐宣宗选官[J].领导科学，1997（11）.

[123] 严耀中.会昌灭佛后的湖州唐陀罗尼经幢：兼论武宗灭法对佛教的影响[J].佛学研究，2000（9）.

[124] 黄修明.唐代神策中尉考论[J].天津师范大学学报，2002（6）.

[125] 郭绍林.甘露之变新论[J].河南师范大学学报，2002（2）.

[126] 曾超.试论仆固怀恩之乱[J].内蒙古民族大学学报，2004（5）.

[127] 徐志斌.仆固怀恩叛乱与代宗治国[J].敦煌学辑刊，2005（2）.

[128] 左汉林.唐代梨园法曲性质考论[J].中央音乐学院学报，2007（3）.

[129] 王颜，杜文玉.论唐宋时期的文思院与文思院使[J].江汉论坛，2009（4）.

[130] 文碧方.韩愈与佛教[J].海南大学学报，2013（4）.

[131] 齐倩楠.唐武宗“会昌灭佛”的历史原因[J].边疆经济与文化，2015（4）.

[132] 周倩倩.敦煌本《大云经疏》研究综述[J].天水师范学院学报，2016（1）.

[133] 何先成.再论神策中尉制度[J].重庆师范大学学报，2017（2）.

[134] 杜文玉.唐至五代时期阁门使的性质及其职能变化[J].陕西师范大学学报，2018（4）.

[135] 吴羽.李唐皇室尊老子为始祖探源[J].敦煌学辑刊，2019（1）.

[136] 杜文玉，赵水静.从新出《刘德训墓志》看晚唐历史的几个问题[J].山西大学学报，2019（5）.

大事记

唐高祖时期

北周天和元年（566）

李渊出生于长安，其父李昞为北周鄜州刺史、安州总管，袭封唐国公，其母独孤氏为西魏八柱国之一的独孤信的女儿。李渊的祖父李虎是西魏八柱国之一，官居太尉，北周时追封唐国公，其家族是当时最显赫的家族之一。

隋开皇十八年（598）

十二月二十二日，李渊次子李世民（唐太宗）出生于武功县李渊旧宅。《旧唐书》卷二《太宗纪上》载："生于武功之别馆。时有二龙戏于馆门之外，三日而去。"《新唐书》卷二《太宗纪》载："方四岁，有书生谒高祖曰：'公在相法，贵人也，然必有贵子。'及见太宗，曰：'龙凤之姿，天日之表，其年几冠，必能济世安民。'书生已辞去，高祖惧其语泄，使人追杀之，而不知其所往，因以为神。乃采其语，名之曰世民。"

大业九年（613）

李渊任卫尉少卿，负责为与高丽作战的隋军运送粮草。

大业十一年（615）

李渊任山西、河东慰抚大使，奉命率军讨伐河东起义军。

大业十三年（617）

李渊任太原留守。七月，正式举兵向长安进军。十一月，李渊的军队攻破了长安。拥立代王杨侑为皇帝，即隋恭帝，遥尊隋炀帝为太上皇，并改大业十三年为义宁元年。十二月，李渊派人招抚了巴蜀之地，不费一兵一卒便占据了这一广大地区，为最终统一全国奠定了基础。

唐武德元年（618）

二月，隋恭帝加李渊为相国，赐九锡。四月，隋恭帝杨侑下诏禅位于李渊，群臣上书劝进。五月二十日，李渊即皇帝位于长安太极殿，改国号为唐，改元武德。以长安为都城，立李建成为太子，封次子李世民为秦王、第四子李元吉为齐王。七月，追封第三子李玄霸为卫王。秦王与西秦霸王薛举大战于泾州，秦王战败。八月，薛举死，其子薛仁杲继位，唐高祖命秦王为元帅讨伐。九月，宇文化及在魏州，鸩杀隋秦王杨浩，自称天子，国号许。十月，瓦岗军首领李密来降，授李密为光禄卿，李密不满。十一月，秦王李世民击败薛仁杲，并且生俘薛仁杲，献于高祖李渊。十二月，李密逃出长安，途中被杀。

武德二年（619）

二月，下诏规定天下凡皇室宗人无职任者不服徭役，每州置宗师一人，以管理宗室事务。四月，王世充篡隋越王杨侗皇位，自称天子，国号郑。五月，隋恭帝杨侑死。唐军灭李轨。九月，唐高祖杀功臣户部尚书刘文静。刘武周攻陷太原，齐王李元吉逃至长安。十月，秦王李世民统大军征讨刘武周。

武德三年（620）

三月，窦建德在河北自称夏王，开府置官属。四月，唐高祖祭祀华山。秦王李世民大败刘武周及其大将宋金刚，刘武周逃入突厥，唐军攻克并州。六月，下诏埋葬死于江都的隋朝宗室，并置庙祭祀。封皇子李元景为赵王、李元昌为鲁王、李元亨为酆王；封皇孙李承宗为太原王、李承道为安陆王、李承乾为恒山王、李恪为长沙王、李泰为宜都王。

武德四年（621）

三月，改封宜都王李泰为卫王。五月，秦王李世民击败夏王窦建德并俘获之，且攻下东都洛阳，郑王王世充降。十月，授秦王李世民为天策上将，领司徒；齐王李元吉为司空。赵郡王李孝恭与李靖大败萧铣于荆州，并且活捉了萧铣。十二月，改封宋王李元嘉为徐王。

武德五年（622）

三月，秦王李世民与刘黑闼战于河北洺水，大败之，刘黑闼逃入突厥。七月，吴王杜伏威入朝。八月，葬隋炀帝于扬州。十一月，河北刘黑闼再次起兵，命太子李建成率军讨伐。十二月，李建成击败了刘黑闼。

武德六年（623）

正月，刘黑闼部将葛德威活捉刘黑闼投降李建成，斩刘黑闼于洺州（治今河北省邯郸市永年区东南）。二月，割据于山东兖州一带的徐圆朗战败而死。四月，改长安通义坊李渊故居为通义宫。十二月，改高陵县李昞旧宅为龙跃宫。同月，改武功县李渊旧宅为庆善宫。

武德七年（624）

五月，下诏修建仁智宫（玉华宫）。六月，高祖幸仁智宫，庆州都督杨文干发动叛乱。七月，杨文干之乱被平定。十月，高祖幸庆善宫。十二月，高祖幸龙跃宫，猎于高陵。此年，武则天出生于长安。

武德八年（625）

四月，高祖下诏修太和宫。六月，高祖幸太和宫。七月，高祖自太和宫返回长安。十月，高祖幸龙跃宫。十一月，加秦王李世民为中书令、齐王李元吉为侍中，封李元璹为吴王、李元庆为陈王。

武德九年（626）

三月，高祖幸昆明池，观水战训练。六月，秦王李世民发动玄武门之变，杀太子李建成、齐王李元吉。同月，高祖立秦王为太子。八月，太子李世民即皇帝位，是为太宗，高祖为太上皇。十月，立中山郡王李承乾为太子。这一年，封皇子长沙郡王李恪为汉王、宜阳郡王李祐为楚王。

唐太宗时期

贞观元年（627）

正月，改元贞观。燕郡王李艺反于泾州，伏诛。二月，下诏规定男子二十岁未婚、女子十五岁以上未嫁者，由地方州县以礼聘娶；贫穷不能自行成婚配者，由乡里富人及亲戚资助；鳏夫六十岁、寡妇五十岁、妇女有子如果自愿守节者不要强迫婚嫁。三月，皇后长孙氏亲祭先蚕。九月，岭南豪强冯盎遣子入朝。

贞观二年（628）

正月，改封李恪为蜀王、李泰为越王、李祐为燕王。六月，第九子李治（唐高宗）出生。

贞观三年（629）

四月，太上皇李渊迁居大安宫，自此太宗才开始在太极宫坐朝并处理政事。五月，周王李元方死。九月，令诸州置医学，以培养医学生及为百姓疗病。是年，高僧玄奘赴天竺取经。

贞观四年（630）

正月，大将李靖击败东突厥军，获隋炀帝皇后萧氏及炀帝之孙杨正道，送至京师。二月，李靖等大破东突厥。三月，献俘东突厥颉利可汗于太宗。四月，西北诸族首领向唐太宗上尊号“天可汗”。六月，征发民夫修葺洛阳宫室。八月，下诏规定三品以上官员服色为紫、五品以上为绯、六品七品为绿、八品九品为青，妇人服色跟从其夫。这一年，全国断死刑仅二十九人，“几致刑措”。“东至于海，南至于岭”，百姓在夜晚皆不用关闭大门，外出旅行不用自带粮食，社会秩序极为稳定。

贞观五年（631）

二月，封皇弟李元裕为郐王、李元名为谯王、李灵夔为魏王、李元祥为许王、李元晓为密王。封皇子李愔为梁王、李贞为汉王、李恽为郯王、李治为晋王、李慎为申王、李嚣为江王、李简为代王。四月，代王李简死。同月，下诏以金帛赎回因隋末动乱没入突厥的中原之人共计八万余，全部交还其家属。

贞观六年（632）

太宗将幸九成宫（即隋仁寿宫）避暑，监察御史马周上疏认为：太上皇居住的大安宫卑小低矮，“于四方观听，有所不足”，应该重新修建高大的宫殿。且太上皇春秋已高，陛下应当朝夕视膳。九成宫距京城三百余里，太上皇如果思念陛下，陛下又何以往返？陛下此行为了避暑，太上皇尚在暑中，而陛下独居凉处，恐于礼未当。太宗不听。三月，幸九成宫。太宗女长乐公主下嫁给长孙冲。太宗特别宠爱这个女儿，加之又是长孙皇后亲生，因此嫁妆比较丰厚，比自己的妹妹永嘉长公主的嫁妆多一倍。魏徵认为此事不妥，上书劝谏。太宗觉得魏徵的话很对，但又怕长孙皇后不高兴，遂把魏徵的进谏告诉了长孙皇后。长孙皇后对魏徵此举称赞不已。六月，酆王李元亨死。不久，江王李嚣死。九月，太宗率领文武百官驾临庆善宫，大宴群臣与故老。太宗即席赋诗，命起居郎吕才配乐，取名为《功成庆善乐》，又命六十四名童子起舞，以歌颂自己的功德。十月，返回京师，宴太上皇于大安宫。

贞观七年（633）

正月，改《秦王破阵乐》为《七德舞》、《功成庆善乐》为《九功舞》，规定宴见三品以上高官及州牧、蛮夷酋长时，表演这两支舞。五月，太宗幸九成宫。去年共断死刑二百九十人，太宗怜其将死，纵其归家，约定日期，汇于京师。结果全部于九月到达长安，竟无一逃亡者。太宗见他们如此守约，遂下令全部予以赦免。十月，太宗自九成宫返回长安。十二月，太宗幸芙蓉园。回宫后奉太上皇置酒宴于故汉未央宫。太上皇命突厥颉利可汗起舞，又命岭南酋长冯智戴咏诗，并且高兴地说："胡、越一家，自古未有也！"太宗捧杯为太上皇祝酒上寿，太上皇大悦。

贞观八年（634）

二月，皇太子加元服。三月，太宗幸九成宫。临行时太宗屡次请太上皇一同前往避暑，太上皇因隋文帝死于此处，不愿同行。于是在这年十月，太宗下诏兴建永安宫（即大明宫），作为太上皇的消暑之所，未及建成，太上皇便一病不起了，始终也没有居住进去。十月，太宗返回长安。十二月，太宗与太上皇一同于长安城西检阅军队。

贞观九年（635）

五月六日，太上皇李渊驾崩，终年七十岁。诏皇太子李承乾听政。

同月，李靖率军平定了吐谷浑。十月，葬太上皇李渊于献陵。太宗欲亲自送葬陵园，因其身体不适，被群臣劝阻。十一月，太宗因高祖起事于太原，所以想在当地建庙，颜师古认为高祖庙应建在京师，阻止了这次行动。

贞观十年（636）

正月，改封李元景为荆王、李元昌为汉王、李元礼为徐王、李元嘉为韩王、李元则为彭王、李元懿为郑王、李元轨为霍王、李元凤为虢王、李元庆为道王、李灵夔为燕王、李恪为吴王、李泰为魏王、李祐为齐王、李愔为蜀王、李恽为蒋王、李贞为越王、李慎为纪王。三月，任命诸王为诸州都督。六月，长孙皇后驾崩。十一月，葬长孙皇后于昭陵。长孙皇后葬后，太宗思念不已，遂在禁苑建高楼以眺望昭陵，召魏徵共同登楼。魏徵故意说：臣两眼昏花，看不到远方。太宗遂为其指示方向。魏徵又说：臣以为陛下眺望献陵，如是望昭陵，臣早已望见了。讽刺太宗只思妻子，不念父亲。太宗听后，遂下令毁去此楼。

贞观十一年（637）

正月，改封李元裕为邓王、李元名为舒王。二月，下诏在九嵕山昭陵赐功臣、皇戚陪葬茔地及秘器。三月，太宗幸洛阳宫。礼部尚书王珪的儿子王敬直娶了太宗的女儿南平公主为妻。由于是公主下嫁大臣之家，自然无人再敢按照《礼》规定的媳妇见公婆之仪行事，这种状况由来已久，并非唐初如此。王珪认为太宗动辄以礼法行事，自己带头恢复这种礼仪当不会受到责怪，还能起到示范与宣传效果。于是，他与其妻在正堂而坐，令南平公主亲执笲巾行盥馈之礼，礼成而退。太宗得知此事后大加赞赏。从此以后，凡公主下嫁，只要有公婆在世的，都要行此礼仪。六月，以诸王与功臣为世封刺史。改封李元祥为江王。十月，赐已经死亡的武德时期的谋臣、武将及亲戚茔地以陪葬献陵。此年，武则天入宫为才人，年仅十四岁。

贞观十二年（638）

正月，重修成《氏族志》。当初修《氏族志》时，以山东崔民干为第一等，引起太宗的不满，命令重修，此次重修以皇族为第一等，外戚为第二等，崔民干为第三等。此书共收录二百九十三姓，一千六百五十一家，太宗下令颁行于天下。二月，太宗从洛阳返回京师，途中幸黄河观三门峡砥柱山。又幸安邑，观盐池。随后又幸长春宫，然后返回长安。

贞观十三年（639）

正月，祭拜献陵，赦免三原县百姓大辟罪，数日后返回长安。二月，停世封刺史。太宗欲嫁公主给尉迟敬德，敬德叩头辞谢说：臣妻虽然鄙陋，然长期共度贫贱，臣虽不学无术，但也知道古人所谓富不易妻的道理，陛下美意臣不能领受。太宗只好作罢。四月，太宗幸九成宫。中郎将阿史那结社尔率众谋反，欲杀害太宗，失败被诛。六月，封皇弟李元婴为滕王。十月，太宗自九成宫返回长安。

贞观十四年（640）

正月，太宗幸魏王李泰府，并曲赦雍州长安县大辟罪以下的囚犯，免除李泰府宅所在的延康里当年的租赋。五月，改封李灵夔为鲁王。大将侯君集率大军攻灭高昌国，太宗令在当地置西州（今新疆维吾尔自治区吐鲁番市东南高昌故城）。八月，下诏兴建襄城宫。十月，吐蕃赞普遣其相禄东赞献金五千两及珍玩数百，请求与唐朝通婚。太宗同意将宗室女文成公主嫁给其赞普。十二月，侯君集献俘于观德殿。此役俘获了不少高昌乐工，交付太常寺，于是增九部乐为十部乐，即《宴乐乐》《清乐乐》《西凉乐》《天竺乐》《高丽乐》《龟兹乐》《安国乐》《疏勒乐》《高昌乐》《康国乐》。

贞观十五年（641）

正月，授吐蕃禄东赞为右卫大将军。太宗还想把琅邪公主外孙段氏嫁给他为妻，被其婉言拒绝。当月，命礼部尚书江夏王李道宗持节送文成公主于吐蕃。太宗驾幸洛阳，准备举行封禅大典。途中，住在温汤宫时，卫士崔卿、刁文懿谋逆，被诛杀。三月，太宗幸襄城宫。六月，因国力不丰，下诏停止封禅泰山。十二月，太宗从洛阳回到了长安。

贞观十六年（642）

正月，魏王李泰组织人撰成《括地志》一书，并献给了皇帝。太宗大喜，命李泰居住在宫中的武德殿。魏徵认为不妥，出面劝阻，太宗只好又命李泰搬回魏王府。十一月，太宗幸庆善宫，数日后返回长安。十二月，太宗幸温汤宫，猎于骊山。

贞观十七年（643）

二月，下诏张挂功臣图于太极宫凌烟阁。三月，齐王李祐反，失败被诛。四月，废皇太子李承乾为庶人，汉王李元昌、侯君集等被处死。数日后，立晋王李治为皇太子，降魏王李泰为东莱郡王。闰六月，又改封李泰为顺阳郡王。九月，将李承乾安置于黔州，安置顺阳王李泰于均州。

贞观十八年（644）

四月，太宗幸九成宫。八月，太宗自九成宫返回长安。十一月，太宗驾幸洛阳宫。十二月，废太子李承乾病死于贬所黔州，太宗命以国公之礼安葬。

贞观十九年（645）

二月，太宗在洛阳宣布起兵讨伐高丽，并亲率大军从洛阳出发，诏皇太子李治监国于定州。三月，太宗在定州对群臣说：辽东本中国疆土，隋朝四次出兵都未收复，朕今东征，欲为中国子弟报仇雪恨。四月，唐军誓师于幽州。唐军此次出师由于是皇帝亲征，在战略上比较保守，加之天气的原因，虽然屡获胜利，却不能攻取辽东。九月，只好下令班师。十二月，太宗到达并州。

贞观二十年（646）

二月，太宗从并州返回。三月，回到了长安。太宗病重，命皇太子李治听政。八月，封皇太子之子李忠为陈王。太宗行幸灵州，会见诸族首领，留皇太子监国。九月，太宗返回京师。

贞观二十一年（647）

四月，太宗因患风疾，尤畏暑热，遂命在终南山中兴建翠微宫。五月，太宗幸翠微宫，命皇太子李治听政并处理国事。七月，太宗因为翠微宫狭小，不能容纳百官，于是又下令修建玉华宫。月末，太宗自翠微宫返回长安。九月，封皇子李明为曹王。李明之母为太宗弟齐王李元吉之妃杨氏，深得太宗宠爱。十一月，改封顺阳郡王李泰为濮王。

贞观二十二年（648）

正月，太宗撰《帝范》十二篇以赐太子。随后幸骊山温汤宫养病。不久，又从温汤宫返回。二月，太宗幸玉华宫，一直住到十月，才从玉华宫返回长安。这年五月，唐使者右卫率长史王玄策出使天竺，被天竺王阿罗那顺伏击，强夺了各国进贡给唐朝的贡物，王玄策借兵于吐蕃与泥婆罗，大败天竺军队，生俘了阿罗那顺。六月，太宗借故诛杀左武卫将军、武连县公李君羡。因当时有“女主昌”的秘记在民间流传，又曰：“唐三世之后，女主武王代有天下。”而李君羡的小名为“五娘”，其官职与爵号皆有“武”字，引起了太宗的疑虑，故诛之。十二月，太子李治为其母文德皇后兴建的大慈恩寺建成。

贞观二十三年（649）

三月，太宗患病，命皇太子听政于金液门。四月，太宗幸翠微宫。五月二十六日，太宗死于翠微宫含风殿，终年五十三岁。六月一日，皇太子李治即位于太宗柩前。八月三十日，葬太宗于昭陵。此年，武则天入感业寺为尼。

唐高宗时期

永徽元年（650）

正月，立太子妃王氏为皇后。二月，封皇子李孝为许王、李上金为杞王，李素节为雍王。此年，唐高宗到感业寺为太宗上香，见到了当尼姑的武则天，两人抱头大哭，难分难舍。

永徽二年（651）

六月，滕王李元婴与蒋王李恽好聚敛，高宗遂赐诸王帛各五百段，独不赏赐这两人，并且说：滕叔与蒋兄皆能经营，不必赐物，赐麻两车以为穿钱之用。二王大惭。九月，废玉华宫为佛寺，改九成宫为万年宫。十一月，举行南郊大典。同月，禁止各地进献犬马鹰鹘。

永徽三年（652）

四月，彭王李元则死。七月，册立陈王李忠为皇太子。李忠之所以能被立为太子，是因为王皇后无子，皇后的舅父柳奭出主意让其力主立李忠为太子，以便将来有个靠山。十二月，濮王李泰病死于均州。此年末，武则天与唐高宗的儿子李弘生于感业寺。

永徽四年（653）

二月，驸马都尉房遗爱、薛万彻、柴令武及高阳公主、巴陵公主谋反，全部被诛杀；受牵连被杀的还有荆王李元景、吴王李恪，其中李恪被长孙无忌诬陷而死。废蜀王李愔为庶人。此年，武则天自感业寺被接入宫中封为昭仪，时年二十九岁。

永徽五年（654）

三月，高宗幸万年宫。九月，高宗自万年宫返京。此年末，武则天掐死了自己的亲生女儿，嫁祸于王皇后。这一事件促使高宗下定了废除王皇后、改立武则天为皇后的决心。十二月，高宗为了使宰相长孙无忌支持立武则天为皇后，遂与武则天一同驾幸长孙无忌府，欢宴竟日，当场授长孙无忌三个儿子为朝散大夫，并赐金宝缯锦十车，长孙无忌一切照收，但就是不同意改换皇后。高宗与武则天不欢而返。尽管如此，武则天仍不死心，她又让自己的生母杨氏亲自出面，到长孙无忌府上拜见，低三下四，再三祈请，希望能获得其支持，却再一次遭到拒绝。礼部尚书许敬宗自告奋勇，出面去求长孙无忌，也被毫不客气地碰了回来，并且遭到了严厉的训斥。

永徽六年（655）

正月，封皇子李弘为代王、李贤为潞王。十月，在勋臣李勣等人以及一批新进之臣的支持下，废王皇后为庶人。同月，另立武则天为皇后。这年冬天，武则天杀废后王氏与萧淑妃。

显庆元年（656）

正月，废皇太子李忠为梁王，立武则天之子代王李弘为皇太子。十一月五日，皇子李显（唐中宗）出生。

显庆二年（657）

闰正月，高宗幸洛阳宫。二月，封皇子李显为周王，改雍王李素节为郇王。五月，高宗幸明德宫。七月，高宗再幸洛阳宫。十二月，改洛阳宫为东都。

显庆三年（658）

正月，长孙无忌等上新修礼一百三十卷，即所谓《永徽礼》。二月，高宗自东都洛阳返回长安。

显庆四年（659）

四月，皇后武氏因长孙无忌不支持立自己为皇后而心生怨恨，遂指使许敬宗诬陷其谋反，高宗未经当面询问竟下诏罢相，并将其安置于黔州，仍给一品料的供给。后来竟被害死。六月，下诏改《氏族志》为《姓氏录》，提升皇后家族为第一等。闰十月，高宗幸东都，诏皇太子李弘监国。

显庆五年（660）

二月，高宗幸并州。三月，高宗在并州行宫皇后赐宴于亲族及邻里。四月，高宗返回东都。七月，废梁王李忠为庶人，安置于黔州李承乾故宅。十月，高宗因患病头重，目不能视，遂命皇后处理国政。

龙朔元年（661）

九月，改封李贤为沛王。李贤得知王勃才华出众，遂召其为王府修撰。当时诸王斗鸡，王勃遂为李贤撰写了《檄周王鸡文》，周王指李贤之弟李显。高宗看到此文后，大怒，将王勃赶出了沛王府。

龙朔二年（662）

四月，下诏扩建蓬莱宫（大明宫）。六月一日，皇子李旭轮（后改名李旦，即唐睿宗）出生。十月，高宗幸温汤宫，命皇太子监国。不久，高宗从温汤宫返回长安。十一月，封皇子李旭轮为殷王。

龙朔三年（663）

四月，蓬莱宫基本建成，高宗移居于内，改太极宫为西内。十月，诏皇太子五日一至光顺门，监诸司奏事，小事直接裁决，大事奏报皇帝。

麟德元年（664）

二月，高宗幸万年宫。四月，道王李元庆死。五月，许王李孝死。十二月，因宰相上官仪起草废武后诏书，被武则天借故处死，并籍没其家。十五日，杀废太子李忠。李忠被废后被安置在梁州，不久，又被迁到更为偏远的房州任刺史。他每日惊恐不安，不知何日大祸将到，以至于改穿妇女衣服，以防刺客。他还经常做噩梦，自己占测吉凶。此事被人告发后，被废为庶人，囚禁在黔州李承乾的故宅中。后来，宦官王伏胜、中书侍郎上官仪得罪了武则天，武则天遂指使许敬宗诬告李忠与王、上官两人勾结谋反，因而被赐死，终年二十二岁。太子李弘心慈，上奏高宗，请求以礼收葬。

麟德二年（665）

三月，高宗幸东都洛阳。七月，邓王李元裕死。十月，高宗从东都洛阳出发前往泰山封禅，随驾军队及文武官员、大小仪仗数百里不绝，各国各民族首领皆率其众助祭，穹庐毳幕，牛羊驼马，填咽道路，盛况空前。

乾封元年（666）

正月一日，封禅于泰山。二十四日，高宗幸曲阜（今山东省曲阜市），祭祀孔子。二月二十二日，高宗幸亳州（今安徽省亳州市），祭祀老子，赠号太上玄元皇帝。三月，高宗回到洛阳。四月，高宗回到长安。七月，改封李旭轮为豫王。八月，武则天姐韩国夫人之女魏国夫人有宠于皇帝，武氏遂置毒于食物中，毒死了魏国夫人，然后又嫁祸于其同父异母兄武怀运、武惟良，并将两人处死。

乾封二年（667）

二月，皇弟涪陵郡王李愔死。恢复了九成宫的旧名。九月，高宗因服食丹药，命皇太子监国。

总章元年（668）

三月，高宗幸九成宫。八月，高宗自九成宫返回长安。九月，李勣攻克平壤（今属朝鲜），高丽王降，活捉其大臣泉男建，高丽灭亡。十二月，置安东都护府于平壤，命大将薛仁贵为安东都护。

总章二年（669）

三月，皇后武氏主持祭先蚕之礼。四月，高宗幸九成宫。十月，高宗经岐州（治今陕西省宝鸡市凤翔区）返回长安。十一月，皇子李旭轮改封冀王，改名李轮（即李旦）。

咸亨元年（670）

三月，改蓬莱宫为含元宫。八月，赵王李福死。九月，武则天之母杨氏病死。

咸亨二年（671）

正月，高宗幸东都，命皇太子李弘监国。六月，武则天之甥贺兰敏之被流放于雷州，行至韶州，自缢而死。朝官中与贺兰敏之有交往者，流放岭南者甚多。贺兰敏之是一位风度翩翩的美少年，曾与其外祖母荣国夫人有过不正当的关系。武则天的女儿太平公主年幼时往来于荣国夫人之家，尽管有宫女随行，贺兰敏之胆大妄为，竟强逼欲行不轨之事。荣国夫人死后，他不但不悲伤，竟然拥妓奏乐，还将用来造佛像为荣国夫人追福的大瑞锦私自隐没，引起了武则天的不满。司卫少卿杨思俭的女儿，有美色，被高宗与武后选为太子李弘之妃，已经开始筹备婚礼了，却被贺兰敏之强行奸污。这些事情极大地激怒了武则天，于是她上表请求对贺兰敏之严加罚处，致使贺兰敏之死于蛮荒之地。九月，徐王李元礼死。

咸亨三年（672）

九月，改封沛王李贤为雍王。十一月，高宗自东都返回长安。

咸亨四年（673）

正月，郑王李元懿死。四月，高宗幸九成宫。十月，皇太子李弘纳妃。

上元元年（674）

三月，皇后主持祭先蚕之礼。八月，皇帝称天皇，皇后称天后，宫中号为“二圣”。颁诏规定文武官三品以上服紫，四品服深绯，五品服浅绯，六品服深绿，七品服浅绿，八品服深青，九品服浅青，庶民服黄。十二月，有人诬告蒋王李恽及其子谋反，李恽惶恐自杀，高宗知其无罪，斩诬告者。

上元二年（675）

三月，武后主持祭先蚕礼。高宗因病目不能视，打算委国政于皇后，因中书侍郎郝处俊反对而作罢。四月，武后杀周王李显妃赵氏。同月，皇太子李弘死，传闻被武后所害。五月，高宗追尊李弘为孝敬皇帝。六月，立雍王李贤为皇太子。七月，杞王李上金被免官。

仪凤元年（676）

正月，改封李轮为相王。四月，高宗自东都返回长安。数日后幸九成宫。十月，高宗自九成宫返回长安。降郇王李素节为鄱阳郡王，安置于袁州。

仪凤二年（677）

八月，改封周王李显为英王，更名李哲。

仪凤三年（678）

正月，百官及四夷酋长朝见皇后于光顺门。五月，高宗幸九成宫。九月，高宗自九成宫返回长安。十月，密王李元晓死。

调露元年（679）

正月，高宗幸东都。五月，命皇太子李贤监国，太子处事公允明断，得到舆论的好评。

永隆元年（680）

七月，江王李元祥死。八月，高宗幸东都。皇后与皇太子李贤不睦，遂指使诬告太子好声色，并派人到东宫搜查，查出了皂甲数百领作为谋反证据。高宗还想宽宥太子，皇后认为应该大义灭亲，迫使高宗下诏废李贤为庶人，另立英王李哲为皇太子。十月，降曹王李明为零陵郡王。此月，高宗自东都返回长安。

开耀元年（681）

七月，高宗女太平公主下嫁与薛绍。闰七月，高宗因服食丹药，命皇太子监国。十一月，把废太子李贤安置于巴州。

永淳元年（682）

三月，立太子李哲之子李重照为皇太孙。四月，高宗幸东都，命皇太子监国。文成公主在吐蕃病死。

弘道元年（683）

七月，改封相王李轮为豫王，改名李旦。八月，因高宗病危，皇太子朝于东都，命唐昌郡王李重福留守京师。十一月，诏皇太子李显监国。十二月四日，高宗崩于东都贞观殿，终年五十六岁。十一日，皇太子即皇帝位，史称唐中宗。

武则天时期

嗣圣元年（文明元年、光宅元年，684）

正月，中宗立其妃韦氏为皇后。中宗还想授皇后父韦玄贞为侍中，宰相裴炎力争，中宗愤怒地说：我就是把天下都给了韦玄贞，有何不可？裴炎惧，与皇太后武氏商议，谋废皇帝。二月，武后与宰相裴炎废唐中宗为庐陵王，另立豫王李旦为皇帝，史称唐睿宗，武则天临朝称制。不久，立睿宗长子永平郡王李成器为皇太子。又废皇太孙李重照为庶人。三月，武后派丘神勣将废太子李贤杀害于巴州。改封李上金为毕王、李素节为葛王。四月，滕王李元婴死。又改封李上金为泽王、李素节为许王。迁庐陵王李显于房州，数天后又迁于均州。八月十一日，葬唐高宗于乾陵。九月，追尊武氏五代祖。柳州司马徐敬业在扬州起兵反对武则天。十一月，徐敬业兵败被杀。

垂拱元年（685）

五月，封睿宗子李成义为恒王。八月五日，睿宗之子李隆基（即唐玄宗）生于东都。

垂拱二年（686）

正月，武氏下诏归政于睿宗，睿宗知其不是出自真心，故坚决推辞，于是武氏又再次临朝称制。三月，自从徐敬业起兵反武以来，武则天怀疑天下人皆反对自己，于是重用酷吏索元礼等，大开告密之风，残酷地打击政敌，使许多人死于非命。她在朝堂上设置了铜匦，名义上是征求对朝政得失的意见，实际目的却是接受天下密奏，以了解民间之事，加强政治控制。使得四方告密者蜂起，形成了百官人人自危、重足屏息的恐怖局面。十二月，武则天免并州百姓庸调，终其身，以收买家乡人心。

垂拱三年（687）

闰正月，封睿宗之子李成美为恒王、李隆基为楚王、李隆范为卫王、李隆业为赵王。

垂拱四年（688）

二月，毁东都乾元殿，以其地兴建明堂。五月，得“宝图”于洛水。七月，大赦天下，改“宝图”为“天授圣图”，改洛水为永昌洛水，封其神为显圣侯，加特进，禁渔钓。八月，琅邪郡王李冲、越王李贞等宗室诸王举兵反对武则天。九月，李冲、李贞等先后战败而死，武则天杀韩王李元嘉、鲁王李灵夔、范阳郡王李蔼、黄国公李撰、东莞郡公李融及常乐公主，皆改其姓为虺氏。十二月，杀霍王李元轨、江都郡王李绪及殿中监裴承先。除了大杀李唐宗室外，还将其中年幼者流放于岭南。同月，改明堂为万象神宫。

永昌元年（载初元年，689）

正月，大享于万象神宫。七月，纪王李慎被流放于巴州，改其姓为虺氏，行至中途而死。当初诸王起兵反武，唯独李慎没有参与起兵，然而仍不能逃过此劫。十月，杀嗣郑王李璥。

天授元年（690）

七月，流放舒王李元名于和州（治今安徽省和县）。颁《大云经》

于天下。不久，杀豫章郡王李亶、泽王李上金、许王李素节。八月，杀许王李素节之子李璟、南安郡王李颖、鄅国公李昭及诸宗室李直、李敞、李然、李勋、李策、李越、李黯、李玄、李英、李志业、李知言、李玄贞等。九月，杀钜鹿郡公李晃。同月九日，正式改国号为周。武则天加尊号曰圣神皇帝，降唐睿宗为皇嗣，赐姓武氏，皇太子为皇孙。十三日，立武氏七庙于神都。十月，杀许王李素节之子李瑛、李琪、李琬、李瓒、李玚、李瑗、李琛等。

天授二年（691）

正月，改置社稷，旗帜为赤色。唐朝在长安的七庙，改名为享德庙。八月，义丰王李光顺、嗣雍王李守礼、永安王李守义、长信县主等李唐宗室皆赐姓武氏。

如意元年（长寿元年，692）

武则天年纪虽高，由于善于化妆，虽其左右之人也不觉其老。八月，武则天牙齿落后又长出新牙，百官皆贺。九月，以并州为北都。

长寿二年（693）

正月，杀睿宗妃刘氏、德妃窦氏。腊月，降皇孙李成器为寿春郡王、恒王李成义为衡阳郡王、楚王李隆基为临淄郡王、卫王李隆范为巴陵郡王、赵王李隆业为彭城郡王。

延载元年（694）

五月，群臣为武则天上尊号为越古金轮圣神皇帝，武则天驾御则天门楼接受尊号，大赦天下。八月，武三思率四夷酋长请铸铜铁为天枢，立于端门之外，铭记功德，黜唐颂周；武则天命姚璹为督作使，诸胡聚钱百万亿，买铜铁仍不够使用，于是征民间农器以满足需要。

证圣元年（天册万岁元年，695）

正月，加尊号慈氏越古金轮圣神皇帝。同月，万象神宫（明堂）被内宠薛怀义放火烧毁。二月，杀薛怀义。四月，大周万国颂德天枢建成。《资治通鉴》卷二〇五记载说：“高一百五尺，径十二尺，八面，各径五尺。下为铁山，周百七十尺，以铜为蟠龙麒麟萦绕之；上为腾云承露盘，径三丈，四龙人立捧火珠，高一丈。工人毛婆罗造模，武三思为文，刻百官及四夷酋长名，太后自书其榜曰‘大周万国颂德天枢’。”九月，加尊号天册金轮大圣皇帝。

万岁登封元年（万岁通天元年，696）

腊月，封禅于中岳嵩山。三月，新建的明堂建成，高二百九十四尺，方三百尺，规模较原明堂稍小，号称通天宫。

万岁通天二年（神功元年，697）

正月，大享于通天宫。尚乘奉御张易之，年少貌美，精通音律。太平公主荐张易之弟张昌宗入侍禁中，张昌宗又推荐张易之，兄弟皆得幸于太后，常傅朱粉，衣锦绣。张昌宗官至散骑常侍，张易之任司卫少卿；拜其母臧氏、韦氏为太夫人，赏赐不可胜数，并命凤阁侍郎李迥秀为臧氏的情夫。朝中众臣见张氏兄弟得宠，纷纷投靠，就连武氏子弟也不得不向其示好。四月，置九鼎于通天宫。

圣历元年（698）

三月，在宰相狄仁杰等人的一再劝说下，武则天终于下诏将庐陵王从房州召回。不久，庐陵王自房州回到洛阳。八月，魏王武承嗣因不得为太子，怏怏不乐，不久病死。九月，立庐陵王李显为皇太子。

圣历二年（699）

正月，封皇嗣李旦为相王。置控鹤监丞、主簿等官，大都为嬖宠之人，也参用一些才能文学之士。任命司卫卿张易之为控鹤监，正三品；以张昌宗、吉顼、田归道、李迥秀、薛稷、员半千等人为控鹤监内供奉。武则天生出了八字重眉。四月，命中宗等李唐宗室与武氏诸王盟誓于明堂。

久视元年（700）

腊月，封皇太子之子李重润为邵王。一月，兴建三阳宫。四月，幸三阳宫。六月，改控鹤监为奉宸府，以张易之为奉宸令，多选美少年为奉宸内供奉。

大足元年（长安元年，701）

五月，武则天幸三阳宫。九月，杀邵王李重润及永泰郡主、郡主婿武延基，因其议论武则天之私情。十月，武则天与中宗、相王等李氏子弟一同返回京师长安。

长安二年（702）

正月，初设武举考试。十月，日本国遣使上贡。十一月，武则天在长安举行南郊大典，大赦天下。

长安三年（703）

十月，武则天自长安返回神都洛阳。

长安四年（704）

三月，进封皇孙平恩郡王李重福为谯王。七月，张易之弟司礼少卿张同休、汴州刺史张昌期、尚方少监张昌仪等，皆因贪赃被人告发而下狱。张易之、张昌宗也受到牵连，一同被御史台推按。武则天在宰相杨再思等人的支持下，又一次赦免张氏兄弟，引起了一批正直朝臣的极大不满。十二月，武则天患病，住在洛阳长生殿，月余不见宰相。

唐中宗时期

神龙元年（705）

正月，武则天立中宗为太子，表示她愿意把政权交还给李氏家族，但是却又支持张易之兄弟作威作福，迟迟不愿退位，这就引起了支持李氏家族的一批朝官的不满。经过周密的谋划后，这月二十二日，张柬之等人发动政变，率禁军闯入宫中，诛杀内宠张易之、张昌宗等。中宗复皇帝位，恢复了唐国号。迁武则天居住于上阳宫。二月，立皇子义兴王李重俊为卫王、北海王李重茂为温王，立韦氏为皇后。武后诛杀的唐皇室诸王、嫔妃、公主、驸马等皆无人埋葬，子孙有的流放岭南，有的拘囚多年，有的逃匿民间以出卖劳动力为生。至此，颁诏命各州县求访其柩，以礼改葬，追复官爵，召其子孙，使之承袭。不久，宗室子孙相继来到洛阳，中宗一一召见，涕泣舞蹈，各以其亲疏袭爵拜官。四月，追赠故邵王李重润为懿德太子。五月，将梁王武三思等武氏子弟降为郡王，其中河内王武懿宗等十二人降为公爵。十一月二十六日，武则天驾崩于上阳宫，终年八十二岁。

神龙二年（706）

闰正月，为太平、长宁、安乐、宜城、新都、定安、金城等公主开设府第，设置官员。其中除了太平公主为中宗之妹外，其余公主皆为中宗之女。三月，发动政变推翻武则天统治的功臣敬晖、崔玄暐、桓彦范、袁恕己等人全部被贬出朝廷，外任地方官。五月，安葬武则天于乾陵。六月，由于武三思等人的中伤，敬晖、张柬之等五人全部被贬为州司马。七月，派人将五人全部杀害。立卫王李重俊为皇太子。十月，中宗一行从洛阳回到了长安。十二月，中宗女安乐公主恃宠骄恣，卖官鬻爵，势倾朝野。请求立自己为皇太女，中宗虽然没有答应，但也没有谴责，从而助长了其骄横的气焰。

景龙元年（707）

四月，金城公主下嫁吐蕃赞普。金城公主虽为雍王李守礼之女，却是由中宗养大，故视为亲女一般。七月，皇太子李重俊以羽林千骑兵诛杀了武三思，又欲铲除韦后，失败被杀。皇后韦氏因太子非自己亲生，故非常讨厌太子；武三思对太子尤为嫉恨；安乐公主也倚仗中宗的宠爱，常常欺凌太子，呼之为奴，并多次请求废去太子，立自己为皇太女。这一切都使太子难以忍受，终于酿成事端。八月，给中宗上尊号曰应天神龙皇帝，又给皇后韦氏加尊号曰顺天翊圣皇后。

景龙二年（708）

四月，置修文馆大学士四员、直学士八员、学士十二员，选公卿以下有文学之才者充任。中宗每次游宴，皇室宗戚、公卿学士无不相随，赋诗唱和，令高宗时的宰相上官仪的孙女上官昭容评定其高下，优者赐金帛，于是天下之人争以文华相尚。七月，韦后、安乐公主、上官昭容以及尚宫柴氏、贺娄氏等人，皆倚仗权势，卖官鬻爵，花钱三十万就可以得到官职，谓之墨敕斜封官。只要花钱三万，就可以度为僧尼。致使朝廷的各种官职突然猛增数千人。上官昭容及后宫女官多有在宫外购置房宅的，出入无节，朝士往往与之游处，以求升官晋爵。安乐公主尤为骄横，宰相以下多出其门。她请求将昆明池归为己有，遭到中宗拒绝后，遂强占民田，开凿池塘，方圆数里，累石如华山，号定昆池。她还有一裙，用百鸟毛织成，正看为一色，侧看又为一色，日中为一色，影中为一色，百鸟之状，皆现于裙中。值钱一亿，由尚方织成，当时共织成两件，另一件献给了韦后。自此以后，王公贵族妇女纷纷仿效，以致江岭奇禽异兽毛羽采之殆尽。

景龙三年（709）

正月，长宁、安乐诸公主放纵家奴抢掠百姓子女为奴婢，侍御史袁从之将他们收押在狱，将要从严处置。公主们求中宗释放，中宗命令袁从之放人，袁从之奏称：陛下放纵家奴抢掠良人，将何以治理天下！中宗不听，强迫其释放。二月，中宗幸玄武门，与近臣等观宫女拔河，设宫市，任由宫人与群臣戏闹其间。十一月，吐蕃赞普遣其大臣尚赞咄等千余人迎接金城公主入藏。

唐睿宗时期

景龙四年（唐隆元年、景云元年，710）

正月，中宗与皇后数次微服民间以观灯。五月，封嗣虢王李邕为汴王。六月二日，韦后欲仿效武则天临朝称制，安乐公主想当皇太女，于是她们合谋毒死中宗，终年五十五岁，然后矫诏立温王李重茂为皇帝，韦后临朝称制。二十日，临淄郡王李隆基率万骑禁兵诛杀韦后、安乐公主及韦巨源、马秦客、驸马都尉武延秀、光禄少卿杨均等。二十四日，相王李旦即皇帝位于承天门，立李隆基为皇太子。七月，进封衡阳郡王李成义为申王、巴陵郡王李隆范为岐王、彭城郡王李隆业为薛王。废皇后韦氏为庶人、安乐公主为悖逆庶人。八月，中宗之子谯王李重福及汴州刺史郑愔谋反，失败被杀。十一月，葬中宗于定陵。

景云二年（711）

正月，改封李重茂为襄王。追册睿宗已故妃刘氏、窦氏为皇后。二月，命皇太子李隆基监国。九月，皇太子李隆基之子李嗣昇出生（即唐肃宗李亨）。

唐玄宗时期

太极元年（延和元年、先天元年，712）

八月三日，皇太子李隆基即皇帝位，即唐玄宗，睿宗自称太上皇，大事仍须报太上皇处分。十日，立太子妃王氏为皇后。十一日，封玄宗子李嗣直为郯王、李嗣谦为郢王。九月，封玄宗子李嗣昇为陕王。

开元元年（713）

七月，太平公主专擅朝政，朝中宰相多为其私党，由于玄宗英武，是其继续专权的最大障碍，所以准备发动政变，废掉玄宗的皇帝之位。为了彻底铲除太平公主集团，玄宗决定先发制人。这月三日，玄宗一举诛杀了太平公主的同党岑羲、萧至忠、窦怀贞等人。太平公主逃入山寺，三日后，知道无法脱身，只好又返回长安家中，被赐死于家。十一月，群臣上尊号为开元神武皇帝。

开元二年（714）

宋王李成器、申王李成义，皆玄宗之兄；岐王李范、薛王李业，为玄宗之弟；豳王李守礼，是皇帝的堂兄。玄宗对待他们向来友爱，初即位时，曾制长枕大被，与兄弟同寝。并且经常与诸王在一起宴饮、斗鸡、击球，或猎于近郊，游赏别墅。玄宗处理完朝政，经常与诸王游乐，在宫禁之中，拜跪如家人礼，饮食起居，皆在一起。曾在殿中设五帐，与诸王住在其中，号五王帐。有时讲论诗赋，有时饮酒、博弈、游猎，有时自执丝与诸王自娱自乐。李成器善吹笛，李范善弹琵琶，玄宗精通音律，经常与他们合奏。诸王如果有病，玄宗终日不食，终夜不寝。李业曾经患病，当时玄宗正在殿上处理国政，不便亲自临问，连续派出了多批使者探望。玄宗甚至亲为李业煮药，回风吹拂，差一点烧着了玄宗的胡须。七月，襄王李重茂死，追册其为皇帝。九月，开始兴建兴庆宫。十二月，封皇子李嗣真为鄫王、李嗣初为鄂王、李嗣玄为鄄王。

开元三年（715）

正月，立郢王李嗣谦（即玄宗次子李瑛）为皇太子。

开元四年（716）

六月十九日，太上皇李旦崩于百福殿，终年五十五岁。十月二十八日，葬睿宗于桥陵。

开元五年（717）

正月，玄宗幸东都。四月，下令毁掉武则天所筑的拜洛受图坛等建筑。同月，皇子李嗣一病死，追赠为夏王，谥号曰悼，他是武惠妃所生的儿子。

开元六年（718）

八月，改革州县官员的俸禄之制。十一月，玄宗自东都返回长安，数日后大享于太庙。

开元七年（719）

九月，改封宋王李宪为宁王。十一月，令皇太子入学。

开元八年（720）

二月，皇子李敏死，追赠为怀王，谥号曰哀。十月，玄宗先后幸长春宫、温汤宫。十一月，玄宗自温汤返回长安。

开元九年（721）

十二月，玄宗驾幸温汤宫。数日后，玄宗自温汤宫返京。这一年，凡诸王为都督、刺史者，全部被召还京师。

开元十年（722）

正月，玄宗驾幸东都。六月，将太庙增加为九室。八月，王皇后因为年老色衰而武惠妃得宠，颇有怨言，玄宗不悦，有废后之心。玄宗对秘书监姜皎说，打算以皇后无子为由而废之。不料姜皎将此事泄露给嗣滕王李峤，李峤是王皇后的妹夫，于是便去质问玄宗。玄宗大怒，杖姜皎六十，流钦州，死于途中。十二月，玄宗女永穆公主将要出嫁，玄宗命令嫁妆按照当年太平公主出嫁的标准准备。僧一行劝谏说：武则天只有一个女儿，故嫁资甚厚，后来因为骄横之故而被诛，为什么还要向她学习呢？玄宗采纳了一行的意见。

开元十一年（723）

正月，玄宗自东都幸并州，改并州为北都。三月，玄宗返回长安。五月，设置丽正书院，将一批具有文学才能的人士召置其中，如秘书监徐坚、太常博士贺知章、监察御史赵冬曦等，以张说为修书使掌管院事。丽正书院的职责主要有两条：一条是修书，另一条是侍讲。十月，建温泉宫。这一年，张说奏改政事堂为中书门下，并且在堂后设置五房，标志着政事堂制度的成熟。

开元十二年（724）

四月，再次封李义珣为嗣泽王。七月，废皇后王氏为庶人。十月，废后王氏死，宫中之人怀念其恩，玄宗也后悔不已。

开元十三年（725）

三月，改封郯王李潭为庆王、陕王李浚为忠王、鄫王李洽为棣王、鄄王李滉为荣王。封皇子李涺为光王、李潍为仪王、李澐为颍王、李泽为永王、李清为寿王、李洄为延王、李沐为盛王、李溢为济王。十一月，封禅于泰山。随行的文武百官、四夷酋长、护驾军队，连同运送各种物资的队伍，浩浩荡荡，绵延数百里。数万匹马，各以同一毛色为一队，远远望去，宛如云锦。全程共计行走了二十五天，于十一月六日抵达泰山脚下。九日，玄宗率众登山，为了不打扰灵山宝地的清静，玄宗命大队人马留在谷口，自己与宰相、诸王及礼官登上山头。在泰山上下的行道上布满了卫兵，仪卫环列百余里。玄宗在山上过了一夜，十日清晨，正式举行封禅之礼，在山上封台前坛，祭拜昊天上帝，以唐高祖配享。玄宗为首献，邠王为亚献，宁王为终献。

开元十四年（726）

四月，岐王李范死，赠惠文太子。玄宗欲立武惠妃为皇后，有人进奏说：“武氏乃不戴天之仇，岂可以为国母！”民间传言张说欲通过拥立武氏为后，以便再图入相。太子非武惠妃所生，武惠妃有自己的儿子，如其为后，则太子必危。在这种情况下，玄宗只好放弃了立武氏为后的打算，但宫中礼仪一如皇后。十月，玄宗幸东都。十二月十三日，忠王之子李俶（唐代宗）生于东都上阳宫。

开元十五年（727）

五月，玄宗命在苑城附近建十王宅，命宦官掌管其事，诸皇子皆居于其中，通过夹城向皇帝问起居。虽然诸王皆开府置官吏，也只是定期通名问起居而已。后来诸王生子渐多，又兴建了百孙院，以安置这些皇孙。太子也不居住在东宫，而是住在皇帝所居之别院，号少阳院。十月，玄宗自东都返回长安。十二月，玄宗幸温泉宫。十几日后，玄宗自温泉宫返京。

开元十六年（728）

十月、十二月，玄宗两次驾幸温泉宫，皆居住不久便返回了长安。

开元十七年（729）

八月五日，这一天是唐玄宗生日，确定为千秋节，全国放假三天。十一月，大享于太庙。数天后，祭拜桥陵。然后依次拜定陵、献陵、昭陵、乾陵，最后自乾陵返京。十二月五日，玄宗幸温泉宫。十二天后，玄宗自温泉宫返京。

开元十八年（730）

十一月，玄宗幸温泉宫。十日后，玄宗自温泉宫返京。这一年全国判处死刑者仅二十四人。

开元十九年（731）

正月，禁捕鲤鱼。宠臣王毛仲被贬为瀼州（今广西壮族自治区上思县西南）别驾，行至半途，被下诏赐死。从此以后，玄宗身边颇受宠信的就是宦官了，其中高力士最受宠信，玄宗曾说：只有力士当值时，我睡觉才安心。因此高力士长期住在宫中，很少外出，四方表奏，皆先呈报高力士，然后才奏报皇帝，小事高力士便直接做决策了。高力士权倾内外，朝廷中一大批官员皆投靠了他。高力士娶瀛州（治今河北省河间市）人吕玄晤女为妻，提拔吕玄晤为少卿，吕氏子弟官居王傅（从三品）。其妻吕氏死，朝野之人争先恐后地前往致祭，从其家至墓地，车马不绝。不过，高力士为人谨慎，小心翼翼地侍候皇帝，故玄宗始终信任如一。十月，玄宗幸东都。

开元二十年（732）

十月，玄宗自东都幸潞州（治今山西省长治市潞州区）。十一月，玄宗幸北都太原。十二月，玄宗自汾阴（治今山西省万荣县荣河镇西南庙前村北古城）返回长安。

开元二十一年（733）

正月，玄宗幸温泉宫。二月，玄宗自温泉宫返京。五月，皇太子纳妃。九月，封皇子李沔为信王、李泚为义王、李漼为陈王、李澄为丰王、李潓为恒王、李漩为凉王、李滔为深王。十月，玄宗幸温泉宫。九日后，玄宗自温泉宫返京。

开元二十二年（734）

正月，玄宗幸东都。吏部侍郎李林甫见武惠妃宠冠后宫，其子寿王深得玄宗宠爱，诸子莫能比，而太子却越来越被疏远，遂通过宦官告诉武惠妃，愿尽力保护寿王；武惠妃对此非常欣赏，遂提拔其为黄门侍郎。五月，李林甫被提升为礼部尚书、同中书门下三品，如愿地当上了宰相。七月，薛王李业死，赠惠宣太子。

开元二十三年（735）

正月，举行藉田大典。十二月二十四日，册故蜀州（今四川省崇州市）司户杨玄琰之女杨玉环为寿王李清妃。

开元二十四年（736）

二月二十日，更皇子名：改李鸿为李瑛、李潭为李琮、李浚为李玙、李洽为李琰、李涓为李瑶、李滉为李琬、李涺为李琚、李潍为李璲、李澐为李璬、李泽为李璘、李清为李瑁、李洄为李玢、李沭为李琦、李溢为李环、李沔为李理、李泚为李玼、李漼为李珪、李澄为李珙、李潓为李瑱、李漩为李璿、李滔为李璥。四月，平卢讨击使安禄山讨伐奚、契丹失败，节度使张守珪奏请斩之，宰相张九龄也主张将其处死，玄宗惜其勇而赦其罪。十月，玄宗自东都返回长安。

开元二十五年（737）

四月，武惠妃、李林甫等人设计，由驸马都尉杨洄出面，诬告太子李瑛、鄂王李瑶、光王李琚三人与太子妃的兄长驸马都尉薛锈勾结，谋图不轨。又指使人召三人入宫，说宫中有贼，令其披甲入宫护驾。三人入宫时，武惠妃却对玄宗说："太子、二王谋反，已顶盔披甲入宫。"玄宗急命人察看，果然如此。玄宗不辨真伪，以为他们谋反属实，遂下诏废皇太子李瑛及鄂王李瑶、光王李琚为庶人，皆杀之。十二月，惠妃武氏病死，追谥为贞顺皇后。

开元二十六年（738）

二月，葬武惠妃于敬陵。六月，太子李瑛死后，李林甫数次请求立寿王李瑁为太子，但由于武惠妃已死，李瑁失去了得力的后台，在宦官高力士的劝说下，玄宗决定立第三子忠王李玙为皇太子。

开元二十七年（739）

十月，改修东都明堂。同月，玄宗幸温泉宫。十一月，玄宗自温泉宫返京。

开元二十八年（740）

十月，玄宗幸温泉宫，这一次玄宗带去了寿王妃杨氏，并以其为道士，号太真。数日后，玄宗自温泉宫返京。本年，金城公主死于吐蕃。

开元二十九年（741）

正月，玄宗幸温泉宫。下诏立玄元皇帝庙。七日后，玄宗自温泉宫返京。十月，玄宗幸温泉宫。十一月，邠王李守礼死。玄宗自温泉宫返京。宁王李宪死，追册为让皇帝，其妃追赠为恭皇后。

天宝元年（742）

二月，祭礼玄元皇帝（即老子）于新庙。四月十九日，广平郡王之子李适（唐德宗）出生于长安东宫。十月，玄宗幸温泉宫。十一月，玄宗自温泉宫返京。

天宝二年（743）

正月，安禄山入朝，玄宗宠待甚厚，多次召见。三月，改长安玄元皇帝宫曰太清宫，洛阳玄元皇帝宫曰太微宫。十月，玄宗幸温泉宫。十一月，玄宗自温泉宫返京。

天宝三载（744）

正月，玄宗幸温泉宫。二月，玄宗自温泉宫返京。太子改名李亨。十月，玄宗幸温泉宫。十一月，玄宗自温泉宫返京。玄宗为寿王另娶左卫郎将韦昭训之女为妻。公开将杨玉环接入宫中，宫中号为“娘子”，礼仪待遇如同皇后。

天宝四载（745）

三月，以玄宗外孙独孤氏女为静乐公主，嫁于契丹松漠都督李怀节；杨氏女为宜芳公主，嫁于奚饶乐都督李延宠。七月，正式册韦昭训女为寿王妃。八月六日，册立杨玉环为贵妃。赠其父杨玄琰兵部尚书，以其叔父杨玄珪为光禄卿、从兄杨铦为殿中少监、杨锜为驸马都尉。又将武惠妃所生女太华公主下嫁给杨锜。杨贵妃的三个姐姐，皆赐宅第于京师，宠贵无比。这时杨贵妃的堂兄杨钊（即杨国忠）也从蜀中来到京师，官拜金吾兵曹参军。十月，玄宗幸温泉宫。十二月，玄宗自温泉宫返京。

天宝五载（746）

正月，李林甫为了达到废去太子的目的，派人诬告韦坚、皇甫惟明等合谋打算拥立太子，导致两人皆被贬到地方任职。七月，赐韦坚、皇甫惟明死。杨贵妃有宠，每乘马则高力士执辔授鞭，专门为她织绣的工人即达七百人，中外争献器服珍玩。民间歌之曰：“生男勿喜女勿悲，君今看女作门楣。”杨贵妃喜食荔枝，玄宗命岭南快马传送，送到长安而其味不变。由此贵妃骄逸不堪，甚至顶撞皇帝，玄宗一怒之下，将贵妃送回其兄杨铦家中。当天玄宗郁郁寡欢，竟然不食，直到高力士将贵妃迎回宫中，这才使玄宗转忧为喜。

天宝六载（747）

正月，安禄山入朝，自请为杨贵妃养子。这时杨贵妃年仅二十九岁，而安禄山已经四十五岁了。玄宗又命安禄山与杨铦、杨锜及贵妃三姐妹约为兄弟。安禄山出入宫中，见皇帝与杨贵妃，总是先拜贵妃，后拜皇帝，玄宗怪而问之，回答说："胡人先母而后父。"玄宗认为其老实，于是更加宠信。十月，玄宗幸温泉宫，改其名华清宫。十二月，玄宗自华清宫返京。

天宝七载（748）

四月，为左监门大将军、知内侍省事高力士加骠骑大将军。高力士长期在皇帝身边，权势甚大，中外畏之，太子亦呼之为兄，诸王公呼之为翁，驸马辈直接称之为爷。高力士资助的长安宝寿寺铸成大钟后，高力士举行斋会以示庆祝，来者击钟一下，施钱百贯，有人击二十余下，少的也不下十下，所获之钱不计其数。十一月，授杨贵妃三个姐姐分别为韩国夫人、虢国夫人、秦国夫人。三人皆有才貌，玄宗呼之为姨，出入宫掖，势倾天下。

天宝八载（749）

二月，玄宗率百官参观左藏库，见钱货山积，故视钱财如粪土，赏赐不知节制。闰六月，玄宗谒太清宫，加玄元皇帝号为圣祖大道玄元皇帝，群臣向玄宗上尊号为开元天地大宝圣文神武应道皇帝。

天宝九载（750）

二月，杨贵妃顶撞了玄宗，被送归私第。户部郎中吉温通过宦官对玄宗进行了劝谏，玄宗也很快就后悔了，遣中使赐以御膳，然后又派高力士将贵妃接回宫中。五月，封安禄山为东平郡王，将帅封王自此始。十月，赐杨钊名为国忠。

天宝十载（751）

正月，杨氏兄妹夜游，与广平公主从者争西市门，杨氏奴挥鞭及公主衣，公主坠马，驸马程昌裔搀扶时，也被抽了数鞭。公主哭诉于玄宗，玄宗下令杖杀了杨氏家奴，却将驸马程昌裔免官，等于两方各打五十大板。七月，高仙芝与大食战于怛罗斯（今哈萨克斯坦东南部江布尔城），唐军战败，被俘士卒甚多，其中有不少工匠在内，使中国的造纸术及其他许多科学技术传到阿拉伯，后又传到非洲、欧洲。

天宝十一载（752）

五月，庆王李琮死，赠靖德太子。十月，玄宗幸华清宫。十一月，杨国忠任右相。十二月，玄宗自华清宫返京。

天宝十二载（753）

十月，幸华清宫。杨贵妃及其三姐皆一同前往，车马众多，奴仆成群，锦绣珠玉，鲜华夺目。杨氏五家，每家为一队，所穿服色各不相同，合在一起望之若云锦。

天宝十三载（754）

正月，安禄山入朝。当时杨国忠上奏说安禄山造反，如不信可召其入京，必不敢来。安禄山自然明白玄宗对自己产生了怀疑，遂不加迟疑，很快便返回长安。二月，加玄元皇帝号为大圣祖高上大道金阙玄元天皇大帝，群臣向玄宗上尊号曰开元天地大宝圣文神武证道孝德皇帝。三月，安禄山辞归范阳。十月，玄宗幸华清宫。十二月，玄宗自华清宫返京。

天宝十四载（755）

十一月，安禄山在范阳举兵造反。当时玄宗尚在华清宫，闻讯后急忙回到了京师。十二月，叛军攻陷洛阳。不久，封常清、高仙芝因战败被诛杀。任命哥舒翰为兵马副元帅，镇守潼关。荣王李琬死。

唐肃宗时期

至德元载（天宝十五载，756）

正月一日，安禄山在洛阳自称大燕皇帝，改元圣武。正月十一日，安庆绪进攻潼关，被哥舒翰击败。六月四日，唐玄宗听从杨国忠的意见，命哥舒翰出潼关与叛军决战，在灵宝西原被叛军击败，哥舒翰被俘，潼关失守。十五日，玄宗率太子、贵妃等仓皇逃出长安，至马嵬驿禁军哗变，杀死宰相杨国忠，并迫使玄宗赐死杨贵妃。太子李亨与玄宗分开，率领部分禁军直奔灵武而去。安禄山叛军攻陷京师长安。七月十二日，皇太子即皇帝位于灵武，史称唐肃宗，尊玄宗为太上皇。七月二十八日，玄宗一行终于到达成都。十二月，永王李璘谋反，失败，被废为庶人。

至德二载（757）

正月，安庆绪杀其父安禄山，自立为帝。张皇后与李辅国诬陷建宁王李倓因为不能担任元帅打算谋害其兄广平王，唐肃宗一时震怒，遂将建宁王处死。四月，郭子仪为关内、河东副元帅。闰八月，任命广平王李俶为天下兵马元帅、郭子仪为副元帅，率大军准备收复京师长安。九月，官军大败叛军，收复了京师。十月，官军收复东京洛阳，安庆绪逃往河北。十二月四日，太上皇从成都返回了京师。

至德三载（乾元元年，758）

正月五日，太上皇御宣政殿，正式授肃宗传国、受命宝符，册号曰光天文武大圣孝感皇帝，总算完成了其即位合法化的全部程序。二月三日，肃宗又给太上皇上尊号曰圣皇天帝。三月，改封李俶为成王。立淑妃张氏为皇后。十月，立成王李俶为皇太子，改名李豫，大赦天下。

乾元二年（759）

正月一日，群臣上尊号曰乾元大圣光天文武孝感皇帝。三月二十一日，张皇后主持祭先蚕之礼。二十四日，郭子仪、李光弼等九节度之师邺城大败。叛军大将史思明杀安庆绪。七月，以赵王李係为天下兵马元帅、李光弼为副元帅。

乾元三年（上元元年，760）

闰四月，改封李系为越王。太上皇自返回长安后，一直居住在兴庆宫，七月十九日，被大宦官李辅国率禁军强迫迁入西内太极宫。

上元二年（761）

正月，皇重孙李诵（即唐顺宗）生于大明宫。三月，史朝义杀其父史思明。冬至，唐肃宗前往太极宫看望太上皇。

唐代宗时期

宝应元年（762）

四月五日，太上皇李隆基死在了太极宫神龙殿，终年七十八岁。十七日，闲厩使李辅国、飞龙厩副使程元振出动禁军，强行迁张皇后于别殿，杀越王李係、兖王李僩。肃宗闻变，大惊，当夜死在了长生殿。李辅国杀张皇后。次日，拥立太子李豫即皇帝位，史称唐代宗。进封李适为鲁王。八月，改封李适为雍王。十月，大宦官李辅国被杀。

广德元年（763）

正月，史朝义兵败自杀，安史之乱平定。三月十八日，葬唐玄宗于泰陵。二十八日，葬肃宗于建陵。七月，群臣向唐代宗上尊号曰宝应元圣文武孝皇帝。十月，吐蕃军进攻长安，代宗诏诸道军勤王，无一兵一卒前来，不得已只好逃往陕州。数日后，吐蕃军进入长安。代宗在吐蕃军队逼近长安时，任命雍王李适为关内道元帅，郭子仪为副元帅、率军抵御敌军。郭子仪赋闲已久，手中无一兵一卒，临时召募了二十骑，以后又陆续收编了一些溃散的士卒，稍稍成军。由于兵少，郭子仪不敢直攻长安，派诸军分成数股虚张声势，吐蕃久惧郭子仪威名，又不知唐军虚实，加之长安城中有人夜间击鼓大呼，吐蕃一夜数惊，只好急忙撤出长安，郭子仪收复了京师。十二月，代宗自陕州返回长安，郭子仪率诸军迎于浐水之滨。

广德二年（764）

正月，立雍王李适为皇太子。下诏流放大宦官程元振于溱州，不久又安置于江陵，后来死在了当地。三月，盛王李琦死，其乃玄宗之子。

永泰元年（765）

二月，唐玄宗之子仪王李璲死。七月，代宗将其女昇平公主嫁给郭子仪之子郭暧。太子李适之母沈氏在安禄山军队攻陷长安时被掳，送到洛阳宫中安置。代宗攻下洛阳时，还曾见到过她，没有来得及送归长安，洛阳又被史思明军攻陷，从此以后便再也寻找不见了。代宗即位后，曾遣使者四处寻找，未有踪迹。不久，寿州崇善寺尼广澄冒充沈氏，查实后将其鞭死。后来德宗即位，也曾四处派人寻找，但始终未能找到。九月，吐蕃进攻醴泉、奉天，党项羌进攻同州，京师戒严。十月，郭子仪与吐蕃战于灵台，大败吐蕃军。同月，京师解严。

大历元年（766）

十二月，以郑王李邈为天下兵马元帅。

大历二年（767）

二月，郭子仪子郭暧与昇平公主发生争执。郭暧说：你仗着你父为皇帝，我父只是不愿当天子而已。公主一怒之下，奔回宫中，奏知此事，被代宗劝回。郭子仪得知此事后，遂将郭暧囚禁起来，入宫待罪。代宗说："鄙谚有之：'不痴不聋，不作家翁。'儿女子闺房之言，何足听也！"郭子仪回家后，杖郭暧数十。九月，吐蕃进攻灵州、邠州，京师戒严。十月，朔方军节度使路嗣恭与吐蕃战于灵州，大败吐蕃军。京师解严。

大历三年（768）

三月，追赠建宁王李倓为齐王。五月，又追赠齐王李倓为皇帝，赠其妃兴信公主女张氏为皇后。八月，吐蕃寇灵州、邠州，京师戒严。九月，玄宗子济王李环死。朔方将白元光在灵州击败吐蕃军。京师解严。

大历四年（769）

二月、五月，京师长安连续两次地震。五月，代宗册仆固怀恩女为崇徽公主，嫁回纥可汗。

大历五年（770）

三月，大宦官内侍监鱼朝恩专权用事，骄横异常，代宗与宰相元载合谋，乘其入宫之际，将其捕获诛杀。为了掩人耳目，对外宣称其自缢而死，并赐钱六百万以安葬。

大历六年（771）

四月，京兆府蓝田西原地陷。

大历七年（772）

正月，回纥使者擅自走出鸿胪寺，仗着其曾帮助唐朝镇压安史之乱的功劳，在长安大街上掠人子女。有关部门制止时，他们又殴打相关官员，并出动三百骑兵进犯长安城西门金光门及宫城南门朱雀门。这一天，宫门皆闭，代宗派宦官刘清潭出面劝谕，才使其回到了鸿胪寺。

大历八年（773）

五月，代宗次子郑王李邈死，赠昭靖太子。

大历九年（774）

十月，信王李瑝死。数日后，凉王李璿死。这两人均为玄宗之子。

大历十年（775）

正月，玄宗之子寿王李瑁死。二月，封皇子李述为睦王、李逾为郴王、李连为恩王、李遘为鄜王、李迅为随王、李造为忻王、李暹为韶王、李运为嘉王、李遇为端王、李遹为循王、李通为恭王、李逵为原王、李逸为雅王。十月，贵妃独孤氏死，追册为皇后。

大历十一年（776）

十二月，著名大将泾原节度使马璘病死。

大历十二年（777）

三月，宰相元载有罪被诛。抄其家时，竟从其家搜得钟乳五百两、胡椒八百石，其他财物不计其数。

大历十三年（778）

二月，皇重孙李淳（即唐宪宗）出生于大明宫。八月，葬独孤妃于庄陵。独孤氏为代宗宠妃，大历十年因病而亡，代宗赠谥贞懿皇后，因思念不已，殡于内殿，数年不忍葬，自此才命安葬。

大历十四年（779）

五月二十一日，代宗病危，诏皇太子监国。当晚，代宗崩于大明宫紫宸内殿，终年五十三岁。二十三日，太子即皇帝位于太极殿，即唐德宗。六月，进封皇子宣城郡王李诵为宣王，封皇子李谟为舒王、李谌为通王、李谅为虔王、李详为肃王、李谦为资王。封皇弟李迺为益王、李遂为蜀王。十二月，册立宣王李诵为皇太子。

唐德宗时期

建中元年（780）

正月，群臣向德宗上尊号曰圣神文武皇帝。八月，遥尊母沈氏为皇太后。九月，命睦王李述为奉迎皇太后使。德宗母沈氏在安史之乱中被叛军俘获，不知所终。德宗命李述为奉迎皇太后使，专门负责寻找，历经数年，始终没有找到。

建中二年（781）

六月，平定安史之乱的功臣汾阳郡王郭子仪死，终年八十五岁。七月，制定两税法的杨炎被罢相，贬为崖州司马，后下诏赐死。十月，册萧氏为皇太子妃。

建中三年（782）

十月，肃王李详死。

建中四年（783）

五月，颍王李璬薨。六月，改封皇弟李逾为丹王、李遘为简王。九月，以舒王李谟为荆襄、江西、沔鄂节度诸军行营兵马都元帅，改封普王。十月，泾原兵在节度使姚令言的率领下东征，途经京师，因赏赐之物薄，军士哗变，冲入长安。德宗仓皇逃往奉天，叛军拥立在长安赋闲的原泾原节度使朱泚为主。朱泚派军队进攻奉天，奉天险些被攻破。朱泚自称大秦皇帝，改元应天。十一月，朔方节度使李怀光率大军勤王，与朱泚战于鲁店，大败朱泚军，朱泚退入长安防守。李怀光认为天下混乱，皆因宰相卢杞等人祸乱朝政之故，声称见到德宗后，定要奏请皇帝铲除卢杞等人。卢杞得知这个消息，心中大惧，遂对德宗说：李怀光立有大功，不必面见皇帝，应率大军收复长安。德宗不明真相，便下令李怀光不必赴奉天，回军直攻长安。李怀光与天子咫尺而不能相见，知道受到奸人中伤，心中怏怏不乐。

兴元元年（784）

二月，李怀光屯兵咸阳，逗留不进，德宗多次派人催其进兵，拒不奉诏。他又与朱泚勾结，谋图不轨。由于李怀光兵力强大，为了以防万一，德宗不得已只好逃往梁州避难。李怀光派兵追赶不及，只好撤兵回到了河中。三月，德宗到达梁州。五月，李晟收复京师。六月，姚令言、朱泚先后被杀。唐朝以梁州为兴元府。七月，德宗自兴元府返回长安。八月，延王李玢、隋王李迅死。是岁，陈王李珪死。

贞元元年（785）

四月，改封李谊为舒王。八月，德宗命浑瑊、骆元光、马燧等人各率本部人马讨伐李怀光。其中马燧部进展神速，连败敌军。而浑瑊等部却吃了败仗，幸亏德宗派韩游瑰增援，双方僵持在长春宫一线。马燧连战连胜，夺取了绛州、闻喜、万泉、虞乡、永乐、猗氏、陶城等地，又大败李怀光军主力，使其元气大伤，并包围了河中城。李怀光见大势已去，遂自缢而死。

贞元二年（786）

十一月八日，立淑妃王氏为皇后。十一日，王皇后驾崩。

贞元三年（787）

二月，葬王皇后于靖陵。

贞元四年（788）

六月，封皇子李謜为邕王。

贞元五年（789）

三月，唐朝的重要大臣李泌死。

贞元六年（790）

八月，杀皇太子妃萧氏。萧氏之母为郜国公主，有人上告其交通外人，谋图不轨，德宗迁怒于皇太子，致使太子地位几乎不保，经李泌劝谏，虽然没有废去其皇太子之位，但却使其妃萧氏死于非命。

贞元七年（791）

正月，襄王李僙死。五月，端王李遇死。十二月，睦王李述死。

贞元八年（792）

三月，山南东道节度使曹王李皋死。

贞元九年（793）

十一月，朝献于太清宫，大享于太庙。数日后，举行南郊大典，并大赦天下。

贞元十年（794）

德宗多疑，群臣不安，宰相陆贽屡次劝谏，德宗不听。

贞元十一年（795）

七月，皇重孙李宥（即唐穆宗）出生于大明宫之别殿。十二月，德宗狩猎于禁苑。

贞元十二年（796）

三月，韶王李暹死。七月，韩王李迥死。

贞元十三年（797）

四月，因天大旱，求雨于兴庆宫。十二月，徐州节度使张建封入朝，当面向德宗进谏宫市之弊，德宗虽予以勉励，却未加采纳。

贞元十四年（798）

九月，唐肃宗之子杞王李倕死。

贞元十五年（799）

正月，皇弟雅王李逸死。十月，太子之子邕王李謜死。

贞元十六年（800）

正月，南诏献《奉圣乐舞曲》，德宗观赏于麟德殿前。

贞元十七年（801）

这一年，嘉王李运死。

贞元十八年（802）

正月，骠国王遣使悉利移来长安朝贡，并献其国乐十二曲及乐工三十五人。

贞元十九年（803）

二月，下诏修葺大明宫含元殿。

贞元二十年（804）

二月一日，因天旱歉收之故罢中和节宴。九月，皇太子患风疾，不能言。十二月，吐蕃、南诏、日本国并遣使朝贡。

唐顺宗时期

永贞元年（贞元二十一年，805）

正月二十三日，德宗在大明宫会宁殿驾崩，终年六十四岁。当时太子李诵病重，不能见群臣，人心惶惶，后李诵扶病见群臣于九仙门。二十六日，太子即皇帝位于太极殿，即唐顺宗。三月二十四日，册封广陵郡王李淳为皇太子，改名李纯。四月，顺宗封第十弟李谔为钦王、第十一弟李諴为珍王。封皇子建康郡王李涣为郯王，改名经；洋川郡王李沔为均王，改名纬；临淮郡王李洵为溆王，改名纵；弘农郡王李浼为莒王，改名纾；汉东郡王李泳为密王，改名绸；晋陵郡王李滉为郇王，改名总；高平郡王李溆为邵王，改名约；云安郡王李滋为宋王，改名结；宣城郡王李漼为集王，改名缃；德阳郡王李湑为冀王，改名綟；河东郡王李浥为和王，改名绮。封第十七子李绚为衡王、第十九子李纁为会王、第二十子李绾为福王、第二十一子李纮为抚王、第二十三子李绲为岳王、第二十四子李绅为袁王、第二十五子李纶为桂王、第二十七子李緟为翼王。数日后，又封太子之子李宁、李宽、李宥、李察、李寰、李寮等六人为郡王。五月，以太子嫔御王氏、赵氏为昭仪，崔氏、杨氏为充仪，王氏为昭媛，王氏为昭容，牛氏为修仪，张氏为美人。七月，诏军国政事令皇太子掌管。八月四日，命皇太子即皇帝位于大明宫宣政殿，是为唐宪宗，顺宗自为太上皇，立良娣王氏为太上皇后，良媛董氏为太上皇德妃。王伾被贬到外州任司马，王叔文被贬到外州任司户。

唐宪宗时期

元和元年（806）

正月十九日，太上皇（顺宗）崩于兴庆宫咸宁殿，终年四十六岁。三月，顺宗德妃董氏死。五月，册顺宗皇后王氏为皇太后。七月，葬顺宗于丰陵。八月，封郇王母王昭仪、宋王母赵昭仪、郯王母张昭训、衡王母阎昭训等为王太妃，封浔阳公主母崔昭训为太妃。册封皇子平原郡王李宁为邓王、同安郡王李宽为澧王、建安郡王李宥为遂王、彭城郡王李察为深王、高密郡王李寰为洋王、文安郡王李寮为绛王、第十子李审为建王。同月十五日，册妃郭氏为贵妃。郭氏为宪宗原配，照理应册立为皇后，宪宗因郭氏家族势大，一旦册其为皇后不仅使其势力进一步坐大，而且不便于自己在后宫中多纳美女、寻欢作乐，故仅仅册其为贵妃。

元和二年（807）

外命妇朝谒皇太后时，多有无故不来者，七月，颁敕规定今后诸皇亲中的外命妇委宗正寺、百官母妻中有封号者委御史台监察，如再有无故不赴朝谒者，其丈夫、儿子罚一月俸，多次不参加朝谒者具状奏闻皇帝。九月，密王李绸死。

元和三年（808）

正月，群臣向宪宗上尊号曰睿圣文武皇帝。二月，远嫁到回纥的咸安大长公主死。三月，郇王李总死。

元和四年（809）

四月，确定以皇长子邓王李宁为皇太子，并命其居住在少阳院。六月，皇孙李湛（唐敬宗）出生于大明宫别殿。十月十日，皇孙李涵（唐文宗）出生。同月，正式举行皇太子册封之礼。

元和五年（810）

六月二十二日，皇子李怡（即唐宣宗）生于大明宫。十月，贵妃郭氏母昇平大长公主死。

元和六年（811）

二月，忻王李造死。闰十二月，皇太子李宁病死，谥曰惠昭太子，废朝三日。

元和七年（812）

三月，因葬惠昭太子李宁，罢曲江上巳宴。六月，册立遂王李宥为皇太子，改名李恒。十月，澧王李宽改名李恽，深王李察改名李悰，洋王李寰改名李忻，绛王李寮改名李悟，建王李审改名李恪。

元和八年（813）

十月，群臣再三请求册立郭氏为皇后，宪宗以岁时禁忌为由，拒绝册其为皇后。

元和九年（814）

五月，桂王李纶死。六月十二日，皇孙李瀍（即唐武宗）出生。

元和十年（815）

正月，下诏免去淮西节度使吴元济的一切官爵，并出动诸道军队讨伐。六月，镇州节度使王承宗指使人夜伏于靖安坊外，刺死了宰相武元衡；又遣人在通化坊外刺杀御史中丞裴度，伤其首而幸免于死。

元和十一年（816）

三月，皇太后王氏死于兴庆宫咸宁殿。八月，葬皇太后王氏于丰陵。

元和十二年（817）

十月十五日，唐邓隋节度使李愬率师夜袭蔡州，急行军七十里，到达蔡州城下，敌军却丝毫没有觉察，活捉了叛臣淮西节度使吴元济，淮西叛乱被平定。十一月，恩王李连死。

元和十三年（818）

正月一日，宪宗驾御含元殿接受百官朝贺，礼毕，又驾御丹凤楼，宣布大赦天下。二月，驾御麟德殿，大宴群臣以庆贺削平叛乱藩镇的胜利，凡三日而罢。

元和十四年（819）

正月，重新置仗内教坊于长安延政里。同月，举行了隆重的奉迎佛骨的活动，刑部侍郎韩愈上表谏之，宪宗大怒，将其贬为潮州刺史。二月，平定淄青节度使李师道叛乱。三月，宪宗大宴群臣于麟德殿，并赏赐钱物，以庆贺淄青李师道的平定。七月，群臣向宪宗上尊号曰元和圣文神武法天应道皇帝。宪宗驾御宣政殿受尊号，礼毕，又驾御丹凤楼，并大赦天下。十一月，宪宗服方士柳泌所制金丹药，起居舍人裴潾上表切谏，宪宗大怒，将裴潾贬官。

元和十五年（820）

正月一日，宪宗因服食金丹不适，罢去了元日举行的大朝会。二十五日，宪宗在麟德殿召见了义成军节度使刘悟。自此以后，宪宗因身体不适，不坐朝，人心惶惶。二十八日夜，宪宗被宦官害死于大明宫中和殿，对外宣称因服食丹药而亡，终年四十三岁。闰正月三日，太子李恒即皇帝位于太极殿，史称唐穆宗。册母郭氏为皇太后。二月五日，穆宗驾御丹凤楼，大赦天下。二十四日，丹王李逾死。四月，澧王李宽死。五月，葬宪宗于景陵。六月，皇太后郭氏移居兴庆宫。

唐穆宗时期

长庆元年（821）

三月，封皇弟李憬为鄜王、李悦为琼王、李恂为沔王、李怿为婺王、李愔为茂王、李怡为光王、李协为淄王、李憺为衢王、李忱为澶王；封皇子李湛为景王、李涵为江王、李凑为漳王、李溶为安王、李瀍为颍王。五月，皇妹太和公主出降回纥登罗骨没施合毗伽可汗，命金吾大将军胡证充送公主入回纥使，兼册可汗使，又以太府卿李锐为入回纥婚礼使。七月，群臣向穆宗上尊号曰文武孝德皇帝。

长庆二年（822）

二月，在宰相萧俛、段文昌的主导下，颁布了销兵之诏，引起了藩镇的反弹，战乱频起，使得宪宗开创的大好局面遭到了破坏。七月，宋王李结死。十一月，命景王率禁军五百骑护送皇太后幸华清宫。返回时穆宗亲幸华清宫迎太后，并巡狩于骊山下，当日还京，太后次日方还。集王李缃死。穆宗与内官在宫中击球，有一内官突然坠马，穆宗受到惊吓，足不能履地，风眩卧床。十二月，诏景王李湛为皇太子。数日后，穆宗驾御宣政殿举行册皇太子之礼。

长庆三年（823）

正月一日，穆宗因服食丹药身体不适，不受群臣朝贺。嗣郢王李佐因妄传禁中语之故被贬到崖州安置。

长庆四年（824）

正月一日，穆宗勉强驾御正殿接受百官朝贺。二十日，穆宗病危，诏皇太子监国。二十二日，穆宗驾崩于寝殿——清思殿。二十六日，皇太子即位于柩前，史称唐敬宗。册皇太后郭氏为太皇太后，册母王妃为皇太后。四月，染工张韶等百余人冲进右银台门，挥兵大呼，进至清思殿，登御榻而食，被神策军所镇压。十一月，葬穆宗于光陵。

唐敬宗时期

宝历元年（825）

四月，群臣向敬宗上徽号曰文武大圣广孝皇帝，敬宗驾御宣政殿受册。礼毕后，驾御丹凤楼，大赦天下。十一月，诏封皇子李普为晋王。

宝历二年（826）

二月，敬宗前往位于长安城修德坊中的兴福寺听僧文溆表演俗讲。三月，册封才人郭氏为贵妃。六月，郓州进驴打球人石定宽等四人。敬宗观两军、教坊、内园等机构人员分队比赛驴打球、角抵之戏。十一月，敬宗好深夜亲自捕捉狐狸，宫中谓之“打夜狐”。宦官许遂振、李少端、鱼弘志等人，因侍从不及而被削职。宦官李奉义、王惟直、成守贞因小事被各杖三十，分配到诸帝陵洒扫守陵；宣徽使阎弘约、副使刘弘逸曾被各杖二十。十二月八日，敬宗于夜里打猎还宫，与宦官刘克明、田务成、许文端以及打球军将苏佐明、王嘉宪、石定宽等二十八人饮酒。宴会高潮时，敬宗入室更衣，殿上灯烛忽灭，刘克明等共同策划谋害了敬宗。苏佐明等矫制立绛王勾当军国事，枢密使王守澄、中尉梁守谦率禁军铲除了苏佐明等人，并诛杀绛王。十二日，王守澄等拥立江王李涵即位于宣政殿，更名李昂，史称唐文宗。

唐文宗时期

大和元年（宝历三年，827）

四月，下诏毁掉了敬宗所建造的昇阳殿东放鸭亭及望仙门侧看楼十间。七月，葬唐敬宗于庄陵。

大和二年（828）

三月，文宗举行了一次制举考试，昌平人刘蕡应贤良方正科，他在对策中极言宦官专权乱政之祸，文辞犀利，语气激愤，引起了极大的轰动，人们纷纷传抄其文，一时洛阳纸贵，史称“刘蕡对策”。由于宦官权臣的阻挠，刘蕡落第。五月，文宗命中使到汉阳公主及其他诸公主府第宣旨，规定今后凡入宫面见皇帝，不得广插钗梳，也不准穿宽大的衣服，以倡导节俭的风气。六月，敬宗之子晋王李普死，赠为悼怀太子。十一月，宫中的昭德寺发生了火灾，差一点烧着了宣政殿，当时北风正紧，火势甚大，直到黄昏时分火势才稍有减弱，宫人烧死者甚多。

大和三年（829）

九月，颁敕规定神策左右军、诸司以及宦官不得穿纱縠绫罗等衣服，以示节俭。

大和四年（830）

正月，封皇子李永为鲁王。

大和五年（831）

二月，因宦官诬告宰相宋申锡谋图拥立李凑为皇帝，文宗先将宋申锡罢相，贬为太子右庶子，后将其杀害，又降李凑为巢县公。文宗本来与宋申锡商议铲除宦官，不料消息走漏，宦官遂设计诬陷宋申锡，文宗不能察觉，反而自剪羽翼。

大和六年（832）

十一月，立鲁王李永为皇太子。十二月，珍王李諴死。

大和七年（833）

三月，和王李绮死。闰七月，以天大旱避正殿，减膳，撤乐，释放宫女千人，纵放五坊鹰犬。十一月十四日，光王子李温（唐懿宗）出生。十二月，文宗患病。

大和八年（834）

二月，因文宗病愈，下诏减死罪以下刑。六月，莒王李纾死。七月，郯王李经死。

大和九年（835）

正月，巢县公李凑死。二月，冀王李綵死。十月十九日，左、右神策军观军容使，兼十二卫统军王守澄被文宗派人毒死。十一月二十一日，宰相李训及河东节度使王璠、邠宁节度使郭行余、御史中丞李孝本、京兆少尹罗立言谋诛宦官，发动了所谓“甘露之变”，结果失败，宰相李训、王涯等被杀，宦官还大杀朝臣千余人。凤翔监军使张仲清杀其节度使郑注。自此以后，不仅南衙朝官受到压制，文宗本人也受制于宦官，他甚至自比为周赧王、汉献帝，终日郁郁寡欢。

开成元年（836）

四月，淄王李协死。十二月，溆王李纵死。

开成二年（837）

二月，均王李纬死。八月，封皇兄之子李休复为梁王、李执中为襄王、李言扬为杞王、李成美为陈王，封皇子李宗俭为蒋王。

开成三年（838）

八月，嘉王李运死。十月，皇太子李永死。

开成四年（839）

八月，鄜王李憬死。十月，立陈王李成美为皇太子。十二月，乾陵寝宫发生火灾。

开成五年（840）

正月一日，文宗病危。二日，左、右神策军护军中尉鱼弘志、仇士良立颍王李瀍为皇太弟，矫诏废皇太子李成美为陈王。四日，文宗驾崩于太和殿。颍王李瀍即皇帝位于柩前，史称唐武宗。十四日，杀死了陈王李成美及安王李溶、贤妃杨氏等人。二月，下诏将二月十五日玄元皇帝（老子）降生日定为降圣节，全国休假一日。八月，葬文宗于章陵。

十二月，封皇子李峻为杞王。

唐武宗时期

会昌元年（841）

十一月，远嫁回鹘的太和公主遣使入朝，言因黠戛斯攻击，故可汗死，被迫迁到漠南，部众推举乌介为可汗，请求唐朝政府予以册封，并乞降使宣慰。武宗同意了其请求。

会昌二年（842）

八月，封皇子李岘为益王、李岐为兖王、皇长女为昌乐公主、第二女为寿春公主、第三女为永宁公主。

会昌三年（843）

正月，麟州（今陕西省神木县北）刺史石雄击败回鹘乌介可汗，迎太和公主而归。二月，黠戛斯派使者注吾合素入朝，献名马二匹。三月，太和公主到达长安，百官班于章敬寺迎谒。

会昌四年（844）

十月，武宗狩猎于鄠县。十二月，又狩猎于云阳。

会昌五年（845）

正月，群臣向武宗上尊号曰仁圣文武章天成功神德明道大孝皇帝。同月十二日，敬宗之母义安太后驾崩。五月，葬义安太后于光陵柏城之外。七月，下诏大毁天下佛寺，勒令僧尼为民。此次行动全国共拆毁寺院四千五百五十所，还俗僧尼二十五万七百多人，解放奴婢十五万多人。与此同时，唐朝政府还禁止已经在中国流行多年的景教、摩尼教、火祆教等宗教继续流行，教堂拆毁，教士还俗，如是外国人发配边远处收管，仅景教教士就有两千人还俗。经过这次打击后，这些宗教便很难在内地立足了。

会昌六年（846）

三月二十日，武宗因长期服食丹药而患病，此时病危。左神策军护军中尉马元贽矫诏立光王李怡为皇太叔。二十三日，武宗崩于大明宫。二十六日，皇太叔即位于柩前，改名李忱，史称唐宣宗。四月，尊其母郑氏为皇太后。下令诛杀道士赵归真等人。五月，颁诏恢复佛教，增加寺院名额。封皇子李温为郓王、李渼为雍王、李泾为雅王、李滋为夔王、李沂为庆王。八月，葬武宗于端陵。

唐宣宗时期

大中元年（847）

四月，皇太后萧氏驾崩，其为穆宗之妃，文宗之母。八月，葬皇太后于光陵之侧，谥号为贞献。

大中二年（848）

正月，群臣向宣宗上尊号曰圣敬文思和武光孝皇帝，大赦天下。三月，封皇子李泽为濮王。五月，太皇太后郭氏驾崩。关于郭太后的死因，主要集中于两个方面：其一，宣宗怀疑郭太后参与了谋杀唐宪宗的阴谋。其二，唐宣宗的母亲郑太后本是郭太后的侍儿，两人素有仇怨，因此宣宗即位之后，待郭太后礼薄，郭氏因此而郁郁寡欢。郭氏本欲跳楼自杀，被左右救下，宣宗不悦，于是派人将其害死。十一月，赠郭太后谥号懿安，葬于宪宗景陵之侧。此年，沙州民张义潮利用民众不满吐蕃残暴统治的情绪，秘密起事，率领当地汉族民众突然起兵，将吐蕃沙州守将赶走，接管了沙州政权。

大中三年（849）

十一月，封皇弟李惕为彭王。

大中四年（850）

二月，宣宗女万寿公主出嫁于右拾遗郑颢，提升郑颢为银青光禄大夫、行起居郎、驸马都尉。

大中五年（851）

二月，张义潮派来的使者到达长安，带来了归顺朝廷的表章。唐宣宗下诏任命张义潮为沙州防御使。六月，封皇子李润为鄂王。十月，张义潮又派其兄张义潭率领使团来到长安，进献了瓜、沙等十一州的版籍。唐宣宗遂改沙州为归义军，任命张义潮为节度使，使这里成为唐朝在河陇地区的政治、军事中心，至此唐朝又收回了安史之乱后丧失的广大河西地区。

大中六年（852）

七月，雍王李渼薨。十一月，封皇弟李惴为棣王。

大中七年（853）

五月，《大中刑法统类》修成，此为综合性法典，对后世法典体例影响较大。

大中八年（854）

三月，宰相监修国史魏謩将修成的《文宗实录》四十卷呈献给宣宗。九月，封皇子李洽为怀王、李汭为昭王、李汶为康王。

大中九年（855）

三月，因博学宏词科考试题目泄露，被御史台所劾，考中的十人全部按落第处理，主考官员受到了贬官、罚俸的处罚。

大中十年（856）

九月，封皇子李灌为卫王。

大中十一年（857）

八月，封皇子李澭为广王。

大中十二年（858）

二月，废去了穆宗忌日祭祀，停止了对穆宗光陵的祭拜，守陵宫人全部撤回。

大中十三年（859）

八月，宣宗因长期服食丹药而导致患病，病情危重，左神策军护军中尉王宗实乘机立郓王李温为皇太子。七日，宣宗驾崩于咸宁殿，终年五十岁。皇太子即皇帝位于柩前，改名李漼，史称唐懿宗。九月，追尊亡母晁氏为元昭皇太后。

唐懿宗时期

咸通元年（860）

二月，葬宣宗于贞陵。五月，袁王李绅死。八月，卫王李灌死。十一月，庆王李沂死。

咸通二年（861）

二月，福王李绾死。此年，张义潮收复了凉州。

咸通三年（862）

正月，百官向懿宗上尊号曰睿文明圣孝德皇帝。五月八日，皇子李俨（唐僖宗）出生。十月丙申，封皇子李佾为魏王、李侹为凉王、李佶为蜀王。十一月，封叔祖李缉为蕲王，封皇叔李憤为荣王。十二月，翼王李綽死。

咸通四年（863）

正月七日，举行南郊大典。礼毕，皇帝驾御丹凤楼，宣布大赦天下。八月，夔王李滋死。

咸通五年（864）

七月，任命神策军将高骈为安南（今越南）都护，率大军讨伐南诏，进而收复安南。

咸通六年（865）

七月，封皇子李侃为郢王、李俨为普王。十二月，太皇太后郑氏驾崩，谥曰孝明。

咸通七年（866）

正月，因太皇太后丧，罢去元日大朝会。五月，葬孝明太皇太后于景陵。十一月，置静海军于安南，以高骈为节度使。十日，因收复了安南之故，懿宗驾临宣政殿，大赦天下。

咸通八年（867）

二月二十二日，皇子李杰（唐昭宗）出生。七月，蕲王李缉死。十二月，信王李忻死。

咸通九年（868）

七月，桂林（今广西壮族自治区桂林市）戍卒推举庞勋为首，举兵起义。

咸通十年（869）

正月九日，懿宗女同昌公主下嫁右拾遗韦保衡，授韦保衡为起居郎、驸马都尉。三月，改封李侃为威王。八月，庞勋起义失败。

咸通十一年（870）

正月一日，群臣向懿宗上尊号曰睿文英武明德至仁大圣广孝皇帝。八月十五日，同昌公主病死。懿宗痛惜不已，杀翰林医官韩宗绍等二十余人，收捕其亲族三百余人关押在京兆府狱中。此事震动了朝野，宰相刘瞻动员谏官上表进谏，谏官们没有人敢于出面，刘瞻只好亲自出马，劝懿宗释放被抓人员。懿宗正在气头上，一怒之下，将刘瞻贬为荆南节度使。

咸通十二年（871）

正月十四日，葬同昌公主，谥曰文懿，送葬队伍绵延三十余里，花费钱财无数。懿宗与郭妃亲自坐在延兴门楼上送行，陪葬的衣服、器皿、珍宝无数，仅给抬灵柩的力夫准备的酒就达一百斛之多，准备的面饼等食品用了四十头骆驼驮运。

咸通十三年（872）

四月，封皇子李保为吉王、李杰为寿王、李倚为睦王。

咸通十四年（873）

三月，迎佛骨于凤翔，京师至法门寺三百里间，车马不绝，广造浮图、宝帐、香舉、幡花、幢盖等以迎之。懿宗亲自驾临安福门迎候，佛骨到后，顶礼膜拜，泣涕不止。他还厚赐诸僧及元和时见到过宪宗迎佛骨场面的长安耆老，宰相以下官员为了取悦皇帝，也纷纷拿出金钱和绢帛向寺院施舍，以表示对佛祖的恭敬和尊崇。懿宗把佛骨迎入宫中，供奉三日后，出置于安国崇化寺，供人们膜拜。为了表示自己的诚心，他还特意下诏赦免全国囚犯。六月，懿宗病危。七月，左右神策护军中尉刘行深、韩文约立普王李俨为皇太子。七月十九日，懿宗驾崩于咸宁殿，终年四十一岁。皇太子李俨即位于懿宗柩前，史称唐僖宗，改名李儇。八月，册其母王贵妃为皇太后。十二月十一日，诏送佛骨还法门寺。

唐僖宗时期

乾符元年（874）

二月，葬懿宗于简陵。十一月五日，群臣向僖宗上尊号曰圣神聪睿仁哲明孝皇帝。

乾符二年（875）

六月，濮州人王仙芝起义。

乾符三年（876）

五月，昭王李汭死。

乾符四年（877）

十一月，招讨副使、都监杨复光招诱王仙芝，王仙芝遣尚君长降于杨复光，招讨使宋威在途中劫取尚君长，谎报在战斗中俘获之，僖宗遂于十二月处死了尚君长，致使杨复光的招降企图落空。

乾符五年（878）

二月，招讨使曾元裕奏大破王仙芝于黄梅，杀万余人，王仙芝战死。王仙芝死后，余众归黄巢，推黄巢为主，号冲天大将军，改元王霸。

乾符六年（879）

正月，魏王李佾死。四月，凉王李侹死。

广明元年（880）

十二月三日，黄巢攻陷潼关，进逼京师。长安城中一片混乱，田令孜率神策兵五百人带着僖宗自金光门逃出长安，向西急驰而去，只有福、穆、泽、寿四王及妃嫔数人从行，百官皆莫知之。当人们得知僖宗已经逃窜后，乱军及市民打开府库，争相盗取库中金帛钱财。十二日，僖宗与田令孜等逃到凤翔。十八日，逃到了兴元。僖宗在前往兴元的途中，便命人通知牛勖、杨师立、陈敬瑄三人长安失守，让他们做好迎接自己到成都的一切准备。僖宗到达兴元后，文武百官得知消息纷纷前来从驾。他一面颁诏命令诸道军队围攻义军，收复长安，一面继续向成都进发。

中和元年（广明二年，881）

正月二十八日，僖宗一行到达成都。由于暂时摆脱了危险，四方贡献的财赋源源不断地运到了成都，使得僖宗又有条件开始醉生梦死的生活。僖宗到成都后，就任命田令孜为行在都指挥处置使，具体负责僖宗在成都的一切事务。九月，封皇子李震为建王。

中和二年（882）

九月，黄巢部将朱温以同州降于官军，被任命为右金吾卫大将军、河中行营招讨副使。僖宗在成都览表得知这个消息后，十分高兴，遂赐其名为朱全忠。十二月，沙陀首领雁门节度使李克用率大军四万进抵河中，渡过黄河，抵达同州。

中和三年（883）

正月，李克用军在沙苑大败黄巢军。李克用军战斗力极强，其军衣为黑色，义军畏之，谓之鸦军。唐廷任命李克用为京城东北面行营都统，率军围攻黄巢于京师。二月，李克用军在渭南以西的梁田陂大败义军，俘斩数万，伏尸三十里。四月，官军收复京师。义军撤出长安后，经蓝田入商山，退入河南地区。

中和四年（884）

黄巢退出长安后，错误地围攻陈州近一年时间，耽误了宝贵的转移时间，最后被李克用、朱温、时溥等军击败，退往泰山狼虎谷。六月，起义军首领黄巢在泰山虎狼谷自杀身亡。七月二十四日，唐僖宗在成都举行了盛大的献俘之礼，然后便准备返回京师了。

光启元年（中和五年，885）

正月，僖宗从成都启程，取道凤翔回京。三月二十二日，终于回到了阔别四年之久的京师长安。两日后，僖宗宣布大赦天下，改元光启，希望唐朝从此能够社会稳定、重启太平。四月，唐僖宗回到长安后，由于朝廷财政开支非常紧张，在大宦官田令孜的主张下，决定收回原隶属于朝廷的河东安邑、解县两大盐池，田令孜自兼两池榷盐使。但这两大盐池此时已属河中节度使王重荣所有，他不愿交出已到口的肥肉，与朝廷发生了争执。在田令孜主导下，唐廷出兵讨伐王重荣，王重荣遂向河东节度使李克用求救。双方经过一场大战，官军战败，李克用乘胜向京师长安进军。五月，群臣向僖宗上尊号曰至德光烈孝皇帝。十二月二十五日，僖宗与大宦官田令孜仓皇逃出长安，奔赴凤翔。长安城再一次遭到乱兵的焚烧，官署民舍十毁六七。

光启二年（886）

正月八日，唐僖宗又逃到了兴元。这时的朝官均认为皇帝已成为田令孜的傀儡，而百官不过是摆设，因而不愿意再追随其颠沛流离，不少人反而跑到了河中，投靠了王重荣。大部分朝官也不愿再冒险随驾了，于是便待在凤翔不走了。四月三日，在邠宁节度使朱玫的逼迫下，百官被迫表示愿意拥戴嗣襄王李煴为权监军国事，并开始为其正式称帝做准备。六日，李煴接受了册文，任命朱玫兼任左右神策十军使，朱玫等遂将李煴送回长安。十月一日，朱玫拥立嗣襄王李煴为皇帝，尊唐僖宗为太上元皇圣帝。十二月十二日，朱玫部下大将王行瑜在前线战败，担心受到制裁，又见朱玫势力日渐衰落，知其终究难成大事，遂率部返回长安，擒杀了朱玫，同时杀死其同党数百人。长安城中大乱，士民被烧杀者不计其数。十三日，李煴逃往河中投靠王重荣，结果被杀。

光启三年（887）

三月，唐僖宗自兴元回到了凤翔。下诏诛杀了萧遘、裴澈、郑昌图等一批朝臣，还要处死追随李煴的其他朝官，后经宰相杜让能的一再劝说，才避免了大批官员人头落地。由于长安宫室尚需要修葺，僖宗只好暂时居住在凤翔。

文德元年（888）

二月十四日，僖宗病重，只好从凤翔匆匆地回到长安。二十二日，拜谒太庙，改元，大赦天下。三月五日，唐僖宗病危，群臣欲立吉王李保为皇太弟，观军容使杨复恭率军拥立寿王李杰为皇太弟，知军国事。六日，僖宗驾崩于武德殿，终年二十七岁。八日，皇太弟李杰即位于柩前，史称唐昭宗。十月，葬僖宗于靖陵。

唐昭宗时期

龙纪元年（889）

杨复恭专擅朝政，权势极大。十一月，昭宗改名李晔。

大顺元年（890）

正月一日，群臣向昭宗上尊号曰圣文睿德光武弘孝皇帝，大赦天下。

大顺二年（891）

六月，封皇子李祐为德王。八月，下诏解除了杨复恭的军容使、神策中尉的官职，命其到凤翔去任监军。杨复恭对此举十分气愤，不肯从命，声称自己有病，要求致仕归家。昭宗马上同意了他的请求，令其以上将军的身份致仕。十月，杨复恭与其养子玉山军使杨守信举兵反叛，战败后逃往兴元府杨守亮处。

景福元年（892）

九月三日，皇子李祚（唐哀帝）出生于长安。

景福二年（893）

九月，凤翔节度使李茂贞为了能够达到胁迫皇帝同意其兼并山南西道地区的目的，举兵进犯京师，昭宗命嗣覃王李嗣周率禁军驻扎在长安西八十里的兴平县，李茂贞与静难军节度使王行瑜率军六万对阵。同月十七日，李茂贞军向禁军发动进攻，未经交手，禁军便望风而逃。李茂贞军乘势兵临长安城下，上书昭宗要求处死宰相杜让能。昭宗明知杜让能冤屈，也只好委曲求全，被迫处死了杜让能，然后又命李茂贞兼任山南西道节度使。

乾宁元年（894）

正月，凤翔节度使李茂贞率军来朝。七月，在李茂贞、王行瑜强大兵力的攻击下，杨复恭及杨守亮等屡战屡败，无力据守山南，遂放弃了兴元，前往河东，想去投靠李克用，当这一行人路经华州时，被韩建擒获并处死。十月，封皇子李祤为棣王、李禊为虔王、李禋为沂王、李祎为遂王。

乾宁二年（895）

正月，河中节度使王重盈死，其子王珙与其侄王珂争夺节度使之位，王珙为了能够夺得此位，向李茂贞、王行瑜、韩建等三镇求援，三镇向昭宗提出应任命王珙为河中节度使，遭到拒绝。于是三镇联合起来向长安进军，迫使昭宗任命王珙为河中节度使。但是王珂却有其岳父河东节度使李克用为靠山，使得昭宗左右为难。六月，李克用率大军以讨伐李茂贞等人为名，向长安进军。李茂贞、王行瑜自知不敌，慌忙退走。七月，李克用击败王行瑜军，王行瑜在逃跑途中被部下杀死。李克用要求讨伐李茂贞与韩建，昭宗不愿李克用势力过分膨胀，始终没有同意。李克用撤兵以后，李茂贞、韩建又恢复了往日跋扈之态。

乾宁三年（896）

七月，因李茂贞兵犯京师，禁军战败，昭宗逃出京城避往渭北。华州节度使韩建来见皇帝，劝昭宗驾临华州，昭宗只好暂居于华州。从此昭宗便完全被韩建所控制，成为其手中的一个任由摆布的傀儡。

乾宁四年（897）

正月，韩建诬告诸王拥兵谋反，实际上是找借口诛杀诸王，以便进一步孤立皇帝，并率兵包围了行宫，逼迫皇帝下诏解散禁军，将诸王召回十六宅。二月，立德王李裕为皇太子。八月，韩建在华州杀死了通王李滋、沂王李禋、睦王、济王、韶王、彭王、嗣韩王、嗣陈王、嗣覃王李嗣周、嗣延王李戒丕、嗣丹王李允等十一人。十月，封皇子李祕为景王、李祚（柷）为辉王、李祺为祁王。又将皇帝的亲信之臣驱逐出朝廷，使昭宗成为孤家寡人。

光化元年（898）

正月，昭宗下罪己诏，赦免了李茂贞的罪过，恢复其官爵。李茂贞得知朱全忠正加紧修建洛阳宫室，准备入关中迎接圣驾，非常恐惧，于是上表表示愿意修复长安宫室，迎请昭宗回京。韩建的实力不如李茂贞，虽然不愿意让昭宗离开华州，但事出无奈，只好表示愿意送昭宗返京。四月，立淑妃何氏为皇后。八月二十二日，昭宗终于结束了流亡的生活，自华州启程，于二十五日回到了长安。

光化二年（899）

正月，罢去了宰相崔胤的相位，另以兵部尚书陆扆为宰相。不久，又恢复崔胤的宰相之职。

光化三年（900）

二月，宦官们散布消息说宰相崔胤与朱全忠勾结，谋图铲除宦官，专擅朝政。昭宗虽然痛恨宦官乱政，但出于对跋扈藩镇的畏惧，更担心朝官与他们勾结，干预朝政，于是便把崔胤贬为清海节度使，赶出了长安。崔胤求助于朱全忠，在他的干预下，昭宗又召回了崔胤，重新拜相。十一月，昭宗与侍卫们在禁苑中狩猎，获得了许多猎物，昭宗在禁苑大摆宴席，君臣们一直狂饮到半夜，方才罢宴。昭宗饮得大醉，挥剑杀掉了几个小宦官和宫女，然后才昏昏睡去。直到第二天日上三竿，昭宗尚未酒醒，宫门也紧闭未开。宦官们早就不满昭宗对他们的态度，这月五日，左右神策军中尉刘季述、王仲先与内枢密使王彦范、薛齐偓作乱，率禁军闯入宫中，废去昭宗的帝位，将其幽禁于少阳院。七日，刘季述拥立皇太子李裕为皇帝。十二月，刘季述杀睦王李倚。

天复元年（光化四年，901）

正月一日，宰相崔胤与左神策军将孙德昭、董彦弼、周承诲率兵讨乱，重新拥立昭宗，恢复了其帝位。刘季述、薛齐偓等二十余名宦官被诛杀，降皇太子李裕仍为德王。十月二十日，宣武节度使朱全忠正式发兵向关中进发。宦官韩全诲闻讯准备将唐昭宗劫往凤翔。二十九日，李继筠派兵把内库的宝货、帷帐、法物等抢掠一空。韩全诲派人将诸王与宫人秘密送往凤翔。韩全诲强迫昭宗迁往凤翔，昭宗不愿，韩全诲遂命人纵火焚烧后宫，迫使昭宗不得不与皇后、妃嫔等于三十日离开宫中，当天夜里便到了距京城六十里的鄠县。次日，李茂贞亲自从凤翔赶来迎驾，与昭宗一行人同路返回了他的老巢凤翔。朱全忠大军在武功击败了李茂贞军，并于十一月二十日到达凤翔，将凤翔城团团围住。

天复二年（902）

自这年年初以来，凤翔军与朱全忠军屡次大战，均不能取胜，凤翔城被困，城中粮食缺乏，饿死百姓无数，饥饿的人们甚至以人肉为食，市场上人肉每斤一百文，狗肉每斤五百文。有的人奄奄一息尚未断气，就被人割肉以食，甚至有父子相食的惨状出现。昭宗贵为皇帝，生活也极为艰难，李茂贞只能供给一点猪狗肉，皇子、公主及嫔妃只能一天吃粥、一天吃汤饼以度日。后来竟然连汤也供应不上了，昭宗只好拿出一些衣物换回一点豆、麦，在行宫中设小磨，命宫人自磨以供自己与皇子、嫔妃食用。每逢大雪天气，凤翔城中便是一片片冻饿而死的尸体，状况非常悲惨。这年年底，李茂贞为了自保，不得不与朱全忠议和，表示愿意奉天子回京，并杀死宦官。

天复三年（903）

正月六日，李茂贞背着韩全诲等宦官面见昭宗，表示愿意诛杀宦官，奉车驾返京。昭宗大喜，当即授命其收捕韩全诲等宦官及禁军将领李继筠、李继诲、李彦弼等人，全部处死，共计杀死了二十余人。二十二日，李茂贞打开城门，送出昭宗一行人至汴军营寨。朱全忠素服待罪，见昭宗跪伏在地，泪流满面，昭宗令人将其扶起，好言抚慰，并赐给其玉带。二十七日，昭宗一行人在汴军的护送下，终于又一次回到了长安。回到长安后，宰相崔胤与朱全忠开始大肆诛杀宦官，共计杀死了七百余人，使得不可一世的宦官集团受到了毁灭性的打击，从此在唐朝的政治舞台上销声匿迹。

唐哀帝时期

天祐元年（904）

宰相崔胤虽然与朱全忠有所勾结，其目的在于铲除宦官集团，而朱全忠的目的是篡夺唐朝的政权，但崔胤并不希望唐朝灭亡，从而使朱全忠对他非常愤恨。正月，为了彻底铲除崔胤，朱全忠秘密上表，称崔胤专权乱国、离间君臣关系，请求诛杀崔胤及其同党。昭宗知道无法抗拒朱全忠的意志，为了自保，只好下诏罢去了崔胤的相位，并派兵攻杀之。同月二十六日，朱全忠强迫昭宗迁都于洛阳。二月十三日，昭宗一行人到达陕州。十九日，封皇子李祯为端王、李祁为丰王、李福为和王、李禧为登王、李祜为嘉王。闰四月十日，昭宗一行到达洛阳。八月十一日夜，朱全忠指使左右龙武统军朱友恭、氏叔琮及枢密使蒋玄晖等率兵冲入宫中，杀死了昭宗，终年三十八岁。八月十二日，朱全忠拥戴辉王李柷即皇帝位于柩前，史称唐哀帝。九月九日，尊何皇后为皇太后。

天祐二年（905）

二月，朱全忠杀德王李裕、棣王李诩、虔王李禊、沂王李禋、遂王李祎、景王李祕、祁王李祺、雅王李禛、琼王李祥，投尸于池水之中。同月三十日，葬唐昭宗于和陵。九月，封皇弟李禔为颍王、李祐为蔡王。十二月，朱全忠派人杀死了皇太后何氏。

天祐三年（906）

十月，朱全忠进攻幽州刘仁恭，刘仁恭向李克用求救。李克用遂出兵进攻潞州，以牵制汴军对刘仁恭的进攻。潞州守将丁会本是朱全忠的爱将，因为不满其弑昭宗、欲篡夺帝位，于是便开城投降了李克用，使得汴州所在的河南地区门户洞开。此时朱全忠正在进攻沧州，闻知潞州失守的消息，大惊，烧营而退。因为此战的失利，朱全忠威望大受影响，恐中外离心，于是更加急于篡位，以维系人心。

天祐四年（907）

正月，哀帝得知朱全忠回到汴州，遂派大臣薛贻矩前往慰劳，并表示愿意于二月禅位于朱全忠。二月，哀帝命百官向朱全忠劝进，朱全忠假意推辞。三月，哀帝命薛贻矩再次到汴州，表达了逊位之意。四月五日，哀帝禅位于朱全忠，唐朝至此灭亡。十八日，朱全忠正式即皇帝位，改国号为梁，改元开平。封哀帝为济阴王，安置于曹州。后梁开平二年（908）二月，朱全忠指使人将哀帝杀害，年仅十七岁。

后记

本书是在我以前的一部专著《唐代宫廷史》的基础上增补改写而成的。那部书出版于2010年，是由天津百花文艺出版社出版的，距今已经十余年了。由于出版时间已久，市面上已经很少流通了。有关唐代宫廷史方面的著作，这是第一部，直到目前还没有见到其他新著问世，因此出版以来，受到比较广泛的关注，这当然是一件值得欣慰的事。为了满足市场的需要，陕西师范大学出版总社与我商议重新出版此书。考虑到原书出版已久，加之近年来又有一些新的研究成果问世，需要补充进去，因此此书与原书还是存在较大的不同。

此次出版主要进行了四个方面的增订：一是重新校定了全部文字，改正了一些文字错讹，同时又增加了一些内容，从而使本书的篇幅增加了，内容更加丰富了。二是增补了一些图片，尽量做到图文并茂。三是改变了史料出处的注释方式，即由原来的夹注方式，改为页下注，并一一标注清楚全部信息，包括版本、页码等，以符合当前的学术规范要求。四是在书末增加了参考文献。

在本书出版之际，首先，要感谢陕西师范大学出版总社的领导与编辑，没有他们的动员与督促，我还下不了决心，因为这毕竟要花费一定精力与时间。在改写的过程中，他们又多次与我交换意见，提出了一些很好的建议，并且在编校中花费了很大的精力。其次，要感谢我的几位研究生，他（她）们在查阅资料与校对方面也付出了不少的精力。

杜文玉

2021年10月于古都西安